Lehr- und Handbücher der Kommunikationswissenschaft

Herausgegeben von Dr. Arno Mohr

Bisher erschienene Werke:

Beck, Computervermittelte Kommunikation
im Internet

Brauner · Leitolf · Raible-Besten · Weigert, Lexikon
der Presse- und Öffentlichkeitsarbeit

Fröhlich · Peters · Simmelbauer, Public Relations

Kiefer, Medienökonomik, 2. Auflage

Koeppler, Strategien erfolgreicher Kommunikation

Paus-Hasebrink · Woelke · Bichler · Pluschkowitz,
Einführung in die Audiovisuelle Kommunikation

Computervermittelte Kommunikation im Internet

Von
Professor Dr. Klaus Beck

R. Oldenbourg Verlag München Wien

Bibliografische Information Der Deutschen Bibliothek

Die Deutsche Bibliothek verzeichnet diese Publikation in der Deutschen
Nationalbibliografie; detaillierte bibliografische Daten sind im Internet
über <http://dnb.ddb.de> abrufbar.

© 2006 Oldenbourg Wissenschaftsverlag GmbH
Rosenheimer Straße 145, D-81671 München
Telefon: (089) 45051-0
www.oldenbourg.de

Gedruckt auf säure- und chlorfreiem Papier
Gesamtherstellung: Druckhaus „Thomas Müntzer" GmbH, Bad Langensalza

ISBN   3-486-57891-X
ISBN 978-3-486-57891-1

Vorwort

Computervermittelte Kommunikation ist für viele von uns zum selbstverständlichen Bestandteil des privaten wie des betrieblichen Alltags geworden. Galt das Internet bis vor kurzem noch als Top-Thema der Medien, so hat es inzwischen seine „Start-up-Phase" überwunden. Viele der wirtschaftlichen und politischen Visionen mussten in den vergangenen Jahren relativiert werden – kurzum der „Hype" um das Internet ist vorbei. Doch was wissen wir eigentlich über die computervermittelte Kommunikation im Internet? Und wie gut ist unser Wissen empirisch und theoretisch fundiert? Mit welchen kommunikationswissenschaftlichen Theorien und Ansätzen können wir spezifische Formen computervermittelter Kommunikation, ihre Voraussetzungen und Folgen beschreiben?

Seit einem knappen Jahrzehnt beschäftigen sich auch deutschsprachige Kommunikationswissenschaftler intensiver mit der computervermittelten Kommunikation; die amerikanischen Fachkollegen können immerhin auf eine etwas längere „Tradition" zurückschauen. Gleichwohl sind viele Forschungsfragen noch lange nicht gelöst, manche sicherlich noch nicht einmal formuliert. Die kommunikationswissenschaftliche Forschung steht vor einer Herausforderung, zumal sich der Gegenstand selbst noch immer sehr dynamisch entwickelt. Doch die Herausforderung besteht auch in der Notwendigkeit, sich kritisch mit den ganz überwiegend für die Massenkommunikationsforschung entwickelten Begriffen, Theorieansätzen, Modellen und Methoden auseinander zu setzen.

Während empirische Forschung und Theoriebildung noch am Anfang stehen, hat die computervermittelte Kommunikation längst Einzug in die kommunikationswissenschaftliche Lehre gehalten. Das Interesse der Studierenden und insbesondere der jüngeren Fachkollegen und -kolleginnen an diesem Thema ist ungebrochen, wie u. a. die Zahl der Abschlussarbeiten, aber auch der Dissertationen in diesem Forschungsfeld belegt. In Forschung und Lehre war es bislang nicht sehr einfach, einen systematischen Zugang zur computervermittelten Kommunikation zu finden: In den letzten Jahren sind zwar viele Sammelbände und Reader sowie Aufsätze in Fachzeitschriften erschienen; zudem liegen psychologische Einführungen in die computervermittelte Kommunikation (vgl. Döring 1999, Wallace 1999) vor, die auch für Kommunikationswissenschaftler äußerst hilfreich sind. Eine **Einführung** in die computervermittelte Kommunikation **aus kommunikations- und medienwissenschaftlicher Sicht** fehlte bislang völlig. Das vorliegende Lehr- und Handbuch soll dazu beitragen, diesen Mangel wenn möglich zu beheben, zumindest aber Studierenden und Lehrenden den Einstieg in das Forschungsfeld erleichtern.

Das Anliegen dieses Bandes ist es, zwar ein umfassendes, aber kein vollständiges Bild der **computervermittelten Kommunikation im Internet** zu geben. Mit diesem Titel ist die erste Einschränkung bereits genannt, denn es bleiben alle Formen der computervermittelten Kommunikation, die in anderen Computernetzen (insbesondere den Intranets) stattfinden, ebenso unberücksichtigt wie alle Formen der computervermittelten „offline"-Kommunikation, etwa mittels CD-ROM oder DVD (vgl. hierzu auch die Begründung in Kap. 2.4). Eine zweite Einschränkung ergibt sich aus der **Vielfalt der Internet-Anwendungen**, die mittlerweile in sehr vielen Alltagsbereichen unserer Gesellschaft eine Rolle spielen. Im Rahmen dieses Buches konnten selbstverständlich nicht alle berücksichtigt werden. So musste beispielsweise auf eine Darstellung der Rolle des Internets für das Teleworking und den Electronic Commerce (Electronic Shopping, -Booking und -Banking) ebenso verzichtet werden wie auf eine medienökonomische Auseinandersetzung mit der sog. New Economy (vgl. hierzu: Zerdick et al. 2001; Zerdick et al. 2004; Goldhammer/ Zerdick 2001). Vergleichbares gilt auch für Werbung im Internet, die nur beispielhaft (etwa bei der Frage der Aufmerksamkeitssteuerung im WorldWideWeb) angesprochen wird, und für den Online-Journalismus, der hier lediglich unter dem

Gesichtspunkt der politischen Kommunikation behandelt wird, während viele Fragen der klassischen Journalismusforschung (Veränderung der Berufsbilder, Qualitätssicherung, Redaktionsorganisation) in dieser Darstellung außen vor bleiben müssen. Hierfür sei auf die vorliegende Spezialliteratur verwiesen (vgl. Neuberger/ Tonnemacher 2003, Bucher/ Püschel 2001; Altmeppen 2000; Quandt 2005; Meier 1997; Meier 2002).

Schließlich muss sich die gesamte Darstellung auch am **Forschungsstand** orientieren, so dass einige neuere Entwicklungen der computervermittelten Kommunikation hier weitgehend unberücksichtigt bleiben müssen. Dazu zählen Dienste wie das Instant Messaging (vgl. Schneider et al. 2005) oder ICQ, aber auch die Veränderungen, die sich künftig durch eine zunehmend mobile Nutzung computervermittelter Kommunikation via UMTS, Hot Spots, Wireless LAN usw. ergeben können.

Zum Aufbau des Bandes

Teil I des Bandes dient der **Einführung in das Thema und grundlegende Begriffe**, auf der die weitere Darstellung basiert. Ausgangspunkte sind die durch Metaphern und Mythen geprägte alltägliche Diskurs sowie die publizistische Berichterstattung über „Multimedia" und „Internet" (Kap. 1). Dabei werden unterschiedliche Sichtweisen auf die computervermittelte Kommunikation im Internet deutlich, auf die im weiteren Verlauf der Darstellung immer wieder zurück gegriffen werden kann, nicht zuletzt um weit verbreitete Missverständnisse und überzogene Wirkungsvermutungen zu korrigieren. Zu den mythisch verklärten Sichtweisen auf das Internet gehört auch die Geschichte seiner technischen Entwicklung, die ebenfalls im ersten Kapitel kurz rekapituliert wird. Dabei werden zugleich die für eine kommunikationswissenschaftliche Betrachtung wichtigsten technischen Eigenschaften der Internet dargestellt. Im zweiten Kapitel geht es um die medien- und kommunikationstheoretische Einordnung computervermittelter Kommunikation, insbesondere um die Beantwortung der Fragen, was sinnvoller Weise als Medium begriffen werden kann und welcher der im Umlauf befindlichen Begriffe (Online-, Computer-, Internet-, Netz- oder computervermittelte Kommunikation) aus theoretischer Perspektive vorzuziehen ist. Kapitel 3 setzt sich kritisch mit den beiden Schlagworten „Multimedialität" und „Interaktivität" auseinander, durch die computervermittelte Kommunikation im Internet angeblich ganz neue Qualitäten gegenüber der herkömmlichen „Massenkommunikation" erhalte. Unter Rückgriff auf zeichentheoretische und handlungstheoretische Grundlagen werden hier die notwendigen Präzisierungen eingeführt.

Die Kapitel 4 bis 9 bilden **Teil II** des Bandes und dienen der **Darstellung der Spezifika verschiedener Formen computervermittelter Kommunikation.** Es wird deutlich, dass kommunikationstheoretisch fundierte Systematisierungen, wie die in interpersonale, gruppen- und organisationsbezogene sowie öffentliche Kommunikation, „quer" zur Einteilung nach Internet-Diensten (WWW, E-Mail, Chat usw.) liegen. Aus pragmatischen und didaktischen Gründen wurde deshalb in Teil II des vorliegendes Bandes eine Darstellung entlang der alltäglich vertrauten Einteilung nach Diensten gewählt, die jedoch anhand kommunikationswissenschaftlicher Kriterien beschrieben und untersucht werden. Zu Beginn geht es um die beiden populärsten Formen computervermittelter Kommunikation (WWW und E-Mail), daran schließt sich die Darstellung von Mailinglists, Newsgroups, Chat sowie von MultiUser-Domains (MUD) einschließlich der Spielart der MOO an (Kap. 6-9). Die Kapitel des zweiten Teils sind weitgehend analog aufgebaut: An eine kurze Kapiteleinleitung schließt jeweils die Erklärung der Grundbegriffe der jeweiligen Kommunikationsform an. Es folgen jeweils Ausführungen zu den Typen und Funktionen der spezifischen Kommunikationsform sowie die Darstellung von kommunikativen Spezifika. Dabei werden sowohl die kommunikationstheoretischen Grundlagen und Forschungsansätze wie die wichtigsten Ergebnisse der deutsch- und englischsprachigen Forschung referiert. Die wichtigsten Ergebnisse werden jeweils in einem kurzen Fazit zusammengefasst.

In **Teil III** (Kapitel 10-15) beschäftigt sich mit **allgemeinen, die einzelnen Internet-Dienste und Kommunikationsformen übergreifenden, Fragestellungen computervermittelter Kommunikation,** die auch die bisherige theoretische und empirische Forschung prägen: In Kapitel 10 geht es um die viel diskutierte Frage anonymer Kommunikation im Internet, in Kapitel 11 um die Bedeutung computervermittelter Kommunikation für soziale Beziehungen und die umstrittene Frage der „Virtuellen Gemeinschaften". Kapitel 12 fasst die ethischen und politischen Regulierungsprobleme systematisch zusammen und stellt die verschiedenen Regulierungsformen computervermittelter Kommunikation dar. Anknüpfend an die Mythen des Internet wird in Kapitel 13 die Funktion der computervermittelten Kommunikation für die Politik- und Interessenvermittlung diskutiert. Dabei geht es auch um die Frage, ob und wie das Internet zu einem Wandel der Öffentlichkeit beiträgt. Fester Bestandteil der Diskussion über das Internet ist die Frage nach dem intermediären Wettbewerb, die in Kapitel 14 zunächst anhand sozialpsychologischer Medienwahltheorien und darauf aufbauend anhand ökonomischer und kommunikationswissenschaftlicher Theorien behandelt wird. Im abschließenden Kapitel 15 wird die sozial ungleiche Verbreitung des Internet, die sog. Digital Divide problematisiert und es wird ein Überblick der Methoden, Institutionen und zentralen Befunde der Online-Nutzungsforschung gegeben.

Hingewiesen sei noch auf den studienpraktischen Teil im Anhang dieses Bandes, der vor allem die eigenständige wissenschaftliche Recherche im WorldWideWeb erleichtern soll. Es werden hier zahlreiche Web-Adressen aufgeführt, über die weitere und aktuelle Informationen zum Forschungsfeld computervermittelte Kommunikation zugänglich sind.

Dank

Dieses Buch wäre ohne zahlreiche Diskussionen mit den Kolleginnen und Kollegen der Fachgruppe Computervermittelte Kommunikation der Deutschen Gesellschaft für Publizistik- und Kommunikationswissenschaft (DGPuK) nicht zustande gekommen; für viele wichtige Anregungen und Argumente möchte ich danken. Besonderer Dank gebührt Christiane Schubert M.A. für die mühevolle Kleinarbeit bei der Gestaltung von Grafiken sowie Recherchen im WWW. Für tatkräftige Unterstützung bei der Literaturrecherche und -beschaffung danke ich insbesondere Jörg Holten, für Korrekturarbeiten Anne Zimdars, Manuela Dittmann und Sophia End.

Meyrin/ Genf   Klaus Beck

Inhalt

Anhang

I.

Einführung

1. Multimedia und Internet -
Mythen, Metaphern, Geschichte

1.1 Einleitung

„Multimedia" und „Internet" gehören spätestens seit den neunziger Jahren zu den viel diskutierten Schlagworten der „Informationsgesellschaft": Dies gilt gleichermaßen für die politische Öffentlichkeit, wie sie sich auch in der Berichterstattung der publizistischen Medien
widerspiegelt, wie für pädagogische und wirtschaftswissenschaftliche Fachdiskurse und für
die lebensweltliche Kommunikation in der Familie oder im privaten Kreis von Freunden und
Bekannten.

Einer der Auslöser der Multimedia- und Internet-Debatte war die Entwicklung des World-
WideWeb, einem ursprünglich für die Wissenschaftskommunikation am Genfer CERN ent-
worfenen hypertextuellen Dienst, der sich schon bald als auch für breitere, nicht-professio-
nelle Nutzerkreise geeignete Bedieneroberfläche entpuppte und mitunter als Pseudonym für
„das Internet" verwendet wird. Doch die bloße technologische Innovation erklärt noch nicht,
weshalb es zu einem – mittlerweile durch den alltäglichen Gebrauch wie durch ökonomische
Rückschläge relativierten – „Hype" kommen konnte. Den Hintergrund der steilen Themen-
karriere bilden kollektive Bedürfnisse und gesellschaftliche Problemlagen bzw. -wahrneh-
mungen, für die „der Computer", „Multimedia" und „das Internet" als Lösungsmöglichkeiten
gelten konnten. Nur vor diesem Hintergrund lassen sich Art, Ausmaß und Tendenzen der
öffentlichen Thematisierung verstehen: Multimedia und Internet wurden vielfach als Metaphern zur Beschreibung technischen und sozialen Wandels (Stichwort „Informationsgesellschaft") verwandt, und mit beiden Topoi verbanden sich rasch durchaus ambivalente Mythen.

In Deutschland war die in den Jahren 1992-1994 einsetzende Berichterstattung über „Multimedia" geprägt durch eine sehr heterogene und disparate Verwendung des Begriffs, der dann
1995 von der Gesellschaft für Deutsche Sprache zum „Wort des Jahres" erkoren wurde. Multimedia wurde als Chiffre für technische Entwicklungen eingesetzt, die als treibender Faktor
gesamtgesellschaftlicher Innovation galt. Vom Bekannten ausgehend standen weniger die
Netzcharakteristika im Vordergrund als vielmehr das audiovisuelle Medium par excellence:
das Fernsehen und seine potenziellen Veränderungen. Multimedia wurde – im Gegensatz zu
den umstrittenen Feldern der Atomenergie und der Gentechnologie – als menschlich
beherrschbare Technik begriffen; gleichwohl lassen sich schon recht früh zwei gegensätzliche
Bewertungen erkennen: Vor allem in den Feuilletons waren – anknüpfend an die Kritik des
Fernsehens – eher Vorbehalte, zum Teil sogar apokalyptische Prognosen zu lesen, während
die Berichterstattung durch die Wirtschaftsressorts eher optimistisch und in manchen Fällen
auf der Grundlage ungesicherter und widersprüchlicher Marktprognosen geradezu euphorisch
ausfiel. Gemeinsam ist jedoch beiden „Lagern" ein skeptischer und zuweilen selbstkritischer
Unterton; was genau und wie schnell sich ändern würde, galt als durchaus offen. Multimedia
wurde jedoch nicht zum politischen Streitfall; tendenziell wurde der Politik die Funktion
zugeschrieben, eine technische Entwicklung zu fördern, damit die erhofften positiven wirtschaftlichen Effekte möglichst stark und rasch eintreten würden (vgl. Beck/ Vowe 1995). Die
„digitale Revolution" wird somit nicht als das Werk sozialer Klassen oder politischer Mächte
gesehen, es handelt sich vielmehr um eine technische Revolution der Medien.

Multimedia und Internet erwiesen sich im weiteren Diskurs vor allem in drei Feldern als
Wunschmaschinen, mit deren Hilfe lange schwelende (soziale) Probleme schlagartig (technisch) gelöst werden könnten:

- In der **Wirtschaft** richteten sich die Wünsche auf einen beschleunigten Strukturwandel hin zu einer globalen Informationsgesellschaft, die Wachstum, erhöhte Effizienz,

satte Gewinne sowie en passant ökologische Vorteile (durch den Ersatz von Reisen und materiellem Transport) und neue Arbeitsplätze hervorbringen würde.

- In der **Politik** entdeckte man den „interaktiven Netzwerkcharakter", der eine lange gewünschte Partizipation des Aktivbürgers entscheidend befördern würde.

- In der **Pädagogik** (und der Bildungspolitik) knüpfte die Wunschmaschine Multimedia an eine lange Tradition von Visionen an, bei denen die (jeweils) neuen Medien zu einem effizienteren und zeitgemäßeren Lernen („just-in-time" und selbstgesteuert) führen sowie den überfälligen institutionellen Wandel („Bildungsreform") beschleunigen würden (vgl. hierzu ausführlicher Beck 1998a u. Beck 1998b).

1.2 Mythen und Metaphern des Internet

Doch das Internet wurde nicht mehr nur als Wunschmaschine erlebt, sondern von den Kritikern der Entwicklung durchaus als Bedrohung; Technophilie und Technophobie erwiesen sich auch im Fall des Internet als Konstanten des Begleitdiskurses der Technikentwicklung. Gemeinsam ist beiden Sichtweisen auf das Internet dabei ein ambivalenter Grundmythos, den Debatin (1999a) auf die beiden Punkte „Allwissenheit" und „Grenzenlosigkeit" bringt: Technik kann anthropologisch mit Arnold Gehlen, aber auch medientheoretisch mit Marshall McLuhan als Verlängerung, Verstärkung oder gar Ersatz menschlicher Wahrnehmungsorgane verstanden werden. (Medien-)Technologien ermöglichen dann als „Prothesen" eine Erweiterung oder Überschreitung der räumlichen, zeitlichen und persönlichen Grenzen des Menschen, dessen Wahrnehmungs- und Wirkzone sich hierdurch erweitert. Allerdings zahlt der Mensch als Mediennutzer hierfür einen Preis, weil durch die technische Vermittlung Unmittelbarkeit und Transparenz verloren gehen. Die Komplexität der Wahrnehmung steigt, und zur Lösung dieses Problems wird abermals auf Medientechnologien zurückgegriffen. Im Falle digitalisierter Kommunikation kommt hinzu, dass an die Stelle materieller Zeichenträger (der klassischen Speichermedien) ein immaterieller, energetischer Zeichenträger tritt. Es entsteht ein „immaterieller Informationsraum", der sog. Cyberspace, der tendenziell alle Informationen in „Echtzeit" bereit hält und die nahezu beliebige dynamische Verknüpfung von Daten erlaubt. Aus dieser Vorstellung, jederzeit und von jedem Ort aus alle Informationen abrufen zu können, speist sich der Mythos der Allwissenheit – wobei hier allerdings Information und Wissen vorschnell gleich gesetzt werden. Der ortlose, ubiquitäre Raum des Cyberspace – eine ursprünglich aus der Science-Fiction-Literatur (Gibson 1984) stammende Vorstellung – ist für den Menschen zunächst hochgradig intransparent: Es ist schwer und zuweilen unmöglich festzustellen, wer beispielsweise der Autor einer Aussage ist (mitunter sogar, ob es nur *einen* Autor oder einen *menschlichen* Autor gibt) oder auf welche Weise eine Verknüpfung zustande gekommen ist. Zur Beschreibung und Orientierung greifen wir deshalb gerne auf Metaphern und Mythen zurück: Metaphern vergleichen das Unbekannte mit dem Bekannten und reduzieren ebenso wie Mythen Komplexität und Widersprüche.

So ist schon die Bezeichnung „das Netz" als eine „notwendige Metapher" (Katachrese) (vgl. Bickenbach/ Maye 1997) zu verstehen; die Struktur wird mit organischem Gewebe oder einem weit verzweigten, heterogenen Wurzelgeflecht (Rhizom) verglichen.

Aufschlussreich ist, dass die divergierenden kulturellen und politischen Vorstellungen einer „telematischen Gesellschaft" in gleichermaßen **räumlichen Metaphern** vorgestellt und zum Teil weit reichende soziale Folgen und Medienwirkungen als Raumwirkungen (bis hin zur Enträumlichung oder Virtualisierung des Raumes) begriffen werden. Die sozialen Utopien bzw. kommunikationspolitischen Normen und Leitbilder[1] oszillieren in einem Spannungsfeld zwischen „Information Highway", „Global Village", „Telepolis" und „Cyberspace":

- Die von Al Gore geprägte **„Super-Highway"-Metapher** mit ihren Phänotypen „Info-Highway", „Infobahn", „Datenautobahn" usw. basiert auf der (sehr nordamerikanischen) Vorstellung eines kolonisierten, zivilisierten Raumes: Ein zunächst wilder, unbekannter Raum von Möglichkeiten wird durch eine materielle Infrastruktur erschlossen und in einen Raum von Realitäten verwandelt. Durch „Datenpioniere" wird die Grenze der Zivilisation („Electronic Frontier") vorangetrieben, so wie – dem nationalen Mythos zufolge – einst die Siedler in ihrer „Go West!"-Bewegung ihr El Dorado oder Kalifornien fanden. Auch der in den fünfziger Jahren (maßgeblich durch den Vater des Ex-Vizepräsidenten Albert Gore) vorangetriebene Aufbau des Interstate Highway Systems gilt als positiv konnotiertes Bild, weil damals die US-Regierung gemeinsam mit den Bundesstaaten und privaten Gesellschaften einen wesentlichen Modernisierungsschritt organisierte (vgl. Kleinsteuber 1996: 24). „Die Metapher Superhighway zähmt gleichsam den Cyberspace", meint Robert Adrian (1996: 345); die Offenheit des Raumes wird durch staatliche Kontrolle in Geschlossenheit überführt (vgl. Kleinsteuber 1999: 214); er wird zivilisiert im Sinne von verbürgerlicht.

Der US-amerikanische „Highway" ist weitgehend positiv besetzt: Er steht als Sinnbild für individuelle Freiheit und Freizügigkeit. Von der Metapher „Information Superhighway" geht also eine Dynamik nahezu ungebrochener sozialer Zustimmung aus, wie Kleinsteuber (1996: 24-28) ausführt. Allerdings hält er diese Metapher für irreführend, denn sie suggeriere ein homogenes, staatlich geplantes und finanziertes Netz, was jedoch für die reale Telekommunikationsstruktur in den USA nicht zutreffe.

Die Übersetzung der Highway-Metapher in den deutschen Begriff der „Datenautobahn" (auch „Infobahn") löst weitere Konnotationen aus: Zum einen handelt es sich um eine Geschwindigkeitsmetapher mit positiver Färbung (bis hin zum pseudo-liberalen „Freie Fahrt für freie Bürger!"), zum anderen besitzen Autobahnen im politischen Bewusstsein der deutschen Bevölkerung eine besondere Bedeutung: Sie gelten als „deutsche Erfindung" und (zu unrecht) als Produkt nationalsozialistischer Planung und Bautätigkeit. Die Analogie von „Daten(auto)bahn" und „Autobahn" suggeriert Zugänglichkeit und alltägliche Beherrschbarkeit für nahezu jedermann – so lange sich alle an die Regeln halten. Highway- bzw. Autobahnmetapher rekurrieren in starkem Maße auf die Vorstellung eines Informations-Transportes und stehen damit in der Tradition des kommunikationstheoretisch unhaltbaren Nachrichtenübertragungs- oder Container-Modells von Kommunikation.

- Die Metaphern **„digitale Stadt"** und **„Telepolis"** (Rötzer 1995) beruhen weniger auf einer Analogie (wie die „Datenautobahn"), als auf einem Umkehrschluss: Urbane Räume lassen sich (stadt)soziologisch als soziale Netze begreifen; elektronisch gestützte soziale Netze sollen nun umgekehrt als städtische Ballungsräume beschrieben werden. Die „Im-Materialisierung" des Raumes (Rohan Samarajivas „Electronic Space") oder der Städte (William J. Mitchells „City of Bits"), und damit die Bewältigung bzw. Vermeidung ökologischer Folgeprobleme einer Politik der Verstädterung, entsteht somit als utopische Vision, bei der alle Bürger die Vorteile der Großstadt genießen sollen, ohne dass sie die Nachteile des Lebens in der Großstadt zu ertragen hätten. Computernetze sollen die zentralen Funktionen der Stadt, die als Knotenpunkt im Netz, als verdichteter Kommunikationsraum begriffen wird, übernehmen. Oftmals gehen mit den Stadtmetaphern auch direktdemokratische Idealisierungen einher; die

---

[1] Zur Rolle von Leitbildern in der Diskussion um neue Technologien vgl. Dierkes/ Hoffmann/ März 1992.

Rede ist dann von der „elektronischen Agora" oder dem „digitalen Forum", die den Verlust des „realen Raumes" (und der „wirklichen Demokratie") kompensieren oder eine normativ positiv besetzte Gegenwelt zur verfallenden Stadt, Öffentlichkeit bzw. Demokratie entwerfen sollen.

Diesseits der Utopie gibt es im Internet bereits erste, von der öffentlichen Hand organisierte und finanzierte Projekte, deren Ziel eine teilweise Verlagerung von städtischen Verwaltungs- und Kommunikationsprozessen in den „virtuellen Raum" ist. Die digitale Stadt Amsterdam gilt als „Urbild" der Stadtmetapher im Bereich der Computernetze. Sie startete 1994 und verzeichnete Anfang 1996 etwa 50.000 Nutzer sowie einige Ableger bzw. analoge Projekte in den Niederlanden und darüber hinaus. „Die meisten digitalen Städte bauen auf demselben Raster auf, sauber getrennte Bezirke für Kultur, den Markt, die Wissenschaft und für die Verwaltung." Geert Lovink und Pit Schulz stellen allerdings den Nutzen dieser virtuellen Verdopplung realer Städte in Frage (Loovink/ Schulz 1997: 350-351). Die Berliner „Digitale Stadt" wurde von den Initiatoren trotz eines regen Zuspruchs mittlerweile aus „netzpolitischen" Gründen wieder aufgelöst.

- Die von Marshall McLuhan ursprünglich für Rundfunk und Telephonie geprägte Formulierung **„Global Village"** wird vielfach als metaphorische Umschreibung für den nunmehr durch das Internet integrierten Kommunikationsraum verwendet. „Global Village" suggeriert eine Gleichheit des Zugangs aller „Dorfbewohner" und ein hohes Maß an sozialer Verbindlichkeit, während die damit einhergehende ausgeprägte soziale Kontrolle als eine negativ empfundene Eigenschaft von den Anhängern McLuhans meist nicht thematisiert wird. Wie sehr diese Vorstellung im Falle des Internet in die Irre führt, zeigt ein Blick auf die ungleiche Verteilung des technischen Zugangs und der tatsächlichen Nutzung. Rainer Rilling (1995: 209) hat das Ergebnis statistischer Untersuchungen der „Digital Divide" polemisch so zusammengefasst: „Der Cyberspace ist kein global village, sondern ein von lautstarken weißen Männern bevölkerter Vorstadtclub der weltweiten amerikanisierten Mittelklasse" (vgl. hierzu auch Kap. 16.5). Auch die beim „Global Village" mitschwingende romantische Vorstellung einer räumlichen Idylle und einer traditionellen (wertebasierten) Gemeinschaft hält einer empirischen Prüfung wohl nicht lange Stand. Die einerseits auf Ferdinand Tönnies, andererseits auf Howard Rheingold zurückgehende Debatte über „virtuelle Gemeinschaften" (vgl. Kap. 10.2), und letztlich die gesamte Debatte über „Virtualität" stehen vor dem Problem, wie Sozialität ohne Räumlichkeit bzw. im sog. virtuellen Raum möglich ist.

- Die ebenfalls räumlich denotierte Metapher **„Cyberspace"**, durch den Science-Fiction-Autor William Gibson als Vokabel für einen „Kybernetischen Raum" geprägt, bezeichnet in ihrer radikalsten Fassung einen möglichst direkten individuellen Zugang des Menschen zum Datennetz („Matrix"); im „Idealfall" durch einen „Kurzschluss" des menschlichen Gehirns („Wetware") mit den vernetzen Elektronengehirnen („Hard-, Soft- und Netware") und anderen menschlichen Gehirnen. Mit dem Cyberspace gehen ganz andere räumliche Vorstellungen einher, als mit „Datenautobahn" oder „Telepolis": „Cyberspace ist unendlich, chaotisch und beängstigend, wohingegen Mr. Gores Superhighway eingegrenzt, gradlinig und sehr vertraut ... ist" (Adrian 1996: 345). Partiell knüpft auch der Cyberspace an die US-Mythen der Frontier und des „Wilden Westens" an. Diese Metaphern stehen nach Hans J. Kleinsteuber für eine „prinzipielle Offenheit der Prozesse", eine Gemeinschaft und ein Normenwerk, die gerade erst im Entstehen sind. Der Cyberspace ist „der letzte politisch nicht reglementierte Raum", der durch Organisationen wie die Electronic Frontier Foundation vor allem gegen staatliche Regulierungen zu schützen ist (Kleinsteuber 1999: 212). Die Cyberspace-Metapher betont die Drei- (oder gar n-Dimensionalität) des Raumes mit einer Fülle von mehrdimensionalen Verweisstrukturen. Als explizite Raum-Metapher verweist sie auf (mindestens) drei Dimensionen; es handelt sich um eine holistische Metapher, wobei der Mensch nach dieser Vorstellung allseitig von Kommunikations-raum umgeben ist. „Cyberspace" ist eine nicht-lineare, „organische" Raumvorstellung, die sich einer zweidimensionalen Kartographierung entzieht. Die Geschwindigkeit der Bewegung bzw. des Datentransports (auf der „Datenautobahn") steht hierbei weniger im Vordergrund als die Beschaffenheit des Raumes selbst. Adrian spricht vom „Bild einer multidimensionalen Matrix untereinander verflochtener Daten, die fast zufällig Gestalt annehmen und wieder verlieren" (Adrian 1996: 347). „Cyberspace unterschei-det sich so grundlegend von dem Begriff der Datenautobahn, weil das Element der Zentriertheit auf den Menschen fehlt, oder zumindest nicht im Vordergrund steht. Kein Mensch kontrolliert Cyberspace" (Adrian 1996: 351). Im Gegensatz zur sozial-staatlich geplanten und reglementierten Highway-Infrastruktur handelt es sich bei den Cyberspace-Konzepten um libertäre, zuweilen anarchistische Utopien.

Das Cyberspace-Leitbild verwendet **maritime und nautische Sprachbilder**: Das Datenmeer ist ein dynamischer Möglichkeitsraum flüssiger Informationen, die nur gewinnen kann, wer geschickt navigiert und surft. Es gilt, die Orientierung nicht zu verlieren, obgleich man sich bewegt und gleichzeitig das Medium selbst in Bewegung ist. Wer es wagt, sich ins Grenzenlose zu begeben, wird dafür mit Entdeckungen belohnt. Die Vorstellung des Cyberspace ist in der Literatur vielfach verbunden mit dem Einsatz sog. immersiver Interfaces, die ein nahezu körperliches „Eintauchen" und Erleben des künstlichen, dynamischen und drei- oder mehrdimensionalen Raumes, der den Menschen vollständig umgibt, ermöglichen. Ausgehend von der Wortbedeutung (kybernetischer Raum) ist jedoch nicht einzusehen, warum der Begriff Cyberspace einer bestimmten Oberflächengestaltung bzw. der spezifischen Virtual Reality Tech-nologie vorbehalten bleiben sollte.

Manfred Faßler (1999: 49-52) beschreibt die virtuelle Realität der computervermittel-ten Kommunikation als „sozialen Zusatzraum" oder „künstliche soziale Realität", in der das „überlieferte geographische und kulturelle Muster des strikten Unterscheidens von Hier – Dort, Eigenem – Fremden, System – Lebenswelt ... an Bedeutung für Selbstbeobachtung und Selbstbeschreibung" verliert. Zwar existiert der „Bildraum" nicht „physikalisch im Sinne eines festen geometrischen Körpers", sondern nur als virtueller Bilderraum, doch „für die menschlichen Sinne" stellt er durchaus eine „Räumlichkeit" dar. „Es entsteht eine Interface-Realität und mit ihr eine Nutzungs-und Gebrauchsordnung ... Diese hat aber nichts mit einer 'Ersatz-Welt' zu tun. Medien sind kein Ersatz für Welt, Gespräch oder Bedeutung ... Medien ermöglichen vielmehr, etwas zeitlich und räumlich zu versetzen" (Faßler 1999: 55). Der soziale Zusatzraum wird also während und durch die Nutzung erzeugt, indem sich die Nutzer „in die belebten Bilder hineindenken", sich in diesen Bildern wahrnehmen (Faßler 1999: 58; 68). Der Eintritt in den medialen Zusatzraum lässt sich als Immersion beschreiben, die – wie Faßler zutreffend bemerkt – nicht erst eine Erfindung der Virtual Reality-Tech-nologie mit ihren Datenhandschuhen, -anzügen und Bildschirmbrillen ist, sondern schon immer „unverzichtbarer Medienbestandteil" war (Faßler 1999: 58); allenfalls graduelle und technologische Unterschiede lassen sich zwischen den immersiven Leistungen von Romanen, Filmen und computervermittelter Virtual Reality feststellen.

Raum-Metaphern prägen nicht nur die soziologische und politische Rhetorik von Telematik-Protagonisten unterschiedlicher Couleur sowie die Marketingbroschüren zahlreicher Start Up-

Unternehmen, sondern auch das Erleben und Beschreiben seitens der Nutzer, denn Raummetaphern stellen eine **symbolische Ordnung** dar: Neues wird an Altbekanntem gemessen, Komplexität wird reduziert, indem etwas materiell (und bodenständig) Erfahrenes dem Verständnis des nicht leicht Fassbaren dient.

Während die klassischen publizistischen Medien als zweidimensionale (Printmedien) oder vorwiegend zeitbasierte Medien (Programm-Medien) erfahren und genutzt werden, begeben sich die Nutzer computervermittelter Informations- und Kommunikationsdienste „ins Netz"; sie bewegen sich quasi räumlich als „Surfer" oder sie „navigieren" mit Hilfe eines „Navigators" (Netscape) oder „Explorers" (Microsoft), während sie bei zeitbasierten Medien allenfalls „zappen". Angebote im WorldWideWeb sind als „Location", „Site", „virtuelle Shopping-Mall", „Portal" oder gar „digitale Stadt" strukturiert, die – wie Ladenlokale – „besucht" werden sollen. Feuilletonisten beschreiben die Datennetze als „Digitalien" und „elektronische Welten". Der Vorstellung des Netzes (ob mit „Fischernetz" oder „Spinnennetz" konnotiert) liegt die Annahme eines „leeren" Raumes zugrunde, in den hinein eine verzweigte, multilineare Struktur gebaut wird, die es erlaubt, zweckrational und effektiv zu handeln (etwas zu fangen) und die darüber hinaus vielleicht auch noch einen ästhetischen Wert besitzt (Symmetrie etc.).

Obgleich auch andere technische Medien – beispielsweise das Telefon und der Rundfunk (mit seinem Sendernetz) – auf netzartig strukturierten Techniken basieren, empfinden und beschreiben wir die Nutzung dieser Medien nicht als eine Bewegung im Raum, sondern allenfalls als Überwindung eines Raumes, der direkte Kommunikation ver- oder zumindest behindert.

Auch in der kommunikationswissenschaftlichen Fachliteratur zur Online-Kommunikation werden Vorstellungen eines „Kommunikationsraums" entwickelt. So bezeichnen Rössler (1998: 19) und Wilke (1999: 753) das Internet nicht mehr als Medium, sondern als „Kommunikationsraum". Laut Rössler eröffnen „Computernetze (...) einen völlig neuen Kommunikationsraum". Welker (2000: 44) kritisiert nun zutreffend, dass bislang jedoch völlig unklar sei, was „Kommunikationsraum" eigentlich bedeute und welche theoretischen Vorteile diese Sichtweise verspreche. Auch Krotz (1995: 451), der von einem „elektronisch mediatisiertem Kommunikationsraum" spricht, begreift diese Begriffsbildung lediglich als „tentativ".

Aus kommunikationswissenschaftlicher Sicht sind die bislang skizzierten Mythen des Internet nicht nur interessant, weil sie den gesellschaftlichen und medialen Diskurs über eine neue Technologie prägen und damit bedeutend für die Akzeptanz und Diffusion einer Medientechnik sein können. Die Mythen des Internet sind nicht nur Gegenstand von Kommunikation, sie haben Kommunikation zu ihrem Gegenstand und können somit als Leitbilder für die weitere Entwicklung dienen. „Internet" ist mittlerweile zum zentralen Symbol für „Informationsgesellschaft" und „Globalisierung" geworden, und die Ausprägung der metaphorischen Leitbilder trägt zur politischen, rechtlichen, organisatorischen Gestaltung des Mediums und seiner alltäglichen Verwendungsweisen bei. Metaphern sind Denkmodelle mit epistemischer Funktion, sie leiten unsere Forschungsfragen und -ergebnisse. Die Metaphern und Mythen des Internet zu hinterfragen, bildet deshalb einen guten Ausgangspunkt für die wissenschaftliche Forschung.

So verfolgt Krämer (1997) die These, an die Stelle des Technikmythos „Künstliche Intelligenz" trete nun der Medienmythos „Künstliche Kommunikation", nämlich als „Versprechen einer Interaktion zwischen körperlich Abwesenden" in einem immateriellen, aber gleichwohl „gemeinsamen Wahrnehmungs- und Handlungsraum" (Krämer 1997: 83), der geprägt ist durch Interaktivität und Virtualität (vgl. Kap. 3). An die Stelle körperlicher und persönlicher Kopräsenz rücke hierbei die soziale Kopräsenz über Raum, Zeit und Person (Identität) hinweg

(Mythos der Grenzenlosigkeit). Hergestellt wird diese soziale Präsenz durch medialisierte Interaktivität, wie wir sie im Grunde aber seit der Verbreitung und alltäglichen Nutzung des Telefons kennen. Auch hier wird das unbekannte Neue mit Hilfe des Altbekannten beschrieben: Netzkommunikation wird „anthropomorphisierend" verstanden als Interaktion zwischen menschlichen Akteuren. Tatsächlich jedoch, so Krämer, finde die Interaktion mit einer Maschine bzw. einem mediatisierten Datenuniversum, letztlich einem Text statt. Nicht Personen (natürliche Identitäten) oder Autoren, sondern künstliche Identitäten, reine „Symbolketten" sind demnach die – mitunter anonymen – Akteure. Nicht Interaktivität, sondern Intertextualität bzw. Intermedialität kennzeichnen das Internet, das Krämer (1997: 92-100) als kollektives Gedächtnis beschreibt und Pierre Lévy (1997) als unsichtbaren Raum des Wissens begreift. In diesem neuen Raum entstehe durch neue Formen der Kommunikation eine „kollektive Intelligenz".

Damit ist bereits eine Reihe von Begriffen und Fragen genannt, die vertiefender kommunikationswissenschaftlicher Bearbeitung bedürfen; hinzu tritt aber, wie Neverla (1998) bemerkt, die Frage, mit welchem Medienbegriff sich das Netz eigentlich hinreichend beschreiben lässt: Während der libertäre Cyberspace-Mythos das Netz als ein Medium individuellen, ästhetischen Ausdrucks begreift, basiert der Mythos der Datenautobahn auf einem technokratischen Medienbegriff. Zum „Ort des Mythos" wird das „Netz-Medium" immer dort, wo es als Wunschmaschine, „Offenbarung" oder als „Vehikel auf dem Weg des Schicksals" (Neverla 1998: 26-37) angesehen wird.

1.3 Geschichte und Technik des Internet

Zu den Mythen, die sich rund um das Internet ranken, zählt auch, dass sich das Internet ohne staatliche Steuerung und wirtschaftliche Einflussnahme quasi aus sich selbst entwickelt habe. Dieser Mythos wird immer wieder angeführt, wenn es um die Abwehr staatlicher Regulierungsmaßnahmen geht (vgl. auch Kap. 13), allerdings stellt sich die Entwicklungsgeschichte des Internets bei näherer Betrachtung etwas anders dar. Auch um dies zu verdeutlichen, soll im Folgenden kurz die Geschichte des Internet dargestellt werden. Zugleich soll dabei deutlich werden, dass die technische „Revolution", die zum „Netz der Netze"geführt hat, eine etwas längere Vorgeschichte aufweist, als gemeinhin angenommen wird. Computervermittelte Kommunikation findet auch in anderen Computernetzen statt, doch im Rahmen dieses Lehrbuches soll es „nur" um die computervermittelte Kommunikation im Internet gehen (vgl. für eine Ausnahme den Exkurs in Kap. 7). Von Interesse sind aus kommunikationswissenschaftlicher Sicht daher weniger die informationstechnischen Einzelheiten der Entwicklung sowie die detaillierte techniksoziologische Analyse der Entstehungs- und Entwicklungsgeschichte (vgl. hierzu Hafner/ Lyon 2000 sowie Werle 1997). Im folgenden Abschnitt sollen lediglich die wichtigsten Entwicklungsschritte der technischen Infrastruktur (vgl. hierzu auch Kap. 2.3.2), also die Geschichte des Internet als Medium erster Ordnung (vgl. zum Medienbegriff Kap. 2.2) dargestellt werden, ohne die computervermittelte Kommunikation im Internet gar nicht möglich wäre.

Die Idee und erste Versuche, zwei oder mehrere Computer miteinander zu vernetzen, gehen auf die sechziger Jahre zurück. Die damals gebräuchlichen Rechner waren sehr teuer und Rechenkapazitäten vergleichsweise knappe Ressourcen. Durch Vernetzung sollten eine gleichmäßigere Auslastung und damit Kostenersparnisse erzielt werden, indem Aufgaben auf verschiedene Rechner verteilt werden. In den USA finanzierte das Militär sehr viele Forschungsprojekte, die auf Rechenleistungen von Computern angewiesen waren. Die zum US-"Department of Defense" gehörige Advanced Research Projects Agency (ARPA) bzw. die 1962 eingerichtete Unterabteilung Information Processing Techniques Office (IPTO) war für die Koordinierung der Großforschungs- und Entwicklungsaufträge zuständig und verfolgte den Plan, die Rechner der Forschungseinrichtungen zu vernetzen. Es waren also militärische und ökonomische Ziele, die 1968 zur Gründung der Network Working Group (NWG) und zum Aufbau des **Arpanet** führten. Die NWG wurde damit zu einem wichtigen Vorläufer der heutigen Internet Engineering Task Force (IETF), die seit 1986 technische Standards setzt (vgl. Kap. 11.3 sowie Werle 1999: 500-502).

1969 ging der erste Netzknoten des Arpanet an der University of California in Betrieb, bald darauf wurden die Universitäten von Utah, Stanford, Santa Barbara und Los Angeles miteinander vernetzt. 1972 wurde das Arpanet mit 40 Online-Rechnern der Öffentlichkeit vorgestellt, 1981 verband das Netz 200 und im Herbst 1983 bereits 500 Rechner miteinander. Das Arpanet vernetzte erstmals verschiedene Rechnerplattformen unterschiedlicher Hersteller, sicherte also wie das heutige Internet **Interconnectivity**, es basierte auf verschiedenen Übertragungs- oder **Netzwerkschichten** (Layered Approach) und optimierte die Rechnerleistung durch **Ressource Sharing**. Die Datenübertragung erfolgt **paketvermittelt**, wobei der Datenstrom in kleine Pakete „zerlegt" wird, diese werden eindeutig adressiert und über verschiedene Wege zu den Empfängerrechnern „geroutet", wo sie wieder zusammengefügt werden. Hierbei griff man auf Vorarbeiten von Paul Baran zurück, der für die RAND-Corporation ein Paketvermittlungssystem entworfen hatte. Eines der Ziele bestand darin, ein dezentrales Verfahren zu entwickeln, das den Ausfall von Teilen des Netzes (etwa durch einen militärischen Angriff) dadurch auszugleichen suchte, dass die eindeutig adressierten Datenpakete ihren Bestimmungsort auch über „Umwege" finden würden.

Bereits im Arpanet wurde Mitte der siebziger Jahre das **Transmission Control Protocol (TCP)** entwickelt, das zur Grundlage des Internet werden sollte (vgl. Hoffmann 1996). Auch Dienste wie File Transfer (FTP), Telnet (für den Fernzugriff auf Rechnerkapazitäten) und E-Mail wurden Anfang der siebziger Jahre entwickelt und erprobt. Anfang der achtziger Jahre wurde das **TCP/ IP (Internet Protocol)** offizieller Standard des Arpanet, und damit auch zur Vorgabe für andere Netzbetreiber, die eine Verbindung mit dem Arpanet anstrebten (vgl. Werle 1999: 503). Den Anwendern im Bildungsbereich, in dem UNIX-Rechner und -netze verwendet wurden, standen nun kostenlose TCP/ IP zur Verfügung (vgl. Hoffmann 1996), was zur beschleunigten Durchsetzung dieses Protokolls als Standard beitrug. Die UNIX-Rechner der Hochschulen wurden seit Ende der siebziger Jahre zunächst hochschulintern über analoge Telefonleitungen, dann auch übergreifend vernetzt; so entstand das **Usenet**, das auf einem eigenen Protokoll (Unix-to-Unix Copy Program: UUCP) beruhte; 1981 wurde die erste Verbindung zwischen Usenet und Arpanet hergestellt. Auf dieses Netz gehen auch die Bulletin Board Systems (BBS) und die heutigen Newsgroups zurück. In diesen asynchronen Diskussionsforen wurden zunächst lediglich Probleme der UNIX-Anwender diskutiert, schließlich entstanden zahlreiche weitere Diskussionsgruppen zu allen möglichen Themen.

Die **Frühphase** bzw. „Vorgeschichte" des Internet wäre also ohne staatliche Finanzierung und Koordination nicht denkbar gewesen, wenngleich die Entwickler in den jeweiligen Arbeitsgruppen große Spielräume besaßen und sich eine Kultur des sachbezogenen Konsensus bei der Entscheidung über Netzarchitektur, Normen und Protokolle in dieser Zeit etablierte.

Bereits in den siebziger Jahren wurden auch die ersten europäischen Hochschul-Rechner mit dem Arpanet verbunden. Mit dem weiteren Wachstum des Arpanet verbunden war eine gewisse Öffnung über den Kreis der Forschungseinrichtungen hinaus, die unmittelbar für das Militär arbeiteten. Vom Arpanet, das wissenschaftlichen Zwecken dienen sollte, wurde deshalb 1983 das **Milnet** für militärische Aufgaben abgetrennt. Gleichwohl stand das Arpanet den Hochschulen nicht generell offen, so dass diese mit dem Aufbau eigener Netze begannen, wie dem **CSNet (Computer Science Network)** und dem maßgeblich von IBM geförderten

BITNet („Because It´s Time Network) und. Auch hierfür flossen staatliche Fördermittel, insbesondere der National Science Foundation (NSF). Im **NSFNet** wurde wiederum das TCP/ IP verwendet und das im Prinzip bis heute im Internet gültige **Domain Name System (DNS)** eingeführt: Zunächst wurden auf der obersten Ebene sieben Top-Level-Domains (TLD) eingerichtet: .edu (Erziehung und Bildung), .gov (Regierung), .net (Netzwerkbetreiber), .org (Non-Profit-Organisationen), .com (kommerzielle Anbieter); .mil (Militär); .int (international); zudem gab es noch die TLD .nato (NATO) und .arpa (für Einrichtungen des ARPANet). 2001 wurde der zunehmend knappere „Adressraum" erweitert, auch um die Preise für begehrte Adressen nicht allzu sehr in die Höhe zu treiben: Neben den ursprünglichen und den nationalen TLD, wie .de für Deutschland oder .fr. für Frankreich, wurden neu eingerichtet: .aero (Luftfahrt), .biz (für business), .coop (für Genossenschaften), .info, .museum, .name (private Websites) und .pro (professional, also Anwälte, Steuerberater und andere „freie Berufe"). Rund 33 Millionen Websites sind derzeit (Februar 2005) als .com-Adressen registriert, unter der .de-Domain sind es über 8,5 Millionen. In Deutschland werden WWW- bzw. IP-Adressen der .de-Domain seit 1986 von der Domain Verwaltungs- und Betriebsgesellschaft eG, DENIC (http://www.denic.de/de/) gegen eine Gebühr von rund 120 Euro vergeben. Seit 2004 sind auch Adressen mit Umlauten, z. B. www.schröder.de möglich.

Nachdem die ARPA 1990 ihren Netzbetrieb einstellte, übernahm das NSFNet alle bisherigen Funktionen (vgl. Musch 1997: 30-31). Obgleich Werbung bis 1991 im NSFNet untersagt blieb, wuchs das kommerzielle Interesse am Netz. Immer mehr regionale Netzwerke suchten den Anschluss und 1991 waren bereits ein Viertel der Domain-Adressen „.com"-Adressen. Das eigentliche Ziel des NSFNet bestand in der Anbindung möglichst vieler lokaler Universitätsnetze über regionale Netze der US-Bundesstaaten an ein leistungsstarkes landesweites Backbone-Netz. Den Zugang zu Rechnernetzen sollten nun Institute aller Disziplinen genießen, und nicht mehr nur die technischen und naturwissenschaftlichen Forschungseinrichtungen. An die lokalen Hochschulnetze wurden zunehmend auch außeruniversitäre Rechnernetze angeschlossen. Zur steigenden Nachfrage trug sicherlich die Entwicklung des Personal Computers ab 1981 erheblich bei, denn nun ging es nicht mehr nur um die Vernetzung von Rechenzentren und Terminals. In den achtziger Jahren wurden weitere Netz-Dienste entwickelt, z. B. die textbasierten „WWW-Vorläufer" Archie und Gopher, die den Fernzugriff auf Dokumente und Datenbanken erleichterten, sowie der Internet Relay Chat (IRC) ab 1988 und Multi User Dungeons (MUD).

Von 1987 bis 1995 übertrug die NSF die weitere Entwicklung und den Betrieb des Netzes an ein Konsortium von drei Privatfirmen (Advanced Networks Services), das bereit war, selbst in die Infrastruktur zu investieren.

Auch in dieser **Reifephase** spielen also staatliche Finanzierung und ökonomische Interessen eine wesentliche Rolle. Als günstig erwies sich, dass das TCP/ IP kostenlos zur Verfügung stand, da es mit öffentlichen Mitteln entwickelt worden war.

Parallel zu Usenet und NSFNet waren weitere Computernetze entstanden: **staatliche** Netze, etwa das der Weltraumbehörde NASA, **private** Netze, wie das durch Howard Rheingold bekannt gewordenen WELL (Whole Earth ´Lectronic Link) in Kalifornien, **kommerzielle** Netze wie Telenet, Tymnet oder Prodigy sowie **Corporate Networks** für geschlossene Benutzergruppen in Unternehmen und Organisationen (vgl. Werle 1999: 504-510 u. Hoffmann 1996). Auch in Europa entstanden vor allem durch staatliche Mittel Forschungsnetze, zunächst auf BITNet- und Usenet-Basis, in der Bundesrepublik seit 1989 dann auf TCP/ IP-Basis das von dem Verein Deutsches Forschungsnetz (DFN) getragene, bundesweite **Wissenschaftsnetz WIN.**

Internationalisierung und Kommerzialisierung zeichnen sich also bereits in den achtziger Jahren ab, aber erst ab 1990 kommt es zu einer weiteren Öffnung: Es fällt nicht nur das Werbeverbot im Wissenschaftsnetz der NSF, es werden auch komfortablere und für Laien leichter nutzbare Oberflächen entwickelt. Tim Berners-Lee und Robert Cailliau (1990) entwickeln am Genfer Kernforschungszentrum CERN zunächst die Idee für ein Hypertextprojekt namens **WorldWideWeb**, das auf dem Hypertext Transfer Protocol (http) und der graphikfähigen Hypertext Markup Language (HTML) basiert. Anfangs für die Kooperation der CERN-Mitarbeiter und -Partner konzipiert und seit 1991 erprobt, wird das WWW 1993 für die Öffentlichkeit zugänglich. Die ersten Client-Softwares namens MOSAIC (1993) und Navigator (Netscape 1994) erleichtern die Nutzung erheblich und führt zu einem raschen Wachstum des WWW: 1995 existieren bereits 50.000 Host-Rechner, von denen HTML-Dokumente abgerufen werden können; 1998 sind es 2 Millionen. Das WWW wird auch für private Nutzer und kommerzielle Anbieter aus anderen Computernetzen immer interessanter und beschleunigt die Vernetzung der Netze; es entstehen immer mehr Gateways zum Internet. (vgl. Hoffmann 1996), über die auch **kommerzielle Online-Dienste** wie T-Online oder AOL ihren Kunden den Zugang zum Internet verschaffen.

Die eigentliche „Geburtsstunde" des Internet ist also nicht leicht zu ermitteln; wählt man die Verbindung von verschiedenen Computernetzen mittels des TCP/ IP als Kriterium, so kann man seit 1977 vom Internet sprechen. Berücksichtigt man die erste experimentelle Vernetzung von Arpanet und dem kommerziellen TYMNet, dann würde man den Beginn des Internet auf das Jahr 1972 datieren (vgl. Musch 1997: 24). Mittlerweile ist die Vernetzung der Netze dank des TCP/ IP und der installierten Gateways soweit vorangeschritten, dass dem Nutzer in den meisten Fällen gar nicht mehr bewusst ist, in welchem Netz er sich gerade „bewegt". Dazu hat auch beigetragen, dass über moderne Webbrowser ganz unterschiedliche Teile und Dienste des Netzes genutzt werden können, meist ohne dass der User sich noch mit unterschiedlichen Protokollen etc. auskennen müsste. Anhand dieser kurzen Technikgeschichte des Internet wird deutlich, dass

- das Internet zwar dezentral von einer Vielzahl von Personen und Organisationen entwickelt wurde, dabei aber staatliche (militärische), wissenschaftliche und zunehmend wirtschaftliche Interessen sowie staatliche Gelder im Spiel waren;

- das Internet ein Netz der Netze ist, also über das TCP/ IP und Gateways (Schnittstellen) verschiedene Netze und Rechnerplattformen miteinander verbunden und auf diese Weise der Datenaustausch ermöglicht wird;

- die Datenübermittlung im Gegensatz zu Verteilnetzen (wie dem derzeitigen Kabelfernsehnetz) in beide Richtungen und paketvermittelt (nicht wie beim klassischen analogen Telefonnetz leitungsvermittelt) erfolgt;

- jeder Rechner folglich eine eindeutige IP-Adresse benötigt, die sich aus vier dreistelligen Zahlen (zwischen 0 und 255) zusammensetzt, dabei werden die dreistelligen Zahlen durch Punkte voneinander getrennt und Nullen am Beginn weggelassen: „141.53.8.1". Durch Name-Server wird diesen numerischen IP-Adressen dann eine Adresse wie „www.uni-greifswald.de" zugewiesen;

- der Datenaustausch auf einer Server-Client-Architektur beruht: Server sind dabei „passive" Rechner, die von anderen Rechnern, nämlich den Client-Rechnern (wie dem heimischen PC oder Notebook) genutzt werden können. Host-Rechner halten zentrale Dienstleistungen und Datenbestände (etwa HTML-Dokumente) für die Nutzung bzw. den Abruf durch Client-Rechner bereit. Router vermitteln die adressierten Datenpakete innerhalb des Netzes weiter. (vgl. Wersig 2000: 167-174). Für die Kommunikation im Internet bedeutet dies, dass der Nutzer (User) über seinen Client-Rechner eine

Verbindung zu einem Server seines Providers aufbauen und zunächst eine Anfrage starten muss (beispielsweise durch Eingabe einer „Web-Adresse" oder URL). Server und Router leiten diese Anfrage dann an den entsprechenden Host (oder zwischenge-schaltete Speicher, sog. Proxy-Server) weiter. Diese senden dann die angeforderte Datei (ein HTML-Doument, eine Programmdatei, eine E-Mail etc.) wiederum über Router und Server zum Client-Rechner. Man spricht deshalb auch von Abruf- oder Pull-Medien statt von Verteil- oder Push-Medien wie im Rundfunk;

- die physikalische Verbindung zwischen Client und Server auf verschiedene Art erfol-gen kann: entweder über das analoge Telefonnetz (wozu dann ein Modem für die Umwandlung von digitalen in analoge Daten benötigt wird), über schmalbandiges ISDN (Integrated Services Digital Network) mit 128 KBit, über breitbandiges ISDN (auch für Bewegtbilddaten geeignet) oder über ADSL (Asymetric Digital Subscriber Line) mit bis zu 8 MBit/sek Übertragungsgeschwindigkeit (vom Server zum Client). (vgl. Wersig 2000: 183-184) Derzeit scheinen sich mehr und mehr breitbandige Zugangswege (DSL, Glasfaser) durchzusetzen, erprobt wurden und werden aber auch Alternativen wie die Übertragung via Stromleitung sowie vor allem mobile und satel-litengestützte Übertragungs- bzw. Zugangswege.

1.4 Fazit

Der hier nur schlaglichtartig skizzierte Diskurs über „Multimedia" und „Internet" macht deutlich, dass am Beginn einer kommunikations- und medienwissenschaftlichen Auseinan-dersetzung mit der Kommunikation in Computernetzen die Beschäftigung mit Grundfragen unserer Disziplin stehen muss: Um das – tatsächlich gar nicht mehr ganz so neue – Phänomen einordnen, beschreiben und verstehen zu können, muss zunächst geklärt werden, was unter Medium und Kommunikation verstanden wird (vgl. Kap. 2). Erst im nächsten Schritt kann dann erörtert werden, worin denn die Spezifika computervermittelter Kommunikation beste-hen, was hier eigentlich als Medium fungiert, und wie es um die (vermeintlich) völlig neuarti-gen Qualitäten „Multimedialität" oder „Interaktivität" tatsächlich bestellt ist (vgl. Kap. 3).

Der Beantwortung dieser Ausgangsfragen dienen die folgenden Kapitel: Zunächst soll es um die medientheoretische Einordnung gehen, also die Frage geklärt werden, ob denn Computer, Computernetze, „das Internet" oder einzelne Dienste, wie das WorldWideWeb oder E-Mail als Medien zu verstehen sind. Daran schließt sich eine genauere Betrachtung der multimedia-len und hypertextuellen Qualitäten an; und schließlich wird es um die viel diskutierte Frage der „interaktiven" Medien gehen. Das Ziel dieser medien- und kommunikationstheoretischen Betrachtungen besteht darin, Abstand von den alltäglichen Mythen des Internet zu gewinnen, die scheinbaren Selbstverständlichkeiten des populären Diskurses zu hinterfragen und somit ein Fundament für ein kommunikationswissenschaftliches Verständnis computervermittelter Kommunikation zu legen.

2. Computer und Computernetze als Medien?

2.1 Einleitung

Bereits die kurze Auseinandersetzung mit den populären Internet-Mythen (Kap. 1) hat gezeigt, dass „das Internet", „das Netz" oder auch „der Computer" vielfach pauschal als Medium bezeichnet werden. Allerdings gehen auch die kommunikations- und medienwissenschaftlichen Vorstellungen darüber, **was** ein Medium eigentlich genau ist, weit auseinander. Um die Frage zu klären, was bei der Online-Kommunikation denn nun tatsächlich als Medium fungiert, müssen wir also zunächst – in der gebotenen Kürze – den zugrunde liegenden Medienbegriff schärfer fassen. In einem zweiten Schritt lässt sich dann der Gegenstand, um den es im Folgenden gehen soll, genauer eingrenzen und zu anderen Medien bzw. Kommunikationsformen in Beziehung setzen.

2.2 Kommunikationswissenschaftlicher Medienbegriff

Der aus dem lateinischen Wort Medium (das Mittlere, Mittel, Vermittler) abgeleitete, auch im Alltag vielfältig verwendete Begriff „Medien" ist ein Sammelbegriff für die Kommunikations-, insbesondere für die verschiedenen aktuellen publizistischen Massenmedien (Zeitung, Zeitschrift, Hörfunk und Fernsehen). In der älteren Kommunikations- und Medientheorie wurden Medien entweder als neutrale technische Infrastrukturen bzw. Kanäle betrachtet oder als kommunikations-, wahrnehmungs- und kulturdeterminierende Techniken (McLuhan): Medien und Techniken (bzw. Technologien) werden in dieser „medienanthropologischen" Sichtweise nicht unterschieden, der Medienbegriff wird sehr weit verstanden und umfasst beispielsweise auch Uhren, Automobile, Eisenbahn, Flugzeuge, Licht etc., weil auch diese zur Entgrenzung des Menschen beitragen, also seine zeitliche, räumliche und soziale Reichweite prothetisch erweitern. Der technische Medienbegriff greift aus kommunikationswissenschaftlicher Sicht zu kurz, weil er zu undifferenziert ist. Harry Pross (1972) begreift ausgehend von der Wortbedeutung Medium als „Mittel zum Zweck". Der hierbei angesprochene Zweck kann im Falle von Kommunikationsmedien nur die Kommunikation, also die Verständigung zwischen Menschen sein, und nicht allein die Ausweitung unserer Wahrnehmungszone, die Speicherung von Daten oder die Übertragung von Signalen. Wenn wir Kommunikation als symbolische Interaktion (vgl. Kap. 3.3.1) begreifen, dann können Medien als Kommunikationsmittel betrachtet werden, die intentionale Zeichenprozesse zwischen Menschen über räumliche, zeitliche oder raumzeitliche Distanzen hinweg ermöglichen, und zwar so, dass eine Verständigung stattfinden kann. Medien technisieren, reproduzieren und modulieren symbolische Interaktionsprozesse.

Zur Überwindung der raumzeitlichen Distanzen benötigen wir einerseits Techniken, die eine Übermittlung von Signalen oder Daten bewerkstelligen. Doch **(1) Übertragungs-, Verarbeitungs- und Speichertechniken** allein stellen noch kein Kommunikationsmedium dar, denn an Kommunikation sind mindestens zwei Kommunikanden beteiligt (vgl. Kap. 3.3.1). Kommunikationsmedien müssen deshalb definierte „Schnittstellen" aufweisen, die den Kommunikanden bzw. den von ihnen verwendeten Symbolen einen Zugang eröffnen. Kommunikationsmedien prozessieren durchaus wechselnde Botschaften oder Aussagen, aber sie tun es dauerhaft in jeweils bestimmter Weise, d. h. sie verwenden spezifische **(2) Zeichensysteme**. Erst die Verwendung von Zeichen erlaubt die Vermittlung von Bedeutungen. Kommunikationsmedien sind dauerhafte Gebilde, sie existieren auch, wenn gerade nicht kommuniziert wird. Sie organisieren einen Teil unserer kommunikativen Handlungen nach bestimmten Regeln oder Routinen und sind damit keine neutralen Mittler oder leere Container, in die jeder alles „hinein" tun kann, um es zu „transportieren". Es existieren medienspezifische

Codiergrenzen, beispielsweise können Bewegtbilder in der Zeitung nicht gedruckt oder Stehbilder beim klassischen Telefon nicht übertragen werden.

Doch die Regeln werden nicht nur durch die technischen Eigenschaften oder die Codierungsmöglichkeiten festgelegt. Es gibt auch soziale Regeln (Normen) der Medienverwendung: So ist es – jedenfalls bislang – nicht schicklich, eine Partnerbeziehung per SMS zu beenden oder Trauernden Mitgefühl per E-Mail mitzuteilen. Auch der Zugang zu den Medien der öffentlichen Kommunikation ist durchaus reguliert: Nicht jeder kann seine Urlaubsvideos im Fernsehen senden (nicht einmal bei RTL2). Aufgrund ihrer Dauerhaftigkeit und der Regelhaftigkeit ihrer Organisationsweise kann man Medien als **(3) soziale Institutionen** beschreiben, die als soziale Regelwerke der Problemlösung im alltäglichen Handeln dienen (vgl. Berger/ Luckmann 1969). Regeln mit sozialer Geltung erbringen Ordnungs-, Orientierungs- und Sinnstiftungsfunktionen, indem sie übermäßige Komplexität und Kontingenz reduzieren (vgl. Esser 2000: 6-12). Als dauerhafte soziale Regelsysteme prägen sie die Art und Weise, wie wir kommunizieren: Normen, Rollen und Skripts müssen nicht jedes mal neu ausgehandelt werden.

Damit wir Kommunikationsmedien überhaupt benutzen können, bedarf es ferner – in jeweils unterschiedlichem Maße – der **(4) Organisation**: Es muss ein erheblicher organisatorischer Aufwand betrieben werden, damit wir beispielsweise telefonieren oder gar fernsehen können. Es bedarf der organisatorischen, mitunter gar der gesetzlichen Festlegung, wer wann und in welchem Umfang ein Medium nutzen kann, welche Botschaften übermittelt werden dürfen und in welcher Form dies geschehen soll oder darf. Geregelt werden muss schließlich auch, wer die Kosten für die Benutzung des Mediums trägt und wer ein solches Medium überhaupt betreiben darf. Medien sind folglich zugleich Organisationen, also konkrete Sozialgebilde, die auf je spezifische, arbeitsteilige Weise Leistungen in Hinsicht auf ein Organisationsziel erbringen (vgl. hierzu auch Saxer 1980: 532).

Führt man sich die Komplexität dessen vor Augen, was ein Kommunikationsmedium leistet, dann wird deutlich, dass die Definition von „Medium" mehrere Aspekte beinhalten muss. Zunächst einmal kann man die techniksoziologische Differenzierung von Joerges/ Braun (1994: 19) und Kubicek (1997: 218-220) nutzen, die zwischen **Medien erster und zweiter Ordnung** unterscheiden:

- „Medien erster Ordnung sind technische Systeme mit bestimmten Funktionen und Potentialen für die Verbreitung von Informationen", oder besser: von Daten, die mittels eines kognitiven Prozesses zur Konstruktion von Informationen dienen können.

- „Medien zweiter Ordnung sind soziokulturelle Institutionen zur Produktion von Verständigung bei der Verbreitung von Informationen mit Hilfe von Medien erster Ordnung." (Kubicek 1997: 220)

Es handelt sich hierbei nicht um eine bloße Dichotomisierung von „Technik" und „Sozialem", denn die Genese eines Mediums erster Ordnung ist selbst nur als sozialer Prozess zu verstehen: Technikentwicklung (Invention), Innovation, Implementation und Diffusion bedürfen sozialer Akteure, und alle diese Teilprozesse sind – wie auch die Geschichte des Internet zeigt – geprägt von sozialen Rahmenbedingungen: Ökonomie, Politik, Recht, Kultur und Werte sind hierbei ausschlaggebend. Erfindungen sind weder naturgesetzlich zu erklärende Phänomene, noch das Produkt einzelner genialer Erfinder. Zudem stehen Medien erster und zweiter Ordnung in einem komplexen Wechselspiel: Technik, Anwendungen und Nutzungsmuster beeinflussen sich gegenseitig und entfalten eine permanente Dynamik.

Medien erster Ordnung determinieren als technischer Kern oder Basis also keineswegs ihren potenziellen kommunikativen Zweck oder die konkrete Verwendungsweise in der Kommunikation, denn diese entwickeln und entfalten sich in ihrem sozialen Gebrauch. Auf der Ebene der Medien zweiter Ordnung stellen sich somit vor allem Fragen nach der Organisation, also dem ökonomischen, politischen und rechtlichen Rahmen, nach den (medien-)kulturellen Normen und verwendeten Zeichensystemen und den Regeln, wechselseitigen Erwartungen sowie habitualisierten Handlungsmustern des Gebrauchs (Institutionalisierung). So wurde beispielsweise das Telefon zunächst eingesetzt, um die Telegraphie zu ergänzen und – im Sinne eines Rundfunkmediums – auditive Darbietungen (Konzerte, Vorträge etc.) an viele zu verbreiten (vgl. hierzu Beck 1989). Auf der Ebene Medien zweiter Ordnung sind also Varianten kommunikativer Nutzung sowie ein Entwicklungspotenzial unterschiedlicher Medien gegeben. Die Druckerpresse als Medium erster Ordnung ermöglicht sehr verschiedene Druckmedien zweiter Ordnung, die sich durch ihren Zweck, ihre Organisationsform, ihre Inhalte sowie ihre Angebots- und Nutzungsformen unterscheiden: Flugblatt, Zeitung, Zeitschrift, Buch, aber auch Plakat, Verpackung, Katalog, Ansichtskarte oder Telefonbuch. Diese verschiedenen Medien zweiter Ordnung tragen nun wiederum zur Differenzierung der Basistechnologie Druck (als Medium erster Ordnung) bei, denn Publikumszeitschriften oder Kunstbände stellen ganz andere Anforderungen (Farbdruck, Reproduktion von Fotografien etc.) als Gebet- oder Telefonbücher an die Drucktechnik. Sowohl Medien erster, als auch Medien zweiter Ordnung unterliegen dabei einem Wandel, der sich unter anderem im Prozess der Diffusion niederschlägt.

Unter einem **Kommunikationsmedium** soll im Folgenden also immer ein Medium zweiter Ordnung verstanden werden, das jeweils spezifische Ausprägungen in den folgenden Dimensionen aufweist:

- technisch basiertes Zeichensystem
- soziale Institution
- Organisation
- spezifische Leistungen für die Kommunikanden und Funktionen für die Gesellschaft oder soziale Systeme (Gruppen, Organisationen etc.)

Mit dieser definitorischen Umschreibung sind Dimensionen und Kriterien gewonnen für die Beurteilung der Frage, was jeweils als Medium computervermittelter Kommunikation zu betrachten ist: der Computer, das Computernetz, das Internet oder seine einzelnen Dienste?

2.3 Computer, Computernetze und Internet als Medium?
2.3.1 Der Computer als Medium?

Der nicht vernetzte „Stand-alone"-PC, also der handelsübliche Desktop-, Notebook-, Handheld-Computer, Palm-Top oder elektronische Organizer stellt zunächst einmal ein technisches Artefakt dar, das sich als Maschine bezeichnen lässt: Maschinen leisten Arbeit, indem sie einen – wie auch immer gearteten – Input in einen anderen (möglichst höherwertigen) Output transformieren. Dabei darf bzw. sollte der Output nicht beliebig oder zufällig sein, sondern jedes Mal in voraus berechneter Form und Menge erfolgen: Derselbe Input führt – solange die Maschine nicht gestört ist – zum selben Output, wie Heinz von Foerster (1985: 44) dies als Definitionskriterium „trivialer Maschinen" am Beispiel des Lichtschalters beschrieben hat: Die Betätigung des Schalters (Input) führt regelmäßig dazu, dass das elektrische Licht leuchtet oder – bei erneuter Betätigung – verlöscht. Input und Output unterscheiden sich voneinander, stehen aber in einer festgelegten, „programmierten" Beziehung zueinander. Ihre Funktionsweise ist auch im Wiederholungsfalle immer dieselbe, und insofern sind diese Maschinen „trivial". Maschinen leisten also etwas grundlegend anderes als technische Speicher- und Übertragungsmedien (Medien erster Ordnung), von denen wir erwarten, dass sie einen

„Input" möglichst unverändert und ungestört in denselben „Output" über Raum und Zeit hinweg übertragen. (Bei Medien zweiter Ordnung findet allerdings tatsächlich Informations- bzw. Datenverarbeitung statt. Und hierin besteht gerade die enorme Leistung von Medien zweiter Ordnung: Wir erwarten eine sorgfältige Selektion, Interpretation und Transformation z. B. des Nachrichten-Inputs durch eine professionelle journalistische Redaktion.)

Von Computern erwarten wir zum einen, dass sie Gespeichertes möglichst unverfälscht aufbewahren, z. B. unsere Texte nicht eigenständig verarbeiten und verändern. Zum zweiten bedienen wir uns des Computers für Berechnungen (Computationen) aller Art, die wir grundsätzlich auch ohne Computer ausführen könnten, allerdings mit erheblich höherem mentalem und zeitlichem Aufwand. Die Ergebnisse solcher Computationen stehen aber im Vorhinein fest, die notwendigen Formeln und Daten sind von Menschen (in ihrer Berufsrolle als Programmierer) als Teil des Input festgelegt, die Regeln (Algorithmen) sind bekannt und der Output ist hierdurch „programmatisch" festgelegt. Zum dritten erwarten wir aber von Computern auch überraschende Ergebnisse, die für uns informativ sind: Obwohl alle Inputs bekannt sind, erlaubt z. B. die Abfrage einer Datenbank nach variablen Kriterien neue **Interpretationen** des Inputs. Die Rekombination von bekannten Daten kann – für einen **menschlichen Nutzer** – durchaus informativ sein und d. h. der Output unterscheidet sich wesentlich vom Input.

Bereits beim nicht vernetzten **Stand-alone-PC** haben wir es also mit einem Medium und einer Maschine zugleich zu tun, entscheidend ist, welchen Gebrauch wir von ihm machen. Auch der Stand-alone-PC kann als Endgerät und Schnittstelle eine Funktion im Prozess der Kommunikation besitzen, beispielsweise wenn massenhaft produzierte und auf Wechseldatenträgern (Diskette, CD, DVD) vertriebene Medienangebote (Spiele, Musik, Videos, Lernprogramme etc.) individuell genutzt werden. Allerdings unterscheidet sich der Computer in diesem Falle nicht grundlegend von anderen Endgeräten der Unterhaltungselektronik, mit denen sich Speichermedien individuell nutzen lassen (Diaprojektor, Audio- und Videorekorder). Der Computer ist dann als Endgerät Komponente eines technischen Mediensystems, aber selbst noch kein Medium: So wenig, wie der heimische Fernsehapparat es ist, denn auch er wäre ohne Studio- und Übertragungstechnik nicht für kommunikative Zwecke nutzbar. Die Bezeichnung computervermittelte Kommunikation ist deshalb hilfreicher als beispielsweise „Online-„ oder „Netz-Kommunikation", denn der Computer ist auch im nicht vernetzten Zustand (offline) als Abspielgerät mit spezifischen Eigenschaften an gesellschaftlicher Kommunikation (asynchroner und meist individualisierter „Massenkommunikation") beteiligt. Nicht der Computer selbst kommuniziert, sondern es gibt – nach wie vor – einen Kommunikator (Produzent der gespeicherten Daten) und einen Rezipienten, der aus den durch den Computer reproduzierten und dargestellten Daten Informationen konstruiert. Allerdings bleibt der Kommunikator für den Rezipienten vielfach anonym, und durch die Möglichkeiten des asynchronen und hoch selektiven Zugriffs sowie der Programmierbarkeit und Datenfülle des Rechners kann der Eindruck entstehen, der Computer selbst kommuniziere, wie das in vielen alltagssprachlichen Wendungen zum Ausdruck kommt, die den Computer anthropomorphisieren. Das Verstehen auf der Rezipientenseite kann sich immer weiter vom Akt der Mitteilung lösen. Durch die Verarbeitungsleistung der Maschine Computer kann der „Sinn der Kommunikation nicht mehr am Sinn der Mitteilung fixiert werden ... Das, was der Mitteilende meinte, kann nicht mehr das Kriterium sein, um die Richtigkeit des Verstehens zu prüfen: Der Mitteilende konnte den aus dem Computer gewonnenen Text nicht kennen" (Esposito 1993: 345). Gleichwohl wird der Computer nicht zum Kommunikator, denn es ist nicht sinnvoll, ihm Intentionalität zu unterstellen, auch wenn sich die Künstliche Intelligenz-Forschung (mit bislang eher bescheidenem Erfolg) darum bemüht, Intentionalität zu simulieren, so dass der Computer als Kommunikator mit Bewusstsein (miss)verstanden werden kann.

Esposito (1993) unterscheidet folgerichtig zwischen „individuellem" und „kommunikativem Gebrauch" des Computers, um seinen **Doppelcharakter als Maschine und Medium** zu begründen:

Der **individuelle Gebrauch** ist dabei die Voraussetzung für den kommunikativen Gebrauch, wie sie am Beispiel der Schrift verdeutlicht. Ursprünglich diente die Schrift wahrscheinlich memotechnischen Zwecken, d. h. die eigenen Beobachtungen und Gedanken konnten mit Hilfe eines Symbolsystems (und den entsprechenden symbolischen Transformationen) aufbewahrt und zu einem späteren Zeitpunkt unter anderen Bedingungen reproduziert werden. Das Lesen der eigenen Niederschriften (z. B. eines Tagebuches) kann durchaus informativ (überraschend) sein, denn es wird erneut Sinn konstruiert, und zwar von einem Individuum (bzw. kognitiven System), das sich mittlerweile selbst durch Erfahrungen und Kommunikationen verändert hat; die Rekonstruktion von Sinn erfolgt in neuen Kontexten. Schon beim individuellen Gebrauch der Schrift, verstärkt aber des Computers, dient das Medium als Mittel der Selbstbeobachtung, argumentiert Esposito. Weil es sich beim Computer aber zugleich um eine Maschine handelt, die Daten verarbeitet, „kann man ohne Kommunikation aus seinen Daten Informationen gewinnen, die über die Fähigkeiten des sie gewinnenden [kognitiven, KB] Systems hinausgehen (...) Neue Zusammenhänge, neue Verbindungen, neue Implikationen können auftauchen" (Esposito 1993: 348-349). Im Gegensatz zu trivialen Maschinen kann die Programmierung des Computers sehr komplex werden, denn die Maschine Computer weist eine Mehr-Ebenen-Architektur auf: Über der physikalischen Maschine (Netz von Schaltungen der Hardware mit elektrischen Zuständen) liegt die Ebene der logischen Maschine (0/1-Differenz, bit), die mit Verknüpfungen wie „and" bzw. „or" arbeitet. Diese logischen Zustände werden durch die Software-Ebene symbolisch „interpretiert", z. B. als Buchstaben oder Zahlen. „Der wichtige Punkt ist hier, daß es keine Entsprechung zwischen den Operationen auf den unterschiedlichen Niveaus geben muß: ... Auf jedem Niveau kann man also mit einer relativen Autonomie operieren" (Esposito 1993: 349). Im Gegensatz zur mechanischen Uhr oder zum (klassisch-mechanischen) Automobil eröffnet die Programmierung eine Vielzahl von Zwecken und Interpretationsweisen der Daten (Input), sie schafft kontrollierte Überraschungen durch „externe Manipulation" des Inputs: „Mit anderen Worten: Die am Ausgang gewonnen Daten sind auf eine externe Manipulation [durch Programme] angewiesen, welche von dem, der den Computer benutzt, nicht kontrolliert werden kann, aber trotzdem nicht auf Zufall beruht – sie beruht aber auch nicht auf dem Eingriff eines anderen Bewußtseins [allenfalls dem eines anonymen Programmiererkollektivs, das vom Inhalt nichts weiß; KB], wie es in der Kommunikation der Fall ist. Mit dem Computer kommuniziert man nicht: Man benutzt ihn." Erzeugt wird lediglich eine „virtuelle Kontingenz" (Esposito), weil der Benutzer aufgrund der Komplexität der Programme den Eindruck erhält, er habe es mit den Beobachtungen bzw. intentionalen Kommunikationen eines anderen Bewusstseins zu tun, tatsächlich aber nur seine eigene Kontingenz gespiegelt wird, die er nicht mehr erkennt (vgl. Esposito 1993: 350-351).

Computer werden aber auch **kommunikativ als Medium gebraucht**. Die aus dem Computer gewonnen Daten werden als Informationen eines Mitteilenden interpretiert und einem Alter Ego zugeschrieben. Dies beschreibt insbesondere die Situation des Gebrauchs vernetzter Computer. Die doppelte Kontingenz der Kommunikation bleibt hier erhalten, weil der imaginierte Alter zumindest als abstrakter „jemand" vorgestellt wird. Das Verstehen ist jedoch durch die Eigenschaft des Computers als verarbeitende und darstellende Maschine weniger stark an den Mitteilenden gebunden als bei der interpersonalen Kommunikation: „Diejenige Interpretation ist korrekt, die für den, der die Kommunikation versteht, Sinn hat, ohne jeden Bezug auf das, was der Mitteilende meinte." (Esposito 1993: 352). Die Strukturierung der Daten (Output) kann vom Mitteilenden nur in Maßen bestimmt werden, hier greifen die Programme der Maschine Computer, die zugleich Medium bzw. Komponente eines Mediensystems ist. Gleichwohl findet Kommunikation statt: Auch bei Hypertexten (und vermutlich noch weitaus deutlicher bei Chat und E-Mail) kann zwischen Information und Mitteilung unterschieden werden. Die Interpretation hängt weder allein vom Nutzer ab, noch allein vom Programm, aber auch nicht allein vom Autor. Für Esposito (1993: 353) ist computervermittelte Kommunikation (der kommunikative Gebrauch des Computers) daher eine „neue Form von Kommunikation". Aus konstruktivistischer Sicht ist allerdings anzumerken, dass Verstehen bei jeder Kommunikation eine Leistung des kognitiven Systems des „Rezipienten" ist, also nicht vom Autor determiniert wird: Auch bei sprachlicher und schriftlicher Kommunikation spielt die Codierung eine entscheidende Rolle. Neu hingegen scheint das durch Programmierung erzeugte Ausmaß der „virtuellen Kontingenz" zu sein.

Fassen wir zusammen: Computer können nicht nur als Maschinen, sondern als Medien fungieren bzw. genutzt werden. Bei näherem Hinsehen erweisen sie sich jedoch als Komponenten umfassender technischer Mediensysteme – gleich ob es sich um Online- oder Offline-Anwendungen handelt. Zweifellos sind Computer technische (Teil-)Systeme; hinsichtlich der übrigen kommunikationswissenschaftlichen Definitionskriterien sind jedoch Einschränkungen vorzunehmen: Computer können – in digitaler Form – ganz unterschiedliche Zeichentypen prozessieren bzw. darstellen, eine Eigenschaft, die weitere Aufmerksamkeit verdient (vgl. die Ausführungen zum Multicode, Kap. 3.2.1). Hinsichtlich der Organisations- und der Institutionalisierungsdimension unterscheidet sich der Computer erheblich von den Kommunikationsmedien: Eine spezifische Form der sozialen Organisation oder ein Set institutionalisierter Verwendungs- und Gebrauchsregeln lässt sich für den Computer nicht angeben, gerade weil er universell einsetzbar erscheint. Der Computer ähnelt hierin eher einem Werkzeug oder einer Maschine, mit der sich ganz unterschiedliche Werkstücke bearbeiten lassen. Die Kriterien für ein Medium erster Ordnung (technisches Potenzial für die Speicherung, Verarbeitung und Übermittlung von Daten) erfüllt der Computer ähnlich wie Papier oder andere Komponenten technischer Mediensysteme, spezifische Merkmale eines Mediums zweiter Ordnung sind hingegen nicht erkennbar.

2.3.2 Das Computernetz als Medium?

Von einem Computer kann man „kommunikativen Gebrauch" (Esposito) machen, insbesondere wenn er nicht nur als Display für die Wiedergabe von Speichermedien wie CD-ROM oder DVD dient, sondern als Schnittstelle zu einem Telekommunikationsnetz. Vernetzung, so die Annahme, führe zu einem qualitativen Sprung. Faßler (2001) betont beispielsweise nicht nur die neuen medialen Qualitäten von Computernetzen, er zieht hieraus weit reichende Schlüsse über gesellschaftliche und kulturelle Veränderungen: Das Netz lege demnach zwar (als Medium erster Ordnung) die Verbindungen fest, nicht aber die Art und Weise der Nutzung. Unter den Bedingungen medialer Netze entstehe Kultur (als Medienkultur im Sinne Flussers) „anders ... als unter industriellen oder ländlichen, dörflichen oder urbanen Bedingungen." Kultur werde „durch interpersonale Medientechnologien" produziert. Mediennetze erlaubten sowohl die alte „Propaganda-Struktur" des one-to-many, als auch die individuelle Nutzung des „Medienfeldes" durch „Eintritt (Immersion) in den medialen Raum (Individualmedialität)." Im Netz herrschten instabile, dynamische, wechselseitige Beziehungen, „doppelte Kontingenz"; der „nicht-menschliche Anteil des kommunikativen Geschehens" werde „stetig größer" (Faßler 2001: 36-38). Computerbasierte Netze holten die Interaktivität in das Kommunikationsgeschehen zurück, die Sendemedien ausgeschlossen hätten. Netztechnologien bewirkten demnach „das Ende der Massenmedien"; an deren Stelle trete die „Computermedialität: Alle an Alle" (Faßler 2001: 135-136). Alte Stabilitäten und Ordnungen der hochregulierten modernen Gesellschaft würden durch die hochstandardisierten technologisch-kybernetischen Ordnungen abgelöst, an die Stelle von Regulierung und Institutionen treten

diskursive Kommissionsentscheidungen (Selbstorganisation des Netzes) und Marktentschei-
dungen (Faßler 2001: 152-153). Netzmedialität sei selbstbezüglich (selbstreferentiell) (Faßler
2001: 15), denn in elektronischen Netzen würden „nicht nur soziale, politische und kulturelle
off-line-Differenzierungen" wiederholt, „sondern neue Formate von dauerhafter oder kurzzei-
tiger Kommunikation ... entstehen" (Faßler 2001: 21). „Netze hängen in viel höherem Maße
von den Absichten und Kompetenzen der einzelnen Menschen ab als sonstige institutionell
geregelte, territorial oder geographisch verortete Gesprächsverläufe, da der Ort, der Raum, die
Anwesenheitszeit, die elektronische Erreichbarkeit für Aktion und Interaktion erst geschaffen
werden müssen. Zugleich hängen Menschen in viel höherem Maße davon ab, diese Orte und
Räume 'aufrufen', herstellen, kognitiv verarbeiten und entwerfen zu können" (Faßler 2001:
244).

„Vernetzungen" sind für Faßler die bereits bekannten, älteren Formen sozialer Selbstorganisation; in den medialen Netzen gibt es zusätzliche, neue Formen: Die Netzwerke sind global
und sie übernehmen Funktionen herkömmlicher Institutionen, nämlich Speicher- und
Gedächtnisfunktionen auf neue Art und Weise (Faßler 2001: 29-30). Das „Netz wird der Ort
der Medialität, wird Erzeuger und Speicher, Träger und Zerstörer künstlicher Körper der
Medialität" (Faßler 2001: 65).

Faßlers Ausführungen sind in weiten Teilen sicherlich spekulativ und basieren nicht auf klar
definierten Begriffen und Differenzierungen. Deutlich wird jedoch, wie vielfältig die kommunikativen Möglichkeiten von Computernetzen sind und dass neben den bekannten medialen
Formen und Strukturen sich „im Netz" auch neue entwickeln können, wenn und in dem
Maße, wie Nutzer hiervon Gebrauch machen. Aus kommunikationswissenschaftlicher Sicht
schließt sich deshalb die Frage an, ob es sich denn bei Computernetzen um Medien (erster
oder zweiter Ordnung) handelt, und wie es – jenseits der technischen Potenziale – um die
organisatorischen und institutionellen Aspekte „des Netzes" bestellt ist. Zweifellos kann man
jedes Computernetz als technisches System beschreiben, das ein Potenzial zur Übermittlung
von Signalen und Daten bietet, also die Kriterien eines Mediums erster Ordnung erfüllt. Wie
sieht es nun aber mit den Kriterien Institution und Organisation aus?

Diese Frage kann am Beispiel Internet beantwortet werden, das als „Netz der Netze" den
meisten Menschen wohl vertrauter sein dürfte als andere Computernetze (LAN, WAN, Intranets, Extranets und andere spezielle Rechnernetze von Banken, Reisebüros etc.). Einen guten
Ausgangspunkt bildet die Struktur des Internet, die sich nach dem ISO/ OSI-Modell aus sieben **Schichten** zusammensetzt (vgl. Schaubild 1). Die ersten beiden Schichten stellen demnach materielle Netze (z. B. Ethernet, Token Ring und Telekommunikationsnetze dar). Die
dritte oder Netzvermittlungsschicht ist beim Internet durch das Internet Protocol (IP) gekennzeichnet, die vierte (oder Transportschicht) durch das Transmission Control Protocol (TCP).
In den Schichten fünf und sechs, den Steuerungs- und Darstellungsschichten, finden sich verschiedene weitere Protokolle, die dienstespezifisch sind: FTP (File Transfer Protocol), TEL-
NET (Terminal Emulation Remote Login), SMTP (Simple Mail Transfer Protocol) und HTTP
(Hypertext Transfer Protocol). Die Anwendungsschicht (Schicht 7) beschreibt die Software-
Sprachen: CGI (Common Gateway Interface), VRML (Virtual Reality Markup Language)
oder HTML (Hypertext Markup Language), die schließlich die technische Basis für die verschiedenen Dienste wie Archie, Gopher, WorldWideWeb, E-Mail usw. komplettieren.

	OSI-Schicht			Layer	
7	Verarbeitung	CGI, VRML, HTML		Application	7
6	Darstellung	TELNET, FTP, SMTP, HTTP		Presentation	6
5	Kommunikations-steuerung	←— Protokolle —→		Session	5
4	Transport	TCP		Transport	4
3	Vermittlung	IP		Network	3
2	Sicherung	Dienste:	SLIP/ PPP	Data Link	2
1	Bitübertragung		Ethernet Tokenring	Physical	1
		Medium			

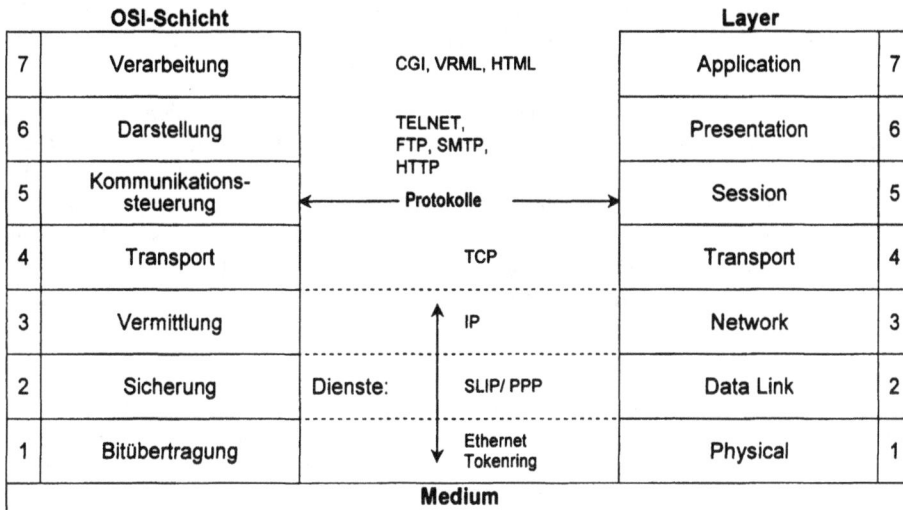

Schaubild 1: ISO/ OSI-Schichtenmodell nach Neumahr (2000: 74)

Protokolle und Programmsprachen sind zwar das Ergebnis sozialer Technikentwicklungs- und -gestaltungsprozesse sowie internationaler Normung, determinieren aber die Medien zweiter Ordnung, also die einzelnen Dienste nicht. Sie stellen vielmehr Potenziale und einen Gestaltungsrahmen zur Verfügung, die nun Gegenstand von Institutionalisierung und Organisation sind. Auch die tatsächlich verwendeten Zeichensysteme speisen sich aus soziokulturellen Quellen, vorgegeben sind lediglich technische Codiergrenzen. Betrachtet man also das Internet aus kommunikationswissenschaftlicher Sicht und legt einen differenzierten Medienbegriff zugrunde, dann erscheint das **Internet nicht als Kommunikationsmedium**, das sich mit Hörfunk, Fernsehen, Zeitung oder auch dem Telefon vergleichen ließe. Das Internet lässt sich **zutreffender als technische Infrastruktur oder Medium erster Ordnung** beschreiben. Dies gilt insbesondre für die Schichten 1 bis 4 (TCP/ IP), während sich in den darüber liegenden Schichten (den einzelnen Diensten) zumindest die Konturen distinkter Kommunikationsmedien abzuzeichnen beginnen. Gleichwohl handelt es sich auch bei den Schichten 5 bis 7 nach dem ISO/ OSI-Modell noch immer um Beschreibungen der technischen Zeichensysteme, die einen Rahmen setzen für kommunikative Anwendungen, diese aber nicht determinieren. Auch die einzelnen Dienst-Protokolle und die Software bestimmen noch nicht, was kommuniziert wird, wer mit wem kommuniziert, wie eine „gelungene" E-Mail-Kommunikation auszusehen hat usw.

Was bei Faßler bereits deutlich wurde, spielt in der sozialwissenschaftlichen Forschung zur Netzkommunikation eine bedeutende Rolle: die Frage, in welchem Zusammenhang **technische bzw. mediale** Netze mit **sozialen** Netzen oder Netzwerken stehen. Kommunikationswissenschaftler wie Vilém Flusser (1997; 1998) oder Stefan Weber (2001a; 2001b) untersuchen, ob – gerade unter den Bedingungen der Netzkommunikation – nicht die gesamte Gesellschaft und ihre Strukturen als soziale Netze zu verstehen sind und Netzwerktheorien sich als angemessenere Sozial- und Gesellschaftstheorien erweisen als handlungs- und systemtheoretische Versuche. Darüber hinaus prägen Netzwerkansätze auch einen großen Teil der empirischen Erforschung der Online-Kommunikation (vgl. Kap. 11.4).

Weber (2001b: 19-20) geht bei seinen theoretischen Überlegungen auch der Frage nach, ob „das Netz ein Medium" ist, wobei er unter „Netz ... alle Kommunikationen" versteht, „die technisch gesehen zumindest zwei dislozierte Computer (oder aber zumindest einen Computer und ein 'Empfangsgerät' wie Handy usw.) erfordern, die miteinander ver/gekoppelt sind, d. h. in einer technischen Verbindung stehen." Medium definiert er anhand der folgenden vier Aspekte:

> „Ein Medium ist (topologisch) ein Ort (eine *Mitte*) der (transzendentalen) *Vermittlung* (Repräsentation vs. Konstruktion) von (textuell) *Vermitteltem* (in den semiologischen Hierarchiestufen Daten, Information, Wissen) auf Basis technischer *Mittel* (vom Buchdruck bis – derzeit – zum Computer. Daraus folgt, dass sowohl der Computer (als Ort und Technik) als auch das Internet (als Vermittlung und Vermitteltes), sowohl E-Mail als auch das World-Wide-Web Medien sind. Sie alle enthalten – in unterschiedlichen Gewichtungen – alle vier Aspekte des Medienbegriffs." (Weber 2001b: 28; Hervorhebungen KB)

Die „dualistisch geführte Debatte Medientechnik versus Mediengebrauch" (Weber 2001b: 30) soll damit ad acta gelegt oder zumindest unterlaufen werden, eine vertiefende Bezugnahme auf kommunikationswissenschaftliche Differenzierungen (vgl. Kap. 2.2) erübrigt sich dann. Allerdings muss dafür ein (m. E. zu) hoher Preis gezahlt werden, denn hier ist offenbar nicht mehr allein von **Kommunikations**medien die Rede: die computer-technische Übermittlung von Daten gilt bereits als hinreichende Bedingung, damit das Netz ein Medium ist. Ob diesen Daten in kommunikativen Handlungen (einschließlich Verstehenshandlungen) Bedeutung beigemessen wird, ob sie überhaupt kognitive Systeme irritieren, also menschliche Kommunikanden zur Konstruktion von Information anregen – all das spielt keine Rolle. Die Erweiterung des Medienbegriffs um die technische Infrastruktur führt damit entweder zur Trivialisierung des Kommunikationsbegriffs (vgl. hierzu auch Kap. 3.3.1) oder zum Verlust der Unterscheidung zwischen Kommunikationsmedien und (wie auch immer definierten) Mitteln. Deutlich wird dies auch in Webers Zusammenfassung (2001b: 34): „Rede ich im folgenden vom Netz ..., so meine ich damit immer generell, aber in situativ unterschiedlicher Gewichtung: das Netz als technische Infrastruktur (Mittelaspekt), das Netz als topischen Ort (Aspekt der Mitte), das Netz als Transportweg/ Kanal (Vermittlungsaspekt: Übertragung versus Konstruktion)." Geht es tatsächlich um den „Transport" von Daten, dann erscheint der Begriff der Vermittlung überzogen, es handelt sich schlicht um Übermittlung. Wird die Konstruktion von Bedeutungen aber als Bestandteil der Vermittlung begriffen, dann erscheint es nicht sinnvoll, Kommunikanden, die vom Netz-Medium „kommunikativen Gebrauch" machen, aus der Definition auszuschließen.

Die von Weber und anderen geführte Auseinandersetzung um die Frage, ob das Internet oder das WWW nun Netze oder Systeme sind, soll hier nicht vertiefend betrachtet werden. Erkennbar werden aber in dieser Debatte, dass immer wieder wichtige Unterschiede zwischen den Massenmedien und den Netzmedien postuliert werden. Der Systemtheoretiker Peter Fuchs (1998: 302) formuliert dies so:

> „Blickt man auf das, was in diesem Netz an Kommunikation läuft, scheint eine Grenzbestimmung nahezu unmöglich. Was immer kommunikativ behandelt werden kann, findet sich dort, kein Thema ist ausgeschlossen." Im Gegensatz zu dem – nach systemtheoretischer Lesart – autopoietischen Massenmediensystem verfügt das Netz über keinen binären Code, der die System-Grenzen definiert: Im Netz findet sich Öffentliches wie Nicht-Öffentliches und Privates, Informatives wie Redundantes. Und einen weiteren Unterschied bemerkt Fuchs, wenn er schreibt: „Anders als die Massenmedien, die im gleichen Trend liegen ..., aber es noch nicht geschafft haben, Interaktivität in einem mehr als rudimentären Sinne einzuführen, ist [das Netz] so gebaut, daß es jeden beliebigen Lärm an seiner offenen allopoietischen Grenze durchlässt, vor allem auch privaten Lärm, also den vieler Leute." (Fuchs 1998: 314)

Das Netz ist „all-inklusiv", zumindest umfasst es deutlich mehr Themen, Kommunikatoren, Zeichensysteme (Codes) als die distinkten Kommunikationsmedien, die wir seit langem kennen und nutzen. Das „Netz" ist demnach eher durch Entdifferenzierung und Re-Integration von Kommunikationsmodi gekennzeichnet als durch die wachsende Ausdifferenzierung, die wir bei den Massenmedien erkennen können. Offenbar sind auch die institutionellen Regeln und die organisatorischen Rahmen heterogener als bei einzelnen Medien wie Rundfunk, Tageszeitung oder Telefonie, weil „im Netz" die Kommunikanden selber in stärkerem Maße die Regeln bestimmen, ja buchstäblich aushandeln. Das Netz könnte als ein ganzes Bündel von Medien, als Makro- oder Metamedium oder als Mischung verschiedener Medien bezeichnet werden, als Hybridmedium, das wie der Computer eine Fülle von Anwendungen, Funktionen und Kommunikationsmodi ermöglicht.

2.3.3 Das Internet als (Massen-)Medium?

Diese Vielfalt von Kommunikationsmodi, die in Computernetzen wie dem Internet technisch möglich und sozial tatsächlich realisiert werden, stellt die lange Zeit auf die publizistischen Medien (Massenmedien) fixierte Kommunikationswissenschaft vor eine neue Herausforderung. Zu den frühen Versuchen, das Internet medientheoretisch zu fassen und kommunikationswissenschaftliche Forschungsperspektiven zu eröffnen, gehört ein bis heute viel zitierter Beitrag der amerikanischen Journalistikwissenschaftler Merrill Morris und Christine Ogan. Sie plädieren darin für eine verstärkte Thematisierung des Internet und begründen dies gerade nicht mit der Ablösung der Massenmedien durch die Netzmedien, sondern begreifen die neuen technischen Medien als Massenmedien. Als ein zweifelhaftes Argument führen sie an, das Internet würde massenhaft genutzt. Wie ein Blick auf die Telefonie zeigt, ist dies sicherlich kein hinreichendes Kriterium für ein Medium der Massenkommunikation. Morris/ Ogan behaupten weiter, dass die Grenzen zwischen den bislang getrennt erforschten Formen der interpersonalen, der Gruppen- sowie der öffentlichen bzw. Massenkommunikation verschwimmen. Gefordert sei daher ein Überdenken und eine Revision überkommener theoretischer Konzepte und Definitionen. Insbesondere kritisieren sie bisherige Ansätze der Massenkommunikationsforschung:

> „They compare computers to telephones, dismissing the idea of computer communication as mass communication. (...) The Internet is a multifaceted mass medium, that is, it contains many different configurations of communication. (...) The Internet plays with the source-message-receiver features of the traditional mass communication model, sometimes putting the into entirely new configurations." (Morris/ Ogan 1996: 41-42)

So können die „Quellen" oder Kommunikatoren bei der computervermittelten Kommunikation einzelne Personen (E-Mail), Gruppen (Usenet) oder professionelle Journalisten (WWW) sein. Kommunikate können sowohl professionell und arbeitsteilig recherchierte sowie journalistisch gestaltete Genres als auch schlichte Konversationsprotokolle (Chat) sein. Und schließlich kann es sich bei den „Empfängern" um Einzelne, Gruppen oder ein – mehr oder weniger umfassendes – Publikum handeln.

Morris/ Ogan schlagen vier Kategorien für die Systematisierung der Kommunikation im Internet vor:

- one-to-one asynchronous communication (E-Mail)
- many-to-many asynchronous communication (Usenet, BBS)
- synchronous communication: one-to-one, one-to-few, one-to-many (MUD, MOO, IRC)

- asynchronous communication, im Sinne eines individuellen Abrufs von Angeboten (WWW, FTP, Gopher): many-to-one, one-to-one, one-to-many.

So hilfreich dieser erste Systematisierungsversuch gewesen sein mag, um zu verdeutlichen, dass „das Internet" auch ein relevanter Forschungsgegenstand für die traditionell an der öffentlichen Kommunikation (Publizistik) orientierten Kommunikations- und Medienwissenschaftler ist, so treten doch eine Reihe von Problemen zutage:

Die Zeitdimension (synchron vs. asynchron) und die Sozialdimension (Anzahl der Beteiligten) stellen zwar wichtige Parameter für die Beschreibung der Vielfalt computervermittelter Kommunikation dar. Allerdings erweisen sich die Übergänge zwischen synchronen und asynchronen Kommunikationsformen im Gebrauch der Medien als durchaus fließend. So wird E-Mail – insbesondere in betrieblichen Computernetzen (Intranets) mit „always-on-Verbindungen" – zum nahezu synchronen Medium, wenn die Beteiligten jeweils unmittelbar antworten (vgl. Kap. 5). Es entwickelt sich ein Dialog, der einem Telefongespräch hinsichtlich der Synchronizität mitunter kaum nachsteht. Andererseits spielen bei den synchronen Kommunikationsformen MUD und MOO (vgl. Kap. 9) durchaus gespeicherte Daten eine ausschlaggebende Rolle: Als kollektive Erzählungen besitzen sie eine zum Teil weit zurück reichende Geschichte, so dass aktuelle synchrone Kommunikation nur verständlich wird, wenn die Kommunikanden zumindest Teile „abgeschlossener" und gespeicherter Kommunikationen kennen. Dies gilt sogar für die Identitäten der Kommunikanden (vgl. Kap. 10). Die Unterscheidung von synchronen und asynchronen Kommunikationsformen im Netz kann also nur als eine polare Differenzierung mit entsprechenden Skalierungen gelten. Zudem nennen Morris/ Ogan zutreffend meist mehrere Dienste, die synchrone oder asynchrone Kommunikation ermöglichen, was ein zweites Differenzierungskriterium notwendig macht. Fraglich ist jedoch, wo genau die Unterscheidungen zwischen „one", „few" und „many" gezogen werden sollen: Auch in der Massenkommunikation werden Aussagen in der Regel arbeitsteilig produziert, d. h. es gibt nicht nur einen individuellen Kommunikator („one"), sondern mehrere („few"), allerdings in organisierter Form. Auf der Rezipientenseite befindet sich bei der Massenkommunikation ein disperses Publikum, das nicht allein durch seine Quantität („many") bestimmt ist, sondern bestimmte Qualitäten aufweist (dispers, räumlich verstreut, nicht organisiert). Die Rezipienten der „Massenmedien" interagieren als Publikumsmitglieder nicht miteinander, die Gruppen („few") in MUD, MOO und IRC aber sehr wohl. Und schließlich garantiert auch beim WWW das technische Potenzial alleine noch nicht Selektion und Rezeption durch viele („many"), Selektion und Rezeption folgen beim Abrufmedium WWW („Pull-Medium") anderen Mustern als beim Rundfunk („Push-Medium"). Zudem ist fraglich, ob es nicht einen kommunikationssoziologisch relevanten Unterschied ausmacht, ob ein Rezipient der Tagesschau oder eines großen, live-übertragenen „Fernseh-Events" sich der Tatsache bewusst ist, dass er Teil eines „synchronisierten" Millionenpublikums ist, während dies beim WWW kaum der Fall sein wird. Darüber hinaus stellt sich die Frage, ob die „klassische Definition" von Massenkommunikation (Maletzke 1963) vor dem Hintergrund von Zielgruppenmedien und Publikumssegmentierungen noch uneingeschränkt gilt. Die von Morris/ Ogan vorgeschlagene quantifizierende Klassifikation mit ihren auf der bloßen Anzahl von Kommunikanden beruhenden Kategorien greift kommunikationssoziologisch also zu kurz.

Die von beiden Autoren genannten Beispiele verdeutlichen, dass auch hiermit keine trennscharfe Zuordnung in einer Mehrfeldermatrix möglich ist:

	synchronous communication	asynchronous communication
one-to-one	MUD, MOO, IRC	E-Mail, WWW, FTP, Gopher
one-to-few	MUD, MOO, IRC	
one-to-many	MUD, MOO, IRC	WWW, FTP, Gopher
many-to-one		WWW, FTP, Gopher
many-to-many		Usenet, Bulletin Board System (BBS)

Tabelle 1:   Systematisierung computervermittelter Kommunikationsmodi nach Morris/ Ogan (1996)

Ein Grund für diesen Mangel liegt darin, dass der Gebrauch der Internet-Dienste, ihre institutionalisierten Regeln nicht hinreichend berücksichtigt wird, sondern implizit die These vertreten wird, das Medium bestimme (primär durch sein technisches Potenzial) Zeit- und Sozialdimension der Kommunikation.

Ein weiterer Grund für die Zuordnungsprobleme liegt tiefer: Die Argumentation von Morris/ Ogan beruht auf einem fragwürdigen Verständnis von Massenmedien und Massenkommunikation, nach dem sich Massenkommunikation lediglich zwischen Journalisten und Rezipienten abspiele. Diese reduktionistische Sicht gesellschaftlicher Kommunikation führt auch hinsichtlich des Kriteriums der „Interaktivität" regelmäßig zu einer Fehleinschätzung von „Massenmedien" und „Netzmedien" (vgl. Kap. 3.3.2).

Der hier zunächst ausschlaggebende Kritikpunkt an der Argumentation von Morris/ Ogan ist jedoch, dass gerade ihr Systematisierungsversuch erkennen lässt, das eben nicht „das Internet" ein Massenmedium ist, sondern nur bestimmte Dienste, insbesondere das WorldWide-Web auffällige Parallelen zur traditionellen Massenkommunikation zeigen, wenn sie in bestimmter Weise angewendet werden. Für eine Differenzierung der „Online-Kommunikation" plädiert auch Patrick Rössler (1998: 19-21), der in Anlehnung an Dobal/ Werner 1997 bzw. Werner/ Stephan 1997 von „Kommunikationsmodi" spricht. De facto erfüllten diese Modi den Anspruch von Medien, lediglich um einer Verwechslung mit den Massenmedien vorzubeugen, präferiert Rössler den Neologismus. Als Definitions- und Beschreibungskriterien sollen nicht technische, sondern „eher für den Gebrauch der Modi (und damit ihrem medialen Charakter) relevante Dimensionen" (Rössler 1998: 29) dienen; benannt werden: Individualität, Interaktivität sowie Medialität. Die dann tatsächlich vorgenommene Klassifikation der Modi bedarf allerdings weiterer Begründung, denn unklar bleibt beispielsweise die Definition von „Individualität" (zu den beiden anderen Dimensionen vgl. Kap. 3.2 und 3.3), die hier nur als Differenz zur klassischen Massenkommunikation verstanden wird. Rössler (1998: 30) rechnet daher den Internet Relay Chat „generell ohne weiteres der individuellen, interpersonalen Kommunikation" zu, was in Anbetracht der Lurker (und des Wissens der Kommunikanden um diese Lurker) problematisch erscheint. Als Kommunikationsmodi werden bei Rössler die Dienste des Internet betrachtet, die letztlich nach ihren Potenzialen und (wie Rössler selbstkritisch anmerkt) nicht anhand des konkreten Umgangs des einzelnen Nutzers beurteilt werden. Die Zuweisung der Ausprägungen in den einzelnen Beschreibungsdimensionen ist insofern durchaus diskussionswürdig:

	Individualität	Interaktivität	Medialität
World Wide Web	-	-	++
E-Mail	++	+	-
Usenet-Newsgroups	+	-	-
Chat (IRC)	++	++	--
MU*s	++	++	++

Tabelle 2:   Klassifikation der Online-Kommunikationsmodi hinsichtlich verschiedener Beschreibungsdimensionen nach Rössler (1998: 36)

Auch bei Rösslers Ansatz führt die Verwendung des Kriteriums „Interaktivität" zu vorschnellen Schlüssen; gleichwohl zeigt sein Systematisierungsversuch die Vielgestaltigkeit computervermittelter Kommunikation auf und legt es nahe, nicht länger von **einem** Medium oder dem Internet als (Massen-)Medium zu reden.

Aus kommunikationswissenschaftlicher Sicht ist am „Internet" interessant und relevant, dass mit Hilfe dieses Mediums erster Ordnung so vielgestaltige Formen von Kommunikation möglich werden – nicht dass es sich um ein Massenmedium handelt, und daher unabweisbar zu den Gegenständen der Disziplin gehört. Zugleich verweist dies auf ein Defizit zumindest der deutschsprachigen Kommunikationswissenschaft, die sich vergleichsweise wenig um die Erforschung von Telekommunikation und um die Zusammenhänge verschiedener Formen sozialer Kommunikation bemüht hat. Am Beispiel der computervermittelten Kommunikation wird erkennbar, wie fließend sich Übergänge zwischen direkter und medienvermittelter, interpersonaler, Gruppen- und öffentlicher Kommunikation ergeben können. „Das Internet" als Bündel bzw. Verbund von Medien kann rahmenanalytisch als „Hybridmedium" beschrieben werden, bei dem sich verschiedene Kommunikationsmodi auf spezifische Weise im Mediengebrauch (ver-)mischen.

2.3.4 Der vernetzte Computer und das Computernetz als Hybridmedium?

Der fließende Wechsel zwischen verschiedenen Kommunikationsmodi und die Vielgestaltigkeit der computervermittelten Kommunikation verdeutlichen einmal mehr, dass sich Charakter und Funktionen von Medien erst in ihrem Gebrauch, also auf der Ebene der Medien zweiter Ordnung (Kubicek) realisieren. Dabei greift der formalistische Systematisierungsversuch von Morris/ Ogan aus kommunikationssoziologischer Sicht zu kurz, denn über die Regeln des alltäglichen Gebrauchs und die vielfältigen konkreten Mediensituationen sind mit Hilfe dieses zweidimensionalen Rasters nur oberflächliche Aussagen zu gewinnen.

Eine kommunikationssoziologisch fundierte Analyse hat Joachim Höflich vorgelegt, der den Computer bzw. den „vernetzten Computer" als **„Hybridmedium"[2]** begreift. Die technischen Grundlagen (Computer als Artefakt und seine Vernetzung) stellen zwar einen ersten, die Kommunikationsmöglichkeiten begrenzenden „Rahmen" dar, gewinnen ihre medialen Qualitäten erst durch „etablierte Gebrauchsweisen", also Formen der **Institutionalisierung**, die kommunikative Handlungen wechselseitig erwartbar werden lassen (vgl. Höflich 1997: 86; Höflich 2003: 37-38) und somit Verständigungschancen und die Wahrscheinlichkeit von Anschlusskommunikationen erhöhen.

---

[2] Dabei greift er eine Formulierung von Ogan (1993: 177) auf, die Electronic Bulletin Boards als Hybridmedium bezeichnet hatte.

Der technische Computerrahmen gibt Codiergrenzen vor, d. h. semiotisch ist in Computernetzen – wie bei allen anderen Medienrahmen – nicht die Verwendung aller Zeichentypen möglich (vgl. Kap. 3), so bleiben insbesondere die in der Face-to-face-Kommunikation interpretierbaren leibgebundenen Anzeichen (Gestik, Mimik, Proxemik, Geruch usw.) weitestgehend ausgeschlossen. Gerade beim spezifischen „Computerrahmen" haben wir es aber mit einem komplexen Gefüge zu tun, der vergleichsweise viele verschiedene Gebrauchs- bzw. Kommunikationsweisen eröffnet.

Die „etablierten Gebrauchsweisen" (oder Formen der Institutionalisierung) von Computernetzen unterscheiden sich beträchtlich; Höflich entwickelt eine Systematik, die folgerichtig auf eine eindeutige Zuordnung einzelner Internet-Dienste verzichten kann:

öffentlich	disperses Publikum	dominante Einseitigkeit/ marginales Feedback
öffentlich	Nutzerkollektiv/ „elektronische Gemeinschaft"	Erwartung gegenseitiger Bezugnahmen/ aktive Nutzer und Nur-Leser („Lurker")
privat	Nutzergruppe/ „elektronische Gemeinschaft"/ Individuum	Gegenseitigkeit/ computervermittelte interpersonale Kommunikation

Tabelle 3:   **Formen computervermittelter Kommunikation nach Höflich (1997: 90)**

Die erste Form **öffentlicher computervermittelter Kommunikation** beruht auf Angeboten, die sich an ein disperses Publikum richten; allerdings werden – im Gegensatz zum Rundfunk – keine Darbietungen an die Allgemeinheit verbreitet (Push-Medium), sondern der Computer wird als Abrufmedium (Pull-Medium) genutzt. Zwar sind Feedback-Möglichkeiten zwischen Nutzer (Rezipient) und Kommunikator (z. B. Online-Journalist) technisch gegeben, aber ob und wie diese Optionen tatsächlich genutzt werden, ist eine Frage, die empirisch untersucht werden muss. Wie beim Rundfunk und den Printmedien erfolgt ein potenzielles User-Feedback „schmalbandig", in der Regel per E-Mail. Im Unterschied zu den klassischen Massenmedien kann das Feedback (Brief, Telefonat) nun aber spontaner erfolgen, weil der Medienwechsel (z. B. von der Rezeption einer Website zum Verfassen und Absenden einer E-Mail) meist von derselben Nutzeroberfläche aus möglich ist; so dass hier kaum noch von einem „Medienbruch" gesprochen werden kann.

Der wesentliche Unterschied besteht aber darin, dass die Rezipienten solcher Angebote in Computernetzen unter höherem Selektionsdruck (vgl. hierzu auch Kap. 4.6) stehen als beim Rundfunk und den Printmedien. Zwar beruht auch die Massenmediennutzung auf Selektionsentscheidungen, doch diese finden auf der Makro- und Mesoebene statt: Der Kauf einer Zeitung, das Abonnement eines Pay-TV-Programms, die Aus- und Abwahl bestimmter Programme und Sendungen, die selektive Lektüre einzelner Beiträge sind „etablierte Gebrauchsweisen". Ist eine Selektionsentscheidung aber einmal getroffen, so wird dem Nutzer zumindest beim Rundfunk ein „endloses" Programm geliefert, auch wenn er keine weiteren Selektionsentscheidungen trifft. Dies ist beim WorldWideWeb grundlegend anders: Die einmal aufgerufene Webpage generiert in der Regel keinen Programmfluss; eine Fortsetzung der Mediennutzung setzt – früher oder später – Selektionsentscheidungen voraus (Browsing oder Navigation). Diese Selektionsentscheidungen finden nicht nur auf der Makro- und Mesoebene (Verlassen des WWW, Wechsel zu einer anderen URL etc.), sondern auch auf der Mikroebene der Angebote statt: durch Scrollen und Navigieren innerhalb der Webpage sowie die Nutzung von Links zu anderen Pages derselben (oder einer anderen) Site.

Die zweite Form öffentlicher computervermittelter Kommunikation ist durch einen möglichen und durchaus verbreiteten Rollenwechsel der Nutzer gekennzeichnet, die selbst Beiträge gestalten können, die sich nicht nur an die ursprünglichen Kommunikatoren richten, sondern selbst Teil des öffentlichen Angebotes sind. Es handelt sich also nicht mehr um ein disperses Publikum (gleichwohl aber um öffentliche, zumindest öffentlich zugängliche Kommunikation), wenn in elektronischen Diskussionsforen unter wechselseitiger Bezugnahme kommuniziert wird. In diesen „elektronischen Gemeinschaften" (hier im nicht-emphatischen Sinne gemeint; vgl. Kap. 11.2) entwickeln sich „gemeinsame Gebrauchsweisen, Normen und Regeln", die sich gruppenspezifisch unterscheiden, also nicht allein durch das technische Medium determiniert werden (Höflich 1997: 91).

Die **privaten Formen computervermittelter Kommunikation** zeichnen sich dadurch aus, dass „eine Nutzung nur gemeinsam mit anderen möglich bzw. die gegenseitige Bezugnahme der Kommunikationspartner vorausgesetzt ist" (Höflich 1997: 92): E-Mail (als Beispiel für in der Regel asynchrone Kommunikation) und private Chat-Channels (synchrone Kommunikation) lassen den Computer zum Medium interpersonaler und Gruppen-Kommunikation werden. Höflich hebt hervor, dass „der Computer quer zum Kriterium von Öffentlichkeit versus Privatheit" liegt, weil „zunächst Öffentliches ... dabei ins Private (durch Ausgrenzung anderer) überführt, wie auch umgekehrt, das (zunächst) Private öffentlich gemacht" werde. „Vor dem beschriebenen Hintergrund ist der Computer nachgerade deshalb als ein Hybridmedium zu bezeichnen, weil von einer Form der medialen Kommunikation in eine andere gewechselt und diese unter einem anderen Vorzeichen fortgeführt werden kann" (Höflich 1997: 94). Diese Wechsel finden weitaus fließender statt, als wir dies bislang aus der medialen Kommunikation kannten, und es muss sich dabei nicht um linear gerichtete Übergänge handeln: Vielmehr ist ein Oszillieren zwischen verschiedenen Kommunikationsmodi durchaus beobachtbar bis hin zum Multi-Tasking mittels mehrerer parallel geöffneter Bildschirm-Fenster.

Wie lassen sich nun die „etablierten Gebrauchsweisen" und ihre Entstehung soziologisch beschreiben? Höflich schlägt hierzu einen Rekurs auf Georg Simmels Begriff des **Rahmens**, vor allem aber auf die Rahmenanalyse des kanadischen Soziologen Erving Goffman vor.

Wie die Nutzung von technischen Artefakten generell, so unterliegt auch der Gebrauch von Medien einem System von Zwängen. Zu nennen sind hier die technischen Potenziale bzw. Grenzen und die Codiergrenzen: Der Gebrauch von Medien ist zwar nicht durch die Technik determiniert, aber er ist auch nicht beliebig. Beispielsweise kann mit Hilfe von Printmedien keine synchrone Kommunikation erfolgen (technische Grenze), Zeitungen eignen sich nicht für die Übermittlung von Bewegtbildern oder Tönen (Codiergrenze). Entscheidend ist jedoch, dass nicht alle Potenziale von Medien(techniken) tatsächlich genutzt bzw. gebraucht werden (verwiesen sei hier auf das Bildtelefon), und dass es historisch, kulturell und sozial unterschiedliche Arten der Aneignung derselben Medientechnik gibt. Die Sozialgeschichte des Telefons (vgl. Beck 1990) zeigt, dass es mitunter Jahrzehnte dauern kann, bis eine typische Verwendungsweise, ein standardisierter Gebrauch für ein Medium emergiert.[3] Ein standardisierter Mediengebrauch liegt dann vor, wenn alle an der Kommunikation Beteiligten bestimmte Erwartungen an das Medium und an die anderen Kommunikanden richten, und wenn sie davon ausgehen können, dass auch die anderen mit hoher Wahrscheinlichkeit reziproke Erwartungen hegen. Es muss ein Mindestmaß an Klarheit über Rollen, Verfahren und Ziele der medialisierten Kommunikationsform bestehen, eine gemeinsame Situationsdefinition, wie sie auch die Voraussetzung gelingender (nicht medialisierter) interpersonaler Kommunikation ist. Notwendig ist auch für die Medienkommunikation das, was Goffman einen „klaren Rahmen" nennt: Die Vorstellungen der Kommunikationspartner von dem, was vor sich geht, und wie die anderen dies interpretieren, und dass die anderen sich ebenfalls eine Vorstellung von den Erwartungen ihres Gegenüber machen. Höflich überträgt nun diese Rahmen der unmittelbaren Interaktion auf die medienvermittelte Kommunikation, wenn er

---

[3] So wurde das Telefon zunächst als Rundfunkmedium sowie zur Unterstützung der Telegraphie eingesetzt, bevor es zum Medium interpersonaler Sprachkommunikation wurde.

von „Medienrahmen", im konkreten Fall von „Computerrahmen" spricht (vgl. Höflich 1998a: 141).

Der Vorteil von Rahmen besteht darin, dass sie auf die Beteiligten entlastend wirken: Sie müssen nicht in jeder Situation von neuem beginnen, die Verhältnisse zu definieren, sondern können auf organisierte Erfahrungen ihres bisherigen Handelns zurückgreifen. Dies gilt auch für den Computerrahmen: Jeder Akteur kann – bis zum Beweis des Gegenteils – unterstellen, dass die anderen Akteure die Situation grundsätzlich ähnlich wahrnehmen, auch wenn es sich im konkreten Fall um Personen handelt, mit denen bislang nicht kommuniziert wurde. Rahmen sind überindividuelle Institutionalisierungen, wenngleich sie auch das Produkt individueller Handlungen sind. Situationen werden nämlich durch Handlungen gerahmt (framing), durch wiederholte Handlungen stabilisiert und standardisiert, aber auch durch Handlungsvarianten moduliert und transformiert. Sie unterliegen einem dynamischen Wandel, der buchstäblich „ausgehandelt" wird.

Was kennzeichnet nun **Computerrahmen**? Im Unterschied zu Erving Goffmans Rahmen direkter Interaktion (Face-to-face-Situation) herrscht beim Computerrahmen ein eigentümliches **Wechselspiel von Ent- und Rekontextualisierung**, das Auslöser von Rahmenbrüchen und -verletzungen, -streitigkeiten, -täuschungen und -irrtümern werden kann.

In der Face-to-face-Situation wirken verbale und nonverbale Zeichen bzw. Anzeichen auf komplexe Art zusammen. Die Kommunikationspartner vermitteln schon durch ihr Äußeres Informationen, etwa über Alter, Geschlecht, Hautfarbe und Status, und nonverbale Zeichen (Mimik, Gestik, Proxemik) können als metakommunikative Kommentare gelesen werden, denen vielfach besondere Authentizität zugeschrieben werden, weil sie in der Regel nur sehr begrenzt manipulierbar erscheinen. Folgt man dem Modell der Kanalreduktion bzw. der sozialen Präsenz (vgl. Kap. 11.3 u. 14.2), dann wird man zunächst feststellen, dass bei der überwiegend textbasierten interpersonalen Kommunikation in Computernetzen gerade diese nonverbalen Anzeichen, aber auch Betonung, Sprechgeschwindigkeit und andere Kontexte wegfallen. Dies lässt sich einerseits als Verlust, andererseits als Befreiung interpretieren und erleben. Anonymität, Pseudonymität und Nichtsichtbarkeit erleichtern die Kontaktaufnahme zu Fremden, erlauben ein Spiel mit der eigenen Identität, aber auch die Täuschung der Kommunikationspartner. Allerdings bleibt es nicht bei der Entkontextualisierung, der Herauslösung aus der raumzeitlichen Konkretheit und der distinkten Zeichenhaftigkeit körperlicher Kopräsenz. Die „fehlenden" Anzeichen werden in der Mediensituation auf jeweils medien- und situationsspezifische Weise imaginiert; es kommt zu einer Rekontextualisierung des nur auf einen Namen reduzierten Kommunikationspartners. Wir machen uns (und anderen) Vorstellungen darüber, wer gerade kommuniziert und in welcher Situation wir uns dabei befinden. So wie wir beim Telefonieren mitunter versuchen, uns ein Bild zur Stimme vorzustellen, so versuchen wir auch innerhalb des Computerrahmens die „kategoriale" (Alter, Geschlecht, Status, Gruppenzugehörigkeit etc.) und „einmalige Identität" (individuelle, „namhafte" Person) unserer Kommunikationspartner zu (re-)konstruieren. Dabei nutzen wir die medienspezifischen Anhaltspunkte, die Elemente des standardisierten Mediengebrauchs sind, beispielsweise User- oder Nicknames, unsere bisherigen Erfahrungen mit diesem User, seine „elektronische Biographie", die Art und Weise, wie geschrieben wird, ob und ggf. welche metakommunikativen Zeichen (Emotikons, Aktionswörter, Akronyme etc.; vgl. Kap. 5.4; 9.5) verwendet werden usw. Semiotisch betrachtet, werden also Anzeichen durch Symbole ersetzt.

Klare Rahmen, in unserem Fall Computerrahmen sind regelbasiert (bzw. bringen diese Regeln hervor). Höflich (1998a: 150-151) unterscheidet prozedurale Regeln und Medienregeln: **Prozedurale Regeln** bestimmen Verlauf von und Verhalten in Kommunikationssituationen. **Medienregeln** umschreiben den Stellenwert des Mediums, sein soziales „Gebrauchswertversprechen" und weisen einer bestimmten Form computervermittelter Kommunikation, bspw. E-Mail, eine gesellschaftliche Bedeutung im Kontext alternativer Kommunikations- und Medienformate zu. Wird gegen Medien- oder prozedurale Regeln verstoßen, also ein Medium so verwendet, wie es der standardisierte Gebrauch nicht vorsieht, liegt ein Rahmen- bruch oder eine Rahmenverletzung vor: Flaming verletzt zum Beispiel die prozeduralen Regeln der Netiquette, in der die Umgangsformen vereinbart sind; die Nutzung des Netzes für neonazistische Propaganda, die Verbreitung von Pornographie oder die Verwendung von E- Mail für eine Kondolenzbezeugung können hingegen als Verletzung von Medienregeln und damit als Rahmenbruch begriffen werden.

Rahmenstreitigkeiten können auftreten, wenn die Ausgestaltung, der Geltungsbereich oder die Interpretation von Regeln diskutiert werden, bzw. aufgrund eines Medienwandels und einem damit verbundenen Rahmenwandel diskutiert werden müssen. Rahmenstreitigkeiten werden selbst wiederum im Computerrahmen ausgetragen, etwa wenn es um die Netiquette geht.

Viel diskutiert werden in Bezug auf computervermittelte Kommunikation absichtlich herbei geführte Rahmentäuschungen, z. B. Täuschungen über die tatsächliche Identität oder die Authentizität einer präsentierten Medienidentität (Statusbeschönigungen, Gender Swapping; vgl. Kap. 10.4). Das gleiche Verhalten kann aber im Kontext einer Rahmenmodulation völlig anders bewertet werden, z. B. wenn in netzbasierten Spielumgebungen (MUD, MOO) Rollen- spiel und Erschaffung fiktionaler Medienidentitäten gerade zu den Regeln einer solchen Rahmenmodulation zählen. Vor den primären Computerrahmen schiebt sich dann ein spe- zieller sekundärer Computerrahmen, der andere Grenzen (und Regeln) aufweist. Verwechselt werden mitunter zwei Computerrahmen, die wir bereits kennen gelernt haben: Der Computer ist zum einen Maschine, zum anderen Medium. Allerdings ist die Programmierung der Maschine Computer vielfach so komplex, dass wir glauben, tatsächlich mit einer Person zu kommunizieren, ihn also als Medium rahmen bzw. personalisieren. Vergleichbar mit der aus der Massenkommunikation bekannten „parasozialen Interaktion" (Horton/ Wohl 1956) bauen wir eine Beziehung zu Simulationen auf, also zu Programmen, die sich als Personen gerieren. Die Illusion kann noch gesteigert werden, wenn wir mit diesen simulierten Medienidentitäten in einem Maße interagieren können, wie dies mit Fernsehserienhelden nicht möglich ist. Umgekehrt kann es auch passieren, dass wir den Computer zwar als Medium gebrauchen, aber vergessen, dass „hinter dem Bildschirm" tatsächlich menschliche Kommunikationspart- ner stehen, und nicht bloß eine Maschine.

Höflichs Unterscheidung von drei Formen computervermittelter Kommunikation umreißt drei verschiedene, aber miteinander verbundene Rahmen: „Der (vernetzte) Computer ist ein Hyb- ridmedium, das in dem Sinne multimedial ist, indem zwischen verschiedenen Rahmen flie- ßend gewechselt werden kann, ohne aus dem Rahmen zu fallen" (Höflich 1998a: 158).

2.4 Fazit

Aus kommunikationswissenschaftlicher Perspektive kann der Computer als Komponente eines bzw. mehrerer technischer Mediensysteme beschrieben werden. Wird von ihm kommu- nikativer Gebrauch, insbesondere in Computer-Netzen wie dem Internet gemacht, dient er als Interface (Schnittstelle) zu einer technischen Infrastruktur (Medium erster Ordnung), die eine Fülle verschiedener Kommunikationsmodi ermöglicht, deren Form und Ergebnis aber nicht determiniert. Der vernetzte Computer und das Computernetz erweisen sich im Gebrauch als Hybridmedien, d. h. die verschiedenen Anwendungen folgen unterschiedlichen organisatori- schen und institutionellen Mustern, die in weitaus höherem Maße als bei den publizistischen Medien (Massenmedien) von den Nutzern selbst bestimmt werden können. Einige Kommuni- kationsmodi (wie das WWW) gleichen eher den publizistischen Medien, andere (wie E-Mail) eher den Telekommunikationsmedien. Die „Hybridität" findet ihren Ausdruck auch darin, dass zwischen den verschiedenen Kommunikationsmodi nahezu ohne Medienbruch gewechselt werden kann. Erst auf der Ebene des alltäglichen Gebrauchs treten neben den technischen auch die semiotischen, organisatorischen und institutionellen Merkmale zutage, die für eine kommunikationswissenschaftlich gebotene Mediendefinition notwendig sind. Erst im kommunikativen Gebrauch entstehen Medien zweiter Ordnung auf der Grundlage des Mediums erster Ordnung.

Computer, Computermedien (im Sinne von digitalen Speichermedien) und Computernetze können also auf vielfältige Weise an Kommunikation beteiligt sein. Hieraus ergibt sich ein weiteres kommunikationswissenschaftliches Definitions- und Systematisierungsproblem: Sollten wir von Computerkommunikation, computerbasierter, computervermittelter oder von Netzkommunikation, Internetkommunikation, Online-Kommunikation oder schlicht von „digitaler" Kommunikation sprechen? Und: Worin unterscheiden sich diese Begriffe eigentlich?

Die medientheoretische Erörterung hat gezeigt, dass eine Einordnung des Computers wie des Computernetzes aufgrund ihres Hybridcharakters schwierig ist, denn es ergeben sich Zonen der Überschneidung, die in Schaubild 2 schematisch dargestellt sind. Deutlich wird nicht nur, dass computervermittelte Kommunikation öffentlich, teilöffentlich (Gruppen- und Organisationsöffentlichkeit) oder nicht-öffentlich, also privat sein kann, sondern auch dass computervermittelte Kommunikation sich keineswegs überschneidungsfrei oder deckungsgleich mit den traditionellen Einteilungen von Telekommunikation und Massenkommunikation definieren lässt. Traditionelle Telekommunikationsdienste können innerhalb von Computernetzen wie dem Internet emuliert werden, klassische Anbieter von publizistischen Medien kommunizieren öffentlich via WorldWideWeb.

Schaubild 3 verdeutlicht, um welchen Ausschnitt aus dem Feld der computervermittelten Kommunikation es in diesem Buch gehen wird, und grenzt den hierfür gewählten Begriff der **computervermittelten Kommunikation im Internet** von anderen vielfach gewählten Bezeichnungen ab. Beim Terminus „Netzkommunikation" handelt es sich entweder um eine verkürzte und „eingedeutschte" Variante der „Internet-Communication" oder er müsste konsequenter Weise auch andere Formen der Medienkommunikation umfassen, die mittels analoger und digitaler Telekommunikationsnetze, möglicherweise auch anderer Mediennetze (Rundfunksendenetze, Zeitungsvertriebsnetze etc.) realisiert werden. Interpretiert man Netzkommunikation tatsächlich so weit, ergeben sich zwar interessante und neuartige theoretische Fragestellungen (auch komparatistischer Art), doch erweist sich der Begriff als sehr unscharf.

Die Verwendung von „digitale Kommunikation" wirft mehrere Probleme auf: Zum einen werden bereits heute viele analoge Medien (Telefon, Hörfunk und Fernsehen, aber auch die Produktion von Printmedien) digitalisiert, zum Teil ohne dass wir es als Nutzer merken.

Humankommunikation

Publizistik (Massenkommunikation)

Gruppen- und Organisationskommunikation

interpersonale Kommunikation

öffentlich

teilöffentlich

privat

Theater ...

Dialog ...

Gespräch/ Diskussion, Rede/ Vortrag, Konferenz ...

non – medial (Kommunikation unter Anwesenden)

medial (technisch vermittelte Kommunikation)

Telekommunikation

Brief

Telefax

Bildtelefon

Telefon

Videokonferenz

Telefonkonferenz

Voice over IP

Instant Message

ICQ

Massenkommunikation/ -medien

Flugblatt/ Broschüre

Plakat

Buch

Video

Film

Zeitungen / Zeitschriften

Fernsehen

Hörfunk

Video on demand/ Audio on demand

Onlinedienste

MUD / MOO

CD / DVD (offline)

Online- Shopping

Online – PR

Online- Journalismus

Online- Radio

Fachzeitschrift/ Newsletter

Mailinglist

Newsgroup

Intranets

Extranets

WORLD WIDE WEB

geschlossene Nutzergruppen

Web-Chat

Chat

private Homepages

Web-Mail

E-Mail

Computervermittelte Kommunikation

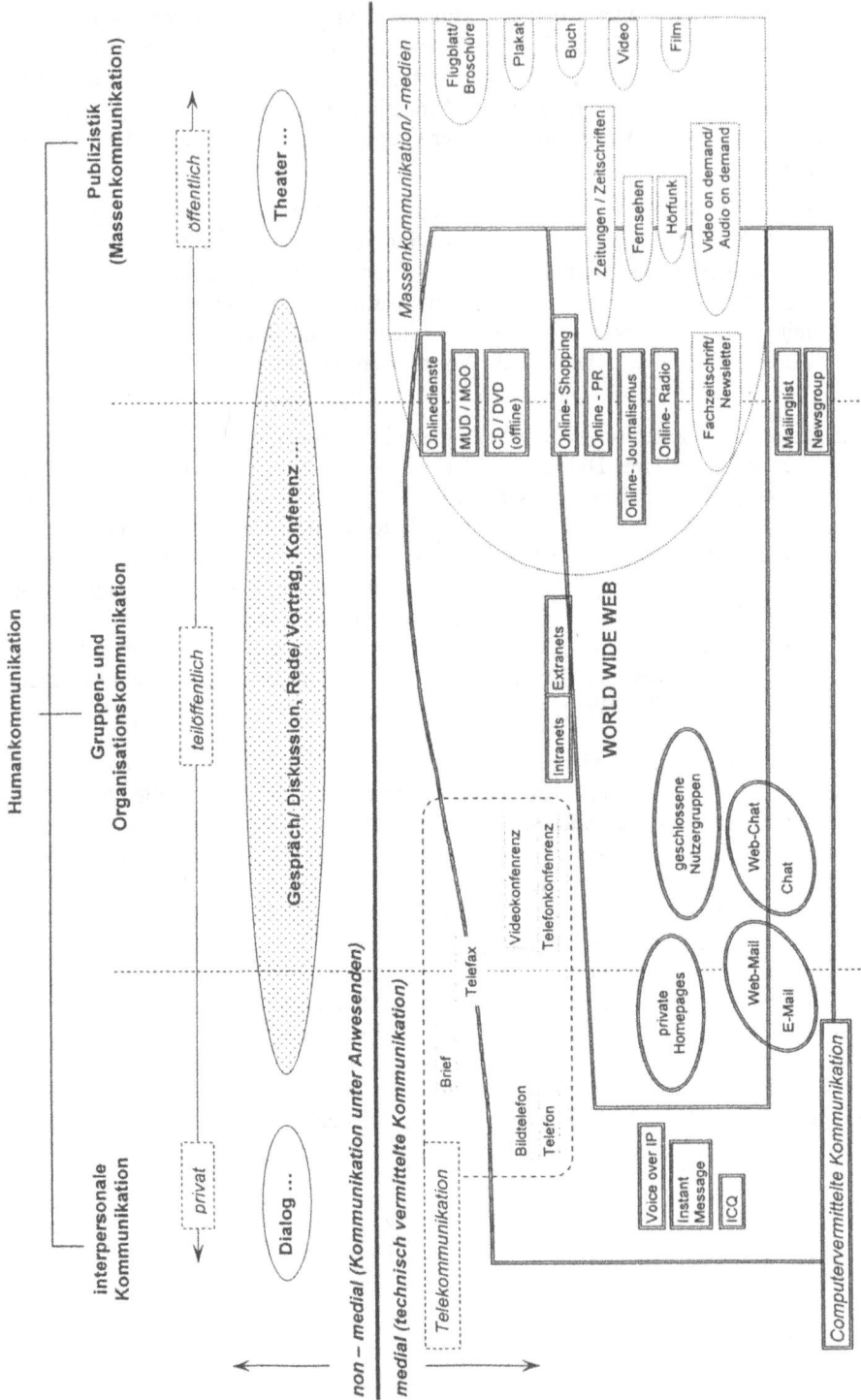

Schaubild 2: Kommunikations- und medientheoretische Einordnung computervermittelter Kommunikationsformen

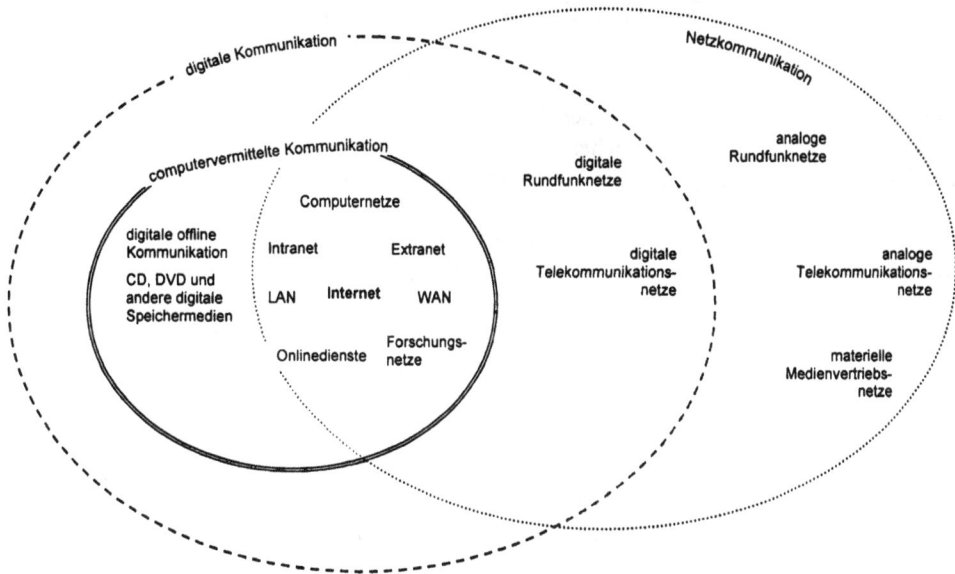

digitale Kommunikation

Netzkommunikation

computervermittelte Kommunikation

Computernetze

analoge
Rundfunknetze

digitale
Rundfunknetze

digitale offline
Kommunikation

Intranet   Extranet

CD, DVD und
andere digitale
Speichermedien

LAN   Internet   WAN

digitale
Telekommunikations-
netze

analoge
Telekommunikations-
netze

Onlinedienste

Forschungs-
netze

materielle
Medienvertriebs-
netze

Schaubild 3: Eingrenzung des Forschungsfeldes „computervermittelte Kommunikation im Internet"

Sicherlich wird sich hierdurch auch die Kommunikation verändern, doch wird der technischen Innovation hier begrifflich a priori mehr als nur ein modulierender oder vermittelnder Einfluss eingeräumt. Zum anderen ist das Begriffspaar „analoge vs. digitale Kommunikation" in der Kommunikationstheorie anderweitig besetzt und bezeichnet in der sog. Palo Alto-Schule (Watzlawick et al. 1969) Beziehungs- und Inhaltsaspekte der interpersonalen Kommunikation bzw. deren semiotische Gestalt. „Computerkommunikation" erweckt den Eindruck (und mitunter sogar den Anspruch) bei den Kommunikanden – nicht etwa bei den Medien – handele es sich um Computer, oder es finde eine Mensch-Maschine-Kommunikation mit dem Computer statt. Dies scheint aus kommunikationswissenschaftlicher Sicht aber zumindest zweifelhaft, wie an anderer Stelle noch gezeigt werden soll (vgl. Kap. 3.3). „Computerbasierte Kommunikation" lässt offen, ob hier der Stand-alone-Computer (wie beim Computer Based Training) oder der vernetzte Computer ausschlaggebendes Kriterium ist. Eine ähnliche Unschärfe gilt eingestandenermaßen auch für den Begriff computervermittelte Kommunikation. Der Vorteil dieses Begriffs liegt aber zum einen darin, dass das Element der medialen Vermittlung betont wird, und zum anderen darin, dass er dem in der – meist angelsächsischen – Fachliteratur gebräuchlichen Begriff der „Computer-mediated Communication" (CMC) am nächsten kommt. Wie Schaubild 3 zeigt, umfasst computervermittelte Kommunikation Offline- und Online-Modi, zu denen die Kommunikation im Internet zählt. Das Internet ist jedoch nur eines von verschiedenen Computernetzen bzw. integriert als „Netz der Netze" nicht alle Computernetze. Organisationsinterne Intranets, zugangsbeschränkte Extranets (etwa Unternehmens- oder Branchennetzwerke) und kommerzielle Online-Dienste bedienen sich zwar teilweise des Internet-Protokolls und verfügen über Gateways zum Internet, sind aber nicht frei zugänglich, so sind z. B. Intranets durch „Firewalls" gegen ungebetene Nutzer aus dem Internet geschützt.

3. „Multimedia" und „Interaktivität"

3.1 Einleitung

Obwohl, wie wir im vorangegangenen Kapitel gesehen haben, durchaus Unklarheiten hinsichtlich des Medienbegriffs bestehen, hat neben dem Terminus „Internet" der schillernde Begriff „Multimedia" lange Zeit die öffentliche Debatte über computervermittelte Kommunikation geprägt. „Multimedia" sollte die – tatsächlichen oder vermeintlichen – neuen Qualitäten von Medien, Medienangeboten und Medienkommunikation beschreiben. „Multimedia" wurden und werden weit reichende Wirkungen vorhergesagt, vor allem hinsichtlich der Unterhaltungs- und der Bildungsfunktion von Medien. Im Aus- und Weiterbildungssektor war indessen Multimedia bereits in den siebziger Jahren ein viel bemühtes Schlagwort, ohne dass damit schon Klarheit gewonnen wäre, was Multimedia in Bezug auf digitale Medien und -netze eigentlich bedeutet.

Vergleichbare Probleme treten bei einem zweiten Schlagwort auf, das vor allem die Unterschiede zwischen den „alten Massenmedien" und den „neuen Multimedien" bezeichnen soll: „Interaktivität". Im Gegensatz zur starren Rollenverteilung von Kommunikator und Rezipient in der vermeintlich „rückkopplungsfreien" Massenkommunikation könne nun jeder Rezipient zum Kommunikator werden und auf neuartige Weise mit den Medien interagieren oder mittels der Medien interagieren (vgl. Kap. 3.3.2).

Ziel des folgenden Kapitels ist es, hier mehr Klarheit zu schaffen und ein Verständnis dafür zu entwickeln, was tatsächlich neu ist an den „neuen Medien".

3.2 Multimedia

Im mediendidaktischen Diskurs bezeichnete Multimedia letztlich nicht mehr als den aufeinander abgestimmten Einsatz unterschiedlicher Medien (Lehrmittel), insbesondere die verstärkte Verwendung visueller und audiovisueller Medien im Unterricht. In der Praxis ging es also um den Einsatz von Dia-, Folien- und Filmprojektionen sowie des Bildungsfernsehens und später des Computers (Computer Based Training) als distinkte, aber inhaltlich und didaktisch aufeinander abgestimmte technische Speicher- und Präsentationsmedien bzw. Maschinen.

Die Integration der „multae mediae" konnte apparatetechnisch nicht realisiert werden, bestenfalls als Medienverbund angelegt sein. Dies hat sich mit der Digitalisierung technischer Speichermedien und der Programmierbarkeit von medialen Darbietungen grundlegend geändert. Multimedia wird nun als „unica machina" vorgestellt, in die bisher distinkte Medien konvergieren. Ob und ggf. in welchem Zeitraum es tatsächlich zu einer womöglich vollständigen Medienkonvergenz kommen wird, und gar in Gestalt eines hochintegrierten universellen Endgerätes, wird mittlerweile mit Recht bezweifelt (vgl. Beck/ Glotz/ Vogelsang 2000: 47-52).

3.2.1 Multikode

Aus kommunikationswissenschaftlicher Sicht ist aber ein semiotischer Einwand gegen die unreflektierte Übernahme des alltagssprachlichen Multimedia-Begriffs zu erheben: Die wie hoch auch immer technisch und ästhetisch integrierte, kombinierte Darstellung von Texten, Standbildern, Bewegtbildern und Tönen mittels eines Computers und der zugehörigen Peripherie ist aus zeichentheoretischer Sicht zunächst einmal als „Multikode" (Doelker 1997: 37) zu begreifen, denn hierbei geht es um nur eine Dimension des Medienbegriffs, das technisch basierte Zeichensystem, und noch nicht um Fragen der institutionalisierten Produzenten- und Nutzerrollen oder der Organisationsweise.

Dargestellt wird mittels des „Multimedia-PC" oder vergleichbarer Maschinen ein „Gesamt-text", also ein Gewebe aus unterschiedlich kodierten Einzeltexten, den sog. „einfachen Tex-ten", die sich grundlegend verschiedener Zeichen- und Symboltypen bedienen. Doelker (1997) unterscheidet dabei

- visuelle Texte (Standbild und Bewegtbild),
- auditive Texte (Sprechtexte, Musik, Geräusche) und
- zusammengesetzte audiovisuelle Texte (aus Bild-, Wort- und Tonsträngen);

zu ergänzen wäre ferner:

- Schrifttexte (Typoskripte, faksimilierte Manuskripte).

Das Zusammenfügen dieser verschiedenen Einzeltexte kann zu unterschiedlichen Ergebnissen führen, was sich jedoch nicht allein auf der materiellen Zeichenebene der Medien entscheidet, sondern eine Frage des institutionalisierten Gebrauchs und der Organisation der Medien ist. Letztlich kommt es dabei auf den Rezipienten an: Bleiben die Sinneinheiten der einzelnen einfachen Texte bei Rezeption und Kognition unverbunden, dann ist allenfalls ein **additiver Text** entstanden; erst wenn ein neuer semantischer Zusammenhang (ein Mehrwert) entsteht, ist ein Gesamttext geglückt. Bestehen schließlich auch noch Möglichkeiten für den Rezipien-ten, individuell zu selektieren, um einen eigenen Pfad durch das nicht-lineare Gewebe zu schlagen, kann von **Hypertext** gesprochen werden (vgl. Doelker 1997: 38). Wählt man einen engeren Textbegriff als Doelker, so kann zutreffend auch von **Hypermedia** gesprochen wer-den. Die Einführung einer solchen Differenzierung besitzt nämlich den Vorteil, dass schrift-sprachliche Hypertexte (als vernetzte einfache Schrift-Texte) und Hypermedia-Umgebungen von einander unterschieden werden können, zumal sie sich ganz unterschiedlicher Kodes bedienen.

einfache Texte	visuelle (einschließlich symbolischer Schrift)
	auditive
	audiovisuelle
additive Texte	Kombination von einfachen Texten
Gesamttext	(neuer) semantischer Zusammenhang der kombinierten einfachen Texte
Hypertext/ Hypermedia	Selektion/ Navigation in einem Netzwerk von Texten

Tabelle 4:   Textkategorien nach Doelker (1997)

Die Systematik Doelkers zeigt, dass Hypertexte ungemein voraussetzungsreiche Texte sind, deren Qualität sich letztlich in der Rezeption erweist, aber gerade deshalb hohe Anforderun-gen an die Produktion stellten. Der Grund hierfür liegt in den spezifischen Leistungsvermö-gen der Zeichensysteme und Kodes, die Doelker anhand eines dichotomisierenden Vergleichs von Wort und Bild verdeutlicht:

- Konkretheit des Bildes (ikonische Zeichen) vs. Abstraktheit des Wortes (arbiträre, symbolische Zeichen)
- Räumlichkeit des Bildes vs. Zeitlichkeit des Wortes
- Emotionalität des Bildes vs. Rationalität des Wortes

- offene Bedeutung des Bildes (Polysemie) vs. festgeschriebene Bedeutung des Wortes (lexikographisch bestimmte Denotation und Konnotation)

In Gesamt- und Hypertexten treffen also verschiedene Zeichensysteme aufeinander, denen unterschiedliche Kodes und „semiotische Schichten" zugrunde liegen. So sind (neben Gerüchen) Bilder viel enger an biologische Kodes gebunden als Worte: Inhaltliche und formale visuelle Reize können als Signale viel unmittelbarer reflex- oder gar instinkthaftes Verhalten auslösen. Mimische und gestische Signale sind hingegen in der semiotischen Schicht der archaischen Kodes verankert; Symbolsysteme wie Sprache und Schrift beruhen auf gesellschaftlicher Konvention (konventionale Kodes); die Strukturen und Relationen bildlicher und graphischer Darstellungen (Anordnungen, Abfolgen, Größenverhältnisse und Perspektiven) gehorchen „kategorialen Kodes", also grundlegenden, weitgehend universellen Bedeutungszuweisungen. Die größten, auch individuellen Freiheitsgrade (insbesondere in der Kunst) gestattet der flexible Kode, der nur in einem speziellen Kontext, z. B. einem Werk, Gültigkeit beansprucht (vgl. Doelker 1997: 40-41).

Aus kommunikations- und medienwissenschaftlicher Sicht besteht „das Neue" an „Multimedia" also nicht in der Kombination oder Integration verschiedener Mediengeräte (Wiedergabe-Maschinen), sondern in der Semiose auf der Produktions- und Rezeptionsseite, den spezifischen Prozesse der Enkodierung und Dekodierung sowie den dabei auftretenden Verstehens- und Verständigungsproblemen. Hinzu kommt, dass auf der Ebene von Hypertexten und Hypermedia dem Rezipienten zusätzliche Handlungsspielräume gegeben werden, bis hin zur Möglichkeit, Kommunikate nicht nur zu selektieren, sondern selbständig zu verändern und damit selbst in die Kommunikatorenrolle zu schlüpfen (vgl. Kap. 3.3.3).

Die Rede von „Multimedia" hingegen erscheint auch deshalb unscharf, weil hierdurch der Eindruck erweckt wird, die medientechnische Distinktion sei bislang gleich bedeutend mit einer semantischen Distinktion gewesen. Tatsächlich aber lebten wir bereits vor der „digitalen Revolution" in einer multimedialen Welt, in der Medien inhaltlich (semantisch) und formal (ästhetisch) aufeinander verweisen und Bezug nehmen: Printpublikationen zu Fernsehsendungen und Kinofilmen, Crosspromotion (wechselseitige Werbung), crossmediales Agenda-Setting und Metamedien wie Programmzeitschriften sind keine revolutionären Errungenschaften des digitalen „Multimedia-Zeitalters". Mit Hilfe digitaler Plattformen dürfte sich allerdings die Gestalt des Medienverbundes und der wechselseitigen Verweise ändern. Damit stellt sich die Frage nach den (möglicherweise) neuen Qualitäten von Hypertext und Hypermedia.

3.2.2 Hypertext und Hypermedia

Hypertexte bestehen aus einfachen Schrifttexten, die so zusammengefügt sind, dass Rezipienten durch ihre Selektionsentscheidungen einen semiotischen Zusammenhang (Kontext) konstruieren oder rekonstruieren können; Hypermedia-Umgebungen hingegen kombinieren einfache Texte unterschiedlicher Kodes (Multikode) auf vergleichbare Weise miteinander. Doch wie lässt sich die Struktur dieser Kombinationen, die über eine bloße Addition ebenso hinausgeht wie über Gesamttexte, näher beschreiben?

René Pfammatter (1997: 48; 53-64) nennt vier Elemente, aus denen sich Hypertexte zusammensetzen:

- **Nodes** (Knoten), die kleinsten potentiell informativen Einheiten;
- **Links**, die eine (oder mehrere) Verknüpfung(en) zwischen den Nodes herstellen,
- **Views** (Orientierungsmöglichkeiten), Zusammenstellungen der Materialien unter verschiedenen Gesichtspunkten,

- **Navigation** (Navigation), instrumentalisierte Gestaltungselemente zur Steuerung der individuellen Rezeptionspfade.

„Im Hypertext werden Daten in unterschiedlicher Form, in einer Vielzahl untereinander komplex vernetzter, in sich kohäsiv geschlossener Einheiten, organisiert." (ebd.: 48)

Die Nodes bilden die „mikrostrukturellen" Grundelemente des Hypertextes und können aus Schrift-Texten oder -fragmenten, bei Hyper**media**-Umgebungen auch aus anders kodierten „Texten" bestehen. Diese Knoten können aber auch performative Funktion haben, z. B. kleine Software-Pakete (Applikationen) enthalten. Hypertexte können sich aus unterschiedlich umfangreichen Knoten zusammensetzen, also verschiedene Granularität besitzen (je kleiner und zahlreicher die Knoten, um so höher die Granularität bei gleicher Datenmenge). Die Nodes sollten semantisch „kohäsiv geschlossen sein", also alles notwendige zum unmittelbaren Verstehen des Sinns enthalten und eine zusammengehörige Aussage (Proposition) nicht trennen. Damit sie miteinander verknüpft werden können, müssen die Nodes identifizierbar und adressierbar sein.

Die Anordnung der Nodes innerhalb einer Website folgt unterschiedlichen Logiken: Nodes oder Pages können als lineare Abfolge miteinander verbunden sein; hier handelt es sich aber streng genommen nicht mehr um einen Hypertext, weil die Links nicht mehr erlauben als ein einfaches Vor- und Rück"blättern", jedoch keinen eigenen Pfad durch das Angebot. Die Nodes können aber auch hierarchisch (drei oder mehr Ebenen) verlinkt sein: Bei offenen Hierarchien kann direkt navigiert werden, d. h. es werden dazwischen liegende Hierarchieebenen übersprungen; bei geschlossenen ist dies nicht möglich. Als vierter Strukturtypus ist das Netzwerk zu nennen, bei dem einzelne Nodes selektiv miteinander verknüpft werden (vgl. Schweiger 2001: 34-35).

a) lineare Abfolge von Seiten   **b) Netzwerk**

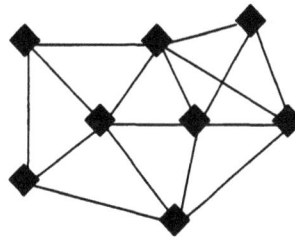

c) Hierarchie   **d) Offene Hierarchie**

   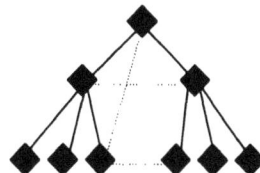

Schaubild 4: Strukturtypen von Hypertexten nach Schweiger (2001: 35)

Die Verknüpfung durch Links ist die grundlegende Idee von Hypertext und Hypermedia. Zum einen können hierarchische Verknüpfungen, wie sie aus der Buchdruckkultur geläufig sind, verwendet werden, zum anderen aber auch sog. referentielle Links, die eher assoziativen

Querverweisen gleichen. Links besitzen Ausgangspunkte („Anker") und Zielpunkte, nämlich die Nodes:

- Intrahypertextuelle Links haben ihren Ausgangs- und Zielpunkt im selben Node;

- interhypertextuelle Texte verbinden verschiedene Knoten, und

- extrahypertextuelle Links verweisen von einem Knoten auf einen anderen Hypertext oder einen bestimmten Node innerhalb dieses anderen Hypertextes.

Nach der Logik des Verweises unterscheidet Pfammatter Links, die zwei Nodes als Ganze verknüpfen (Node-to-Node Link) und Links, die auf eine spezifische Stelle in einem Node verweisen (Node-to-Point oder Point-to-Point Link) – auch hier kann man also von Granularität sprechen. Unterschiedlich kann auch die Verweisdichte in Hypertexten bzw. Hypermedia-Umgebungen ausfallen; denn von einem Anker aus kann zu mehreren Zielpunkten oder umgekehrt: Mehrere Anker können mit einem Zielpunkt verknüpft werden.

Mit steigender Granularität und Verweisdichte wachsen die Anforderungen an Orientierungsmöglichkeiten und Navigation. Hilfreich kann hierbei die Anordnung und Kommentierung von Links werden (vgl. Schweiger 2000: 147-155).

Die **Navigation** innerhalb eines Hypertextes (z. B. einer Website) setzt Orientierungshilfen durch den Autor voraus, während das **Browsing** (also Durchblättern) mittels der Software (eben des Browsers) ermöglicht wird. Pfammatter unterscheidet

- zielgerichtetes Search Browsing (bei dem die gesuchte Information bekannt ist), vom

- ungerichteten General Purpose Browsing und dem

- assoziativen Serendipity Browsing, dem zufallsgeleiteten „Surfen".

Unscharf erscheint Pfammatters Unterscheidung von Orientierungsmöglichkeiten und Navigation, denn letztlich handelt es sich hier wiederum um Seiten (Pages). Schweiger (2001: 17-28) schlägt deshalb vor, zunächst zwischen Links und Seiten zu unterscheiden, von denen es drei Typen mit spezifischen Funktionen gibt: Inhaltsseiten, Navigationsseiten (als Ausgangspunkte für Links) und Orientierungsseiten, z. B. Sitemaps.

In der Praxis enthalten allerdings viele Seiten eine Mischung aus diesen Elementen. Kontextspezifische Auswahloptionen müssen im Hypertext bzw. einer Hypermedia-Umgebung typographisch oder durch ein besonderes Layout hervorgehoben werden, damit der User auf sie zugreifen kann. Schweiger unterscheidet **„Mikrozugriffselemente"** (Texthervorhebungen, Überschriften, Marginalien) und **„Makrozugriffselemente"** (Inhaltsverzeichnisse, Glossare, Register, Indizes etc.), wie sie auch aus den Texten des Buchdrucks bekannt – und zum Teil leistungsfähiger und individueller gestaltbar sind (z. B. handschriftliche Anstreichungen und Marginalien durch den Leser). Auch die hypertexttypischen Links zählen zu den globalen Zugriffselementen der Makroebene: Sie können als Grafiken, Symbole, Bilder, als kommentierte Links, Pulldown-Menüs oder Banner gestaltet sein (vgl. Schweiger 2001: 30-32).

Auch einfache, additive und Gesamttexte setzen sich aus „Nodes" zusammen, doch gehen wir meist davon aus, dass es sich zumindest bei Schrifttexten um linear angeordnete „Nodes", etwa Abschnitte und Kapitel handelt. Bei Hypertexten hingegen scheint das anders zu sein, betont wird immer wieder, es handele sich um nicht-lineare Texte, bei denen die Links vielfältige und individuell durch den Leser wählbare (selektive) Verknüpfungen erlauben und durch die Navigation individuelle Pfade eröffnen. Spätestens seit der literarischen Moderne, aber auch aus wissenschaftlichen Texten, Enzyklopädien und anderen Nachschlagewerken (mit Inhaltsverzeichnissen, Registern, Indizes, Querverweisen, Fußnoten, Marginalien usw.) wissen wir aber, dass die lineare Struktur auch für einfache Schrifttexte – jedenfalls jenseits einzelner Lautfolgen und Sätze – keineswegs obligatorisch ist. Individuelle Lesepfade sind bei wissenschaftlichen Publikationen, Referenzwerken, aber auch bei Bibel, Koran und Talmud eher die Regel als die Ausnahme. Aus Film und Fernsehen, um Beispiele aus anderen Textsorten zu nennen, sind ebenfalls komplexe, nicht-lineare Verknüpfungen seit langem bekannt. Pfammatter (1997: 49) bemerkt deshalb zutreffend: „Nichtlinearität ist nur eine notwendige, aber keine hinreichende Bedingung für Hypertext" und „nonlinear strukturierte Inhalte sind allerdings nichts Neues", um daraus zu folgern: „Wir sprechen dann, und nur dann von Hypertext, wenn das Textkonzept der Nonlinearität und komplexen Vernetztheit physisch (und virtuell) im Medium Computer realisiert wird."

Mit dieser Erklärung scheint allerdings wenig gewonnen, denn hier wird „das Neue" bzw. die Qualität, die Hypertexte auszeichnen soll, schlicht auf das technische Medium reduziert. Auch Wolfgang Schweiger (2001: 12-26) schränkt Hypertext auf computerbasierte Angebote ein, die auf einem Bildschirm präsentiert werden, bezeichnet Hypertext aber zutreffend nicht als Medium, sondern als „Organisationskonzept für Computerdokumente", die „durch Verweise bzw. Links miteinander verknüpft" sind, dem Nutzer „kontextspezifische Auswahloptionen" eröffnen und „in einer nichtlinearen Weise" rezipiert werden können. Er berücksichtigt auch die „unterschiedlichen Codierungssysteme bzw. Sinnesmodalitäten" der Dokumente, und unterscheidet dann folgerichtig Hypertext von Hypermedia bzw. „Hypermedienangebote".

Die Grundidee des Hypertextes bestand jedoch nicht darin, die vorhandenen Textorganisationsformen des Buchdrucks digital abzubilden, sondern die Einschränkungen der vergleichsweise starren und hierarchischen Indexierungs- und Verweissystematiken zu überwinden, insbesondere auch unsystematische, assoziative „Sprünge" zu erleichtern. Erste Überlegungen reichen bis in das Jahr 1945 bzw. sogar in die 30er Jahre (vgl. Schweiger 2001: 12) zurück, als man noch nicht an Computernetze dachte, wohl aber das Problem erkannt hatte, wie große Datenbestände sinnvoll und aufgabenbezogen (d. h. individuell) zu erschließen wären.[4] Der Begriff Hypertext wurde 1965 von Ted Nelson geprägt, erste Consumersoftware-Lösungen wurden seit Mitte der achtziger Jahre für Apple-Rechner angeboten, also bereits bevor das WorldWideWeb seit 1991 nahezu zum Synonym für Hypertext wurde.

Hypertexte und Hypermedia-Umgebungen, die online verfügbar sind, eröffnen nicht nur erweiterte Lektüre- bzw. Rezeptionsmodi mit zusätzlichen Freiheitsgraden (und Selektions-Zwängen) für den Rezipienten. Auch die Rückkopplungsmöglichkeiten verändern sich gegenüber der Buchdruckkultur. Vielfach ist unmittelbar aus dem Text oder Medienangebot heraus eine E-Mail-Option gegeben, d. h. Kommentare, Fragen, Kritik, Anregungen, Vorschläge für weitere Verknüpfungen (Links) können direkt, u. U. noch während der Lektüre an den Autor des Angebotes abgesendet werden, und dieser kann vergleichsweise rasch darauf reagieren, z. B. in dem er den Text verändert. In der Netz-Literatur und in der Wissenschaft gibt es Anwendungsbeispiele für solche unabgeschlossenen Texte, die ständig fortgesetzt und umgeschrieben werden können, bis hin zu der Entwicklung, dass gar nicht mehr ein einzelner Autor zu identifizieren ist. Auch ohne ein Feedback von Lesern bzw. Nutzern können Hypertexte ständig umgestaltet werden, d. h. sie gewinnen einen dynamischen Charakter. Für die Nutzer bedeutet dies, dass sie nie sicher sein können, denselben Text erneut im Web zu finden. Allerdings scheint dieses Problem noch nicht das gesamte Medium zu kennzeichnen: „Hypertexte, die wir heute kennen, bestehen überwiegend aus statischen Seiten, die sich nach dem Aufruf nicht oder nur geringfügig verändern" (Schweiger 2001: 20-21).

Dynamische, unabgeschlossene oder gar **kollaborative Hypertexte** dürften zumindest derzeit also die Ausnahme im WWW darstellen. Weitaus häufiger sind Texte anzutreffen, die

---

[4] Zu nennen sind hier Vannevar Bush (Memex-Projekt) sowie seit Mitte der 60er Jahre die Computer-„Pioniere" Douglas Engelbart und Ted Nelson (XANADU-Projekt).

erst im Nachhinein „ins Netz gestellt" und zu diesem Zweck „verlinkt" wurden. Es handelt
sich dabei nicht um „originäre Hypertexte", sondern um traditionell produzierte, die über ein
anderes Interface verfügbar gemacht wurden und dadurch neue Rezeptionsformen erlauben.
„Originäre Hypertexte" basieren demgegenüber nicht mehr auf einem „Haupttext", sondern
auf einem Netz mehr oder weniger gleich großer und relevanter Textmodule (vgl. hierzu auch
Krajewski 1997: 64-71). In vielen Fällen wird das WWW jedoch ausschließlich als Verbrei-
tungsmedium für traditionelle Texte (z. B. den Abruf von pdf-Dokumenten oder Textdateien)
genutzt, und nicht seine hypertextuellen oder hypermedialen Potenziale: „Das Internet
bedeutet keinesfalls das Ende des Buches. Das WorldWideWeb verpflichtet nicht zur Hyper-
textualität. Die linearen Buchstrukturen sind im WorldWideWeb ohne weiteres abbildbar ..."
(Sandbothe 1997: 74). „Elektronisches Schreiben" (Jay Bolter), die Produktion von Hypertexten und Hypermedia-Angeboten stellt also zunächst nur ein – durch digitale Speichertech-
nik, Softwaresteuerung und Vernetzung – technisch gebotenes Potenzial dar. Erst die soziale
Aneignung, der alltägliche Gebrauch wird erweisen, ob und wo ein konkreter Nutzen zutage
tritt und sich tatsächlich eine neue Kulturtechnik entwickeln wird. Typisch für die Aneignung
neuer „Schreibtechnologien" ist, dass zunächst die gewohnten kulturellen und medialen Pra-
xen mit neuen technischen Mitteln nachvollzogen werden:

> „Gutenbergs Bücher sowie die der anderen Drucker wurden zunächst Manuskripten so
> ähnlich wie möglich gestaltet. (...) Elektronische Texte im Internet sind derzeit in einer
> vergleichbaren Übergangsphase. (...) Die Hierarchie ist eine klassische Struktur des
> mittelalterlichen Manuskripts und vor allem des gedruckten Buches mit seinen
> Abschnitten, Kapiteln und Abteilungen." (Bolter 1997: 47)

Hypertext und Hypermedia-Angebote simulieren zunächst nur aus der Buchdruckkultur
bekannte Formen der Verweisung und Verknüpfung, gestalten sie aber komfortabler und nutzerfreundlicher – vorausgesetzt, die Produzenten beherrschen die medialen Gestaltungs- und
Kodierregeln. Worin genau aber der Mehrwert nicht-linearen Argumentierens für die Wissenschaft und die Wissensvermittlung liegen, bedarf weiterer empirischer Forschung.

Das WorldWideWeb bzw. seine hypertextuellen und -medialen Komponenten erweitern die
Möglichkeiten extrahypertextueller Verknüpfungen; mitunter wird das WWW als Gesamt-
Hypertext oder als „Docuverse" (Winkler 1997) aufgefasst. Aus semiotischer und medienthe-
oretischer Sicht handelt es sich aber zumindest derzeit insgesamt um einen additiven Text,
denn die Mehrzahl der Texte und Hypertexte ist nicht verknüpft. Immerhin bilden sich aber
mehr und mehr „Gesamttext-, und „Hypertext"-Inseln (im Sinne Doelkers). Auch die Vorstellung, das WWW sei ein allumfassendes kulturelles Gedächtnis, erscheint zumindest überzogen: Die weitaus größere Zahl von Texten existiert außerhalb des WWW, und es ist auch
nicht zu erkennen, dass alle Texte digitalisiert werden (sollten). Die Übertragung von Texten
in neue Speicherformen setzt immer Selektionsentscheidungen voraus, wie wir aus der
Mediengeschichte und der Gegenwart wissen: Nicht alle Manuskripte wurden (und werden)
gedruckt; nicht alle Dokumente werden auf Mikrofilm archiviert. Vielfach erweisen sich
übrigens digitale Speichermedien als weitaus weniger haltbar als die bisherigen Archivie-
rungstechniken: Zum einen trägt die rasche technologische Entwicklung zu schnellem Veral-
ten bzw. wachsender Inkompatibilität der Zugangssoftware bei. Zum anderen liegt nach empirischen Befunden die „Lebensdauer" (Verfügbarkeit) von WWW-Dokumenten bei 44 Tagen
(Vgl. Musch 1997: 36), nach anderen Angaben bei rund 100 Tagen.[5]

---

[5] Vgl. www.mwm.de/infol/infol29/Infoletter_29.html sowie das Archiv-Projekt unter: http://www.archive.org/
index.html

3.2.3 Zwischenbilanz „Multimedia"

Die semiotische Perspektive und die Ausführungen zum Hypertext zeigen, dass eine medi-
umszentrierte Betrachtung zu kurz greift, denn im Zeichenprozess bzw. in den wechselseitig
aufeinander bezogenen Hypertext-Produktions- und -Rezeptionsprozessen spielen die Kommunikanden eine ausschlaggebende Rolle: Erst sie entscheiden darüber, ob es sich um einen
kohärenten und entsprechend der Verständigung dienlichen Text handelt. Empirisch lässt sich
belegen, dass zumindest derzeit die technischen Potenziale Dynamik, Multikode und Nonlinearität, denen die Netz-Apologeten so weit reichende Wirkungen vorhersagen, allenfalls
ansatzweise realisiert werden. Auf den Ebenen der Organisation und der Institutionalisierung
des „neuen Mediums", des alltäglichen kommunikativen Gebrauchs halten sich die „revolutionären Umwälzungen" also in überschaubaren Grenzen. Die medienkulturelle Tradition des
durchaus schon multikodalen und hypertextuellen Buchdrucks und der ebenfalls multikodalen
audiovisuellen Medien prägen offenbar die wechselseitigen Erwartungen und Kompetenzen
von Anbietern und Nutzern noch immer stark.

3.3 Interaktivität

Medientechnologische Innovationen bieten immer wieder Anlass für Visionen zur Überwindung der vermeintlich rückkopplungsfreien, einseitigen „Massenkommunikation". Bereits in
den dreißiger Jahren forderte Bertold Brecht in seiner „Radiotheorie", aus „Empfängern"
gleichberechtigte „Sender" zu machen; ähnliche Visionen und Forderungen begleiteten die
kritische Medientheorie seit den sechziger und siebziger Jahren (vgl. z. B. Enzensberger
1970). Auch mit der Einführung der „neuen Medien" in den achtziger Jahren lebte der
„Mythos Rückkanal" (Kleinsteuber 1994; 1995) wieder auf, unterstützt durch Medien wie
Video, Videotext und Btx, die zumindest eine individuelle Auswahl (Selektion) aus einem
vorgegebenen Angebot sowie eine höhere zeitliche Flexibilität ermöglichten.

Mit „dem Internet" sind noch weiter reichende Utopien verbunden, das Schlagwort lautet
hierbei „Interaktivität": Aus dem dispersen Publikum der Massenmedien, das den Kommunikatoren allenfalls schmalbandiges Feedback (per Brief, Telefon oder Fax) geben könne, entstehe nun ein aktiver bzw. interaktiver Rezipient, der ohne Medienbruch und Zeitverzug
direkt auf Kommunikatoren und Kommunikate (Programm) Einfluss nehmen oder selbst zum
Kommunikator werden könne.

Die Vision eines aktiven Rezipienten und einer interaktiven Kommunikationsstruktur bietet
vor allem Anknüpfungspunkte für die politische Kommunikation: Aus demokratietheoretisch-
normativen Gründen gilt der Aktivbürger als Ideal, dem zumindest alle Chancen zur politischen Mitbestimmung und Teilhabe (Partizipation) gegeben werden sollten. Das technische
Potenzial „des Internet", so die Annahme, beseitige nun endlich alle räumlichen und zeitlichen Restriktionen für die umfassende Information und erlaube die gleichberechtigte und
direkte Teilnahme am öffentlichen Diskurs oder gar die Durchführung elektronischer
Abstimmungen und Wahlen (vgl. Kap. 13.4 u. 13.6 sowie Kleinsteuber/ Hagen 1998).

Ziel der folgenden Ausführungen ist es, zunächst die impliziten Annahmen zu klären und zu
prüfen, die solchen Vorstellungen zugrunde liegen. Hierzu müssen wir – ähnlich wie bei der
Erörterung der medientheoretischen Fragen (vgl. Kap. 2) – die sozial- und kommunikationstheoretischen Konzepte Interaktion, „Interaktivität", Kommunikation und „Massenkommunikation" näher untersuchen.

3.3.1 Handlung, Interaktion, Kommunikation

„Handlung" ist der zentrale theoretische Begriff soziologischer Handlungstheorien, die hierin eine soziale Grundtatsache und den Ausgangspunkt soziologischer Theoriebildung und Forschung sehen. Alle Handlungen bedürfen eines Handelnden oder Akteurs, doch nicht jede Aktivität eines Menschen gilt schon als Handlung.

Handlungstheoretiker unterscheiden Verhalten von Handlung, wobei mit **Verhalten** jegliche Regung eines Organismus bezeichnet wird, gleich ob sie beobachtbar ist oder im Innern dieses Organismus, zum Beispiel eines Menschen, stattfindet. Verhalten kann durch angeborene Programme oder Instinkte vorbestimmt sein und durch äußere oder innere Reize ausgelöst werden, ein bewusster Entschluss oder auch nur das reflexive Bewusstsein ist keineswegs Voraussetzung. Eine besondere, aus sozialwissenschaftlicher Sicht interessierende Form von Verhalten ist das **soziale Verhalten**. Auslöser und „Bezugspunkte" für soziales Verhalten ist das Verhalten anderer, z. B. der Artgenossen in einer Herde. Für Verhalten und für soziales Verhalten lassen sich vielfältige Beispiele aus dem Tierreich (Vogel- oder Fischschwärme usw.), aber auch beim Menschen finden. Ein viel zitiertes Beispiel für soziales Verhalten besteht darin, den eigenen Regenschirm aufzuspannen, nachdem man gesehen hat, dass auch die anderen Passanten dies getan haben. In diesem Fall orientiert sich das eigene Verhalten am Verhalten anderer, und nicht unmittelbar an dem „Naturereignis" Regen. Das Aufspannen des Schirms erfolgt aber auch nicht in der bewussten Absicht, andere Menschen zu beeinflussen: Wir können davon ausgehen, dass der Passant mit Regenschirm, den wir gesehen haben, seinen Schirm nicht geöffnet hat, um uns zu einem ähnlichen Verhalten zu animieren, sondern um sich selbst vor dem Regen zu schützen.

Anders verhält es sich mit **Handlungen**, die etwas spezifisch menschliches sind, weil sie ein Bewusstsein voraussetzen. Handlungen setzen einen Entschluss und eine bestimmte Absicht voraus; im Falle zweckrationalen Handelns wird das leicht deutlich: Eine Fahrradfahrerin, die bemerkt, dass die Reifen an Luft verloren haben, kann zur Luftpumpe greifen und den Reifen wieder aufpumpen. Sie trifft eine bewusste Entscheidung in spezifischer Weise zu handeln, dabei sogar ein Werkzeug zu gebrauchen, um einen bestimmten Zustand des Fahrrads (wieder) herzustellen, um dann ihren geplanten Weg fortsetzen zu können. Dabei kann die Fahrradfahrerin auch Handlungsalternativen abwägen und ihr Vorwissen einsetzen: Möglicherweise hat sie die Erfahrung gemacht, dass die Handlung „Aufpumpen" nicht erfolgreich sein wird, weil der Reifen einen größeren Schaden aufweist. Sie kann sich dann entschließen, ihr Fahrrad bis zum nächsten Fahrradhändler zu schieben, um ggf. den Schaden dort reparieren zu lassen oder sie kann selbst einen neuen Reifen aufziehen. Oder sie kommt zu dem Entschluss, den Reifen nicht aufzupumpen, weil sie ohnehin keinen weiten Weg mehr vor sich hat, oder weil sie selbst keine Luftpumpe dabei hat und niemand anderen bitten möchte, ihr eine zu leihen. Handlungen (hier zweckrationale) weisen also eine durchaus komplexe Struktur auf, können Teil längerer Handlungsketten sein und Ergebnis – mehr oder weniger gründlicher – Überlegungen. In jedem Fall setzen sie einen Entschluss (und damit begrenzte Entscheidungsfreiheit) sowie eine Absicht, hier einen konkreten Zweck voraus; handlungstheoretisch formuliert sind Handlungen **intentional**. Das gewünschte (oder befürchtete) Handlungsergebnis wird antizipiert und diese Einschätzung wird zum entscheidenden Kriterium für die Entscheidung überhaupt oder in einer bestimmten Weise zu handeln. Vergleichbares gilt übrigens auch für den Passanten, der als erster den Regenschirm aufspannt, um sich vor der Nässe zu schützen, und nicht weil er sich an anderen „ein Beispiel" genommen hat, das er imitiert.

Nicht alle Handlungen sind aber so eindeutig zweckrational wie das oben angeführte Beispiel. Eine andere Form stellt die **soziale Handlung** dar, bei der die Intention auf einen anderen Menschen bezogen ist, und zwar in bewusster Art und Weise und nicht wie bei einer Massenpanik in reflexartiger Manier. Der oder die Handelnde (Ego) möchte bei einer/m anderen (Alter) etwas bewirken, genau deshalb wählt er diesen bestimmten Handlungsentwurf und führt ihn aus. Ego erwartet irgendeine (oder eine bestimmte) Handlung Alters aufgrund seines eigenen (Egos) Handelns. Die soziale Handlung ist mit „subjektiv gemeinten Sinn" verbunden, sie bedeutet etwas für **Ego in Bezug auf Alter** – im Gegensatz zum Aufspannen von Regenschirmen im ersten Beispiel.

Führt eine soziale Handlung Egos zu einer sozialen Handlung Alters (nun auf Ego bezogen), so haben wir es mit **Interaktion** zu tun, die Handlungen Egos und Alters entspannen sich zwischen diesen beiden Akteuren und im **wechselseitigen Bezug** aufeinander.

Soziale Handlungen und damit auch Interaktionen können wiederum unterschiedliche Formen annehmen, beispielsweise die einer Wirtshausschlägerei oder eines Irakkrieges – sozial bedeutet also keineswegs „human" im Sinne von „humanitär". Glücklicherweise müssen aber weder Ego noch Alter alles „tatsächlich" im physischen Sinne ausführen, was sich auf den jeweils anderen bezieht. Soziales Handeln kann sich bestimmter Zeichen bedienen, die als „Stellvertreter" für etwas bestimmtes anderes, nicht vorhandenes oder tatsächlich ausgeführtes stehen. **Kommunikative Handlungen** sind also ein Sonderfall sozialer Handlungen und mit ihnen verfolgen die Akteure Ego und Alter zwei Intentionen: Die **allgemeine Intention** Egos besteht darin, sich mit Alter zu verständigen, ihm etwas mitzuteilen. Die **spezielle Intention** einer kommunikativen Handlung ist variabel: Ego verfolgt in einer bestimmten Situation mit seiner spezifischen kommunikativen Handlung die Absicht (Intention) Alter etwas ganz bestimmtes mitzuteilen, ihn zu informieren, den subjektiv gemeinten Sinn mit ihm zu teilen. Alter soll (möglichst genau, zumindest aber hinreichend) verstehen, was Ego gemeint hat, und: Er soll Ego mitteilen, dass er Ego verstanden hat (allgemeine Intention) sowie was er verstanden hat (spezielle Intention). Erst wenn an das kommunikative Handeln Egos eine kommunikative Handlung Alters, hier zunächst eine „Verstehenshandlung" anschließt und Alter dies kommuniziert, kann Ego mit neuen kommunikativen Handlungen (wiederum Verstehenshandlungen und Sprechakten) anschließen: Kommunikation entfaltet sich, Verständigung (nicht unbedingt sachliches oder persönliches Einverständnis) wird erzielt, die Intentionen des kommunikativen Handelns realisiert. Schaubild 5 abstrahiert vom Prozesscharakter wechselseitiger Kommunikation, der hier nur angedeutet ist. Dabei weiß Ego, dass Alter ebenfalls kommunikativ handelt, und er weiß (oder nimmt zumindest an), dass Alter weiß, das Ego dies weiß (und vice versa). Interaktion ist folglich ein sehr voraussetzungsreicher, unwahrscheinlicher Prozess, der Intentionalität (und damit Bewusstsein) auf beiden Seiten voraussetzt. Es handelt sich nicht um die bloße Reaktion Alters auf Ego oder die wechselseitige Determination von Verhalten bzw. Zustandsänderungen, zumindest kontrafaktisch handelt es sich um gleichberechtigte Partner.

Verhalten, soziale Interaktion und Kommunikation unterscheiden sich zeichentheoretisch grundlegend von einander und von bloßen kybernetischen Rückkopplungs- und Steuerungsprozessen (Feedback): Bei all diesen Prozessen spielen Zeichen zumindest potenziell eine Rolle, aber es werden **unterschiedliche Zeichentypen** verwendet, und diese werden auf verschiedene Weise „verarbeitet": Kommunikation ist ein sozialer Interaktionsprozess zwischen menschlichen, mit Bewusstsein begabten Akteuren, und zwar ein noch näher zu beschreibender Zeichenprozess – aber umgekehrt ist eben nicht jeder Zeichenprozess schon Kommunikation.

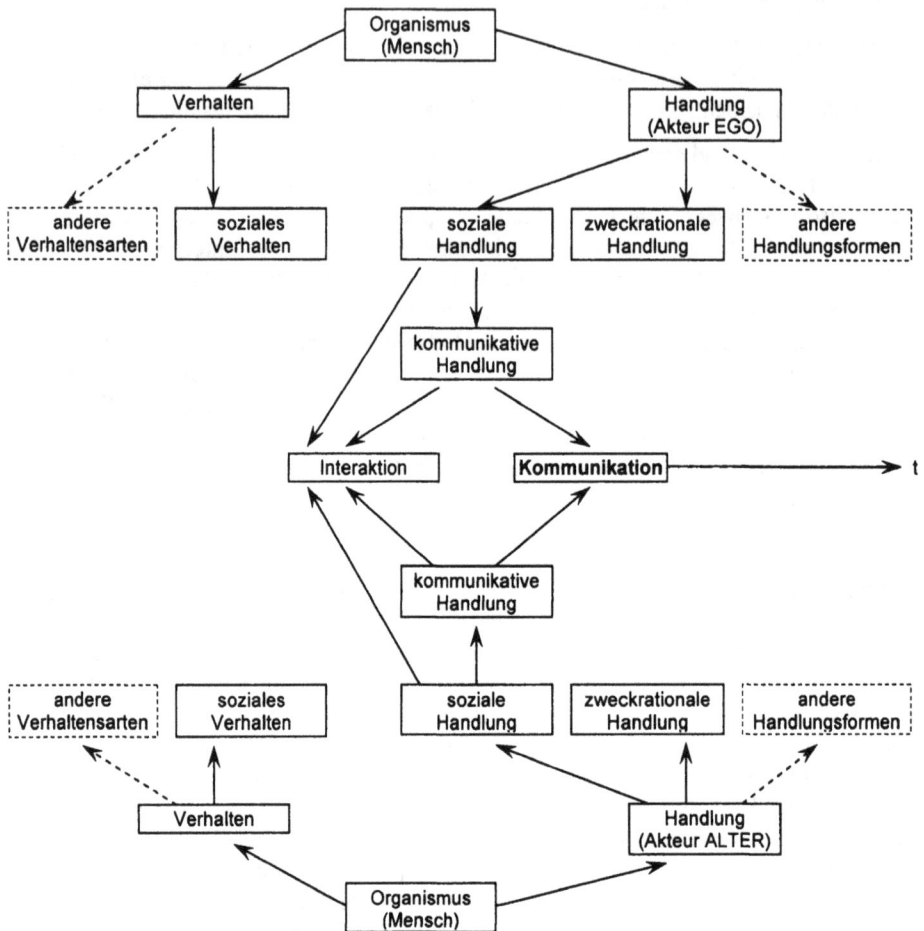

Schaubild 5: Handlung, Interaktion und Kommunikation aus handlungstheoretischer Sicht

So beruhen bereits Verhalten und soziales Verhalten auf Zeichen, und zwar auf **Anzeichen** (Indizes oder abbildhaften Ikonen): Rauch ist ein Anzeichen für Feuer und führt vielfach zu auch bei Tieren beobachtbarem Fluchtverhalten. Wir können aber vernünftigerweise nicht davon ausgehen, dass das Feuer absichtlich (intentional) Rauch produziert, um uns „mitzu-teilen", dass es brennt. Vielmehr stehen Anzeichen und „Zeichenproduzent" in einem kausa-len, hier sogar naturgesetzlichen Verhältnis. Im Falle der flüchtenden Tiere können wir auch davon ausgehen, dass das gezeigte Fluchtverhalten zwar die Wahrnehmung des Rauch-Zei-chens voraussetzt, dann aber festgelegten Verhaltensprogrammen folgt. Auch Menschen interpretieren Anzeichen, etwa das sich verfärbende Laub als Hinweis auf den Herbst. Und wiederum können wir nicht von einer intentionalen Zeichenabgabe seitens der Bäume ausgehen, folglich findet auch keine Kommunikation (nicht einmal einseitiges kommunikatives Handeln) zwischen Baum und Mensch statt.

Als kommunikativ handelnde Menschen verwenden wir im Unterschied zu Tieren einen spezifischen Zeichentyp, nämlich **Symbole**. Kommunikation kann deshalb mit George Herbert Mead auch als **„symbolische Interaktion"** bezeichnet werden. Symbole sind arbiträre Zeichen, die – anders als indexikalische und ikonische Anzeichen – nicht in einem ursächlichen Zusammenhang oder einem bildlichen Ähnlichkeitsverhältnis mit dem Bezeichneten stehen. Die Bedeutung von Symbolen ist konventionell festgelegt und beruht auf einem kulturspezifischen Code: Der Buchstabe „A" hat keine erkennbare Ähnlichkeit mit dem Laut „A", und dieser wiederum kann je nach Kontext (Wort, Sprache) unterschiedliche Bedeutungen ausmachen, steht aber wiederum nicht in ikonischer oder kausaler Beziehung zum bezeichneten Ding. Für symbolische Interaktion ist also Bewusstsein der kommunizierenden Akteure Alter und Ego, notwendige (aber nicht hinreichende) Voraussetzung; nicht hinreichend deshalb, weil symbolische Codes in den meisten Fällen (abgesehen von Privatsprachen) kollektive Kulturphänomene mit Tradition sind.

Die wechselseitige Handlungsorientierung setzt prototypisch die Anwesenheit der Interaktionspartner voraus, weil eine gemeinsame Situationsdefinition, ein Rahmen (Goffman) ausgehandelt werden muss. Allerdings stellt sich die Frage, ob nicht auch Abwesende miteinander interagieren können, so lange ein (hinreichend) klarer Rahmen gegeben ist: Soziales Handeln jedenfalls, so Max Weber, kann sich auch auf Unbekannte beziehen, wie die Verwendung von Geld belegt. Die Entgegennahme von Geld geschieht im Vertrauen darauf (also andere Handlungen antizipierend), dass dieses symbolische Tauschmittel von Dritten, die man zum Zahlungszeitpunkt noch gar nicht kennt, akzeptiert werden wird. Und auch beim kommunikativen Handeln scheint der ausschlaggebende Punkt zu sein, ob und in welchem Maße eine wechselseitige Wahrnehmung der beteiligten Partner gegeben ist, so dass eine gemeinsame „Situations"-Definition möglich wird: Kommunikatives, verständigungsorientiertes Handeln und wechselseitige Handlungskoordination scheint auch am Telefon möglich, allerdings steht sie möglicherweise vor besonderen Herausforderungen und bedarf daher besonderer prozessualer und Medienregeln.

Was ist durch diesen Exkurs in die Handlungstheorie nun gewonnen? Wir haben eine Definition von Kommunikation formulieren können, die diesen Prozess als symbolische Interaktion klar von anderen Formen (Verhalten, Handlung, Interaktion) unterscheidet bzw. als Form systematisch einordnet, und Kommunikation als Humankommunikation von anderen, natürlichen oder technischen Zeichenprozessen abgrenzt.

Aus kommunikationswissenschaftlicher Sicht ist es eben nicht bedeutungslos, wer oder was miteinander interagiert oder kommuniziert, es kommt vielmehr auf die qualitativen Unterschiede an, gerade wenn wir es – wie bei der computervermittelten Kommunikation – mit technisch vermittelter Kommunikation, „interaktiven Medien" oder gar „intelligenten Maschinen" zu tun haben. Die handlungstheoretische Herleitung erhebt keinen Absolutheitsanspruch und weist auch kein „Copyright" auf den Kommunikationsbegriff aus, aber sie erscheint äußerst hilfreich dabei, sog. animalische, aber auch die Tier-Mensch-, Mensch-Maschine-, Computer-Mensch-Kommunikation (oder andere Spielarten) von der Kommunikation zwischen Menschen zu unterscheiden.

Die handlungstheoretische Herleitung und Bestimmung des Kommunikationsbegriffs ist offenkundig am Paradigma der direkten Kommunikation (Face-to-face) gewonnen. Bevor wir uns näher mit der „Interaktivität" in der computervermittelten Kommunikation befassen, müssen wir zunächst untersuchen, ob sich auch die sog. Massenkommunikation als symbolische Interaktion verstehen lässt oder ob die kritischen Medientheoretiker mit ihrer Annahme Recht haben, Massenkommunikation sei „interaktionsfreie Kommunikation" und somit möglicherweise gar keine Kommunikation.

3.3.2 Massenkommunikation als „interaktionsfreie" Kommunikation?

Aus kulturkritischer wie aus demokratietheoretischer Perspektive wird ein erhebliches Innovationspotenzial der computervermittelten Kommunikation in der Überwindung der Einseitigkeit (Unidirektionalität) von Massenkommunikation gesehen. Die vermeintlich starren Rollen von Kommunikator und Rezipient könnten nun endlich dynamisiert und flexibilisiert, tradierte Machtverhältnisse, affirmative Medienwirkungen und Verkrustungen aufgeweicht und dem herrschaftsfreien Diskurs Bahn gebrochen werden.

Doch wie ist es um die behauptete Einseitigkeit, das mangelnde Feedback und die Interaktionslosigkeit der „Massenkommunikation" tatsächlich bestellt?

Das Problem beginnt auch hier bei den Begriffen, in diesem Fall den aus dem angelsächsischen Sprachgebrauch (Mass Communication) übernommenen Begriffen „Massenkommunikation" und „Massenmedien". „Masse", im Deutschen ohnehin negativ konnotiert, beschreibt gesellschaftliche Differenzierungen (Schichten, Großgruppen), Pluralisierung von Lebensstilen und Individualisierungstendenzen, die sich auch bei der medienvermittelten Kommunikation (Mediennutzung, Medienwirkung) beobachten lassen, jedoch längst nicht mehr zutreffend; in der Soziologie ist das Konzept der „Massengesellschaft" deshalb längst passé. Das Publikum bzw. die unterschiedlichen, aktiven Rezipienten und Rezipientengruppen der sog. Massenmedien verhalten sich nicht einheitlich und es handelt sich weder um ein amorphes, handlungsunfähiges und passives Publikum, noch um ein soziales Gebilde aus kopräsenten Menschen. Die Begriffsbildung Massenkommunikation suggeriert zudem, dass es sich um einen Prozess der Kommunikation zwischen Massen handelt; tatsächlich stehen sich bei der Massenkommunikation jedoch sehr unterschiedlich strukturierte Kommunikatoren und Rezipienten gegenüber: Auf der Seite der Kommunikatoren handelt es sich um komplexe Organisationen, in denen arbeitsteilig Aussagen für die öffentliche Kommunikation selektiert, produziert und gestaltet werden. Die Rezeption dieser Aussagen erfolgt in den meisten Fällen durch ein disperses Publikum (Maletzke), also räumlich und zum Teil auch zeitlich (Printmedien) getrennt, individuell oder in kleinen Gruppen mit spezifischer Struktur (z. B. Familie). Aus kommunikationssoziologischer Sicht ist daher die Bezeichnung öffentliche Kommunikation (Publizistik) dem eingeführten Begriff Massenkommunikation vorzuziehen.

Die bis heute gängigste Modellierung von Massenkommunikation (durchaus auch im Sinne öffentlicher Kommunikation) stammt von Gerhard Maletzke (1963: 41), der hierunter jene Form von Kommunikation versteht, bei der Aussagen öffentlich, durch technische Verbreitungsmittel (Medien), indirekt (über räumliche, zeitliche oder raumzeitliche Distanz zwischen den Kommunikationspartnern) und einseitig (also ohne Rollenwechsel zwischen den Kommunikationspartnern) an ein disperses Publikum (räumlich und mitunter zeitlich getrenntes, verstreutes und nicht organisiertes Publikum) verbreitet werden. Sieht man sich das Feldschema der Massenkommunikation von Maletzke genauer an, so erkennt man, dass ein Feedback zwischen Rezipienten und Kommunikatoren keineswegs ausgeschlossen, sondern systematisch berücksichtigt wird:

Es gibt nicht nur **Feedback-Möglichkeiten** für den Rezipienten, sondern auch wechselseitige Bilder von Kommunikator und Rezipient, zwischen denen „Inter-Transaktionen" (Früh/ Schönbach 1991) stattfinden.

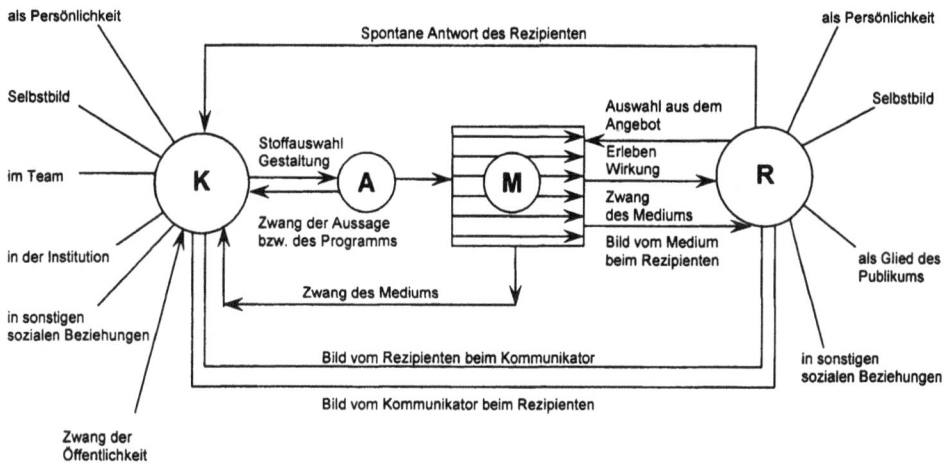

Schaubild 6: Feldschema der Massenkommunikation von Maletzke (1963: 41)

Allerdings ist dieses Feedback strukturell eingeschränkt: Zum einen verläuft es über andere Medien als die Verbreitung der Aussagen durch die Kommunikatoren, und zum anderen stammt dieses Feedback tatsächlich nicht vom dispersen Publikum als kollektivem Akteur oder Kommunikationspartner, sondern von einzelnen Rezipienten (oder organisierten Gruppen). Öffentliche Kommunikation ist folglich – schon bei Maletzke – keine „rückkopplungsfreie" Kommunikation. Rückkopplungen seitens der Rezipienten können durch Telekommunikationsmedien wie Telefon, Fax oder Brief erfolgen, mittlerweile auch über speziell entwickelte Dienste wie TED. Doch es bestehen weitere, indirekte Feedbacks, und zwar über den Markt: Kauf- und Nutzungsentscheidungen werden von den Medienorganisationen schon aufgrund ihrer medienökonomischen Verfasstheit sensibel zur Kenntnis genommen, und dies selbst da, wo sie sich nicht direkt in Geldwerten (Entgelten) ausdrücken, lassen sich aus den Daten der systematischen Medienforschung Informationen über die Präferenzen und Bewertungen des Publikums gewinnen. Diese über Marktbeziehungen und Medienforschung gewonnenen Informationen sind allerdings vergleichsweise unspezifisch, denn sie beziehen sich auf die Makro- und Mesoebene der Kommunikate, z. B. Zeitungs- und Zeitschriftenausgaben, Rundfunk-Programme, Programmformate oder einzelne Sendungen, und nicht auf einzelne Aussagen, zu denen ein inhaltliches Feedback erfolgen oder sich ein Diskurs entfalten würde.

Betrachtet man den Prozess der öffentlichen Kommunikation jedoch differenzierter, dann ergibt sich ein genaueres Bild: Das Feldschema von Maletzke stellt nämlich nur einen Ausschnitt aus dem Gesamtprozess sozialer Kommunikation dar, sozusagen das „Mittelstück". Tatsächlich benötigen die Kommunikatoren der öffentlichen Kommunikation Quellen, denn sie sind – in den meisten Fällen – nicht die (alleinigen) Urheber der Aussagen, sondern vor allem deren Vermittler. Hans Wagner unterscheidet deshalb zwischen „Ausgangspartnern" und „Vermittlungspartnern" in der sozialen Kommunikation; das Feldschema kann insofern auf der linken Seite erweitert werden. Auch auf der Seite des Publikums bzw. der Rezipienten gilt es eine Differenzierung vorzunehmen: Die durch die Vermittlungspartner (Kommunikatoren: Journalisten) verbreiteten Aussagen erreichen nämlich nicht nur die unmittelbaren Rezipienten eines Mediums (bzw. einer Sendung), sondern es schließen sich mehrstufige Anschlusskommunikationen an (Zwei- und Mehr-Stufen-Fluß der Kommunikation).

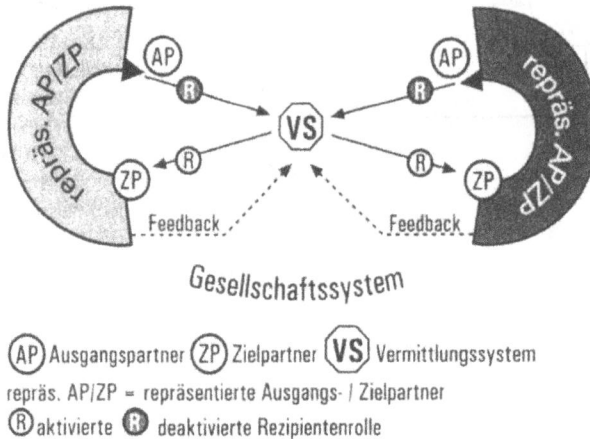

(AP) Ausgangspartner (ZP) Zielpartner (VS) Vermittlungssystem
repräs. AP/ZP = repräsentierte Ausgangs- / Zielpartner
(R) aktivierte (R) deaktivierte Rezipientenrolle

Schaubild 7:   Modell der sozialen Zeitkommunikation von Hans Wagner
(Quelle: Schönhagen 2004: 119)

Der einzelne Rezipient muss also keineswegs schon der „Zielpartner" der Kommunikation sein, und: Nicht alle Rezipienten sind tatsächlich „Zielpartner"; mitunter gehören die tatsächlich gemeinten Zielpartner sogar zur Gruppe der Ausgangspartner. **Zielpartner und Ausgangspartner** können in vielfältigen kommunikativen Beziehungen stehen: Sie können medial verbreitete Aussagen zum Gegenstand interpersonaler Kommunikation und Diskurse nehmen, und dies kann wiederum zum Gegenstand von Berichterstattung werden. Die Zielpartner können wiederum selbst (oder durch organisierte Sprecher) Ausgangspartner öffentlicher Kommunikation werden. Hierfür bedürfen sie in der Regel der **Vermittlungspartner**: Es sind erneut Journalisten, die durch eigene Recherche, Interviews oder die Nutzung von Verlautbarungen und PR-Material gewonnene Aussagen – möglichst mediengerecht – vermitteln. Öffentliche Kommunikation ist also „vermittelte Mitteilung", die zwischen Ausgangs- und Zielpartnern verläuft, wobei aus Ausgangspartnern Zielpartner werden können und vice versa:

> „Das Phänomen des Rollentausches in der Massenkommunikation weist jedoch gegenüber dem Rollentausch in der direkten Kommunikation drei Besonderheiten auf: (...) a) ... häufig (wird) ein Rollentausch ohne Gedankentausch verwirklicht: ein und dieselben Partner und Partnergruppen sind bezüglich eines Themas Ausgangspartner, jedoch bezüglich eines anderen Themas Zielpartner. b) Rollentausch mit Gedankentausch vollzieht sich in der Massenkommunikation häufig nicht gleichzeitig ..., sondern erst in der

periodischen Abfolge" und c) haben sich die Vermittlungsrollen auf bestimmte Personengruppen bzw. Organisationen, die professionellen „Kommunikatoren" fixiert (vgl. u. zit. Wagner 1978: 42-43).

Fassen wir zusammen: Betrachtet man das „Mittelstück" öffentlicher Kommunikation im Sinne Maletzkes, dann ist Massenkommunikation nicht als rückkopplungsfreie Kommunikation zu verstehen, allerdings sind die Feedbackmöglichkeiten medial und zeitlich eingeschränkt. Es sind meist mit Medienbruch, Zeitverzug oder mit Informationsverlusten verbundene indirekte Rückkopplungen möglich; dominant bleibt jedoch eine Einseitigkeit zumindest was die massenmedial vermittelten Anteile betrifft.

Erweitert man den Blick auf die soziale Kommunikation einer Gesellschaft, und hierfür sprechen neben theoretischen Argumenten auch empirische Befunde über mehrstufige Kommunikationsflüsse und Anschlusskommunikationen in interpersonalen Netzwerken, dann lassen sich in Anlehnung an Wagner mehrstufige, semantisch aufeinander Bezug nehmende Kommunikationsflüsse und ein Rollentausch der beteiligten Kommunikationspartner feststellen. Die Nutzung von Medien (seitens des Kommunikators wie des Rezipienten) kann als Medienhandeln, also eine Form des kommunikativen Handelns interpretiert werden (vgl. hierzu auch Sutter 1999: 290 und vor allem den „Nutzenansatz"; Renckstorf 1973).

Erneut erweist sich, dass die Ebene der technischen Zeichensysteme eines (Massen-)Mediums für dessen Bestimmung als Kommunikationsmedium nicht hinreicht. Obgleich strukturell vor allem auf der Organisationsebene der Massenmedien erheblich erschwert und institutionell vergleichsweise sehr gering ausgeprägt, findet auch im Kontext öffentlicher Kommunikation Feedback und Interaktion statt, nur handelt es sich um „vermittelte Mitteilung" (Wagner). Die Kritiker der „Massenkommunikation" zeichnen sich also – polemisch formuliert – weniger durch eine tiefgreifende empirische Analyse der gesellschaftlichen Kommunikation aus, als durch ein jahrzehntelanges Abarbeiten an reduktionistischen, in der Kommunikations- und Medienwissenschaft durch Wagner, aber auch Prakke (1968) theoretisch und durch empirische Befunde zum Mehrstufenfluss und der Kommunikation in interpersonalen Netzwerken (vgl. z. B. Schenk 1984) zumindest partiell überwundenen Modellen aus.

Zweifellos bleiben qualitative Unterschiede zur direkten Interaktion bzw. interpersonalen Kommunikation bestehen, so dass sich unser Blick im Folgenden auf das Wie der Kommunikation in Computernetzen richten muss. Je nach dem, in welchem Maße sich computervermittelte Kommunikation von direkter Kommunikation unterscheidet, ist die Frage zu beurteilen, ob sich die dort zu beobachtenden Phänomene hinreichend als „Interaktion", und die beobachtbaren Formen der Kommunikation als „interaktiv" beschreiben und verstehen lassen. Ansatzpunkte müssen dabei nach dem oben ausgeführten vor allem die zeitlichen und sozialen Modalitäten des Rollen- und „Gedankentausches" sein.

Ausgehend von Maletzkes Feldschema haben Burkart/ Hömberg (1998) untersucht, „ob und inwieweit die neuen technologischen Möglichkeiten strukturelle Innovationen" ermöglichen, insbesondere sehen beide einen Reformulierungsbedarf hinsichtlich der Rollenbeschreibungen der kommunikativ Handelnden: Statt von Kommunikator und Rezipient sprechen sie nun (in Anlehnung an Goertz 1995) von die Kommunikation „organisierenden Beteiligten", die selbst mitunter gar keine Kommunikate mehr produzieren (etwa Newsserver-Betreiber oder Mailinglist-Administratoren). Mittlerweile stellt sich übrigens die Frage, ob angesichts des wachsenden Einflusses von Nachrichten- und PR-Agenturen und der Verbreitung redaktionellen Marketings eine solche Umstellung des Kommunikatorbegriffs nicht auch für viele „klassische Massenmedien" sinnvoll wäre. An der computervermittelten Kommunikation „organisierend Beteiligte" nehmen, so Burkart/ Hömberg (1998: 31) „Kommunikationsgegenstände in Anspruch" und „Kommunikationsbeziehungen in Dienst". Die übrigen Beteiligten bieten Kommunikationsgegenstände, „haben also Teil" an der computervermittelten Kommunikation, und sie nutzen die durch organisierende Beteiligte gestalteten, moderierten, präsentierten, verbreiteten Kommunikationsgegenstände, d. h. sie „nehmen Teil" an der computervermittelten Kommunikation. Maletzkes Feldschema der Massenkommunikation wird abgelöst durch ein „Modell elektronisch mediatisierter Gemeinschaftskommunikation", das wesentliche Positionen Maletzkes enthält und nach wie vor in der Lage ist, auch die „klassische Massenkommunikation" zu modellieren.

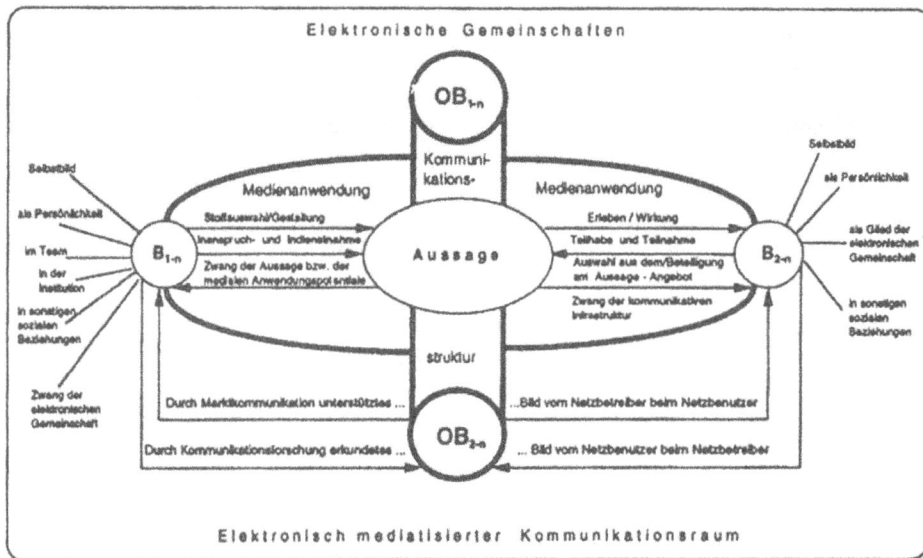

Schaubild 8: Modell elektronisch mediatisierter Gemeinschaftskommunikation
(Quelle: Burkart/ Hömberg 1997: 84)

Die Unterschiede zwischen Kommunikatoren- und Rezipientenrolle werden zwar durch die Umstellung auf zwei Gruppen von Beteiligten nivelliert, aber sie verschwinden nicht vollständig. Die Formen der Teilhabe und Teilnahme unterscheiden sich von der Rezeption vorgefertigter Programme und Medieninhalte, aber es bleiben Machtverhältnisse bestehen. Wie Schaubild 9 zeigt, nehmen die organisierenden Beteiligten (OB) nicht mehr die Position der Verursacher (wie durch die Position des Kommunikators auf der linken Seite nahezu aller klassischer Kommunikationsmodelle) ein, sondern sie sind in einen eher zirkulären Prozess eingebunden, zu dem jeweils mehrere Gruppen von Beteiligten und organisierenden Beteiligten beitragen. Damit ist eine De-Zentrierung und Pluralisierung ebenso angedeutet wie ein erleichterter Rollenwechsel, ohne dass eine vollständige De-Strukturierung oder Ent-Differenzierung medialer Kommunikation prognostiziert würde.

„Interaktivität" wird auch bei Burkart/ Hömberg nicht allein aufgrund neuer technischer Potenziale konstatiert, sondern in Abhängigkeit von den sozialen Rollen und Nutzungsweisen – also auf der Ebene von Organisation und Institutionalisierung computervermittelter Kommunikation – gesehen.

Schönhagen (2004: 77-78) merkt hierzu allerdings kritisch an, dass mit dem Vorschlag von Hömberg und Burkart nun gleich zwei Modelle zur Erklärung sozialer Kommunikation im

Raume stehen: eines für die „klassische Massenkommunikation" und ein weiteres für die „Onlinekommunikation". Letzteres sei aber alleine nicht in der Lage, die Formen der öffentlichen Kommunikation zu beschreiben, die netzbasiert ablaufen. Sie plädiert daher im Anschluss an Wagner (vgl. oben sowie grundlegend Wagner 1978a; 1978b) dafür, konsequent die zu beschreibenden **Kommunikationsprozesse** von den **Vermittlungsprozessen** zu trennen. Erst wenn man den gesamten Prozess sozialer Kommunikation in den Blick nimmt, wird erkennbar, dass es sich auch bei der „klassischen Massenkommunikation" eben nicht um eine „interaktionsfreie Kommunikation" handelt, sondern die gesellschaftlichen Ausgangs- und Zielpartner im mediatisierten Vermittlungsprozess lediglich vertreten, also repräsentiert werden. Während im Face-to-face-Gespräch zweier Personen Kommunikatoren und Vermittler (oder Mediatoren) in Personalunion agieren, also für sich selbst sprechen, wird die Vermittlungsleistung in der Massenkommunikation rationalisiert und professionalisiert. Dort sprechen wir in der Regel nicht (nur) für uns selbst, sondern für eine gesellschaftliche Gruppe oder wir werden durch Sprecher unserer Gruppe repräsentiert. Dies bedeutet aber nicht, dass wir an der sozialen Kommunikation deshalb nicht länger beteiligt wären, denn sofern die „Kommunikationsrepräsentanz" legitim und funktional ausfällt (und dies ist die entscheidende normative Anforderung, deren Realisierung kritischer empirischer Prüfung bedarf), sind unsere Aussagen, Meinungen etc. durchaus Bestandteil auch der massenmedialen Kommunikation. Auch ein „interaktiver Rollenwechsel" ist bei der Massenkommunikation durchaus die Regel, aber wiederum in vermittelter Form. Ausgangspartner und Zielpartner wechseln ihre Funktionen gerade in periodischen Massenmedien ständig.

Folgt man dieser Argumentation, dann stellt sich die Frage, ob und welche Formen der computervermittelten Kommunikation neue und qualitativ andere Typen von Interaktivität hervorbringen, und zwar sowohl auf der Ebene der Vermittlung als auch auf der Ebene der sozialen Kommunikation.

3.3.3 Interaktivität in der computervermittelten Kommunikation

„Interactivity is a widely used term with intuitive appeal, but it is an underdefined concept." (Rafaeli 1988: 110). Während Interaktion zu den grundlegenden soziologischen Prozessbegriffen gehört (vgl. Kap. 3.3.1), die einen bestimmten Modus und eine spezielle Qualität des Sozialen bezeichnen; beschreibt „Interaktivität" eine Struktur oder soziale Relation. Als Strukturbegriff weist Interaktivität keine unmittelbare, sondern nur eine aus dem Interaktions-Begriff abgeleitete soziologische Fundierung auf und oftmals wird er vermischt mit dem Interaktivitäts-Begriff, wie er in der Informatik Verwendung findet. Dort bezeichnet „Interaktivität" die Wechselwirkung zwischen dem Computer bzw. dem Programm als Maschine und dem Nutzer, während Intentionalität (Verständigungsorientierung) und Bewusstsein (Motivation zur Vermittlung eines subjektiv gemeinten Sinns) unbeachtlich sind. So formuliert Rogers (1986: 34):

> „... interactivity is the capability of new communication systems (usually containing a computer as one component) to 'talk back' to the user, almost like an individual participating in a conversation."

Rogers begreift **Interaktivität als Kontinuum**, auf dem sich verschiedene Medien verorten lassen: Die Massenmedien am unteren Ende, die Medien der computervermittelten Kommunikation am oberen Ende Skala. Für Carrie Heeter (1989: 222-223) ist „Responsiveness" das ausschlaggebende Kriterium für Interaktivität, also die Fähigkeit eines Mediums, sich auf den jeweiligen Nutzer einzustellen, sie vermischt dabei aber Aspekte der programmierbaren Adaptionsleistung mit der Verstehensleistung von Teilnehmern an medienvermittelten Formen interpersonaler Kommunikation. Heeter (1989: 221-225) nennt sechs – allerdings nicht trennscharfe[6] – Dimensionen (Kontinuen), an denen sich Interaktivität bemisst:

- Komplexität der Wahlmöglichkeiten
- Aufwand seitens des Nutzers
- Responsiveness, also „Verständnis für den Nutzer"
- Aufzeichnung der Nutzung
- Möglichkeit für den Nutzer, selbst Informationen hinzuzufügen
- Erleichterung interpersonaler Kommunikation

Will man aber zwischen den verschiedenen „Computerrahmen" (Höflich), also zwischen Maschine und Medium (Esposito) analytisch unterscheiden, so ist aus kommunikationswissenschaftlicher Sicht eine soziologische Fundierung von „Interaktivität" notwendig. Eine **Interaktion mit** Maschinen (hier: Computern, Programmen oder dem „Netz") ist im Sinne der Handlungstheorie und des symbolischen Interaktionismus von Mead demnach nicht möglich (vgl. auch Sutter 1999: 289); allenfalls die **Interaktion mittels** Computer bzw. Computernetzen.

Interaktivität meint dann Qualitäten oder zumindest **Potenziale** von Medien, die eine Kommunikation zwischen menschlichen Ego und Alter mit wechselseitiger Handlungskoordinierung und Verstehen des jeweils subjektiv gemeinten Sinns gestattet. Betrachtet man diese Dimension, so wird rasch deutlich, dass zwischen den verschiedenen Modi computervermittelter Kommunikation (verstanden als Medien zweiter Ordnung) differenziert werden muss:

Medienangebote, die nach wie vor auf einem durch den Rezipienten bzw. Nutzer nicht veränderbaren Datenbestand oder unveränderbaren Anwendungsprogrammen (z. B. Computer Based Training) beruhen, erlauben bestenfalls einen hoch selektiven, zeitflexiblen Zugriff. Dies gilt für nahezu alle Formen des sog. „interaktiven Fernsehens" und alle „On-demand-services" ebenso wie für individualisierte Webangebote, die selektiv aus Datenbanken (etwa via php) abrufbar sind.

Anders sieht dies bei den Formen der computervermittelten Kommunikation aus, bei denen die „Nutzer selbst zu Aussagenden werden können und die Möglichkeit haben, jederzeit darauf zu antworten, diese Informationen zu kommentieren oder sogar neue Themen ins Leben zu rufen, über die dann elektronisch vermittelter Austausch stattfindet ..." Es entstehen „Dyaden, Zirkel, Ketten usw. Und das, was der eine mitteilt, orientiert sich unter anderem an dem, was er von einem anderen gerade als Nachricht erhielt." Wenn sich also die „Grundstruktur ... einer gegenseitigen indirekten Kommunikation" annähert, dann kann zumindest von „**Interaktivität ermöglichenden Medien**" gesprochen werden, wenngleich Unterschiede zur direkten Interaktion offenkundig bestehen bleiben (vgl. u. zit. Jäckel 1995: 473; Hervorhebung KB). Angesprochen sind damit die Potenziale für eine mediale Kommunikation, die der direkten Interaktion mehr oder weniger nahe kommen, nicht jedoch die tatsächliche Nutzung des jeweiligen Mediums oder ein objektiver „Wesenszug". Anders formuliert: Medien (auch computerbasierte) sind nicht interaktiv.

Goertz (1995) hat einen mehrdimensionalen Index (aus vier- bis fünfwertigen Ordinalskalen) für Interaktivitätspotenziale von Medien entwickelt:

- Grad der Selektionsmöglichkeiten,
- Grad der Modifikationsmöglichkeiten,

---

[6] Vgl. für eine detaillierte Kritik auch Goertz 1995: 483-484.

- Größe des Selektions- und Modifikationsangebotes sowie

- Grad der Linearität bzw. Nicht-Linearität

sind demnach die entscheidenden Faktoren, die zu einem Gesamtindex summiert werden (allerdings ohne dass weitere theoretische Begründungen für diese Gleichgewichtung geliefert würden). Mit Hilfe dieses Index lassen sich zumindest verschiedene Medien hinsichtlich ihres Interaktivitäts**potenzials** vergleichen und verorten. Deutlich wird aber auch, dass nicht nur zwischen Selektion (also der Auswahl aus vorhandenen Alternativen), Modifikation (Veränderung von Vorgegebenem) und der freien Gestaltbarkeit bzw. Kreation von Inhalten unterschieden, sondern auch analysiert werden muss, auf was sich die Selektions- und Modifikationsmöglichkeiten genau beziehen und wie groß sie sind. Können nur Beginn und Ende der Rezeption oder auch ihre Modalitäten (Geschwindigkeit, Unterbrechungen, Farbe, Lautstärke, Darstellungsweisen) ausgewählt werden? Welche und wie viele unterschiedliche Angebote stehen zur Wahl? Welche Modifikationen sind für den Nutzer möglich? Diese Fragen lassen sich mit der Operationalisierung von Goertz gut untersuchen. Darüber hinaus empfiehlt er die Erfassung einer zusätzlichen Dimension, der „Media Richness" oder sinnlichen Reichhaltigkeit der Medien (vgl. Kap. 14.2). Je mehr Sinnesmodalitäten ein Medium offeriert, umso ähnlicher wird die Kommunikation tendenziell der Face-to-face Kommunikation. Interaktion wird ermöglicht und erleichtert, ohne dass das Medium damit selbst schon zu einem „interaktiven Medium" würde.

3.3.4 Systemtheoretischer Exkurs

In diesem Kapitel wurde explizit handlungstheoretisch argumentiert, um grundlegende Begriffe für die weitere Auseinandersetzung mit der computervermittelten Kommunikation zu klären. Die Entscheidung für die Handlungstheorie und den Symbolischen Interaktionismus ist „kontingent", d. h. es hätte auch eine andere sozialwissenschaftliche Basistheorie, z. B. die Theorie autopoietischer Systeme (N. Luhmann) gewählt werden können. Werfen wir deshalb zumindest einen kurzen (und daher auch inhaltlich verkürzten) Blick auf dieses Theorieangebot – nicht zuletzt um zu begründen, warum hier der handlungstheoretische Weg gewählt wurde.

Kommunikation ist bei Luhmann das „Letztelement", aus dem alle soziale Systeme bestehen: Kommunikation schließt an Kommunikation an und stellt die elementare Operationsweise sozialer Systeme dar. Was kommuniziert, ist nach systemtheoretischer Vorstellung, die Kommunikation – und nicht der Kommunikand, Kommunikator oder Rezipient. Kommunikation und Bewusstsein prozessieren unabhängig von einander, denn bei Kommunikation handelt es sich um das Letztelement **sozialer Systeme**, bei Bewusstsein um eine Emergenzerscheinung **kognitiver Systeme**. Kommunikation und Bewusstsein sind im Medium des Sinns miteinander gekoppelt.

Unter Kommunikation wird die Einheit der Differenz (Unterscheidung) von drei Selektionen verstanden: Information, Mitteilung und Verstehen. Alle drei Selektionen müssen durchlaufen werden, damit die „Unwahrscheinlichkeit gelingender Kommunikation" aufgehoben wird, und Medien nehmen dabei eine entscheidende Funktion ein.

Bei der direkten Interaktion findet die Synthese dieser drei Selektionen (Information, Mitteilung, Verstehen) in einer Situation, also ohne raumzeitliche Differenzen statt. In modernen, funktional ausdifferenzierten Gesellschaften erweist sich die raumzeitliche, soziale und sachliche „Reichweite" der direkten Interaktion (Face-to-face-Kommunikation) jedoch als zu gering, um die Komplexität der jeweiligen Umwelt zu reduzieren, d. h. soziale Systeme sind in wachsendem Maße auf Medien angewiesen. (Massen-)Medien befreien Kommunikation

von den situativen Zwängen und der physischen Präsenz der Interaktionspartner: Massenkommunikation selbst wird als interaktionsfrei vorgestellt (vgl. hierzu auch Sutter 1999: 291-
292); Information, Mitteilung und Verstehen fallen auseinander. Gleiches gilt aufgrund der
raumzeitlichen Differenzen für die Medien der computervermittelten Kommunikation (vgl.
Sutter 1999: 295): Information und Mitteilung werden getrennt, der Adressat kann und muss
das Verstehen „ohne Bezug auf ein mitteilendes Alter Ego verstehen können" (Sutter 1999:
295).

Theorietechnisch sind bei Luhmann Kommunikation, Interaktion und Verstehen aber ohnehin
grundsätzlich voneinander getrennt: Der systemtheoretische Beobachter zweiter Ordnung
trennt das, was ein Beobachter erster Ordnung (also unser kognitives System in der alltäglichen Kommunikation „vermischt"). Wir beobachten Mitteilungshandlungen (Interaktionen) in
der Face-to-face-Situation und attribuieren sie anderen Personen. Systemtheoretisch
beobachtet kommen aber keine Personen (Menschen) in der Kommunikation vor, allenfalls
soziale „Adressen".

Unklar bleibt bei der systemtheoretischen Betrachtung, wie „Verstehen" (immerhin Teil der
triadischen Synthese, die Kommunikation ausmacht) ohne kognitive Systeme auskommen
kann. Aus handlungstheoretischer Sicht bereitet die Vorstellung, Kommunikation finde ohne
Bewusstsein, Interaktion ohne subjektiv gemeinten Sinn und Intention, erhebliche Schwierigkeiten.

Selbst wenn man die systemtheoretischen Prämissen teilt, überzeugen Argumentationen wie
die Sutters (1999) nicht vollständig, denn offenbar werden hier alle Formen der computervermittelten Kommunikation pauschal bewertet und handlungstheoretisch erkennbare Unterschiede zwischen diesen Formen wie gegenüber den Massenmedien geraten damit aus dem
Blickfeld. Aus kommunikationswissenschaftlicher Sicht macht es einen Unterschied, ob
Daten aus „anonymen" Datenbanken abgerufen werden oder per Chat und E-Mail interpersonale Kommunikation mit – mehr oder weniger gut – bekannten Kommunikationspartnern
stattfindet. Zwar gibt es auch hier räumliche oder raumzeitliche Differenzen, aber Verstehen
findet eben nicht unabhängig von der Mitteilung und der Kenntnis bzw. dem Bild vom Kommunikationspartner statt. Die systemtheoretische Annahme, „die Kommunikation selbst zeigt
sich Verstehen und Missverstehen an, und zwar unabhängig von den jeweils vorgenommenen
subjektiven Bedeutungsselektionen" (Sutter 1999: 296), mag zwar systemtheoretisch korrekt
sein, trägt aber zur Beurteilung der Frage nach der „Interaktivität" computervermittelter
Kommunikation wenig bei. Weil akteurszentrierte, d. h. handlungstheoretische Annahmen
sich besser zur Beschreibung von Unterschieden zwischen Interaktion und Interaktivität eignen, wurden sie in diesem Kapitel der Systemtheorie vorgezogen.

3.4 Fazit

Die beiden Schlagworte „Multimedia" und „Interaktivität" des populären Diskurses über
computervermittelte Kommunikation sind aus kommunikationswissenschaftlicher Sicht zu
kritisieren und zu relativieren:

Die semiotische Betrachtung von Hypertexten und Hypermedia-Umgebungen hat gezeigt,
dass es sich vielmehr um **Multikode** handelt, der den Modi computervermittelter Kommunikation spezifische Qualitäten und Potenziale verleiht. Deutlich wurde zudem, dass diese
zunächst technischen Potenziale in der Praxis bislang erst ansatzweise realisiert werden. Insofern müssen weitreichende, technikdeterministische Diagnosen und Prognosen über völlig
neuartige Qualitäten von „Multimedia" und seine „revolutionären" sozialen Folgen theoretisch relativiert und empirisch erst noch genauer erforscht werden. Multikodierte Medientexte
sind grundsätzlich aus der Buchdruckkultur und den audiovisuellen Medien durchaus

bekannt, entscheidend dürften für die computervermittelte Kommunikation aber möglicherweise neuartige Organisationsformen und Institutionalisierungen im kommunikativen Gebrauch werden.

Auch die populäre Rede von „interaktiven Medien" erscheint aus kommunikationswissenschaftlicher Sicht zu wenig differenziert und letztlich irreführend. Handlungs- und zeichentheoretisch lassen sich qualitative Unterschiede zwischen verschiedenen Zeichenprozessen (z. B. Anzeichen vs. Symbole) und Kommunikationsformen aufzeigen, wenn der Blick nicht vorzeitig auf die Medien verengt und der Interaktivitätsbegriff der Informatik nicht unhinterfragt übernommen werden. Symbolische Interaktion, auch die mittels Medien, setzt **menschliches Bewusstsein, Intentionalität und kulturellen Kontext** voraus, die bei der sog. „Interaktion" mit Maschinen, Medien (hier: Computern) nicht aufzuweisen sind. Kommunikation ist *mittels* Computernetzen ebenso möglich wie mittels publizistischer Medien oder Face-to-face. Allerdings unterscheiden sich die zur Kommunikation genutzten Medien in technischer, organisatorischer und institutioneller Hinsicht erheblich: Sie **ermöglichen** Interaktivität in ganz unterschiedlichem Maße und auf jeweils spezifische Art und Weise. Allerdings führt die vielfach anzutreffende Dichotomisierung zwischen „nicht-interaktiver Massenkommunikation" einerseits und „interaktiver Netzkommunikation" andererseits nicht zu einer kommunikationssoziologisch überzeugenden Systematisierung: Differenziert man im Anschluss an Wagner (1978a; 1978b) und Schönhagen (2004) zwischen Vermittlungsprozessen und Kommunikationsprozessen, dann wird deutlich, dass auch die klassische Massenkommunikation keineswegs „interaktions-" oder „rückkopplungsfrei" verläuft, und umgekehrt: Dass auch die Face-to-face- und Versammlungskommunikation nicht zutreffend dadurch charakterisiert werden kann, dass tatsächlich alle Kommunikanden auch Botschaften vermitteln, also interaktive Mitteilungshandlungen vollziehen, sondern dass auch hier Sprecherrollen und Kommunikationsrollen nicht deckungsgleich sein müssen (und es empirisch auch keineswegs immer sind).

Die gängigen Systematiken der computervermittelten Kommunikation sind folglich nur begrenzt tauglich: Weder „Interaktivität" noch „Multimedialität" erzeugen trennscharfe Typen. Aber auch die Systematiken, die auf Anzahl und Relationen der an der Kommunikation Beteiligten (one-to-one, one-to-few, one-to-many etc.) setzen oder an den Polen synchrone vs. asynchrone Kommunikation ansetzen – erinnert sei hier an die Beispiele E-Mail und MUD – führen zu einer eindeutigen Zuordnung von internetbasierten Diensten zu kommunikationssoziologisch fundierten Kommunikationsmodi.

Schönhagen (2004), die auch an der Unterscheidung Synchronizität/ Asynchronizität als Zusatzkriterium festhält, schlägt daher folgerichtig eine radikale **Trennung von Vermittlungs- und Kommunikationsebene** vor. Sie trägt damit der Tatsache Rechnung, dass auch innerhalb eines Internet-Dienstes ganz unterschiedliche Kommunikationsformen realisiert werden können – beispielsweise im WWW persönliche Homepages, PR-Seiten von Unternehmen oder Interessengruppen ebenso wie Online-Zeitungen, Webradios oder Weblogs.

Bei der Erörterung der (vermeintlichen) Dichotomie von „Massenkommunikation" und „interaktiver Kommunikation" haben wir gesehen, dass Kommunikation immer vermittelte Mitteilung ist, die sich natürlicher (Sprache) und/ oder technischer Medien bedient. Aus kommunikationswissenschaftlicher Sicht bestehen Medien aber nicht allein aus Zeichensystemen und technischen Infrastrukturen. Maßgeblich für die Vermittlung sind Institutionalisierungsformen (Vermittlungsrollen) und Organisationsweisen (Vermittlungsfunktionen) der Medien.

Schönhagen (2004: 214-215) unterscheidet zusammenfassend drei Vermittlungsformen der sozialen Kommunikation:

- **Eigen- oder Selbstvermittlung:** Bei der sprachlichen Kommunikation in der Face-to-face-Situation und in der Präsenzöffentlichkeit (Versammlungsmodell) können wir in hohem Maße (wenn auch nicht ausschließlich) „vom Mitteilenden selbst vermittelte Mitteilungen" beobachten: Jeder, der über Sprache verfügt, kann sich dort durch eigene Mittelungsakte an der sozialen Kommunikation beteiligen. Mitteilung und Vermittlung erfolgen in Personalunion. Ob, in welchem Maße und mit welchen Folgen Selbstvermittlungsprozesse auch in der computervermittelten Kommunikation (bzw. mittels welcher Dienste) anzutreffen sind, ist somit relevante Forschungsfragen.

- **Partnerabhängige Ausgangsvermittlung:** Hier fallen Kommunikatoren- und Vermittlungsrollen zwar auseinander, allerdings erfolgt die Vermittlung von Aussagen entweder durch Personen oder Organisationen, die dem Ausgangspartner (Kommunikator) angehören, z. B. dem Pressesprecher eines Unternehmens bzw. einer politischen Partei oder durch eine Parteizeitung (partnereigene Vermittlung), oder die Vermittlungsleistung wird einer anderen Organisation, z. B. einer Werbe- oder PR-Agentur anvertraut, die möglicherweise auch im Auftrage anderer Ausgangspartner vermittelt. Gleichwohl sind auch diese Vermittler zumindest ökonomisch abhängig von den jeweiligen Ausgangspartnern.

- **Partnerunabhängige, autonome Fremdvermittlung:** Erfolgt die Vermittlung von Aussagen mehrerer unterschiedlicher Kommunikatoren durch einen professionellen, und auf eigene Initiative (oder im öffentlichen Auftrag) handelnden Vermittler, dann gewinnt dieser eine (möglicherweise begrenzte) Autonomie vom Ausgangspartner. Wir können solche „Fremdvermittlung" beispielsweise im professionellen Journalismus beobachten.

Wirft man einen Blick auf den „Kommunikationsmodus" öffentliche Kommunikation mittels klassischer Massenmedien (Printmedien und Rundfunk), dann fällt auf, dass hier verschiedene Vermittlungsformen meist in Kombination auftreten: Während der redaktionelle Teil partnerautonom vermittelt wird (bzw. werden sollte), handelt es sich bei Werbung um partnerabhängige vermittelte Aussagen.

Zu untersuchen wäre daher, welche Vermittlungsformen und -rollen bei den verschiedenen Modi der computervermittelten Kommunikation anzutreffen sind, und zwar auch *innerhalb* eines Internetdienstes (WWW, E-Mail, Chat etc.). Genau dies soll auch in Abschnitt II (Kap. 4 bis 10) berücksichtigt werden, allerdings ohne die Vermittlungsformen auch zur Systematik der gesamten Darstellung zu machen, denn Schönhagen verfolgt eine spezielle Fragestellung hinsichtlich der aktuellen, öffentlichen Kommunikation (im Sprachgebrauch der Münchener Zeitungswissenschaft „soziale Zeit-Kommunikation"), während aus ihrer „weiteren Betrachtung ... **alle Arten nicht-öffentlicher Kommunikation, sei es private, intime, organisations- oder geschäftsinterne u.ä. Kommunikation ... ausgeschlossen bleiben.**" (Schönhagen 2004: 115; Satzumstellung KB; Hervorhebung im Original). Gerade diese Formen sollen in diesem Lehrbuch aber durchaus behandelt werden, um ein umfassendes Bild computervermittelter Kommunikation in den Netzen zu zeichnen. Der nächste Teil des vorliegenden Buches orientiert sich daher nicht zuletzt aus **pragmatischen** Gründen zunächst wiederum an den verschiedenen Modi computervermittelter Kommunikation bzw. den einzelnen Internet-Diensten, deren Grundlagen und kommunikative Gebrauchsweisen dargestellt werden, bevor wir uns in Teil III übergreifenden Forschungsfragen und Problemfeldern widmen können.

II.

Kommunikation im Internet

4. Kommunikation im WorldWideWeb

4.1 Einleitung

Das WorldWideWeb zählt zu den populärsten Formen der computervermittelten Kommunikation und gilt umgangssprachlich vielfach als Synonym für „das Internet". Mit dem Web sind viele Erwartungen an einen globalen Informationsfluss, einen schnelleren und kostengünstigeren Zugang zu Informationen und eine neuartige Informationsvielfalt verbunden, aber auch die Erwartung, als Privatperson ebenso wie als Interessengruppe oder Unternehmen weltweit selbstvermittelt kommunizieren zu können, ohne über eine professionelle Produktionsumgebung oder gar ein eigenes Medienunternehmen zu verfügen. Zugleich ist das WorldWideWeb zentraler Schauplatz von Kommerzialiserungsstrategien und Spiegel der damit verbundenen wirtschaftlichen Erwartungen an das Internet. Längst finden sich eine Vielzahl professioneller Webangebote, zum Teil von denselben Vermittlern, die aus der „klassischen Massenkommunikation" bekannt sind, also den regionalen, nationalen und internationalen Zeitungs-, Zeitschriften und Rundfunkunternehmen. Aber auch zweifelhafte Anbieter, etwa von pornographischen Websites oder aus der rechtsradikalen Szene, sind im Web zu finden und führen immer wieder zu Diskussionen über die Vor- und Nachteile des WWW.

Nicht alle Websites sind (z. B. aufgrund eines Password-Schutzes, aber auch solche in Intranets) tatsächlich öffentlich zugänglich, andere sind de facto lediglich einer kleinen Nutzergruppe überhaupt bekannt und richten sich – trotz weltweiter Zugänglichkeit – nur an einen begrenzten Kreis interessierter Nutzer. Das WorldWideWeb darf also nicht vorschnell als universelles Netz globaler und öffentlicher Kommunikation klassifiziert werden. Bereits auf der Ebene der technischen (Netzzugänge) und semiotischen (Sprachräume) Vermittlung sind dem Web durchaus Grenzen gesetzt (vgl. hierzu Kap. 16.5).

Vielfach gilt das WorldWideWeb als Prototyp des Hypertextes, auch wenn dies weder historisch noch empirisch völlig zutreffend ist (vgl. Kap. 3). Daher stellt sich doch die Frage, was aus kommunikationswissenschaftlicher Sicht denn die neuen oder gar neuartigen Spezifika des WWW ausmacht, und wie sie zu erforschen und beschreiben sind.

Im folgenden Kapitel wird deshalb eine Einführung in die zentralen kommunikationswissenschaftlichen Fragestellungen und die bei der empirischen Erforschung der Kommunikation im WorldWideWeb angewendeten Methoden (Kap. 4.4) gegeben. Von den medientheoretischen Grundlagen (vgl. Kap. 1 bis 3) ausgehend interessiert zunächst, wie sich das Web-Angebot systematisch beschreiben lässt (Kap. 4.2), und welche Typen und Funktionen von Websites es gibt (Kap. 4.3). Anschließend werden die webbasierten Kommunikationsprozesse untersucht; hierbei stehen – wie in der bisherigen Web-Forschung – Aufmerksamkeit, Selektion und Navigation im Vordergrund (Kap. 4.5).

4.2 Grundbegriffe des WorldWideWeb

Am Genfer Centre Européen de Recherches Nucléaires (CERN) entwickelten Tim Berners-Lee und Robert Cailliau (1990) Anfang der neunziger Jahre das WWW als digitales Hypertextsystem auf der Basis **Hypertext Transfer Protokolls (HTTP)**. Mit der Einführung und Verbreitung komfortabler Browser-Software wurde das WorldWideWeb zunehmend für alle möglichen, nicht wissenschaftlichen Zwecke genutzt (vgl. Kap. 1.3). **Browser** ermöglichen die Navigation: Durch sog. Scrollen werden zunächst nicht auf dem Bildschirm sichtbare Teile einer Webpage auf den Bildschirm bewegt, das Vor- und Zurückblättern (Browsing) zwischen verschiedenen Webpages, das Setzen von Lesezeichen (Bookmarks oder Favoriten), die Festlegung einer Startseite sowie – mittels der integrierten „Composer"-Software – das Erstellen einfacher eigener HTML-Dokumente und eine Reihe weiterer Funktionen bis hin zum Versenden von E-Mail sind nun auch für Laien problemlos möglich. Wie die anderen Dienste des Internet basiert auch das WWW auf einer **Server-Client-Architektur**, d. h. Webpages werden als elektronische Dokumente auf speziellen Webservern (Hosts) gespeichert und können durch das standardisierte Protokoll von allen vernetzten Rechnern abgerufen und mittels der Browser-Software dargestellt, ausgedruckt, verändert sowie lokal abgespeichert werden. Auf elektronischem Wege versendet bzw. empfangen werden also Kopien der Originaldateien, die auf dem Webserver verbleiben. Um die Übertragungsgeschwindigkeiten zu maximieren, werden häufig aufgerufene Seiten (Pages) nicht jedes Mal vom Webserver des Anbieters (bzw. seines Providers) abgerufen, sondern von Zwischenspeichern, den sog. **Proxy-Servern**, oder dem **Cache-Speicher** des Client (der durch die Browsersoftware verwaltet wird). Komplette Websites können auch mehrfach im WWW bereit gehalten werden, nämlich auf **Mirror-Servern**, die das gesamte Angebot „spiegeln". Ist ein Webserver (oder ein ftp-Server) ausgefallen oder überlastet, wird die Anfrage automatisch an einen Mirror weiter geleitet. Grundsätzlich handelt es sich beim WWW um ein **„Pull-Medium"**, weil die Dateien abgerufen werden müssen, und nicht wie beim Rundfunk um ein Push-Medium, also einen zeitlich ununterbrochenen Programmfluss, dessen Empfang vom Nutzer lediglich unterbrochen oder abgebrochen werden kann. Allerdings mehren sich in den vergangenen Jahren die Versuche kommerzieller Website-Anbieter insbesondere werbefinanzierte Websites zu Push-Angeboten umzustrukturieren. Mit vergleichsweise geringem Aufwand können eigene Webpages mittels der Programmiersprache **Hyper Text Markup Language (HTML)** bzw. Extended Markup Language (XML) sowie enstprechender Editoren-Software erstellt und via File Transfer Protocol auf Webservern abgelegt oder „hochgeladen" (Uploading) werden.

Mittlerweile bestehen Webpages vielfach aus verschiedenen, unabhängig voneinander programmierbaren Bereichen, des sog. **Frames** (Rahmen). In die Webpages können unterschiedliche Datentypen eingebunden werden: Mittels **Virtual Reality Modeling Language (VRML)** sind Graphiken integrierbar, durch die Programmiersprache **Java** sowie durch **JavaScripts** können kleinere Anwendungsprogramme **(Applets)** eingebunden und mittels Clientsoftware genutzt werden. Spezielle Plug-Ins, die vom Client ebenfalls aus dem Netz „herunter geladen" werden können, erlauben auch die Wiedergabe von Animationen, Videos und Sounddateien. Insbesondere für die Nutzung von Datenbanken im WorldWideWeb (z. B. bei Suchmaschinen, standardisierten Formularanfragen etc.) wird das **Common Gateway Interface (CGI)** genutzt. In Webpages können mittlerweile auch andere Internetdienste eingebunden werden, z. B. Web-Chatforen, MUD oder Web-E-Mail, so dass eine einheitliche Nutzeroberfläche entsteht, obwohl es sich nach wie vor um unterschiedliche Internetdienste (Protokolle) und Kommunikationsmodi handelt.

Webpages sind also multikodierte digitale Dokumente, die eine Fülle von Darstellungsformen und Kombinationen (Multikode, Hypertext und Hypermedia) ebenso erlauben wie den individuellen und hoch selektiven Zugriff auf Datenbestände, die selbst nicht unmittelbarer Bestandteil der Webpage sind. Webpages können hypertextuell bzw. hypermedial mit anderen Webpages über Links verknüpft werden. Die miteinander verknüpften Webpages desselben Kommunikators werden als Website bezeichnet, wenn sie über die gleiche Netzadresse, die Uniform Resource Location (URL) erreichbar sind, z. B. http://www.uni-greifswald.de.

Die Kommunikation im WorldWideWeb ist, wie bereits diese technische Betrachtung zeigt, ein sehr voraussetzungsreicher Prozess: Um Aussagen selbst oder durch andere zu vermitteln, müssen nicht nur individuelle technische Medienkompetenzen erworben werden. Webbasierte Kommunikation bedarf der Organisation und der Normung von Protokollen (vgl. Kap. 12.3),

auch für das WorldWideWeb haben sich typische Rollen und Verhaltensweisen institutionalisiert. Mit Ausnahme großer Organisationen (Unternehmen, Behörden und vor allem Universitäten) betreiben wohl die meisten Anbieter keinen eigenen Server, sondern bedienen sich
des „Hostings". Die vielfach auch von professionellen Webdesign-Agenturen gestalteten
Websites werden also auf einem gemieteten Server abgelegt und für den Abruf zur Verfügung
gestellt. Dies gilt insbesondere für private Web-Kommunikatoren, die auf die Dienste von
professionellen Providern (wie T-Online, AOL oder Freenet) zurückgreifen und vielfach
deren Gestaltungsvorgaben (Templates) nutzen. Ein Blick auf die ästhetische, inhaltliche und
funktionale Entwicklung von Websites in den letzten zehn Jahren zeigt, dass sich die Anforderungen und Erwartungen an eine „gute Website" rasch wandeln. Insofern stellt die selbstvermittelte Kommunikation im Web steigende Ansprüche, was entweder zur Professionalisie-
rung der Kommunikatoren führen kann oder dazu, dass diese sich professioneller Dienstleistungen Dritter (seien es Agenturen, Provider oder Softwarehilfen) bedienen. Der – ohnehin
idealisierten – „Mediengleichheit" der sprachlichen Face-to-face-Kommunikation dürfte die
Kommunikation im WWW demnach nicht sehr nahe kommen, wenn man von der technischen
Verbreitungsleistung des Webs einmal absieht.

4.3 Typen und Funktionen von Websites

Mitunter werden durch die Übersetzung ins Deutsche **„Webpages"** (Web-Seiten) und **„Websites"** (Web-Aufritte, Web-Präsentationen) verwechselt. Vielfach synonym zu Website oder
auch zur Startseite eines Web-Auftritts wird der Begriff **„Homepage"** verwendet, allerdings
umfasst eine „Homepage" meist mehr als nur eine einzelne bzw. die erste Website. Aufgrund
ihrer Multikodalität, ihrer Verknüpfungsmöglichkeiten und der Tatsache, dass über Webpages
auch andere Modi computervermittelter Kommunikation einfach und komfortabel genutzt
werden können, eignen sich Webpages im WWW für eine Fülle von Funktionen. Im Laufe
der letzten Jahre haben sich daher unterschiedliche Typen von Websites, Webpages und Frames entwickelt entwickelt. Eine allgemein anerkannte Klassifikation von Websites liegt bislang nicht vor, aber es lassen sich in der Fachliteratur jenseits von formal-ästhetischen Merkmalen drei kommunikationstheoretisch fundierte Klassifikationen finden: Websites können
sich hinsichtlich ihrer Kommunikatoren, ihrer Funktionen und ihrer Nutzer unterscheiden.

4.3.1 Kommunikatorzentrierte Klassifizikation

Nicola Döring (2001; 2002) unterscheidet „persönliche und kollektive Homepages" und
„nicht-persönliche Homepages": **Persönliche Homepages** werden von einzelnen Personen,
informellen Kleingruppen (z. B. Familien, Freundes- und Bekanntenkreisen etc.) eigenver-
antwortlich gestaltet und programmiert (so auch die Definition von Chandler 1998), unter
Umständen kann dies aber auch an Dritte delegiert werden. Die Inhalte dieser Angebote müssen sich keineswegs auf das Privatleben oder die berufliche Tätigkeit beschränken, vielfach
stehen diese Topoi jedoch im Vordergrund oder sind zumindest Ausgangspunkt für thematische Angebote, die ggf. auch durch externe Links zu anderen persönlichen Homepages (z. B.
von Freunden, Bekannten, Kollegen, Gleichgesinnten) oder „nicht-persönlichen" Websites
erweitert werden. Chandler (1998) vergleicht die persönlichen Homepages mit dem, was man
an den Wänden von Kinder- und Jugendzimmer findet: persönliche Bilder, Starposter, Zei-
tungs- und Zeitschriftenausschnitte, Zitate, Sprüche und andere „Fundstücke", die für die
Bewohner eine persönliche Bedeutung besitzen. Ausschlaggebend ist letztlich also nicht der
Inhalt, sondern die Verantwortlichkeit eines individuellen oder kollektiven Kommunikators,
der die Website als „seine" „Heimatseite" begreift, mit der er sich anderen, möglicherweise
auch einer größeren und anonymen Öffentlichkeit präsentiert.

Nicht-persönliche Websites werden hingegen von Organisationen, Institutionen oder formellen Gruppen angeboten (vgl. Döring 2001: 327), die damit entweder direkt oder indirekt kommerzielle Ziele verfolgen (Image-PR, Werbung, Electronic-Shopping etc.), sich gezielt an eine interne Organisationsöffentlichkeit (Angebote für Mitglieder eines Vereins) oder gar eine allgemeine politische Öffentlichkeit wenden. Hier sind vor allem die etablierten politischen Akteure (Parteien, Gewerkschaften, Verbände, Regierungen, Behörden, Bildungs- und Forschungseinrichtungen) sowie zivilgesellschaftliche Akteure (Bürgerinitiativen, NGO etc.) zu nennen. Hinter solchen Websites darf das Ziel vermutet werden, sich von autonomen Vermittlern, ihren Selektions- und Redaktionsleistungen zu „befreien" und einen „Bypass" zur interessierten Öffentlichkeit zu gewinnen. Zu den Zielgruppen solcher Angebote zählen aber auch Multiplikatoren, insbesondere die Journalisten der Massenmedien, die sich zunehmend des WWW als Rechercheinstrument und Quelle bedienen (vgl. Kap. 13). Zu den nicht-persönlichen Websites sind darüber hinaus auch alle Angebote des Online-Journalismus sowie kommerzielle Websites des Electronic Commerce und des Electronic Banking zu zählen.

Döring (2001: 335-341; 2002) hat den aktuellen Stand der bislang noch weitgehend unsystematischen und nicht repräsentativen empirischen Forschung über die Kommunikatoren persönlicher Websites zusammengefasst: Demnach betreibt nur eine Minderheit von etwa 10% der WWW-Nutzer eine eigene Homepage, darunter sicherlich viele, die seitens ihres Arbeitgebers dazu verpflichtet oder angehalten sind. Überrepräsentiert sind bei den Homepage-Betreibern Männer (der Frauenanteil unter den Homepage-Betreibern lag in verschiedenen Studien nur bei 13-14%; vgl. Döring 2002) sowie Studierende und in netzaffinen Berufsfeldern Tätige. In einer nicht für das gesamte Web repräsentativen Inhaltsanalyse von 279 studentischen Homepages stellte Döring (2001: 225; 2002) fest, dass 11% der Homepages keinerlei Inhalte besaßen, 29% waren noch im Aufbau, 42% erfüllten vor allem expressive und 18% vor allem instrumentelle Funktionen (vgl. unten). Miller und Mather (1998) haben in einer explorativen Fallstudie einige Unterschiede zwischen den persönlichen Homepages von Frauen und Männern herausgefunden: Zunächst fällt auf, dass Männer offenbar häufiger über eine persönliche Homepage verfügen als Frauen. Die Homepages der Frauen waren meist umfangreicher und enthielten mehr Links, sowohl zu den Websites anderer Personen als auch zu denen von Organisationen. Häufiger fanden sich hier auch Gästebücher und direkte Ansprachen der Nutzer. Insgesamt wurde überraschend selten Gebrauch von der Möglichkeit gemacht, ein Foto auf der Homepage zu platzieren. Während Männer neben realistischen Porträts häufiger „joke images" verwendeten, nutzen Frauen öfter symbolische Darstellungen ihres „Selbst". Ob die realistischen Fotos tatsächlich die Autoren darstellten, konnte dabei allerdings nicht verifiziert werden.

Sehr unterschiedlich fällt daher auch der betriebene Aufwand aus: Vielfach wird auf anderweitig vorhandene inhaltliche Ressourcen und Gestaltungsvorlagen zurückgegriffen; eine regelmäßige und intensive Homepagepflege unternimmt nur eine Minderheit, viele Homepages bleiben lange Zeit (oder für immer) „under construction" oder sind tatsächlich nicht abrufbar. Offenbar ist die Bereitschaft groß, Privates zu veröffentlichen, denn unabhängig von der anvisierten primären Zielgruppe und der tatsächlichen Nutzerschaft sind persönliche Homepages im WWW allgemein verfügbar. Neben den Motiven Selbstdarstellung, Identitätskonstruktion und interpersonale Kontakterleichterung werden in Befragungen auch politisch-publizistische, autodidaktische (Steigerung der eigenen Medienkompetenz) und extrinsische Motive (Erwartungen und Normen) genannt. Homepages gelten – nach ersten Untersuchungen – als glaubwürdige Informationsquelle über die Autoren.

Persönliche Homepages können neben **expressiven Funktionen**, wie der Selbstdarstellung und der dynamischen Identitätskonstruktion (vgl. Chandler 1998) **instrumentelle Funktion** haben, indem sie Themen publizieren oder einen Service offerieren, ohne dass der Autor überhaupt zum Topos der „persönlichen Homepage" wird bzw. nur eine untergeordnete Rolle spielt (vgl. Döring 2001: 340). Persönliche Homepages unterscheiden sich demnach nicht grundsätzlich hinsichtlich ihrer Kommunikationsfunktionen von „nicht-persönlichen" Websites: Sie sind Medien der **interpersonalen, der Gruppen- und (zumindest potenziell) der öffentlichen Kommunikation.** Aufgrund der niedrigen Zugangsbarrieren und dem Fehlen redaktioneller oder anderer professioneller Qualitätskontrollen entsteht eine neue Form von Laien-Publizistik (vgl. Kap. 13.3).

Auch als Medien der **teilöffentlichen Gruppenkommunikation** gewinnen Websites an Bedeutung, wenn sie (bzw. die hier verfügbaren Inhalte) als Ausgangs- und gemeinsamer Bezugspunkt für dialogische und diskursive Anschlusskommunikation fungieren. Die Medialisierung solcher Gruppendiskurse erleichtert nicht nur die Überbrückung von Raum- und Zeitdifferenzen, sie erleichtert auch das Hinzukommen neuer Kommunikationspartner, die erst im Web auf Gleichgesinnte in ihrer kommunikativen Reichweite stoßen bzw. aufmerksam werden. Das thematische Spektrum kann von Selbsthilfeangeboten für Suchtkranke über Fanangebote (Musik, Film, Sport) bis hin zur Propaganda rechtsradikaler oder anderer terroristischer Gruppen reichen. Websites können damit zum Ausgangspunkt gemeinsamer Aktivitäten oder organisatorischer Kristallisationspunkt werden; und aus persönlichen können dann nicht-persönliche Homepages zivilgesellschaftlicher Akteure werden. Persönliche Homepages von Wissenschaftlern oder anderen Experten können auch **Ausgangspunkt für Fachdiskurse** (z. B. über dort abrufbare Texte oder Forschungsergebnisse) sein, ohne jemals einer breiteren Öffentlichkeit bekannt zu werden.

Aus psychologischer Sicht sind persönliche Homepages darüber hinaus Medien der „intrapersonalen" Kommunikation**, also ein Mittel zur Reflexion der eigenen Identität. Hierbei erscheint die persönliche Homepage als ausgesprochen „postmodernes" Instrument, denn es müssen verschiedene Aspekte des Selbst ausgewählt, gelegentlich erneuert und in Gestalt einer Collage bzw. eines Patchworks nicht zuletzt nach ästhetischen Kriterien als Einheit (Identität) konstruiert werden: „Kein anderes Medium scheint so passgenau wie die persönliche Homepage die heutigen Anforderungen an Identitätsarbeit zu erfüllen." (Döring 2001: 332). Hier stellt sich die Frage nach Authentizität und Glaubwürdigkeit von Netzkommunikaten (vgl. Kap. 10), denn es kann plausibler Weise angenommen werden, dass mit der Selbstdarstellung im WWW auch die Kontakt- und Kommunikationschancen erhöht werden sollen. Die Selbstdarstellung hat dann nicht allein egozentrierten, „therapeutischen" Wert, sondern einen interpersonalen Bezug. Die persönliche Homepage erleichtert es Bekannten aus dem alltäglichen Leben oder aus dem Netz (z. B. Chat-Bekanntschaften), mehr über den Autor zu erfahren, und die Homepage eröffnet die Chance, neue und eben nicht mehr völlig zufällige „Zufalls"-Bekanntschaften zu machen.

Die von Nicola Döring vorgeschlagene Systematisierung von persönlichen vs. nicht-persönlichen Homepages ist als Vorstrukturierung hilfreich, allerdings ist die Trennschärfe dieser Einteilung zu kritisieren: Ist die Homepage der Klasse 2b der Grundschule Hohengehren (http://www.gs-hohengehren.de/schule/klassen/kl2b.htm) eine persönliche Homepage oder handelt es sich hier bereits um eine formale, letztlich durch die Schule organisierte Gruppe? Sind die Homepages von Michael Jackson (http://www.michaeljackson.com/) und Madonna (http://home.madonna.com/) tatsächlich persönliche Homepages (vgl. Döring 2001: 329), obwohl sie der Fan- bzw. Kundenbindung, der Marktforschung und damit eindeutig kommerziellen Zwecken dienen?

Daniel Chandler (1998) hat **fünf generische Kriterien** für eine inhaltsanalytische Klassifikation persönlicher Homepages entwickelt:

- **Themes**, die Auskunft auf die Frage geben „Wer bin ich?", also biographische Tatsachen, persönliche Eigenschaften und Rollen, Interessen, Vorlieben und Ideale, persönliche Bekenntnisse sowie Hinweise auf Freunde und Bekannte,

- **Formulaic Structures** oder adaptierte Genres, z. B. tabellarische Lebensläufe, Kontaktanzeigen, Visitenkarten, Fotoalben, Tagebuch usw.,

- **Technical Features**: Links, Besucherzähler, Frames, E-Mail-Funktion, Gästebuch, Chat-Angebot

- **Iconography**, also farbliche und typographische Gestaltung, Verwendung von Bild- und Sounddateien usw.

- **Modes of Address**, worunter Chandler sowohl die intendierte Zielgruppe als auch die sprachliche Adressierung versteht.

Die von ihm für persönliche Homepages genannten Untersuchungskriterien können (mit anderen Ausprägungen) auch für andere Website-Typen genutzt werden; allerdings überwiegen bei Chandler die **formalen Merkmale** von Websites, während bei Döring auf die **funktionalen Potenziale** verschiedener Website-Typen zumindest aus Sicht der Kommunikatoren und ihrer mutmaßlichen Intentionen hingewiesen wird.

Über die tatsächliche Nutzung und den Nutzen persönlicher Homepages ist bislang wenig bekannt. Offenbar erfreuen sie sich jedoch zumindest im sozialen Nahraum einer vergleichsweise hohen Nutzung. Hierauf deutet eine Auswertung der Seitenabrufe des Proxy-Servers der Frankfurter Universität hin, die Berker (1999: 237) durchgeführt hat: Nach erotischen oder pornographischen Angeboten (24%) belegten persönliche Homepages mit 13% den zweiten Rang der nachgefragten Websites. Es spricht einiges dafür, dass diese Zugriffzahlen durch die persönlichen Bekannten und Freunde oder gar die Autoren selbst zustande kommen, die an ihrer Website arbeiten.

4.3.2 Funktionale Klassifikation

Die Klassifikation nach Kommunikatoren verweist bereits auf unterschiedliche Funktionen, die Websites für ihre Autoren und Nutzer erfüllen können. In der Massenkommunikationsforschung sind funktionale Betrachtungsweisen von Medienangeboten seit langem bekannt; hier werden auf der Grundlage normativer Theorien öffentlicher Kommunikation oder systemtheoretischer Ansätze Funktion von Medien- und Medienangeboten abgleitet, etwa Information und Unterhaltung, oder bezogen auf gesellschaftliche Funktionssysteme: politische, soziale und ökonomische Funktionen. Darüber, ob und in welchem Maße diese Funktionen tatsächlich von einem konkreten Medienangebot erfüllt werden, entscheidet jedoch erst die Nutzung. In der Uses-and-Gratifications-Forschung versucht man durch die Befragung von Nutzern den subjektiv wahrgenommenen Nutzen sowie die Nutzungsmotive zu erfassen. Erfolgen solche Befragungen jedoch anhand vorgegebener Statements, dann besteht die Gefahr, dass die zuvor theoretisch deduzierten Motive lediglich in mehr oder weniger starkem Maße bestätigt werden oder dass sozial erwünschtes Antworten erzeugt wird. Selbst wenn diese methodologischen Probleme hinreichend berücksichtigt werden, bleibt festzuhalten, dass Funktionen keine kategorialen Eigenschaften von Medienangeboten sein können. Denn Funktionen beschreiben immer Relationen, d. h. je nach Nutzer, Nutzungssituation und medienbiographischer Phase desselben Nutzers können dieselben Medienangebote verschiedene Funktionen erfüllen.

Fragt man WWW-User allgemein nach ihren Nutzungsmotiven und „häufigen Nutzungen" (mindestens einmal wöchentlich), so geben sie an, sowohl zielgerichtet bestimmte Angebote zu suchen, als auch „einfach so im Internet zu surfen". Klassische Unterhaltungsnutzungen jenseits des Surfens rangieren eher auf den hinteren Rängen. Von großer Bedeutung sind aber offenkundig auch die **Transaktionsfunktionen** des Web (Homebanking, Electronic Shopping). Allerdings lassen sich nicht alle Nutzungen eindeutig bestimmten Funktionen zuordnen. So kann auch nach Unterhaltungsangeboten zielgerichtet gesucht werden, oder das Surfen **Informationsfunktionen** erfüllen.

Online-Anwendungen 2004	mindestens einmal wöchentliche Nutzung (in %)
zielgerichtet bestimmte Angebote suchen	51
einfach so im Internet surfen	45
Homebanking	37
Online-Auktionen, Versteigerungen	18
Computerspiele	11
Audiodateien anhören	11
Online-Shopping	10
Videos ansehen	7
Buch-/ CD-Bestellungen	5
live im Internet fernsehen	1

Tabelle 5:   **Nutzung ausgewählter Web-Angebote der Onlinenutzer ab 14 Jahre laut ARD/ ZDF-Online-Studie 2004 (N = 1.002). Quelle: van Eimeren/ Gerhards/ Frees 2004: 356 (Auszüge)**

Die übrigens auch in der medientheoretischen Literatur häufig überschätzte „Informationsfülle" des WWW kommt auch in Metaphern wie Datenuniversum, Docuverse, digitale Bibliothek oder elektronisches Lexikon zum Ausdruck. Weil potenziell jeder aufgrund des geringen ökonomischen und technischen Aufwandes zum Anbieter einer Website werden kann, wächst die vorhandene Datenmenge sehr rasch. Ob damit allerdings schon eine besondere Informationsfunktion erfüllt wird, ist aus kommunikationswissenschaftlicher Sicht eine offene Frage, die empirischer Forschung bedarf: Zu bedenken ist nicht nur, dass Daten lediglich Ausgangspunkt für Information und Wissen sein können, sondern auch, dass die Daten im WWW in nur geringem Maße strukturiert sind. Gerade die Fülle des Angebots macht eine Orientierung und Bewertung besonders schwierig. Aus anderen Medien bekannte Qualitätskriterien gelten nicht ohne weiteres und durchgehend auch für Websites, während sich medienspezifische Standards noch in der Entwicklung befinden (vgl. Beck/ Schweiger/ Wirth 2003). Zudem handelt es sich beim WWW um ein äußerst dynamisches Medium, so dass Websites häufig verändert werden oder gar nicht mehr auffindbar sind. Ein nicht zu unterschätzender Teil der Webangebote ist auch über Metamedien nicht auffindbar, steht also zur Befriedigung des Informationsbedürfnisses nicht zur Verfügung, obgleich es technisch möglich wäre, die Website aufzurufen.

Als weitere, ebenfalls aus der Medienforschung bekannte Funktion ist die **Unterhaltungsfunktion** zu nennen. Unübersehbar hat die Zahl von Webpages zugenommen, die offenkundig der Unterhaltung dienen sollen: Online-Angebote der unterhaltenden Publikumspresse, Radio- und Musikangebote, Fan-Websites, und nicht zuletzt Erotik- und Pornographie-Angebote sind hier ebenso zu nennen wie Web-Chats. Auch hinsichtlich der Nutzung deutet einiges auf eine Unterhaltungsfunktion des WWW hin, denn das ziellose Surfen ohne konkretes

Informationsinteresse ähnelt möglicherweise dem Zapping beim Fernsehen. Auch hier gilt jedoch, dass „Unterhaltung" keine kategoriale Eigenschaft des Medienangebotes ist, sondern funktional zu verstehen ist: Der User entscheidet und bewertet, ob er sich informiert oder unterhält – oder ob beides sogar bei demselben Angebot miteinander einher geht. Unterhaltung und Information sind aus kommunikationstheoretischer Sicht keine Gegensätze, denn der Prozess der Unterhaltung ist, ohne dass ein Rezipient den Sinn bzw. die Bedeutung eines Kommunikats versteht (sich also in-formiert), nicht vorstellbar.

Ebenso wenig kann die **Kommunikationsfunktion** des WWW (vgl. Döring 1999: 84-86) von Information und Unterhaltung getrennt betrachtet werden; auch sie ergibt sich nicht allein aufgrund der vorhandenen Website: Wer eine Website erstellt und zum Abruf bereit hält, handelt kommunikativ, denn er will anderen Menschen als Kommunikationspartnern etwas Bestimmtes mitteilen. Ob er mit seinem Angebot (Kommunikat) überhaupt auf einen Rezipienten trifft und ob dieser den Sinn des Angebotes versteht, ist eine anschließende Frage. Wie bei der sog. Massenkommunikation gilt grundsätzlich auch im Web, dass eine synchrone Interaktion von Anwesenden keine notwendige Bedingung für Kommunikation ist. Sicherlich unterscheidet sich die webspezifische Kommunikation beträchtlich von anderen Formen computervermittelter Kommunikation wie Chat oder E-Mail, aber eine vorschnelle kategoriale Bestimmung des WWW als „Informations- und Unterhaltungsmedium" vs. der E-Mail als „Kommunikationsmedium" greift zu kurz.

Damit das WWW eine Informationsfunktion für den User erfüllen kann, bedarf es der Orientierung in der sehr großen, dynamischen und nicht nach semantischen Kriterien strukturierten Datenfülle, die erheblich zugenommen hat.

ISC Internet Domain Survey

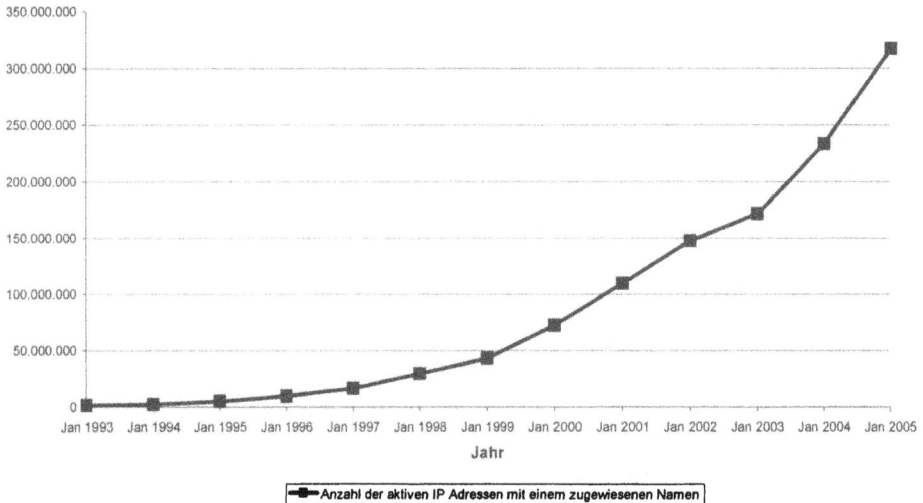

Schaubild 9: Zunahme der Websites im WWW, Quelle: Internet Systems Consortium ISC, http://www.isc.org/ops/ds/ (5.4.2005)

Eine solche, medienbezogene **Orientierungsfunktion** nehmen insbesondere im WWW Webkataloge, Suchmaschinen, Meta-Suchmaschinen und sog. „intelligente Agenten" bzw. (Ro)Bots ein. Sie sind zugleich ein wesentliches Mittel zur Erzeugung und Steuerung von

Aufmerksamkeit (vgl. Kap. 4.5.1). Während redaktionell recherchierte und nach Themen rubrizierte Webkataloge vor allem in den ersten Jahren Bedeutung besaßen, sind mittlerweile Such- und Metasuchmaschinen, die Trefferlisten softwaregesteuert (Crawler-Software) erstellen für die meisten Nutzer weitaus relevanter. Für rund drei Viertel der Online-Nutzer stellen sie eine bevorzugte Quelle dar (van Eimeren/ Gerhards/ Frees 2004: 355). Im deutschsprachigen Raum konkurrieren zwar rund 200 thematisch nicht begrenzte Suchmaschinen, tatsächlich konzentriert sich die Nutzung jedoch auf einige große Anbieter wie Google.de sowie die Portale von T-Online, Web.de und Lycos. Hinzu kommt, dass zahlreiche Anbieter kooperieren. Genaue Marktanteile lassen sich auch daher nicht berechnen, die monatliche Reichweite von Google.de lag im Januar 2004 aber bei 47,3% der Nutzer (vgl. Neuberger 2005: 3-5).

Suchmaschinen können keine semantische Bewertung der indexierten Dokumente vornehmen, sie bewerten Dokumente anhand von Schlagworten und von sog. Meta-Tags, die durch die Anbieter der Websites selbst erstellt werden. Die Relevanz des Dokumentes wird zudem durch die Nutzungs- und Verlinkungshäufigkeit bzw. durch eine Kombination all dieser Merkmale evaluiert (vgl. hierzu auch Göggler 2003). Die Ergebnisse der Suchmaschinen, also die Ergebnislisten sind auch aus weiteren Gründen weniger „objektiv", als manche Nutzer annehmen: Zum einen werden aus technischen Gründen nur Bruchteile des gesamten WWW-Angebotes erfasst, zum anderen bemühen sich Web-Anbieter gerade aufgrund der zentralen Stellung der Suchmaschinen darum, die Ergebnislisten zu manipulieren. So kann die Relevanz einer Website scheinbar dadurch erhöht werden: „Dabei wird durch Tausende untereinander verlinkte Seiten mit den passenden Stichwörtern ein optimales Umfeld für jene Seiten geschaffen, die in Google-Ergebnislisten einen hohen Rang erzielen sollen." (Neuberger 2005: 8). Neben solchen „Linkfarmen" gehören auch die falsche Bezeichnung von Meta-Tags (durch häufig gesuchte Begriffe, die aber nichts mit dem tatsächlichen Angebot zu tun haben), die häufige Wiederholung desselben Begriffs (also eher ein Zeichen für Redundanz als für den besonderen Informationsgehalt einer Webpage) zu den Formen externer Manipulation. Aber auch die Suchmaschinen-Betreiber, die sich ganz überwiegend oder vollständig durch Werbung finanzieren neigen zu internen Manipulationen: Es werden nicht nur thematisch passende Werbebanner außerhalb der eigentlichen Ergebnislisten platziert (AdWords), mitunter wird die Werbung auch nur unzureichend als solche gekennzeichnet (Paid Placement) oder gar direkt in die Ergebnisliste aufgenommen (Paid Inclusion) (vgl. Neuberger 2005: 9-10). So verkauft die Suchmaschine „GoTo" die ersten Plätze der Ergebnislisten an Werbekunden. Insgesamt sollen zwischen 20 und 30% des Werbeumsatzes der Suchmaschinen aus der Verknüpfung von Suchbegriffen mit bezahlter Werbung zurückgehen (vgl. Rötzer 1999b). Maßnahmen zur Qualitätssicherung stehen ebenso erst am Anfang wie die kommunikationswissenschaftliche Erforschung von Suchmaschinen (vgl. hierzu Machill/ Welp 2003); allerdings entwickeln sich webinterne Watchdogs, wie z. B. www.google-watch.org.

Analog zu den Funktionen der Massenmedien auf der Makroebene der sozialen Systeme, bedarf auch die Frage nach den ökonomischen (Electronic Commerce) und politischen Funktionen der Kommunikation im Web weitere Forschungsanstrengungen (vgl. Kap. 13).

4.3.3 Nutzerzentrierte Klassifikation

Wenn man der oben ausgeführten Argumentation folgt, dass Funktionen sich erst in der Nutzung von Websites realisieren, dann lohnt es sich, die Nutzer nicht nur nach ihren Nutzungsmotiven, sondern auch nach ihren Klassifikationen von Websites zu fragen. Eine repräsentative Befragung hierzu liegt bislang nicht vor, doch gibt eine Untersuchung von Brandl (2002) mit einem kleinen Sample (N = 31) zumindest erste Hinweise: Zunächst wurden elf Experten interviewt und nach charakteristischen Website-Typen (und entsprechenden Beispielen) gefragt. Demnach konnten Portale, E-Commerce-Angebote, Firmenseiten, informationsorientierte Angebote, Organisationspräsentation, Unterhaltungsangebote, Suchmaschinen, Service-Angebote, Privatseiten, Communities sowie akademisch-wissenschaftliche Angebote unterschieden werden (vgl. Brandl 2002: 85). Ein Blick auf diese elf Nennungen zeigt, dass es auch bei Experten derzeit keine einheitlichen Kriterien für eine Typologie gibt; mal scheinen die Kommunikatoren (Privatseiten, Firmenseiten etc.), mal technisch und formal begründete Funktionalitäten (Suchmaschinen, E-Commerce), dann wieder klassische Medienfunktionen (Information, Unterhaltung) ausschlaggebend zu sein. Laut Brandl (2002: 91) wurden formale und ästhetische Kriterien von den Experten deutlich häufiger für die Klassifikation der Websites herangezogen als inhaltlich-thematische oder funktionale (Selbstdarstellung, Corporate Identity etc.). Die 31 Probanden des User-Samples kamen insgesamt zu ähnlichen Klassifikationen wie die Experten (vgl. Brandl 2002: 140-141), allerdings spielten dabei weniger die formalen als die funktionalen Eigenschaften der Websites die ausschlaggebende Rolle (vgl. Brandl 2002: 147; 155-156). Als „Essenz" der Klassifikation von Experten und Nutzern ermittelte Brandl (2002: 154) fünf Typen von Websites:

- Portale (Suchfunktionen, Orientierung, Information und Zugang zu weiteren Kommunikationsdiensten im Netz)

- Firmenpräsentationen (mit der Primärfunktion der Selbstdarstellung)

- Medien-Angebote (Informationsfunktion und Nachrichtenvermittlung im Sinne der offline-Medien)

- E-Commerce-Angebote (Verkauf und Verkaufsvermittlung)

- Organisationspräsentationen (mit organisationsspezifischen Themen)

Die von Brandl ermittelten Typen stellen allerdings keine stringente Klassifikation – weder aus Nutzer- noch aus Expertensicht – dar, die eine eindeutige Zuordnung konkreter Websites und die Abgrenzung der Typen erlauben würde. Hinzu kommt, dass weitere Angebotsformen wie persönliche Homepages oder neuerdings Weblogs nicht ohne Weiteres zuzuordnen sind.

Als theoretisch unbefriedigend erweisen sich auch pragmatische Einteilungen von Web-Angeboten, die sich wie die „Kategorien" von Webkatalogen vorwiegend an thematischen Merkmalen orientieren oder, wie es die IVW (Informationsgemeinschaft zur Feststellung der Verbreitung von Werbeträgern e.V.; http://www.ivw-online.de/ausweisung/suche_kat.php) versucht, die Klassifikation der klassischen publizistischen Medien abzubilden. Für die Werbeplanung mag dies genügen, eine umfassende und theoretisch fundierte Klassifikation von Websites ist damit jedoch nicht möglich.

4.4   Inhaltsanalyse von Websites

Die systematische und intersubjektiv nachvollziehbare Erfassung von Medieninhalten ist in der Massenkommunikationsforschung die Voraussetzung für das Erkennen und Bestimmen von Medienwirkungen; zugleich erlaubt sie Rückschlüsse auf die Intentionen, möglicherweise auch auf die Einstellungen von Kommunikatoren sowie Hypothesen über die Funktionen verschiedener Typen von Web-Kommunikation.

Methodisch dominiert bei der Deskription von Medieninhalten die quantifizierende Analyse, erst in jüngster Zeit gewinnen hermeneutische und qualitative inhaltsanalytische Verfahren (wieder) an Bedeutung. Allerdings stoßen die „konventionellen" Methoden angesichts der bereits beschriebenen Besonderheiten der Kommunikation im WWW an ihre Grenzen. Hierauf haben Nina Wakeford (2000) und für die Inhaltsanalyse Patrick Rössler (1997) und Balthas Seibold (2002a) aufmerksam gemacht. Wakeford (2000: 31) fasst zusammen:

> „Currently there is no standard technique, in communication studies or in allied social science disciplines, for studying the Web. Rather it is case of plundering existing research for emerging methodological ideas ...“

Zunächst sieht sich der Inhaltsanalytiker mit einem Mengenproblem konfrontiert, da es schätzungsweise vier Milliarden „Webseiten" gibt. Es ist also eine problembezogene Eingrenzung noch dringender von Nöten, als dies bei Inhaltsanalysen der Tages- oder Wochenpresse der Fall ist. Zugleich fällt eine definitorische Eingrenzung schon deshalb nicht leicht, weil es bislang keine überzeugende Systematisierung des WWW gibt und eine solche ohne Einbeziehen der Nutzer auch kaum zu entwickeln sein dürfte (vgl. 4.3.3). Im Gegensatz zu den klassischen publizistischen Medien ist beim WWW die Grundgesamtheit der Websites nicht bekannt, weder für das gesamte WWW, noch in den meisten Fällen für wie auch immer abgegrenzte Untersuchungsbereiche (z. B. alle Electronic Shopping-Angebote). Aus unbekannten Grundgesamtheiten repräsentative Stichproben zu ziehen, ist aber nicht möglich. (vgl. Rössler/ Eichhorn 1999: 267) Weiter erschwert wird die inhaltsanalytische Arbeit durch die hohe Dynamik des Angebotes, so dass zu einem festgelegten Zeitpunkt oder innerhalb eines Untersuchungszeitraumes alle Websites der Stichprobe vollständig und einschließlich aller Updates mit ihren Linkstrukturen vom Forscher lokal gespeichert werden müssen. Dies ist mittlerweile relativ komfortabel durch geeignete Software (ContentGrabber) möglich.

Auch die Eingrenzung einer Website als Untersuchungseinheit kann Fragen aufwerfen: Wo endet die Website? – Dort, wo eine andere URL als Speicherplatz angegeben ist, oder dort, wo erkennbar ein anderes Layout, eine andere Strukturierung oder eine andere Autorenschaft gegeben sind? Möglicherweise wurden lediglich aus technischen Gründen, verschiedene Teile einer vom Autor als einheitlich definierten Website auf verschiedenen Servern bzw. unter verschiedenen URL abgelegt oder das Angebot befindet sich in Überarbeitung, so dass es (noch) kein einheitliches Layout aufweist. Ein wesentliches Merkmal von Websites im WWW sind gerade die Links zu anderen Websites, insofern wird die analytische Trennung durch den Forscher weder der Hypertext-Idee noch der Nutzungspraxis und den Intentionen des Kommunikators gerecht. Allerdings birgt umgekehrt die inhaltsanalytische Berücksichtigung der Links die Gefahr, dass sich die Inhaltsanalyse unüberschaubar ausweitet und deshalb ihr Erkenntnisziel ebenso verfehlt.

Die zu analysierenden Inhalte (Kommunikate) liegen beim WWW zwar in gut speicherbarer, „manifester" Form vor; allerdings nicht so „manifest" wie man auf den ersten Blick glauben könnte, denn je nach benutzter Hardware (Monitorgröße), Systemeinstellung (Schriftgröße, Auflösung etc.) und Software (Browser) werden die Daten unterschiedlich dargestellt (und vom Rezipienten entsprechend unterschiedlich wahrgenommen). So können beispielsweise die Scrollgrenze bzw. der sichtbare Bildschirmausschnitt variieren und damit Teile des Angebotes oder Links im tatsächlichen Rezeptionsprozess gar nicht wahrgenommen werden. Die Analyse eines manifesten Inhaltes, der jedoch für verschiedene „virtuelle" Rezipienten mit unterschiedlicher Wahrscheinlichkeit bzw. in unterschiedlicher Form manifest wird, erlaubt aber nur eingeschränkte Rückschlüsse hinsichtlich der Wirkungen auf das reale Nutzungsverhalten. Die meisten Websites und -pages enthalten neben vergleichsweise einfach und im Falle des WWW sogar elektronisch codierbaren (sprachlichen) Texten (vgl. Seibold 2002a: 52) anders kodierte Daten: Das inhaltsanalytische Instrumentarium zur Kodierung von Graphiken, Bildern, Bewegtbildern und auditivem Material ist jedoch weitaus weniger gut entwickelt. Die Inhaltsanalyse beschränkt sich entweder auf die Quantifizierung struktureller und formaler Merkmale oder die Erfassung der textuellen Botschaften. Kodiert werden also nur „latente" Beschreibungen und nicht das „manifeste" Material. Stärker noch als beim Fernsehen sind im WWW die verschiedenen Kodetypen strukturell und womöglich auch semantisch miteinander verknüpft. Die „Wertigkeiten bei der Verrechnung der einzelnen Elemente stellen ein ungelöstes Problem dar" bemerkt Rössler (1997: 249) zutreffend, allerdings nicht nur ein methodisches, sondern vor allem ein theoretisches, denn über die „Verrechung" beim Rezipienten wissen wir bislang so gut wie nichts.

Beim WWW ist der User grundsätzlich in weitaus höherem Maße durch seine Entscheidungen und sein situatives Nutzungsverhalten daran beteiligt, was sich tatsächlich als „Medieninhalt" manifestiert. Die Selektivität der Nutzung auf der Mikroebene des Medienhandelns müsste als Medienspezifikum bei der Inhaltsanalyse von Websites berücksichtigt werden, weil hier auch objektive zeitliche (Rundfunk) oder räumliche (Printmedien) Grenzen fehlen. Probleme ergeben sich auch hinsichtlich der Codierung von Frames: Sollen permanente Frames nur einmal codiert werden oder jedes mal aufs Neue? Die Entscheidung dieser Frage hat insbesondere Auswirkungen auf den Vergleich von Webangeboten. So ist es denkbar, dass dieselben „manifesten" Inhalte je nach formaler Strukturierung der Webpages einer Site (mit oder ohne Frames) inhaltsanalytisch zu unterschiedlichen Umfängen einer Website führen, ohne dass das tatsächliche Informationsangebot sich erhöht hätte (schließlich handelt es sich um „redundante Informationen"). Lassen sich bei den Massenmedien Angebotsumfänge in Zeit-, Raum- oder Mengenmaßen (Anzahl von Zeilen oder Zeichen) messen, so ist dies bei Websites allenfalls für die Texte möglich. Datenmengen sind zwar in Bits und (Mega-)Bytes messbar, doch sagen diese Maße schon aufgrund verschiedener Speicherformate weder etwas über den semantischen Gehalt, noch über den Rezeptionsaufwand aus.

Hinzu kommt, dass über CGI auch Datenbankfunktionen im Web genutzt werden können oder einzelne Webpages datenbankgestützt aufgrund von Nutzerentscheidungen oder festgelegten Nutzerprofilen generiert werden. Diese Inhalte sind mit vertretbarem Aufwand und realitätsnah inhaltsanalytisch nicht zu erfassen.

Seibold (2002a) plädiert ähnlich wie Rössler für pragmatische, eher forschungsökonomisch denn theoretisch begründete Problemlösungen: Die Eingrenzung der Untersuchungseinheit kann demnach nach formalen Gesichtspunkten erfolgen: z. B. Startseite und eine festgelegte Anzahl von hierarchie-niedrigeren Pages einer einheitlichen URL. Für Seibold ist eine Verknüpfung der Website-Inhaltsanalyse mit Nutzungsstudien unabdingbar – eine plausible Forderung, die jedoch grundsätzlich auch für Inhaltsanalysen anderer Medienangebote gelten sollte: Sobald die Rezeption der implizite Maßstab der Inhaltsanalyse wird, gilt auch für die Fernsehrezeption (und vielleicht in geringerem Maße für die Printmedien), dass das inhaltsanalytisch untersuchte Material „reaktiv" ist, und: „Ohne Selektion keine Kommunikation, weil keine Inhalte." (vgl. Rössler/ Eichhorn 1999: 264-265).[7] Erschwerend kommt im WWW hinzu, dass „eine gewisse Reaktivität in der Inhaltsanalyse auch auf der Ebene der Daten**sammlung** akzeptiert werden" muss, so Rössler und Eichhorn (1999: 266; Hervorhebung KB). Auch die Dynamik des Angebotes selbst sollte Gegenstand der Analyse sein, weil sich hieraus auch Aussagen über das Kommunikatorhandeln und die Qualität (hier: Aktualität) eines Angebotes (z. B. einer publizistischer Website) gewinnen lassen (vgl. Seibold 2002a: 49).

---

[7] Insofern kann die durch neue Untersuchungsgegenstände ausgelöste methodologische Reflexion vielleicht zur Optimierung oder gar Relativierung konventioneller Methoden beitragen.

4.5 Kommunikationsverlauf im WWW

4.5.1 Allokation von Aufmerksamkeit

Angesichts des in Schaubild 9 skizzierten, weiter zunehmenden Umfangs und der Vielfalt von Webangeboten stellt sich aus kommunikationswissenschaftlicher Sicht die Frage, wie überhaupt **Aufmerksamkeit für ein bestimmtes Angebot** geweckt werden kann. Bei der Erforschung computervermittelter Kommunikation spielt die Erzeugung von Aufmerksamkeit als Voraussetzung von Selektions- und Rezeptionsprozessen eine besondere Rolle,[8] weil das Angebot weitaus unübersichtlicher und größer ist als bei den aktuellen Print- oder den Rundfunkmedien. Daher haben „Metamedien" im Web, also Suchmaschinen, Metasuchmaschinen etc. (vgl. Kap. 4.3.2), in noch weitaus stärkerem Maße als etwa Programmzeitschriften beim Rundfunk an Bedeutung für die Orientierung der Nutzer und Erzeugung von Aufmerksamkeit an Bedeutung gewonnen.

Zudem deutet vieles darauf hin, dass der Faktor Aufmerksamkeit auch einen Ansatz für die **Erklärung des Kommunikatorhandelns** liefert, denn im Web (und insgesamt in der computervermittelten Kommunikation) finden sich eine Vielzahl von Angeboten (Kommunikaten), die im Gegensatz zu den klassischen Massenmedien nicht plausibel auf ökonomische oder politische Motive zurückgeführt werden können: Viele private Laienkommunikatoren erstellen mit beträchtlichem Zeitaufwand Websites und Weblogs, ohne dass ein unmittelbarer oder auch nur ein mittelbarer finanzieller oder wirtschaftlicher Nutzen für sie erkennbar wäre. In Gestalt von Prestige und Reputation scheint die Erzielung von Aufmerksamkeit ein wesentliches Motiv nicht-kommerzieller Web-Kommunikatoren zu sein: Persönliche Homepages und private Websites bieten den publizistischen Raum für die Darstellung persönlicher Eigenschaften, Verdienste und bereits erhaltender Aufmerksamkeit(en). Sie lassen sich vergleichsweise unaufdringlich einem weiteren Kreis bekannt machen, ohne dass de facto eine allgemeine Öffentlichkeit hierfür entsteht. Im Kreis der Bekannten, Freunde, Kollegen oder Geschäftspartner kann die Webadresse (z. B. per E-Mail Signature) mitgeteilt werden. Solche expressiven Intentionen und Kalküle kann auch institutionellen Webanbietern unterstellt werden, etwa Schulen oder Schulklassen, die ihr Angebot in ein weltweit zugängliches Netz stellen, auch wenn es allenfalls von lokalem Interesse sein dürfte. Auch Handwerkern, Freiberuflern oder Kleinunternehmern, die nur auf begrenzte Klickraten hoffen können, dient die Webadresse nicht zuletzt als „Superzeichen", das einer lokalen Öffentlichkeit oder Fachöffentlichkeit signalisiert, dass er „up to date" ist.

Die **Allokation von Aufmerksamkeit** kann also als ein Motiv für kommunikatives Handeln im Web angesehen werden, sie ist zudem ein wichtiger Faktor des Selektions- und Rezeptionsprozesses, denn grundsätzlich potenziert das WWW die Veröffentlichungschancen und erweitert damit die Möglichkeiten für jeden, der über hinreichende Medienkompetenzen und technisch-finanzielle Grundausstattung verfügt, Aufmerksamkeit auf sich zu ziehen, in dem er eigene Aussagen ohne professionelle Gatekeeper selbst vermittelt. Gerade diese im Vergleich zu den Massenmedien niedrige „Marktzutrittsbarriere" erweist sich aber als Bumerang: Das hieraus resultierende Wachstum des Web-Angebotes lässt die Chancen für das einzelne Angebot, tatsächlich wahrgenommen zu werden, rapide sinken, solange nicht durch Suchmaschinen, Metasuchmaschinen, Portale und Vertikale sowie innerhalb der konkreten Website gezielt aufmerksamkeitsevozierende und -steuernde Maßnahmen ergriffen werden. Der Aufmerksamkeit wird eine Schlüsselrolle bei der Selektion und der Rezeption zugewiesen, aller-

---

[8] Vgl. für die anderen Formen Beck/ Schweiger 2001 und generell zur Bedeutung von Aufmerksamkeitsakkumulation in der Publizistik sowie zum Zusammenhang von Aufmerksamkeits- und Geldökonomie: Franck 1998; Theis-Berglmair 2000; Beck 2001.

dings verfügen wir weder über eine kommunikationswissenschaftlich noch über eine psycho-logisch fundierte und hinreichend exakte Definition des Begriffs (vgl. Wirth 2001: 69-70). Unklar ist beispielsweise, ob bzw. in welchem Maße Aufmerksamkeit Voraussetzung oder Folge von Selektion ist: Zum einen muss plausibler Weise angenommen werden, dass nur etwas ausgewählt werden kann (Selektion), was zuvor zumindest oberflächlich wahrgenom-men (Rezeption) wurde, dem also bereits ein Mindestmaß an Aufmerksamkeit zuteil gewor-den ist. Zudem kann Aufmerksamkeit als Attribut von Selektion und Rezeption begriffen werden, denn wir können mehr oder weniger aufmerksam Medieninhalte auswählen und rezi-pieren. Einleuchtend scheint daher auch eine Differenzierung in willkürliche (kontrollierte) Aufmerksamkeit einerseits und unwillkürliche (unkontrollierter) Aufmerksamkeit anderer-seits: **Willkürliche Aufmerksamkeit** wird z. B. bei der bewussten Suche nach Medieninhal-ten gezielt auf etwas gerichtet (Top-down), während **unwillkürliche Aufmerksamkeit durch externe Reize** „geweckt" wird (Bottom-up) (vgl. hierzu auch Wirth 2001: 73-75). Wirth, der von einer „späten Selektion" ausgeht, bezeichnet Aufmerksamkeit als „Aspekt der Hand-lungsvorbereitung", während die eigentliche Selektion bereits Bestandteil der „Handlungsaus-führung" ist: „Jedes Selektionsresultat basiert auf (selektiver) Aufmerksamkeit, und umge-kehrt führen Aufmerksamkeitsprozesse zwangsläufig zur Auslese einiger und zur Nichtbe-rücksichtigung anderer Stimuli oder Aufgaben." (Wirth 2001: 80).

Bezogen auf die Kommunikation im WWW stellt sich somit die empirisch zu beantwortende Frage, welche medialen Reize tatsächlich Aufmerksamkeit hervorrufen und damit Einfluss auf Selektion und Rezeption nehmen, bzw. wie diese medialen Reize beschaffen sein müssen, damit Aufmerksamkeit beim Web-User geweckt wird. Auf der Ebene der Gestaltung fallen einige webspezifische Mittel ins Auge:

Das Einfügen von **Hyperlinks** ist dabei das webtypische Mittel, die Aufmerksamkeit der Nutzer zu beeinflussen. Durch graphische und farbliche Gestaltung, zunehmend auch durch Animation und sog. interaktive Schaltflächen, den Einsatz von Flash-Technik, Pop-up-Win-dows und – bislang eher selten eingesetzt – durch akustische Hinweise wird der Nutzer aufge-fordert, entweder tiefer in das eigene Webangebot einzudringen oder andere Sites aus- und aufzusuchen. Zu beobachten ist ein Trend vom Pull-Angebot hin zu **Push-Techniken** (Pop-up-Windows, zusätzliche Frames). Links können aber auch dazu verwendet werden, die Auf-merksamkeit des Nutzers gezielt auf das eigene Angebot zu konzentrieren: Günter Hack (2001) hat am Beispiel der Big Brother-Websites auf die „Lateralität von Websites" hinge-wiesen, bei dem die Links nur scheinbar oder kurzfristig aus der eigenen Site hinausverwei-sen, tatsächlich aber immer wieder auf die eigene Site zurück verweisen. Neben Suchmaschi-nen und Portalen sind **digitale Netguides** zu nennen, die den Nutzer durch das Web führen, wobei nicht mehr der Nutzer selbst navigiert, sondern ein – mehr oder weniger gut seinem zuvor erhobenen Profil angepasstes – Programm (www.etours.com, www.netzpiloten.de, www.roboguiede.com). Die Websites werden automatisch „aneinandergefügt" und zum Teil durch eine Stimme aus dem off erläutert (www.webride.de). Besondere Mühe verwenden Werbetreibende auf die Erregung von Aufmerksamkeit. **Werbebanner** sind eine besondere Form des graphisch gestalteten und zum Teil animierten Links. Offenbar rückläufige Klick-raten (vgl. Fittkau 2000) haben einige Webdesigner zu neuen Gestaltungsformen veranlasst: (Banner-)Werbung ist nicht mehr auf den ersten Blick als Werbung erkennbar, wenn sie zum Beispiel in Gestalt einer Windows-Warnmeldung (Pop-up) auftritt. Ein Klick auf die vorge-gebenen Buttons bewirkt – unabhängig davon, welche Option man ausgewählt hat – nicht das Ende der Werbe-Einblendung, sondern deren Fortsetzung. Scroll Ads bleiben im Sichtfeld des Nutzers, auch wenn dieser sich auf der Webpage nach unten bewegt; Nanosite-Banner sind selbst kleine Websites, die wiederum Hypertexte enthalten; Transactive Banners führen den Nutzer direkt zu Produktinformationen oder Bestellmöglichkeiten; Rich-Media-Banner bieten das gesamte Spektrum an hypermedialen Gestaltungsoptionen: dreidimensionale Grafiken,

Ton und Bewegtbild; Interstitials unterbrechen den Nutzer, indem sie unaufgefordert ein sehr großes Browserfenster über das aktuelle Nutzungsfenster legen, das von der Werbung überdeckt wird; Superstitials perfektionieren die Interstitials durch animierte Grafiken und Ton (vgl. zu den neuen Werbeformen: FAZ 24.8.2000). Durch **Branding** werden nicht nur prominente Markennamen in das Netz „übertragen", transferiert werden sollen auch Vertrauen und Glaubwürdigkeit, die sie beim Nutzer bzw. Konsumenten genießen. Das „*Hijacking*" von Markennamen mit dem Ziel auch die Aufmerksamkeit, die sich auf die bekannten Namen richtet, zu „entführen", setzt bei dieser Strategie an: Statt sich Prominenz zu leihen, wird sie gestohlen bzw. vorgetäuscht. Der Gewinnung von Aufmerksamkeit für statische Webangebote (beispielsweise von Markenartiklern) dient auch der Zukauf aktueller journalistischer Inhalte von Online-Redaktionen (z. B. Nachrichten-Ticker). Durch diese Syndizierung von Content wird die **Dynamik** des Angebotes erhöht, was die Aufmerksamkeit steigern bzw. erhalten soll.

4.5.2 Selektion, Rezeption und Navigation

Derzeit steht die **empirische Erforschung** der tatsächlichen Wirksamkeit solcher Aufmerksamkeitsfaktoren hinsichtlich der Selektion und Rezeption erst am Beginn; Studien liegen vor allem für informationsorientierte Web-Angebote vor. Gleichwohl können hier einige Ergebnisse präsentiert werden, auch wenn sie aufgrund der Untersuchungsdesigns (Laborexperimente) oder der Ausklammerung wichtiger Variablen (soziodemographische Zusammensetzung der User) nicht generalisierbar sind.

Ausgangspunkt einer Untersuchung von Wolfgang Schweiger ist die ungezielte Web-Nutzung oder Surfen in Informationsangeboten und damit die Frage, welche webspezifischen Gestaltungsmerkmale die unwillkürliche Aufmerksamkeit von Web-Usern erwecken: „Welchen Einfluss haben die Präsentationsmerkmale Seitenlänge und Linkgestaltung in einem informationsorientierten Hypertext auf die Aufmerksamkeit (a) bei der Linkselektion und (b) bei der Inhaltsrezeption während des Browsings?" (Schweiger 2001a: 178). Aus der Selektionsforschung bei anderen Medien können Hypothesen gewonnen werden, die Schweiger experimentell überprüft hat: Demnach müssten Web-User kurze Texte bevorzugt auswählen und die Rezeption längerer Texte verstärkt abbrechen (nachlassende Aufmerksamkeit). Für die Link-Selektion ist zu vermuten, dass vor allem die ersten Links hohe Zugriffszahlen erhalten (sog. Primacy-Effekt), und dass kommentierte Links, die bereits vor der Selektionsentscheidung Metainformationen liefern, die Aufmerksamkeit bei der Linkselektion erhöhen. Die übersichtliche Präsentation der Links in separaten Linklisten, z. B. am Ende der Webpage, dürfte eine höhere Aufmerksamkeit bei der Selektion hervorrufen als im gesamten Text verstreute, intratextuelle Links. Die Befunde des Laborexperiments (mit anschließender Befragung) erbringen jedoch keinerlei Zusammenhang zwischen der Seitenlänge und der Bereitschaft, die Texte tatsächlich bis zum Ende zu rezipieren. Möglicherweise liegt das daran, dass Web-User im Gegensatz zu Printmedien-Nutzern vorab die Gesamtlänge des Textes gar nicht abschätzen können, also durch diese auch gar nicht von der Rezeption „abgeschreckt" werden können. Allerdings werden kürzere Webpages meist aufmerksamer rezipiert als längere Seiten, und die Aufmerksamkeit fällt nach etwa 2.000 Zeichen – unabhängig von der Bildschirmdarstellung und der Frage, ob gescrollt werden muss oder nicht erkennbar ab.

Bestätigt werden konnte hingegen der **Primacy-Effekt bei der Linkselektion**, der jedoch durch Link-Kommentierungen und separate Linklisten (extratextuelle Links) gemildert werden kann. Web-User neigen dann weniger dazu, den erst-besten Link anzuklicken, sondern nutzen die Metainformationen bei ihrer Selektionsentscheidung (vgl. Schweiger 2001a).

Balthas Seibold (2002b) hat anhand der Website der Süddeutschen Zeitung untersucht, welche Präsentationsformen und Inhalte beim Online-Journalismus Aufmerksamkeit erzeugen und damit Einfluss nehmen auf Selektion und Rezeption. Dazu wurden Inhaltsanalysen und Logfile-Analysen kombiniert, um das tatsächliche Selektions- und Rezeptionsverhalten „im Feld" zu rekonstruieren. Seibold hat ein **Modell der Selektion von journalistischen Online-Angeboten** erstellt, das sechs Determinanten berücksichtigt; bei seiner Studie konnten jedoch Persönlichkeitsmerkmale der User (Soziodemographie, Interessen, Medienkompetenzen, Vorwissen etc.) sowie habitualisierte Nutzungsformen nicht berücksichtigt werden.

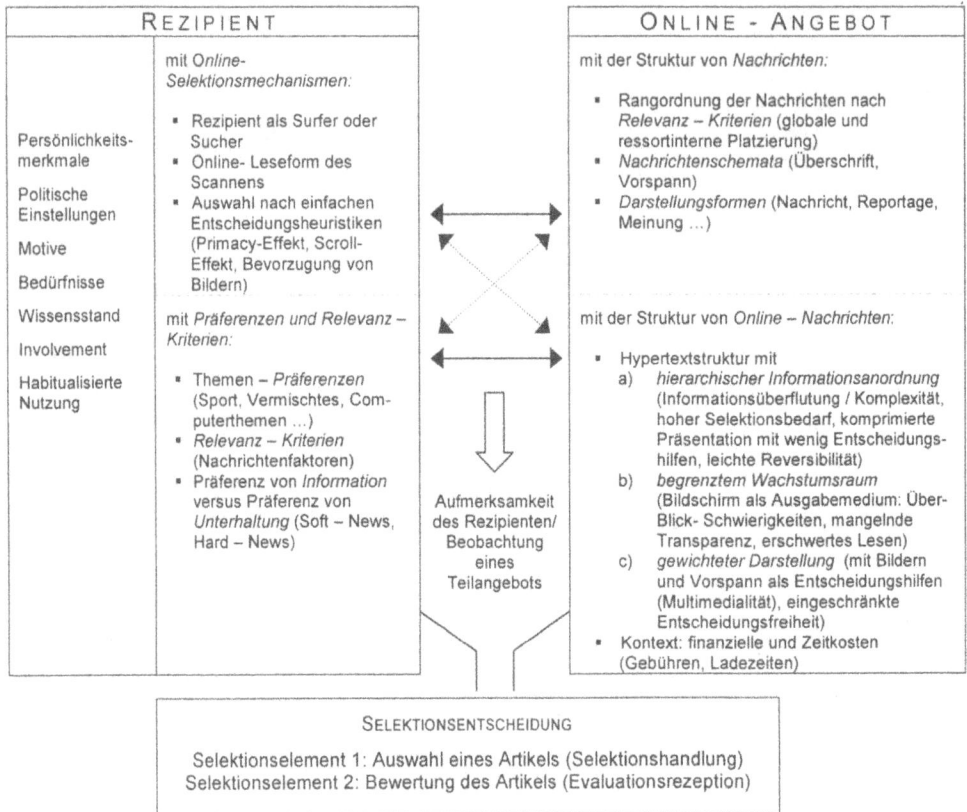

**Schaubild 10: Modell der Selektion von journalistischen Online-Angeboten
nach Seibold (2002b: 40)**

Auf der Startseite von sueddeutsche.de wurden 36 Meldungen geboten, zwischen denen sich der Nutzer entscheiden musste: ein Teil der Meldungen bestand lediglich aus einer stark komprimierten Überschrift ohne weiterführende Informationen, während einige „Aufmacher-Teaser" einen Vorspann sowie ein Foto enthielten. In beiden Fällen konnte der Nutzer nicht abschätzen, wie lang der Text tatsächlich war, der nach dem Anklicken des Links erscheint. Die ausführlichen Teaser gaben aber vorab mehr Information, so dass der Nutzer hier eher nach inhaltlichen Kriterien entscheiden konnte. Bei den informationsarmen, einzeiligen „nackten Überschriften" hingegen war zu erwarten, dass Nutzer nach einfachen „Schwellen-heuristiken" auswählen, also den erstbesten Link wählen. Deshalb war hier ein Primacy-Effekt, also die Bevorzugung der zuerst platzierten Links bzw. Nachrichten zu erwarten. Die Erweckung von Aufmerksamkeit wird vermutlich nicht allein durch formale Mittel bestimmt, auch beim Online-Journalismus wirken Nachrichtenfaktoren, aufgrund der starken Verkürzung in den Überschriften vermutet Seibold hier jedoch eine besondere Relevanz der Nachrichtenfaktoren Faktizität, Sex/ Erotik, Überraschung, Schaden, Konflikt und Emotion, die sich leicht in kurze Schlüsselwörter fassen lassen (vgl. Seibold 2002b: 50-59). Die Befunde seiner empirischen Studie (Seibold 2002b: 78-104) fasst Seibold wie folgt zusammen:

> „Online-Rezipienten wählen gerne das 'erst-beste' Angebot und sie schenken den Aufmacher-Teasern mit ihren Bildern und Vorspännen überragende Aufmerksamkeit ... Die Aufmerksamkeit wird also stark durch formale Aufmerksamkeitsfaktoren wie die Präsentation gelenkt. Dies kann man durch die neuen Selektions-Strukturen der Online-Medien erklären: Die einzeiligen Teaser enthalten wenig Entscheidungshinweise. Zudem gehen die Rezipienten offensichtlich als 'Surfer' mit einfachen Heuristiken spontan und oberflächlich an die Nachrichten-Selektion. ... Bei den einzeiligen Teasern ist der Primacy-Effekt besonders deutlich.", d. h. „Je weiter oben ein Teaser auf der Seite steht, desto mehr Aufmerksamkeit erhält er", während „Aufmacher-Teaser ... eher nach inhaltlichen Kriterien ausgewählt" werden (Seibold 2002b: 161). Enthält ein einzeiliger Teaser Hinweise (Reizwörter) auf Soft-News, die leichter komprimierbar sind als politische Hard-News, erhöhen sich seine Aufmerksamkeitschancen drastisch; „wenn ein Aufmacher-Teaser (im Nachrichtenfluss des Tagesverlaufs, KB) einzeilig wird, verliert er 60 Prozent der Aufmerksamkeit. Weniger als die Hälfte der Aufmerksamkeit ist also vom Thema bestimmt und nicht von der Präsentation abhängig. Die Überblicksschwierigkeiten durch den begrenzten Wahrnehmungsraum (der Bildschirmseite, KB) scheinen so groß zu sein, dass formale Faktoren wie die Art der Präsentation und der Rangplatz eines Teasers sehr stark die Aufmerksamkeit bestimmen." (Seibold 2002b: 162)

Gleichwohl spielen auch im Online-Journalismus die **Nachrichtenfaktoren** eine Rolle, weil sie in Gestalt von Reizwörtern als „Bottom-up"-Faktoren ähnlich wie Fotos als Schlüsselreize bei der Erzeugung von Aufmerksamkeit wirken. Für die Aufmerksamkeit bei der eigentlichen Rezeption gelten hingegen andere Regeln: Sind einmal komplexere Themen und längere Nachrichtenformate ausgewählt worden, werden sie tendenziell auch aufmerksamer und länger gelesen (vgl. Seibold 2002b: 164).

Die Befunde Seibolds sind geeignet, mit dem weit verbreiteten Vorurteil aufzuräumen, der unbegrenzte Speicherplatz und die „Informationsfülle" des Web biete dem Nutzer eine neuartige Wahlfreiheit und verringere den filternden und gestaltenden Einfluss der Kommunikatoren:

> „Das riesige Angebot und die hypertextuelle Verzweigung bedingen, dass die Informationen auf Startseiten stark gewichtet und stark komprimiert sind ... Paradoxerweise führt gerade das Bestreben, möglichst viel Auswahl zu bieten, dazu, dass die faktische Entscheidungsfreiheit des Rezipienten immer kleiner wird." (Seibold 2002b: 168)

Aufmerksamkeit ist nicht nur die Voraussetzung für Selektion, sondern auch ein Attribut von Selektion und Rezeption. Eine genaue Betrachtung wirft die Frage auf: Wie soll ein Nutzer einen Medieninhalt für die Rezeption auswählen, ohne vorher zumindest oberflächlich wahrgenommen zu haben, um welchen Inhalt es sich – voraussichtlich – handelt? Rezeption setzt folglich bereits vor der Selektion ein. Schweiger und Wirth (1999: 45) gehen deshalb von einer „**späten Selektion**" aus, d. h. der Selektion und der vertiefenden, aufmerksameren Rezeption geht zumindest die oberflächliche Wahrnehmung („Scanning") von Aufmerksamkeit weckenden Reizen voraus. Letztlich stehen Selektion und Rezeption damit in einem zirkulären Verhältnis, Aufmerksamkeit ist dabei zugleich Ursache und Folge. Selektionsentscheidungen werden im Alltag von Mediennutzern darüber hinaus in vermutlich hohem Maße routinisiert getroffen; Mediennutzung erfolgt dann habitualisiert, auf der Basis mehr oder weniger fester Gewohnheiten und in der Vergangenheit gemachter Erfahrungen.

Donsbach (1991) hat für die Printmedien ein Phasenmodell der Selektion entwickelt, das auch als Grundlage der Erforschung von Selektion im Netz dienen kann: In der **präkommunikativen Phase** wählt ein Rezipient aus einem Angebot von mindestens zwei funktional äquivalenten Medien aus (Medienwahl). In der zweiten Phase erfolgt die Zuwendung zu einem konkreten Medieninhalt und in der dritten Phase schließlich die „Wahrnehmung und Verarbeitung" bzw. Konstruktion von Information auf der Grundlage der medialen Reize, des eigenen Vorwissens und weiterer individueller Faktoren. Die zweite und dritte Phase können zusammen als „**kommunikative Phase**" verstanden werden, auf die nun eine postkommunikative Phase folgt, in der die Informationen wiederum selektiv weiter verarbeitet und erinnert (oder vergessen) werden. Während die Selektion in der präkommunikativen und der kommunikativen Phase mehr oder weniger bewusst erfolgen, finden die postkommunikativen Selektionsprozesse eher unbewusst statt (vgl. auch Wirth/ Schweiger 1999b: 49). In der kommunikativen Phase wird die Selektion durch medienspezifische Faktoren beeinflusst, beim WWW sind dies vor allem die Links und ihre Gestaltung, denn sie bieten dem Nutzer Anhaltspunkte (Metainformationen) über die wahrscheinlichen Folgen der jeweiligen Auswahl. Wirth und Schweiger (1999b: 55-56) verstehen die Links des WWW als Optionen und die Selektionssituation „als eine mehrstufige, wiederholte Entscheidung zwischen ... einer offenen Menge von Optionen." Im entscheidungstheoretischen Sinne sind Optionen nicht nur bestimmte Links, sondern auch Regeln und Strategien (vgl. Schweiger 2001a: 64), nach denen gehandelt werden kann, so dass die Zahl der Optionen, die sich dem Nutzer einer Webpage bietet, nicht unbedingt mit der Zahl der Links gleichgesetzt werden darf.

Die gesamte Selektionssituation im World Wide Web wird durch vier Kriterien bestimmt (vgl. Wirth/ Schweiger 1999b: 56-62):

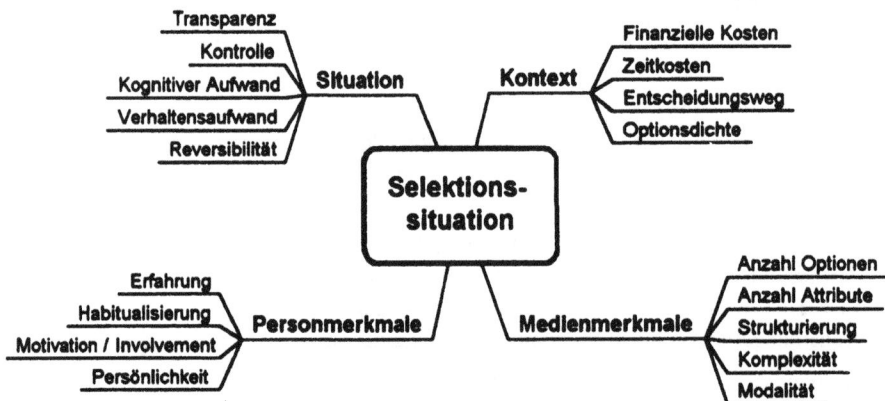

Schaubild 11: Selektionssituation im WWW nach Wirth/ Schweiger (1999b: 62)

Ein wichtiges Kennzeichen der **Situation** im Web ist die Transparenz, also die Frage, ob bzw. in welchem Maße dem Nutzer alle notwendigen Informationen zur Orientierung in der Vielfalt zur Verfügung stehen. Die Transparenz kann auf der einzelnen Website durch Sitemaps oder Inhaltsverzeichnisse, und auf der Ebene des Webs durch Kataloge, Such- und Metasuchmaschinen erhöht (wenn auch nicht vollständig hergestellt) werden. Die Situationskontrolle ist bei der WWW-Nutzung ähnlich wie bei den Printmedien, und anders als bei den

Push-Medien groß: Rezeptions- und Selektionsgeschwindigkeit können ganz überwiegend selbst bestimmt werden (Ausnahme sind hier Animationen und andere Aufmerksamkeitsstrategien der Kommunikatoren), das Lesen von Texten oder Textpassagen und die Betrachtung von Graphiken kann beliebig oft wiederholt werden. Und schließlich sind die getroffenen Entscheidungen meist reversibel, d. h. durch „Back-" und „Home"-Button, die Nutzung von Bookmarks oder die erneute Eingabe der URL kann in den meisten Fällen der Ausgangspunkt wieder gefunden werden. Fehlentscheidungen können relativ leicht korrigiert werden, ohne dass zwischenzeitlich – wie bei Rundfunkprogrammen – etwas „verpasst" wird. Der eine Selektionssituation prägende, notwendige kognitive Aufwand für den Nutzer hängt in hohem Maße von der Komplexität des Angebotes (Optionen und Attribute) sowie den kognitiven und kommunikativen Kompetenzen des Users ab, und ist m. E. daher nicht der Situation selbst zuzurechnen; ähnliches gilt für den Handlungsaufwand (also die Bedienung von Maus und Tastatur), die eine grundlegende Eigenschaft des Mediums ist.

Jede konkrete Selektionssituation ist nämlich in einen größeren **Kontext** eingebettet: Hierunter fassen Wirth und Schweiger generelle Faktoren des gewählten Mediums auf, wie Kosten (Nutzungsgebühren) und Zeitaufwand, aber auch die „Länge des Entscheidungswegs" und die „Optionsdichte". Entscheidungsweg meint die Anzahl der Entscheidungen, die notwendig sind, bis die gewünschte Information gefunden wurde. Beim WWW ist der Entscheidungsweg – so die Annahme der Autoren – vergleichsweise lang, nicht zuletzt, weil auf diesem Weg in mehreren Stufen viele Optionen beurteilt werden müssen.

Auf der Seite der **Medien** bzw. des konkreten Kommunikats beeinflusst zunächst die Anzahl der angebotenen Optionen die Entscheidung. Je mehr Optionen, umso mehr Alternativen und umso komplexer ist die Entscheidungssituation. Diese „Qual der Wahl" kann durch Strukturierung gemildert werden, z. B. durch eine systematische Anordnung, gestalterische Hervorhebung oder andere Attribute wie Linkkommentierungen. Optionen und Attribute können dabei im Web auf unterschiedliche Weise dargestellt werden (Modalität): ikonisch (möglichst intuitiv verständliche Bildzeichen), semantisch (inhaltliche Beschreibungen) oder numerisch (Aufzählungen, gegliederte Listen etc.).

Auf der Seite des **Rezipienten** spielen vor allem dessen Erfahrungen und Medienkompetenzen, seine persönlichen Motive und Interessen, sein kognitiver Stil und andere Persönlichkeitsmerkmale eine ausschlaggebende Rolle. So unterscheiden sich Nutzer – und folglich auch ihr Selektionsverhalten – hinsichtlich ihrer Vertrautheit mit dem Medium, der Häufigkeit und Routinisierung der Webnutzung; unterschiedlichen (und verschieden stark ausgeprägten) Gewohnheiten, ihrer Frustrationstoleranz usw.

Die genannten Kriterien veranschaulichen, dass es sich bei der Selektion im WWW um eine komplexe Situation handelt, bei der eine Fülle kaum hinreichend zu quantifizierender Variablen zusammenwirken. Plausibel erscheint dennoch die generelle Einschätzung von Wirth und Schweiger (1999b: 62):

> WWW-„Nutzer haben oftmals wenig Informationen, wohin Links führen (geringe Transparenz, hohe Unsicherheit), sie können die Verarbeitungsgeschwindigkeit und den Verarbeitungsmodus weitgehend selbst bestimmen (Kontrolle). Der mit der Selektion verbundene Verhaltensaufwand ist gering, und die Reversibilität des Systems ist hoch ... Hinzu kommt der medial bedingte hohe Selektionsdruck, der sich in Form langer Entscheidungswege und einer hoher (sic!) Optionsdichte bemerkbar macht. Alle anderen Kriterien können niedrig oder hoch ausgeprägt sein."

Wahrscheinlich verhalten sich Webuser „häufig intuitiv, heuristisch und spontan", denn es handelt sich etwa im Vergleich zu vielen Kaufentscheidungen um eine „**Niedrigkostensitua-**

tion", weil Fehlentscheidungen leicht korrigierbar sind, allerdings durchaus Kosten und vor allem Zeitaufwand verursachen. Geht man davon aus, dass die meisten Nutzer als eher ziellose Surfer „ins Web gehen", dann dürften rationale Selektionsstrategien wahrscheinlich selten anzutreffen sein: Die vollständige Analyse aller Optionen und ihrer Attribute ist vermutlich eher kennzeichnend für die professionelle Recherche. Für den „Normal-Surfer" typischer dürfte hingegen die Verwendung einfacher **„Schwellenheuristiken"** sein: Sobald eine Option (z. B. ein Link) als hinreichend passend beurteilt wird, wird dieser „ausprobiert" – ohne alle anderen Optionen geprüft und vergleichend bewertet zu haben. „Ein Nutzer gibt sich in diesem Fall mit einer relativ guten Lösung zufrieden und sucht nicht nach der absolut besten" (Wirth/ Schweiger 1999b: 63), oder der Nutzer verengt seine Auswahlkriterien auf ein einziges, zugleich notwendiges und hinreichendes Attribut, das seine Auswahlentscheidung begründet. Möglicherweise kommen Selektionsentscheidungen aber auch zufällig zustande, ausgelöst etwa durch Schlüsselreize (Signalwörter, Bilder), die mit dem eigentlichen Suchzweck gar nichts zu tun haben, auch Affektentscheidungen sind keineswegs auszuschließen. Hinzu kommen routinisierte und habitualisierte Entscheidungsmuster, z. B. bei der Verwendung von Suchmaschinen.[9]

Immerhin kann aufgrund entscheidungspsychologischer Forschungsergebnisse angenommen werden, dass „eine große Optionsmenge, hohe situative Unsicherheit, unbekannte Ordnungsprinzipien in Auswahllisten", also geringe Transparenz zu eher intuitiven Urteilen führen, während geringe Optionenzahl, situative Sicherheit und hohe Transparenz die Wahrscheinlichkeit analytischer Selektionsprozesse erhöhen. Im WWW spricht insofern vieles für die **Dominanz stereotyper Entscheidungsfindung:** Die konkret zwar jeweils unterschiedlichen Optionen sind dem Nutzer strukturell vertraut, der kognitive Aufwand kann und soll mittels einfacher Schwellenheuristiken begrenzt werden (vgl. Wirth/ Schweiger 1999b: 65), vermutlich nicht zuletzt, weil in Anbetracht eines begrenzten Schadens (bei Fehlentscheidungen) oder Nutzens (bzw. Mehrwertes für eine bessere Option) die Transaktionskosten (vor allem der zeitliche Aufwand) nicht überhand nehmen sollen. (vgl. hierzu auch Schweiger 2001a: 73)

Ob die getroffene Selektionsentscheidung zu einem befriedigenden Ergebnis geführt hat, kann der Nutzer nur durch – zunächst wiederum bloß oberflächliche, dann möglicherweise aufmerksame – Rezeption der gewählten Webpage feststellen. An die eigentliche Selektionshandlung schließt sich demnach eine **kognitive Evaluation** an, bei der die Informationen hinsichtlich ihrer Nützlichkeit und der erhaltenen Gratifikationen bewertet werden. Die Evaluation entscheidet dann über weitere Selektionshandlungen:

> „Man kann somit die Selektionsphase in vier Abschnitte einteilen: (1) Evaluation der Optionen, (2) Selektionsentscheidung, (3) Selektionshandlung und (4) Evaluationsrezeption der gewählten Option. (...) Auch während der Rezeptionsphasen findet eine permanente, durchgehende Entscheidung statt. Diese mag zwar weitgehend unbewusst ablaufen, dennoch vollzieht ein Nutzer im Hintergrund jeder Rezeptionsphase eine Evaluation des gerade rezipierten Inhalts bezüglich seiner Angemessenheit für das gegenwärtige Nutzungsmotiv. Scheint der Inhalt das aktuelle Bedürfnis nicht zu befriedigen, dann bricht der Nutzer die Rezeptionsphase ab und beginnt eine neue Selektionsphase, oder er beendet die Nutzung des jeweiligen Medienangebotes oder Mediums ganz." (Schweiger 2001a. 77)

Das **typische Wechselspiel von Selektion und Rezeption im WorldWildWeb** bezeichnet man als **Navigation,** die entweder als zielgerichtete Informationssuche (Information Retrieval) erfolgen kann oder in Gestalt des „Browsing" (vgl. Schweiger 2001a: 62); das am

---

[9] Vgl. ausführlicher zu den entscheidungstheoretischen Grundlagen und Heuristiken: Schweiger 2001a: 66-70).

ehesten vergleichbar scheint mit dem „Blättern" in einer Publikumszeitschrift – allerdings unterscheiden sich vor allem Angebotsumfang, der hieraus resultierende Selektionsdruck und die Transparenz der Selektionssituation erheblich. Beim **gezielten Information Retrieval** werden wahrscheinlich hierarchische Links bevorzugt selektiert, weil der Nutzer auf der Suche in die „Tiefe" des Angebotes eindringt, während das eher **ungerichtete Browsing** die Nutzung referentieller Links nahe legt, die auf andere Inhalte bzw. Websites verweisen. Das Browsing des Webusers unterscheidet sich je nach Nutzungssituation und -motiv und kann von **„Search Browsing"**, also der Suche nach einem bekannten Informationsziel, über **„General Purpose Browsing"**, dem Aufsuchen von Websites, die eine hohe Übereinstimmung mit den jeweiligen Nutzerinteressen versprechen, bis hin zum **„Serendiptious Browsing"**, dem rein zufälligen Umhersurfen, reichen (vgl. Cove/ Walsh 1988 nach Schweiger 2001a: 282). Canter et al. (1985) unterscheiden **Wandering, Searching, Scanning und Exploring** von Websites (nach Weber/ Groner 1999: 182).

Die nähere **Erforschung des Navigationsverhaltens** steht vor methodologischen Problemen: Zum einen bieten sich zwar Laborexperimente an, die eine sehr gute Beobachtung und Protokollierung des Verhaltens ebenso erlauben wie eine anschließende Befragung. Die Probanden können gebeten werden, während des Navigierens oder des Abspiels einer entsprechenden Videoaufzeichnung zu verbalisieren, was sie gerade aus welchem Grund tun. Mit der Methode des lauten Denkens (MLD), bei der geäußert werden soll, was einem „gerade durch den Kopf geht", lassen sich insofern valide Ergebnisse erzielen. Allerdings werden solche Navigationsstudien vielfach anhand begrenzter, zum Teil eigens programmierter Hypertexte durchgeführt und die Probanden wissen natürlich, dass es sich um eine beobachtete, kontrollierte Situation handelt. Zudem wurden die meisten Laborexperimente (auch) zum Thema Navigation im Web bislang vor allem mit Studierenden durchgeführt, einer Bevölkerungsgruppe, die sich nicht nur hinsichtlich ihrer soziodemographischen Variablen (Alter, Bildung, Einkommen), sondern auch hinsichtlich ihrer Web-Kompetenzen und Erfahrungen eklatant von der Gesamtbevölkerung, aber auch von der Online-Population unterscheidet. Deshalb sind die Ergebnisse – ein Manko von Laborexperimenten generell – nur sehr eingeschränkt verallgemeinerbar. Dieses Problem lässt sich zwar durch den Einsatz von Logfile-Analysen lösen, denn hier wird das tatsächliche Navigationsverhalten im Alltag so protokolliert, dass die Nutzung selbst nicht durch die Messung beeinflusst wird (nonreaktive Methode). Allerdings fehlen hier die nur über Befragungen oder MLD zu gewinnenden Informationen über die tatsächlichen Motive und Intentionen der Navigationshandlungen.

Die bislang vorliegenden Ergebnisse können deshalb nur als erste Hinweise verstanden werden, als Hypothesen, die weiterer empirischer Prüfung bedürfen.

- Obwohl es sich beim WWW um ein komplexes Medienangebot handelt und die beschriebene Selektionssituation insbesondere durch ihre Optionenvielzahl und relative Intransparenz die Web-Nutzer vor Herausforderungen stellt, berichten in Befragungen nur etwa 7% der Nutzer, „sie wüssten oft nicht, wo sie sich eigentlich befinden", seien also „lost in Hyperspace" (Pikow & Kehoe 1996, nach Schweiger 2001a: 135).

- Unzureichende Linkbezeichnungen (Attributierung) stellt offenbar eines der Hauptprobleme der Nutzer bei der Navigation dar (vgl. Schweiger 2001a: 148).

- Ein zu umfangreiches oder unübersichtlich strukturiertes Angebot bereits auf der Startseite bereitet vielen Nutzern Probleme. Einstiegsseiten sollten daher „Struktur- und Inhaltsinformationen" kombinieren (vgl. Bucher/ Barth 1998).

- Im Durchschnitt wird je Web-„Session" zu acht bis zwölf Websites navigiert (vgl. Schweiger 2001a: 112).

- Beim „freien Surfen", also der Navigation ohne Zielvorgabe wird im Durchschnitt etwa alle 13 Sekunden eine Navigationshandlung ausgeführt. Am häufigsten scrollten die 45 studentischen Probanden, um sich innerhalb der Webpage zu orientieren, danach folgte das Anklicken von Links (37% aller Navigationshandlungen), die Nutzung der „Back"-Taste (11,2%) sowie die Eingabe von Suchbefehlen, neuen URL, das Setzen von Bookmarks oder die Betätigung der „Home"-Taste (vgl. Wirth und Brecht 1999: 165).

- Als ein charakteristisches Navigationsmuster lässt sich die „Nabe-und-Speiche"-Navigation nennen, bei der von einer „zentralen" Webpage ausgehend jeweils eine nächste Webpage ausgewählt wird, um dann wieder zur Ausgangspage zurückzukehren usw. Andere Navigationsmuster sind der „Path", also die permanente Vorwärts-Navigation ohne Rückkehr zu den vorher genutzten Seiten, „Ring and Loop", die kreisförmige Navigation, die am Ende wieder zur Ausgangsseite zurückführt, oder die „Spike"-Navigation: Hierbei gleichen sich „Hin-" und „Rückweg", Start- und Endseite sind identisch (vgl. Schweiger 2001a: 114).

- In Hypermedien wird relativ wenig gelesen, insofern sind sie eher „Selektionsmedien" denn „Rezeptionsmedien". Allerdings steigt die Lesebereitschaft, sobald die Evaluation der ausgewählten Option (Webpage) erwarten lässt, dass hier die gesuchten oder anderweitig interessanten Informationen zu finden sind. Schweiger (2001a: 267; vgl. auch: 272) kommt zu dem ernüchternden Befund, dass in seinem Experiment mit informationsorientierten Websites „die teilweise sehr umfangreichen Inhaltsseiten kaum länger angesehen wurden als die Navigationsseiten. Es bleibt also eine Illusion zu glauben, in einer hypertextuellen Lernumgebung würde gründlich gelesen." Die „Rezeptionsschwelle" liegt demnach bei etwa 2.000 Zeichen, unabhängig von der Bildschirmgröße und der Notwendigkeit zu Scrollen.

- Offenbar spielen Schwellenheuristiken (Selektion des erstbesten Links) und Primacy-Effekte (bevorzugte Wahl der auf einer Webpage oben platzierten Links) eine bedeutende Rolle bei der Navigation im Web. Werden intratextuelle Links kommentiert, so wächst die Zufriedenheit der Nutzer mit ihren Selektionsentscheidungen (vgl. Schweiger 2001a: 268-269).

4.6 Fazit

Seit Mitte der neunziger Jahre hat sich das WorldWideWeb zu den populärsten Formen der Online-Kommunikation entwickelt. Mit ihm waren und sind weitreichende Visionen eines hypertextuellen und hypermedialen „Datenuniversums" verbunden, dem der derzeitige Entwicklungsstand des Web-Angebots tatsächlich jedoch keineswegs entspricht: Das technische Potenzial, jedermann selbstvermittelte öffentliche Kommunikation zu ermöglichen, kann aus einer Reihe von Gründen nicht realisiert werden: Zum einen sorgt gerade die Fülle des Angebotes zu Orientierungsproblemen; die Erzeugung von Aufmerksamkeit für die Selektion und Rezeption erweist sich als Problem. Zudem lässt sich beobachten, dass viele Websites sich gar nicht an eine allgemeine Öffentlichkeit richten, sondern andere Funktionen erfüllen. Persönliche Homepages werden vielfach als „Identitäts-" oder „Weiterbildungsprojekte" betrieben; die Adressaten können allenfalls im sozialen Nahraum vermutet werden. Weite Teile des Webangebotes sind auch über Suchmaschinen nicht ohne weiteres erreichbar oder mit (technischen oder ökonomischen) Zugangsbarrieren versehen. Das WorldWideWeb kann insofern nicht pauschal als Medium öffentlicher Kommunikation klassifiziert werden, sondern wiederum als „Hybridmedium", dessen sozialer Gebrauch über den Kommunikationsmodus (öffentlich, gruppenbezogen oder gar „intrapersonal") entscheidet. Auch von den hypertextuellen und -medialen Gestaltungsmöglichkeiten wird bislang nur sehr begrenzt Gebrauch gemacht. Websites unterscheiden sich erheblich hinsichtlich ihrer ästhetischen, technischen und thematischen Gestaltung sowie ihrer Adressaten und Funktionspotentiale. Eine allgemein verwendbare Klassifikation von Websites liegt bislang nicht vor, was auch Probleme für die inhaltsanalytische Arbeit bereitet: Grundgesamtheiten sind in aller Regel unbekannt, die „manifesten" Inhalte erweisen sich als zeitlich und interpersonal instabil; Analyseinstrumente für nicht-sprachliche Inhalte (und deren Kombination in Frames etc.) sind bislang allenfalls ansatzweise verfügbar.

Bei der Selektion von Webpages spielen nach Wirth und Schweiger (1999b) neben den Personen- und Medienmerkmalen situative und kontextuelle Faktoren eine bedeutsame Rolle. Die Ergebnisse empirischer Nutzungsforschung sprechen dafür, dass sich Webnutzer häufig intuitiv, heuristisch und spontan verhalten und bei ihren Selektionsentscheidungen „einfache Schwellenheuristiken" verwenden, also vielfach die „erst- oder nächstbeste" Option (z. B. einen Link) wählen. Hypermedien wie das WWW sind eher „Selektionsmedien" als „Rezeptionsmedien": Die Bereitschaft, längere Texte zu lesen, scheint sehr begrenzt zu sein. Für das Webdesign – und für die Redaktion der Inhalte – ergeben sich hieraus besondere Anforderungen hinsichtlich der Selektion, der Linkgestaltung, -platzierung und kommentierung.

5. E-Mail-Kommunikation im Internet

5.1 Einleitung

Angeblich verschickte der Programmierer Ray Tomlinson 1971 die erste – an sich selbst adressierte – E-Mail (Campbell 1998; Tomlinson 2003). Obgleich es also seit mehr als drei Jahrzehnten möglich ist, Electronic Mail (kurz E-Mail oder Email) zwischen vernetzten Rechnern auszutauschen, wird E-Mail vielfach noch zu den „neuen Medien" gezählt. Der E-Mail-Dienst des Internet gehört offenkundig zu den am meisten genutzten Anwendungen und das „Mailen" hat sich mittlerweile als selbstverständlicher Bestandteil privater und organisatorischer Kommunikation etabliert: 76% der Internet-User nutzten laut ARD/ ZDF-Online-Studie 2003 mindestens einmal wöchentlich E-Mail, während nur 16% genauso häufig an Chats, Newsgroups oder anderen Foren teilnahmen und 45% angaben, sie würden einmal wöchentlich „einfach so im Internet surfen"[10] (vgl. van Eimeren/ Gerhard/ Frees 2004: 356). Gleichwohl muss der Forschungsstand zur E-Mail-Kommunikation als noch immer sehr bescheiden eingeschätzt werden, denn von kommunikationswissenschaftlicher, aber auch von soziologischer und psychologischer Seite stehen das WorldWideWeb (als Medium mit vielen Zügen eines publizistischen Mediums) sowie Chat und andere Formen der Gruppenkommunikation im Vordergrund des Interesses. Die E-Mail-Nutzung hat hingegen etwas stärkere Aufmerksamkeit durch die organisationssoziologische Forschung erhalten.

In diesem Kapitel werden zunächst die wichtigsten technischen Grundlagen und medialen Charakteristika von E-Mail dargestellt. Wie in Kapitel 2 ausgeführt, reicht eine auf das technische Medium bezogene Untersuchung aber aus kommunikationswissenschaftlicher Sicht nicht aus; denn es geht um die Beschreibung und Erklärung spezifischer Formen computervermittelter Kommunikation. Um den „Rahmen der E-Mail-Kommunikation" zu verstehen, schließt an die medienwissenschaftlichen Ausführungen eine Untersuchung der individuellen und sozialen Gebrauchsweisen an. Im Mittelpunkt stehen dabei die typischen Verwendungsweisen und Regeln, die Funktionen von E-Mail sowie die Frage, welche Substitutions- und Komplementaritätseffekte E-Mail-Kommunikation angesichts der rasch zunehmenden Nutzung zeitigt.

5.2 Grundbegriffe der E-Mail-Kommunikation

Electronic Mail (E-Mail) bezeichnet zugleich einen Dienst („elektronische Post") des Internet (sowie anderer Computernetze) und ein mediales Artefakt, also die einzelne E-Mail (im Sinne eines „elektronischen" Briefes oder einer Postkarte). In welchem Maße die Post-Metapher tatsächlich die Charakteristika von E-Mail trifft, wird weiter unten noch geprüft werden.

Zum Versenden, Verteilen und Empfangen von E-Mail werden im Internet (TCP/ IP) technische Infrastrukturen benötigt, wie sie grundsätzlich für alle Formen der computervermittelten Kommunikation gegeben sein müssen, d. h. Telekommunikationsverbindungen (Leitungen, Satelliten etc.) und Rechner, die als Server (Host-Rechner) und als Client (PC des Anwenders) fungieren. Auf dem TCP/ IP aufsetzend wird ein spezielles E-Mail-Protokoll, nämlich das **SMTP (Simple Mail Transfer Protocol)**, genutzt, das grundsätzlich eine weltweite Nutzung von E-Mail ermöglicht. Die notwendigen Hard- und Softwarekomponenten (Protokoll, Server- und Clientsoftware) bilden zusammen zunächst den äußeren Rahmen oder das Medium 1. Ordnung für die E-Mail-Kommunikation. Dieser Rahmen begrenzt zwar die

---

[10] Leider wurde die „Nutzung von Online-Anwendungen" differenziert nach „Surfen", „zielgerichteter Informationssuche, „Onlineshopping" usw. abgefragt, so dass sich keine exakte Vergleichszahl für die WWW-Nutzung angeben lässt.

kommunikativen Potenziale von E-Mail, determiniert sie aber keineswegs vollständig. Worin bestehen nun diese Potenziale und grundlegenden Funktionsweisen von E-Mail?

Auf der Basis des SMTP ist die Übermittlung von Dateien zwischen dem Clientrechner des Nutzers (Absenders) und einem zweiten Client (des Empfängers) möglich, allerdings werden die Dateien nicht auf direktem Wege übermittelt, sondern über einen Mail-Server, der auf der Grundlage des SMTP arbeitet. E-Mails gelangen zu dem Server, auf dem der Empfänger einen Account (Konto), also ein „Postfach" eingerichtet hat, und sie müssen dann vom Empfänger von dort abgerufen werden. Wenn diese technischen Voraussetzungen erfüllt sind, können E-Mails vom jeweiligen Account weltweit und mittlerweile auch mittels mobiler Geräte abgerufen sowie verfasst werden. Diese Art der Übermittlung macht eine formalisierte Gestalt von E-Mails sowie spezielle Client-Software notwendig: Eine Mail setzt sich aus mindestens zwei obligatorischen Komponenten zusammen, nämlich Header und Body sowie wahlweise zusätzlich aus Footer (Signature) und Anhängen (Attachments).

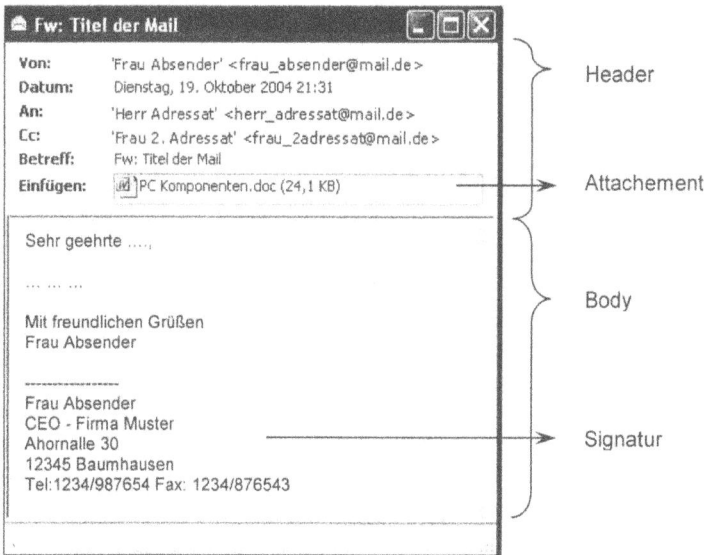

Schaubild 12: Struktur einer E-Mail

Der **Header** („Kopf") der E-Mail enthält die E-Mail-Adressen des Absenders und des (oder der) Empfänger(s), Absendedatum und -uhrzeit, Angaben über den Übertragungsweg sowie eine „Subject"-Zeile (Betreff-Zeile), die in der Regel vom Absender ausgefüllt wurde und Hinweise auf den Inhalt oder zusätzliche Informationen über den Bezug der Nachricht enthält, die von der Client-Software oder der Server-Software automatisch eingefügt werden (z. B. „Re:" für Reply bei Antwortmails oder „Fwd:" für Forwarded bei weitergeleiteten Mails bzw. „SPAM" als serverseitige Warnung vor „Spamming"). Jede Nachricht erhält eine Identifikationsnummer, die jedoch nicht von allen Client-Programmen angezeigt wird. Meist farblich hervorgehoben erscheint im Header auch die vom Empfänger anzugebende Priorität oder Dringlichkeit der Mail („Urgent Mail").

Die formalisierten E-Mail-Adressen setzen sich aus dem Namen des Users und dem Hostnamen zusammen, also der Bezeichnung des Rechners (Domain-Name), auf dem der Account geführt wird. Beide Bestandteile werden durch das @-Symbol miteinander verbunden. Hinter den Namen verbergen sich – wie beim WWW – letztlich Ziffern, z. B. die IP-Adresse des

Mailhosts. Die User-Namen sind nahezu frei wählbar, sie können mit dem realen Personennamen übereinstimmen (klaus.beck@uni-greifswald.de), reale Namensbestandteile enthalten (kbeck@uni-leipzig.de), Organisationsteile (verwaltung@uni-erfurt.de) oder Funktionen (info@fu-berlin.de) bezeichnen oder es kann sich hierbei um einen Nickname oder Alias handeln, der mitunter nichts oder gar irreführendes über den User aussagt (derbeste@web.de). Im Kontext der Organisationskommunikation bestehen vielfach genaue Vorschriften oder zumindest Richtlinien für die Wahl bzw. Zuteilung von Benutzernamen (User-ID). Die Domainnamen enthalten entweder namentliche Hinweise auf die betreffende Organisation (wie in den obigen Beispielen die Universitäten) oder Abteilung (hans.raser@verkauf.porsche.de) oder den Mailservice-Provider (web.de; gmx.de). Am Ende wird jeweils die Top-Level-Domain angefügt, also „.de" für Deutschland oder „.com" für kommerzielle Domains etc.

Der **Body** besteht aus der eigentlichen Textnachricht, hierfür stehen die üblichen 256 Zeichen der Computertastatur (ASCII[11]) zur Verfügung. Mailclientsoftware stellen mittlerweile verschiedene Schrifttypen, -grade und -farben sowie Schriftauszeichnungen (fett, kursiv) zur Verfügung. Je nach verwendetem Standard bereitet aber mitunter die Darstellung von Sonderzeichen (z. T. auch Umlauten) sowie der Zeilenumbruch beim Empfänger Schwierigkeiten. In der Praxis erfüllen damit viele Mails nicht die formalen Ansprüche eines Briefes. Im Fließtext eingefügte Hinweise auf WWW-Dokumente bzw. URL werden vielfach automatisch in anklickbare Links umgewandelt. Im Vergleich zu handgeschriebenen oder mittels Textverarbeitungsprogrammen erstellten Briefen erscheinen die Gestaltungsmöglichkeiten jedoch relativ begrenzt. Allerdings können E-Mails mittlerweile auch als HTML-Dokumente verfasst und entsprechend multikodal gestaltet werden, und selbst mit dem eingeschränkten ASCII-Zeichensatz kann einer Standard-Mail eine persönliche Note gegeben werden. Aus den Zeichen lassen sich zumindest grobe bildliche Darstellungen, sog. ASCII-Art erstellen.

An den jeweiligen Fließtext der Mail können mittels der Client-Software standardmäßig sog. **Signaturen** gefügt werden, die meist Angaben zum Absender (Name, Titel und Funktionsbezeichnung, Postadresse, Telefon- und Faxnummer, Hinweis auf eine Homepage etc.), aber auch Kalendersprüche, Witze, Zitate oder ähnliches enthalten können. Solche **Footer** oder Signaturen sind frei gestaltbar, sagen also nicht zwingend etwas über den wirklichen Absender aus und sollten keinesfalls mit „digitalen Signaturen" verwechselt werden.

Mit Hilfe „digitaler Signaturen", für die zusätzliche Software sowie ein vergleichsweise aufwändiger organisatorischer Rahmen (sog. „Trustcenter") notwendig sind, kann die Authentizität digitaler Dokumente einschließlich von E-Mails sicher gestellt werden. Neben der Datensicherheit stellt der Datenschutz ein Problem der E-Mail-Kommunikation dar, denn E-Mails werden unverschlüsselt im Datennetz prozessiert, so dass sie nicht nur für Sender und Empfänger lesbar sind. Mittlerweile werden zusätzlich Verschlüsselungsprogramme, wie „Pretty Good Privacy" angeboten, die den Datenschutz gewährleisten, aber gerade aufgrund ihrer Zuverlässigkeit auch in ansonsten liberalen Staaten wie den USA auf starkes Misstrauen der Behörden stoßen. Der Gebrauch (sowie der Export) von Verschlüsselungssoftware wurde zum Teil sogar unter Strafe gestellt, um die Tätigkeit von Geheimdiensten und Strafverfolgungsbehörden zu erleichtern – um den Preis der Verletzung von Bürgerrechten.

An die eigentliche E-Mail können **Anlagen oder Anhänge** (Attachments) „geheftet" werden, die aus beliebigen Dateitypen bestehen können. Auf diese Weise können auch längere, formatierte Texte, faksimilierte (gescannte) Dokumente, Fotos, Zeichnungen, Ton- und Videodateien und sogar Softwarepakete per Mail versandt werden, allerdings auch Dateien, die als Viren oder Würmer zum Teil zunächst unbemerkt Schaden auf dem Rechner des Empfängers verursachen können.

---

[11] American Standard Code for Information Interchange.

Mit Hilfe der **Client-Software** kann der Absender bestimmen, ob seine Mail nur an einen bestimmten Adressaten oder an mehrere Empfänger gehen soll. Zum einen können in die Empfängerzeile mehrere Adressen eingetragen werden, zum anderen können Kopien – entweder für alle Beteiligten sichtbar (meist als „cc" für Carbon Copy) oder verdeckt, also nur für den Empfänger der „Blindkopie" („bcc" für Blind Carbon Copy) versandt werden. Der Absender einer E-Mail kann eine Bestätigung des Empfangs („Confirm Delivery") oder gar eine Lesebestätigung („Confirm Reading") anfordern. Allerdings werden diese Funktionen nicht von allen E-Mail-Clients auf der Empfängerseite unterstützt, und eine erhaltene „Lesebestätigung" sagt nichts darüber aus, ob die vom Empfänger geöffnete Mail tatsächlich gelesen, geschweige denn verstanden wurde. Einige E-Mail-Clients bieten dem Empfänger einer E-Mail auch die Option, das Absenden solcher Bestätigungen zeitlich zu verzögern oder ganz zu unterdrücken. Die Analogie zu den Formen des Einschreibebriefes („Einwurf"- und „Rückschein"-Einschreiben) trifft hier also nicht ganz zu, denn es fehlt der organisatorische Rahmen einer „neutralen Post", die den Erhalt beglaubigt. E-Mails können senderseitig mit einem „Verfallsdatum" versehen werden („Expire"), so dass sie zu einem bestimmten Zeitpunkt automatisch in der Mailbox des Adressaten gelöscht werden.

Darüber hinaus bieten die meisten Mail-Programme die Möglichkeit **persönliche Mailverteiler („Distribution Lists")** anzulegen oder eine Mail an alle Adressen zu versenden, die im Adressbuch des Mailprogramms gespeichert sind. Solche „Distribution Lists" können mit einem Namen versehen werden, so dass die einzelnen Empfänger nicht erkennen können, wer dieselbe Mail außerdem erhalten hat. Vom Sender selbst zusammengestellte oder übernommene Verteilerlisten sind nicht mit **Mailinglists** zu verwechseln (vgl. Kap. 6), denn Distribution Lists werden lokal erstellt und verwaltet, d. h. der Absender weiß, wer zu den Empfängern gehört. Wird eine Mail jedoch an eine Mailinglist gesandt, die serverseitig verwaltet wird, ist dies nicht der Fall. In solche Mailinglists können sich auch neue Nutzer eintragen oder bisherige streichen lassen, d. h. hier entscheiden – sieht man einmal vom Missbrauchs für meist kommerzielle Zwecke ab – die Empfänger, ob sie Nachrichten per E-Mail erhalten oder nicht. Der Umfang des Empfängerkreises von Mailinglists ist nahezu unbeschränkt, so dass die Verwaltung überwiegend automatisch erfolgt. Für denjenigen, der Mailinglists als Absender nutzt, besteht der Vorteil darin, dass er nur eine Mail an eine „Sammeladresse" senden muss, um sehr viele Empfänger zu erreichen. Mailinglists werden daher vielfach für themenzentrierte Diskussionen und Informationen genutzt oder dienen der Verbreitung von „Newsletters" (Rundschreiben).

Mit Hilfe von **Remailern** können E-Mails auch anonym versandt werden: die tatsächliche Absenderadresse wird von einem zwischengeschalteten Rechner durch eine „Fake"-Adresse ersetzt, so dass der Empfänger den wirklichen Absender nicht identifizieren kann.

Der Empfang von Mails kann durch **Filterprogramme** begrenzt werden, die entweder serverseitig oder nutzergesteuert E-Mails von bestimmten Absendern oder mit bestimmten Subject-Zeilen erkennen und diese direkt löschen oder einen Abruf verhindern. Auch gleichförmige Massenmails, insbesondere Spam-Mails (vielfach unseriöse Werbemail) können gekennzeichnet oder (größtenteils) abgewehrt werden. Vom Nutzer und vom E-Mail-Provider (serverseitig) kann ferner die Datenmenge der einzelnen Mail begrenzt werden, und zwar sowohl für den Empfang als auch für den Versand, so dass hier mitunter nicht beliebig umfangreiche Attachments verschickt werden können.

Empfangene bzw. abgerufene E-Mails können auf dem Server weiterhin archiviert bleiben (meist mit zeitlichen oder Umfangsgrenzen) oder direkt gelöscht werden. Der Empfänger erhält zunächst eine tabellarische Übersicht der eingegangenen Mail, aus denen die Informationen des Headers sowie meist auch die Größe der Datei hervorgehen; nicht alle Mail-Programme erlauben auch eine „Vorschau" auf den Text der E-Mail. Die Mail muss also – analog zum Brief – erst „geöffnet" werden, um sie zu lesen. Die Mail-Software bietet dem Rezipienten dann mehrere Handlungsoptionen: Zum einen kann die Mail – vor oder nach dem Lesen bzw. groben Scannen – gelöscht werden, sie kann aber auch auf dem Rechner des Empfängers gespeichert werden. Zudem bestehen die Möglichkeiten, die Mail ohne großen Aufwand durch Klicken auf den „Reply"-Button direkt (oder zeitverzögert) zu beantworten sowie die erhaltene Mail an andere Empfänger per Mausklick weiter zu leiten („Forward"). In beiden Fällen kann die Originalmail zitiert („Quoting") und zuvor bearbeitet werden, d. h. es können auch verfälschte oder verkürzte Mails weiter geleitet werden. Bei der Beantwortung einer Mail kann der empfangene Text in der Reply-Mail ganz oder teilweise als (meist automatisch farblich oder anders gekennzeichnetes) Zitat erhalten werden, so dass direkt auf einzelne Passagen geantwortet und Bezug genommen werden kann.

Soll eine Mail archiviert werden, so bieten die meisten Mailprogramme dem Nutzer die Möglichkeit, Ordner und Unterordner anzulegen, die ein Sortieren der „Post" erlauben. Ein Verschieben der gespeicherten Mails sowie das Verändern der Ordnerstruktur ist unaufwändig möglich. Kopien der selbst versendeten Mails können automatisch in einem eigenen Ordner („Out", „Postausgang", „Copy Self") gespeichert werden. Versehentlich gelöschte Mails können meist aus einem Zwischenordner („Papierkorb") zurückgeholt werden. Innerhalb der Ordner können die Mails nach verschiedenen Kriterien (Absender, Datum, Thema, Größe) sortiert werden; einige Clientprogramme bieten auch Volltextsuchen an.

Die meisten der bislang beschriebenen Funktionalitäten werden nur von spezialisierter E-Mail-Clientsoftware (wie Pegasus Mail, Eudora, MS Outlook) in vollem Umfang geboten, die – obgleich es sich vielfach um kostenlose Freeware handelt – nicht allen Nutzern zur Verfügung stehen. Werden E-Mails mit nicht spezialisierten Oberflächen (Telnet/ Finger) oder über Webbrowser gesendet und empfangen oder handelt es sich um einen Webmail-Provider wie yahoo.com, gmx.net oder web.de, so sind viele Funktionalitäten, insbesondere bei der Archivierung, eingeschränkt bzw. weitaus weniger komfortabel realisiert.

Bereits die bisher dargestellten technischen Potenziale des Mail-Verkehrs, die Funktionalitäten der avancierten Client-Software und die Gestaltungsmöglichkeiten der einzelnen Mail zeigen, dass E-Mail als Medium erster Ordnung den Nutzern mehr Gestaltungs- und Handlungsspielräume gibt, als zunächst zu vermuten war. Wie E-Mail-Kommunikation tatsächlich verläuft, liegt maßgeblich an den Verhaltensweisen der Kommunikanden sowie der Organisationsweise des Mediums, die ihren Ausdruck nicht nur in der Software-Gestaltung, sondern in den unterschiedlichen Angebotsformen der E-Mail-Provider finden – erinnert sei hier an die Unterschiede zwischen Webmail-Anbietern, sonstigen kommerziellen Mail-Providern und Organisationen (Universitäten, Verwaltungen, Unternehmen). Zudem ist deutlich geworden, dass E-Mail-Kommunikation nicht ohne weiteres eindeutig als dyadische Kommunikation, also interpersonale Kommunikation zwischen genau **zwei** Kommunikanden klassifiziert werden kann. Das technische Medium erster Ordnung ermöglicht über Kopier- und Weiterleitungsfunktionen sowie Verteiler (Rundmail) auch die Kommunikation in Gruppen bis hin zu quasi-anonymen Empfängerkreisen oder themenspezifischen Teilöffentlichkeiten. Der Einsatz von E-Mail in Organisationen wiederum lässt „das Medium" in anderem Licht erscheinen, denn hier wird der E-Mail-Kommunikation ein sehr spezifischer organisatorischer und institutioneller Rahmen vorgegeben.

Die Verwendung von Remailern zur Anonymisierung, das Versenden von Blindkopien, die Wahlfreiheiten bei der Verwendung von User-ID verdeutlichen, dass aus kommunikationswissenschaftlicher Sicht näher zu erforschende Unterschiede zur Telefon- und Briefkommunikation bestehen könnten.

Auch auf der Ebene der Zeichensysteme stellt sich heraus, dass die Klassifikation der E-Mail als schriftliche Kommunikation wohl zu kurz greift, zumindest aber weitere Fragen aufwirft. Denn technisch betrachtet, können per E-Mail nicht nur Schriftzeichen ausgetauscht, sondern auch andere Kodes verwendet werden. Hinzu kommt, dass die raumzeitlichen Bedingungen der E-Mail-Kommunikation schon durch die technische Vernetzung und Digitalisierung grundsätzlich von dem abweichen, was bislang schriftliche Kommunikation typischer Weise ausmachte.

In Frage zu stellen ist damit auch die Briefpost-Metaphorik, die den alltäglichen Diskurs über E-Mail ebenso prägt wie viele Bezeichnungen von Funktionalitäten: Technisch betrachtet ist das Briefgeheimnis bei der E-Mail noch unter das Niveau der Postkarte gesunken, die Einbindung in ein multikodales Hybridmedium, die Probleme der Anonymisierung und Authentizität von Kommunikaten, vor allem aber die Möglichkeit des fließenden Übergangs von asynchroner zu quasi-synchroner Kommunikation dürfte sich in der E-Mail-Kommunikation auf eine Weise niederschlagen, die eine Analogie von E-Mail und „Snail-Mail" (Netzjargon für die langsame Schneckenpost) nicht hinreichend abbildet.

Nachdem wir die medientechnischen und zeichentheoretischen Grundlagen (Multikode) sowie die unterschiedlichen organisatorischen Rahmen und softwarebasierten Funktionalitäten beschrieben haben, gilt es nun, zu analysieren, wie E-Mail-Kommunikation verwendet wird. Es geht also um die Formen des sozialen Gebrauchs und der **Institutionalisierung** des Medienhandelns beim „Mailen".

5.3 Typen und Funktionen von E-Mail

Wie bei anderen Formen der interpersonellen und der Gruppenkommunikation, also etwa bei Brief und Telefon, können die Kommunikate bei der E-Mail durch den einzelnen Nutzer frei bestimmt werden: thematische Vorstrukturierungen wie wir sie bei der öffentlichen Medienkommunikation finden, sind allenfalls bei Mailinglists und Massenmails („Bulk Mails") zu erkennen. Insgesamt aber bleibt den Kommunikanden die Wahl der Themen und deren interaktive Aushandlung vorbehalten. Dies gilt insbesondere für private E-Mails, während bei beruflichen E-Mails vielfach thematische (und zum Teil auch formale) Vorgaben aufgrund des Organisations- und Rollenkontextes existieren. Die Unterscheidung in private und berufliche E-Mails dürfte in vielen Fällen jedoch nicht eindeutig sein, denn – wie beim Telefon – können berufliche Nachrichten, etwa zwischen befreundeten Kollegen oder Geschäftspartnern, problemlos mit privaten vermischt werden.

Wird eine E-Mail empfangen, steht der Nutzer zunächst vor einer durchaus komplexen **Selektionsentscheidung**: Soll die Mail überhaupt geöffnet und gelesen werden oder wird sie ungelesen gelöscht? Da der Abruf der eingegangenen Mails vom Server meist in einem bestimmten Turnus erfolgt, ist der Nutzer oftmals mit mehreren neuen E-Mails konfrontiert, d. h. er muss auch entscheiden, welche Mail er zuerst bearbeiten möchte. Als Hinweise für die Selektion dienen ihm dabei vor allem Absender und Betreff-Zeile, bei E-Mail-Clients mit Vorschau (Previews) möglicherweise auch ein kurzer Textauszug sowie ggf. die Markierung der E-Mail als „eilig" – allerdings dürfte sich hier je nach Absender die Frage der Glaubwürdigkeit dieser Attribuierung stellen. Voigt (2003: 43) kommt auf der Grundlage einzelner empirischer Studien zu dem Schluss:

> „Wenn der Name des Absenders nicht bekannt, die Betreff-Zeile nicht interessant ist und/ oder die E-Mail Werbung zu sein scheint, werden E-Mails öfter gelöscht, ohne dass sie gelesen werden ... Wenn an einem Tag sehr viele E-Mails empfangen wurden, werden sie häufiger gelöscht [also mit höherer Wahrscheinlichkeit, KB], ohne gelesen zu werden, als an Tagen, wo sich der E-Mail-Umfang moderater gestaltet."

Lese- und Bearbeitungsreihenfolge von eingetroffenen E-Mails werden, so Voigt (2003: 94-97), in Organisationen aufgrund von zwei Strategien bestimmt: Zum einen werden Absender, Betreff und weitere Attribute heuristisch bewertet, zum anderen bevorzugen Empfänger ein Abarbeiten in chronologischer Reihenfolge. Ob diese Regel auch für die organisationsexterne, private E-Mail-Kommunikation gilt, bedarf empirischer Forschung.

Ausgehend von Whittaker und Sidner (1997) bietet sich eine Systematisierung von E-Mails an, die von den wahrscheinlichen Handlungsfolgen ausgeht. Allerdings handelt es sich um gestufte Bewertungs- und Entscheidungsprozesse, so dass die „Typologisierung" von E-Mails keineswegs trennscharf vorzunehmen ist. Der Nutzen der folgenden Systematisierung liegt vielmehr darin, die Komplexität des Mediengebrauchs zu verdeutlichen:

- **(Only) To Read E-Mails** enthalten Nachrichten, die keine unmittelbare Anschlusshandlungen erfordern. In einer nicht verallgemeinerbaren Befragung zur E-Mail-Kommunikation in Organisationen wurden rund 44% der empfangenen Mails als „nur zu lesen" bewertet (Voigt 2003: 119). Eine Beantwortung ist nicht notwendig, es sei denn, der Empfänger hat Schwierigkeiten, die Nachricht zu verstehen, ihre Bedeutung für sein Handeln einzuordnen oder er fühlt sich zu Ergänzungen, Korrekturen oder Widerspruch verpflichtet. Zu diesem Typus wären auch Mails zu zählen, die rezeptiven Unterhaltungscharakter haben, also Witze, Cartoons oder ähnliches enthalten. „To Read" ist in Anbetracht der verschiedenen Zeichentypen (Stehbild, Bewegtbild, Musik/ Voice-Mail) und ihren Mischformen umfassender als Rezeption zu verstehen. Längere Texte, insbesondere Attachment-Dateien können zuvor auch ausgedruckt werden. Nach der Rezeption müssen dann, wie bei allen anderen Typen auch, weitere zum Teil mehrstufige Selektionsentscheidungen getroffen werden: Löschen, Weiterleiten (wann und ggf. an wen?), Archivieren (in welchem Ordner und wie lange?).

- **To Do E-Mails** hingegen enthalten explizite oder implizite Anweisungen für Anschlusshandlungen (z. B. Ersuchen um Hilfe, Fragen, Einladungen, Arbeitsaufträge) oder Anschlusskommunikationen (Beantwortung/ Reply, Vereinbarung eines Telefon- oder Besprechungstermins, Bitte um Weiterleitung/ Forwarding von Nachrichten etc.). Ob eine „To Do"-Mail als solche aufgefasst wird, entscheidet der Empfänger aufgrund seiner Rezeption, und dabei handelt es sich nicht um eine digitale ja/ nein-Entscheidung: Entschieden werden muss auch, was und wann es ggf. zu tun ist. Bei privaten Mails, insbesondere solchen mit Unterhaltungscharakter (Aufforderung zur Teilnahme an Spielen, Chats, Besuch bestimmter Websites etc.) sind hier die Spielräume sicherlich größer als bei organisationsinterner E-Mail-Kommunikation.

- **Ongoing Conversation E-Mails** nehmen über eine längere Sequenz wechselseitigen, interaktiven Bezug auf die vorangegangenen Äußerungen des jeweils anderen Kommunikationspartners. Aus der asynchronen Kommunikation mittels zwischengespeicherter Nachrichten kann unter bestimmten technischen, organisatorischen und sozialen Bedingungen sogar eine nahezu synchrone Kommunikation werden: Voraussetzungen sind „Allways-on"-Verbindungen und permanent geöffnete E-Mail-Clients auf beiden Seiten, die Anwesenheit beider Kommunikationspartner vor dem vernetzten Rechner und die Bereitschaft, sich auf diese beschleunigte E-Mail-Kommunikation einzulassen. Hinzu kommen mittlerweile, vor allem in der betrieblichen Kommunikation Dienste, die eine Mischung aus Chat und E-Mail darstellen und auf sehr kurze Antwortzeiten bzw. synchrone Kommunikation hin angelegt sind. E-Mail-Kommunikation dieses Typus nähert sich damit dem Telefonat und dem Face-to-face-Gespräch an; allerdings bleiben wichtige Unterschiede bestehen: Bei der E-Mail-Kommunikation erscheint es für beide Kommunikanden leichter, die Kommunikation wieder zu verlangsamen, also aus dem quasi-synchronen Modus in den asynchronen Modus zurückzukehren. In jedem Fall bleiben im Gegensatz zu Face-to-face- und Telefon-kommunikation Artefakte (Dokumente) zurück, und die typischen Kodes der E-Mail (spezifische Form der Schriftsprache etc.) werden auch unter diesen Bedingungen nicht verändert.

Whittaker und Sidner nennen als vierte Kategorie E-Mails mit **„Indeterminate Status"**, also E-Mails, die vom Empfänger nicht zweifelsfrei einem der drei anderen Typen zugeordnet werden können. Hierzu zählen z. B. Mails von unbekannten Absendern, Mails ohne Subject-Zeile, ggf. fremdsprachige Mails oder falsch adressierte E-Mails, die sich eigentlich an andere Personen richten.

Zu ergänzen wären weitere Typen:

- **„To Delete" und Spam-Mails**, also massenhaft ausgesandte gleichlautende E-Mails, mit werbendem Charakter und oftmals von zweifelhaften Inhalten und Anbietern. Diese Mails intendieren zwar eine Folgehandlung (To Do), nämlich eine Bestellung, eine Zahlung oder zumindest eine Rückmeldung. Mit wachsender Medienkompetenz sowie dem Einsatz von Filtersoftware ist jedoch davon auszugehen, dass eine zuneh-mende Zahl von Empfängern solche Spam-Mails frühzeitig erkennt und aus der Inbox löscht, ohne sie zu öffnen, zu lesen oder gar zurückzusenden. Ein solches „Bouncing", also das Rücksenden der unveränderten Mail an den Absender, erweist sich bei pro-fessionellem Spamming als kontraproduktiv: Zum einen ist der Absender meist ohne-hin nicht unter der angegebenen Adresse erreichbar, zum anderen verfügt er aber über Programme, die eine zurückgesendete Mail als Bestätigung für die Richtigkeit der Adresse interpretieren. Folglich erhält der Rücksender auch künftig regelmäßig Spam-Mails. Mittlerweile hat sich Spamming zu einem ernsthaften Problem entwickelt, das erheblichen volkswirtschaftlichen Schaden anrichtet: Nach Schätzungen von US-Marktforschern machen Spam-Mails etwa die Hälfte des gesamten Mail-Aufkommens auf, d. h. es werden erhebliche zeitliche und finanzielle Ressourcen der Empfänger beansprucht, selbst wenn diese ihre Spams sofort löschen (vgl. FAZ v. 26.9.2003, S. 10 sowie Kap. 13.2). Solche scheinbar harten empirischen Fakten sind allerdings mit Vorsicht zu genießen, wie ein Vergleich verschiedener Untersuchungen, Schätzungen und Hochrechnungen zeigt: Gongolsky (2002) veranschlagt – ohne Offenlegung der Erhebungsmethode – einem Spam-Anteil von „nur" 13,8%, prognostiziert aber eine Verdopplung des Spam-Volumens im Rhythmus von sechs Monaten. Voigt (2003: 118) beziffert den Spam-Anteil aufgrund einer Befragung im Rahmen einer organisa-tionsinternen Fallstudie auf lediglich 1,3%. Di Sabatino (2001) weist unter Bezug-nahme auf eine Studie des Marktforschungsunternehmens Gartner darauf hin, dass 30% der E-Mail-Nutzungszeit für das Erkennen und Löschen von Spam verwendet würden. Voigt (2003: 72-73) zitiert eine britische und eine EU-Studie, die den volks-wirtschaftlichen Schaden von Spamming auf 3,2 Milliarden britische Pfund (nur für Großbritannien) bzw. 10 Mrd. Euro beziffern. Gauthronet/ Drouard (2001) gehen von einer Erfolgsquote des E-Mail-Marketings von 5-15% aus, während konventionelle Werbemailings nur 0,5 bis 2% Rücklauf erbringen. Zugleich liegen die Kosten pro Werbemail mit 10 US-Cent deutlich niedriger als die Kosten für postalische Mails (50 US-Cent bis 1 Dollar). In den USA wurden deshalb beispielsweise bereits gesetzliche Verbote erlassen, die zum Teil erhebliche Geldstrafen für Spamming vorsehen (vgl. FAZ v. 26.9.2003, S. 10). Verbraucher- und Datenschützer fordern als Mindeststan-dard die sog. „Opt-out"-Lösung", bei der ein Werbemailempfänger gegenüber dem Absender wirksam erklären kann, keine weiteren Mails zu erhalten. Nutzerfreundlicher wäre allerdings die „Opt-in"-Variante, nach der Werbemails nur den Nutzern zugesandt werden dürfen, die dem ausdrücklich zugestimmt haben.

- **(To) Copy-Mails** sind in der Regel zur bloßen Kenntnisnahme gedacht, ohne eine unmittelbare Anschlusshandlung zu intendieren, insofern gleichen sie den To Read-Mails. Allerdings wird hier erkennbar oder verdeckt (Blind Carbon Copy) die kommunikative Dyade erweitert, weil der Absender der Mail sich hiervon einen Nutzen verspricht. Dieser Nutzen kann auf der Inhaltsebene liegen (im Sinne der To Read-Mail), er kann aber auch auf der Beziehungsebene liegen. Die Tatsache, dass eine Mail als Copy weiteren Personen zugänglich gemacht wird, ist immer als metakommunikative Äußerung zu verstehen. Erfolgt die Versendung der Kopie für alle Beteiligten erkennbar, dann wird dem eigentlichen Empfänger mitgeteilt, dass der Absender es aus sachlichen oder sozialen Gründen für angebracht hält, einen Dritten (z. B. einen Bekannten oder den Vorgesetzen) darüber zu informieren. Der eigentliche Empfänger der E-Mail kann diesen metakommunikativen Akt zum Beispiel als Misstrauen interpretieren, was wiederum seine Anschlusskommunikationen mitbestimmen wird. Vielleicht sieht er sich veranlasst, nun seinerseits alle Mails an den Kollegen zugleich seinem Chef zur Kenntnis zu bringen, um sich zu verteidigen oder seine Ausgangsposition in einem zu erwartenden Konflikt vorab zu stärken. Auch der Empfänger der Kopie wird in die Kommunikation „hineingezogen", ihm fällt möglicherweise die Rolle eines Zeugen oder gar Schiedsrichters zu. Empfängt er eine Blindkopie, so kann er dies als Vertrauensbeweis oder als Alarmsignal für eine möglicherweise gestörte Kommunikationsbeziehung zwischen den eigentlichen Kommunikationspartnern werten.

- **„To Forward" und Forwarded-Mails** können entweder der Weiterverbreitung von Nachrichten dienen, die dann von den jeweiligen Empfängern als „To Read-" oder „To Do-Mail" interpretiert werden können. Darüber hinaus besitzen sie aber wie die Copy-Mails metakommunikative Funktionen. So können sie signalisieren, dass der erste Empfänger sich für nicht zuständig oder kompetent hält bzw. eine Arbeitsaufgabe weiterleitet. Möglicherweise ist die Tatsache des Weiterleitens auch so zu interpretieren, dass der ursprüngliche Absender der Nachricht nur wenig über seine Kommunikationspartner oder die Organisation weiß. Das Weitersenden von Mails kann aber auch der Bloßstellung oder Denunziation des ursprünglichen Absenders dienen, denn es lassen sich auf diese Weise vom Urheber unbemerkt „Blindkopien" an Dritte verteilen. Im Gegensatz zum Tratsch am Telefon und Face-to-face wird hier mit Originaldokumenten oder gar mit verfälschten Dokumenten kommuniziert, die einen höheren Eindruck von Authentizität erwecken als indirekte, (fern-)mündliche Berichte.

- Bei **E-Mail-Newsletters** handelt es sich erkennbar nicht mehr um dyadische interpersonale Kommunikation, sondern um eine Form personalisierter teilöffentlicher Kommunikation. Newsletter können in der Regel schon vor dem Öffnen im „Posteingang" als solche erkannt werden. Ob, wann und wie gründlich sie rezipiert werden, hängt von einer Reihe von Faktoren ab: Wurde der Newsletter vom Empfänger abonniert oder hat er ihn unaufgefordert erhalten? Ist ihm der Absender bekannt und verspricht die Subject-Zeile interessante Nachrichten? Aber auch situative Kontextfaktoren spielen eine Rolle: Hat der Empfänger Zeit, um den Newsletter zu lesen oder besitzen andere Tätigkeiten (auch: andere E-Mails) Vorrang?

- Vergleichbares dürfte für **Foren-E-Mails** gelten, allerdings ist hier eher eine Antwort intendiert – entweder an den gesamten Mailverteiler oder an eine bestimmte Person.

- **„To Save"-Mails:** Für alle E-Mail-Typen gilt, dass der Empfänger entscheiden muss, ob (und wann) er die empfangenen Dateien löscht, auf dem Rechner speichert oder ausdruckt. Die Archivierungsstrategien und insgesamt die Frage, wie E-Mail über seine unmittelbare kommunikative Funktion hinaus genutzt werden, wurden bislang nur für die Organisationskommunikation untersucht.

5.4 Typische Ausdrucksformen in der E-Mail-Kommunikation

Auch wenn per E-Mail mittlerweile Dateitypen aller Zeichenkodes verschickt und empfangen werden können, so scheint doch die schriftliche Mitteilung ein Charakteristikum der E-Mail-Kommunikation zu bleiben (Bilder, Sounddateien etc. werden meist als Attachement einer schriftlichen Kurzmitteilung beigefügt). Legt man die Kriterien der Kanalreduktionstheorie, der sozialen Präsenz (Social Presence) und der medialen Reichhaltigkeit (Media Richness) (vgl. hierzu Kap. 15.2) zugrunde, dann kann man mit Döring (1999: 41) festhalten, dass „paraverbale Botschaften (z. B. Stimmhöhe, Lautstärke, Tempo) und extralinguistische Äußerungen (z. B. Mimik, Gestik, Proxemik), die gerade für die Kommunikation emotionaler Botschaften, die Beziehungsklärung und die Vermittlung von interpersonaler Nähe von großer Bedeutung sind, fehlen." Aus der experimentellen Forschung wissen wir aber zum einen, dass die Bedeutung dieser Zeichensysteme für die Kommunikation tendenziell überschätzt werden, und zum anderen, dass die konkreten Kommunikationsintentionen, die wechselseitige Kenntnis der Kommunikationspartner sowie ihre übrigen Kommunikationsbeziehungen die angenommenen Defizite technisch vermittelter Kommunikation zumindest relativieren. Außerdem können leibgebundene visuelle soziale Hinweise teilweise substituiert werden:

> „Dafür haben sich im Email-Verkehr – wie auch sonst in der textbasierten Netzkommunikation – eine Reihe neuartiger **expressiver Ausdrucksmittel** eingebürgert. ... Sie werden gezielt und selektiv eingesetzt und kommen keineswegs in jedem Netzdokument zum Einsatz. Im Unterschied zur möglicherweise unbewußten Parasprache in Face-to-Face-Situationen sind die parasprachlichen Codes computervermittelter Kommunikation immer explizit und zudem gleichförmig reproduzierbar." (Döring 1999: 41)

An die Stelle indexikalischer Anzeichen, die in der Face-to-face-Situation metakommunikativ interpretiert werden, treten bei der E-Mail-Kommunikation also ikonische und vor allem symbolische Zeichen. Auch die Schriftsprache unterliegt in der E-Mail-Kommunikation einem spezifischen Wandel, den es näher zu erkunden gilt. Doch sehen wir uns zunächst die „neuartigen expressiven Ausdrucksmittel" der „elektronischen Parasprache" (Asteroff 1987: 139) an: die sog. Emoticons und die bereits angesprochene ASCII-Art.

Emoticons sind „Emotional Icons", also ikonische, d. h. abbildhaft abstrahierte Zeichen zum Ausdruck von Gefühlen und Stimmungen. Der Einsatz von Emoticons geht vermutlich auf Scott Fahlmann zurück, der erstmals 1980 in einem Posting für eine Newsgroup ein solches Ideogramm verwendete (vgl. Haase et al. 1997: 64). Emoticons basieren auf dem „Smiley", einem stilisierten lachenden Antlitz, das aus den Zeichen des ASCII gebildet wird: Doppelpunkt, Bindestrich und geschlossene Klammer ergeben den Ausgangstyp:

:-)

– jedenfalls wenn der Betrachter den Kopf um 90 Grad neigt. Durch Hinzufügen weniger weiterer Zeichen und Variation können auch andere Emotionen ausgedrückt werden, zum Beispiel ein Augenzwinkern:

;-)

oder eine traurige, enttäuschte Stimmung in Gestalt des „Frowny":

:-(

Auch Steigerungsformen sind durch Wiederholung codierbar:

:-)))

Die Liste ließe sich verlängern, was in der Fachliteratur auch reichlich geschieht, jedoch wenig über den tatsächlichen Gebrauch des gesamten Repertoires und die Häufigkeit der Verwendung aussagt. Je komplexer und ausgefallener die Kombinationen werden, umso schwieriger dürfte die Dekodierung durch den E-Mail-Empfänger fallen. Wer weder die Grundfigur des Smiley kennt, noch weiß, dass er den Kopf bzw. das Emoticon drehen muss, wird wenig mit diesen Emoticons anzufangen wissen. Quantitative empirische Studien über Emoticon-Verwendung und Forschungen über die tatsächliche Bedeutung bei der E-Mail-Kommunikation liegen bislang nicht vor. Bekannt ist allerdings, dass es sich vielfach um gruppenspezifische Codierungen handelt, die auch im Chat eine Rolle spielen. Auch Döring (1999: 42) weist auf interkulturelle Variationen hin.

Plausibel erscheint, dass sich mit Hilfe von Emoticons entsprechend medienkompetente Kommunikationspartner metakommunikativ über die Bedeutung einer Aussage verständigen können. Beispielsweise kann eine nicht ernst gemeinte oder humoristische Aussage durch entsprechende Emoticons gekennzeichnet werden, was vor Missverständnissen (hier: dem „wörtlich oder ernst nehmen") schützen mag. In jedem Fall setzt der Dekodierungsprozess eine bewusste kognitive Leistung voraus, da es sich nicht um unbewusst offenbarte und en passant wahrgenommene natürliche Anzeichen handelt. Eine der Stärken der metakommunikativen Anzeichen in der Face-to-face-Kommunikation findet sich bei den Emoticons nicht: Die Anzeichen in der direkten Begegnung gelten als sehr authentisch (solange wir nicht mit Schauspielern oder geschulten Berufspolitikern sprechen), als natürliche und allenfalls begrenzt kontrollierbare Anzeichen des „wahren Selbst". Diese Glaubwürdigkeit wird den willkürlichen und womöglich strategisch eingesetzten Emoticons nicht unbedingt zu Teil. Von einem vollständigen Ersatz para- und nonverbaler Zeichen ist zwar nicht auszugehen, doch scheint dies je nach Kommunikationsanlass, -zweck und Kommunikationspartnern auch gar nicht notwendig zu sein.

Als weiteres „expressives Ausdrucksmittel" gilt die **ASCII-Art**. Bei ASCII handelt es sich um den American Standard Code for Information Interchange, also den Zeichensatz, der sich mit einer handelsüblichen Computertastatur produzieren lässt. ASCII-Kunst besteht nun darin, Buchstaben oder andere Zeichen so zu einem Schwarz-Weiß-Muster anzuordnen, dass die Umrisse eines Gegenstandes (Blume, Haus, Tiere etc.) erkennbar werden. Die Erstellung solcher Bilder ist recht aufwändig, allerdings lassen sie sich beliebig kopieren und einfügen. ASCII oder Mail-Art können auch Bestandteil persönlicher Signaturen (im Footer der E-Mail) sein. Darüber, wie verbreitet ASCII-Zeichnungen (noch) sind, wissen wir wenig. Hier steht zu vermuten, dass sie eine Rolle vor allem in bestimmten Gruppen spielen und dass ihre Bedeutung aufgrund der neuen multikodalen Gestaltungsmöglichkeiten bei der E-Mail gegenüber der Anfangszeit eher zurückgegangen ist. In der Organisations- und Geschäftskommunikation spielt ASCII-Art de facto keine Rolle, weil hier die Zielvorgaben Sachlichkeit und Effizienz zu einer stärkeren Formalisierung von E-Mails führen, deren Sinn in der Regel gerade nicht der Ausdruck individueller Gefühle oder ästhetischer Neigungen ist.

Besser erforscht sind die **sprachlichen Aspekte der E-Mail-Kommunikation**: Zunächst lassen sich hier generelle Unterschiede zur Schriftsprache erkennen, wie wir sie aus der Literatur und dem Brief kennen. Typisch sind sprachliche Vereinfachungen und Informalisierungen, wie die durchgängige Kleinschreibung, unvollständige Sätze, verknappte Formulierungen („Telegrammstil"), Vernachlässigung von Orthographie, Interpunktion und Syntax. Offenbar ist die wechselseitige Fehlertoleranz der Kommunikanden aufgrund des spezifischen

E-Mail-Kontextes hier deutlich höher als in der Briefkommunikation. Jedenfalls werden solche „Verstöße" gegen die Normen der Schriftsprache nur selten thematisiert, solange die Verständlichkeit gewährleistet bleibt (vgl. hierzu auch Günther/ Wyss 1996: 72). „Ausgesprochen häufig bestechen Ems [E-Mails, KB] durch die Kürze des Textes, was sie textsortenmäßig in die Nähe von Telegrammen bringt, jedoch ohne die den Telegrammen eigene eliptische Kurzfassung der Texte" (Günther/ Wyss 1996: 73), denn bei der E-Mail-Kommunikation hängen die Kosten nicht von der Silben- oder Wortzahl ab, wie bei der Telegraphie.

Zum Teil wird für die Eröffnung bzw. Begrüßung und Beendigung auf sprachliche Formeln anderer Arten interpersonaler Kommunikation zurückgegriffen, nämlich auf die formelleren des Briefes („Sehr geehrte/ r Frau/ Herr ..."; „Mit freundlichen Grüßen + [Name/ n]") oder die informelleren des Telefonats („Hallo", „Hallo + [Vorname/ Vor- und Nachname/ Nickname]"/ „Tschüss", „Bis ..."). Mitunter werden netzspezifische Anglizismen, wie „cu" für see you, verwendet oder es wird auf Anrede oder Schlussformel gänzlich verzichtet. Dies ist vor allem bei E-Mail-Konversationssequenzen zu beobachten, die sich auch von der zeitlichen Struktur des Sprecherwechsels (Turntaking) dem Telefonat annähern. In jedem Fall erscheint es plausibel, dass die Verwendung sprachlicher Vereinfachungen und Informalisierungen nicht allein aus den „Zwängen des Mediums" resultieren, sondern in starkem Maße von der **interpersonalen Beziehung** der Kommunikanden abhängen. Die Umgangsformen bei der E-Mail-Kommunikation werden wie alle Medienregeln in einem nicht immer von Missverständnissen und Konflikten freien Prozess buchstäblich ausgehandelt. Wie groß die Handlungsspielräume jeweils sind, hängt auch von extramedialen sozialen Kontexten ab: den Familien- und Peergroup-Regeln oder organisationsspezifischen Rollen- und Funktionsvorgaben. Die sprachlichen E-Mail-Regeln unterliegen einer Entwicklung, die mehr als die konkrete Kommunikationsdyade umfasst: So war es in der Anfangszeit der E-Mail-Kommunikation auch in Deutschland nicht unüblich, Mail-Partner (getreu dem amerikanischen Vorbild) grundsätzlich zu Duzen, doch mit der wachsenden Bedeutung der E-Mail für die Kommunikation unter Fremden sowie zwischen Kommunikanden unterschiedlicher Hierarchieebenen in Organisationen geraten solche netzkulturellen Gepflogenheiten in auffallenden Widerspruch zu den realweltlichen Sitten (und Machtverhältnissen). Das prinzipielle Duzen von Mail-Partnern dürfte sich somit deutlich auf dem Rückzug in eng umgrenzte „Netz-Communities" befinden. In Anbetracht des hohen Verbreitungsgrades von E-Mail reicht die bloße Tatsache, über dieses Medium zu verfügen, nicht länger aus um „Gemeinschaftsgefühle" zu evozieren: Die E-Mail-Adressaten gelten nicht länger qua E-Mail als „Peers".

Zu den Vereinfachungen zählen auch **Abkürzungen und Akronyme,** die bei der E-Mail-Kommunikation vor allem aus dem Englischen übernommen werden und damit nicht ohne weiteres für alle Nutzer verständlich sind: „LOL" (loughing out loud), „AKA" (also known as), „OTOH" (on the other hand), „FYI" (for your information) oder das bereits erwähnte „cu" für „see you", setzen nicht nur rudimentäre Englischkenntnisse voraus, sondern auch eine medienspezifische Erfahrung bzw. Kompetenz. Haas et al. (1997: 69-70) haben sogar eine „Lexikalisierung" solcher Akronyme beobachtet, so wurde „ROTFL" (Rolling On The Floor, Laughing) um das Suffix „ed" ergänzt, um die (englischsprachige) Vergangenheitsform zu erzeugen. Als Grund für die Verwendung von Akronymen vermuten Haas et al. (1997: 71) den Wunsch Zeit einzusparen und – zumindest in der Frühzeit der Netzkommunikation – knappe Übertragungskapazitäten zu schonen. Zugleich wird mit der Verwendung von Akronymen und anderen medienspezifischen Codes aber auch die Zugehörigkeit zur „Netzkultur" und eine ausgeprägte persönliche, spezielle Medienkompetenz kommuniziert.

Günther und Wyss (1996: 70-72) haben für die Schweiz beobachtet, dass in der E-Mail nicht nur für Briefe eher untypische Umgangssprache benutzt wird, sondern dass auch sprachliche Regionalismen und Dialekte bzw. „dialektale Einschübe" verwendet werden. Hierdurch wird möglicherweise metakommunikativ Nähe und Vertrautheit hergestellt, und zwar auf eine Weise, die der mündlichen Kommunikation näher kommt als der schriftlichen (Brief).

Neben den sprachlichen Vereinfachungen und Informalisierungen nennt Döring (1999: 44-46) drei E-Mail- bzw. netzspezifische sprachliche Innovationen: Soundwörter, Aktionswörter und Disclaimer. **Sound- und Aktionswörter** sind aus einer anderen Form medialer Kommunikation bekannt, nämlich dem Comic. Soundwörter verbalisieren paraverbale Äußerungen wie „hmm", „huch", „ts-ts-ts", ahmen also den Klang dieser stimmlichen Laute nach. Laut Döring (1999: 44) sind hier Steigerungsformen ebenso möglich wie bei den graphischen Smileys, nämlich durch Interpunktionszeichen („Oh!!!!???") und Wiederholungen („hihihihihihi"). Auch die Lautstärke kann „simuliert" werden, und zwar durch die Verwendung von Großbuchstaben; Betonungen durch die Hervorhebung mittels „*" sowie – je nach E-Mail-Client – durch farbliche oder sonstige Schriftauszeichnungen. Aktionswörter beschreiben eine Handlung, die in der Face-to-face-Kommunikation mit der sprachlichen Äußerung (möglicherweise) einher gehen würde, und sie geben metakommunikativen Aufschluss über die situative Befindlichkeit des Kommunikanden: Vom eigentlichen Text durch Sonderzeichen abgetrennt, kommentieren Aktionswörter wie *staun*, *schluck*, *lach*, *würg* oder *zwinker* im „Sprechblasenstil" des Comics die Inhaltsebene. Solche Aktionswörter werden mitunter in der E-Mail-Kommunikation eingesetzt, doch dürfte sich dies wiederum auf bestimmte, überwiegend jugendliche Kommunikanden beschränken, die eine Affinität zur Populärkultur des Comics wechselseitig voraussetzen können oder Erfahrungen mit Chats haben, in denen Aktionswörter eine vergleichsweise größere Rolle spielen, als bei E-Mails und in Newsgroups (vgl. Haase et al. 1997: 65). Die Verwendung von Sound- und Aktionswörtern hängt also immer von den Kommunikanden und ihren wechselseitigen Bildern sowie den Kommunikationsanlässen ab.

Ähnliches gilt auch für **Disclaimer**, die sicherlich nicht allen E-Mail-Nutzern in gleichem Maße bekannt sind, zudem es sich nahezu ausschließlich um Abkürzungen englischsprachiger Redewendungen handelt: Um die Bedeutung von „IMHO" oder „AFAIK" zu verstehen, muss man nicht nur wissen, dass es sich um die Abkürzungen für „In My Humble Opinion" und „As Far As I Know" handelt, sondern auch, dass damit die eigentliche Aussage relativiert wird. Die inhaltlichen Funktionen solcher Disclaimer bestehen in der Relativierung, Abmilderung und Einschränkung des propositionalen Gehalts eine Aussage; auf der Beziehungsebene werden zugleich Autoritäts- und Geltungsansprüche relativiert, in dem die Aussagen zur bloß persönlichen Meinung herabgestuft werden, die nicht als unumstößliche oder den anderen zur Zustimmung verpflichtende Aussage missverstanden werden soll. Die Mehrdeutigkeit von Aussagen wird also reduziert, die Gefahr kommunikativer Zumutungen begrenzt. Dies gilt auch für die an angelsächsische Gepflogenheiten erinnernde Ersetzung von Buchstaben (meist die Vokale) in vulgärsprachlichen Wörtern, Flüchen oder sonst möglicherweise Anstoß erregenden Wörtern durch „Wildcard"-Symbole: eines der bekanntesten Four-Letter-Words wird dann beispielsweise so geschrieben: „f*ck".

Aus linguistischer Sicht vertreten Günther/ Wyss (1996: 62) sowie Pansegrau (1997: 89) die Auffassung, dass es sich bei E-Mail um eine **neue Textsorte** handelt, die nicht hinreichend als bloße Weiterentwicklung, defizitäre Form oder Schnittmenge bekannter Textsorten zu verstehen ist. Der typische „E-Mail-Brief" ähnelt zwar strukturell dem Papierbrief, weist aber auch Analogien zu formulararrtig gestalteten Telefax-Schreiben und internen Memos auf. Auch die dialogische „Ongoing E-Mail"-Konversation unterscheidet sich von den Textsorten, die wir aus der Telefonie und dem Face-to-face-Gespräch kennen: So sagen die E-Mail-Adressen (im Gegensatz zur Briefkommunikation und zur Festnetztelefonie) nicht zwingend etwas über den tatsächlichen Aufenthaltsort aus, und sogar die Absendezeiten lassen sich (im Gegensatz zur Telefonie) mit etwas Aufwand manipulieren. Wie bei der Mobiltelefonie sind daher sprachliche Hinweise auf den Aufenthaltsort auch bei der E-Mail nicht unüblich. Anders als bei der Telefonie und beim Face-to-face-Gespräch verhält es sich auch mit Notwendigkeit und Form der Sprecher- und Hörer- bzw. „Schreiber- und Leser"-Identifikation, die im nicht-medialen Gespräch unter Bekannten entfällt, beim Telefonat jedoch meist notwendig ist. Die wechselseitigen Bezugnahmen auf vorangegangene Kommunikate verlaufen bei der E-Mail über das Zitieren eines gespeicherten Originaltextes anders als bei den mündlichen Kommunikationsformen und Textsorten: „rekurrente Formulierungen ... können (nahezu) vollständig entfallen" (Pansegrau 1997: 94). Werden beispielsweise Antworten an die jeweils passenden Stellen der ursprünglichen E-Mail eingefügt, so wird die Linearität des Textes durchbrochen.

In einer nicht-repräsentativen Untersuchung von rund 900 E-Mails konnten Günther/ Wyss (1996: 68-69) eine Vielzahl herkömmlicher Textsorten identifizieren: Informations- und Grußschreiben, Adressänderungen, Festtags- und Neujahrsgrüße, Hochzeits- und Geburtsanzeigen, Gratulationen, Einladungen und Liebesbriefe, aber beispielsweise keine Todesanzeigen. Dieser Befund belegt die Vielfalt der kommunikativen Verwendung von E-Mail, aber auch, dass sich **kommunikative Regeln** herausbilden, die festlegen, was besser nicht per E-Mail kommuniziert werden soll.

Die weiter oben beschriebenen sprachlichen Spezifika der E-Mail-Kommunikation deuten auf eine neue Form „verschrifteter Mündlichkeit" oder „mündlicher Schriftlichkeit" hin (Günther/ Wyss 1996: 70). Diese neue Mischform wird auch als **„Oraliteralität"** bezeichnet. Hilfreich erscheint die auf Koch/ Oesterreicher 1994) zurückgehende Differenzierung von „konzeptioneller" und „medialer" Schriftlichkeit und Mündlichkeit: „medial" bezeichnet dabei die tatsächliche und daher beobachtbare Realisierung der Äußerung als schriftlich (geschrieben, „graphisch") oder mündlich (gesprochen, „phonisch"), während „konzeptionell" sich auf die jeweiligen sprachlichen Konzeptionen und Normen der Texte beziehen. Diese Differenz wird vor allem dann sichtbar (bzw. hörbar), wenn konzeptionell schriftliche Texte wie beispielsweise Gesetze vorgelesen oder vorgetragen werden, oder wenn konzeptionell mündliche Texte wie Vorträge oder Interviewäußerungen tatsächlich wortgetreu niedergeschrieben werden. Mündlichkeit und Schriftlichkeit werden dabei als Pole eines Kontinuums verstanden. Während beim Chat davon auszugehen ist, dass die Texte konzeptionell mündlich, aber medial schriftlich sind, liegt der Fall bei der E-Mail nicht so eindeutig: Hier spielen Kommunikationsanlass, -intention und -partner eine entscheidende Rolle. Während in der privaten E-Mail-Kommunikation zwischen einander vertrauten Kommunikanden, insbesondere bei nahezu synchronen E-Mail-Dialogen von konzeptioneller Mündlichkeit ausgegangen werden kann, finden sich in der betrieblichen und der Geschäftskommunikation durchaus konzeptionell schriftliche Textsorten, etwa wenn die E-Mail einen formellen Brief ersetzen soll (vgl. hierzu auch Haase et al. 1997). Pansegrau (1997: 100-101) ordnet die E-Mail-Kommunikation generell der konzeptionellen Mündlichkeit zu und begründet dies vor allem mit „häufig fehlenden Textgliederungs- und Kohärenzsignalen", geringer Variation in der Wortwahl, häufigen „und"-Verknüpfungen, einfachen Hauptsatzreihen, der Verwendung von „Gesprächswörtern" („also", „aber", „ja").

5.5 Motive der E-Mail-Kommunikation

Wie einleitend erwähnt, kommunizieren rund drei Viertel aller Online-Anwender mindestens einmal wöchentlich per E-Mail. Aus den gängigen Nutzungsstudien (vgl. Kap. 15.3) lassen sich kaum aufschlussreichere und differenziertere Daten über die E-Mail-Kommunikation (absolute Häufigkeit, Anzahl der empfangenen und gesendeten E-Mails, Verteilung von geschäftlichen bzw. innerbetrieblichen und privaten E-Mails etc.) gewinnen, ebenso wenig wie über den konkreten Umgang mit den technischen Potenzialen und die Nutzungsmotive.

Stafford et al. (1999: 661-663) haben in einer Befragung von 112 privaten E-Mail-Nutzern (geschichtete Zufallsauswahl, telefonische Befragung) in den USA im Jahre 1997 vier Gründe für die private E-Mail-Nutzung herausgefunden: Mit 61% wurde als wichtigstes Motiv die Pflege persönlicher Beziehungen, insbesondere mit Familienmitgliedern, Freunden und Bekannten genannt. 31% der Befragten hoben die medienspezifischen Gratifikationen hervor, die E-Mail gegenüber dem Telefonat oder der Briefkommunikation bietet, also die Möglichkeit schnell, billig und asynchron zu kommunizieren. 30% gaben eher instrumentelle Nutzungsmotive an („Personal Gain"): Informationsaustausch, Zugang zu Bibliotheken, E-Learning, Reise- und Freizeitinformationen anfordern etc., und 25% nutzen E-Mail von zuhause aus, um berufliche oder geschäftliche Kommunikation zu betreiben.

Vielfach steht noch immer die Frage im Mittelpunkt, ob und in welchem Maße E-Mail andere Kommunikationsformen substituiert. Auch hierüber liegen keine verlässlichen oder gar repräsentativen Daten vor. Aus kommunikationstheoretischer Perspektive müssen für die Erforschung dieser Fragestellung die medialen Charakteristika und Potenziale, deren Wahrnehmung durch die (potenziellen) Nutzer sowie die anderen Faktoren der Medienwahl (Kommunikationsanlässe und -zwecke, Kommunikationspartner, normative und situative Faktoren) sowie die Verfügbarkeit (Access) berücksichtigt werden. Zudem wären Longitudinal-Studien notwendig, die das gesamte kommunikations- und medienökologische Feld, also alle Kommunikationsoptionen einbeziehen.

Plausibel erscheint, dass E-Mail-Kommunikation Teile der Telefonie sowie in der Organisationskommunikation auch der Hauspost und des Telefax ersetzt. Ebenso plausibel erscheint aber, dass E-Mail vielfach zusätzlich genutzt wird, z. B. um Termine für ein Telefonat oder ein persönliches Gespräch zu vereinbaren. Der geringe zeitliche und finanzielle Aufwand für die Versendung von Kopien, das „Forwarden" oder gar die Versendung von Rund- und Massenmails spricht für die Annahme, dass ein großer Teil des E-Mail-Aufkommens zusätzliche Kommunikation bedeutet. Neben die partielle Substitution tritt damit auch eine Komplementärfunktion von E-Mail. Diese Einschätzung wird auch von den Befragten eines internationalen Experten-Delphis überwiegend geteilt: Für das Jahr 2010 prognostizieren über die Hälfte der 41 befragten Experten einen Nettorückgang der Briefpost um mehr als die Hälfte; der Netto-Rückgang bei den Telefonaten wird hingegen von über 70% der Experten auf maximal 50% geschätzt. Anders sieht es bei Geschäftsreisen und Face-to-face-Gesprächen aus: Hier prognostizieren jeweils rund ein Drittel der Befragten keinerlei Netto-Rückgang durch E-Mail oder sogar einen Zuwachs. Die Experten, die eine Substitution erwarten, veranschlagen sie auf weniger als 25% (vgl. Beck/ Glotz/ Vogelsang 2000: 105). In einer nicht-repräsentativen Studie von Dimmick, Kline und Stafford (2000: 236) gaben 48% der 309 Befragten an, weniger Ferngespräche zu führen, seit sie auch per E-Mail kommunizieren; über 49% berichteten allerdings von keinerlei Veränderungen. Beiden Medien werden von den Befragten nur zum Teil überlappende Gratifikationsprofile zugeschrieben; die Unterschiede werden vor allem darin gesehen, dass das Telefonat mehr emotionale Nähe, Fürsorge, Mitleiden und Hilfe ermögliche, während die E-Mail gegenüber dem Telefon sich durch eine bessere Erreichbarkeit (in den USA auch über die Zeitzonen hinweg) und die preiswertere Fernkommunikation auszeichne (vgl. Dimmick/ Kline/ Stafford 2000: 239-240).

5.6 Fazit

E-Mail gehört zu den ältesten und am häufigsten genutzten Formen computervermittelter Kommunikation, allerdings ist die kommunikationswissenschaftliche Erforschung der E-Mail nicht sehr weit vorangeschritten. Die Metapher der elektronischen „Post" trifft die technischen Möglichkeiten und die reale Verwendung des E-Mail-Dienstes im Internet nur unzureichend. Übermittlungsgeschwindigkeit, Kosten und Aufwand auch für den massenhaften Versand differieren erheblich. Vor allem aber haben sich spezifische Kommunikationsweisen im alltäglichen Gebrauch dieses Dienstes etabliert, die E-Mail-Kommunikation von der Briefpost ebenso unterscheiden wie von der Telefonie und der Face-to-face-Kommunikation. So werden die in der Face-to-face-Situation beobachtbaren und metakommunikativ interpretierten Anzeichen durch ikonische und symbolische Zeichen zum Teil ersetzt. Die bewusste Kodierung solcher „Beziehungszeichen" (Aktionswörter, Akronyme, Disclaimer) und der gezielte Einsatz expressiver Ausdrucksmittel (Emoticons, ASCII-Art) erleichtern die Verständigung, ermöglichen aber auch die gezielte Täuschung der Kommunikationspartner.

E-Mail-Kommunikation ist kein einheitlicher Modus computervermittelter Kommunikation. Die gängige Klassifikation als asynchrone schriftliche interpersonale Kommunikation erfasst bei näherer Betrachtung nur einen bestimmten Modus der E-Mail-Kommunikation. Mittels E-Mail wird auch (annähernd) synchron kommuniziert (Ongoing E-Mail-Conversation), Copy- und Forward-Funktionen erweitern den Kreis der Kommunikanden ebenso wie Rundmails, Newsletter und der massenhafte Versand von Mails (Spamming) über die Kommunikationsdyade hinaus. E-Mails können Dateien beigefügt werden, die das gesamte multikodale Spektrum der computervermittelten Kommunikation umfassen (Sound-, Graphik- und Videodateien). Die Sprache in der E-Mail-Kommunikation weicht signifikant von anderen Formen schriftlicher Kommunikation ab und bewegt sich zwischen den Polen „verschrifteter Mündlichkeit" vs. „mündlicher Schriftlichkeit". Entscheidend sind die Beziehung der Kommunikationspartner, Kommunikationsintentionen und die konkrete Kommunikationssituation. Es ist daher zwischen der „medialen" Schriftlichkeit der E-Mail einerseits und der „konzeptionellen" Mündlichkeit oder Schriftlichkeit der Kommunikation zu differenzieren. Der E-Mail-Dienst ist ein Medium 1. Ordnung, dass verschiedene Anwendungen erlaubt; entsprechend lassen sich mehrere Typen und Funktionen von E-Mails unterscheiden, die zu spezifischen kommunikativen Anschlusshandlungen führen (z B. To Read-, To Do-, To Delete-, To Copy-, To Forward-Mails).

Über die konkrete Nutzung von E-Mail im privaten Alltag liegen valide Daten kaum vor, vieles deutet aber darauf hin, dass E-Mail sowohl substitutive Funktionen (bezogen auf Telefonie und Briefkommunikation), als auch komplementäre Funktionen erfüllt.

6. Kommunikation in Mailinglists

6.1 Einleitung

Mailinglists sind eine Form vorwiegend schriftlicher computervermittelter Gruppenkommunikation, die heute im Kern auf dem E-Mail-Dienst des Internet basieren: In der Wissenschafts- und der Organisationskommunikation wurden sie allerdings schon zuvor eingesetzt (vgl. Hofmann 1999: 179). Aufbau und formale Gestaltungsmöglichkeiten der per Mailinglist verbreiteten E-Mails unterscheiden sich nicht von anderen E-Mails (vgl. Kap. 5.2), entscheidende Unterschiede ergeben sich aber hinsichtlich des Kommunikationsprozesses sowie der Funktionen und Kommunikationsstrukturen.

6.2 Grundbegriffe der Mailinglist-Kommunikation

Im Gegensatz zur Rundmail, die an individuell zusammengestellte Verteiler („**Distribution Lists**") versendet wird (vgl. Kap. 5.2), stellen Mailinglisten institutionalisierte und zentral organisierte „Foren" schriftlicher Kommunikation per E-Mail dar. Die Empfängeradressen werden nicht vom einzelnen User verwaltet, sondern softwaregestützt (verbreitete Programme sind Listserv und Majordomo) vom Betreiber einer Mailinglist. Wer einen Diskussionsbeitrag, eine Frage oder eine Antwort an alle Teilnehmer der Mailinglist senden möchte, muss seine Mail an die E-Mail-Adresse der Mailinglist senden, was als „Posting" oder eingedeutscht als „Posten" bezeichnet wird. Mailinglisten können kleine Empfängergruppen ebenso umfassen wie mehrere Hundert Teilnehmer. Wer im Einzelnen Empfänger eines solchen „Postings" ist, muss daher dem jeweiliger „Poster" nicht immer präsent sein, da er selbst die Adressen der Liste nicht verwaltet. Insofern kann die Adressierung als unpersönlich – jedenfalls im Vergleich zur sonstigen E-Mail-Kommunikation – bezeichnet werden. Wer die „Postings" einer Mailinglist erhalten möchte, muss diese zuvor per E-Mail („Subscribe" in der Subject-Zeile) abonnieren; auch die Abbestellung („Unsubscribe") ist auf diesem Wege möglich. Die Malinglist-Verwaltungssoftware erkennt diese Befehle automatisch, so dass sich die Liste in gewisser Weise selbst verwaltet. Gleichwohl können Personen, die gegen die Kommunikationsregeln der Mailinglist (Etiquette) verstoßen (bzw. deren E-Mail-Adressen), vom Betreiber oder Moderator der Liste manuell ausgeschlossen werden. Auch die Gründung neuer Mailinglists ist online möglich. Wer mit den Mailinglistverwaltern oder -moderatoren Kontakt aufnehmen möchte, muss sich per E-Mail direkt an deren „private" bzw. persönliche Adresse wenden. Einzelne Listen-Teilnehmer können von allen anderen Teilnehmern auch direkt per E-Mail erreicht werden, um bilaterale Fragen zu klären, ohne dass diese Nachrichten an alle Teilnehmer der Liste gehen: Hierzu muss die private Adresse dieses Teilnehmers verwendet werden.

6.3 Mailinglist-Typen

Mittlerweile stehen vermutlich mehr als 100.000 verschiedene Mailinglists zur Wahl; ein vollständiges Verzeichnis existiert nicht. Hinzu kommen private und organisationsinterne Mailinglists, die als geschlossene Listen nicht jedem zugänglich sind. Im WWW gibt es jedoch Mailinglist-Verzeichnisse wie „www.liszt.com", die einen thematischen Überblick erlauben. Das Spektrum der Mailinglists reicht von privaten Freundeskreisen, Fangemeinden, Menschen mit gemeinsamen Hobbies, Interessen oder Lebensstilen, bis hin zu spezialisierten Listen für die professionelle, insbesondere die Wissenschaftskommunikation.

Unabhängig von thematischen Schwerpunkten, inhaltlichen Anliegen und der soziodemographischen Zusammensetzung der Teilnehmerschaft können verschiedene Typen von Mailinglists anhand der zwei voneinander unabhängigen Kriterien **Moderation** und **Zugänglichkeit** unterschieden werden:

- Bei den meisten Listen handelt es sich um **unmoderierte Mailinglists**, d. h. jedes Posting wird ohne inhaltliche oder sonstige Prüfung an alle Teilnehmer verbreitet.

- Bei **moderierten Listen** hingegen durchlaufen alle Postings einen Prüfprozess, bei dem inhaltlich unpassende, werbliche, ethisch oder gar strafrechtlich problematische sowie Postings von nicht zugelassenen Personen ausgesondert oder in gekürzter Form weiter geleitet werden. Als Moderatoren fungieren der oder die Betreiber der Mailinglist, zum Teil auch von den Mitgliedern online gewählte Moderatoren oder Moderatorenteams. Den Moderatoren kommt damit eine Gestaltungsmacht zu, die nicht unumstritten ist: Vielfach sehen sie sich einem Zensurvorwurf ausgesetzt.

- Eine Beschränkung von Teilnehmern wird vor allem in **geschlossenen Mailinglists** vorgenommen, z. B. wenn ein Forum nur Frauen oder Männern, nur bestimmten Funktions- oder Statusgruppen vorbehalten sein soll.

- **Öffentliche Mailinglisten** hingegen kennen solche Zugangsbeschränkungen nicht.

Anhand der beiden Kriterien lassen sich vier Typen von Mailinglists konstruieren (unmoderiert-öffentlich, unmoderiert-geschlossen, moderiert-öffentlich, moderiert-geschlossen) in denen die Kommunikation vermutlich recht unterschiedlich verläuft. Allerdings fehlen bislang vergleichende Untersuchungen hierzu weitgehend.

6.4 Kommunikationsprozess und -störungen in Mailinglists

Die themenbezogene Kommunikation erfolgt bei Mailinglists durch „**Posten**" und Lesen; hierzu werden E-Mails an die Adresse der Mailingliste versendet. Zu Störungen kommt es, wenn – insbesondere neue – Nutzer die Inhalts- und die Beziehungsebene der Kommunikation verwechseln, und Nachrichten an die Verwalter oder Moderatoren an die gesamte Mailinglist versenden. Solche Fehladressierungen beeinträchtigen die inhaltliche Kommunikation und führen regelmäßig zur Verärgerung aller übrigen Teilnehmer.

Bei vielen Mailinglists können die Teilnehmer festlegen, ob sie jedes neue Posting unmittelbar erhalten wollen oder ob sie die „**Sammelzustellung**" (**Digest**) bevorzugen. Dabei werden die Postings eines Tages oder einer Woche gebündelt zugestellt, was das Nachvollziehen des Diskussionsverlaufs gerade bei sehr aktiven Listen mit entsprechend hohem Mailaufkommen erleichtert. Das Gesamtaufkommen von Postings ist je nach Liste, aber auch im Zeitverlauf einer Liste recht unterschiedlich:

> „[A]uf Schweigephasen, in denen über Tage, Wochen oder Monate gar keine Beiträge eingehen (schlafende Liste), folgen sehr aktive Phasen mit mehreren Dutzend Postings pro Tag ... Ebenso sind Themenkarrieren recht unterschiedlich. Häufig wird eine Anfrage mit wenigen Antworten abgearbeitet. Mancher Diskussions-Anstoß verläuft auch völlig im Sande oder wird nicht öffentlich in der Liste, sondern via privater Email weiterverfolgt. Einige Dauerbrenner-Themen beschäftigen die Liste regelmäßig. Nicht selten werden auch drei oder vier Diskussionsstränge parallel abgearbeitet." (Döring 1999: 57)

Thematisch zusammengehörende Beiträge werden auch als **Thread** bezeichnet; sie sollten an den Betreff-Zeilen der Postings erkennbar sein. In einer Fallstudie fanden Stegbauer/ Rausch (1999: 203) heraus, dass 63% der Threads in ihrem Sample tatsächlich nur aus einer isolierten

Mail bestanden, die weder zu einer Antwort, noch zu einer Diskussion führten. Umgekehrt waren jedoch 72% aller E-Mails bestimmten Threads, also Kommunikationssträngen zuzuordnen.

Neben diesen Schwächen der inhaltlichen Bezugnahme treten bei der Kommunikation via Mailinglist auch auf der Beziehungsebene weitere Probleme auf:

> „Wütende Postings und Emails, die mit Kraftausdrücken operieren, eine andere Person als dumm ('get a clue!'), weltfremd ('get a life!'), unfähig und kindisch ('you are a kid') darstellen bzw. anderweitig beleidigen und abwerten, werden im Netz als Flames bezeichnet." (Döring 1999: 54)

Solches **Flaming** ist vor allem bei kontroversen, werthaltigen Themen, sowie bei **metakommunikativen Konflikten**, etwa bei Fehladressierungen oder Verstößen gegen die Etiquette, häufiger zu beobachten. Werden Flames aus der dyadischen E-Mail-Kommunikation in die „listenöffentliche" Kommunikation verlagert, besteht die Gefahr der Eskalation und es können Flame Wars entstehen. Döring (1999: 55) berichtet auch von gezielten Provokationen zum Flaming und sogar von spezialisierten Flaming-Gruppen. Ob bzw. in welchem Maße Flaming durch den Mangel an sozialen Hinweisreizen (Social Cues; vgl. Kap. 11.3) und hierdurch geförderte emotionale Enthemmung netz- oder gar Mailinglist-spezifisch ist, bedarf weiterer empirischer Forschung.

6.5 Kommunikations- und Sozialstrukturen von Mailinglists

Mailinglisten gelten auch in der Fachliteratur vielfach als selbstorganisierte, und sich selbst kontinuierlich organisierende Diskussionsforen, in denen ohne Zensur unter Gleichberechtigten ein nahezu „herrschaftsfreier Diskurs" geführt werden kann. „Aktive Mailing-Listen mit einer mehrjährigen stabilen Abonnentenschaft entwickeln sich zu einer Art sozialem Biotop, in dem sich gemeinsame Erlebnisse in spezifische[n] Verhaltensformen, Mundarten und Schreibweisen ablagern" (Hofmann 199: 182). Eine genauere Analyse zeigt jedoch, dass hier zum Teil unhinterfragt Ideale der Netzkultur als Tatsache angesehen werden: So wenig E-Mails schlicht als elektronische Briefe verstanden werden können, so unzureichend erscheint auch die im Netz populäre Analogie von Mailinglists und Präsenz-Diskussionen: Gruber (1997: 124-125) erkennt zwar **Gemeinsamkeiten**, wie die „interaktive Themeneinführung" und die nicht formelle Beendigung der Kommunikation. Doch schwerer wiegen die **Unterschiede zur nicht medienvermittelten Diskussion**. So verläuft das Turntaking grundsätzlich anders:

> „Es gab in keinem einzigen untersuchten Beitrag [einer Mailinglist, KB] ein Äquivalent zu einer Selektion des nächsten Sprechers durch den aktuellen Sprecher, sondern das Einschalten in die Diskussion erfolgte ausschließlich durch 'Sprecherselbstwahl'. Zusätzlich ermöglicht die simultane Verteilung aller Beiträge an alle Teilnehmer auch, daß mehrere Teilnehmer gleichzeitig auf ein und denselben Beitrag in unterschiedlicher Art Bezug nehmen." (Gruber 1997: 124)

In der Mailinglist-Kommunikation können sich rasch Subthemen und -diskurse herausbilden, die hierdurch notwendig werdenden Zitierungen und indirekten Zitierungen weichen den Autorenbegriff auf. Die Kommunikation in Mailinglists weist mithin verschiedene „aktive" Zentren auf und erfasst nicht bei allen Subthemen die gesamte Mitgliedschaft der Liste (vgl. hierzu auch Stegbauer/ Rausch 1999: 206). Stegbauer (2000: 23) betont,

> „dass nicht ein einziger homogener Sozialraum entsteht, sondern [dass] dieser zerfällt in **Multiloge**. Der Terminus 'Multilog' bezeichnet eine subgruppenähnliche Struktur, wobei diese zumeist nicht über eine explizite und für die Teilnehmer wahrnehmbare

Gruppenstruktur verfügten. In einzelnen dieser Positionen fand sich aber eine über 50mal höhere Kommunikationsdichte als im gesamten Sozialraum [d. h. der gesamten Mailinglist; KB; Hervorhebung KB]."

Weitere Unterschiede zur Face-to-face-Diskussion und zur Versammlungsöffentlichkeit fallen auf: Bei den meisten Mailinglists dürfte das Verhältnis zwischen aktiven Diskutanten (Postern) und „bloßen Zuhörern" (hier „Lurker" genannt) noch stärker zugunsten der **„Lurker"** ausfallen (vgl. Stegbauer 200: 23). Insofern wären viele Mailinglists vielleicht zutreffender als „Podiumsdiskussionen" mit möglicherweise schneller wechselnder Besetzung des Podiums zu beschreiben. Inwieweit es unter diesen Umständen tatsächlich zur „polydirektionalen listenöffentlichen Kommunikation" (Döring 1999: 51) kommt, bedarf weiterer empirischer Forschung. Wie andere Sozial- und Kommunikationsräume weist auch die Kommunikation in Mailinglisten bestimmte **Akteursrollen** oder Positionen auf: Stegbauer (2000: 24) nennt die **„Propagandisten"**, die Informationen von außen in die Listenöffentlichkeit einbringen, und **„Diskutanten,**

> „die sich immer in unterschiedliche Subgruppen aufteilen, die zumeist nur in geringem Kontakt zueinander stehen. (...) Nur wenige dieser Diskutantengruppen bestehen permanent. (...) Immer ist die Kommunikation stark auf wenige Teilnehmer konzentriert. Manchmal bestreiten 3% der Teilnehmer die Hälfte der Kommunikation; in anderen Fällen verteilen sich 50% der Beiträge auf 15% der Mitglieder." Beziehungsmuster, die auf eine hierarchische Struktur hindeuten, prägten zwei Drittel der untersuchten Mailinglists (Stegbauer 2000: 24).

Die potenziell globale, asynchrone Kommunikation sorgt mitunter auch dafür, dass die Zentren der Multiloge sich auf bestimmte Zeitzonen beschränken, während die Teilnehmer der jeweiligen Peripherien nur verspätet teilnehmen (können), ggf. also erst, wenn die Diskussion „gelaufen" ist. Dies kann dazu führen, dass sich diese Teilnehmer gar nicht mehr mit eigenen Beiträgen beteiligen. Weitere Ungleichheiten entstehen schließlich aufgrund unterschiedlicher Zeitbudgets, die für Mailinglisten aufgewendet werden, und entsprechend verschieden starkem individuellem Engagement (vgl. Stegbauer 2000: 27). Stegbauer/ Rausch (1999: 208) konnten in einer Fallstudie belegen, dass zwei Drittel der Mailinglistmitglieder „Lurker" waren, allerdings sind diese empirischen Befunde nicht repräsentativ und für alle Listen zu verallgemeinern.

Offenbar ziehen aber auch die „Lurker" einen Nutzen aus den Mailinglists, ohne selbst Beiträge zu „posten", und dies gilt auch als durchaus übliches, toleriertes und legitimes Verhalten. „Die Mailing-Liste ist ein kollektiver und vielstimmiger Informant" (Hofmann 1999: 197). Letztlich würde der Nutzen zumindest von teilnehmerstarken Mailingslists für alle Beteiligten sinken, wenn tatsächlich mehrere Hundert „Poster" aktiv wären.

Die **Teilöffentlichkeit** der Mailinglisten ist zudem intransparenter als die Versammlungsöffentlichkeit: Für alle Teilnehmer beobachtbar ist nur, was über die Mailinglist kommuniziert wird, aber nicht, was im privaten E-Mail-Austausch diesbezüglich diskutiert wird. Während bei der Versammlungsöffentlichkeit zumindest sichtbar wird, welche Partner sich parallel unterhalten, mitunter sogar worüber sie reden, ist dies bei der Mailinglist anders: Weder das Stattfinden noch die Inhalte parallel verlaufender Kommunikation und auch nicht vorangegangene und anschließende Kommunikationen sind für die Teilöffentlichkeit der Mailinglist-Teilnehmer zu beobachten.

Bereits die Zugangsmöglichkeiten zur Teilöffentlichkeit der Mailinglists weicht vom diskursethischen Ideal ab, wie Hofmann (1999: 196) am Beispiel einer wissenschaftlichen Mailinglist beobachtet hat:

> „Auf den Mailing-Listen der IETF [Internet Engineering Task Force, ein selbstorgani-
> siertes Forum zur Lösung technischer Probleme sowie zur Weiterentwicklung des Inter-
> net; KB] reden dagegen die Ingenieure untereinander. Sie bedienen sich dabei einer
> Sprache, die für Laien unverständlich bleibt. Keine Übersetzung findet statt, kein
> Begriff oder Akronym wird erklärt und kein Zusammenhang erläutert (sofern nicht aus-
> drücklich jemand darum bittet.) Ob Außenstehende den Auseinandersetzungen bewoh-
> nen oder nicht, scheint auf diese keinen Einfluß zu nehmen. Die Zuschauer haben keine
> erkennbare Relevanz für das Geschehen auf der Mailing-Liste."

Stegbauer hat in einer empirischen Pilotstudie die Struktur internetbasierter Kommunikations-
und Diskussionsforen anhand unterschiedlicher Mailinglists untersucht, um die verbreiteten
De-Strukturierungsthesen einer kritischen Prüfung zu unterziehen. Die meist aus den technischen Potenzialen abgeleiteten Annahmen und Visionen, Raum und Zeit würden (im Netz)
aufgehoben, durch den Wegfall sozialer Hinweisreize entstehe eine größere Gleichheit und
Gleichberechtigung aller Teilnehmer und die Kommunikanden könnten frei mit ihren Identitäten spielen, erweisen sich demnach als empirisch nicht haltbar.

Soziale Strukturierung erweist sich vielmehr als „unvermeidlich" und als funktional für die
Kommunikation – auch in Mailinglists:

> „Unabhängig von den behandelten Inhalten und den jeweiligen Gründungsanlässen,
> findet sich in allen untersuchten Internetforen eine ähnliche Form. So wie schon die
> typischen Strukturmuster in Interaktionssystemen und Großgruppen vor allem aufgrund
> des Kapazitätsproblems entstehen, kann auch die Strukturierung von Internetforen
> wesentlich hierauf zurückgeführt werden." (Stegbauer 2001: 278)

Die für soziale und kommunikative Beziehungen ausschlaggebenden menschlichen Zeit- und
Aufmerksamkeitskapazitäten werden durch erweiterte technische Möglichkeiten eben nicht
maßlos erweitert oder gar vollständig entgrenzt. Zwar sind die vergleichsweise engen räumlichen, zeitlichen und thematischen Grenzen der Face-to-face-Kommunikation verrückbar,
doch ändert dies nichts an der Notwendigkeit einer Strukturierung auf neuem Niveau. Erkennen lassen sich **Zentrum und Peripherie von Mailinglists**, d. h. es bilden sich Hierarchien
zwischen den Teilnehmern heraus, „die sich vor allem durch Differenzen hinsichtlich der
Aufmerksamkeit gegenüber Akteuren ... und unterschiedlichen Kompetenzzuschreibungen"
auszeichnen. „Zentrale Akteure dominieren mit ihren zahlreichen Kontakten das Sozialgefüge
der Mailinglisten. Die Peripherie hingegen lässt eine horizontale Differenzierung zu"
(Stegbauer 2001: 279): Während die große Mehrheit der „Lurker", also die „passiven" Nur-
Leser von Beiträgen, keine sozialen Beziehungen zu anderen Mitgliedern aufnehmen, beteiligen sich die „Poster" mit eigenen Beiträgen, spielen aber keine „beziehungsstiftende Rolle",
zumal viele Postings der Selbstdarstellung, Ankündigung oder gar Werbung dienen, und nicht
Gegenstand des kommunikativen Austauschs werden. Die „Diskutanten" beteiligen sich aktiv
an der wechselseitigen Kommunikation in den Foren, allerdings meist in thematisch und zeitlich engen Grenzen. Eine sozialintegrierende Funktion kommt hingegen dem „Kern" (und
damit zugleich dem Zentrum) der Mailinglist-Teilnehmer zu. Hierbei handelt es sich meist
um die Initiatoren und Betreiber, die über ihre unmittelbaren kommunikativen Handlungen
hinaus auch vielfach administrative, also metakommunikative Funktionen ausüben.

Die Anzahl der zentralen Positionen ist auch in Mailinglists zwangsläufig begrenzt. Neu hinzukommende Teilnehmer erringen sie selten, da sie bereits mit der Gründung der Liste
„besetzt" sind (vgl. Stegbauer 2000: 31). Während es kaum spezieller Kenntnisse bedarf, um
als Lurker teilzunehmen, bestehen relativ hohe Eingangshürden für eine aktive Beteiligung
mit eigenen Postings: Spezielle Sachkenntnisse und Erfahrungen, mitunter auch die Kenntnisse von Spezialsprachen. Oftmals fällt es am leichtesten, Beiträge über Normverstöße und

Fehlverhalten anderer Teilnehmer zu posten oder sich an Diskussionen hierüber zu beteiligen, denn dafür ist lediglich die Kenntnis der jeweiligen Netiquette und des (online verfügbaren) Selbstverständnispapiers der Mailinglist notwendig.

Die Herausbildung von adressierbaren Identitäten benötigt Zeit, d. h. die „älteren" Mitglieder sind hier strukturell im Vorteil. Je mehr Teilnehmer eine Mailinglist erreicht, umso geringer ist die Chance, wiedererkannt zu werden. Die menschliche Wahrnehmungsfähigkeit bleibt begrenzt – auch wenn Hunderte oder gar Tausende potenzielle Kommunikationspartner zur Verfügung stehen. Technische Erreichbarkeit hat auch bei der Telefonie nicht dazu geführt, dass wir nun mit jedem soziale Beziehungen oder gar Bindungen eingehen und aufrechterhalten können (und wollen).

Stegbauer hat außerdem festgestellt, dass auch die (realen) räumlichen Bezüge und Herkünfte der Teilnehmer eine wichtige Rolle bei der Kommunikation in „virtuellen" Räumen spielen. Die Interessen der Kommunikanden und die Themen der Kommunikation haben ihren Ursprung und ihr Ziel keineswegs ausschließlich „im Netz", sondern in der **lokalen und regionalen Lebenswelt**. „Diese Rückbezüge bleiben aber immer präsent, und dies schlägt sich auch in der Strukturierung [der Online-Foren, KB] nieder" (Stegbauer 2001: 281). Hinzu kommt, dass die „Online-Beziehungen" in Mailinglists sich überlappen können: Beziehungen zu Teilnehmern können zusätzlich in anderen Mailinglists, aber auch per E-Mail, Chat, Telefon oder Face-to-face unterhalten werden, so dass ein weitaus komplexeres soziales und thematisches Gefüge entsteht als es durch die empirische Analyse einzelner Mailinglists rekonstruiert werden kann.

6.6 Fazit

Die Kommunikation in Mailinglists erfolgt überwiegend schriftlich (mediale Schriftlichkeit) und ist im Vergleich zur sonstigen E-Mail-Kommunikation stärker institutionalisiert und organisiert. Anhand der Kriterien Moderation und Zugänglichkeit (öffentlich vs. geschlossen) können verschiedene Typen unterschieden werden. Die etwa 100.000 Mailinglists bieten ein sehr breites Spektrum von Themen, die Anzahl der Teilnehmer kann von wenigen Personen bis hin zu mehreren Hundert (technisch auch Tausenden) reichen. Allerdings bilden sich auch in diesen „virtuellen Gruppen" klare Sozialstrukturen (Zentren und Hierarchien) und Handlungsrollen (Lurker, Poster, und hierbei wiederum: Propagandisten und Diskutanten) heraus. Sehr viele Postings bleiben unbeantwortet; eine Aufspaltung in Subdiskurse ist häufig zu beobachten. Mitunter wird der inhaltliche Diskurs durch Probleme auf der Beziehungsebene (z. B. Flaming) erheblich beeinträchtigt.

Die Kommunikation in Mailinglists bleibt nach den ersten vorliegenden empirischen Befunden damit weiter hinter den Idealen der Netzkultur zurück; sie erweist sich aber auch als intransparenter und inkohärenter als die (moderierte) Versammlungskommunikation. Wie bei dieser gilt auch bei der Kommunikation mittels Mailinglisten, dass auch die Zuhörer (Lurker) als Kommunikationsteilnehmer zu betrachten sind, die ihren Nutzen (Gratifikationen) aus der Beteiligung ziehen.

7. Kommunikation in Newsgroups

7.1 Einleitung

Newsgroups sind wie E-Mail älter als das Internet bzw. das TCP/I-Protokoll; diese Form computervermittelter Kommunikation basierte auf dem 1979 an University of North Carolina entwickelten Usenet (einem Wortspiel aus Use/ Nutzen und News/ Nachrichten) und dem zugehörigen UUCP (Unix to Unix Copy Protocol). Ursprünglich bestand das Usenet nur aus zwei Rechnern (Duke University und University of North Carolina) mit 15 Newsgroups, im Herbst 1984 gab es bereits 158 Gruppen mit täglich insgesamt 303 Beiträgen, 1990 dann 1231 Newsgroups mit einem Tagesaufkommen von 6055 Artikeln und 1997 wurden durchschnittlich pro Tag 682.144 Beiträge „gepostet" (vgl. Hauben/ Hauben 1997; Baym 2000b: 292). Seit 1983 ist das Dateiformat für die Artikel in der bis heute gültigen Form standardisiert, um den weltweiten Austausch zu ermöglichen. Das Usenet ist ein sog. Overlay-Netz, das auf der bestehenden Infrastruktur von Computernetzen aufbaut. Für die Nutzung war lange Zeit eine spezielle Clientsoftware (Newsreader) notwendig, doch mittlerweile sind Newsgroups problemlos über die gebräuchlichen Webbrowser zugänglich und neben E-Mail, WWW und Chat zählen Newsgroups zu den populärsten Diensten (vgl. Smith 1999: 196-197; Thimm/ Ehmer 2000: 220). Die Gesamtheit der Newsgroups wird auch als NetNews, vielfach auch noch als „Usenet" bezeichnet, allerdings gibt es auch in anderen Netzen sowie bei kommerziellen Onlinediensten (wie Compuserve) Newsgroups. Dem heutigen Internetnutzer, der für den Zugang einen Browser mit integriertem Newsreader benutzt, muss keineswegs bewusst sein, ob er sich im eigentlichen „Usenet" bewegt bzw. welche Art Newsgroup er gerade nutzt.

Newsgroups werden vielfach wie Mailinglists als „Diskussionsforen" bzw. „the largest example of a conferencing or discussion group system" (Smith 1999), als **„virtuelle Gemeinschaften"** (vgl. Kap. 11) oder „a pure case of social anarchy" (Smith 1999: 201) beschrieben. Aufgrund seiner dezentralen Struktur und Selbstorganisation sowie der raschen Entwicklung des Usenet gilt es als besonders schwierig, einen Überblick über die Kommunikation in den Newsgroups zu erlangen. Selbst grundlegende Fragen, etwa nach Angebotsumfang, Nutzerzahlen, Häufigkeit und Dauer der Nutzung, Herkunft und Motiven der Nutzer, Arten von Newsgroups, Größe und Bestandsdauer von Newsgroups sind bislang nur unzureichend erforscht. Daher bereitet es auch besondere Probleme über die verbreiteten Fallstudien zu einzelnen Newsgroups hinaus, verallgemeinerungsfähige Aussagen zu treffen oder repräsentative Samples zu gewinnen (vgl. hierzu auch Smith 1999: 195-196).

In diesem Kapitel werden zunächst die grundlegenden Begriffe und Funktionsweisen der Newsgroup-Kommunikation sowie der soziale Gebrauch und die unterschiedlichen Typen und Funktionen von Newsgroups dargestellt (Kap. 8.2). Anschließend werden zentrale Befunde der empirischen Forschung über die Kommunikationsprozesse, -strukturen und -probleme (Kap. 8.3-8.4) in Newsgropus referiert und anhand eines Fallbeispiels die Entwicklung einer über mehrere Jahre erforschten Newsgroup geschildert (Kap. 8.5).

7.2 Grundbegriffe der Newsgroup-Kommunikation

Newsgroups sind öffentlich zugängliche, auf Servern gespeicherte und strukturierte Sammlungen von Dateien unterschiedlicher Art; meist handelt es sich um Texte, vielfach aber auch um Fotos, Videos, Musikdateien oder Softwarekomponenten. Jeder User kann Beiträge oder **„Artikel" (News, Postings, Posts)** verfassen und an eine oder mehrere Newsgroups senden („posten"), wo sie von allen anderen Usern abgerufen („gelesen") werden können. In Newsgroups wird also asynchron kommuniziert. Große Gruppen umfassen täglich zwischen 200 und 1000 neue Artikel (vgl. Burkhalter 1999: 63).

Die Struktur der Postings ähnelt der von E-Mails; sie setzen sich aus **Header, Body** und (wahlweise) **Signaturen** zusammen. Der Header enthält die E-Mail-Adresse des Posters, einen Nutzernamen, eine Betreff-Zeile (Subject), eine Identifikationsnummer sowie Datum und Uhrzeit des Postings, Informationen über die gleichzeitige Verteilung in anderen Newsgroups (Crosspostings) sowie die Position im Thread. Header werden zum Teil automatisch durch die Newsreader-Software generiert (Protokolldaten), zum Teil durch den Verfasser des Artikels gestaltet, so dass sich hieraus Gelegenheiten zu den in der Literatur viel diskutierten Verhüllungs- oder gar Täuschungsmanövern (vgl. 8.4 u. Kap. 11) ergeben.

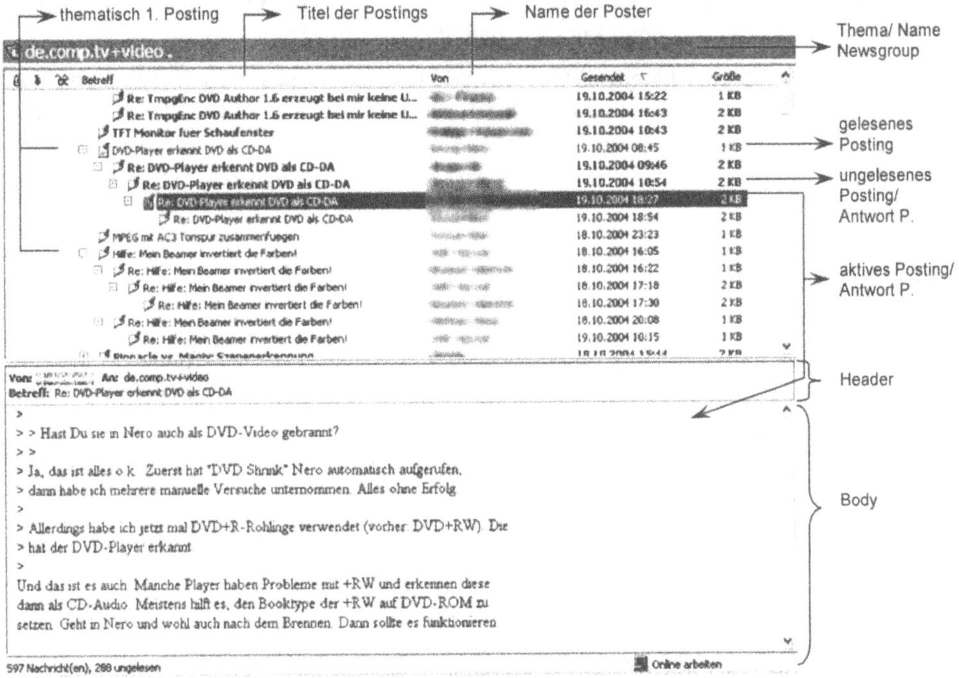

Schaubild 13: Struktur eines Postings

Die Gesamtheit der Newsgroups (Usenet) ist thematisch und hierarchisch strukturiert. Die Hierarchien der obersten Ebene sind als „Big Eight" bzw. „Big Nine" bekannt und bilden den historischen Kern der über 140 weit verbreiteten Hierarchien:

- Netnews (news.*) umfasst Postings, die der Selbstverwaltung des Usenet dienen (hier werden zum Beispiel die Anträge auf Neugründung vorgestellt, diskutiert und entschieden),
- unter Computer (comp.*) werden alle Fragen des Computer- und EDV-Einsatzes (Hardware, Software, Vernetzung, Peripherie) behandelt,
- Science (sci.*) ist wissenschaftlichen Themen vorbehalten,
- Social Life (soc.*) gesellschaftlichen Fragen,
- Recreation (rec.*) der Unterhaltung und der Freizeit,
- Talk (talk.*) der Diskussion aktueller Fragen von allgemeinem gesellschaftlichen oder politischen Interesse,

- Humanities & Arts (humanities.*) den Geisteswissenschaften, der Literatur und den Künsten,

- Miscellaneous (misc.*) vermischten Themen.

- Die Hierarchie Alternate (alt.*) steht für „Alternatives" und gilt als vielfältiges Sammelbecken mit zum Teil rechtlich und ethisch nicht unbedenklichen Angeboten bzw. Unterhierarchien, die immer wieder für Schlagzeilen sorgen (bspw. im Zusammenhang mit Kinderpornographie). Wie hoch der Anteil solch fragwürdiger Angebote innerhalb der alt.*-Hierarchie tatsächlich ist, steht jedoch keineswegs fest, zumal es sich um einen der dynamischsten Bereiche des Usenet handelt. Vor Pauschalurteilen kann deshalb aus kommunikationswissenschaftlicher Sicht nur abgeraten werden.

Neben den international verbreiteten Top-Level-Hierarchien sind nationale Top-Level-Hierarchien entstanden, beispielsweise de.* für Deutschland oder dk.* für Dänemark. Die News dieser Hierarchien sind meist in der entsprechenden Landessprache abgefasst und werden – vor allem bei kleinen Sprachräumen – auch nur national verbreitet (also auf Newsservern gelistet).

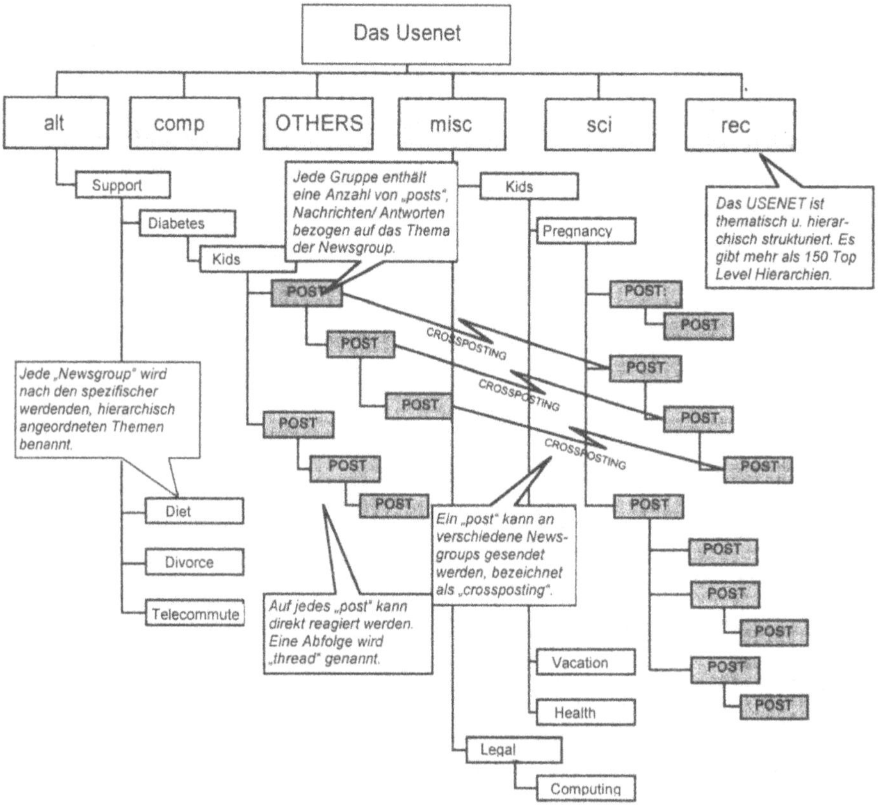

Schaubild 14: Schematische Darstellung des Usenet nach Smith (1999: 198)

Der Name der Newsgroup erfüllt mehrere Funktionen: Zum einen erlaubt er die (technische) **Adressierung von Artikeln** und die Ansprache eines bestimmten Zielpublikums (Gruppenöffentlichkeit). Gruppennamen sind aber auch Identifikationsanker für die jeweilige Gruppe (vielleicht mit Vereinsnamen vergleichbar), denn sie zeigen Zugehörigkeiten (etwa zu einer bestimmten Usenet-Hierarchie), gemeinsame Interessen und geteilte Kommunikationsbiographien an. Die thematische Strukturierung der Newsgroups wirft mitunter Probleme auf, denn die Themenbereiche sind keineswegs überschneidungsfrei definiert, so dass sich bei jedem neuen Vorschlag die Frage der Einordnung stellt. Eine thematische Veränderung als Ergebnis von Kommunikationsprozessen findet darüber hinaus nicht immer ihren Ausdruck in der Veränderung des Gruppennamens. Und schließlich sind die „Top-Level-Hierarchies" so weit gefasst, dass eine weitere Strukturierung notwendig erscheint, was in Gestalt von zahlreichen mehrstufigen Unterhierarchien zwar geschieht, aber nicht in allen Fällen zur Übersichtlichkeit beiträgt.

Im Gegensatz zur Kommunikation mittels Mailinglist müssen Postings gezielt (und selektiv) abgerufen werden, sie werden also nicht automatisch an alle Abonnenten per E-Mail versandt. Auch eine Anmeldung ist im Gegensatz zur Mailinglist nicht erforderlich bzw. möglich, der Zugang wird über (meist in die Browser integrierte) **Newsreader** ermöglicht. Dort können individuelle Nutzerprofile, z. B. die jeweils interessierenden Newsgroups gespeichert und der Abruf der News automatisiert werden (Abonnement). Das Usenet verfügt also nicht über zentrale technische Administrationsinstanzen, aber ähnlich wie bei Mailinglists werden **moderierte und unmoderierte Newsgroups** unterschieden: Bei moderierten Newsgroups senden die „Poster" ihren Beitrag an einen Moderator, der die Möglichkeit hat, eine Veröffentlichung zu verhindern. In den meisten Fällen jedoch kann der Poster sein Posting direkt einstellen, also ohne vorherige Selektion durch mehr oder weniger professionelle Kommunikatoren oder Moderatoren selbstvermittelt kommunizieren. Auch die einzelnen Beiträge sind thematisch zu sog. **Threads** zusammengefasst und **chronologisch geordnet.** Auf diese Weise lässt sich auch über einen längeren Zeitraum der Verlauf einer Diskussion (wenn es tatsächlich zu Anschlusskommunikation gekommen ist) verfolgen. Soziale und thematische **Kontinuität** der Kommunikation können von Newsgroup zu Newsgroup erheblich variieren; wie bei den Mailinglists bleiben auch in den Newsgroups viele Postings isoliert und unbeantwortet, während sich andererseits auch kontinuierliche thematische Threads ergeben können. Postings, die thematisch relevant für mehrere Newsgroups sind, können durch **Crossposting** zugleich in mehrere Gruppen verteilt werden. Hat derselbe Nutzer mehrere dieser Gruppen abonniert, wird im dieses Posting nur einmal angezeigt. Durch den „Follow-up-Befehl" wurde dann festgelegt, in welcher Gruppe die eigentliche Diskussion fortgeführt werden soll.

Da die Beiträge durch die Kommunikanden (hier: Poster) frei gestaltbar sind, können zwar verschiedene allgemeine Typen unterschieden werden, je nach Newsgroup und Thema erweist sich diese Typisierung jedoch als ergänzungsbedürftig (vgl. Baym 1997). Neben zustimmenden, erörternden und widersprechenden Diskussionsbeiträgen sind Informationsangebote und konkrete Nachfragen, Belehrungen (auch metakommunikativer Art) und Streit (bis hin zum eskalierenden Flaming) in Newsgroups zu beobachten. Hinzu kommen Genres, wie sie vom (materiellen) „Schwarzen Brett" bekannt sind: kleinanzeigenartige Suche- und Bietemeldungen, Terminankündigungen, verstärkt aber auch – eigentlich geächtete – Werbung. Auch hinsichtlich der Textlänge bzw. des Dateiumfanges treten erhebliche Schwankungen auf.

Der **Teilnehmerkreis** der Newsgroupkommunikation ist offener als bei Mailinglists, denn er wird nicht durch Teilnehmerlisten sozial begrenzt. Allerdings unterscheidet sich die Newsgroup-Kommunikation erheblich von der öffentlichen Kommunikation mittels publizistischer Medien (Massenkommunikation): Zum einen sind die technischen Zugangsbarrieren und die notwendigen Medienkompetenzen auch für die rezeptive Nutzung nicht zu unterschätzen, vor allem aber sind erhebliche Selektionsleistungen zu erbringen, denn derzeit existieren mehrere Zehntausend[12] verschiedene Newsgroups. Die meisten Newsserver

---

[12] Choi/ Danowski (2002) geben für das Jahr 2001 insgesamt 25.000, Smith (1999: 202) für 1997 14.347 Newsgroups an.

ermöglichen jedoch keinen Zugriff auf alle Newsgroups: Aus Kapazitätsgründen, um geltenden normativen Standards zu genügen oder weil einige Newsgroups erkennbar nur von lokalem Interesse sind, ist eine Vor-Selektion notwendig und sinnvoll. Die weitgehende öffentliche Zugänglichkeit der Kommunikate allein begründet noch keine öffentliche Kommunikation. Ein Blick in die Newsgroups zeigt, dass es sich eher um Formen der **öffentlich beobachtbaren Gruppenkommunikation** handelt, bei der eine **Themenöffentlichkeit** hergestellt
wird: Postings werden vielfach individuell adressiert und sind thematisch und stilistisch so
abgefasst, dass die durchaus präsenten **Lurker** allenfalls eine untergeordnete Rolle zu spielen
scheinen. Betrachtet man die in der Regel extrem ungleiche Verteilung der Nutzer (sehr viele
Lurker, wenige Poster) sowie die Möglichkeit, sich lediglich mit Fragen und Informationsge-
suchen zu beteiligen, so erscheint die netzkulturelle Norm des wechselseitigen Gebens und
Nehmens im kommunikativen Austausch (nur noch) wenig mit der Realität der Kommunikation in Newsgroups gemein zu haben. Ähnlich wie bei Mailinglists erscheint es plausibel,
auch bei Newsgroups von einem harten Kern aktiver und regelversierter Intensivnutzer (tendenziell auch Poster) einerseits und einem weitaus größeren Anteil einmaliger, sporadischer
und tendenziell nur rezipierender (Lurker) oder punktuell nachfragender Nutzer andererseits
auszugehen. Die Öffentlichkeit der Newsgroups gleicht insofern weniger der einer Podiums-
diskussion (dies war unsere Metapher für die Mailinglists) als einer großen Cocktailparty
(vgl. auch Burkhalter 1999: 63). Gleichwohl sind auch die scheinbar passiven Lurker (ähnlich
wie die Rezipienten der Massenmedien) an der Newsgroupkommunikation beteiligt, denn
ihnen können wir Verstehenshandlungen unterstellen und darüber hinaus besitzen sie die
Möglichkeit, sich selbst an der Diskussion innerhalb der Newsgroup oder unter Rückgriff auf
andere Medien zu beteiligen. Lurker bezeichnet hier zunächst nur die Vermittlungsrolle,
schreibt aber die kommunikative Rolle nicht grundsätzlich fest. Im Unterschied zur massenmedialen Kommunikation wird nicht nur der **Tausch der Vermittlungsrollen ohne Medienbruch** erleichtert, weil es jederzeit möglich ist, durch ein eigenes Posting Bezug auf gelesene
Beiträge zu nehmen. Choi und Danowski (2002) vergleichen Newsgroups daher mit Flug-
schriften und Pamphleten der frühen Neuzeit. Ob die Vermittlung tatsächlich selbst erfolgt
oder ein Moderator zwischengeschaltet ist, hängt vom Typus der Newsgroup ab (vgl. oben).
Darüber hinaus ist die **Gründung neuer Newsgroups** sehr viel leichter möglich als die
Gründung eines klassischen Massenmediums. Allerdings sind der Spontaneität (im Gegensatz
zu Mailinglists) bei den Newsgroups engere institutionelle und organisatorische Grenzen
gesetzt. Ursprünglich konnten neue Newsgroups auf informellem Weg gegründet werden:

> „Sobald ein Artikel an eine bis dahin unbekannte Gruppe gepostet wurde, wurde diese
> bei den einzelnen Servern automatisch eingerichtet. In der nächsten Stufe kamen Kon-
> trollmitteilungen zum Einsatz, und der Automatismus wurde durch eine Anfrage an die
> Administratoren von Newsservern ersetzt, die Gruppe einzurichten. 1983 bildete sich mit
> der Newsgruppe 'net.news.group' ein Diskussionsforum für Namensfragen bei der Ein-
> richtung neuer Gruppen. Mit der regelmäßig geposteten Liste 'List of Active
> Newsgroups' wurde zugleich ein Verzeichnis 'offizieller' Gruppen eingeführt. Nach dem
> Great Renaming (1986/87), bei dem das noch heute gültige Namensschema eingeführt
> wurde, bildeten sich in der Administration des Netzes weitgehend hierarchiespezifische
> Regularien und Prozeduren heraus. ... Seit Ende der 80er Jahre definieren schriftlich nie-
> dergelegte Richtlinien feststehende Ein- und Austrittspunkte für das Verfahren, die
> Dauer der Debatten wurde begrenzt." (Hoffmann 2000: 180-181)

Klar erkennbar wird hier, dass auch bei der Newsgroup-Kommunikation sich die Rahmung
des Mediums (Höflich) durch Herausbildung **institutioneller und organisatorischer Regeln**
erst im Gebrauch entwickelt. Bei der Gründung neuer Newsgroups wird das idealtypisch diskursive Verfahren der Newsgroupkommunikation metakommunikativ auf sich selbst angewendet: Wer eine neue Newsgroup gründen will, muss diesen Vorschlag wiederum in einer

bestimmten Newsgroup („news.group") zur Diskussion stellen (sog. „Request for Discussion"). Eingehende Stellungnahmen müssen berücksichtigt werden, bevor einen Monat später in einem zweiten „Request for Discussion" zum „Call for Votes" aufgerufen werden darf. Alle Netz-User sind grundsätzlich stimmberechtigt, notwendig ist für die Neugründung eine Zweidrittelmehrheit sowie eine Mindestzahl abgegebener Stimmen. Insgesamt nimmt dieses demokratische, selbstregulative Verfahren mindestens zwei Monate in Anspruch; lediglich in der .alt*-Hierarchie kann die Neugründung innerhalb einer Woche vonstatten gehen. Das Usenet beruht also auf einer dezentralen Verwaltung mit verteilten Verantwortlichkeiten.

Hoffmann unterscheidet drei Formen von Kontrolle des Usenet:

- „Kontrolle erster Ordnung" wird über die Programmierung der Software und die Konfiguration der Newsserver realisiert,

- „Kontrolle zweiter Ordnung" umfasst die schriftlichen Regelwerke über „Request for Discussion", „Call for Votes", „Chartas" usw.

- „Kontrolle dritter Ordnung" schließlich vollzieht sich narrativ in den Artikeln der Newsgroup: Es werden Episoden aus der Geschichte der (jeweiligen) Newsgroup, Belehrungen und Hinweise auf die habitualisierten Formen und konventionalisierten Normen, Präzedenzfälle und ähnliches kommuniziert, um das Verhalten zu regulieren.

Hoffmann (2000: 182-185) hat beobachtet, dass die Kontrollformen erster und zweiter Ordnung an Bedeutung gewonnen haben: Das Usenet ist demnach auch kein chaotischer Kommunikationsraum, sondern ein am anarchistischen Ideal der Herrschaftsfreiheit orientierter, durch Institutionen der Selbstregulierung geordneter Kommunikationsraum. Durch die Weiterentwicklung der Selbstregulierung und den Ausbau der – ebenfalls selbstorganisierten – Kontrollformen erster und zweiter Ordnung ist es dem Usenet bislang immer wieder gelungen, die Organisations- und Kommunikationsprobleme selbst zu lösen.

7.3 Kommunikationsprozess und -strukturen in Newsgroups

Repräsentative Studien zur Kommunikation im Usenet bzw. den Newsgroups insgesamt liegen bislang nicht vor. Smith (1999) hat vorgeschlagen, die Kommunikation im Usenet anhand der folgenden **Dimensionen** zu analysieren: Hierarchien, (einzelne) Newsgroups, Postings, Posters, zeitliche Charakteristika der Nutzung sowie Verbindungen zwischen verschiedenen Newsgroups (durch Crosspostings). Diese Untersuchungsdimensionen lagen auch seiner eigenen Studie zugrunde, die er von November 1996 bis Januar 1997 durchgeführt hat. Einige Ergebnisse sollen hier kurz dargestellt werden, wenngleich diese schon aufgrund des länger zurückliegenden Untersuchungszeitraumes nicht generalisierbar sind. Die im Folgenden referierten Befunde verschiedener quantitativer Studien lassen aber zumindest einige Tendenzen erkennen, die durch detaillierte Fallstudien (vgl. Kap. 7.5) ergänzt werden.

Die Gesamtzahl der Newsgroups lässt sich nur schwer ermitteln, weil kein Newsserver den Zugriff auf alle Gruppen erlaubt. Ein Fünftel der von Smith (1999) untersuchten Newsgroups enthielten überhaupt keine Postings, in 42% der Newsgroups wurden innerhalb des Untersuchungszeitraumes von zehn Wochen weniger als 100 News gepostet, bei 23% der Newsgroups waren es zwischen 100 und 1.000, und bei weniger als einem Prozent gab es bis zu 250.000 Postings innerhalb von 10 Wochen. Im Allgemeinen bestimmen kleine Newsgroups mit mittleren Posting-Aufkommen das Bild des Usenet. Vor allem die großen Newsgroups erfüllten eher die **Funktion von Verteilmedien** – in der Untersuchung handelte es sich vor allem um Jobbörsen – und zielten weniger auf den interaktiven Austausch zwischen den Nutzern. Hierbei handelte es sich also keineswegs um Diskussionsforen oder Formen der Gruppenkommunikation. Die einzelnen Hierarchien des Usenet unterscheiden sich stark hinsichtlich der Anzahl der Newsgroups, Postings und Poster; die alt-Hierarchie erwies sich als die weitaus umfangreichste: 29% der untersuchten Newsgroups (N = 14.347), 22% aller Postings und 24% aller Poster zählten zu dieser Hierarchie (vgl. Smith 1999: 202).

Meist beteiligen sich nur bis zu 50 Personen als aktive Poster an der Kommunikation innerhalb einer Newsgroup, immerhin ein Viertel aller untersuchten Gruppen bestanden jedoch aus 50 bis 500 Postern. Smith sieht darin einen Hinweis auf die Leistungsfähigkeit von Newsgroups, denn im Gegensatz zur Face-to-face-Kommunikation, die sich nur für die Organisation und Kooperation in Gruppen bis zu 150 Teilnehmern eigne, werde hier der Kreis der Teilnehmer an Gruppenkommunikationsprozessen erheblich erweitert.

Im Durchschnitt werden pro Poster vier Postings verzeichnet, allerdings verbirgt auch hier der Durchschnittswert die reale Verteilung: 42% der Poster versandten nur eine Nachricht innerhalb der zehn Beobachtungswochen, 96% posteten höchstens 30 mal, und nur 0,04% waren mit mehr als 200 Postings vertreten. Bei genauerer Analyse stellte sich jedoch heraus, dass es sich bei diesen besonders aktiven Postern nicht um Menschen handelte, sondern um die Versender von automatisierten Postings (Test- und Spam-Postings). Die Newsgroups mit den meisten Teilnehmern drehte sich thematisch um das Usenet selbst (Smith 1999: 204).

Als Indikator für die Qualität der Interaktion bzw. für den Grad der Selbstvermittlung in Newsgroups kann das **Verhältnis von Poster zu Postings** herangezogen werden: Schreiben viele verschiedene Poster die meisten Nachrichten, ist das Poster-to-Post-Ratio hoch. Nähert sich das Verhältnis dem Wert 1 an, so spricht dies für geringe soziale Interaktion, denn offenbar schreiben hier einzelne Nutzer Postings, auf die nicht geantwortet wird. Tendiert das Verhältnis gegen 0, dann sind in dieser Newsgroup wenige, sehr aktive Poster, die sehr viele News verfassen. Sehr hohe und niedrige Werte belegen also einen Mangel an Interaktion, wobei ein mittlerer Wert allerdings noch kein Beleg (sondern allenfalls ein schwacher Indikator) für rege wechselseitige Kommunikation ist: Zwar beteiligen sich hier viele Poster in ähnlichem Maße, ob sie aber inhaltlich aufeinander Bezug nehmen, offenbart die Verteilung noch nicht. In der Untersuchung von Smith (1999: 205-206) wiesen nur 60% der Newsgroups einen mittleren Poster-to-Post-Wert auf; d. h. in mindestens 40% der Newsgroup muss das Maß an wechselseitiger Kommunikation als gering eingeschätzt werden. Die gemessenen Werte beziehen sich allerdings lediglich auf die beobachtbaren Artefakte (Postings) und erlauben noch keine Aussagen über die kommunikative Beteiligung der „unsichtbaren Kommunikanden", die als Lurker keine Spuren oder Artefakte hinterlassen.

Newsgroups, die vor allem der Ankündigung und Nachrichtenverbreitung dienen, dürften über viele sehr kurze Threads verfügen. Newsgroups, in denen Frage-Antwort-Muster dominieren (also durchaus eine wechselseitige selbstvermittelte Kommunikation stattfindet), dürften ebenfalls über eine hohe Anzahl Threads mit jeweils ungefähr zwei Postings verfügen, also eine Thread-to-Post Ratio nahe 0,5 aufweisen. Lange Threads (Thread-to-Post-Ratio niedrig) deuten hingegen auf anhaltende Diskussionen, möglicherweise Kontroversen zu einem Thema oder auf einen komplexen Diskussionsgegenstand hin. In der Untersuchung von Smith (1999: 210) erfolgte nur auf 21% der Postings eine Reaktion (innerhalb des Beobachtungszeitraumes und ohne private E-Mail-Kontakte), die überwiegende Mehrheit der insgesamt 14 Millionen Postings blieb (zumindest zunächst) isoliert.

Durchschnittlich wurden in den über 14.000 untersuchten Newsgroups täglich 300.000 News (an anderer Stelle ist von „nur" 67.000 die Rede) von 18.000 Postern veröffentlicht (Smith 1999: 206), andere Quellen gehen von täglich 200.000 Artikeln in 70.000 Newsgroups im Jahre 1997 aus (Hoffmann 2000: 170). Nutzungshöhepunkte waren die Morgen- und Vormittagsstunden der Werktage, was auf eine Newsgroup-Nutzung am Arbeitsplatz hinweist (Smith

1999: 206-207 bzw. S. 209). Möglicherweise hängt dies aber auch damit zusammen, dass 1997 noch der Arbeitsplatz der Ort der hauptsächlichen Internetnutzung gewesen ist.

Auch Rafaeli und Sudweeks (1996) haben anhand einer angeblich repräsentativen Zufallsstichprobe von zunächst 5.690 Newsgroups im Jahre 1993 untersucht, wie „interaktiv" die Kommunikation in Newsgroups tatsächlich ist. Hierfür wurden allerdings zunächst alle Gruppen (insbesondere solche des Bitnet und des Usenet) aus dem Sample entfernt, bei denen es sich erkennbar um „specific non-discussion groups" handelte. In das endgültige Sample gingen lediglich 44 Gruppen mit insgesamt 4.322 Postings ein, die einer Inhaltsanalyse unterzogen wurden. Als Kriterium für „Interaktivität" wurde die inhaltliche Bezugnahme der Postings untereinander herangezogen. Im Durchschnitt dienten rund 40% der Postings der reinen Informationsverbreitung, bei 14,6% der Postings handelte es sich um Anfragen und Informationswünsche. Etwas mehr als die Hälfte der Postings (52,5%) nahmen Bezug auf eine vorangegangene Mitteilung in der Newsgroup und wurden deshalb als „reactive" eingestuft. Nur weniger als 10% der Postings wurden als „interactive" bewertet, weil sie nicht nur inhaltlichen Bezug auf vorangegangene Beiträge nahmen, sondern sich auch metakommunikativ auf sie bzw. ihre Autoren bezogen. Diese „Interactive Messages" enthielten deutlich häufiger Kundgaben von Meinungen und Zustimmung, Formulierungen in der gruppenbezogenen „Wir-Form" sowie Selbstoffenbarungen der eigenen Person (Self Disclosures). Die Ergebnisse dieser frühen Studie zeigen, dass die Kommunikation in Newsgroups sich hinsichtlich des „Interaktivitätskriteriums" nicht so stark von der öffentlichen Kommunikation unterscheidet, wie vielfach angenommen wird: Zwar sind in unmoderierten Newsgroups alle Postings selbst durch die Kommunikanden vermittelt, doch folgt nur ein vergleichsweise kleiner (und durch das Sampling von Rafaeli/ Sudweeks sogar noch stark überzeichneter) Teil der Postings dem Diskursmodell der Gruppendiskussion. Ein weitaus größerer Teil der Postings hat die Funktion, Informationen (gruppen)öffentlich bereitzustellen und damit Kommunikationsanlässe zu schaffen.

Der individuelle Nutzen, den verschiedene Newsgroups für die Teilnehmer im Sinne des Uses-and-Gratifications-Approach aufweisen, dürfte aufgrund der heterogenen Usenet-Struktur recht unterschiedlich ausfallen. So geht Smith (1999: 201) davon aus, dass sich im Meer der Postings lediglich „islands of quality interaction" finden lassen. Nicht nur Ausmaß, auch die Art des Nutzens kann ganz unterschiedlich sein: Einige Gruppen dienen lediglich der Bekanntmachung und Verbreitung von Informationen oder Angeboten (insbesondere Stellenangeboten im IT-Sektor), andere der gemeinsamen Lösung von Problemen (z. B. der Softwareentwicklung), der Beantwortung von konkreten Fragen, aber auch der wechselseitigen Hilfe und Unterstützung in besonderen Lebenslagen, dem Erfahrungsaustausch von Menschen mit ähnlichen persönlichen Lebensgeschichten. Der konkrete Nutzen der Newsgroups lässt sich folglich nicht objektiv inhaltsanalytisch bestimmen, sondern nur im spezifischen Nutzungskontext.

Burnett und Buerkle (2004) haben ein anderes Kategoriensystem für die Analyse der Kommunikation in Newsgroups entwickelt und – zunächst am Beispiel von zwei unmoderierten Selbsthilfegruppen – erprobt, um der Vielfalt der Postings besser gerecht zu werden. Neben dem **„Informationsaustausch"** (explizit information exchange) nennen sie das oben bereits erwähnte, inhaltsanalytisch nicht zu erfassende **Lurking** (von ihnen allerdings vorschnell als „non interactive behavior" klassifiziert), **Kommunikationsstörungen** („hostile behaviors ... includ[ing] flames, trolling, spam and [in extreme cases] cyber-rape") und „collaborative interactive behaviors", bei denen nicht allein der Austausch themenbezogener Sachinformation im Vordergrund steht:

> „These behaviors range from informationally inconsequential but socially important activities such as the exchange of pleasantries, gossip, and jokes, through active emo-

tional support, to more explicitly information-oriented exchanges, including announce-
ments, queries and requests for information, and replies to such queries and requests."

Aufgrund der inhaltsanalytischen Fallstudie mussten sie die Typologie um die Kategorie
„Antworten auf Flaming" erweitern. Ihr Vergleich der beiden funktional eng verwandten
Newsgroups hat gezeigt, wie unterschiedlich die Kommunikationsstile ausgeprägt sein können und wie schwierig verallgemeinernde Aussagen auch nur für bestimmte Newsgroup-Gen-
res (hier gesundheitsbezogene Selbsthilfegruppen) zu treffen sind: Während in der einen
Newsgroup der Anteil des Störverhaltens mehr als 25% aller Postings ausmachte, betrug er
bei der anderen Newsgroup nur rund 1,2%. Der Anteil der direkt informationsbezogenen
Postings (Ankündigungen, Fragen, Gruppenvorhaben) schwankte zwischen rund 14,5% und
19,4%; der Anteil der beziehungsrelevanten, aber informationsarmen Postings reichte von
etwa 22% in der einen bis zu fast 40% in der anderen Newsgroup. In beiden Gruppen wurden
im Übrigen viele Anfragen nicht an die gesamte Gruppe gerichtet, sondern es wurden spezifische Gruppenmitglieder adressiert. Burnett und Buerkle (2004) weisen auch auf die Probleme
ihres Kategoriensystems hin: So sind Ankündigungen und Werbung (Spam) nicht ohne weiteres voneinander zu unterscheiden. Vor allem aber müsste die Dynamik der Diskussion
berücksichtigt werden: Im Laufe der Kommunikation kann sich nämlich die Bedeutung eines
Postings auch für die Beteiligten durchaus verändern, insbesondere durch die anschließende
Kommunikation innerhalb und außerhalb der Newsgroup (z. B. per E-Mail). Die Bedeutung
der Kommunikation in Newsgroups spiegelt sich, so die beiden Autoren, eben nur unvollständig in den manifesten Inhalten der Postings.

Die von Smith (1999) eingesetzte „Netscan"-Software ermöglichte auch die Erfassung der
Crosspostings (Anzahl und Verteilung in die verschiedenen Gruppen), so dass er auch Verbindungen zwischen verschiedenen Gruppen rekonstruieren konnte: „Crossposting Degree"
(Grad) bezeichnet dabei die Anzahl der Newsgroups mit denen eine bestimmte Newsgroup
via Crosspostings verbundenen ist; „Crossposting Volume" (Umfang) hingegen misst die
Stärke der jeweiligen Verbindung anhand der Anzahl der gemeinsamen Postings. Newsgroups
können also unterschiedliche **Konnektivität** aufweisen: Sie können stark oder schwach mit
einigen oder mit vielen anderen Newsgroups verbunden sein, so dass sich innerhalb des Usenet wiederum ein thematisches und soziales Netz ergibt. In der Untersuchung von Smith
(1999: 207-208) waren die Newsgroups durchschnittlich mit 50 anderen verbunden, nur 6%
waren unverbundene „Inseln", 4% hatten Verknüpfungen (gemeinsame Crosspostings) mit
mehr als 200 anderen Gruppen, aber nur 15% standen in Verbindung mit mehr als 100 anderen Gruppen. Diese stark durch Crosspostings verknüpften Newsgroups bilden demnach den
Kern des Usenet, und in ihnen fanden sich auch insgesamt 69% aller Postings. Sehr starke
Crossposting-Verbindungen können mit Smith als Hinweis darauf interpretiert werden, dass
die Themen- und Personenkreise dieser Gruppen nicht klar konturiert sind, und es sich wahrscheinlich nicht um virtuelle „Gemeinschaften" mit hoher Kohäsion handelt. Mit Hilfe dieser
Methode ließe sich eine Landkarte des Usenet zeichnen, aus der die Zentren und Peripherien
hervorgingen.

Wie mit dem WWW verbindet sich auch mit den Newsgroups die Vision des globalen „herrschaftsfreien Diskurses" und der wechselseitigen kommunikativen Hilfe und Unterstützung.
Vor dem Hintergrund der wenigen vorliegenden Ergebnisse empirischer Forschung müssen
diese Visionen wohl relativiert werden: Die Mehrzahl der Newsgroup-Poster stammte in der
bereits zitierten Untersuchung von Smith (1999: 197) im Jahre 1997 aus den USA, allerdings
waren in dem von ihm untersuchten umfangreichen Sample immerhin 59% der Nutzer –
soweit anhand der Header feststellbar – nicht in den USA beheimatet. Rund 2% der erfassten
Nutzer waren Deutsche (Platz 3 hinter den USA und Taiwan), knapp 0,4% der Poster waren
anonym. Choi und Danowski (2002) haben anhand des Crosspostings untersucht, ob bzw. in

welchem Maße es im Usenet tatsächlich zu **interkultureller Kommunikation** kommt. In drei Intervallen analysierten sie während eines Jahres alle Crosspostings in 133 Newsgroups mit einem Gesamtaufkommen von 232.479 Postings, um herauszufinden, ob sich im Usenet tatsächlich ein „globales Dorf" oder eher eine „globale Metropolis" herausbildet, also eine erkennbare Struktur aus Zentren und Peripherien. Ausgewertet wurden in der Untersuchung von Choi und Danowski alle einseitigen Crosspostings zwischen 133 verschiedenen Newsgroups der soc.culture-Hierarchie mit erkennbar ethnisch-kulturellem Themenbezug, z. B. soc.culture.afghanistan oder soc.culture.zimbabwe. Als Hinweis auf eine „interkulturelle" Kommunikation wurde dabei also die bloße Adressierung an eine weitere Newsgroup, die zumindest nominell eine andere ethnische oder (sub)kulturelle Teilnehmer- und Themenzusammensetzung versprach, interpretiert. Unterstellt wurde dabei den Crosspostern die Intention gruppenübergreifend (und im Sinne von Choi/ Danowski damit bereits interkulturell) zu kommunzieren. Die – möglicherweise ausbleibende – Antwort aus dieser anderen Newsgroup wurde in der Untersuchung also nicht berücksichtigt. 46% aller Postings wurden in mehrere Newsgroups gesendet (Crossposting); allerdings lassen sich durch Netzwerk- und Clusteranalysen dabei klare Strukturen erkennen: Insbesondere Newsgroups mit kulturellem Asienbezug (Singapur, Taiwan, Hongkong, Asien-Amerika, China und Malaysia) erwiesen sich als zentrale Gruppen mit vielen Crosspostings, während Newsgroups mit Bezug zu afrikanischen Kulturen und Gesellschaften eine eher periphere Stellung einnahmen. Als einflussreiche Faktoren für das „interkulturelle Crossposting" erweisen sich neben geopolitischer Nähe und gemeinsamer Sprache interessanterweise auch politische Konflikte. So weisen beispielsweise die Newsgroups soc.culture.india und soc.culture.pakistan eine hohe Crosspostingdichte auf, ähnliches gilt für Israel und Palästina, China und Taiwan, Iran und Irak. Die USA-bezogene Newsgroup nahm die zentrale Stellung ein, da sie mit 98% aller anderen Newsgroups per Crossposting verbunden war. Aber auch die Newsgroups mit Lateinamerika- und diejenigen mit Südostasien-Bezug bildeten kohärente Blöcke oder Kerne im Netz der Crosspostings, sind also nicht ohne weiteres zur „Peripherie" zu zählen. Choi und Danowski kommen aufgrund ihrer statistischen Netzwerkanalyse zu dem Schluss:

> „This research presents results more in line with the global metropolis model than with the global village model (...) segmentation rather than homogenization was the strongest evidence in support of the global metropolis metaphor. In a communication environment with equal control of information distribution, cultural newsgroups form multiple subgroups rather than create one encompassing community."

Gegen die Untersuchung und Interpretationen lässt sich einwenden, dass die Inhalte der Postings, die wechselseitigen Reaktionen und die Tatsache, dass möglicherweise gerade die nicht kulturspezifischen Gruppen geeigneter für die interkulturelle Kommunikation sein könnten, nicht berücksichtigt wurden. Gleichwohl kann die Studie von Choi/ Danowski als Indiz dafür gewertet, dass der prinzipielle gleichberechtigte technische Medienzugang allein noch keine neuen Modi der interkulturellen oder globalen Kommunikation hervorbringt.

7.4 Kommunikationsprobleme in Newsgroups

Die vergleichsweise hohe Zahl von leeren oder seit langem nicht mehr genutzten Newsgroups (vgl. Kap. 7.3.) deutet auf ein verbreitetes Problem hin: Ist ein Themenbereich erschöpft oder schrumpft die Zahl der Poster unterhalb der **kritischen Masse**, „stirbt" die Gruppe, d. h. es findet keine Diskussion mehr statt. Newsgroups verlieren aber auch dann an Nutzwert, wenn häufig Postings eingehen, die das eigentliche Thema, die konkreten Beiträge oder gar den gesamten Diskussionsbereich – absichtlich oder unabsichtlich – verfehlen, also **„off topic"** sind. Dieses Problem dürfte bei unmoderierten Newsgroups häufiger auftreten als bei moderierten, wo anhand entsprechender Kriterien vor der Publikation selektiert werden kann. User können ihre eigenen Postings, aber auch die **Postings anderer User löschen**, was wiederum Missbrauchsgefahren in sich birgt. Ferner ist es möglich, sich die Postings bestimmte Nutzer erst gar nicht anzeigen zu lassen – die Vorstellung, Newsgroups seien selektions- und hierarchiefreie Kommunikationsforen, erscheint also nicht zutreffend. Sachliche Fehler sowie eine **unzureichende Kenntnis von Stil und Etiquetten der spezifischen Newsgroup** (Länge von Postings, gebräuchliche Abkürzungen, Mehrfachversenden, mangelhaftes „Subject", falsches Zitieren usw.) führt mitunter zu erheblichen Kommunikaionsstörungen bis hin zum **Flaming und persönlichen Angriffen**. Weitere Kommunikationsprobleme können durch **unzureichende Beachtung der Crossposting- und Follow-up-Regeln** entstehen (vgl. auch Smith/ McLaughlin/ Osborne 1996).

Smith, McLaughlin und Osborne (1996) schreiben zwar „Failure to observe net and newsgroup standards is quite common", allerdings liegen auch zur Häufigkeit von Flaming keine verlässlichen repräsentativen Daten, sondern lediglich Fallstudien vor. Inhaltsanalytisch lässt sich ausgehend von der Regelverletzung ein typischer Kommunikationsablauf beschreiben: Auf den Normverstoß folgt meist eine Beschwerde, dann eine Rechtfertigung oder Entschuldigung (in einigen Fällen aber auch ein Leugnen, Abschwächen oder gar eine Bestärkung) und abschließend eine Klärung, z. B. durch die Reaktion des Beschwerdeführers. In einer Inhaltsanalyse von fünf populären Newsgroups (gespeichert wurden jeweils drei Wochen; vgl. Smith/ McLaughlin/ Osborne 1996) machten Normverstöße und die jeweiligen Anschlusskommunikationen insgesamt rund 15% des Postingumfangs aus. Am häufigsten wurde gegen die spezifischen Newsgroup-Normen (31%) verstoßen, eine unangemessene Sprache oder Flaming verwendet (28%) sowie sachliche Fehler (einschließlich Rechtschreibfehler) begangen (19%).

Nur ein Viertel der beobachteten Regelverletzer antwortete öffentlich innerhalb der Newsgroup (und des Beobachtungszeitraums) auf die gegen ihn erhobenen Vorwürfe und auf diese Antworten reagierten wiederum nur in vier Fällen andere Newsgroupteilnehmer. Insgesamt fanden sich im Sample 128 Regelverstöße, die durch 52 Teilnehmer ausgelöst wurden. In zwei Dritteln der Fälle (83) wurden die Verursacher durch andere Teilnehmer auf ihr Vergehen aufmerksam gemacht oder gemahnt, wobei sich insgesamt 70 (der insgesamt 126) Teilnehmer zu einem solchen Kommentar veranlasst sahen. Das heißt, einerseits werden nicht alle Verstöße thematisiert, andererseits sind es aber nicht nur einige wenige „Moralapostel", die Verfehlungen anprangern, sondern vergleichsweise viele Teilnehmer, darunter offenbar auch etliche, die selbst bereits gemahnt wurden. Insgesamt war der Kommunikationsstil in solchen Abmahnungs- und Entschuldigungssequenzen in den fünf untersuchten Newsgroups recht ähnlich. Während Männer sich häufiger über Postings von Frauen beschwerten als umgekehrt, unterschieden sich die Beschwerde-Postings von Frauen und Männern hinsichtlich Stil und Tonfall (freundlich, hilfsbereit, feindselig oder humorvoll) nicht. Die Beschwerden der Männer waren allerdings durch ausgeprägteren Sarkasmus und persönliche Ansprache des Regelverletzers gekennzeichnet.

Von besonderer Bedeutung sind **glaubhafte Identitäten** bei der Diskussion persönlicher Themen und in Newsgroups, die der sozialen Unterstützung, der Beratung oder der Krisenbewältigung dienen. Hier spielt die Reputation der Online-Persona eine ausschlaggebende Rolle für die Interpretation der News, die weitere Kommunikation und das Wachsen von persönlichem Vertrauen. Besondere Aufmerksamkeit haben daher auch bei den Newsgroups Fragen der Anonymität und Identität erlangt (vgl. auch Kap. 10), denn wie bei anderen Modi der computervermittelten Kommunikation fallen visuelle und auditive Anzeichen, die als soziale Hinweisreize interpretiert werden, bei der News-Kommunikation weg. Zur Identifikation der Kommunikanden und zur **Herstellung ihrer Glaubwürdigkeit** stehen bei

Newsgroups keine zentralen Institutionen und meist auch keine Moderatoren zur Verfügung; die Kommunikanden verfügen lediglich über die direkt geposteten und publizierten Kommunikate. Bei der Kommunikation über persönliche und intime Probleme kann es umgekehrt aber gerade förderlich sein, anonym zu bleiben, um nicht zu viel von seiner realen Person Preis zu geben und nicht identifizierbar zu sein. Mitunter lässt sich nur so der Schutz vor Belästigungen oder gar Erpressungen erreichen und – ähnlich wie bei der Telefonseelsorge oder Face-to-face-Beratungsangeboten und Selbsthilfegruppen – Kommunikationsbereitschaft herstellen. Anonymität und Nicht-Sichtbarkeit können also für durchaus legitime Kommunikationszwecke – und nicht nur für Störungen, Belästigungen oder illegale Ziele – hilfreiche Eigenschaften der News-Kommunikation sein. In einigen Newsgroups ist daher anonyme Kommunikation durchaus erwünscht und üblich.

Für die Identifikation wie für die gezielte Nicht-Identifizierbarkeit sind in der News-Kommunikation die ausgetauschten Textbotschaften maßgeblich: Zunächst einmal verfügt jede News wie einleitend dargestellt im Header über eine User-ID sowie eine E-Mail-Adresse, die Rückschlüsse auf Herkunft und Position des Verfassers erlauben. E-Mail-Adressen und aktive Zugänge zu Newsgroups (einschließlich des Posting-Rechts) werden von Institutionen wie Universitäten oder von Unternehmen nicht ohne Identifikation der tatsächlichen Person vergeben. Absender von News sind hierdurch im Zweifelsfall eindeutig identifizierbar; in jedem Fall können die Domain-Namen als Indizien für die Zugehörigkeit des Absenders zu dieser Institution interpretiert werden. Bei kommerziellen Providern, die Adressen an jeden potenziellen Nutzer vergeben, oder gar bei der Nutzung von Remailern zur Anonymisierung entfallen diese Möglichkeiten jedoch weitgehend (vgl. Donath 1999: 35-38). Gleichwohl enthalten auch News von nicht eindeutig (also „realweltlich") identifizierbaren Autoren Anzeichen und bewusst eingesetzte Zeichen, die von den anderen Teilnehmern einer Gruppe als **Identitätszeichen** interpretiert werden (können): So ist es möglich, in den Archiven der Newsgroup nach früheren Beiträgen desselben Autors zu suchen, um sich ein umfassenderes Bild über die thematischen Interessen, die vertretenen Meinungen, die sachlichen Kompetenzen und allgemein über Art und Ausmaß der Beteiligung des Absenders zu machen. Donath (1999: 39) hat im Rahmen einer ethnomethodologischen Studie herausgefunden, dass regelmäßige Poster **typische News-Stile** entwickeln, mit denen die anderen Teilnehmer (auch die Lurker) durchaus vertraut sind.

Burkhalter (1999) hat diese Schreibstile am Beispiel verschiedener Newsgroups der Hierarchie   soc.culture   (soc.culture.jewish;   soc.culture.african.american; soc.culture.mexican.american) hinsichtlich des Identitätsmerkmals Ethnizität untersucht: Dabei erweist sich der Body der News als glaubwürdigstes Indiz. Weniger die Wahl der Themen als vielmehr die eingenommenen Perspektiven, die vertretenen Meinungen und die sprachlichen Ausdrucksformen fungieren hierbei der Selbst- und Fremdidentifikation der Ethnizität der Verfasser. Burkhalter (1999: 70 u. 74) kommt zu dem Ergebnis, dass Ethnizität in der Online-Kommunikation unter anderen Kommunikationsbedingungen ausgehandelt wird:

> „Just as authors cannot choose any racial identity a respondent cannot recast the racial identity of another at will. Here we find that online racial identity is no more chimerical or fluid than its offline counterpart. (...) Race is no less relevant in online interaction than it is in face-to-face interaction."

Bewusst als Identitätssignale werden von vielen Postern auch Signaturen eingesetzt, die etwas über Identität (oder ihre vorgebliche Identität) mitteilen. Vielfach wird in Signaturen auf eigene Homepages im WWW verwiesen oder es werden nachvollziehbare Angaben (bis hin zu Telefonnummern und Postadressen, Arbeitsplatz etc.) mitgeteilt. Donath (1999: 44) kommt zu dem Schluss: „From the header to the signaure, identity cues are scattered throughout the Usenet letter. (...) Yet these identity cues are not always reliable."

Donath (1999: 44-53) teilt die möglichen Identitätstäuschungen in drei Typen ein:

- Zum ersten gibt es in Newsgroups sog. **„Trolls"**, die permanent irreführende Informationen, auch ihre Identität betreffend, posten und es damit auf die Sabotage der Gruppenkommunikation abgesehen haben oder um jeden Preis die Aufmerksamkeit der Gruppe gewinnen möchten. Werden solche Trolls von einigen Teilnehmern erkannt, so wird dies oft Thema metakommunikativer News und führt vielfach dazu, diesen Teilnehmer per Killfile „auszuschließen". Tatsächlich kann zwar nicht verhindert werden, dass der Troll weiter postet, doch können sich die anderen Nutzer individuell dafür entscheiden, sich diese Postings nicht mehr anzeigen zu lassen. Im Ergebnis werden die Artikel des Trolls immer weniger beachtet und seine Ziele werden durchkreuzt, was mit hoher Wahrscheinlichkeit früher oder später dazu führt, dass der Troll auch keine irreführenden Postings sendet. Als Alternative wird in einigen Newsgroups empfohlen, den Troll direkt per E-Mail zu kontaktieren, was bei großen Newsgroups (und wenn der Troll keinen Remailer benutzt) wie eine „Mail-Bombe" wirkt, die die Inbox des Trolls „sprengt" und ihn zeitweise an jeder netzbasierten Kommunikation hindert. Trolls begehen eine Kategorien-Täuschung: Sie geben vor, eine völlig andere Person zu sein, die in den Kategorien Alter, Geschlecht, Nationalität, Ethnizität etc. von der tatsächlichen Person des Verfassers abweicht. Täuschungen über das Geschlecht sind vor allem in Newsgroups anzutreffen, die sich mit Sexualität und Geschlechterrollen beschäftigen.

- Ein zweiter Typus von Täuschung ist laut Donath **„Impersonation"** also die bewusste Vertauschung von Personen. Hier gibt der Täuschende vor, eine andere, tatsächlich existierende Person zu sein. Mögen solche Täuschungsversuche vergleichsweise rasch zu erkennen sein, wenn sich ein Poster als US-Präsident oder als Michael Jackson ausgibt, so sind andere Täuschungen schwieriger zu entlarven und können hohe soziale Kosten innerhalb der Newsgroup verursachen – insbesondere, wenn es gelingen sollte, in die Rolle eines anderen, bekannten Teilnehmers zu schlüpfen.

- Der dritte Täuschungstypus zielt auf das **Verbergen der eigentlichen Identität,** beispielsweise um Killfiles anderer Teilnehmer zu umgehen, aber auch aus einem legitimen Anonymitätsanspruch heraus, etwa bei Postings in Newsgroups zur sozialen Unterstützung oder Lebensberatung.

Das oben erwähnte **„Trolling"** spielt in Newsgroups eine ambivalente Rolle, denn es geht dabei nicht immer um das Verbergen persönlicher Identität, sondern mitunter um die Herausbildung einer **Gruppenidentität,** allerdings durch Ausgrenzung: Werden Fragen oder (falsche) Behauptungen gepostet, die nicht auf eine sachliche Antwort abzielen, so reagieren „Regulars" und „Newbies" meist sehr verschieden. Die regelmäßigen und erfahrenen Nutzer erkennen die Finte und reagieren entweder gar nicht oder geben zu erkennen, dass sie das Trolling erkannt haben. Neulinge neigen dazu, ernsthaft auf Trolls zu reagieren und geben damit ihre Unkenntnis der Gruppenkultur zu erkennen. Ähnliches gilt für spezifische Schreibweisen mancher Begriffe, die von Newsgroup zu Newsgroup variieren können: Wer solche vermeintlichen Tipp- oder Rechtschreibfehler korrigiert oder nachfragt, weil er Teile der Kommunikation nicht versteht, gibt zu erkennen, dass er noch nicht wirklich dazugehört (vgl. Tepper 1997: 40-46). Es wird also deutlich kommuniziert, dass allein der technische Zugang zur Newsgroup noch keine Zugehörigkeit zur „Community" bedeutet. Durch den spielerischen und mitunter hämischen Einsatz des „trolling" dürfte einigen Neulingen die Lust vergehen, sich weiter auf die Kommunikation in dieser Newsgroup einzulassen.

7.5 Ethnographische Fallstudien

Vielzahl und Vielfalt der Newsgroups legen es nahe, durch ethnomethodologische Fallstudien ein detaillierteres Bild der Kommunikation auf der Mikroebene zu gewinnen, um besser verstehen zu können, was die Kommunikation im Usenet auszeichnet. Mittlerweile liegen auch für deutschsprachige Newsgroups solche Fallstudien vor (Thimm/ Ehmer 2000), in den USA gibt es hier aber einen erheblichen Forschungsvorsprung, so dass dort auch die Entwicklung bestimmter Newsgroups über mehrere Jahre hinweg beobachtet werden konnte (vgl. die Arbeiten von Nancy Baym 1997; 2000a, 2000b und Goltzsch 1997).

Thimm und Ehmer haben die Newsgroup „de.soc.senioren" im Jahre 1999 über mehrere Wochen hinweg beobachtet und die insgesamt 793 Postings diskurs- und inhaltsanalytisch untersucht. Insgesamt beteiligten sich in den 30 Wochen des Untersuchungszeitraumes 64 verschiedene Personen mit eigenen Artikeln, die sich in hohem Maße an den schriftsprachlichen Normen des Briefes bzw. der E-Mail orientierten – ein möglicherweise generationsspezifisches Phänomen oder Ausdruck der Tatsache, dass die teilnehmenden Senioren überwiegend (noch) nicht sehr vertraut mit den netzspezifischen Umgangsformen waren. Von den 64 Postern beteiligten sich 19 im Untersuchungsraum regelmäßig (also mit mehr als ein oder zwei Artikeln). Ein Teilnehmer nahm mit 153 Postings einen Spitzenrang ein; er initiierte auch mit großem Abstand die meisten Themen (29 von 127). Thimm und Ehmer (2000: 231-237) konnten für diese Newsgroup auch nachweisen, dass es offenbar ein **Gruppenidentitäts-Gefühl** gibt: So wird vielfach die gesamte Gruppe adressiert, das Duzen der anderen Teilnehmer (obwohl ansonsten in der Altersgruppe der Teilnehmer nicht ohne weiteres die Norm) war üblich, eine besondere Funktion für die Kommunikation besaßen Themen, die im engen Zusammenhang mit der Selbstdefinition der Gruppe standen.

Nancy K. Baym hat seit 1991 immer wieder die Newsgroup „Rec.arts.tv.soaps" (von den Teilnehmern kurz „r.a.t.s." genannt) untersucht, bei der das Thema Soap Operas im US-Fernsehen Kommunikationsgegenstand ist. Diese Gruppe hat sich 1984 von der Usegroup „net.tv" abgespalten, die sich mit allen fernsehrelevanten Fragen beschäftigte. „r.a.t.s." gehörte zu den ersten Newsgroups, die mehr als 100.000 Postings enthielt und kann insofern als große und erfolgreiche Gruppe betrachtet werden. Baym hat zunächst teilnehmend beobachtet; die gewonnenen Befunde beruhen aber auf zusätzlichen Umfragen (1993) sowie späteren nichtteilnehmenden Beobachtungen als Lurkerin. Auch sie kommt für 1991 zu dem eindeutigen Befund, dass die Postings innerhalb der Newsgroup von einer kleinen Gruppe aktiver Teilnehmer stammt (knapp 10% der Teilnehmer posteten 10 Mal oder öfter im Verlaufe eines Monats) (vgl. Baym 1997: 104-105). Für die r.a.t.s.-Gruppe konnte Baym **typische Kommunikationsweisen** feststellen: Teilnehmer, die erstmalig selbst posteten, führten ihren Artikel mit der Bezeichnung „unlurking" in der Subject-Zeile ein. Für die verschiedenen Soap Operas setzen sich rasch Akronyme durch, um die einzelnen Beiträge den entsprechenden Threads zuordnen zu können und die Orientierung der Teilnehmer zu erleichtern (z. B. GH für General Hospital). Regelmäßige Teilnehmer entwickelten auch in dieser Newsgroup „Online-Persönlichkeiten", die sich durch einen bestimmten Kommunikationsstil, thematische Interessen und Kompetenzen auszeichneten. Dabei spielten auch Auskünfte über die eigene Person eine Rolle, die nicht unmittelbar mit den Sachthemen der Kommunikation (Soaps) in Zusammenhang standen. Es entwickelte sich neben der Kritik, Reflexion und Diskussion der Soaps, ihrer Dramaturgie und Figuren eine persönliche Kommunikation mit der Funktion **wechselseitiger sozialer Unterstützung**. Die Herausbildung von **Online-Personae** erleichterte nicht nur das Wiedererkennen, sie erhöhte auch den Status dieser Teilnehmer und die Autorität ihrer Aussagen (vgl. Baym 1997: 108-117).

Das Wachstum der „r.a.t.s."-Newsgroup (1984 gab es durchschnittlich nur 1 Posting pro Tag, 1990 waren es 50) führte zur Teilung in drei **Untergruppen** (nach den Networks CBS, ABC und für alle übrigen Soaps), in denen 1999 durchschnittlich 500 Postings pro Tag verteilt wurden (Baym 2000b: 293). Baym konzentrierte sich im Folgenden auf die Gruppe „rec.arts.tv.soaps.abc", in der sie unter anderem eine ausführliche E-Mail-Befragung von 41 Teilnehmern (Postern) durchführte. Darunter waren 35 Frauen und 6 Männer zwischen 23 und 54 Jahren (Durchschnitt 37 Jahre), 26 der Befragten waren seit 1993 Teilnehmer der (Vorläufer-)Newsgroup. Die starke Zunahme der Teilnehmer und Postings führte zu einer Veränderung der Kommunikation und der Gruppenstruktur: Einige der tradierten Gruppenkonventionen waren für neue Teilnehmer entweder unverständlich oder sie folgten ihnen absichtlich nicht. Zusätzlich wurden **neue Konventionen** notwendig, um die Stabilität der Gruppenkommunikation zu erhöhen. Eingeführt wurden „Favorite Characters" (FC), d. h. Teilnehmer eigneten sich eine der Soap Opera-Figuren als Alter Ego an und traten mit dieser Online-Person in der Newsgroup auf – ohne dass ihre „reale" Person hierdurch verborgen worden wäre. Mit den Favorite Characters zogen **Rollenspiele** in die Newsgroup ein. Als konstitutiv für den Gruppenzusammenhalt und die gemeinsame Identität erwiesen sich (weiterhin) die Interessen an der jeweiligen Serie sowie die Erwartungshaltung an die übrigen Teilnehmer, zu dieser Thematik regelmäßig Substanzielles beizutragen. Baym (2002b: 295-300) geht davon aus, dass die Abgrenzung zur sozialen Umwelt, in der Soap Operas durchaus umstritten sind oder nur gering geschätzt werden, wesentlich zur Gruppenidentität beitragen. Geschaffen wird ein Kommunikationsraum, der von wechselseitigem Vertrauen geprägt ist und „einen sicheren Rahmen für persönliche Offenheit" und Interpretationen der Soaps bietet.

Auch nach fünf Jahren hat Baym (2000b: 180-184) grundsätzlich ähnliche Bewertungen von r.a.t.s. gefunden, allerdings hatten sich durch die hohe Zahl neuer Teilnehmer neue soziale Spannungen in der Newsgroup entwickelt: Die Nichtbefolgung oder gar Anfechtung der tradierten Regeln führten zu Flame Wars und im Gegenzug zur Ausdifferenzierung und Explizierung der Regeln. Ein besonderes Problem stellten „Trolls" dar, die mit ihren Beiträgen lediglich das Ziel verfolgten, die Gruppenkommunikation zu stören. Für neue Mitglieder wurde ein „Sozialisationsprogramm" entwickelt, das auf einer Website die relevanten Kommunikationsregeln zusammenstellt und begründet sowie den Newbies die Möglichkeit bietet, sich von einem erfahrenen „Oldtimer" tutoriell betreuen zu lassen (in der Newsgroup als „Sponsoring" bezeichnet). Zudem bildeten sich Cliquen, also weitere Subgruppen, die entweder tatsächlich separat über Mailinglists kommunizierten oder lediglich von einigen Teilnehmern als Insider-Clique angesehen wurden (vgl. Baym 2000b: 301-307; Baym 2000a: 184-192). Ethnomethodologischen Detailstudien belegen also vielfältige soziale Strukturierungs- und Schließungsprozesse von Newsgroups; und vor allem lässt sich nachweisen, dass dies von den Betroffenen selbst so empfunden wird. Neben anderen Gründen haben die Restrukturierungen und sozialen Spannungen in der Gruppe einige langjährige Mitglieder veranlasst, die Newsgroup zu „verlassen" (vgl. Baym 2000b: 309-310).

Während soziale Unterstützung in der von Baym untersuchten Newsgroup zwar eine Rolle spielt, aber weder als Anlass für die Gründung der Gruppe noch als Hauptfunktion zu betrachten ist, haben sich gerade in der „alt"-Hierrachie viele Newsgroups entwickelt, die primär der sozialen Unterstützung dienen. Solche Gruppen hat Mickelson detaillierter untersucht. Soziale Unterstützung begreift sie als „transaction of empathy and concern, information and advice, or tangible aid (i.e. goods and services) between two or more individuals" (Mickelson 1997: 157). In ihrer Feldforschung (109 bzw. 102 Panel-Interviews im Abstand von vier Monaten) geht es um Eltern von Kindern mit geistigen Behinderungen und Entwicklungsstörungen. Grundsätzlich lässt sich feststellen, dass Eltern umso mehr soziale Unterstützung bei ihren Ehegatten und Freunden suchten, je stärker sie ihr Kind als durch sein Leiden stigmatisiert sahen. Eltern, die in Newsgroups nach sozialer Unterstützung (durch Fremde!) suchten, unterschieden sich soziodemographisch von den Eltern, die hierfür keine elektronischen Medien nutzten: Insbesondere waren sie älter, besser gebildet, eher berufstätig und verheiratet. Die Newsgroups-Nutzer, insbesondere die Mütter der behinderten Kinder schätzten die Stigmatisierung ihres Kindes tendenziell höher ein und erhielten nach eigener Einschätzung weniger Unterstützung von ihren unmittelbaren Verwandten und Freunden (aber auch von ihren Ehemännern), und sie gaben auch an, weniger Unterstützung bei diesen Personen zu suchen. Belegen lässt sich also ein Zusammenhang zwischen der Nutzung der betreffenden Newsgroups (vielfach ergänzt durch E-Mails an andere Teilnehmer) bei der Suche nach sozialer Unterstützung durch Fremde einerseits und der wahrgenommenen Stigmatisierung des Kindes sowie der wahrgenommenen Unterstützung durch das unmittelbare soziale Umfeld andererseits. Ungeklärt ist allerdings bislang der Kausalzusammenhang: Suchen (und erhalten) die Newsgroup-Nutzer weniger soziale Unterstützung im direkten Umfeld, weil sie sich stärker auf Usenet und E-Mail konzentrieren, oder ist der Mangel an sozialer Unterstützung der Auslöser bzw. die Ursache für die Hinwendung zur computervermittelten Kommunikation (vgl. Mickelson 1997: 157-178).

7.6 Fazit

Ausgehend vom Usenet hat sich die Kommunikation in Newsgroups zu einer gebräuchlichen Form computervermittelter Kommunikation im Internet und in kommerziellen Online-Diensten entwickelt. Gegenwärtig stehen mehrere Zehntausend thematisch strukturierte Newsgroups zur Verfügung, an die prinzipiell jedermann Texte, aber auch Bilder und andere Dateien „posten" kann. Innerhalb der Newsgroups werden die einzelnen Postings thematisch zu Threads strukturiert und dort wiederum chronologisch geordnet, die Kommunikation verläuft in Newsgroups asynchron. In großen Newsgroups können täglich zwischen 200 und 1.000 News oder Postings abgerufen werden, die Mehrzahl der Newsgroups wird jedoch von bis zu 50 Teilnehmern (Postern) unterhalten. Die Zahl der Nutzer, die diese Postings lediglich lesen (Lurker) ist nicht zu ermitteln, dürfte aber weitaus größer sein. Die Themen und Funktionen moderierter und unmoderierter Newsgroups sind sehr vielfältig, sie reichen von „Suche- und Biete"-Anzeigen über computerbezogene Informationsbörsen und politische Diskussionszirkel bis hin zu Selbsthilfegruppen. Das unterschiedliche Posting-Verhalten führt auch im Usenet zu sozialen Strukturen und die Kommunikation ist durchaus institutionell geregelt. So hat sich ein differenziertes System der Selbstkontrolle und -organisation entwickelt, das allerdings nicht alle Verstöße gegen die selbstgesetzten Normen verhindert.

Bislang mangelt es noch erheblich an grundlegenden, breit angelegten empirischen Untersuchungen des Usenet und der Kommunikation in Newsgroups. Forschungsbedarf besteht insbesondere hinsichtlich des individuellen Nutzungsverhaltens, der Nutzungsmotive, aber auch der Strukturierung von Newsgroups und Threads sowie der mittel- und längerfristigen Entwicklung von Newsgroups. Mit Hilfe ethnographischer Fallstudien können die speziellen „Kommunikationskulturen" und die Entwicklung einzelner Newsgroups differenziert beschrieben und analysiert werden.

8. Chat-Kommunikation

8.1 Einleitung

Chat (engl. to chat: plaudern, schwatzen, Geschwätz) ist ein internetbasierter Dienst, der die **synchrone (maschinen)schriftliche Textkommunikation in Gruppen sowie die dyadische Kommunikation** (privater Chat, „Flüstermodus") ermöglicht. In Gestalt des Internet Relay Chat (IRC) besteht dieser Modus computervermittelter Kommunikation seit 1988, doch mittlerweile ist Chat eine Sammelbezeichnung für verschiedene Formen der synchronen interpersonalen und Gruppenkommunikation geworden. Deutlich hinter E-Mail und dem WWW dürfte das Chatten zu den am meisten genutzten Modi computervermittelter Kommunikation zählen: So gaben in der repräsentativen ARD/ ZDF-Online-Studie 2003 immerhin 16% der befragten Onlinenutzer über 14 Jahre an, mindestens einmal wöchentlich zu chatten oder Newsgroups besuchen (zum Vergleich: E-Mail 76%, „Surfen" 45%; vgl. van Eimeren/ Gerhard/ Frees 2004: 356). Schmidt (2000: 113) geht auf der Grundlage verschiedener empirischer Nutzungsstudien für das Jahr 1998 davon aus, dass der zeitliche „Anteil der Nutzung des Chat bei der Internetanwendung ... circa 30%" beträgt. Solche Nutzungsdaten relativieren sich allerdings, wenn man bedenkt, dass Chat vielfach als Hintergrundmedium genutzt wird und sich die eingeloggten Teilnehmer der eigentlichen Konversation mitunter nur sporadisch zuwenden, wenn bestimmte Themen oder Teilnehmer im Chatfenster wahrgenommen werden. Andererseits gibt es auch versierte Chatter, die gleichzeitig in mehreren Chats agieren.

Chat-Kommunikation gehört mittlerweile zu den beliebtesten Gegenständen der Forschung: Aus sprachwissenschaftlicher Sicht gehören die besondere Sprachverwendung sowie das Verhältnis von Mündlichkeit und Schriftlichkeit zu den interessanten Fragen (vgl. Kap. 8.4 sowie Kap. 5.4); Psychologen und Soziologen stellen vor allem das Verhältnis von realer und virtueller Identität sowie die Frage der Anonymität der Beziehungen in den Mittelpunkt (vgl. Kap. 8.4 sowie Kap. 10). Aus kommunikationswissenschaftlicher Sicht interessieren darüber hinaus die institutionalisierten Kommunikationsregeln und Organisationsformen des Chattens sowie die Frage, welcher Typus von Öffentlichkeit hier entsteht.

In diesem Kapitel werden zunächst Grundbegriffe sowie die technischen und organisatorischen Grundlagen der Chat-Kommunikation vorgestellt (Kap. 8.2), bevor auf den Kommunikationsprozess (Kap. 8.3) und die kommunikationspsychologischen und -soziologischen Charakteristika des Chattens eingegangen wird (Kap. 8.4).

8.2 Grundbegriffe und -strukturen der Chat-Kommunikation

Im August 1988 schuf der finnische Student Jarkko Oikarinen das erste Chat-Programm für die synchrone Textkommunikation im Internet. Mittlerweile bietet das Internet mehrere Tausend verschiedene **Kanäle (Channels)**, die eine weltweite Kommunikation von „prinzipiell unbegrenzter Dauer" ermöglichen (Sassen 2000: 88). Döring und Schestak (2000: 315) nennen für 1999 zwischen 8.000 und 16.000 Channels mit einer je nach Tageszeit schwankenden Gesamtnutzerzahl zwischen 20.000 und 40.000, Bechar-Israeli (1996) gibt für Mitte der neunziger Jahre bereits bis zu 10.000 Teilnehmer an. Chatchannels zählen seit einigen Jahren auch zum Angebot kommerzieller Online-Dienste, die ihren zahlenden Kunden meist einfacher zu bedienende und oft moderierte Webchats offerieren. Das öffentliche und private Chatten kann in vielen – organisatorisch, thematisch und institutionell verschieden geregelten – Channels oder Rooms stattfinden.

IRC-Channels werden durch ein vorangestelltes # gekennzeichnet, eine hierarchisch-thematische Organisation wie bei den Newsgroups gibt es nicht. Der Name des Channels gibt zwar

Anhaltspunkte über die Themen oder die Gruppe der Teilnehmer, doch die Varianz der Gesprächsthemen hält sich offenbar in Grenzen, wie Bechar-Israeli (1996) bemerkt:

> „With the exclusion of the technological channels, where people ask technical or other related questions, topics of conversation on most IRC channels are similar, regardless of the channel's name. Whether the name is #music, #arts, #romance, #love, #chat, #israel, or #41plus etc., the topics of discussion do not vary much. In times of disaster, however, IRC is transformed into a medium for spreading first-hand news. For example during the California earthquake of 1993, a special #earthquake channel was opened, where people gave out information, and inquired about loved ones."

Möglicherweise ist die soziale Zusammensetzung der Gesprächsteilnehmer das ausschlaggebende Kriterium für die Wahl des Chat-Channels, d. h. die Namen der Channels signalisieren gemeinsame Einstellungen und Vorlieben und sorgen so für ein Mindestmaß an sozialer Homogenität, was die Kommunikation – über alle möglichen Themen – erleichtern mag. Verlässliche oder gar repräsentative Studien über Themenkarrieren in Chatchannels stehen bislang allerdings noch aus.

Die thematische Beliebigkeit gilt in geringerem Maße für **moderierte Channels** und Webchats, bei denen „Channel-Operators" den Zugang von Teilnehmern regulieren, auf die Einhaltung eines (durchaus breit angelegten) Themenspektrums achten, Beiträge moderieren und zum Teil sogar die Kommunikation durch Themenvorgaben, Ratespiele etc. initiieren und die Teilnehmer animieren. Chatchannels sind 24 Stunden am Tag zugänglich und weltweit nutzbar. Die thematische und soziale Kontinuität ist bei dieser synchronen Kommunikationsform daher bei weitem nicht in dem Maße gegeben, wie dies bei den asynchronen Formen computervermittelter Gruppenkommunikation (Newsgroups, Mailinglists) der Fall ist. Chatchannels gründen sich ständig neu, Bezugnahmen auf Tage, Wochen oder gar Jahre zurückliegende Themen und Ereignisse sind allenfalls regelmäßigen Nutzern, den sog. Regulars bei der Kommunikation mit anderen Regulars möglich. Das Kommunikationsaufkommen kann von Channel zu Channel, aber auch im Zeitverlauf erheblich schwanken, da vielfach ein „Kommen und Gehen" herrscht. Weil einige Teilnehmer zwar eingeloggt, aber untätig (Idling) sind oder lediglich lurken, kommt es auf eine **kritische Masse an aktiven Chattern** an. Döring geht von mindestens 10 Personen aus, die sich im günstigsten Fall bereits aus vorhergehenden Chat-Sessions kennen sollten (vgl. Döring 1999: 105). Einen regelmäßigen Überblick über die durchschnittliche Anzahl der Chatter erstellt Kai Oswald Seidler (http://irc.fu-berlin.de/kanaele.html [24.8.2004]).

Döring (1999: 105-106) unterscheidet sechs thematische Typen von **offenen Chatchannels (Public Channels)** im IRC:

- Gesellige Channels weisen vielfach lokale Bezüge auf (Städte, Regionen), richten sich an soziodemographisch definierte Zielgruppen (Alter, Geschlecht) oder dienen dem Kennenlernen, Flirten und der Vermittlung sexueller Kontakte.

- Computerbezogene Channels dienen der Kommunikation über Hard- und Software, der Diskussion mitunter spezieller Probleme oder stellen Treffpunkte für bestimmte Nutzergruppen (Software-Anwender und -Entwickler, Spiele-Nutzer) dar. Sie sind – wie im Fall der Computer-Spieler-Channels – nicht immer eindeutig von

- Channels unterscheidbar, die sich aus Fankulturen (Fernsehserien, Musik, Sport etc.) rekrutieren oder als

- „Underground-Channels" Foren für Angehörige aus Szenen und Subkulturen sind.

- In Selbsthilfe-Channels kommunizieren Menschen, die ähnliche gesundheitliche oder soziale Probleme bewältigen möchten – von AIDS über Drogenabhängigkeit bis hin zu Geschiedenen, Verwitweten etc.

- Krisen- und Katastrophen-Channels hingegen werden spontan ins Leben gerufen, um über aktuelle Ereignisse, etwa die Anschläge am 11. September 2001 oder Kriege zu diskutieren. Hier schließt die Chatkommunikation an die öffentliche Kommunikation der publizistischen Medien an, bietet mitunter aber die Möglichkeit, mit Menschen aus den betroffenen Regionen zu diskutieren bzw. Informationen aus deren Sicht zu erhalten.

In offenen Kanälen können unpassende oder belästigende Äußerungen unterbunden bzw. ignoriert werden, und zwar nicht durch den technischen Ausschluss vom Zugang, sondern durch den individuell vom einzelnen Teilnehmer ausführbaren „Ignore"-Befehl. Zwar kann der auf diese Weise „ignorierte" Teilnehmer weiter seine Äußerungen ansenden, aber sie werden allen anderen Teilnehmern, die den Befehl aktiviert haben, nicht mehr im Chatfenster angezeigt.

Geschlossene Channels (Private Channels) werden moderiert: Themen (Topics) werden vorgegeben und Verfasser, die sich nicht an diese Vorgaben oder die Umgangsformen halten, werden verwarnt, zeitweilig ausgeschlossen („gekickt") oder grundsätzlich „verbannt", so dass sie – zumindest mit dem bisherigen Pseudonym – nicht mehr teilnehmen können. Operatoren und ihre Äußerungen sind erkennbar, denn vor ihren Nick wird automatisch ein @-Zeichen eingefügt, was ihnen Autorität und Status verleiht.

Neben den Channels des IRC haben sich in den letzten Jahren weitere Formen der Chat-Kommunikation etabliert: Hier sind vor allem die **Web-Chats** hervorzuheben, die über graphische Oberflächen jedes Browsers genutzt werden können, also weder spezielle Client-Software noch besondere Medienkompetenzen voraussetzen. Zwar findet auch bei Webchats die Kommunikation im Wesentlichen in Textform statt, doch haben visuelle Gestaltungsformen erheblich an Bedeutung gewonnen: Diese reichen von „Avataren", also bildlich-figürlichen Repräsentationen der Chatter über graphische Umgebungen, die beispielsweise ein Café oder eine Stadt darstellen bis hin zu aufwändigen 3D-Umgebungen, in denen die Avatare sich „bewegen" können. Die Chat-Texte werden dann vielfach nicht mehr in einem Fenster dargestellt, sondern im Comicstil als Sprechblasen der Avatar-Figuren. Mitunter werden hier die Übergänge zu MUD und Online-Spieleumgebungen fließend. Auch die **kommerziellen** Online-Dienste bieten meist webbasierte **Chat-Foren** an, die nur den zahlenden Mitgliedern zur Verfügung stehen und meist moderiert werden.

Zeitlich befristete **Chat-Events** werden vor allem von den publizistischen Medien sowie politischen Organisationen angeboten: Lesern, Zuhörern und Zuschauern wird beispielsweise die Gelegenheit zur gruppenöffentlichen (Anschluss-)Kommunikation geboten, in der Themen und Meinungen aus den publizistischen Medien weiter erörtert oder vertiefend bestimmte Fragestellungen verfolgt werden können. Beginn und Ende dieser Chats sind vorab festgelegt und werden öffentlich bekannt gegeben. Es besteht beispielsweise die Möglichkeit, im Anschluss an eine Sendung selbst mit Experten weiter zu diskutieren oder spezielle Fragen zu klären. Solche Chat-Events mit Experten oder Journalisten dienen den Publikumsmedien im Rahmen von Crossmedia-Strategien zur Publikumsbindung. Auch in der politischen Kommunikation werden Web-Chats eingesetzt: Insbesondere in Wahlkampfzeiten besteht dann die Möglichkeit, mit – mehr oder weniger – prominenten Politikern online zu diskutieren. Ob die eingehenden Fragen tatsächlich von den Politikern selbst oder von ihren Referenten und Öffentlichkeitsarbeitern beantwortet werden und es letztlich nur um symbolische Politik geht, die auf die Berichterstattung der Medien abzielt, muss vorerst offen bleiben (vgl.

auch Kap. 14). Darüber hinaus werden Chats auch für die **professionelle ("virtuelle Sprech-stunde") und kommerzielle Beratung (Finanzdienstleistungen etc.)** genutzt. Willand (2002: 8) berichtet, dass einzelne Unternehmen die kommunikativen Kompetenzen von Stellenbewerbern in sog. „E-Cruiting-Chats" testen.

Möglicherweise bieten die öffentlichen Chatchannels vielen Nutzern einen geeigneten Ausgangspunkt für die eigentlich intendierte **Dialog-Kommunikation**: Chatter können sich nämlich aus dem öffentlichen Chat phasenweise oder vollständig in **geschlossene Chaträume** zurückziehen, um dort zu „flüstern", also unbemerkt von den übrigen Teilnehmern synchron zu kommunizieren. Hierfür steht dann ein zweites Chatfenster zur Verfügung, so dass der öffentliche Chat parallel weiter verfolgt werden kann. Textbasierte synchrone Dialoge unter Ausschluss Dritter sind nicht nur durch „Flüstern" in öffentlichen Chats möglich, sondern auch durch den **„Talk"-Dienst**. Nach dem Starten des Talk-Programms muss zunächst ein konkreter Partner angefragt und erreicht werden; der angefragte Partner kann das Angebot zur Kommunikation annehmen oder ablehnen. Wird der Dialog gestartet, öffnen sich zwei Fenster: in dem einen erscheinen die eigenen Tastatureingaben, im anderen die des Partners. Im Gegensatz zum Chat erfolgt beim Talk die Übertragung zeichenweise (und nicht: zeilenweise nach Betätigung der „Return"-Taste). Sprecherwechsel und Synchronisation werden also bei Talk nicht nur durch die Beschränkung auf zwei Dialogpartner erleichtert, sondern auch durch die Übertragungstechnik. Auch Talk-Programme haben sich differenziert: Kommerzielle Online-Dienste bieten **„Instant Messager"** an, auch der **ICQ**-Dienst ist letztlich ein Talk-Verfahren. ICQ ist soundalike Slang und bedeutet „I seek you"; es handelt sich um ein Programm, das beim Starten der Online-Verbindung automatisch nach den Bekannten oder Freunden sucht, die derzeit online und ebenfalls bei diesem Dienst registriert sind. Das ICQ-Programm erzeugt eine Buddyliste der ICQ-Partner, die derzeit online sind. Durch Auswahl eines der Partner kann eine Kommunikationsverbindung aufgebaut werden und ein textbasierter Dialog beginnen. Vergleichbare synchrone oder quasi-synchrone elektronische Textmedien werden auch in der Organisationskommunikation genutzt, wo sie die funktionale (und zeitliche) Lücke zwischen E-Mail-Kommunikation und Telefonat schließen sollen.

Auch der mobil per Handy nutzbare **SMS** (Short Message Service) dient der textbasierten Dialogkommunikation mittels mobiler Endgeräte, allerdings ist hier die synchrone Anwendung nur eine der Möglichkeiten, während die asynchrone Verwendung eher der E-Mail gleicht, wenn auch die Botschaften weitaus kürzer, eben Short Messages sind. Zudem findet bei der SMS keine zeichenweise Übertragung statt.

Technische Voraussetzung für das Chatten ist der Zugang zu einem IRC-Server, beim Webchat zu einer Website mit entsprechendem Angebot. Der Zugang erfolgt beim Internet Relay Chat mittels spezieller Clientsoftware (z. B. mirc), im Falle des Webchats durch den HTML-Browser. IRC-Server werden in Deutschland meist von Universitätsrechenzentren betrieben, wie zum Beispiel der Server irc.fu-berlin.de durch die Zedat der Freien Universität Berlin. Ist die Verbindung zum IRC-Server hergestellt bzw. die Website mit Chat-Angeboten geladen, muss ein bestimmter „Channel" oder „Chatroom" ausgewählt werden (Selektion), es können auch parallel mehrere Chats genutzt werden. Chats sind technisch und administrativ dezentrale Kommunikationsstrukuren: Es gibt keine zentrale Verwaltung oder einen zentralen Rechner, sondern Rechnernetze (beispielsweise Efnet, IRCnet, Undernet, Dalnet), die den Zugang gewähren, in dem sie jeweils mehrere Server miteinander verbinden. Die Administration der einzelnen Chats erfolgt beim IRC durch freiwillig und unentgeltlich arbeitende Channel-Operators, bei Webchats und Chatforen kommerzieller Online-Provider hingegen meist professionell.

Beim IRC lassen sich die zur Wahl stehenden Channels mittels des „list"-Befehls anzeigen, für Webchats gibt es Verzeichnisse (wie www.webchat.de) im World Wide Web. Der „Eintritt" erfolgt beim IRC über den „join"-Befehl, beim Webchat durch anklicken des entsprechenden Links. Benötigt wird dann ein Login-Name: Teilnehmer müssen sich also im Chat anmelden und benötigen hierfür einen Benutzernamen, den **„Nickname"** (oder kurz Nick), der beim IRC durch den Befehl „/nick/nickname" frei gewählt und jederzeit gewechselt werden kann. Dieser Nickname wird dann im Chatfenster allen Äußerungen automatisch vorangestellt. Nicknames dürfen aus maximal neun Zeichen bestehen; Nicknames, die bereits online sind, werden nicht mehr vergeben. Von 1990 bis 1994 konnten über das Programm „Nickserv" Nicknames auch dauerhaft reserviert werden (vgl. Bechar-Israeli 1996).

Chatchannels können im IRC jederzeit neu eröffnet werden: Wird der „join"-Befehl mit einem neuen Channel-Namen verbunden, ist ein neuer Channel gegründet und wird den hinzukommenden Nutzern auf der Liste auch angezeigt. Döring (1999: 105) weist allerdings zu Recht darauf hin, dass in der Praxis die Eröffnung eines neuen Channels solange wenig erfolgversprechend bleibt, wie sich nicht mehrere Teilnehmer finden. Zwar sind jederzeit mit Sicherheit mehrere Tausend oder Zehntausend Menschen im IRC, jedoch verteilt sich die große Zahl der Nutzer recht ungleichmäßig auf eine sehr hohe Zahl von Channels.

In den IRC-Channels und den webbasierten Chats können sich die Nutzer mittels des „Notify"-Befehls bzw. anhand der „Buddy-List" anzeigen lassen, wer derzeit im Chat eingeloggt ist und wie viele Kommunikanden teilnehmen. So lässt sich abschätzen, ob und möglicherweise anhand der Nicknames welche Art von Kommunikation voraussichtlich stattfindet und welche Bekannten man treffen wird.

Der „Eintritt" jedes Nutzers wird allen Chat-Teilnehmern ebenso wie das „Verlassen" automatisch durch das Programm angezeigt; eine Systemmeldung erscheint im Chatfenster.

Chats gelten, zumindest in der Gestalt der IRC-Channel, als **selbstorganisierte Kommunikationsformen**, doch ist dies keineswegs mit egalitären oder gar anarchischen Strukturen gleichzusetzen. Aufgrund der weitgehenden technischen Offenheit von Chats entstehen immer wieder Probleme, die eine Kommunikation erschweren, und deshalb eine Regulierung notwendig machen. Döring und Schestak (2000: 318) berichten beispielsweise von **„Channel-Takeovers"**, bei denen den Channel-Operatoren ihre Rechte entzogen und der gesamte Channel zweckentfremdet wird. Gerade hier werden in zunehmendem Maße Bots, also Programme eingesetzt, die typische Aktionen erkennen und automatisch zeitweilige **Kicks** oder gar dauerhafte **Bans** veranlassen. Sind Kicks durch Austausch des Nicknames noch zu unterlaufen, so setzt der Wiederzutritt nach einem Bann die Einrichtung eines neuen Rechnerzugangs voraus. „Kills" werden auch den IRC-Operatoren übermittelt, also den Personen, die den Serverzugang verwalten, so dass jegliche Beteiligung an Chats in Zukunft erheblich erschwert, wenn nicht verhindert wird. Mildere Sanktionsmöglichkeiten für unerwünschtes Verhalten sind Bestandteil der diskursiven Praxis in der Chat-Kommunikation selbst, z.B. verbale Hinweise, Belehrungen, Warnungen (vgl. auch Reid 1991).

Grundlage der Channel-Governance sind implizite, konventionalisierte **Regeln** im Sinne von Umgangsformen sowie in Anbetracht der Zunahme der Netzzugänge und der Fülle neuer Nutzer zunehmend auch explizite, verschriftlichte Regeln, die sich als Teil der kollektiven Identität auf den **Websites von Chatforen und -Channels** finden. Dort finden sich auch Informationen zur Geschichte der Chat-Gruppe und der Regulars (die dort weitere Auskünfte über sich geben oder auf persönliche Homepages verweisen) sowie Hinweise auf Chattertreffen (Stammtische, Partys) und chatbezogene Mailinglists oder Newsgroups, die als asynchrone Medien und Archive die synchrone Chat-Kommunikation ergänzen (Döring/ Schestak 2000: 329). Einige Channels verzichten auf Regelwerke und Orientierungen für Newbies, während die etablierten Channels über die ausführlichsten Chattiquetten verfügen. Das Gros der Regeln zielt auf den Erhalt der Kommunikationspotenziale des Channels. In einigen Fällen werden Regelwerke auch als „Work in Progress" präsentiert und zum Teil werden sogar unterschiedliche Interpretationen, die unter den Regulars anzutreffen sind, vorgestellt (vgl. Döring/ Schestak 2000: 332-339).

Die Konfliktlinien beim Chatten verlaufen meist zwischen einem sich als Gemeinschaft verstehenden Kern regelmäßiger und oftmals langjähriger aktiver Nutzer und neuen, als fremd wahrgenommenen Chattern oder gar Saboteuren. Um gegen unabsichtliche oder gezielte Regelverstöße vorgehen zu können, müssen die betreffenden Regelverletzer identifiziert werden können. Dies ist über den Nickname sowie die „Hostmask" möglich, die Angaben über den Netzzugang enthält und nicht ohne größeren technischen Aufwand sowie ein ausgeprägtes Maß an „krimineller Energie" zu verändern ist.

Neben den Sanktionen für Regelverstöße sind positive Sanktionen für vorbildliches und gemeinnütziges Verhalten zu nennen: Chatter, die sich aktiv um die Einhaltung der Regeln, die Schlichtung von Konflikten usw. kümmern und längere Erfahrung sowie daraus resultierende Bekanntheit im Chat haben, werden zu Operators ernannt. Dieser für alle Teilnehmer sichtbare Aufstieg beinhaltet nicht nur den Zugewinn faktischer administrativer Macht, sondern vor allem einen Status- und Reputationsgewinn.

8.3 Kommunikationsprozess und -strukturen in Chats

Am Beginn der Chat-Kommunikation stehen Begrüßungsformeln und typische Phrasen der Gesprächseröffnung, die nach Sassen (2000: 91-92) drei Funktionen erfüllen: (1) Die Beschwichtigungsfunktion besteht darin, potenzielle Feindseligkeiten und Spannungen zu reduzieren, wie wir dies auch aus den Begrüßungen am Beginn der Face-to-face-Kommunikation kennen. (2) Die Explorationsfunktion wird durch die Informationspreisgabe des Kommunikanden erfüllt; Aspekte der eigenen Identität und Kommunikationsmotivation werden enthüllt, um eine gemeinsame Gesprächssituation zu definieren. Diese Phase mündet dann in die (3) Initiierungsfunktion, also der Schaffung gemeinsamer Kommunikationsanlässe. Allerdings hängt das Gelingen des Kommunikationsaufbaus wesentlich mit dem Status des hinzukommenden Kommunikanden zusammen. So lässt sich beobachten, dass schon in der Begrüßungsphase vor allem die regelmäßigen „Stamm-Chatter" eines Channels (Regulars) mit sehr viel höherer Wahrscheinlichkeit auf positive Reaktionen treffen, also ihre Begrüßungen erwidert werden, als dies für Neulinge (Newbies) der Fall ist. Von Bedeutung bei der Begrüßung und Gesprächseröffnung ist auch der **Nickname** (vgl. Kap. 8.4), der gute Anknüpfungspunkte für die Kommunikation bietet, wenn er besonders originell, rätselhaft oder mäßig provokativ ist (vgl. Sassen 2000: 105-106).

Beim Chat werden meist sehr kurze schriftliche Kommunikate synchron zwischen den verschiedenen Rechnern ausgetauscht. Jeder Chatter kann einen Text per Tastatur eingeben und durch Betätigung der „Return"-Taste „absenden". Im Chatfenster aller Teilnehmer erscheint dieser Text, dem die Nutzerkennung des Absenders automatisch vorangestellt wird. Auf diese Weise können schriftliche Dialoge geführt werden, die für alle Teilnehmer sichtbar sind und jedem Teilnehmer die Möglichkeit bieten, sich selbst mit frei formulierten Textbotschaften an dem „Gespräch" zu beteiligen. Auf diese Weise können aus Dialogen „Polyloge" oder **„Multiloge"** entstehen; häufig werden aber auch **mehrere Dialoge gleichzeitig** geführt. Einzelne Teilnehmer beteiligen sich mitunter gleichzeitig an mehreren Dialogsträngen. Die übermittelten Texte sind zwar für alle Teilnehmer sichtbar, allerdings werden die Textzeilen je nach Übertragungsgeschwindigkeit nicht allen Teilnehmern in der gleichen Reihenfolge übermittelt. Im Chat wird also kein „objektiver" Gesamttext erzeugt, sondern ein **zusammenhangloser Textstrom** (vgl. Schaubild 15). Die einzelnen Dialog- oder Multilogstränge werden nicht (wie bei der asynchronen Newsgroup-Kommunikation) automatisch anhand einer Adressierung geordnet, so dass sich alle Teilnehmer einer komplexen, zuweilen verwirrenden Abfolge von Kurztexten und einzelnen Textzeilen konfrontiert sehen, die eine gezielte Bezugnahme – im Gegensatz etwa zum Telefonat oder auch zur Telefonkonferenz – erschweren. Je nach „Tippgeschwindigkeit" erscheinen mitunter die Antworten vor den Fragen, auf die sie Bezug nehmen, auf dem Bildschirm.

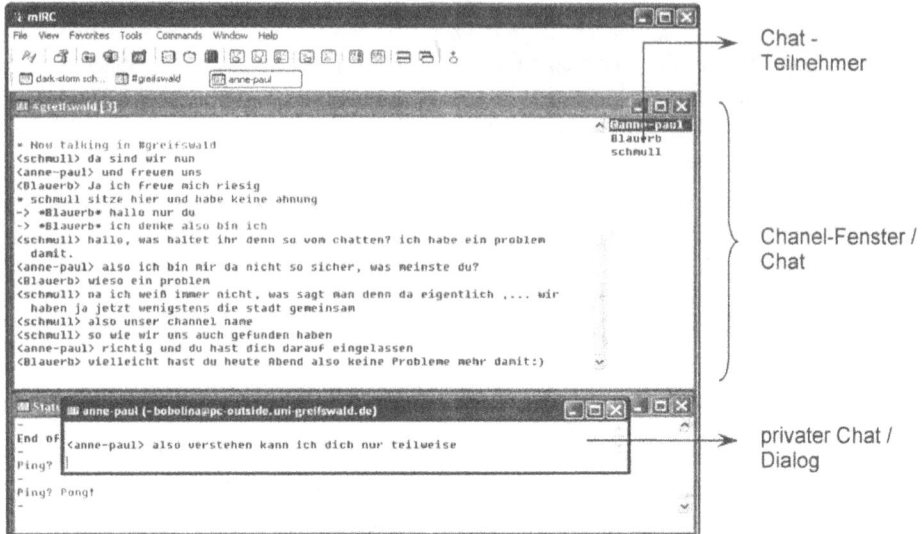

Schaubild 15: Verlauf eines Chats (Bildschirmausschnitt - MIrc)

Chatter müssen also Gesprächsstränge (re-)konstruieren und aus der Fülle der einzelnen schriftlichen Kommunikate die zusammengehörigen herausfiltern, was zuweilen an die Kommunikation per CB-Funk erinnert. Die aus der Face-to-face-Kommunikation (und partiell auch noch der Telefonkommunikation) bekannten nonverbalen und para-verbalen Signale für einen Sprecherwechsel fehlen bei der Chat-Kommunikation. Charakteristisch für die Chat-Kommunikation ist folglich die **Überlappung verschiedener Gespräche und -sequenzen:**

> „Im Grunde ... besteht ... die gesamte Kommunikation aus einer Vielzahl andauernder, unsichtbarer bzw. nicht nachvollziehbarer Überlappungen. Die große Zahl Interagierender sind (sic!) alle mehr oder weniger gleichzeitig damit beschäftigt, Äußerungen zu produzieren und zu rezipieren – zu welchem Zeitpunkt dies geschieht, ist für die Partizipienten [aber] nicht ersichtlich." (Schmidt 2000: 118; Textumstellungen KB)

Debatin (1998: 22) hat anhand einer Detailanalyse des Kommunikationsverlaufs in einem Chat aufgezeigt, wie sich zwei Themen über einen längeren Zeitraum laufend überkreuzen und sich zugleich der Fokus der Themen verschiebt. Beide Gesprächsthemen differenzierten sich in Unterthemen und weitere Gesprächsstränge auf, und die „Bezugnahme auf Beiträge wird vorwiegend über Namensnennung gesichert. Nur in wenigen Fällen wird eine rein inhaltliche Bezugnahme auf das Thema genommen."

Im Gegensatz zur Telefonkommunikation und zum CB-Funk werden die Kommunikate beim Chat jedoch **für eine gewisse Zeit gespeichert**, d. h. durch Scrollen im Chatfenster können zurückliegende Textzeilen eingesehen werden. Zumindest wenn parallel mehrere Gespräche in einem Chat stattfinden, erweist es sich als hilfreich, dass in den einzelnen Beiträgen die Gesprächspartner namentlich adressiert werden:

Die Beiträge geübter Chatter können trotz dieser hohen Komplexität durchaus stark aufeinander bezogen sein, Debatin (1998: 27) schildert anhand eines Fallbeispiels eine „sehr persönliche, fast intime Gesprächsatmosphäre zwischen den Teilnehmern. Die konzentrierte und thematisch sehr fokussierte Diskussion hat auch den Nebeneffekt, daß neu Hinzukommende kaum beachtet werden."

Döring und Pöschl (2003) haben die Kommunikation in themenzentrierten Chats untersucht, die sich deutlich von der in geselligen Chats und den meisten Web-Chats unterscheidet. Dabei wurden die Gespräche in drei computerbezogenen Channels über 12 Tage hinweg jeweils eine Stunde lang protokolliert und inhaltsanalytisch untersucht. Ergänzend beantworteten 20 Teilnehmer einen webbasierten Fragebogen und es wurden zehn Einzel-„Interviews" geführt. Pro Chat-Stunde wurden etwa drei themenbezogene Gespräche geführt, die aus drei bis 72 Äußerungen (Mittelwert 17,35) bestanden, d. h. hier ist durchaus eine kontinuierliche und sachbezogene Gesprächsstruktur erkennbar. Weil viele der regelmäßigen Nutzer den Chat in einem Bildschirmfenster tagsüber mitverfolgen, aber nur gelegentlich zum Gespräch beitragen, ergeben sich sehr lange tägliche Nutzungszeiten von zwölf und mehr Stunden. Von den 50 bis 150 eingeloggten Chattern tragen stündlich nur etwa 10 aktiv zur Kommunikation bei. Etwa die Hälfte der Gespräche sind lediglich Dialoge, meist ging es um konkrete (Computer-)Probleme und Bitten um Hilfestellungen. Nach Auskunft der Befragten konnten etwa zwei Drittel ihrer Fragen und Probleme in diesem Experten-Chat geklärt werden.

8.4 Chat-Kommunikation als kommunikative Gattung

Chat-Kommunikation müsste somit strukturell durch einen hohen Grad von Unterbrechungen, Überlappungen, abrupten Themenwechseln, Problemen beim Sprecherwechsel, zeitlichen Vertauschungen der Beiträge und vergleichbaren Inkohärenzen gekennzeichnet sein. Es stellt sich daher die Frage, warum sich die Kommunikanden diesen „Widrigkeiten" aussetzen bzw. ob es ihnen gelingt, die – vermeintlichen oder tatsächlichen – Defizite der Chat-Kommunikation zu kompensieren. Eine empirische Untersuchung von Susan Herring (1999a) zeigt, dass in der Chat-Kommunikation tatsächlich gegen die Konversationsregeln des Face-to-face-Gesprächs verstoßen wird. Beispielsweise erfolgt auf 18% der Äußerungen in einem der untersuchten Chatchannels keinerlei Antwort, 33% der Äußerungen erwiesen sich als nicht relevant im konkreten Redezusammenhang, 47% der Beiträge wurden als „off topic" eingestuft. Aber, so Herring, ähnliche Defizite und Regelverstöße lassen sich auch in Face-to-Face-Gruppenkonversationen beobachten, wenn auch nicht im gleichen Umfang. Entscheidend für das Gelingen von Kommunikation beim Chat scheinen die Anpassungs- und Kompensationsleistungen der Kommunikanden zu sein. So sind die meisten Äußerungen im Chat vergleichsweise kurz, vor allem um die Kommunikationsgeschwindigkeit einem Gespräch anzunähern und das Ausmaß der Überlappungen bzw. „Unterbrechungen" zu begrenzen. Schmidt (2000: 118-120) hat einige Strategien identifiziert, mit deren Hilfe Chatter signalisieren, dass sie einen längeren Beitrag kommunizieren möchten, ohne ihr „Rederecht" zu verlieren:

- Längere Beiträge werden in kürzere Sequenzen aufgeteilt und an syntaktisch ungewöhnlichen Stellen unterbrochen, so dass die Leser leicht erkennen können, dass die Äußerung noch unvollständig ist und eine (sinnvolle) Entgegnung noch nicht möglich erscheint.

- Längere Beiträge können aber auch explizit oder implizit angekündigt werden, z. B. durch eine „Einleitung" oder ein „Vorwort".

- Und schließlich können Äußerungen mit drei oder mehr Punkten beendet werden, die auf eine Fortsetzung verweisen. Diese Fortsetzung kann dann durch drei vorangestellte Punkte eingeleitet werden.

Herring (1999a) nennt weitere Mittel zur **Regulierung des Sprecherwechsels** im Chat:

- Backchannels: Hiermit sind – meist als Shortcut auf der Tastatur programmierte – Worte gemeint, die Alter signalisieren sollen, dass Ego noch zu„hört". Herring nennt „nods", „giggles", „hehes", „grins", „smiles" als Beispiele.

- Turn-change signals: Ähnlich wie die bereits von Schmidt erwähnten drei Punkte „..." können sich auch channelspezifische Signale etablieren, die eine Fortführung des Beitrages ankündigen; im konkreten Fall diente das „%"-Zeichen diesem Zweck.

- Cross-turn reference: Hiermit ist die Praxis gemeint, die Beiträge jeweils mit dem Nickname zu adressieren, also die relevanten Partner namentlich anzusprechen.

Herring (1999a) argumentiert weiter, dass Online-Chats auch bestimmte **Vorzüge gegenüber der Face-to-face-Kommunikation** aufweisen: So könne online schneller kommuniziert werden, weil Ego schon tippen könne, während er auf den Text von Alter warte – was beim direkten Gespräch eben nicht möglich sei. Das Fehlen der üblichen Gesprächskonventionen werde von Online-Chattern möglicherweise auch als „liberating, giving rise to increased opportunities for language play [and, KB] associative topic shifts" empfunden und geschätzt. Auch das parallele Chatten in bis zu vier Chatrooms werde insbesondere von Jugendlichen als sehr stimulierend empfunden: „CMC thus enables a greater intensity of interaction – that is, more interactions concentrated within a single temporal frame – than is possible face-to-face."

Die Kommunikation im Chat kann aus linguistischer und soziologischer Sicht als eigenständige **kommunikative Gattung** verstanden werden:

> „... a new genre of communication has developed. This genres combines written and oral features, as well as uniquely digital ones, blends of different linguistic registers, and disregards the conventional rules of language." (Bechar-israeli 1996)

Vor allem in der frühen Chat-Forschung wurde IRC als Ausdruck einer postmodernen Kultur begriffen: Die bekannten sozialen Normen und Grenzen seien demnach ebenso außer Kraft gesetzt wie die konsistenten, physisch verbürgten Identitäten. Gerade das Fehlen sozialer Hinweisreize und die Möglichkeit zum Spiel mit Identitäten führe zu neuartigen „virtuellen Gemeinschaften" mit neuen kulturellen Normen. So schreibt Elizabeth M. Reid (1991):

> „IRC interaction involves the creation of replacements and substitutes for physical cues, and the construction of social hierarchies and positions of authority (...) The chance for deconstruction of social boundaries that is offered by IRC is essentially postmodern. (...) Textual substitution for traditionally non-verbal information is a highly stylized, even artistic, procedure that is central to the construction of an IRC community."

Diese ersten Einschätzungen müssen 15 Jahre später vermutlich relativiert werden, zumal sich auch die Zusammensetzung der Nutzer verändert hat. Tatsächlich handelt es sich bei Chat um (ganz überwiegend) sprachliche, textbasierte Kommunikation, allerdings stehen – wie bei der E-Mail – Mündlichkeit und Schriftlichkeit in einem neuartigen Verhältnis: **Mediale Schriftlichkeit – mittlerweile in Webchats ergänzt durch Bildlichkeit – und konzeptionelle Mündlichkeit** (vgl. Kap. 5.4) werden synchronisiert. Texte werden in der Chat-Kommunikation durch „ASCII-Kunst im Kleinformat" ergänzt, so stehen beispielsweise die Zeichenkombinationen @))-->-->-- für eine Rose oder |_B für einen Kaffeebecher (Döring 1999: 101). Geschrieben wird meist nicht in Hochsprache, vielmehr sind Dialekte und Soziolekte, sowie chatspezifische (oder gar für einen bestimmten Chat-Channel oder -Room spezifische) „Sprachregister", Anleihen aus der Jugend- oder Slangsprache typisch. Obwohl die Kommunikation zum Teil **mit**, immer aber **vor** Fremden (also teilöffentlich) erfolgt, wird **informell** kommuniziert. Beispielsweise werden alle Teilnehmer geduzt, Tippfehler nur dann korrigiert,

wenn sie die Verständlichkeit der Äußerung erheblich erschweren, Groß- und Kleinschrei-
beregeln sowie syntaktische Normen (vollständige Sätze) nicht durchgehend beachtet.

In der Chat-Kommunikation werden **netzspezifische Zeichen und Ausdrucksformen** sehr
rege verwendet (vgl. Reid 1991), viele dieser Netzspezifika stammen sogar aus den Chats und
haben sich erst nach und nach in der E-Mail- und Newsgroupkommunikation verbreitet.
Emoticons, Sound- und Aktionswörter, Akronyme und Abkürzungen, soundalike Slang
(also die Verschriftlichung des phonetischen, gesprochenen Wortes) prägen die „Binnenstruktur" der kommunikativen Gattung Chat (vgl. Schmidt 2000). Döring (1999: 100) weist
zu Recht darauf hin, dass die tatsächliche Verwendung von Akronymen und Emoticons nicht
überschätzt werden sollte. Offenbar wird die Bedeutung dieser besonderen Merkmale in den
publizistischen Medien – aber auch in der Forschung – stärker hervorgehoben als es der Realität der Chat-Kommunikation entspricht. Haase et al. (1997: 64) konnten in einem etwa 500
Zeilen umfassende Chat-Protokoll rund 130 Emoticons identifizieren. Bekannt ist allerdings,
dass es sich vielfach um gruppenspezifische Codierungen handelt, die von Chatroom zu
Chatroom in ganz unterschiedlichem Maße eingesetzt werden. Klemm und Graner (2000:
175-176) sowie Höflich und Gebhardt (2001: 31) haben beobachtet, dass man – entgegen der
Schilderung Reids aus den Anfangsjahren des IRC – auch erfolgreich chatten kann, ohne sich
dieser Sonderformen zu bedienen. Sie kommen zu dem Schluss, dass wir hinsichtlich des
kommunikativen Handelns beim Chat nichts völlig Neuartiges beobachten können:

> „Die kommunikativen Spiele, die hier stattfinden, kennen wir auch aus 'realen' Kommuni-
> kationssituationen: Der Smalltalk mit vielen Menschen in kurzer Zeit ähnelt einem Steh-
> empfang, die Lust am Spielen und Phantasieren, an der Verhüllung und Demaskierung
> dem Karneval, das scherzhafte Austragen von Konflikten und Wortduellen erinnert an das
> Kräftemessen unter Jugendlichen. Der Chat ergänzt in dieser Hinsicht eher das Spektrum
> der Kommunikationsformen, als dass er etablierte ersetzt oder revolutioniert. Das Spezifi-
> sche und wirklich Neue an der Chat-Kommunikation liegt eher auf der strukturellen Ebene,
> sprich in der Kombination verschiedener tradierter Kommunikationsformen und in der
> Überwindung raumzeitlicher Grenzen." (Höflich/ Gebhardt 2001: 31)

Eine weitere Besonderheit des Chat besteht darin, dass sich Teilnehmer durch den „Me"-
Befehl in die dritte Person Singular versetzen können, d. h. sie **wechseln von der Dialog- in
die Erzählposition**: Statt einer Ich-Aussage entsteht ein – **scheinbar** – distanzierter Bericht
über eine Handlung: Die Dialog-Äußerung: Hans: „Ich gehe zum Kühlschrank" wird in die
„Regieanweisung": „Hans geht zum Kühlschrank" verwandelt. Tatsächlich nicht beobachtbare Handlungen werden aus einer vom Akteur selbst spielerisch eingenommenen, simulierten Beobachter-Position aus berichtet, und werden damit für die Kommunikationspartner
beobachtbar gemacht. Aus der bloßen Behauptung soll auf kommunikative Weise eine Tatsache gemacht werden, die nicht ohne weiteres bestritten werden kann. Die subjektive Ich-Aussage wird sprachlich objektiviert, obwohl allen Beteiligten durchaus bewusst ist, dass die
Objektivierung durch das „sprechende" Subjekt selbst vollzogen wird:

> „Of course, this stylized description of action is not intended to be taken as a literal
> description of the speakers' physical actions, which are, obviously, typing at a keyboard
> and staring at a monitor. Rather they are meant to represent what would be their actions
> were the virtual reality of IRC an actual reality." (Reid 1991)

Es handelt sich also um eine „als-ob"-Situation, die charakteristisch für das Spiel ist, und die
tatsächlich auch eine der Grundlagen für sprachbasierte Online-Spiele schafft (vgl. Kap. 9).

Selbstbezogene Äußerungen in der dritten Person werden auch verwendet, um Gefühlslagen
und situative Stimmungen zu kommunizieren (**„Emoting"**): statt „<gabi3>: ich weine"
erscheint dann mittels des „/me comment"-Befehls „gabi3 weint". Auf diese Weise werden

metakommunikative Botschaften übermittelt und fehlende visuelle Anzeichen ersetzt. Bei der **Verbalisierung von Handlungen in der dritten Person** wie beim Emoting handelt es sich aber nicht nur um eine Kompensationsstrategie, denn es handelt sich um intentionale Zeichenverwendung, die kontrolliert erfolgt. Auch fiktive Handlungen und Emotionen können auf diese Weise dargestellt werden; Döring (1999: 101) spricht aus sozialpsychologischer Sicht gar von einem „genuin neuen Modus der Selbstpräsentation", der auf der Unterscheidung „zwischen textbasiertem 'Sprechen' und textbasiertem 'Handeln'" basiert. Klemm und Graner (2000: 170) wenden allerdings ein, dass auch in anderen Modi technisch vermittelter interpersonaler Kommunikation ähnliche Phänomene anzutreffen sind, beispielsweise wenn ein Liebesbrief mit Formeln wie „Tausend Küsse" oder „Ich umarme Dich" beendet wird.

Danet, Ruedenberg-Wright und Rosenbaum-Tamari (1997) berichten von einer virtuellen Marihuana-Party in einem spontan eröffneten IRC-Channel. Insgesamt acht Teilnehmer, von denen sich lediglich zwei zuvor aus dem „Real Life" kannten, haben im Dezember 1991 rund 90 Minuten einen spielerischen Chat bestritten, den Danet et al. diskursanalytisch untersuchten. Sie identifizieren dabei gleich fünf verschiedene Handlungsrahmen, die im Chat – mehr oder weniger deutlich – alleine durch Tastatureingaben präsent sind: Der äußerste Rahmen, das sog. Real Life, bleibt zwar erhalten, gerät aber mehr um mehr in den Hintergrund der Chat-Kommunikation. Diese stellt in Form des IRC-Channels den zweiten Rahmen dar, der bestimmt wird durch die Konventionen und Befehlsoptionen des IRC. Der dritte Rahmen kommt im Namen des eigens gegründeten Channels zum Ausdruck; dieser Rahmen ist der „Party"-Rahmen. Der vierte Rahmen, von Danet et al. als „Let's pretend-Frame" bezeichnet, kennzeichnet das **kollektive Spiel** des vorgeblichen Marihuana-Rauchens, während der fünfte und innerste Rahmen schließlich den performativen „schauspielerischen" Wettbewerb bezeichnet, wer am besten „so tun kann, als ob" er rauchen und die entsprechenden Wirkungen verspüren würde.

Auch wenn solche Detailanalysen kein repräsentatives Bild der Chat-Kommunikation vermitteln, so verdeutlichen sie doch, welche Vielschichtigkeit trotz oder gerade wegen der eingeschränkten technischen und semiotischen Gegebenheiten Chat-Kommunikation kennzeichnen **kann**.

Die komplexe Struktur von Chats, die spezifischen Regeln dieser kommunikativen Gattung sowie Geschwindigkeit und Schlagfertigkeit der Kommunikation stellen Anforderungen an die kommunikative Kompetenz der Chatter, über die Neulinge (Newbies) in der Regel nicht verfügen (vgl. hierzu auch die Beobachtungsergebnisse von Klemm/ Graner 2000: 167-168 sowie Reid 1991). Das Kommunikationsverhalten von geübten Chattern und Anfängern unterscheidet sich für alle Teilnehmer sichtbar und führt in der Eigen- und Fremdwahrnehmung zu **Statusunterschieden**, die den Kommunikationsverlauf mitbestimmen. Höflich und Gebhardt (2001: 32) kommen auf der Grundlage von qualitativen Befragungen von Chattern zu dem Ergebnis,

> „dass Kommunikation unter dem Vorzeichen der Nichtsichtbarkeit nicht zu einer Einebnung von Status oder allgemeiner des Kommunikationskontextes führt, sondern dass die NutzerInnen in einem aktiven Rahmungsprozess neue Kontexte erschaffen, die eine gegenseitige Verortung und Charakterisierung des Gesprächspartners auch in einem nicht angesichtigen Kommunikationsrahmen ermöglichen."

8.5   Chat-Kommunikation als pseudonyme Kommunikation

Während des Chatting sind die Teilnehmer unter ihren Nicknames „sichtbar". Grundsätzlich ist es möglich, mit dem realen Personennamen in den Chatroom „zu gehen", was einige Teilnehmer auch durchaus tun. Es können aber auch Namen kreiert oder gewählt werden, so dass die Teilnehmer selbst entscheiden können, ob und ggf. was sie von ihrer realen Person preisgeben sowie welchen Eindruck sie von sich herstellen möchten. Die Gestaltungsmöglichkeiten werden bei einigen Chats durch eine maximale Zeichenzahl (z. B. 9 Zeichen) begrenzt, hinzu kommt aber, dass ein Nickname innerhalb eines Chats nur einmal vergeben werden kann, um eine eindeutige Zuordnung zu ermöglichen. Ist also ein realer Name oder ein Nickname bereits vergeben, muss der neue Nutzer einen anderen Namen wählen oder zumindest die Schreibweise (Groß- und Kleinschreibung, einfügen von Sonderzeichen wie * + # _) so variieren, dass Eindeutigkeit gegeben ist. Eindeutigkeit bedeutet aber nicht, dass die Zuordnung eines Users zu einer realen Person zweifelsfrei möglich wäre. **Eine reale Person kann auch im selben Chat unter mehreren Pseudonymen kommunizieren**; hinter **einem** Pseudonym können sich aber auch **mehrere** Personen verbergen, die gemeinsam vor dem Bildschirm sitzen, um zu chatten. Denkbar ist auch, dass Pseudonyme bzw. Nutzernamen unter verschiedenen Personen gezielt getauscht werden oder mehrere Personen sich bewusst ein Pseudonym teilen (was allerdings keine zeitgleiche Nutzung mehr erlaubt). Und schließlich muss sich hinter einem Nickname gar **keine** Person verbergen, wenn es sich Robots (Bots), also Software-Programme handelt, die lediglich vorgeben zu kommunizieren. Bots beteiligen sich durch – mehr oder weniger – standardisierte Äußerungen an der Textproduktion, ohne dass sie in der Lage wären, die Beiträge der anderen Teilnehmer zu verstehen. Sie täuschen ein menschliches Wesen, das der Kommunikation (Verständigung) fähig ist, nur vor – mitunter aber so glaubwürdig, dass sie lange Zeit nicht als Programme entlarvt werden. Eingesetzt werden Bots auch zur unerwünschten Verbreitung von Werbung in Chats sowie zu Administrationszwecken, etwa zur Beantwortung wiederkehrender Fragen oder zum Ausschluss unerwünschter Nutzer.

Die Wahl des Nicknames beeinflusst den Kommunikationsverlauf: Zunächst einmal ist der Nick der einzige Indikator, aus dem die Kommunikationspartner Rückschlüsse auf die Identität einer realen Person oder auf die intentionale Selbstdarstellung dieser Person im Chat ziehen können. Außergewöhnliche, unverständliche oder gar rätselhafte Nicknames können das Interesse anderer Teilnehmer wecken und so einen ersten Gesprächsanlass liefern. Solche Nicknames werden wahrscheinlich auch von vielen leichter erinnert, d. h. der Verwender dieses Pseudonyms erhöht seine Chancen, im Chat bekannt zu werden, und zwar nicht nur während einer „Session", sondern auch über einen längeren Zeitraum hinweg. Bechar-Israeli (1996) hat an einem internationalen Sample von 260 Nicknames im Jahre 1994 mittels teilnehmender Beobachtung und E-Mail-Befragung untersucht, welche Typen in der Chat-Kommunikation verwendet werden: 7% der Chatter verwendeten ihren realen Namen (oder Bestandteile davon), weitere 35,4% verwendeten Nicknames mit erkennbarem Bezug zur eigenen Identität (wie „shydude", „baddady", „handsom"), so dass insgesamt ein hoher Anteil (42,4%) auf Nicknames entfiel, die (authentische oder vorgebliche) Hinweise auf den Chatter enthielten, z. B. reale Namen, Alter oder Geburtsjahr, Herkunfts- oder Wohnort sowie körperliche und charakterliche Merkmale. Provozierende Nicknames (wie <hitler> oder <fuckjesus>) sowie sexuell konnotierte Namen spielten mit insgesamt weniger als 4% eine untergeordnete Rolle. Immerhin gut 6% der Nicknames thematisierten das Identitätsproblem auf der Metaebene, z. B. <me>, <justI> oder <unknown>. Häufig sind auch Sprachspiele und typographische Variationen anzutreffen (7,7%), wie <whathell> (für „what the hell") oder <gorf> statt „frog". Verwendet wurden auch Tier-, Pflanzen- und Objektnamen (Maus, Bär, Biene, Rose, aber auch BMW etc.), die zumindest (mögliche) Vorlieben der Namensverwender andeuten. Pseudonyme können auch auf Prominente aus Politik, Sport, Kultur und Unterhaltung verweisen, waren aber nicht sehr häufig vertreten.

Die selbstbestimmte Wahl von Spitznamen (Nicknames), die ansonsten ja durch Dritte vergeben werden, ist zwar ein Charakteristikum der Chat-Kommunikation, ähnliches ist aber aus dem CB-Funk und natürlich aus der Literatur und der Unterhaltungsindustrie bekannt. Eine Wurzel liegt möglicherweise auch in der Hacker-Kultur, wo Pseudonyme („Handles") auch dem Schutz vor strafrechtlicher Verfolgung dienen (vgl. Bechar-Israeli 1996). In vielen Webchats können graphische Elemente zur Ergänzung des Nicks gewählt oder selbst erzeugt werden. Die Gestaltungsoptionen reichen von sog. Flags (also Sonderzeichen im Nickname, wie z. B. =Panther= oder !ANGEL!) und farblichen Hervorhebungen und Schrifttypen, die in einigen Webchats eindeutig mit der (tatsächlichen oder vorgeblichen) Geschlechtszugehörigkeit kodiert sind, über das Ablegen von „Kurzporträts" auf zugehörigen Websites bis hin zu zwei- oder gar dreidimensional dargestellten „Avataren". Dabei handelt es sich um figürliche Darstellungen, vielfach im Comicstil gehalten, zwischen denen die Nutzer auswählen können. Avatare können bildlich darstellen, was und wie der Nutzer ist, oder – wie er oder sie sein möchte. Eine weitergehende Anonymisierung ist in bestimmten Chats, wie „Blinddate" bei „Metropolis.de" möglich: Statt eines Nicknames kann hier wie in den Kontaktanzeigen der Printmedien eine Chiffre gewählt werden. Gallery (2000: 81) interpretiert dies allerdings zugleich als Beleg dafür, dass offenbar in bestimmten Chat-Situationen die Anonymität von Nicknames gerade als zu gering empfunden wird.

Nicknames unterliegen in vielen Chats der Registrierungspflicht, d. h. es ist im Falle von Regelverstößen, vielfach aber auch für jeden anderen Teilnehmer möglich, mehr über den Teilnehmer zu erfahren. Mit dem „Whois-nickname"-Befehl, beim Webchat oftmals mittels spezieller Suchmaschinen können die E-Mail-Adresse und weiterführende Informationen abgerufen werden, z. B. seit wann der betreffende Nickname registriert ist, in welchen anderen Chats er teilnimmt, mitunter sind sogar Bilder und reale Adressen oder die URL seiner persönlichen Homepage hinterlegt. Auch diese sind zwar durch den registrierten Chatter gestaltbar, allerdings bedeutet die komplette Vorspiegelung einer falschen Identität, einschließlich einer „Fake-Homepage" einen beträchtlichen Aufwand.

Auch zur viel diskutierten Täuschung hinsichtlich der Geschlechtsidentität liegen keine wirklich aussagekräftigen Untersuchungsergebnisse vor: Angeblich wählen bis zu 40% der Chatter geschlechtsneutrale oder gegengeschlechtliche Online-Identitäten (vgl. Huber/ Teusch 2000: 159). Ob sich dieses Vorgehen nicht möglicherweise auf bestimmte Chats beschränkt oder lediglich für Explorationen in „neuen" Chats benutzt wird, während im „Stammchat" durchaus das authentische Geschlecht angegeben wird, ist offen. Die Wahl geschlechtsneutraler und männlicher Online-Personae dürfte nicht zuletzt erfolgen, um vor Belästigungen besser geschützt zu sein.

Das technische Potenzial des Mediums bestimmt also auch im Falle des Chat noch nicht die soziale Rahmung, den institutionellen Aspekt des Mediums in seiner sozialen Anwendung. Hierauf deuten auch explorative Untersuchungen der Selbstdarstellung in einem Webchat hin: Chatter haben die **Wahl** zwischen

- nicht-authentischen, also auch von ihnen selbst als nicht wahrhaft empfundenen Selbstdarstellungen,
- vollständig authentischen Selbstpräsentationen und
- teilweise authentischen (quasi-authentischen) Selbstdarstellungen ihrer Identität.

Scherer und Wirth (2002) begreifen diese letzte Spielart als strategisch motivierte Kommunikationspraxis, d. h. die unvollständige und „geschönte" Darstellung des eigenen Selbst im

Chat geschieht mit dem Ziel, die Kommunikation im Chat zu erleichtern oder überhaupt Kommunikationserfolge zu erzielen. Es geht weniger um den Aufbau völlig künstlicher Identitäten oder das (möglicherweise pathologische) Zurschaustellen multipler Identitäten, als vielmehr um die **Optimierung der Kommunikationschancen.** In einer Befragung gaben 71% (N = 1.703) der Chatter an, zumindest gelegentlich bei ihrer Selbstdarstellung im Webchat zu schummeln (Scherer/ Wirth 2002: 346-347); insgesamt bewerteten sie 35% der Chatter als nicht-authentische Selbstdarsteller. Ihnen standen 23% „objektiv-authentische" Chatter gegenüber, die in der Befragung angaben, es gäbe keinerlei Kluft zwischen ihrer tatsächlichen persönlichen Identität und ihrer Online-Darstellung im Chat. Die größte Gruppe stellten mit 42% die „Quasi-Authentischen" dar. „Objektiv-Authentische" und „Quasi-Authentische" unterscheiden sich voneinander, so die Hypothese von Scherer und Wirth (2002: 348), hinsichtlich ihrer Erfahrungen außerhalb des Chats sowie hinsichtlich ihrer Erwartungen an Kommunikation und soziale Beziehungen: Die Quasi-Authentischen haben außerhalb des Chats häufiger das Gefühl, missverstanden und – auch aufgrund ihres Äußeren – nicht akzeptiert zu werden. Objektiv-Authentische sind eher daran interessiert, Chat-Bekanntschaften auch außerhalb des Netzes zu treffen und neigen vermutlich deshalb dazu, keine irreführenden Selbstdarstellungen im Chat zu geben, denn diese würden bei der ersten Face-to-face-Begegnung in sich zusammenbrechen. Das dauerhafte Aufrechterhalten grundlegender Kategorientäuschungen hinsichtlich der eigenen Identität bereitet bereits im Rahmen des Chats Schwierigkeiten.

Für die Kommunikation im Chat bleibt die „Online-Persona", die möglichst eindeutig über den Nickname identifizierbar sein soll, die ausschlaggebende Bezugsgröße. Ob und in welchem Maße diese Online-Persona mit der realen Person identisch ist, bleibt für Ablauf und Gelingen der Chat-Kommunikation selbst zunächst zweitrangig, die Identität beider Personae wir erst relevant, wenn Anschlusskommunikationen oder soziale Beziehungen jenseits des Chat-Rahmens gesucht werden (vgl. Höflich/ Gebhardt 2001: 32-33). Der Rahmen der Chat-Kommunikation unterscheidet sich insofern grundlegend von der Face-to-face-Kommunikation, als **beim Chat Unverbindlichkeit zu den grundlegenden Handlungs- und Kommunikationsprinzipien zählt,** denn Ziel ist zunächst einmal die Kommunikation unter Fremden. Willand (2002: 49-50) hat in einer qualitativen Detailstudie (Tiefeninterviews von Webchattern) herausgefunden, dass gerade die Ausblendung von Identitätsmerkmalen als Aufhebung von Kommunikationsbarrieren wie Status oder Prestige einen Teil der Attraktion des Chattens ausmacht und die Zwanglosigkeit geschätzt wird. Fehlende (realweltliche) Identifizierbarkeit bzw. Entkontextualisierung „scheint den offenen Austausch über persönliche Probleme zu begünstigen, da die Beteiligten davon ausgehen können, dass persönliche Offenbarungen im virtuellen Raum keine unerwünschten Auswirkungen auf ihre Offline-Existenzen nach sich ziehen (vgl. Husmann 1998: 28); das Fehlen von „emotionaler Überversorgung" und „sozialem Druck" (Willand 2002: 54) gehört demnach zu den intrinsischen „Uses and Gratifications" der Chat-Kommunikation. Erst wenn längerfristige Kommunikationsbeziehungen angestrebt und etabliert sind, also bei den Kerngruppen der Regulars, erlangen authentische Selbstdarstellungen und kommunikative Verbindlichkeiten an Bedeutung. Das – technisch problemlos mögliche – abrupte Aussteigen aus dem Chat, mangelndes oder ausbleibendes Beantworten von Fragen oder Eingehen auf die Äußerungen anderer Teilnehmer sind in solchen Gruppen, die ein Gemeinschaftsgefühl empfinden, nicht ohne weitere Begründung akzeptabel und werden als Verstoß gegen die Reziprozitätsnorm sanktioniert (vgl. auch Höflich/ Gebhardt 2001: 37-38).

Möglicherweise kann die herausgehobene Rolle, die das Spiel mit falschen Identitäten in der frühen Forschungsliteratur zur Chat-Kommunikation spielt, darauf zurückgeführt werden, dass sich die Chat-Population anfangs aus besonders experimentierfreudigen Innovatoren zusammensetzte, während sich die „Chat-Population" mittlerweile stärker dem Bevölkerungsdurchschnitt angenähert hat.

Dass viele Chatter sogar ein **ausgeprägtes Interesse an der Offenbarung ihrer realweltlichen Identität** haben, belegen zahlreiche Chatter-Stammtische und -Treffen, zu denen regelmäßig eingeladen wird. Hier geht es gerade darum, die aus dem Chat Bekannten näher und persönlicher kennen zu lernen. Berichte und Fotos von solchen Treffen finden sich auch auf den Homepages solcher Chats, so dass auch diejenigen, die nicht an den Treffen teilnehmen (können oder wollen), mehr über die Identität ihrer Chatpartner erfahren können (vgl. Danet/ Ruedenberg-Wright/ Rosenbaum-Tamari 1997). Etwa zwei Drittel möchten sich auch Faceto-face treffen, wie Husmann (1998: 75) in einer nicht repräsentativen Befragung ermittelte.

Gallery (2000: 86; Hervorheb. KB) kommt zu dem Schluss:

> „Anhand der vorgenommenen Analysen kann gezeigt werden, dass die Annahme einer vollständigen Bekanntheit der Kommunizierenden auf der einen Seite und einer vollständigen Unbekanntheit auf der anderen Seite für elektronische Netze nicht zufriedenstellend ist. (...) Chat-Kommunikation verläuft somit im **Spannungsfeld einer variablen Anonymität.** Unter diesen Umständen stellt daher nicht die prinzipiell mögliche Anonymität den eigentlichen Reiz der Chat-Kommunikation dar, sondern der **spielerische Umgang der Kommunizierenden mit den verschiedenen Graden** derselben. Jeder Kommunikationsteilnehmer ist somit, unter Berücksichtigung der jeweiligen Faktoren, in der Lage, den **Grad der Anonymität weitestgehend selbst** zu bestimmen."

Gesucht wird von den meisten Nutzern also offenbar keine absolute „Identitäts-Losigkeit", sondern eine kontrollierte Identifizierbarkeit anhand eines – mehr oder weniger aussagekräftigen – Pseudonyms. Von Anonymität im Wortsinne (Namenlosigkeit) kann also bei der Chat-Kommunikation keine Rede sein. Nutzername und realer Personenname **können** – mehr oder weniger stark – voneinander entkoppelt sein. Entscheidend ist, dass Chatter selbst in hohem Maße darüber entscheiden können, welche Grade von Pseudonymität bzw. Anonymität sie bei der Chat-Kommunikation wählen. Gleichwohl bleibt Chatting in hohem Maße an Namen gebunden, denn die Nicknames sind zumindest die primären Identitäts- und Identifikationsanker und auf die eine oder andere Weise spiegelt sich in den Pseudonymen ein menschlicher Akteur: So wie die Maskerade zum Karneval durchaus etwas über den Maskierten aussagt, gilt dies auch für Nicknames. Chat-Kommunikation kann insofern auch nicht als „künstliche" oder „depersonalisierte" Kommunikation verstanden werden, vielleicht mit Ausnahme der „Kommunikation", an der Bots beteiligt sind. Menschliche Kommunikanden bleiben auch im beim Chat diejenigen Akteure, die Sprechakte vollziehen, und zwar in wechselseitiger Bezugnahme auf Äußerungen, die anderen Chattern via Nicknames zugeschrieben werden. Es kommt zum **Rollenwechsel** zwischen „Sprechern" (Schreibern) und „Hörern" (Lesern), wie er für kommunikatives Handeln und Kommunikation typisch ist. Wie Gallery (2000: 74) zutreffend bemerkt, verläuft die Adressierung in der Chat-Kommunikation dabei in komplexer Weise: „Chat-Kommunikation kann daher sowohl 'one-to-many'-, 'one-to-one'-, 'many-to-many' als auch 'many-to-one'-Kommunikation beinhalten." Chat-Kommunikation kann – ähnlich wie Newsgroup-Kommunikation – als **öffentlich sichtbare und zugängliche Gruppenkommunikation** verstanden werden, bei der allenfalls **Themenöffentlichkeit** erzeugt wird, falls überhaupt öffentlich relevante Themen behandelt werden. Chat-Kommunikation ist aber in der Regel nicht an den Normen einer diskursiven Öffentlichkeit orientiert (erinnert sei an die Ausschlussverfahren) und stellt auch kein deliberatives Forum der öffentlichen Meinungsbildung dar. Die Tatsache der öffentlichen Sichtbarkeit der Chat-Kommunikation ist den Kommunikanden dabei durchaus bewusst, denn vertrauliche oder intime Themen werden im „Flüstermodus", also privaten Chatdialogen oder per E-Mail behandelt, und damit aus dem öffentlich zugänglichen Forum des Chat hinausverlagert (vgl. Willand 2002: 62-63).

8.6 Fazit

Bei der Chat-Kommunikation handelt es sich um die (nahezu) synchrone, öffentlich zugängliche und beobachtbare Gruppenkommunikation zwischen mehreren Personen mittels alphanumerischer Zeichen (Computertastatur). Dabei werden meist kurze Textbotschaften zeilenweise übertragen, so dass Dialoge und Gespräche entstehen können. Meist wird in noch überschaubaren Gruppen kommuniziert, Teilnehmer können sich aus diesem Forum aber auch für „private Chats" zurückziehen. Die in der Face-to-face-Kommunikation wirksamen paraverbalen Signale zur Regelung des Sprecherwechsels sowie die metakommunikativen, leibgebundenen Anzeichen werden in der Chat-Kommunikation teilweise durch konventionalisierte Symbole (Emoticons), Akronyme oder die Verbalisierung von Gefühlen und Handlungen ersetzt. Je nach Anzahl und Versiertheit der Chat-Teilnehmer können Chats sehr komplex und für ungeübte Teilnehmer rasch unübersichtlich werden; erfahrene „Stammchatter" bestimmen in weiten Teilen das Geschehen und genießen einen höheren sozialen Status.

Im 1998 gegründeten Internet Relay Chat stehen etwa 15.000 Channels zur Wahl, jederzeit können neue Channels von jedermann gegründet werden. Die Gesamtzahl der Nutzer beträgt weltweit – je nach Tageszeit – zwischen 20.000 und 40.000. In den letzten Jahren sind zahlreiche, zum Teil kommerzielle Webchats hinzugekommen.

Die obligatorische Verwendung von Nicknames führt zu einer pseudonymen Kommunikation, bei der die meisten Chatter durch die Wahl ihres Nicknames bestimmte Züge ihrer Identität zur Geltung bringen und damit ihre Kommunikations-Chancen erhöhen oder verstetigen möchten. Die unbeschwerte und unverbindliche Kommunikation auch über private und intime Themen wird einerseits erleichtert, andererseits können emotionale Enthemmung und Verstöße gegen die kommunikativen Normen des Chattens beobachtet werden. Daher haben sich implizite, zum Teil auch kodifizierte Regeln herausgebildet.

9. Kommunikation in MUDs und MOOs

9.1 Einleitung

Die Abkürzung MUD stand ursprünglich für **MultiUserDungeon** und verweist damit zugleich auf einen gruppenbezogenen Kommunikationsprozess und auf die Herkunft aus einer speziellen Fankultur: Dungeon bedeutet soviel wie Verlies, also einen (imaginierten, fiktionalen) Ort, wie er in Fantasy-Literatur und -Spielen anzutreffen ist. Das erste MUD wurde 1978 von Roy Trushaw, einem englischen Studenten programmiert und seit 1979 durch Richard Bartle weiter entwickelt. Dabei handelte es sich um die Computer- bzw. Onlineversion des 1974 durch die Firma TSR auf den Markt gebrachten Fantasy-Brettspiels „Dungeons & Dragons", einem Rollenspiel, mit dem Ziel, um die Wette Rätsel (Quests) zu lösen und Monster zu besiegen (Reid 1999: 107-108; vgl. Turkle 1997: 144; Reid 1994).

> "The earliest multi-player games existed on stand-alone time-sharing systems. In 1977, Jim Guyton adapted a game called 'mazewar' to run on the ARPAnet. Participants in mazewar could duck around corners of a maze and shoot at one another, but could not communicate in any other fashion. Numerous multi-user games based on the Dungeons and Dragons role playing game appeared in 1978-1979 including Scepter of Goth by Alan Klietz and MUD1 by Roy Trubshaw and Richard Bartle." (Bruckman 1993)

Mittlerweile werden MUDs auch neutraler und ohne Reminiszenz an die Fantasy-Kultur als **MultiUserDimensions** oder **MultiUserDomains** bezeichnet. Weitere Spielarten der MUDS, mit nicht immer genau definierten Bezeichnungen, sind seit den neunziger Jahren hinzugekommen: MOO (MUD Object Oriented), MUSE (Multi User Shared Environvent), MUSH (Multi User Shared Hallucination), MUX (Multi User X-perience) oder MUCK (Multi User Charater Kigdom) (vgl. Döring 1999: 113).

Mit der Chat-Kommunikation (vgl. Kap. 8) haben wir bereits eine Form textbasierter synchroner interpersonaler und Gruppenkommunikation in Computernetzen kennen gelernt. Chat-Kommunikation und die Kommunikation in MUDs und MOOs ähneln sich in vieler Hinsicht, so dass Kenntnisse des Chats sehr hilfreich für das Verständnis der Kommunikation in MUDs und MOOs ist. Allerdings bestehen auch bedeutende Unterschiede zum Chat, die ebenfalls in diesem Kapitel (vgl. Abschnitte 9.2 und 9.3) dargestellt werden sollen.

Valide und repräsentative Angaben über die Nutzung von MUDs und MOOs liegen nicht vor; im Gegensatz zu E-Mail und WWW dürfte es sich bei dieser sehr voraussetzungsreichen Kommunikationsform jedoch um eine vergleichsweise kleine Nutzerzahl handeln. Pavel Curtis, der Programmierer des ersten MOO (Lambda-MOO, vgl. Kap. 9.5) geht für 1997 von weltweit rund 20.000 Nutzern in 200 verschiedenen MUDs aus (Curtis 1997: 139); Bruckman (1993) nennt die Zahl von 276 MUDs schon für 1993, Turkle (1997: 143) hingegen die Zahl von 300 MUDs, Bahl (1997: 60) „über 600 Adressen", Döring (1999: 114) „mehrere hundert" und Vogelgesang (2000: 244) gibt für das gleiche Jahr (1999) weltweit knapp 1.600 MUDs an. Allerdings gibt es auch einige kommerziell betriebene und graphisch gestaltete MUD-Angebote, die wie „Habitat" mehr als 10.000 Nutzer haben sollen oder Ultima Online mit über 20.000 Usern (Wallace 1999: 95). Aktualisierte Zusammenstellungen mit näheren Angaben zur Vielzahl und Vielfalt sowie Zugangsmöglichkeiten zu MUDs bietet die Website: www.mudconnect.com, die im August 2004 insgesamt 1.702 MUDs und MOOs verzeichnete und zahlreiche weitere Informationen bietet. Weitere Verzeichnisse, Informationen und Zugänge sind unter http://www.godlike.com/muds/ verfügbar.

In Deutschland gehört „MorgenGrauen" (www.mg.mud.de) zu den wohl beliebtesten und am häufigsten frequentierten MUDS. In „MorgenGrauen" waren 2004 jeweils zwischen 80 und 120 Spieler täglich aktiv, die Zahl der Spieler schwankte je nach Tageszeit zwischen etwa 20 (in den späten Nachstunden) und etwa 100 (in den späten Abendstunden). Die Langzeitstatistik weist auch Tage mit mehr als 220 Spielern aus.

Aufgrund der außerordentlichen Vielfalt fällt es schwer, verallgemeinernde Aussagen über MUDs zu treffen; repräsentative Erhebungen liegen bislang nicht vor, lediglich Fallstudien, zum Teil auch mehrere über dieselben MUDs. In diesem Kapitel sollen zunächst die Grundbegriffe (Kap. 10.2) und die grundlegenden Kommunikationsprozesse, die Typen und Funktionen von MUDs und MOOs erklärt (Kap. 10.3) sowie die Spezifika dieser Kommunikationsräume dargestellt werden. Dabei wird auch auf Motivationen und Probleme der Nutzung eingegangen (Kap. 10.4). Abschließend wird ein vergleichsweise gut erforschter MOO detaillierter dargestellt (Kap. 10.5)

9.2 Grundbegriffe der Kommunikation in MUDs und MOOs

MUDs sind technisch gesehen nichts anderes als softwaregesteuerte **Datenbanken** mit unterschiedlich verteilten Schreib- und Zugriffsrechten für viele Nutzer, die über Computernetze (Telnet-Dienst und mittlerweile via WWW) synchron auf diese Datenbank zugreifen können. Der Inhalt dieser Datenbanken besteht (zumindest in der ursprünglichen Form) aus ausschließlich **schriftsprachlichen Beschreibungen von Figuren, Räumen und Objekten** sowie Zugängen und Ausgängen aus den beschriebenen Umgebungen und ihren Segmenten. Die Nutzer können sich durch Texteingaben auf ihrer Tastatur „in" die Datenbank „hinein begeben" und eigene Texte hinzufügen. MUDs sind also **textbasierte „virtuelle Realitäten"**, denn die in MUDs vorhandenen Figuren, Objekte und Umgebungen bestehen tatsächlich nur aus den Artefakten kommunikativer Handlungen, die in digitaler Form als Daten abgespeichert sind. Begrenzt und gerahmt werden die kommunikativen Potenziale durch die Software, die festlegt, welche Spielfiguren welche Handlungen ausführen und Beschreibungen dieser virtuellen Welt hinzufügen oder verändern dürfen.

> „MUD are networked, multi-user reality systems which are widely available on the internet. Users of these systems adopt alter egos and explore a virtual world which may depict any imagined environment. The MUD interface is entirely textual." (Reid 1999: 107)

Wie beim Chat haben auch bei MUDs **graphische Gestaltungsformen bis hin zu animierten 3D-Darstellungen** Einzug gehalten. Im Gegensatz zu den meist graphisch gestalteten und kommerziell vertriebenen Computerspielen sind MUDs zeitlich nicht begrenzt, es gibt kein festgelegtes Spielziel und -ende: Es geht in der MUD um Playing, nicht um Gaming. MUDs können buchstäblich fortgeschrieben werden, d. h. durch das Hinzutreten neuer Figuren (und das Ausscheiden vorhandener), die Schreibberechtigung der Nutzer, die ständig neue Objekte und Räume erzeugen können, wächst die Datenbank und damit die virtuelle Spielumgebung weiter. MUDs haben eine **Geschichte, die ständig fortgeschrieben wird,** auf die aber aktuell immer zurückgegriffen werden muss, damit weiter gespielt werden kann. Um die Kontinuität der MUDs zu sichern, bedarf es nicht nur der technischen Speicherung in der Datenbank, ohne die im Gegensatz zum Chat eine sinnvolle Fortführung der Gruppenkommunikation unmöglich wäre. Es muss neben der **narrativen** auch eine **soziale Kontinuität** durch die Spieler hergestellt werden, vor allem durch regelmäßige „Anwesenheit" in der MUD sowie durch Kommunikationsofferten. Von großer Bedeutung sind dabei Begrüßungs- und Verabschiedungsrituale, die Kommunikations- und Spielbereitschaft signalisieren bzw. beim Verlassen der MUDs auf eine Fortsetzung zu einem späteren Zeitpunkt verweisen. Das Verlassen der MUDS gilt als begründungspflichtig und soll nicht als Abbruch (z. B. aus Verärgerung etc.) interpretiert werden. Begrüßung und Verabschiedung erfolgen in der Regel verbal, bei graphischen MUDs auch nonverbal – durch die Positionierung der Avatare (vgl. Becker 2000: 119-120).

Eines der Spezifika der Chat-Kommunikation besteht darin, Ich-Aussagen über Gefühle und Handlungen über den „Emoting-Befehl" in die dritte Person Singular zu transformieren, also eine „objektive" Erzählperspektive zu simulieren, an die andere Nutzer kommunikativ anschließen können. Zusammen mit der Wahlfreiheit der Online-Personae entsteht somit die Grundlage für onlinebasierte Rollenspiele. In MUDS stehen ferner auch vorprogrammierte „Feelings" zur Wahl, d. h. Nutzer können rasch auf ein Standardrepertoire von „virtuellen Handlungen" zurückgreifen. Diese Form der **Sprechakte, also buchstäbliche Dinge mit Worten zu tun und diese Beschreibungen wiederum zu kommunizieren** erlangt bei der Kommunikation im MUDs neben der **Online-Konversation** besondere Bedeutung: Mit Worten werden in MUDs dabei nicht nur Handlungen von Personae bzw. Spielfiguren („Characters") erschaffen, sondern auch Objekte und Umgebungen (Räume, Gebäude, Landschaften bis hin zu virtuellen Universen). Aus kommunikationswissenschaftlicher Sicht erscheinen neben sozialpsychologischen Phänomenen der Gruppenkommunikation sowie Fragen der Anonymität und Identität (vgl. hierzu auch Kap. 11) vor allem die **Performativität** der MUD- und MOO-Kommunikation besonders relevant.

9.3 Kommunikationsprozesse in MUDs und MOOs

Die Nutzer von MUDs und MOOs können sich wie beim Chat unter ihrem Realnamen einloggen, meist werden jedoch Pseudonyme gewählt, die thematisch eng mit dem jeweiligen MUD zusammenhängen, z. B. Namen aus der Fantasykultur:

> "In most MUDs, characters are anonymous. People who become friends can exchange real names and email addresses, but many choose not to. Conventions about when it is acceptable to talk about 'real life' vary between communities. In most MUDs, people begin to talk more about real life when they get to know someone better. However, in some communities such as those based on the Dragonriders of Pern series of books by Anne McCaffrey, talking about real life is taboo." (Bruckman 1993)

MUD-Nutzer oder „MUDer" wissen, dass sie sich mit ihren Figuren in fiktionale Spielewelten begeben, und sie erwarten, dass auch alle anderen Spieler dies wissen. Der **institutionelle Rahmen** ist also der **des Spiels,** des „Als-ob", was Konsequenzen für die Erwartungen an Authentizität und Identität hat: **Eine authentische Darstellung** der realen Person, eine Identität von Offline-Persona und Online-Persona wird gerade nicht erwartet, denn im Falle von Fantasy-Spielen mit Drachen, Rittern, Elfen, Zauberern würde eine solche Identitätsforderung den institutionellen Rahmen des Spiel geradezu sprengen und dem MUD die kommunikative Grundlage entziehen. Erwartet wird hingegen, dass die Spielfiguren fiktional sind, das Produkt individueller Phantasie und Kreativität. Das schließt keineswegs aus, dass aus Wahl und Gestaltung einer Spielfigur Rückschlüsse auf die reale Person gezogen werden können, doch ist dies für die Kommunikation im MUD nicht ausschlaggebend. Die Spieler können und sollen eine Figur frei von Identitätsnormen entwickeln, und MUDs bieten hier sehr weitgehende Möglichkeiten: Zunächst einmal sind Namen frei wählbar – sofern es nicht bereits eine Spielfigur mit diesem Namen gibt. Die Namen der Figuren können gewechselt und es können mehrere Figuren im selben MUD gesteuert werden. Wird eine neue Figur ins Spiel gebracht, verfügt sie zunächst über kein Geschlecht. Der Spieler kann entscheiden, ob seine Figur männlich oder weiblich sein soll; er kann sie aber auch weiterhin als geschlechtsneutral spielen lassen. Spielfiguren können auch im Plural auftreten, etwa als Gruppe von Elfen oder als mengen- und geschlechtsmäßig schwer bestimmbare Akteure, etwa als „Nebel des Grauens". Alles, was sprachlich ausgedrückt werden kann, kann in MUDs eine Rolle spielen – ohne dass es realweltliche Referenten geben muss oder dass realweltliche Referenten die Kommunikations- und Handlungspotenziale beschränken würden. Ausschlaggebend sind die Selbstbeschreibungen der Figuren, die für die Mitspieler durch den „Look"-Befehl lesbar werden. Gleiches gilt auch für alle anderen Objekte und Räume, die durch Sprechakte in MUDs gelangen. Betritt ein Spieler mit seiner Figur einen bestimmten Raum oder Bezirk des MUDS, so wird ihm meist automatisch der Beschreibungstext angezeigt. Mit Hilfe des „Look"-Befehls kann er sich dann die Beschreibungen der Objekte und der anderen Figuren ansehen.

Bei MultiUserDomains, die nicht wie die „Dungeons" an fiktionale Vorlagen anknüpfen, ist das Einloggen mit dem natürlichen Namen der Person (oder mit Namensbestandteilen) hingegen weitaus üblicher.

Wie beim Chat gibt es beim MUD zwei grundlegende Kommunikationsmodi: **Konversation** („Rede") und **Performation** („Handlung"/ „Darstellung"): Wird eine Äußerung im „Say"-Modus gesendet, so wird sie als kommunikative Handlung für alle anderen Nutzer im gleichen Raum der MultiUserDomain in Form direkter Rede sichtbar. Wie beim Chat kann auf diese Weise synchron kommuniziert werden. Auch der „Flüster"-Modus für die **vertrauliche Dialogkommunikation** steht in MUDs zur Verfügung. Möchte ein Spieler mit einem anderen Nutzer kommunizieren, der nicht im selben Bereich der Textwelt ist, dann kann er ihn über das „Page"-Kommando ansprechen, sofern er irgendwo im selben MUD anzutreffen ist, oder er kann über den „Tell"-Befehl auch über die „Entfernung" hinweg adressiert werden. Mittels des „Look"-Befehls können Informationen über die Spielfiguren abgerufen werden, die Wizards können darüber hinaus auch die tatsächliche Rechneradresse aller Mitspieler sowie deren E-Mail-Adresse einsehen. In einigen MUDs werden auch die üblichen **Dienste des Internet emuliert,** d. h. es stehen **innerhalb** der MUDs auch E-Mail, Newsgroup etc. zur Verfügung (vgl. Marvin 1995). Auf der Konversationsebene verläuft die Kommunikation mehrschichtig: "The conversation is multi-threaded and multi-layered" (Bruckman 1992: 3). Kommunikation kann **gruppenöffentlich** oder „privat" in **Dyaden** stattfinden; Bahl (1997: 66) berichtet aber über eine weitere, von den Kommunikanden in MUSH genutzte Differenzierung. Die Spieler können **„In Character",** also innerhalb des Sinnhorizontes der Spielfiguren kommunizieren, und sie können **„Out of Character",** also als Spieler metakommunikativ über das Spiel kommunizieren. Darüber hinaus können sie aber auch **mit realweltlichen Bezügen** chatten, so dass auf der Konversationsebene **drei Sinnhorizonte** gegeben sind. **Anschlusskommunikation** kann per E-Mail, Chat, Newsgroup, Telefon etc. ebenfalls mit realweltlichen Bezügen oder im Out of Character-Modus metakommunikativ über den MUD erfolgen.

Bereits auf der Konversationsebene unterscheidet sich der **Zeichengebrauch** mitunter deutlich von dem in der Chat-Kommunikation (vgl. Kap. 8.4). Zwar herrscht auch hier ein kurzer, alltäglicher und informeller Stil vor; witzige und schlagfertige Äußerungen werden goutiert und es kommen die paralinguistischen Zeichen (Emoticons, ASCII-Art etc.) zum Einsatz. Marvin (1995) weist aber darauf hin, dass mitunter „esoterisches Wissen" notwendig ist, um alles zu verstehen, weil einige Ausdrucksweisen aus der Programmierkultur stammen: So steht beispielsweise „!political" für „not political" oder „=" für „means, is same as". Diese Art von Kommunikaten enthält also zugleich eine metakommunikative Botschaft, nämlich dass der Sprecher Mitglied eines inneren Kreises der Nutzer ist.

Wird eine Äußerung im „Emote"-Modus („Me"-Befehl) gesendet oder ein vor-programmierter „Feeling"-Befehl ausgewählt, dann wird sie vom Programm als **Handlung in der dritten Person Singular** ausgezeichnet. Dies erlaubt den Figuren, in der Textwelt zu „handeln" und **verbal non-verbal zu kommunizieren.** Hiermit werden die spielerischen „Als-ob"-Handlungen simuliert. Auf der Handlungsebene von MUDs findet auch die **Konstruktion von Objekten und Räumen sowie die Navigation** in bzw. zwischen den Räume statt. Die textbasierte

„virtuelle Realität" ist eine „als-ob"-Welt: Wer spielt, nimmt sie als Realität, wenn und solange er spielt. Wer innerhalb des Spiels die Realität der Objekte bezweifeln würde, sprengte das Spiel und würde zum „Spielverderber". Texte sind also in MUDs und MOOs die intersubjektive symbolische Grundlage **kollektiver Imaginationen,** und so wird es möglich, in MUDs oder MOOs gemeinsam Kaffee zu trinken oder eine Pizza zu bestellen, zusammen zu tanzen oder zu musizieren, ohne dass die Körper der Spieler hieran beteiligt sind. Im Gegensatz zu vorgefertigten Online-Spielen, fungieren bei MUDs und MOOs die **Spieler selbst als Autoren bzw. Autorenkollektiv,** so dass eine potenziell unabgeschlossene Erzählung entsteht, die sich aus mehreren Erzählsträngen zusammensetzt, die sich mal mehr, mal weniger stark und häufig miteinander verzahnen. Die von den Betreibern bzw. „Wizzards" und den Teilnehmern erstellten und veränderten Texte bleiben als symbolische Repräsentationen der MUDs und MOOs, auch wenn gerade nicht kommuniziert wird. Im Gegensatz zum Chat und den auch hier möglichen Rollenspielen (vgl. das Beispiel der „virtuellen Drogenparty" in Kap. 9.4) stellen MUDs und MOOs also vergleichsweise dauerhafte und wie beispielsweise „MorgenGrauen" seit mehr als zehn Jahren betriebene „kulturelle Gruppen oder Gemeinschaften" (Marvin 1995) dar.

9.4 Typen und Funktionen der MUD- und MOO-Kommunikation

Grundsätzlich können **zwei Typen** von MUDs (und MOOs) unterschieden werden (vgl. Bruckman 1992: 5-7), die zwar auf der gleichen Technik basieren, aber unterschiedliche Institutionalisierungsformen darstellen: **Abenteuer-MUDs** und **gesellige MUDs** (Adventure-MUD u. „Social MUD" oder „Tiny MUD"). Auch Mischformen kommen vor, zumal auch in Adventure-MUDs gesellige, nicht unmittelbar auf die jeweilige Spielhandlung bezogene Kommunikation stattfindet. „Educational" und „Organizational MUDs" gleichen überwiegend den Social MUDs, sind allerdings speziellen Zielen gewidmet und weisen eine stärkere realweltliche Zweckorientierung auf. Marvin (1995) weist insbesondere auf den von Curtis entwickelten LambdaMOO (vgl. Kap. 9.5) sowie auf den von Amy Bruckman, einer Wissenschaftlerin des MIT gegründete MediaMOO hin, die als soziale Experimente und Forschungs- und Lernumgebungen fungieren:

> "The MediaMOO project, which I began in fall of 1992, is designed to enhance professional community amongst media researchers MediaMOO currently has over 500 participants from fourteen countries and is growing rapidly. (...) MUDs also have an intriguing potential as an educational environment. Since 1990, Barry Kort has been running a MUD for children called MicroMUSE." (Bruckman 1993)

In **Abenteuer-MUDs** besteht eine straffe **Hierarchie;** sozialer **Status** ist eng verknüpft mit administrativen Rechten und Zugriff auf die Technik. Vollständige Kontrolle besitzt in solchen MUDs der sog. „God", er kann die virtuelle Welt des MUD erschaffen, beliebig verändern und ihre Existenz beenden. Die MUD-Spieler treten als typische Vertreter einer sog. „Rasse", etwa als Zwerg, Troll, Mensch, Elfe, Ritter an und kämpfen um Punkte, deren Erwerb das einzige Mittel zum Aufstieg in der Hierarchie darstellt und über die Vergabe von Privilegien und Status (z. B. als „Wizard") entscheidet. Wizards (Magier, Zauberer) können virtuelle Objekte und Räume erschaffen und sich über „geheime" (also nicht von den gewöhnlichen Mitspielern einsehbare) Kanäle verständigen. Thematisch geht es meist um mittelalterliche und andere Mythen- und Fantasy-Stoffe oder um Sciene Fiction, insbesondere Weltraum-Abenteuer. Die Wahl einer „Rasse" ist vielfach mit Rollen- und Verhaltensanweisungen verknüpft, die den Stil der Interaktion präformieren sollen und damit die Erwartungen der Mitspieler prägen.

In Abenteuer-MUDs stehen die Spieler bzw. ihre Figuren ständig vor neuen **Aufgaben und Herausforderungen,** die sich nicht nur aus den Spielzügen anderer MUDer ergeben, sondern vom Programm vorgegeben werden: Hunger, Durst, Schlaf- und Sicherheitsbedürfnisse müssen befriedigt werden, damit die Figur spielfähig bleibt oder gar „überleben" kann. Um die notwendigen Ressourcen für die Figuren zu erwerben, müssen Punkte oder Geld angesammelt werden, mit der Folge, dass die Spieler erhebliche **Zeit** im MUD verbringen müssen. Wer versucht, lediglich sporadisch zu spielen, dessen Figuren werden in solchen Abenteuer-MUDs nicht lange „überleben". Alle Spieler sind hierfür auf die Kooperation mit anderen angewiesen, was seinen Niederschlag auch in bestimmten MUD-Regeln findet. Verschärft wird dieses **Wechselspiel aus Konkurrenz und Kooperation** in vielen MUDs durch das sog. „Player-Killing": Einige Spieler verfolgen sogar das primäre Ziel, andere Figuren zu „töten", was wiederum zur Solidarisierung der potenziellen Opfer führen kann. Nimmt die Zahl der Player-Killer in einem MUD überhand, ist seine Existenz bedroht. Entweder verlassen die übrigen Spieler in zunehmender Zahl den betroffenen MUD oder sie einigen sich auf Regeln, die zum Bestandteil der Software werden: So kann das Player-Killing auf solche Figuren beschränkt werden, die mittels einer „user killer flag" kenntlich gemacht sind, was zumindest vor überraschenden und hinterhältigen Attacken schützt. Player-Killing kann aber auch auf die User des gleichen Spiellevels beschränkt oder vollständig unterbunden werden (vgl. auch Wallace 1999: 96). Abenteuer-MUDs sind also eine eher feindselige Umgebung, die hohe Spielkompetenzen und ausgiebige Spielzeiten verlangt. Das Ziel besteht im Überleben der Figuren und im Machtgewinn; nur deshalb gilt Kooperation hier als Tugend. Häufig schließen sich Nutzer deshalb auch zu **Spieler-Gilden** zusammen, die gemeinsam gegen andere Gruppen agieren. In Adventure-MUDs kommt es also zur Bildung zum Teil feindseliger Subgruppen (vgl. Wallace 1999: 91-94): Entscheidend ist das einmal vollzogene Bekenntnis zu einer solchen Gruppe, in der Folge verstärkt sich regelmäßig das **Zugehörigkeitsgefühl** und auch neue Mitglieder werden gegenüber anderen, nicht-assoziierten Spielern bevorzugt behandelt. Die Mitglieder der konkurrierenden Gruppen werden – ohne Ansehen der konkreten Person – mit negativen Stereotypen (bis hin zu Feindbildern) belegt. Innerhalb der Gilden bilden sich erneut hierarchische Strukturen auf der Grundlage von Reputation und Status. So verfügen beispielsweise „Dukes" (Anführer von Gilden) über besonderen Einfluss mitunter sogar über Befehlsgewalt (nicht jedoch im programmiertechnischen Sinne) über einfache Mitglieder.

Auch **gesellige Tiny-MUDs** (Social MUDs) basieren auf fiktionalen Welten, zum Beispiel knüpfen sie an populäre Fernsehserien wie StarTrek/ Raumschiff Enterprise (vgl. Bruckman 1992: 10-11). In den geselligen MUDs wird aber in der Regel nicht um Punkte gekämpft, auch gewöhnliche Nutzer können „Objekte" durch Sprechakte erzeugen. Die auch hier vorhandene **Hierarchie** von User, Wizard und God beruht nicht auf Wettbewerb um Punkte, der Statuserwerb ist vielmehr Ausdruck von sozialen Verdiensten und **Kooperation.** Prämiert werden sollen **Kreativität und Produktivität,** gegenseitige Hilfe und Kommunikationsbereitschaft, Reputation und Wissen über das MUD. Die Vergabe von erweiterten Rechten zum Erschaffen von Objekten und Räumen erfolgt erst, nachdem der Nutzer gezeigt hat, dass er auf seinem bisherigen Level mit eingeschränkten Rechten Objekte und Räume beschrieben hat, die sich gut in das MUD einfügen. Hierüber entscheiden die Wizards, die dann auch weitere Rechte an den betreffenden Nutzer vergeben können. Da aber auch Neulinge schon sinnvoll mitspielen können, ist der Druck sozial aufzusteigen und sich immer neue Privilegien zu erwerben weitaus geringer als bei den Abenteuer-MUDs. Nicht der Wettbewerb um Macht und Überlebenschancen, sondern der **Wettbewerb um Aufmerksamkeit und Anerkennung** treibt das Geschehen in geselligen MUDs voran. Die soziale Hierarchie ist weniger stark ausgeprägt und wird auch weniger stark durch technische Software-Elemente (Befehlsrechte etc.) festgeschrieben (vgl. Reid 1999: 128). Die Figuren werden auch nicht wie die in Adventure-

MUDs ständig bedroht und durch Hunger, Durst, Müdigkeit etc. herausgefordert; nicht das Überleben ist hier die Spielaufgabe, sondern das Zusammenleben:

> "Social interaction, creating new elements of the game and exploring other's creations – complement and reinforce each other. Social interaction serves to create a network of users who constitute and audience for each other's creativity; acts of creation provide the stage for interaction." (Reid 1999: 126)

Nutzer geselliger MUDs können weitaus weniger Zeit online verbringen, denn ihre Spielfiguren sind, auch während die Spieler ausgeloggt sind, nicht bedroht (vgl. Reid 1994). Die Bindung an den MUD und die anderen Mitspieler hängen von der Identifikation mit der eigenen Spielfigur ab und dem Maße, in dem der Teilnehmer soziale Anerkennung von den anderen Spielern erhält. In geselligen MUDs geht es um die **kollektive Konstruktion von Sinn:** durch die Beschreibung von Figuren und ihren Aktionen, von Objekten und Umgebungen entsteht eine fiktionale Welt, die zudem Anlass für Kommunikation – auch über andere, „private" Belange (vgl. Götzenbrucker/ Löger 2000: 260) – liefert und ständig fortgeschrieben wird. DuVal Smith (1999: 137) bezeichnet sie auch als „Symbolic Communities".

Über die **Nutzungsmotive und -gratifikationen** der Kommunikanden ist wenig bekannt, da Befunde systematischer Forschung bislang nicht vorliegen. Zu vermuten ist aber, dass neben den – auch in Chat-Rooms zu erfüllenden – Konversationsbedürfnissen die Rollen- und Identitätsspiele sowie die Suche nach Gemeinschaftsgefühlen einen besonderen Reiz ausüben.

Sonja Utz (2000) hat eine schriftliche Befragung von 103 MUDer dreier deutschsprachiger Adventure-MUDs durchgeführt, die zumindest einen Einblick in Nutzung und Motive erlaubt – auch wenn es sich um ein sehr spezielles und selbstrekrutiertes Sample handelt, das keine verallgemeinerbaren Aussagen zulässt. Die befragten Nutzer waren durchschnittlich 23,5 Jahre alt, 83% waren Studierende, der Frauenanteil betrug 14,6%. Die durchschnittliche Zugehörigkeit zu den MUDs lag bei 19,6 Monaten, die durchschnittliche wöchentliche Nutzungszeit 12,3 Stunden. 35% der Befragten nutzen zwei, ein knappes Fünftel der MUDer sogar drei und mehr Online-Personae. Durchschnittlich kommunizierten und spielten die Befragten in 1,75 MUDs. Utz konnte verschiedene Nutzertypen und Motive rekonstruieren: Neben **Rollenspiel** und **Wettkampf** werden Adventure-MUDs von einigen Teilnehmern auch als **Chat-Möglichkeit** sowie als **Programmierprojekt** betrachtet. Die Mehrheit der Nutzer verbringt die meiste Zeit mit der Konversation (vgl. Döring 1000: 124). Als ausschlaggebend dafür, ob und in welchem Maße soziale Beziehungen aufgebaut und das **Bedürfnis nach sozialer Gemeinschaft** befriedigt werden, hat sich in ihrer Untersuchung die Einstellung zur computervermittelten Kommunikation herausgestellt: Je skeptischer die sozialen Potenziale computervermittelter Kommunikation, insbesondere von MUDs eingeschätzt werden, umso weniger wird Beziehungskommunikation mittels Emoticons etc. betrieben, und umso weniger kommt es zur Bildung von sozialen Beziehungen. Unklar ist allerdings der Kausalzusammenhang, denn Utz hat lediglich Korrelationen feststellen können: Ob also die skeptische Einstellung die eigentliche Ursache ist oder ob das Kommunikationsverhalten zu weniger sozialen Bindungen führt, was dann wiederum die (skeptische) Einschätzung prägt oder verstärkt, bedarf weiterer empirischer Forschung.

In der Forschungsliteratur werden immer wieder Erfahrungen mit dem Tausch der Geschlechtsidentität in MUDs hervorgehoben (vgl. auch Reid 1994):

> „For example, men are often surprised at how they are treated when they log on as a female character. Andrew writes on the newsgroup rec.games.mud:

> > 'Back when I had time for MUD, I, too, played female characters. I found it extraordinarily interesting. It gave me a slightly more concrete understanding of why some women say, 'Men suck.' It was both amusing and disturbing.'

Many people, both male and female, enjoy the attention paid to female characters."
(Bruckman 1993)

Sherry Turkle (1997: 145-157) hebt vor allem die psychologischen Aspekte des Rollenspiels
sowie des **spielerischen Umgangs mit Figuren und Identitäten** in MUDs hervor: Das Hineinschlüpfen in andere, selbst geschaffene Rollen erlaube es den Spielern, alternative Aspekte
ihrer Identität auszuleben und – geschützt durch das Medium – neuartige Erfahrungen zu
machen. Das Ausprobieren verschiedener Identitäten und Handlungsvarianten ermögliche ein
„Durcharbeiten" im psychoanalytischen Sinn, das Spielen mit Identitäten gleiche einem
postmodernen „Identity Workshop" (Amy Bruckman 1992):

> „... people are exploring, constructing and reconstructing their identities. They are
> doing this in an environment infused with a postmodern ethos of the value of multiple
> identities and of playing out aspects of the self ... And they are creating communities
> that have become privileged contetxts for thinking about social, cultural, and ethical
> dilemmas of living in constructed lives that we share with extensions of ourselves we
> have embodied in program." (Turkle 1997: 154-155)

Allerdings verwischen mitunter – zumindest bei Intensivnutzern – die Grenzen zwischen der
unmittelbaren sozialen Welt und MUDs, denn diese werden so stark Teil des kommunikativen
Alltags, dass für manche Nutzer Figuren und Spieler kaum noch voneinander zu trennen sind.
Aspekte des Selbst werden dauerhaft und mit hohem zeitlichem Aufwand in Gestalt unterschiedlicher Spielfiguren manifestiert, sie gewinnen eine **Eigendynamik.** Vogelgesang (2000:
251-252) berichtet, dass die von ihm befragten Jugendlichen die virtuelle Welt des MUDs als
durchaus real empfinden – auch in ihren Erzählungen und Schilderungen. Das Involvement
scheint demnach während des Spiels sehr hoch und darüber hinaus auch nachhaltig zu sein, so
dass sich hieraus Suchtgefahren ergeben können.

Gleichwohl betont Turkle weniger die Gefahr der Abhängigkeit von den Online-Spielewelten
als vielmehr die **psychotherapeutische Funktion** des „Auslebens" und „Durcharbeitens".
MUDing erzeugt ein „psychosoziales Moratorium", währenddessen eine Klärung persönlicher
Identitätsfragen mit einem hohen Grad von sozialer Unverbindlichkeit erfolgen kann: „People
become masters of self-presentation and self-creation. The very notion of an inner, 'true self'
is called into question" (Turkle 1997: 151). Tatsächlich scheint das Ausleben von Hand-
lungsweisen und Eigenschaften, die im Alltagsleben nicht angebracht erscheinen, eine
wesentliche Motivation für das MUD-Spiel zu sein, ohne das dies zu einem Realitätsverlust
führen würde; Vogelgesang beschreibt MUDer als „kompetente Pendler zwischen medialen
und realen Welten" (vgl. Vogelgesang 2000: 248-251).

Elizabeth Reid (1999: 109) fasst die grundlegende sozialpsychologische Funktionsweise von
MUDs zusammen:

> „MUDs act as a tool for the expression of each user's imagination, and mediate between
> the user's imagination and their communication to others of what they have imagined,
> but they do not determinate what is imagined." „The MUD system provides players
> with a stage, but it does not provide them with a script." (Reid 1994)

MUDs können demzufolge als Vermittler oder Medien spezifischer Gruppenkommunikation
verstanden werden, die einen sehr hohen Grad an Interaktion mit den anderen Kommunikanden ermöglichen; es handelt sich also nicht bloß um „interaktive Nutzung" einer Datenbank-
Software. Es sind vielmehr die Nutzer, die im gegenseitigen Wechselspiel der Kommunikanden und im Wechselspiel mit der softwaregesteuerten Datenbank (die nichts anderes als ein
Speicher der vorangegangenen Kommunikationssequenzen ist) einen kommunikativen Rahmen erschaffen und ihn durch ständiges (kommunikatives) Handeln weiter entwickeln:

„Virtual Worlds exist on MUDs not in the technology used to represent them, nor purely in the mind of the user, but in the relationship between internal mental constructs and technologically generated representations of these constructs." (Reid 1999: 109)

Der bereits erwähnte MUD-Pionier und Herausgeber des Journal of MUD Research, Richard Bartle (1990), unterscheidet aufgrund ihrer Motivation **vier Spielertypen,** die unterschiedliche Kommunikations- bzw. Spielstile bevorzugen und offenkundig nach ganz verschiedenen Gratifikationen suchen:

- „Achievers" sind leistungsorientierte User, die nach immer mehr Rechten, Punkten und Privilegien streben.

- „Explorers" hingegen sind vor allem an der Erkundung der textbasierten Welt interessiert,

- die „Socializers" suchen in erster Linie Interaktion und Kommunikation mit anderen Spielern im MUD, während es

- „Killers" in Abenteuer-MUDs darauf anlegen, andere Figuren auszuschalten.

Bartle hat diese vier Spielertypen in einer zweidimensionalen Matrix verortet (vgl. Schaubild 16): Während Killers und Socializers vor allem in Bezug auf andere Spieler handeln, orientieren sich Achievers und Explorers primär an der virtuellen Textwelt und dem Programm. Geht es Socializers und Explorers vor allem um die Interaktion (mit den Mitspielern bzw. den Objekten und Umgebungen), so steht bei den beiden anderen Typen das eigene Tun und Bewirken im Vordergrund (nach Wallace 1999: 96-97).

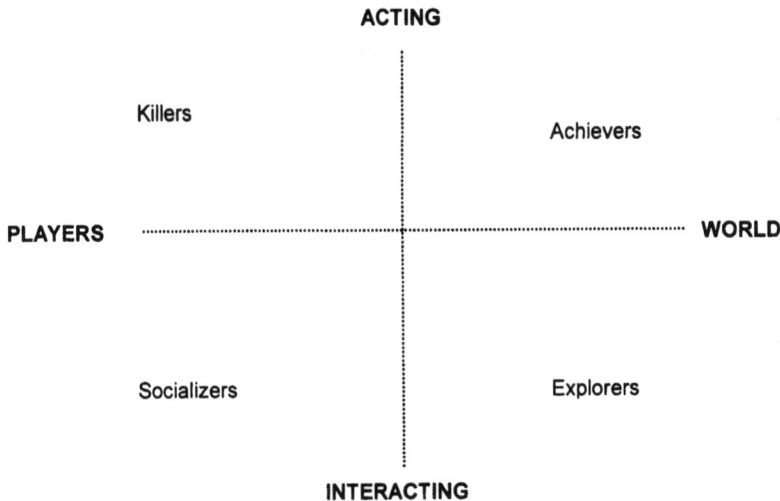

**Schaubild 16: Systematisierung von MUD-Spielertypen nach Bartle (1990)/
Wallace (1999: 97)**

Die unterschiedlichen Motivationen und Orientierungen sorgen zum einen für eine unterschiedliche Medienwahl, d. h. es werden spezifische MUDs vorgezogen (vgl. Götzenbrucker/ Löger 2000: 266-269), zum anderen können grundlegende Konflikte (um die kulturelle „Hegemonie") innerhalb eines MUD oder MOO die Folge sein. In Abhängigkeit von der

Spielmotivation können MUDs und MOOs verschiedene **Funktionen** erfüllen und eine unterschiedliche individuelle Bedeutung für die Spieler erlangen. Die **Bewertungen** reichen von „nur ein Spiel", über „lediglich eine andere Art von Kommunikation" bis hin zu „Mittel gegen Einsamkeit und Leiden" und dem in der Forschung viel beachteten „Spiel mit Identitäten". Bromberg (1996: 146-149) hat in einer empirischen Studie vier Funktionen ermittelt: Für sozial isolierte Menschen können MUDs mangelnde Kontakte und Kommunikationen im unmittelbaren sozialen Umfeld zumindest partiell kompensieren. Tritt dieser Fall ein, so werden sich diese Nutzer emotional besonders engagieren und sich in hohem Maße mit dieser „virtuellen Gemeinschaft" identifizieren. Von der Möglichkeit, im Schutze des Mediums Aspekte ihrer Identität auszuleben, die sie im unmittelbaren Sozialleben nicht zur Geltung bringen, machen vor allem introvertierte und schüchterne Menschen Gebrauch. MUDs weisen für andere Nutzer aber auch einen „Erotic Appeal" auf, denn das Medium erlaubt ihnen, gemeinsam mit anderen ihre Phantasien auszuleben oder eine „Consensual Halluzination" zu entwickeln. Und schließlich erlauben MUDs, das Kontrollbedürfnis über die (virtuelle) Umwelt zu befriedigen und hierdurch Prestige und Status zu erwerben.

Wie bei der Chat-Kommunikation kann es auch in MUDs und MOOs zu **Kommunikationsproblemen** kommen. Damit sind nicht nur die bereits erwähnten (vgl. Abschnitt 10.5) Player-Killings gemeint, denn auch in geselligen MUDs treten Konflikte auf, die vor allem auf die **unterschiedlichen Erwartungen sowie verschiedene kulturelle Normen und Werte der Nutzer** (z. B. den Rang der Meinungsfreiheit betreffend) zurückzuführen sind. DuVal Smith (1999: 143) beschreibt am Beispiel des 1990 für Erziehungs- und Bildungszwecke eingerichteten MUD (MicroMUSE) die Vielfalt der Erwartungen:

> „They come to visit with friends, meet lovers, play games, make toys, have parties, experiment with identity and behavior, act out different feelings, feel powerful, even to heal. To the, MicroMUSE is a playground, singles bar, bedroom, coffee house, shopping mall, theater, front porch, therapist's or social worker's office and more."

Marvin (1995) hat durch eine 18monatige teilnehmende Beobachtung von sechs MOOs die gemeinschaftlichen Normen der Kommunikation in MUDs und MOOs untersucht und dabei vier zentrale Probleme herausgearbeitet: „Spoof, Spam, Lurk and Lag": **Lag** steht für den entweder technisch oder durch die Tippgeschwindigkeit bedingten Zeitverzug bei der zeilenweisen Übertragung der eingetippten Botschaften und stellen ein ernsthaftes Problem für den Fortgang der Kommunikation dar. Dauert ein Lag nur zwei bis drei Sekunden, so wird er zwar kommentiert, führt aber nicht zu ernsthaften Störungen. Dauert die Verzögerung aber mehr als fünf Sekunden, „conversations lose any sense of realism, the turn taking falls out of order, and ... lag becomes a topic of conversation" (Marvin 1995). Anders als Lags, die nicht zweifelsfrei auf die Kommunikationspartner zurückzuführen sind, sind **Spoofs** besonders verpönt. Bei Spoofs handelt es sich um Textzeilen, die keinem Autor mehr zugeordnet werden können, also um tatsächlich anonyme Äußerungen. Spoofing setzt voraus, dass der Absender ein nicht erlaubtes Programm benutzt, das den üblicherweise vorangestellten Nickname nicht mit überträgt. Es handelt sich also um einen gezielten und bewussten Verstoß gegen die Kommunikationsregeln in MUDs und MOOs, der in den Etiquetten streng verboten oder nur ausnahmsweise erlaubt wird. Auch das **Lurking** wird bei der synchronen Kommunikation in MUDs und MOOs anders beurteilt als etwa in Newsgroups: Es ist zwar erlaubt, sich in MUDs und MOOs aufzuhalten, ohne sich selbst zu äußern. Die Anwesenheit eines solchen „Schweigers" wird jedoch normalerweise vom Programm angezeigt, und Personae, die nicht an der aktuellen Kommunikation teilnehmen (können oder wollen), werden als „Idle" gekennzeichnet. Das unbemerkte Einloggen als Lurker wird von der MUD-Gruppe als „Spionage" aufgefasst, zumal solche Lurker auch die private Kommunikation in separaten „Räumen" mitlesen können. **Spamming** bezeichnet in MUDs und MOOs nicht das massenhafte Versenden von

Werbung, sondern das „zu viele Worte verlieren". Langatmigkeit des Ausdrucks führt dazu, dass mehr Text über das Bildschirmfenster rollt als von den anderen gelesen und verstanden werden kann.

Die Kenntnis dieser Normen, zuweilen schon allein der Bezeichnungen, setzt längere Erfahrung in der MUD-Kommunikation voraus und stellt „Newbies" immer wieder vor Probleme. Die „Regulars" sind hier klar im Vorteil und dominieren das Geschehen in MUDs und MOOs. Bruckman (1992: 12) kommt zu dem Schluss: „All the themed MUDs which I have observed have **hierarchical social structures.**"

> „These communities are by no means idyllic. Free expression may be encouraged by the disinhibiting nature of the medium, at least in the early stages of play, but that is not always as socially constructive that many liberal ideologies would claim it to be. Free expression allows not only the voicing of views that might be 'politically correct', but also of 'hate speech'." (Reid 1994)

Auch wenn die Kommunikation in allen MUDs und MOOs durchaus geregelt und sozial strukturiert erfolgt, weil klare Rollenvorgaben, durch Wizzards etc. sanktionierbare Regeln und wechselseitige Erwartungen bestehen, so führt die **Kommunikation unter Pseudonym** doch zuweilen zu einer Enthemmung mit ambivalenten Auswirkungen (vgl. Reid 1994; 1999: 112). Einerseits ermutigt sie zur vertraulichen Kommunikation unter Fremden, so dass vertrauensvolle Beziehungen entstehen können, andererseits wird sie zu negativem sozialen Verhalten missbraucht, wie der viel zitierte Fall aus dem JennyMUSH belegt: Ein Nutzer änderte, nachdem er zwei Wochen in diesem Selbsthilfe-MUD für Opfer von Vergewaltigung und sexuellem Missbrauch als weiblicher Nick kommuniziert hatte, plötzlich seine Geschlechtsidentität und trat als männlicher „Daddy" auf. Über das „Shout"-Kommando verbreitete er an alle Anwesenden **obszöne Äußerungen und Schilderungen sexueller Gewalt.** Obgleich viele Nutzerinnen ihn baten, dies sofort einzustellen, ihm sogar drohten, konnte erst nach 30 Minuten ein Wizard eingreifen und „Daddy" stoppen. Er entfernte den Nutzer zunächst aus dem MUD, benannte ihn dann um und entzog ihm die Möglichkeit, weitere Beiträge zu senden. Die zuvor belästigten Opfer hatten dann die Möglichkeit, sich mit verbalen Beschimpfungen zu rächen, ohne dass der betreffende Nutzer sich wehren konnte. In der Folgezeit wurde der „Shout"-Befehl deaktiviert, um ähnlichen Vorkommnissen vorzubeugen. Alle Nutzer mussten sich von nun an beim Administrator mit ihrem realen Namen und einer E-Mail-Adresse identifizieren, bevor sie am MUD teilnehmen durften (Reid 1999: 115-117). Ein anderes Beispiel von **sexueller Belästigung** ist als erste „virtuelle Vergewaltigung" in die Geschichte der computervermittelten Kommunikation eingegangen. Ein New Yorker Student trat 1993 als „Mr. Bungle" im LambdaMOO (vgl. Abschnitt 10.5) auf und nötigte eine geschlechtsindifferente andere Figur namens „Legba", „[to] sexually service him in a variety of ways [and to] ... unwanted liasons with other individuals present in the room" (Dibbel 1993). Die Äußerungen und Handlungen der Persona „Mr. Bungle" nahmen an Aggressivität und Gewalt ständig zu, was von den anderen Nutzern als Vergewaltigung geahndet wurde. Interessant dabei ist, dass die Bestrafung innerhalb des MOO erfolgte, obgleich es möglich gewesen wäre, den tatsächlichen Nutzer ausfindig zu machen und von der weiteren Kommunikation auszuschließen, zumal die emotional und psychisch verletzenden Wirkungen des Verhaltens ja nicht auf die virtuellen Personae des MOO beschränkt waren, sondern sich die hinter diesen Figuren stehenden menschlichen Kommunikanden verletzt fühlten. Der New Yorker Student, der sich wenig später unter anderem Pseudonym erneut einloggte, reagierte jedoch mit Unverständnis auf den Ausschluss seiner MOO-Figur „Mr. Bungle": „It was purely a sequence of events with no consequence on my real life existence" (Dibbel 1993). Offenkundig teilte er nicht die MOO-Konvention der anderen Teilnehmer, die eine starke Bindung zu ihren Repräsentationen im MOO aufbauen, und ihm war daher vermutlich nicht einmal klar, dass die durch ihn mittels „Mr. Bungle" ausgeführten Verletzungen anderer MOO-Personae durchaus die dahinter stehenden, realen Kommunikanden getroffen hatten (vgl. MacKinnon 1997).

Diese Beispiele zeigen, dass auch in MUDs grundsätzlich soziale und technische **Sanktionsmöglichkeiten** eingesetzt werden, um die Gruppennormen durchzusetzen. Die Sanktionsmöglichkeiten reichen von der individuellen Ebene (durch den „Ignore"-Befehl oder „Gagging") über das gruppenöffentliche Bloßstellen und Anprangern bis hin zum endgültigen Ausschluss von der Teilnahme und der Verwehrung des technischen Zugangs.

9.5 Fallbeispiel LambdaMOO

Der bereits erwähnte XEROX-Softwareentwickler Pavel Curtis begann 1990 mit der Programmierung des Lambda-MOO. Ausgehend von dem 1989 durch einen amerikanischen Studenten entwickelten „TinyMUD" erweiterte Curtis die Programmierbarkeit von Räumen, Objekten und Dimensionen durch die einzelnen Nutzer. Zur Orientierung dient eine „interaktive" Karte, die im WWW bereit steht (http://www.lambdamoo.info/lambdamoomap/ lambdamoomap.htm), der eigentliche Zugang zu LambdaMOO erfolgt via Telnet. Wie nahezu alle MUDs bedient sich auch LambdaMOO räumlicher Metaphern, Curtis privates Wohnhaus bildete zunächst die Vorlage für die Beschreibungen des virtuellen Spiegelbildes. Amy Bruckman (1992: 4-5) berichtet: „When you connect to LambdaMOO, you see the description:

The Coat Closet
The closet is a dark, cramped space. It appears to be very crowded in here; you keep bumping into what feels like coats, boots, and other people (apparently sleeping). One useful thing that you've discovered in your bumbling about is a metal doorknob set at waist level into what might be a door. There's a new edition of the newspaper. Type 'news' to see it.

Typing 'out' gets you to the living room:

The Living Room
It is very bright, open, and airy here, with large plate-glass windows looking southward over the pool to the gardens beyond. On the north wall, there is a rough stonework fireplace, complete with roaring fire. The east and west walls are almost completely covered with large, well-stocked bookcases. An exit in the northwest corner leads to the kitchen and, in a more northerly direction, to the entrance hall. The door into the coat closet is at the north end of the east wall, and at the south end is a sliding glass door leading out onto a wooden deck. There are two sets of couches, one clustered around the fireplace and one with a view out the windows."

Curtis (1997) hat seine Beobachtungen der Kommunikation in diesem ältesten und wohl größten MOO in einer Fallstudie dokumentiert. Bei LambdaMOO handelt es sich um einen rege besuchten geselligen MUD: Insgesamt beteiligten sich 3.500 Spieler an der Kommunikation; pro Woche waren es mindestens 750. Gleichzeitig halten sich selten mehr als 40 Spieler in LambdaMOO auf, d. h. die meisten Teilnehmer kennen sich untereinander nicht, lediglich die langjährigen Spieler (Regulars) können als Kernbelegschaft tatsächlich dauerhafte soziale Beziehungen und Gruppenstrukturen entwickeln. Curtis berichtet auch vom suchtartigen Verhalten, denn einige Spieler beteiligen sich bis zu 35 Stunden nonstop am MOO und viele berichten von ihren Bemühungen, ihre im Spiel verbrachte Zeit besser zu kontrollieren und insgesamt zu verkürzen. Auch Turkle (1997: 143) gibt Spieldauern von bis zu 80 Stunden wöchentlich an. Bei den Spielern handelt es sich zu über 90% um Studierende mit entsprechend hohem formalen Bildungsgrad, Curtis (1997: 126; 137) schätzt den Männeranteil auf 70%. Da auch hier das Geschlecht der Figuren frei bestimmbar ist, sind lediglich Spekulationen möglich. Einige männliche Spieler haben bewusst weibliche Figuren gewählt, entweder um ihre Kommunikationschancen zu erhöhen oder um mit ihrer Geschlechtsidentität in dem Sinne zu experimentieren, dass sie als Frauen ganz andere Erfahrungen in Lambda-MOO machen können. Allerdings sind die Erfahrungen, die weibliche Figuren dort erwerben, durchaus problematisch: Sie reichen von besonderer Behandlung (auch Hilfsangebote) bis hin zu sexueller Belästigung (Curtis 1997: 128). Die Selbstbeschreibungen der Spielfiguren variieren sehr stark hinsichtlich ihres Umfangs; einige Nutzer ziehen es vor, mit rätselhaften Spiel-Identitäten in den MUD zu gehen. Viele Spieler haben laut Curtis mehrere Figuren im Spiel. LambdaMOO gewährt weitgehende Pseudonymität, d. h. es gibt kein Möglichkeit, die Identität der Nutzer festzustellen, wenn diese das nicht ausdrücklich wünschen. Dies führt laut Curtis dazu, dass die Hemmschwellen und die sozialen Folgen herabgesetzt werden. Die realen Personen hinter den Spielfiguren fühlen sich vor realen Folgen ihres Handelns im MUD geschützt und sind daher auch eher zu vertraulicher Kommunikation bereit.

Auch in LambdaMOO gibt es Wizards, die über besondere Rechte und Befehle verfügen, um den Betrieb des MUD aufrecht zu erhalten: Sie können bestimmen, welche Figuren welche Handlungen ausführen dürfen, können Namen und Selbstbeschreibungen anderer Spielfiguren ändern und Spieler, die gegen Normen verstoßen haben, öffentlich bloßstellen oder im Wiederholungsfall völlig ausschließen (Curtis 1997: 130-131).

9.6 Fazit

Ausgehend von Fantasy-Rollenspielen wurden seit Ende der siebziger Jahre die ersten Multi-UserDungeons entwickelt, die es räumlich getrennten Computernutzern erlaubten, durch den Austausch von Texten gemeinsame Rollenspiele zu betreiben. Mittlerweile kann man von weltweit etwa 2.000 MultiUserDomains und MOOs (Multi User Dimensons – Object Oriented) ausgehen, in denen insgesamt mehrere Zehntausend Menschen kommunizieren. Die Kommunikation ähnelt einerseits der Chat-Kommunikation, bietet darüber hinaus aber performative Kommunikationsmöglichkeiten, wie die schriftliche Beschreibungen von Räumen, Objekten, Umgebungen, Personae (Characters, Spielfiguren) und Handlungen. Diese meist textbasierten „virtuellen Realitäten" entstehen durch das regelmäßige und kontinuierliche Rollenspiel der „MUDer". Die Kommunikation in MUDs und MOOs erfolgt unter einem Pseudonym, mit dem sich die jeweiligen Nutzer dauerhaft identifizieren müssen, um ihre Kommunikations- und Spielmöglichkeiten zu erweitern. Auf der Konversationsebene lassen sich mehrere Sinnhorizonte unterscheiden, denn Nutzer können „In Character", „Out of Character" oder mit realweltlichen Alltagsbezügen kommunizieren. Ähnlich wie bei der Chat-Kommunikation werden paralinguistische Zeichen eingesetzt, um metakommunikative Botschaften zu symbolisieren.

Die Nutzungsmotive, -gratifikationen und Funktionen der MUD- und MOO-Kommunikation sind nur unzureichend erforscht. Neben den Bedürfnissen nach Unterhaltung (zunächst im Sinne von Konversation) und Gemeinschaft dürfte das Spiel mit Identität ausschlaggebend sein. In den Abenteuer-MUDs geht es vor allem um Rollenspiel und Wettkampf, in den geselligen „Tiny-MUDs" stehen Rollenspiel und kooperative Problemlösung im Vordergrund.

III.

Allgemeine Probleme
computervermittelter Kommunikation im Internet

10. Anonymität und Identität in der computervermittelten Kommunikation

10.1 Einleitung

Bei der Untersuchung der computervermittelten Kommunikation sind wir in den vergangenen Kapiteln immer wieder auf die Frage gestoßen, welche Rolle Anonymität und Identität spielen. Besonders deutlich wurde dies bei der Erörterung von Chat- und MUD-Kommunikation. Es handelt sich also um übergreifende Fragestellungen, die bei verschiedenen Internet-Diensten eine unterschiedliche Bedeutung besitzen. Vor allem in den frühen Studien zur Online-Kommunikation und in der öffentlichen Thematisierung wurden diese Phänomene als Besonderheiten und Neuigkeiten der computervermittelten Kommunikation hervorgehoben. Im folgenden Kapitel wollen wir daher den Fragen nachgehen, ob und in welchem Maße tatsächlich anonym online kommuniziert wird (Kap. 11.2) und welche Konsequenzen dies für den Kommunikationsprozess eigentlich besitzt. Damit eng verknüpft sind die Fragen, ob und wie unter den spezifischen Kommunikationsbedingungen Identität der Kommunikationspartner und Authentizität der Kommunikate dargestellt bzw. wahrgenommen werden (Kap. 11.3-11.5).

10.2 Anonyme und pseudonyme Kommunikation

Anonymität ist ein im alltäglichen Sprachgebrauch **negativ besetzter Begriff**, etwa wenn von der „Anonymität der modernen Großstadt" – meist als Symptom einer anomischen Gesellschaft – die Rede ist oder wenn sogar die Verbindung zu unlauteren bzw. kriminellen Handlungen mitschwingt (anonyme Briefe und Anrufe, etwa mit dem Ziel der Erpressung etc.). Anonymität ermöglicht eine Enthemmung, denn es können nun Äußerungen und Handlungen vollzogen werden, die unterbleiben würden, wenn ihre Urheber „namhaft" und damit persönlich verantwortlich hierfür gemacht werden könnten (vgl. zur Frage der ethischen Verantwortung auch Kap. 13).

Andererseits kennen wir auch den **ethisch berechtigten Anspruch auf anonyme Kommunikation,** z. B. in Selbsthilfegruppen (Anonyme Alkoholiker), bei der Telefonseelsorge oder vergleichbaren Angeboten, aber auch in Strafverfahren (Zeugenschutz) und in der Massenkommunikation (Informantenschutz). Hier gilt Anonymität als legitim, wenn die Wahrhaftigkeit der Aussagen auf anderem Wege verbürgt oder zumindest plausibel gemacht werden kann als durch die namentliche Identifizierung, wenn die Identifizierung des Kommunikanden diesen unverhältnismäßigen Bedrohungen aussetzt (von der sozialen Stigmatisierung bis hin zu Gefahren für Leib und Leben) oder wenn aus solchen Gründen die betreffenden Kommunikanden gar nicht oder allenfalls eingeschränkt zur Kommunikation motiviert werden könnten. Anonymität erleichtert oder ermöglicht in solchen Fällen erst Kommunikation, und in ethisch begründeter Weise werden hier das Kommunikat und die Kommunikationsintention höher als die Identifikation der Kommunikanden bewertet. Solche sozial erwünschten Formen der anonymen Kommunikation bedürfen als Ausnahme von der allgemeinen Regel besonderer ethischer oder rechtlicher Legitimation, insbesondere um sie von illegitimen Formen anonymer Kommunikation (Erpressung, sog. „schwarze" und „graue" Propaganda mit unklaren oder falschen Absenderangaben etc.) zu unterscheiden.

Anonyme Kommunikation findet aber nicht nur in diesen besonderen Sinnprovinzen statt, sondern auch im **Alltag:** Versteht man unter Anonymität im Wortsinne „Namenlosigkeit" oder weitgehende Unbekanntheit, dann verlaufen weite Teile der Face-to-face-Kommunikation anonym, denn wir kommunizieren täglich mit einer Vielzahl von Menschen, die wir zwar

sehen und hören können, deren Namen uns aber ebenso unbekannt bleiben wie alle nicht
sichtbaren Identitätsmerkmale, und die wir zum Zweck der Kommunikation auch gar nicht
kennen müssen, weil wir mit diesen Menschen in ihrer Eigenschaft als Rollen- und Funkti-
onsträger kommunizieren: Bus- und Taxifahrer, Verkäufer und Kassierer, Passanten und
Zufallsbegegnungen bleiben in der Regel für uns namenlose, in diesem strengen Sinne also
anonyme Kommunikationspartner. Dies hat bereits Erving Goffman (1974: 226) bemerkt, der
anonyme Beziehungen als „strukturierte Formen des Umgangs zwischen zwei Individuen, die
einander nur auf der Basis der unmittelbar wahrgenommenen sozialen Identität kennen" definiert. Allerdings sind hier die zwei Schlüsselkategorien sozialer Identität, Alter und
Geschlecht, meist direkt anhand leiblicher Anzeichen erkennbar bzw. einschätzbar. Sie können als erster Ausgangspunkt für die Einschätzung des Kommunikationspartners im Sinne des
„Priming" dienen und unsere weitere Wahrnehmung präformieren (vgl. Wallace 1999: 25;
O'Brien 1999: 77-78). Die namentliche Identifikation der Kommunikationspartner ist für das
Gelingen von Kommunikation und das Anschließen weiterer kommunikativer Handlungen
nicht notwendig, in den meisten Fällen wäre sie nicht einmal funktional oder von den beteiligten Menschen erwünscht, die sich beispielsweise in ihren anonymen Rollen als „Käufer"
und „Verkäufer" hinreichend aufgehoben fühlen. Die Identifizierung der sozialen Rolle, als
Teil der aktualisierten **sozialen Identität** entlastet von aufwändigen Aushandlungsprozessen
und der weiteren Beschäftigung mit dem „ganzen Menschen" hinter dieser Rolle; Aspekte der
persönlichen Identität spielen in solchen alltäglichen Kommunikationssituationen eine
untergeordnete Rolle und besondere Akzentuierungen individueller Identitätsmerkmale sind
begründungspflichtig, wenn sie nicht als deviantes Kommunikationsverhalten, als ein „Sich-
aufspielen" interpretiert werden sollen.

Als **erstes Zwischenfazit** lässt sich also feststellen, dass anonyme Kommunikation keine völlig neuartige Erscheinung der Online-Medien ist, sondern auch in der Face-to-face- und der
medial vermittelten interpersonalen sowie in der öffentlichen Medienkommunikation anzutreffen ist und dort eine wichtige soziale Funktion besitzt, aber auch zu Problemen führen
kann (anonyme Anrufe und Briefe).

Aus kommunikationswissenschaftlicher Sicht ist daher die Ausgangsfrage zu präzisieren:

- Wird im Internet überhaupt „anonym" kommuniziert und wie typisch bzw. sozial
  verbreitet ist anonyme Kommunikation in Computernetzen?

- Wie wird im Internet anonym kommuniziert und was unterscheidet anonyme computervermittelte Kommunikation von den bekannten (und zum überwiegenden Teil
  durchaus bewährten) anderen Formen anonymer Kommunikation?

- Welche Funktionen erfüllt anonyme Kommunikation im Internet und welche Dys-
  funktionen können entstehen?

Ebenso wie Brief und Telefon bieten auch Computernetze die Möglichkeit, anonym zu kommunizieren. Allerdings muss bei allen Formen der computervermittelten Kommunikation
schon aus netztechnischen Gründen dem Empfänger eine symbolische „Absender-Adresse"
genannt werden – im Gegensatz etwa zur Briefkommunikation oder zur Telefonkommunikation (sieht man einmal von der automatischen Rufnummernanzeige ab). Bei der computervermittelten Kommunikation ist also immer ein Name bekannt, der als „Identitätsanker" an
die Stelle des Körpers in der Face-to-face-Kommunikation tritt. Allerdings kann es sich dabei
sowohl um einen realen Namen als auch um ein mehr oder weniger aufschlussreiches **Pseudonym** (User- oder Nickname) handeln. Insofern bedeutet hier „anonyme Kommunikation"
nie im Wortsinne anonym (namenlos), sondern Kommunikation mit – mehr oder weniger –
Unbekannten. Namen dienen jedoch üblicherweise der – möglichst verlässlichen – Identifikation einer bestimmten Person, und genau diese Funktion **können** Pseudonyme zwar erfüllen,

sie **müssen** es aber keineswegs. Hinzu kommt, dass bei der alltäglichen Face-to-face-Kommunikation vielfach zwar der Name nicht bekannt ist, es aber Möglichkeiten gibt, Personen aufgrund ihres Äußeren zu identifizieren oder gar ihren Namen in Erfahrung zu bringen (im Konfliktfall sogar mit Hilfe der Behörden). Die Identifizierung des Kommunikationspartners beruht in diesen Fällen zunächst also nicht auf der Kenntnis des Namens, sondern auf der vornehmlich visuellen und akustischen Personenwahrnehmung, der Interpretation leibgebundener Anzeichen. Beides ist bei der computervermittelten Kommunikation in der Regel nicht (zumindest nicht zwingend) gegeben: Das Pseudonym bleibt also zunächst der wichtigste Anhaltspunkt der wechselseitigen Identifikation von Kommunikationspartnern.

Als Antwort auf unsere erste Teilfrage lässt sich demnach festhalten: Im Internet wird entweder unter dem tatsächlichen Personennamen kommuniziert, der von diesem Menschen auch ansonsten verwendet wird, oder es wird pseudonym (nicht im engeren Sinne anonym) kommuniziert. Kommunikanden genießen **Wahlfreiheit**, ob und in welchem Maße sie „anonymisiert" kommunizieren. Für die Darstellung ihrer Identität verwenden sie **Symbole, die an die Stelle leibgebundener Anzeichen treten,** die in der Face-to-face-Kommunikation offenbart werden. Die Symbole des ASCII-Zeichensatzes werden dabei auch dazu verwendet, körperliche Zustände und Verhalten anzuzeigen. Insofern bedeutet Anonymität in der textbasierten computervermittelten Kommunikation also weder Namenlosigkeit noch vollständige Körperlosigkeit, denn an die Stelle des physischen Körpers tritt ein symbolischer, textueller Körper, auch wenn dieser keine getreue Repräsentation des physischen Körpers sein muss (und kann), sondern eine **intentional** geäußerte Beschreibung.

Sieht man von automatischen, softwaregesteuerten Zuweisungen von Nutzernamen (etwa „Gast"-Zugänge oder systemspezifische Nutzerkürzel) ab, können Nutzernamen von den Kommunikanden – je nach vorhandenen Namens- und Gestaltungsressourcen – mehr oder weniger frei gewählt werden. Die Entscheidung dafür, unter seinem gesetzlichen Personennamen zu kommunizieren, oder unter einem bestimmten Nickname, hängt von den **intendierten Kommunikationszielen** und -zwecken ab. Zudem ist die Entscheidung für die Verwendung des Personennamens oder eines Nicknames keineswegs exklusiv, d. h. dieselben Menschen können über mehrere Nutzernamen verfügen, die sie **kontextspezifisch** einsetzen.

Steht die Kommunikation mit Partnern im Vordergrund, die aus anderen Kommunikationskontexten (Face-to-face-, Brief- oder Telefonkommunikation) bekannt sind, und soll an diese Kommunikationskontexte inhaltlich und sozial angeschlossen bzw. die Möglichkeit eröffnet und erhalten werden, an die Online-Kommunikation anzuschließen, so ist zu erwarten, dass der reale Personenname auch als Nutzername verwendet wird. Die genaue Zeichenfolge kann systembedingt (Umlaute, bereits vergebener Nutzername) oder durch normative Vorgaben durch den Provider von der des Personennamens abweichen, bleibt aber für die Kommunikationspartner klar erkennbar.

Ein sehr großer Teil der verwendeten E-Mail- und der Newsgroup-Nutzernamen folgt offenkundig dieser Überlegung, für die interne und externe Organisationskommunikation kann die **Verwendung realer Namen** für persönliche E-Mail-Adressen als Grundregel gelten. Das bedeutet, dass ein **sehr hoher Anteil der E-Mail-Kommunikation weder anonym noch pseudonym verläuft,** sondern auf der namentlichen Identifikation von realen Personen basiert oder sogar als **Kommunikation zwischen einander ohnehin bekannten Menschen** erfolgt (vgl. auch Wallace 1999: 14).

Steht das **Kriterium der Anschlussfähigkeit** von computervermittelter und anderen Formen der Kommunikation hingegen nicht im Mittelpunkt, erscheint eine Identifikation mittels des realen Personennamens weniger notwendig, unter Umständen sogar eher hinderlich zu sein. Folglich dürfte hier die Neigung, einen Nickname zu wählen, um damit (zumindest zunächst)

pseudonym zu kommunizieren, höher ausgeprägt sein. Gleichwohl dienen auch solche Pseudonyme der wechselseitigen „Identifikation", ohne die eine verständigungsorientierte Kommunikation mit gegenseitigen Adressierungen und Bezugnahmen auch gar nicht möglich
wäre. Bei der Wahl von Nicknames spielen im Gegensatz zur Verwendung realer Personennamen als Nutzernamen Aspekte der Identität und **Selbstrepräsentation** eine besonders interessante und für den Kommunikationsverlauf bedeutende Rolle (vgl. Kap. 10.3). Die Verwendung von Nicknames mit pseudonymen Charakter und ohne voraussetzungslos erkennbare
Hinweise auf den realen Personennamen oder die reale Person bedeutet keineswegs, dass die
Kommunikation zwischen (dauerhaft) nicht weiter identifizierbaren Menschen stattfindet:
Zum einen dürfte vielen Kommunikationspartnern, die auch „offline" miteinander kommunizieren, reale Namen und Personen „hinter" dem Nickname bekannt sein. Zum anderen ist
auch bei der Kommunikation unter einander zunächst Fremden zu beobachten, dass sehr viele
Kommunikanden **zahlreiche Hinweise auf ihre tatsächliche persönliche Identität** geben:
So werden reale Namen, private und geschäftliche Postadressen, Telefonnummern und biographische Hinweise in E-Mail-Signaturen oder der Newsgroup-Kommunikation genannt,
mitunter eigene Homepages zur Präsentation der Person gestaltet und nicht zuletzt Angebote
für Face-to-face-Begegnungen organisiert und genutzt.

Als **zweites Zwischenfazit** können wir festhalten: Die Vorstellung, computervermittelte
Kommunikation verlaufe grundsätzlich als anonyme oder auch nur als pseudonyme Kommunikation, nur weil das technische Potenzial über Re-Mailer, weitgehende Freiheiten bei der
Wahl von Pseudonymen oder Täuschungsmöglichkeiten bei der elektronischen Selbstdarstellung bestehen, erscheint empirisch keineswegs plausibel. Vielmehr bestimmen Art und Grad
der Absicht, sich miteinander zu verständigen, Form und Maß der namentlichen oder sonstigen Hinweise auf die reale Person der Kommunikanden – grundsätzlich konnten wir vergleichbares auch für andere Formen der medienvermittelten und der direkten Kommunikation
feststellen. Erfordern Kommunikationssituation und Kommunikationspartner klar erkennbare
Bezüge zur außermedialen Wirklichkeit, so werden entsprechende Hinweise in Gestalt realer
Personennamen – als Nutzername oder als Zusatzinformation z. B. in Mail-Signatures – mit
kommuniziert. Genügen bestimmte Hinweise auf die soziale Rollenidentität für den spezifischen Kommunikationserfolg, so sind Nutzer bereit, entsprechend unpersönlich zu kommunizieren und auf reale Namen zu verzichten, z. B. wenn sie eine Mail an Adressen wie
„info@siemens.com" senden. Zielt die Online-Kommunikation auch dauerhaft auf
Anschlusskommunikation ausschließlich im Netz, ist eine Identifizierung durch den realen
Namen (zumindest zunächst) für den kommunikativen Erfolg und entsprechende Gratifikation
nicht funktional. Handelt es sich schließlich um Online-Varianten von Kommunikationsformen, die offline aus guten Gründen anonym verlaufen (Beratungs- und Hilfeangebote) oder
um Formen, zu deren konstitutiven Spielregeln das „in der Rolle bleiben" zählt (MUD,
MOO), dann trägt die Wahrung von Pseudonymität sogar grundlegend zum Kommunikationserfolg bei.

Computervermittelte Kommunikation erfolgt, wie Gallery (2000: 66) für den Chat gezeigt
hat, „im **Spannungsfeld variabler Anonymität**", wobei vollständige Anonymität ebenso wie
namentliche oder vollständige Bekanntheit gleichermaßen unwahrscheinlich, je nach Modus
der computervermittelten Kommunikation sowie nach Kommunikationskontext (Kommunikanden und Kommunikationsintentionen) aber typisch ausgeprägt und funktional sind (tendenzielle Bekanntheit bei E-Mail und Newsgroup, tendenziell hohe Pseudonymität bei Chat
und MUD). **Ausschlaggebend ist** – wie bei der Face-to-face- und der Medienkommunikation
insgesamt – **nicht das technische Potenzial, sondern wiederum der soziale Rahmen des
Mediums und das situationsbezogene kommunikative Handeln** der Kommunikanden.

Gleichwohl hat die bisherige Betrachtung gezeigt, dass in der Online-Kommunikation zweifellos Pseudonyme weitaus häufiger verwendet werden als in den anderen Formen interpersonaler und Gruppenkommunikation. Die Wahl eines oder mehrerer Nicknames ist nichts außergewöhnliches, wie etwa die Wahl eines Künstlernamens in der öffentlichen Kommunikation, sondern durchaus üblich. Die Gründe hierfür sind vielfältig: Zunächst einmal wird jeder Nutzer aufgefordert, sich einen Namen zu geben, damit er überhaupt die technischen Medien nutzen kann. Es wird ihm also eine Selektionsentscheidung abverlangt, die wir von den anderen Kommunikationsformen nicht oder nur in eingeschränkter Form (Nennung von Vor- und/ oder Nachnamen beim Telefonieren oder Meldung mit „Hallo", „Ja, bitte" etc.; Nennung von Vor- und/ oder Nachnamen, Titeln und Funktionsbezeichnungen in der Brief- und Face-to-face-Kommunikation) gewohnt sind. Durch diese Notwendigkeit wird bei der interpersonalen und gruppenbezogenen Online-Kommunikation (nicht bei den Diensten WWW, FTP etc.) die Frage des Namens und damit auch der Identität in einem Maße thematisch, wie dies ansonsten nicht der Fall ist. Der Aufwand für die Wahl eines oder mehrerer Nutzernamen ist vergleichsweise gering, die Wahlmöglichkeiten sind jedoch nahezu unbegrenzt. Die Verwendung eines Nutzernamens – sei es der reale Name oder ein Nick – sowie die **Auswahl eines Namens** aus einem möglicherweise vorhandenen Repertoire werden damit zu einer **bewussten kommunikativen Handlung**. Mit selbst gewählten und kommunizierten Namen erfolgt nicht mehr (nur) die Identifikation mit der eigenen Person, indem der durch andere Personen zugewiesene Name genannt, also wiederholt und bestätigt wird. Namen können weitere **metakommunikative Bedeutung** erhalten, wenn sie Hinweise enthalten, wie man sich selbst sieht oder gesehen werden möchte. Namen werden als Kommunikat „autorisiert", denn nun gibt es einen verantwortlichen „Verfasser", der nicht mehr ohne Weiteres gezwungen ist, seinen „wirklichen Namen", der ja von anderen „Autoren" stammt, zu nennen, sondern seine eigene Benennung zum Mittel expressiven Selbstausdrucks machen kann.

Die Wahl des Pseudonyms erfolgt **reflexiv**: Die Kommunikationspartner wiederum wissen, dass es sich bei Nicknames um Namen handelt, die vom Kommunikationspartner für einen bestimmten Kommunikationskontext selbst gewählt wurden. Er wird also den Nickname nicht mehr nur als Anzeichen für die reale Person interpretieren, sondern nach intendierten Bedeutungen, dem subjektiv gemeinten Sinn des Nicknames suchen. Und weil der Nickname-Verwender diese Verstehenshandlung seiner Kommunikationspartner antizipieren kann, wird er geneigt sein, seiner Namens(aus)wahl besondere Aufmerksamkeit zu schenken, während er in anderen Kommunikationskontexten meist keine andere Wahl hat, als seinen realen Namen zu nennen. Was Online-Nicknames demnach qualitativ von Spitz- und Kosenamen (engl. Nicknames) unterscheidet, wie wir sie aus der interpersonalen Kommunikation als durch die anderen zugeschriebenen Namen kennen, ist also die Tatsache, dass Online-Nicknames vom Namensträger **selbst** gewählt werden, und sie damit eine Kommunikationsintention verfolgen.

Online-Nicknames weisen also eine qualitativ andere kommunikative Funktion auf, weil sie ein Mittel der Selbstrepräsentation sind. Sie sollen **die Wahrscheinlichkeit gelingender Kommunikation erhöhen,** und zwar nicht dadurch, dass sie genau die Person bezeichnen, die „hinter" dem Kommunikationspartner steht, sondern dadurch, dass sie ein bewusst gewählter Ausdruck derjenigen Aspekte sozialer und individueller Identität sind, die als Kommunikand an der Kommunikation beteiligt ist.

10.3 Identität und Selbstdarstellung in der computervermittelten Kommunikation

Menschliche Kommunikation basiert immer auf intentionalen kommunikativen Handlungen, setzt also Akteure (Kommunikanden) voraus, die über Selbstbewusstsein verfügen, um Aussagen zu formulieren und an andere zu adressieren. Kommunikation ist keine Kommunion oder Verschmelzung, sondern die wechselseitige Konstruktion von Sinn (Bedeutung): Es wird nicht alles ge- bzw. entäußert, was zum Ich gehört, sondern selektiert, was kommuniziert werden soll. Ohne eine Vorstellung (Konstruktion) von „Sprecher" (Ego) und „Hörer" (Alter) wäre Kommunikation kein sinnvolles Handlungskonzept, weil die Grenzen von Alter und Ego aufgehoben würden. Auch die Verstehenshandlungen Alters setzen voraus, dass Aussagen einem Urheber zumindest zugeschrieben werden, damit sie verstanden werden können. **Identitäten (Ego/ Alter) sind folglich konstitutiv für Kommunikation**, aber sie gehen nicht in Kommunikation – so „ganzheitlich" sie sein mag – auf. Um Verständigung zu erzielen, ist es auch gar nicht notwendig, und vermutlich wäre es sogar dysfunktional, wenn Ego sein „wahres Ich" Alter vollständig kommunizierte.

Es kann also zwischen zwei Bedeutungsgehalten von Identität differenziert werden: zum einem dem selbstreflexiven Prozess der Identifikation, bei dem Ego sich als Subjekt identifiziert mit Ego als Objekt und damit eine persönliche „Ich-Identität" als Individuum ausprägt, und zum anderen die Identität, die Ego von Alter (bzw. Alteri) zugeschrieben wird. Hier spielen insbesondere soziale Merkmale wie Status- und Rollenzuweisungen, Typisierungen und Stereotypisierungen eine Rolle, und Ego kann versuchen, hierauf kommunikativ oder durch sein Verhalten aktiv Einfluss zu nehmen.

Die populäre Annahme, erst das Internet eröffne uns aufgrund seiner medialen Qualitäten die Möglichkeit unsere „wahre Identität" zu verbergen, zu verschleiern, zu (ver-)fälschen, zu vervielfachen oder mit ihr in anderer Weise zu experimentieren, vermag denn auch nicht zu überzeugen: Spätestens die Arbeiten von Erving Goffman haben gezeigt, dass wir auch in der unmittelbaren Interaktion „alle Theater spielen", soziologische und sozialpsychologische Analysen, wie die von David Riesman oder Christopher Lasch haben längst aufgezeigt, welch großen Aufwand wir für unsere „Identitätsarbeit" und unsere Selbstdarstellung betreiben. Wir selektieren also immer Informationen über uns selbst, die wir kommunizieren möchten, und offenbaren uns nicht vollständig. Allerdings können wir nicht in allen Kommunikationssituationen vollständig kontrollieren, ob wir nicht zusätzlich Anzeichen offenbaren, die von unseren Kommunikationspartnern metakommunikativ interpretiert werden können. Die dichotomisierende Gegenüberstellung – ganzheitliche Identität und authentische Kommunikation „offline" vs. Identitätsverschleierung bzw. -täuschung („virtuelle Identität") und betrügerische Kommunikation online – greift jedoch, wie gezeigt werden soll, zu kurz:

Schon die Prämisse, jeder von uns habe eine eindeutige, unverrückbare „wahre" Identität, muss aus psychologischer und aus soziologischer Sicht angezweifelt werden: Nach der klassischen Vorstellung ist Identität ein dauerhaftes, d. h. situationsübergreifendes Bewusstsein des eigenen Selbst im Unterschied zu anderen Menschen und zur Umwelt: Biographische Kontinuität und ökologische Konsistenz sind damit die entscheidenden Parameter von Identität. Ihre Merkmale sind neben dem Namen, dem individuellen Äußeren und dem Geburtstag weitere Persönlichkeits-Attribute, die nicht völlig frei bestimmbar, sondern Resultate sozialer Erfahrungen, Zuschreibungen und Verortungen sind. Je nach sozialem Handlungskontext sind jedoch verschiedene Identitätsaspekte unterschiedlich relevant, die eng an soziale Rollen geknüpft sind: Wir verfügen über Geschlechts-, Berufs-, Familien-, Gruppen-, Körperidentität, ethnische und weltanschauliche usw., die sich im biographischen Verlauf ebenso verändern können wie unsere sozialen Rollen. **Identität meint demnach keine natürliche Ein-**

heit, sondern einen kreativen Prozess, der kognitive, emotionale und pragmatische Aspekte gleichermaßen umfasst.

In ausdifferenzierten modernem Gesellschaften, die jenseits der Normalbiographie Wahlmöglichkeiten eröffnen, sind Identitäten flexibler als in traditionalen Gesellschaften. Individuen sind stärker als zuvor in der Lage (und dem Zwang ausgesetzt), ihre Biographien und Identitäten zu konstruieren, so dass man in solchen Gesellschaften nicht mehr davon ausgehen kann, dass die Entwicklung der Identität mit dem Adoleszenzalter abgeschlossen ist. Wären Identitäten tatsächlich so stabil wie früher vielfach unterstellt, wäre eine Persönlichkeitsentwicklung schwer vorstellbar. Identitäten verändern sich in Laufe der Biographie, ohne dass „abgelebte" Identitäten deshalb als „unwahr" gelten müssen. Identitäten entwickeln sich aber nicht aus sich selbst heraus, sondern immer im Zusammenspiel mit der sozialen Umwelt, den „anderen". In ausdifferenzierten und dynamischen Gesellschaften unterliegt aber unsere soziale Umwelt einem vergleichsweise raschen Wandel und in der Regel sind wir zudem in eine Vielzahl sozialer Kontexte eingebunden, in denen wir unterschiedliche Rollen spielen. **Identitäten sind daher nicht nur dynamisch, sondern auch flexibel:** Wir müssen uns verändern, um dieselben zu bleiben (vgl. hierzu auch grundlegend Beck 1986, Giddens 1990 sowie mit Bezug zur Online-Kommunikation Bahl 1997).

Unser Selbstverständnis und unser Selbstbild, aber auch unsere Selbstdarstellung gegenüber anderen Menschen trägt dieser Entwicklung auch in der alltäglichen Kommunikation Rechnung: Wir thematisieren und akzentuieren auch in der Face-to-face-Kommunikation diejenigen **Aspekte unserer Identität** besonders, die uns im jeweiligen Kommunikationskontext ausschlaggebend erscheinen, und nicht alle Identitätsaspekte zugleich und gleichermaßen. Wir unterscheiden zwischen unserer **„privaten Identität"**, die es beispielsweise am Arbeitsplatz zu schützen gilt, und unserer **„öffentlichen Identität"**, die ihren Ausdruck in symbolischen und kommunikativen Formen findet: Wir leisten „Identitätsarbeit" und **„Impression Management"** durch Kommunikation und verfolgen dabei soziale Strategien, indem wir die Wirkungen unserer Kommunikation auf den Eindruck, den wir bei unseren Kommunikationspartnern hinterlassen („Impression Formation"), zu antizipieren versuchen. Dabei geht es uns darum, einen angemessenen oder günstigen Eindruck zu hinterlassen, um die Wahrscheinlichkeit gelingender Kommunikation oder die Durchsetzung unserer Ziele und Interessen strategisch zu erhöhen. Die Annahme darüber, was dienlich und was weniger dienlich ist, bestimmen unsere Selektionen. Allerdings besitzen wir keine vollständige Kontrolle über die Zeichen, die wir insbesondere in Face-to-face-Situationen nolens volens offenbaren. Unter den Bedingungen „kanalreduzierter" technisch vermittelter Kommunikation verändert sich dies: Am Telefon und in noch stärkerem Maße bei der textbasierten computervermittelten Kommunikation können wir stärker kontrollieren, welche Zeichen wir verwenden, während körpergebundene Anzeichen bei der Textkommunikation vollständig ausscheiden. Traditionelle soziale Hinweisreize werden ausgefiltert (vgl. auch Kap. 15.2), was zwar unsere Kontrolle erhöht, aber auch die Möglichkeiten der Selbstdarstellung in der Kommunikation zunächst einschränkt. Wir haben bei der Untersuchung der verschiedenen Formen computervermittelter Kommunikation allerdings beobachten können, dass sich an die soziale Ent-Kontextualisierung eine Re-Kontextualisierung anschließt, es also durchaus **spezifische Formen der Selbstdarstellung im Netz** und Identitätsanker für die Personenwahrnehmung durch unsere Kommunikationspartner gibt.

Auf eine zweite Begrenzung des Impression Managements weist u. a. Döring (1999: 263) hin: Der Versuch, unsere „öffentliche Identität" zu optimieren und immer den günstigsten Eindruck zu erzeugen, kann uns in Widerspruch zu unserer „privaten Identität" bringen. Es kommt zu „Diskrepanzerleben" und wir zahlen einen hohen kognitiven und emotionalen Preis, um die Widersprüche zu ertragen. Die ständige Geheimhaltung der „privaten Identität" ist aufwändig, kann unser Selbstwertgefühl bedrohen und unsere Handlungsmöglichkeiten einschränken.

Und schließlich offenbaren Kommunikanden auch **in den Kommunikaten** der textbasierten Kommunikationsformen Aspekte ihrer Identität, ohne dies immer kontrollieren zu können: Zwar fehlen unmittelbare körperliche Anzeichen, aber aus den Aussagen lassen sich Hinweise auf Merkmale der sozialen Identität ableiten, die ansonsten als ausgesprochen körperlich gelten. So konnte Burkhalter (1999) zeigen, dass Kommunikanden sogar ihre ethnische Identität in der Newsgroup-Kommunikation offenbaren oder sie – je nach Themenbezug von Newsgroup, Thread oder Posting sogar gezielt akzentuieren. Sprachliche Hinweise auf die ethnische Identität finden sich beispielsweise in den Subject-Zeilen der Postings oder in sprachlichen Wendungen, die zumindest entsprechende Rückschlüsse erlauben. Herring (1999b) hat die aus der Face-to-Face-Kommunikation bekannten geschlechtsspezifischen Kommunikationsstile auch in Newsgroup-Postings nachgewiesen.

Auch unter Bedingungen der Medialisierung erscheint es also nicht plausibel, dass wir eine vollständige Kontrolle über unsere kommunikative Selbstdarstellung besitzen und beliebige „öffentliche Identitäten" dauerhaft aufrecht erhalten können. Und umgekehrt: Andere Kommunikanden ergänzen „fehlende" Hinweise auf unsere „tatsächliche" oder „vollständige" Identität auf der Grundlage der ihnen online zur Verfügung stehenden Zeichen und Anzeichen, sie imaginieren uns als ihre Kommunikationspartner. Die **imaginative Ergänzung** ist aus der öffentlichen Medienkommunikation bereits bekannt. Die in der massenmedialen Präsentation von „öffentlichen Identitäten" fehlenden Aspekte von Stars und Prominenten werden im Zuge parasozialer Interaktion (Horton/ Wohl 1956) ergänzt: Sie werden imaginiert und auf Grundlage (wiederum) massenmedialer Informationen und Gerüchte der Regenbogenpresse ergänzt und konstruiert, bis hin zur Identifikation mit diesen Stars und Prominenten.

10.4 Identity Workshops und Gender Switching

Die textbasierte computervermittelte Kommunikation eröffnet tatsächlich neue Möglichkeiten der Identitätspräsentation. Weitaus einfacher als bei anderen Kommunikationsformen und Medien können wesentliche Aspekte der eigenen Identität entweder verschwiegen oder gegenüber der alltäglichen Realität verändert werden. An diese Potenziale knüpfen sich sowohl Befürchtungen (gezielte Täuschungen) als auch Hoffnungen: Fehlen zum Beispiel Hinweise auf das Geschlecht der Kommunikanden, könnte eine von Geschlechtsstereotypen freie und gleichberechtigte Kommunikation stattfinden, so die eine Vision. Wird die Geschlechtsidentität in der Online-Kommunikation verändert, so die zweite Vision, dann könnten völlig neuartige soziale Erfahrungen gewonnen werden, die offline kaum realisierbar wären. Das Netz oder zumindest spezielle Kommunikationsforen glichen dann einem **„Identity Workshop"** (Amy Bruckman), in dem neue Rollen erprobt und alte Stereotype und Stigmata überwunden werden, was möglicherweise sogar die Kommunikation außerhalb des Netzes grundlegend verändere.

In der Forschungsliteratur wird – in leicht abweichenden Versionen – immer wieder über einen Fall von **Identitätstäuschung** berichtet, den Fall „Julie Graham" (manchmal auch als „Joan" oder als „Talkin' Lady" überliefert): Unter diesem Namen wurden in einem Bulletin Board System (BBS), einer Art Newsgroup, im Jahre 1982 über mehrere Monate Postings veröffentlicht, die eine tragische Lebensgeschichte enthüllten und zu entsprechender Anteilnahme und Unterstützung der anderen Teilnehmer führten: Nach einem Autounfall war Julie demnach gelähmt, taub und ans Haus gefesselt. Eine der Teilnehmerinnen, die Julie im Real Life (also Face-to-face) helfen wollte, fand schließlich heraus, dass „Julie" gar keinen Unfall gehabt hatte und auch nicht körperbehindert war; vor allem aber war sie keine Frau, sondern ein New Yorker Psychologe namens Stanford Lewin, der auf diese Weise neue Erkenntnisse über die „weibliche Psyche" gewinnen wollte (vgl. Wood/ Smith 2001: 47 sowie Eisenrieder 2003: 72-73).

Allerdings sollte das Ausmaß, in dem solche Erfahrungen mit **Gender Switching** oder Gender Swapping gemacht werden, nicht überschätzt werden. Insbesondere die ethnomethodologische Kommunikationsforschung neigt dazu, durch Herausgreifen von Einzelfällen die Extremfälle besonders hervorzuheben und damit ein wenig valides Bild der Online-Realität zu zeichnen.

Eine besondere, weil zum Teil funktionale Rolle nimmt Gender Switching weniger in Newsgroups ein, als vielmehr in MUDs und MOOs, bei denen das Spiel mit Identität und Geschlechtsidentität einen Teil der Motivation der Teilnehmer ausmacht. Während in MUDs nur zwischen zwei Geschlechtern gewählt werden kann, bietet beispielsweise der Lambda-MOO (vgl. Kap. 9.5) noch sieben weitere zur Auswahl: neuter (mit den Pronomen: it, its, itself etc.), either (s/he, him/her, also immer mit dem Schrägstrich), splat *e, h*, h*self), plural (they, them, theirs usw.), royal (durch Verwendung des Pluralis majestatis), 2nd (immer in der zweiten Person) und spivak (e, em, er, emself), im MediaMOO zudem noch das Geschlecht „person". Außerdem besteht die Möglichkeit, selbst Geschlechter völlig frei zu definieren, wovon allerdings nur 3-4% der Nutzer Gebrauch machen. Danet berichtet, dass im LambdaMOO sowie im MediaMOO ungefähr die Hälfte der Teilnehmer sich für eine männliche Identität entschieden. Ein unkonventionelles Geschlecht außerhalb der binären Geschlechterordnung wählten ein knappes Drittel (MediaMOO) bzw. ein Fünftel der Teilnehmer (LambdaMOO).

Gender	MediaMOO	LambdaMOO
male	495	3651
female	197	2069
neuter	280	1162
spivak	10	74
either	9	15
plural	7	26
royal	6	30
splat	5	17
egoistical	2	16
2nd	2	5
person	2	--
Summe	1015	7065
männlich (%)	48,8	51,7
weiblich (%)	19,4	29,2
unkonventionell (%)	31,8	19,1

Tabelle 6: Geschlechterwahl für Online-Personae in zwei MOOs nach Danet 1996

Das bipolare Geschlechterschema wird also auch in textbasierten MOOs nicht grundlegend in Frage gestellt; vergleichbares gilt für graphisch gestaltete MOOs, die statt sprachlicher Beschreibungen comicartige Figuren, sog. Avatare als virtuelle Stellvertreter verwenden: Auch optisch lebt hier die populärkulturelle Stereotypisierung, etwa bei den zur Wahl stehenden Frauenkörpern und -bekleidungen, munter weiter (vgl. Eisenrieder 2003: 159-165).

Sherry Turkle betont aus psychoanalytischer Sicht in besonderem Maße die therapeutischen Vorzüge des Online-Identitätsspiels im Sinne von Projektionen. Beispielhafte Fälle berichtet auch Amy Bruckman (1992):

> „Gayle is overweight and has a large chest. She has different characters for different moods: Renata is gorgeous and sexually desirable. Marla is petite and flat chested. Susie is an emotionless Vulcan. Gayle uses these personalities to help sort out her feelings about her real self.
>
> Foo has chosen a character description that is similar to his real self. His character is an emotionless Vulcan. Foo tells me that he has trouble expressing emotions and tends to always try to work things out himself. He has not had any romantic relationships for the last two years, because he feels overwhelmed by other people making demands on him. However, on the net, his behavior is entirely different. He is outgoing, cheerful, silly, and loved by all. While he normally represses any anger he feels, on the net he delights in expressing it. On the net, he is who he wants to be."

Gerade Personen, die eine zeitlang online eine gegengeschlechtliche Identität ausprobiert hätten, könnten so Einsichten in die Vor- und Nachteile des weiblichen bzw. männlichen Alltags und Lebens gewinnen, die im Real Life kaum zu erhalten seien. Dies könne in der Folge auch das **Role-Taking im „Real Life"** und damit die alltägliche Verständigung über die Geschlechter-Grenzen hinweg erleichtern. Funken (2002: 166) beschreibt die Erfahrungen zusammenfassend: „Männer wiederum, die sich im Netz als Frauen ausgegeben haben, fühlten sich wie Freiwild behandelt oder aber – bis zur Infantilisierung – fürsorglich behandelt. Um genau dies zu vermieden, benutzen Frauen oft Pseudonyme, die ihr Geschlecht verbergen." Männer hingegen schlüpfen aus verschiedenen anderen Gründen in „virtuelle Frauen-kleider": Entweder möchten sie aus Neugier erfahren, wie sich „die andere Seite" anfühlt oder sie wollen mehr Aufmerksamkeit erzielen oder aber sie möchten rasch an Tipps und techni-sche Hilfestellungen gelangen (vgl. Eisenrieder 2003: 75).

Für die meisten Teilnehmer erweist es sich wohl als **schwierig, dauerhaft eine falsche Geschlechtsidentität vorzuspiegeln,** wie Danet meint. Demnach sind die meisten Männer, die sich als Frauen ausgeben, schon deshalb rasch zu entdecken, weil sie sich nicht wie Frauen verhalten, sondern so wie heranwachsende Männer sich Frauen wünschen: Sie ant-worten jedesmal enthusiastisch auf alle möglichen sexuellen Angebote, und dies meist in einer sehr direkten Wortwahl.

Für Chats, MUDs und MOOs wurde wiederholt festgestellt, dass **Gender-Zuschreibungen** (so unsicher sie auch sein mögen), den Kommunikationsverlauf erheblich beeinflussen: Offenbar bevorzugen es viele Kommunikanden, die Geschlechtsidentität ihrer Kommunikati-onspartner oder Mitspieler zu kennen (vgl. zusammenfassend Rodino 1997 unter Verweis auf Curtis 1992, Bruckman 1993, Reid 1999, Turkle 1999), d. h. die Kommunikations-Chancen steigen für diejenigen, die auch online die herkömmliche Gender-Bipolarität rekonstruieren – auch wenn sie dabei vielleicht eine andere Gender-Konstruktion wählen. Wenn Kommunika-tionspartnern eine weibliche Geschlechtsidentität zugeschrieben wird, dann gelten sie in den Augen der anderen Kommunikanden als „zu geschwätzig, als kooperativer, als hilfebedürftig in technischen Fragen" (Bruckman 1993), und sie sind sexueller Belästigung ausgesetzt. Dabei wird das Angebot unverlangter Hilfe in technischen Dingen zum Teil sogar mit der Forderung nach sexuellen Vergünstigungen verknüpft (Bruckman 1993). Das heißt, **mit der Gender-Attribuierung werden auch die Geschlechtsstereotype reproduziert,** die uns aus der „Offline-Welt" vertraut sind. Frauen machen offenbar häufiger von der Möglichkeit Gebrauch, ihre Real Life-Geschlechtsidentität im Netz zu verbergen als Männer, möglicher-weise um Belästigungen und Benachteiligungen zu entgehen. Wenn diese Erklärung zutrifft, dann spricht dies nicht gerade für die Demokratisierung der Kommunikation im Netz, denn es würde bedeuten, dass Frauen nur um den Preis des Verleugnens bzw. Verbergens ihres Geschlechts „gleichberechtigt" kommunizieren können (vgl. Kramarae/ Tylor 1993 sowie Rodino 1997, Petersen 1994, Spender 1995).

Die textuellen Selbstbeschreibungen, die man in den Profilen von Chattern nachlesen kann, weisen viele geschlechtsspezifische Typisierungen auf. Funken (2002: 174-175; Textumstellung KB) fasst dies so zusammen:

> „Vor allem die männlichen Chatteilnehmer charakterisieren sich als machtvoll, weltgewandt, lässig und mutig. Sexuelle Vorlieben werden ostentativ ausgeflaggt und das eigene Verhältnis zur Welt erscheint souverän und omnipotent. Weibliche Selbstbeschreibungen sind zumeist nur dann sexualisiert, wenn diese sich auf lesbische oder sadomasochistische Praktiken beziehen und so nicht automatisch als gegeben vorausgesetzt werden können. (...) Die Logik und Konvention realweltlicher Kontaktbörsen wird ungebrochen für die Rahmung des Chats übernommen. (...) bemerkenswert ist in diesem Zusammenhang jedoch, daß die zentralen Darstellungsaspekte nicht – wie z. B. bei Heiratsanzeigen üblich – bei den Männern über Status und bei den Frauen über ihr Äußeres beschrieben werden."

In Anlehnung an Christiane Funken (2002: 160-161) können mehrere **Funktionen virtueller Identity-Workshops** unterschieden werden:

(1) Als **imaginäre Probebühne** fungieren MUDs, MOOs und Chats, wenn sie neue Handlungs- und Identitätsräume erschließen, die im sonstigen Leben verschlossen sind. Solche Erfahrungen bleiben aber weitgehend innerhalb der bipolaren Geschlechterordnung, nur dass die Seiten gewechselt werden.

(2) Virtuelle Erfahrungsräume können aber auch eskapistisch bzw. zur **Kompensation** der Widrigkeiten eines Lebensvollzugs innerhalb der herrschenden Geschlechterordnung genutzt werden.

(3) Im Sinne des Butler'schen Doing Gender kann aber darüber hinaus auch die **bipolare Geschlechterordnung dekonstruiert oder unterlaufen** werden, wenn (individuell) auf der geschlechtsneutralen Identität bestanden oder (kollektiv) eine ungeschlechtliche oder eine mehr als zweigeschlechtlichen Ordnung imaginiert wird.

(4) Inwieweit solche Online-Erfahrungen zur Dekonstruktion und **Reorganisation der gesellschaftlichen Geschlechterordnung** führen, darüber sind solange Zweifel angebracht, wie die kulturelle Praxis des Gender Swapping auf so verschwindend kleine Gruppen beschränkt bleibt, und selbst in diesen Fällen meist aus anderen (pragmatischeren) Gründen stattfindet.

Aufgrund von Beobachtungen kommt Funken (2002: 179) zu dem Resultat:

> „Trotz gravierender Unterschiede zwischen den Chats und den MUDs bzw. MOOs spielt das bestimmbare Geschlecht in beiden Sphären eine zentrale Rolle. (...) Die kulturelle Dimension der Geschlechterordnung verliert also nicht an Bedeutung, sondern es ändert sich 'lediglich' ihre soziale Funktion: Die scheinbare kategoriale Sicherheit, die in der kommunikativen Ausgangssituation den weiteren Verlauf der face to face Interaktion prägt, wird im Netz fundamental verunsichert und wirkt erst im kommunikativen Resultat – wenn überhaupt – ordnungsstiftend."

Auch weitere empirische Befunde sprechen eindeutig dafür, dass auch in MUDs und MOOs meist bestenfalls die ersten beiden Funktionen gesucht und gefunden werden. So kommt Eisenrieder (2003: 170), nach ihrer qualitativen Untersuchung der Kommunikation in einem graphisch gestalteten MOO namens WorldsAway zu dem Schluss:

„Der Cyberspace ist also weder ein geschlechtsfreier Ort noch ist er ein bloßes Spiegel-
bild der in der realen Welt geltenden Geschlechterordnung. Vielmehr erscheinen die
Geschlechterdarstellungen dort manchmal in deutlicheren Stereotypen anzulaufen (...)
Zumindest im Falle von Geschlechterdifferenzierung erscheint Realitätsnähe ... sehr
erwünscht zu sein. Das Ziel des virtuellen Umgangs mit der Kategorie Geschlecht
scheint nicht die Demontage zu sein, sondern entspricht eher einer Reorganisation der
gängigen Geschlechtsmodelle, die realweltlich am 'bröckeln' sind. (...) Die Kategorie
Geschlecht bleibt als identitätsstiftendes Merkmal auch im virtuellen Raum zentrales
Ordnungsprinzip. Das Überschreiten der eigenen Geschlechtlichkeit ist auch mit der
Möglichkeit des Genderswapping nur in begrenztem, kurzfristigem Ausmaß möglich."

Die technischen Potenziale werden also nicht wirklich konsequent ausgeschöpft, denn die
Kommunikanden bewegen sich letztlich nicht in einer virtuellen, sondern in der realen Welt,
die sie zu einem guten Teil trotz „Entkörperlichung" in den Kommunikationsraum Internet
„mitnehmen". Gender Switching wird vermutlich vorwiegend von Männern betrieben, die
sich neue Erfahrungen oder praktische Vorteile versprechen; Frauen begnügen sich vielfach
mit der Neutralisierung ihres Geschlechts, um Belästigungen aus dem Weg zu gehen.

Die große Aufmerksamkeit, die Gender Switching und Fälle bösartiger Identitätstäuschung im
Netz in den publizistischen Medien wie in der frühen Onlineforschung erzielt haben (vgl.
hierzu auch die Fallbeispiele bei Rheingold 1994: 20 u. 204), sind sicherlich auch der Tatsache geschuldet, dass sie sich sehr gut zur Illustration des postmodernen Theorie-Diskurses
eignen. Eine nüchterne Betrachtung des kommunikativen Alltags im Netz sowie einige
empirische Fallstudien zeichnen jedoch ein realistischeres Bild, das im folgenden Abschnitt
vorgestellt werden soll.

10.5 Authentizität in der computervermittelten Kommunikation

Wie wir oben gesehen haben, nutzen viele Kommunikanden die Möglichkeit der pseudonymen Kommunikation – insbesondere im Mail-Verkehr – gar nicht oder sie geben innerhalb
und außerhalb des Netzes freiwillig vielfältige Hinweise auf ihre Identität. Diese Kommunikanden wirken der technischen bzw. semiotischen „Ausfilterung" sozialer Hinweise also
gezielt in dem Maße entgegen, wie sie es für den kommunikativen Erfolg als notwendig
erachten. Bemisst sich der Erfolg an der persönlichen Erreichbarkeit der tatsächlichen Person,
wie es bei E-Mail und ganz überwiegend bei Newsgroups der Fall ist, liegt eine **authentische
Selbstauskunft als Strategie** nahe.

Stellt man die vergleichsweise unaufwändige Manipulierbarkeit solcher Selbstdarstellungen
in Rechnung, erhebt sich die Frage, wie authentisch diese Kommunikate insbesondere bei den
Formen computervermittelter Kommunikation eigentlich sind, deren kommunikatives
Erfolgskriterium nicht so eindeutig in der persönlichen Erreichbarkeit und den Anschluss-
möglichkeiten in der „Offline-Welt" liegen, also bei Chat und vor allem beim MUD. Neben
den theoretischen Überlegungen, den spektakulären Einzelfalldokumentationen und phäno-
menologischen Beobachtungen liegen hierzu auch einige empirische Fallstudien vor: Als
Maßstab der Authentizität können aufgrund dessen, was wir zur Komplexität und Flexibilität
von Identität gesagt haben, nicht länger objektive Vollständigkeit und **Wahrheit** der Selbst-
aussagen herangezogen werden, sondern allenfalls die von den Kommunikanden selbst
bewertete, subjektive **Wahrhaftigkeit** ihrer selbstbezogenen Kommunikate.

In der bereits zitierten (vgl. Kap. 8) Befragung gaben 71% (N = 1.703) der Chatter an, zumindest gelegentlich bei ihrer Selbstdarstellung im Webchat zu schummeln; insgesamt bewerteten Scherer/ Wirth (2002: 346-347) 35% der Chatter als nicht-authentische Selbstdarsteller.
Diesen standen aber 23% „objektiv-authentische" Chatter gegenüber, die in der Befragung

angaben, es gäbe keinerlei Kluft zwischen ihrer tatsächlichen persönlichen Identität und ihrer Online-Darstellung im Chat. Die größte Gruppe stellten mit 42% die „Quasi-Authentischen" dar, die bestimmte Identitätsaspekte schönen, ohne eine künstliche Identität mit ernsthafter Täuschungsabsicht vorzugeben. Ergebnisse einer qualitativen Befragung von Höflich und Gebhardt (2001: 32-33) weisen darauf hin, dass die tatsächliche Identität der Chatter bzw. die Authentizität der Selbstdarstellung mit Ausnahme von Flirt-Chats solange eine allenfalls untergeordnete Rolle spielen, wie keine Anschlusskommunikationen außerhalb des Chats intendiert werden: „Die Ungewissheit bezüglich der 'wahren' Identität des Gegenübers scheint nachgerade das Reizvolle an dieser Form des Kommunizierens zu sein. (...) Zentrales und grundlegendes erstes Verortungsmerkmal ist der ... gewählte 'Nickname' ... Er wird als Hinweis dafür genommen, welche (Kommunikations-)Ziele der andere verfolgt und ob ver- bunden damit die Kontaktaufnahme zu einer anderen Person als 'lohnend' erachtet wird."

In einer Untersuchung von Nicknames aus verschiedenen IRC-Channels konnte Bechar- Israeli (1996) feststellen, dass 8% der Chatter ihren realen Personennamen als Nutzernamen verwendeten; weitere 45% der Nicks wiesen zumindest einen mehr oder weniger stringenten Bezug zur Identität ihrer Verwender auf.

Nicht repräsentative Beobachtungen von Wynn und Katz (1997) ergaben, dass es den meisten Homepage-Autoren nicht um die Schaffung irreführender oder völlig frei erfundener Identi- täten geht. Die wachsende Zahl persönlicher Homepages spricht im übrigen bereits gegen die These, dass die Netznutzer ihre Identität in zunehmendem Maße verbergen würden – im Gegenteil nutzen sie auch die neuen Medien für die Selbstdarstellung vor einem – zunächst nur imaginierten – Publikum. Aufgrund einer Online-Befragung kam Buten (1996) zu dem Ergebnis, dass 91% der 121 befragten Autoren einer persönlichen Homepage dort wahrhaftige und ausführliche Angaben machten. Von 60 befragten Chattern meinten 38%, dass sie „oft" und weitere 45% dass sie zumindest „manchmal" beim Chat sogar ehrlicher und offener über sich selbst Auskunft gäben als bei anderen Kommunikationsformen. Dies kann damit erklärt werden, dass gerade die Pseudonymität des Chats einen Schutzraum schafft, der eine ent- hemmte Kommunikation erleichtert, weil eine namentliche Identifizierung der realen Person hier nicht zu befürchten steht oder aufgrund der räumlichen Entfernung und der Begrenzung auf das Netz allenfalls von geringer Relevanz ist.

Für themenspezifische Kommunikationsforen in Computernetzen (Newsgroups, Mailinglists, Chats) erscheint die Annahme von Döring (1999: 272) plausibel, dass – ähnlich wie bei der direkten Kommunikation – vor allem diejenigen Aspekte der sozialen Identität in der Kom- munikation über das Selbst akzentuiert werden, die den Kommunikanden als Teil dieser Gruppe auszeichnen, während andere Identitätsaspekte (insbesondere der persönlichen Iden- tität) tendenziell in den Hintergrund treten. Aus kommunikationswissenschaftlicher Sicht ist dies gut nachvollziehbar, denn das Handeln der Kommunikanden ist primär auf den kommu- nikativen Erfolg gerichtet und die Betonung der Gemeinsamkeiten fördert die Verständigung. Zudem versprechen solche Foren spezifische Gratifikationen, wenn sie die Möglichkeit bie- ten, mit Gleichgesinnten oder ähnlich Interessierten zu kommunizieren, die im unmittelbaren Umfeld nicht als Kommunikationspartner zur Verfügung stehen. Soziale Bedürfnisse wie Integration, Anerkennung, Selbstwerterhöhung, aber auch Beratung und Hilfe in besonderen Lebenslagen können online eher befriedigt werden, wenn die jeweils relevanten Teilidentitä- ten – auf Kosten anderer – im Vordergrund der selbstbezogenen Kommunikation stehen.

Liegen die **Kommunikationsziele** wie bei Chat- und vor allem bei MUD-Kommunikation zumindest anfangs ganz überwiegend **im Netz bzw. innerhalb einer medial erzeugten Kommunikationswelt, so ändern sich die Erfolgskriterien und damit auch die Anforde- rungen an die Authentizität der Selbstdarstellung.** Bei der Untersuchung der Chat-Kom- munikation konnten wir feststellen, dass hier neben der vollständig authentischen und der gezielt nicht-authentischen Selbstdarstellung die „quasi-authentische" Selbstdarstellung bedeutsam scheint. Im Chat machen die Kommunikanden in Abhängigkeit von ihren netz- oder realweltbezogenen Kommunikationsintentionen stärkeren Gebrauch von den Wahlfrei- heiten bei der kommunikativen Selbstdarstellung – von der Wahl ihres Nicknames bis hin zu den produzierten Aussagen. Bei der quasi- und der nicht-authentischen Selbstdarstellung wer- den nicht nur bestimmte Identitätsmerkmale verborgen und andere akzentuiert, sondern auch vorhandene Identitätsmerkmale „geschönt" bzw. zur Erhöhung der Kommunikationschancen optimiert (Alter, Aussehen) und es werden falsche Angaben gemacht, etwa hinsichtlich der Zugehörigkeit zu einer ethnischen Gruppe, des Geschlechts, der sexuellen Orientierung etc. In Chat- und MUD-Umgebungen wird tatsächlich mit Identitäten experimentiert (vgl. Bromberg 1996: 147-148), ohne dass dies mit einer (bösartigen) Täuschung gleichzusetzen ist, denn vor allem im MUD ist – wie wir gesehen haben – das Hineinschlüpfen in eine fiktive Rolle der sozial normierte Rahmen der Kommunikation. Das authentische Auftreten würde im Gegen- teil die Kommunikationsregeln verletzen und muss deshalb als „Out-of-Character"-Kommu- nikation speziell codiert oder in andere Kommunikationsumgebungen (Chat, Mail, Newsgroup, Homepage oder „offline") mit anderen Regeln verlagert werden. Auf der Grund- lage nicht-repräsentativer Studien und Beobachtungen verschiedener Autorinnen fasst Döring (1999: 297) die Verhältnisse wie folgt zusammen:

> „Die Etablierung solcher Online-Persönlichkeiten ist in Mailinglisten und Newsgroups selten, im IRC häufiger und in MUDs am häufigsten anzutreffen und erfordert übli- cherweise einen längeren, manchmal über Monate und Jahre hinweg durchgehaltenen Entwicklungsprozess."

Das Vortäuschen einer anderen Geschlechtsidentität im Netz wurde bislang nicht repräsenta- tiv untersucht, in einer Fallstudie über einen MUD ließ sich ermitteln, dass zwar 25% der Figuren als weiblich ausgewiesen waren, aber nur 15% der Spieler Frauen waren. Nimmt man vereinfachend (für MUD aber nicht unbedingt zutreffend) an, dass jeder MUDer nur eine Figur steuert, dann entpuppen sich zwei von fünf weiblichen Figuren als durch männliche Spieler initiiert. In einem japanischen Habitat-Simulationsspiel, an dem sich zu 80% Männer beteiligten, waren nur 75% der Online-Figuren als männliche, die übrigen als weibliche Cha- raktere gekennzeichnet (vgl. Wallace 1999: 45; O'Brien 1999: 89).

Frei erfundene alternative Online-Identitäten können also bei E-Mail, Mailinglists und Newsgroups sowie in vielen Chat-Rooms eher als Kommunikationsstörungen und Regelverletzungen begriffen werden, die entsprechenden sozialen und soziotechnischen Sanktionen unterworfen werden. **In MUDs hingegen stellen sie die Regel dar**, wenngleich auch hier Anschlusskommunikationen unter veränderten Authentizitätsregeln vielfach beobachtet werden können.

Aber sogar die künstlichen Identitäten, die zum Zwecke des Spiels kommunikativ erzeugt werden, offenbaren mitunter einiges über die jeweiligen Kommunikanden – nicht unbedingt, wie er oder sie tatsächlich ist, aber doch darüber, wie er oder sie sein möchte. Ob und in wie weit diese alternativen Online-Identitäten eine geeignete Grundlage für persönlichkeitspsy- chologische Studien sind, ist eine psychologisch interessante Frage, die aus kommunika- tionswissenschaftlicher Sicht jedoch vernachlässigt werden kann. Relevanter hingegen ist die These, dass in Gestalt solcher alternativer Identitäten gemachte Erfahrungen wiederum **Rückwirkungen auf die Kommunikation nicht nur innerhalb des Internet** haben können, sondern auch das gesamte Kommunikationsverhalten, einschließlich der Face-to-face-Kom- munikation beeinflussen können. Denkbar ist zumindest, dass ein Kommunikand online Kommunikationsweisen ausprobiert, die er in der direkten Kommunikation nicht auszuprobie- ren wagt. Sind die Erfahrungen positiv, überträgt er diese Verhaltensmerkmale möglicher- weise auf andere Kommunikationsmodi. Solche „Probebühnen" des kommunikativen Han-

delns existieren auch außerhalb des Netzes und sind fester Bestandteil von Kommunikations-
training, Selbsterfahrungsgruppen und Therapien; im Netz hingegen können sie selbst-
bestimmt immer wieder aufgesucht und dauerhaft genutzt werden, ohne dass externe hierarchische Steuerungsinstanzen (Trainer, Lehrer, Therapeuten etc.) hier anleitend und kontrollie-
rend tätig werden. Welche Folgen Aufbau und Nutzung alternativer Online-Identitäten tatsächlich für das gesamte Kommunikationsverhalten der betroffenen Kommunikanden hat, ist
empirisch bislang nicht geklärt.

Allerdings muss an dieser Stelle auf einige **Besonderheiten von „Online-Identitäten"** hingewiesen werden: Es ist vergleichsweise einfach, eine bestehende Online-Identität „sterben"
zu lassen, denn durch das bloße Ausloggen kann die Online-Persona auch endgültig aus dem
Kommunikations- oder Spielkontext entfernt werden, ohne dass der betreffende Kommunikand hierfür wirksam verantwortlich gemacht werden kann – er oder sie kann sich allen
Rechtfertigungsdiskursen entziehen, wie dies beispielsweise in der Face-to-face-Kommunikation kaum möglich ist. Hat sich eine Online-Persona also in eine sozial schwierige Situation
manövriert, an Reputation verloren oder Kommunikationsregeln verletzt, dann kann der
Kommunikand durch einen Mouseclick „flüchten" und sich möglicherweise zu einem späteren Zeitpunkt wieder unter einem anderen Nickname einloggen. Auf diese Weise kann er sich
der **Verantwortung für sein kommunikatives Verhalten** ebenso entziehen wie der Notwendigkeit, seine Online-Identität dynamisch weiter zu entwickeln. Damit steht nicht nur die
Kontinuität der „Online-Identität" auf dem Spiel, sondern potenziell auch die Kommu-
nikationsgemeinschaft. Der selbst gewählte Verlust einer Online-Persona dürfte aber nicht allzu
leichtfertig in Kauf genommen werden, denn in den Aufbau dieser Online-Identität wurde
meist viel Zeit und Mühe investiert. Ein weiteres Spezifikum besteht darin, dass parallel mehrere Online-Identitäten auch im gleichen „Kommunikationsraum" entwickelt werden können,
auf die dann wahlweise – nach situativer Stimmung – zurückgegriffen werden kann. Solche
Online-Persona erweisen sich als sehr diskontinuierlich und unflexibel, was wiederum negative Folgen für die „soziale Gemeinschaft" der Kommunikanden nach sich ziehen kann (vgl.
Reid-Steere 2000: 283-286).

Eine weitere Frage stellt sich angesichts der online-spezifischen Selbstpräsentationen, nämlich wie sie von den jeweiligen Kommunikationspartnern hinsichtlich ihrer **Glaubwürdigkeit**
bewertet werden und welche Strategien diese entwickeln, sich wechselseitig zu identifizieren.
Zur Aufdeckung von Täuschungen in der interpersonalen Kommunikation verlassen wir uns
in erster Linie auf die non- und paraverbalen Anzeichen, die bei der textbasierten Online-
Kommunikation eben fehlen. Allerdings erregen auch ausweichende, unvollständige, unklare
und unverständliche sprachliche Formulierungen leicht unseren Verdacht, sobald sie unsere
Erwartungen enttäuschen. Diese **sprachlichen Anzeichen für nicht authentische Kommunikation bleiben auch in der textbasierten Kommunikation erhalten** (vgl. Wallace 1999:
51-53) und gewinnen wahrscheinlich an Bedeutung.

10.6 Fazit

Weite Teile der computervermittelten Kommunikation, insbesondere organisationsinterne und
geschäftliche Kommunikation, werden unter dem authentischem Personennamen oder unter
Nutzernamen geführt, die eine eindeutige Identifikation natürlicher Personen erlauben. Insbesondere die Kommunikation in Chatgroups, Newsgroups sowie MUDs und MOOs hingegen
findet als pseudonyme Kommunikation statt, bei der leibgebundene Anzeichen der Identität
durch intentional kommunizierte Symbole ersetzt werden. Bereits die selbstgesteuerte Wahl
eines Nicknames ermöglicht neue Arten der Selbstrepräsentation; ob und in welchem Maße
dabei von der Akzentuierung bestimmter Identitätsaspekte oder dem Verbergen anderer

Gebrauch gemacht wird, hängt vor allem von der Kommunikationsintention, der Situation und der – bereits vorhandenen oder angestrebten – sozialen Beziehung zu den Kommunikationspartnern ab.

Die vorliegenden empirischen Ergebnisse lassen böswillige Identitätstäuschungen eher als spektakuläre Extremfälle erscheinen, während ein großer Teil der Kommunikation auch in Chats den Aufbau und die Pflege sozialer Beziehungen über die computervermittelte Kommunikation hinaus verfolgt. Dies legt die Strategie nahe, die eigene „Online-Personae" nicht als völlig künstliche Identität zu konstruieren. Für die performative Kommunikation in MUDs und MOOs hingegen ist die Ausbildung einer „Als-ob-Identität" hingegen sogar funktional bzw. konstitutiv und folgt den Kommunikations- und Spielregeln. Darüber hinaus sind pseudonyme und anonyme Kommunikationsweisen kontextspezifisch durchaus legitim und auch aus der Face-to-face-Kommunikation wie der öffentlichen Medienkommunikation bekannt. Gleichwohl bergen die Anonymisierungs-Potenziale der computervermittelten Kommunikation ebenso wie die der Telefon- und Briefkommunikation Missbrauchspotenziale, die vom anonymen Versand von Spam-Mails via Remailer bis hin zu bösartigen persönlichen Täuschungen, Belästigungen und Betrugsfällen reichen können.

11. Soziale Beziehungen und „virtuelle Gemeinschaften"

11.1 Einleitung

Zu den schillernden Schlagworten und Verheißungen der öffentlichen Debatte über das Internet und seine Folgen gehört zweifellos die Vorstellung der „virtuellen Gemeinschaft", die auf computervermittelter Kommunikation beruhe und sich im Netz realisiere. Hinter dieser Vision steht die Annahme, dass computervermittelte Kommunikation teils neue soziale Beziehungen schaffe, teils bestehende soziale Beziehungen grundlegend verändere. Umstritten ist dabei vor allem die Qualität der sozialen Beziehungen: Handelt es sich nur um oberflächliche und unverbindliche Kontakte zwischen pseudonym Kommunizierenden oder entstehen tatsächlich soziale Bindungen, die möglicherweise auch über das Netz hinaus Bestand haben. Und: Handelt es sich um „echte soziale Beziehungen" oder um „bloß virtuelle Beziehungen"? Daran schließen sich Fragen nach dem Wechselspiel von sozialen und „virtuellen" Beziehungen an: Welche Rolle spielt computervermittelte Kommunikation im Netzwerk sozialer Beziehungen und welche Veränderungen ergeben sich durch die komplementäre, supplementäre oder substitutive Nutzung von Online-Medien?

In diesem Kapitel soll ausgehend von der verbreiteten Vorstellung der „virtuellen Gemeinschaft" bzw. „Virtual Community" zunächst geklärt werden, was hierunter eigentlich verstanden wird und ob sich dieser Terminus zur kommunikationssoziologischen Beschreibung eignet (Kap. 11.2). Alternativ soll computervermittelte Kommunikation dann als Gruppenkommunikation (Kap. 11.3) und mit Hilfe des Netzwerkansatzes (Kap. 11.4-11.5) untersucht werden. Dabei wird zugleich der Stand der empirischen Forschung referiert.

11.2 „Virtuelle Gemeinschaft" – zwischen Sozialutopie und Geschäftsidee

Im populären Diskurs wie in weiten Teilen der Fachliteratur sind sehr unterschiedliche Vorstellungen von „virtueller Gemeinschaft" anzutreffen. Letztlich lassen sich diese auf zwei verschiedene Konzepte zurückführen, die beide eher normativen und pragmatischen Charakter haben als eine soziologisch schlüssige Beschreibung darstellen. Verdeutlichen lässt sich dies anhand von zwei „klassischen Schlüsseltexten", nämlich an dem Buch „The Virtual Community" des kalifornischen Netzpioniers Howard Rheingold von 1993 und an dem ebenso viel zitierten McKinsey-Opus „Net Gain – Profit im Netz: Märkte erobern mit virtuellen Communities" von John Hagel und Arthur G. Armstrong aus dem Jahre 1997.

So unterschiedlich wie die Autoren und die Entstehungszusammenhänge der beiden Publikationen, so verschieden fällt das Verständnis von „Virtual Communities" aus. Die Unschärfe des Begriffs wird noch gesteigert durch die problematische Übersetzung des Begriffs „Community" in das deutsche „Gemeinschaft". Bei Rheingold (1994: 16) heißt es:

> „Virtuelle Gemeinschaften sind soziale Zusammenschlüsse, die dann im Netz entstehen, wenn genug Leute diese öffentlichen Diskussionen lange genug führen und dabei ihre Gefühle einbringen, so dass im Cyberspace ein Geflecht persönlicher Beziehungen entsteht."

Gemeint sind also offenbar **dauerhafte, emotional fundierte soziale Beziehungen, die aufgrund von computervermittelter Kommunikation zwischen mehreren Personen entstehen.** Virtuelle Gemeinschaften werden von Rheingold als eine äußerst positive soziale Errungenschaft betrachtet, deren Vorteile er am Beispiel des mittlerweile schon legendären Computernetzes „The WELL" (Whole Earth' Electronic Link) in der San Francisco Bay Area schildert. Das Netz als technischer Träger der „Virtuellen Community" ermöglicht die wechselseitige Kommunikation und Hilfe ohne zentrale Kontrollinstanz, die am **Gemeinwohl**

orientierte Kooperation trotz des alltäglichen Lebens in einer „Konkurrenzgesellschaft"
(1994: 25). Das „Wissenskapital" so Rheingold werde nicht länger privatisiert, sondern auf
freiwilliger und wechselseitiger Basis sozialisiert (1994: 26). Die „politische Bedeutung" der
virtuellen Gemeinschaft bestehe „in der Möglichkeit, das Monopol der politischen Hierarchie
über leistungsfähige Kommunikationsmedien zu durchbrechen und dadurch die von den Bürgern ausgehende Demokratie wieder neu zu beleben" (1996: 27 sowie Kap. 14).

Die sozialutopischen Ansprüche dieser Ausführungen liegen auf der Hand: Die basisdemo-
kratisch-libertäre Utopie hat sich von der Politik auf die Technik verlagert und das Internet
fungiert auch hier als Wunschmaschine: Alles, was in unserer Gesellschaft als suboptimal
empfunden wird, soll nun mittels Kommunikationstechnik verbessert werden. Rheingolds
Vision muss vor dem Hintergrund der gesellschaftlichen Entwicklung in den USA verstanden
werden. Dort hat die Entwicklung der großen Städte, insbesondere die Suburbanisierung sehr
viel drastischer als in Europa zu einem Verlust des öffentlichen Raumes geführt, in dem die
Ideale der dörflichen Gemeinschaft, der persönlichen Verantwortung und Hilfsbereitschaft
noch gelebt werden könnten. Als Gegenbewegung werden von Kommunitaristen traditionelle
Werte wie wechselseitige Hilfe und Verständigung, zivilgesellschaftliches Engagement und
Entstaatlichung der Politik propagiert.

Übersetzt man den Begriff der „Community" einfach wörtlich mit „Gemeinschaft", so wird
der **sozialutopische normative Gehalt** vielleicht noch deutlicher: „Gemeinschaft" wurde –
und wird – bis hinein in die soziologische Literatur als Gegensatz zu „Gesellschaft" verstanden. Der Soziologe Ferdinand Tönnies (1855-1936) hat schon 1887 mit „Gemeinschaft" nicht
nur versucht, einen theoretischen Grundbegriff der Soziologie zu beschreiben, sondern
zugleich einen **Kampfbegriff** gegen die Zumutungen der modernen Gesellschaft formuliert.
Seit 1944 hat der soziologische Begriff „Gemeinschaft" Eingang auch in die angelsächsische
Soziologie gefunden (z. B. bei Talcott Parsons), von Autoren wie Rheingold wird er jedoch
ohne diesen soziologischen Hintergrund verwendet, von anderen hingegen wird der Begriff
falsch interpretiert (vgl. Foster 1996: 25).

Bei Tönnies bezeichnet **Gemeinschaft** Sozialbeziehungen, die auf **familiären, verwandt-
schaftlichen, nachbarschaftlichen oder freundschaftlichen Bindungen** beruhen. Das Ide-
albild ist das traditionelle Dorf, in dem jeder jeden kennt und in dem soziale wie geographische Mobilität nur sehr gering ausgeprägt sind. „Blutsbande", Emotionen und gemeinsame
kulturelle oder religiöse **Werte** integrieren dieses Sozialgebilde. Kirche und Familie sorgen
für hohe soziale Kontrolle. **Gesellschaft** hingegen ist durch **unpersönliche, oberflächliche
und vorübergehende Beziehungen zwischen anonymen Funktionsträgern** (Berufsrollen)
gekennzeichnet. Das Verhalten der Menschen untereinander ist durch **rationales Kalkül**,
nicht durch Werte und Emotionalität bestimmt.

Hier ist nicht der Ort, die Inkonsistenzen des theoretischen Ansatzes von Tönnies detailliert
herauszuarbeiten (vgl. hierzu König 1955), hinzuweisen ist aber darauf, dass bei Tönnies
letztlich unklar bleibt, in welchem Verhältnis Gemeinschaft und Gesellschaft zueinander stehen: Handelt es sich lediglich um Pole, die eine Skala von Zwischenformen aufspannen oder
um historische Entwicklungsstadien sozialer Gebilde? Lassen sich überhaupt historische und
empirische Entsprechungen dieser **Idealtypen** finden? Ambivalent ist Tönnies Haltung auch
hinsichtlich der Bewertung von Gemeinschaft: Zum einen verwahrt er sich gegen sozial-
romantische Idealisierungen, zum anderen betont er die positiven, „bejahenden" Verhaltensweisen, die zur Bildung einer Gemeinschaft führen, und blendet die „verneinenden" Verhaltensweisen aus. Einerseits wird Gesellschaft als natürliches Ergebnis eines Zerfalls von
Gemeinschaft aufgefasst, andererseits werden Hoffnungen auf eine „neue Gemeinschaft"
gesetzt, in der die Probleme moderner Gesellschaften überwunden werden können. Auch

etymologisch ist der vermeintliche Gegensatz von Gemeinschaft und Gesellschaft nicht begründbar.

soziale Gebilde	
Gemeinschaft	**Gesellschaft**
Familie, Verwandtschaft, Freundschaft, Nachbarschaften	Funktions- /Berufsrollen
persönliche Beziehungen	anonyme Beziehungen
gefühlsmäßige Bindungen	Kosten-Nutzen-Kalkül
Tradition, Religion, Sitte	Wettbewerb, Gesetz
homogene Kultur	heterogene Kultur
geringe Mobilität	hohe Mobilität
hohe soziale Kontrolle	geringere soziale Kontrolle
stabile soziale Ordnung	Dynamik, soz. Wandel
Dorf	(Groß-)Stadt
„Wesenswille"	„Kürwille"

Schaubild 17: Gemeinschaft und Gesellschaft nach Ferdinand Tönnies

Im Anschluss an Tönnies hat sich eine große Vielfalt soziologischer Gemeinschaftsbegriffe entwickelt (Poplin zählte 1979 mindestens 125 verschiedene; vgl. Poplin 1979: 8 nach Hamman 2000: 225), auf die hier nicht eingegangen werden kann. Deutlich wird aber, dass Gemeinschaft im engeren Sinne immer an Tradition, also Dauerhaftigkeit und einen konkreten Ort persönlicher Begegnung gebunden ist. Soziale Beziehungen basieren in Gemeinschaften nicht auf einem (bestimmten) Zweck, sondern umfassen immer mehrere Sinnbezüge **(Multiplexität),** weil Menschen hier nicht als Rollenfunktionsträger agieren wie in arbeitsteiligen Gesellschaften. Spezifische Themen, also zunächst uniplexe Beziehungen sind jedoch typischer Ausgangspunkt der sog. „virtuellen Gemeinschaften", deren Themenspektrum sich erst nach und nach erweitern kann. Auch **Dauerhaftigkeit, persönliche Kenntnis und körperliche Gegenwart** sind aber genau die Kriterien, die bei den sog. virtuellen Gemeinschaften gerade in Frage stehen. Der Rekurs auf den Gemeinschaftsbegriff, und sei es durch die wörtliche Übersetzung von „Community", verschleiert daher letztlich wohl mehr als er erklärt. Stegbauer (2001: 71) kommt zu dem eindeutigen Befund: „Vor dem Hintergrund der mehr als ein Jahrhundert alten sozialwissenschaftlichen Diskussion halten wir fest: praktisch kein einziger internetbasierter Kommunikationsraum lässt sich als Gemeinschaft bezeichnen." Ein Blick auf die tatsächlich stattfindende Kommunikation in den Netzen hilft auch, mit der Legende von der egalitären Gemeinschaft aufzuräumen: Die Netzwerke weisen durchaus Hierarchien auf, und zwar nicht nur in den vergleichsweise rigide organisierten Gruppen der MUD und MOO (vgl. Kap. 9), sondern auch in den Chatkanälen (vgl. Kap. 8):

Ganz anders als die Rheingold'sche Variante sieht die Vorstellung einer „Virtual Community" aus, die wir bei Hagel und Armstrong (1997: 5) finden: Virtuelle Communities bestehen

> „aus Netznutzern, Kunden und miteinander konkurrierenden Anbietern ... Ihre Mitglieder kommunizieren im Netz und gruppieren sich dazu um ein organisierendes Unternehmen. Dieses sammelt Informationen, bereitet sie auf und stellt sie der jeweiligen Community zur Verfügung. Aber auch die Mitglieder selbst bieten der Community

Informationsmaterial an ... Mit jeder Aktion im Netz wächst das Wissen des Organisators über die Interessen und Schwerpunkte der Community und ihrer Mitglieder. Die so entstehenden Nutzerprofile erlauben es dem Organisator, seinen Service immer besser auf die Bedürfnisse der Gemeinschaft und ihrer einzelnen Mitglieder zuzuschneiden."

In diesem Zitat sowie im weiteren Verlauf des Buches von Hagel und Armstrong wird deutlich, um was es bei **kommerziellen Communities** geht: „Virtual Communities" sind **Geschäftsmodelle zur Kundenbindung und stellen ein neuartiges Kundenmanagementkonzept** dar. Es handelt sich nicht um selbstorganisierte Grassroot-Netze, sondern um fremdinitiierte und gemanagte Netzwerke, die sich nicht nur rechnen müssen, sondern selbst Profit abwerfen sollen (vgl. Hagel/ Armstrong 1997: 175). Die bedeutsamen Transaktionen bestehen nicht im „herrschaftsfreien Diskurs", sondern in kanalisierten Geld-, Waren- und Informationsströmen. Finanziert werden die Communities durch Werbung, Provisionen, Mitgliedsbeiträge oder Einzelgebühren (vgl. Hagel/ Armstrong 1997: 60-65). Die Mitglieder rekrutieren sich nicht ausschließlich selbst, sondern müssen akquiriert werden; als Zielgröße gilt dabei die **Zielgruppe der Konsumenten** (vgl. Hagel/ Armstrong 1997: 183, 136-137). Als Selektionskriterien werden folglich netzexterne Faktoren wie Wohnort, Soziodemographie, Themen und – im Fall von business-to-business-Communities – Funktionen (Marketing, Einkauf) herangezogen. Die Communities sollen mehrere Tausend oder Hunderttausend Mitglieder gewinnen, um dann in zielgruppengerechte Sub-Gemeinschaften aufgegliedert, über Franchising verbreitet und für unterschiedliche Nutzer (Newbies, Oldtimer etc.) abgestuft zu werden (vgl. Hagel und Armstrong 1997: 105, 176-180). All diese Maßnahmen belegen, dass es sich nicht um selbst-, sondern um fremdgesteuerte Gemeinschaften handelt – ein begriffliches und logisches Paradox.

Die Mitglieder zahlen zudem nicht nur mit Onlinegebühren und Lebenszeit, sondern vor allem mit persönlichen soziodemographischen und Verhaltensdaten. Kundenbindung soll durch Tracking des Selektions-, Kommunikations-, und Konsumverhaltens verstärkt werden, sog. „Informationsanalysten" (Hagel/ Armstrong 1997: 191) nehmen eine Schlüsselstellung ein. Die sozialen Bindungen zwischen den Mitgliedern soll die Ausstiegsbarrieren aus der Community erhöhen (vgl. Hagel/ Armstrong 1997: 166, 171), der von den Mitgliedern kostenlos (bzw. auf eigene Kosten) erstellte „Content" erhöht die Bindung, weil er als attraktiver gilt. „Virtuelle Communities können sehr wirksam die Mundpropaganda in Schwung bringen. Die ... Online-Diskussionen stellen eine Art kostenloser Öffentlichkeitsarbeit dar." (Hagel/ Armstrong 1997: 222).

Porter (2004) hat eine übergreifende Typologie virtueller Gemeinschaften entwickelt, die trotz ihrer theoretischen Schwächen forschungspragmatischen Wert hat. Sie fasst ohne weitere Reflexion des Gemeinschaftsbegriffs „Virtual Communities" sehr weit

> „as an aggregation of individuals or business partners who interact around a shared interest, where the interaction is at least partially supported and/or mediated by technology and guided by some protocols or norms." (Porter 2004)

Kommerzielle und nicht-kommerzielle soziale Gebilde (Aggregation) mit ganz unterschiedlichen Zielen, Werten, Normen und Interaktionen fallen unter diese Definition, die auch auf das Kriterium verzichtet, dass alle Interaktion bzw. Kommunikation computervermittelt sein müssen. Theoretisch ist mit dieser Definition zunächst also nicht viel gewonnen; hilfreich für die Beschreibung und den Vergleich sind aber einige der von Porter angegebenen Kriterien und Attribute: Sie unterscheidet zunächst zutreffend nach der **Organisationsform** (durch Nutzer selbst organisiert vs. durch kommerzielle oder nicht-kommerzielle Veranstalter organisiert). Von den Nutzern selbst organisierte „Communities" beruhen auf geselligen oder beruflichen

Orientierungen; die extern organisierten hingegen auf kommerziellen oder aufgabenorientierten Zielen. Porter (2004) nennt **fünf Attribute „virtueller Gemeinschaften"**:

- Purpose: die Inhalte und Themen der Kommunikation und Interaktion;

- Place: Hiermit ist die räumliche Bindung der Interaktionen gemeint; unterschieden werden hybride (online und offline) und virtuelle Orte;

- Platform meint die – letztlich zeitliche – Struktur der Interaktion; neben synchronen und asynchronen Formen ist eine dritte Mischform (etwa durch die Kombination von Chat und E-Mail) zu beobachten;

- Population interaction structure: Hier wird zwischen (a) Kleingruppen mit starken Bindungen, (b) sozialen Netzen (mit eher schwachen Bindungen) und (c) „publics" mit unterschiedlichen Interaktions- und Beziehungsformen unterschieden. Allerdings sind die hier getroffenen Unterscheidungen weder sonderlich trennscharf, noch theoretisch begründet.

- Profit Model dient als Attribut vor allem zur Unterscheidung kommerzieller und nicht-kommerzieller „Communities".

Als **Zwischenfazit** lässt sich festhalten: Die Rede von „virtuellen Gemeinschaften" („Virtual Communities") erweist sich bei näherer Betrachtung als wenig hilfreich. Entweder verbergen sich hinter diesen Begriffen normative Sozialutopien oder kommerzielle Modelle und Ziele. Ein Blick auf den Ansatz von Tönnies zeigt, dass die entscheidenden Kriterien sozialer Gemeinschaft online gerade nicht gegeben sind. Dieses Problem lässt sich auch nicht einfach dadurch lösen, dass man das Attribut „sozial" durch „virtuell" ersetzt, denn erstens handelt es sich bei computervermittelter Kommunikation keineswegs um virtuelle, sondern durchaus um soziale Kommunikation. Und zweitens impliziert die Vorstellung „virtueller" Kommunikation und Gemeinschaft letztlich, dass die Kommunikanden in zwei verschiedenen Welten kommunzieren: einer „Netzwelt" und einer „realen Welt". Diese Vorstellung trifft aber nicht zu, denn die Kommunikanden sind durchaus real, auch wenn sie sich symbolischer Repräsentationen (Pseudonyme, Nicknames, Online-Personae) bedienen, die eine eindeutige Zuordnung nicht immer ohne weiteres erlauben. Eine strikte Abgrenzung von virtueller und realer Sozialwelt erscheint wenig sinnvoll, denn soziale Beziehungen werden seit langem auch mittels Medienkommunikation (z. B. per Brief oder Telefon) gepflegt, ohne dass wir bislang von der virtuellen Gemeinschaft der Briefeschreiber oder Telefonierer ausgegangen wären.

Auch wenn sich aus kommunikationssoziologischer Sicht die „Gemeinschafts"-Rhetorik als wenig tragfähig erweist, muss man zur Kenntnis nehmen, dass viele Teilnehmer von Newsgroups, Chats, MUDs und MOOs **„Gemeinschaftsgefühle"** entwickeln und ihre Kommunikation als Gemeinschaftskommunikation wahrnehmen. Virtuelle Gemeinschaften besitzen also durchaus eine soziale Bedeutung, auch wenn diese nicht in der grundlegenden Umwälzung gesellschaftlicher Kommunikationsverhältnisse oder gar der sozialen Ordnung bestehen.

Ulrich Beck (1986) hat eindrucksvoll beschrieben, dass und wie unser individuelles und soziales Leben immer weniger von den Vorgaben der Normalbiographie bestimmt wird. Unter den Bedingungen der Individualisierungen müssen wir vielmehr selbst Entscheidungen treffen, Flexibilität und Mobilität steigen an, und nicht zuletzt kommt auch der Wahl unserer sozialen Rollen und Beziehungen wachsende Bedeutung zu. Unsere alltäglichen sozialen Beziehungen entkoppeln sich von den Traditionen und lokalen Interaktionskontexten, sie werden „ent-bettet", wie dies der britische Soziologe Anthony Giddens (1990) nennt. Der „flexible Mensch" (Richard Sennett 1998) bemüht sich jedoch um eine „Wieder-Einbettung" in neue Sozialstrukturen: die Sehnsucht nach Heimat, die Renaissance des Lokalen und die

Wiederbelebung von Gemeinschaften sind hierfür Anzeichen. Der flexiblen und mobilen Lebensweise entsprechen aber starke lokale Bindungen in der Regel nicht; schwache Beziehungen werden als weitaus angemessener empfunden – jedenfalls als Ergänzung zu den starken Bindungen, die nach wie vor Paarbeziehungen und Familien bieten.

Gesucht werden also zusätzliche schwache Bindungen mit vergleichsweise geringer Haltbarkeit und höherer Unverbindlichkeit. Der Prozess gesellschaftlicher Modernisierung und Ausdifferenzierung hat im Laufe des letzten Jahrhunderts und verstärkt in den letzten Jahrzehnten dazu geführt, dass Gemeinschaften nicht mehr als lokal und traditional fundierte Sozialgebilde konstruiert und erlebt werden. Längst haben Telekommunikationsmedien wie das Telefon und Transporttechniken wie Auto und Flugzeug dazu geführt, dass lokale Nachbarschaft und Verwandtschaft nur noch **eine Gemeinschaftsform unter anderen** darstellen. Verwandte und Freunde leben geographisch verstreut, und trotzdem sind die emotionalen Bindungen an sie – über die Entfernung hinweg – eng (vgl. Wellman/ Gulia 1999: 169). Wir leben – auch ohne Computernetze – längst in einem Netzwerk sozialer Netze, soziale Inklusion erfolgt auf ganz unterschiedlichen Ebenen. Und: soziale Netze unterschiedlichen Charakters, von der Primärgruppe über lokale Vereine und Kirchengemeinden bis hin zu Organisationen wie Schulen und Hochschulen sind daran seit langem beteiligt. Hinzu kommen eine Reihe von Wahlgemeinschaften, z. B. Fangemeinden und eine Fülle indirekter Beziehungen. Bei den meisten Online-Beziehungen, die sich in sog. „Virtual Communities" entfalten, handelt es sich um lockere, uniplexe Netzwerke aus "Weak Ties". Sie stellen eher kneipenartige Treffpunkte als traditionale Gemeinschaften dar (vgl. hierzu auch Heintz 2000). Nicht zu übersehen ist aber, dass sowohl „Offline-Beziehungen" ihre Fortsetzungen im Netz finden, als auch dass Online-Beziehungen im „Real Life" fortgesetzt werden können. Kommunikation schließt an Kommunikation, sie bildet ein Netz, dass uns sozial inkludiert.

Unter Bedingungen der Individualisierung moderner Gesellschaften gewinnen **lockere, weitmaschige Netzwerke** mit schwachen Bindungen an individueller und sozialer Bedeutung. Genau hier liegt aber die Stärke der schwachen Bindungen, die das Netz bietet. Was an der computervermittelten Kommunikation geschätzt wird, ist **weniger der Ersatz für eine verloren gegangene Gemeinschaft, als vielmehr die Unverbindlichkeit sozialer Beziehungen jenseits der alltäglichen sozialen Verbindlichkeit.** Höflich (1999) spricht in diesem Zusammenhang sogar von einem spezifischen „Rahmen der Unverbindlichkeit". Was moderne Gesellschaften verbindet und Individuen inkludiert ist – zumindest zu einem beträchtlichen Teil – Unverbindlichkeit, so Uwe Sander (1998).

Um beschreiben und verstehen zu können, welche Rolle computervermittelte Kommunikation bei der Aufnahme und Pflege sozialer Beziehungen spielt, bedarf es folglich anderer, theoretisch besser fundierter Begriffe. Aus soziologischer Sicht bietet es sich an, statt von „Gemeinschaften" von Gruppen oder von „sozialen Netzwerken" auszugehen.

11.3 Computervermittelte Kommunikation als Gruppenkommunikation

Die Erforschung computervermittelter Kommunikation nahm ihren Ausgang in der Organisationskommunikationsforschung. Hier interessierte u. a. die Frage, ob und in welchem Maße **Arbeits**gruppen durch den Einsatz von Computernetzen effizienter zusammenarbeiten, also beispielsweise schnellere oder bessere Entscheidungen treffen können. In dieser Forschungstradition steht eine ganze Reihe von Ansätzen (vgl. hierzu ausführlicher Kap. 15.2), die auch Hinweise auf die Konstitution sozialer Beziehungen mittels computervermittelter Kommunikation geben können. Die Theorie der **Sozialen Präsenz** (Social Presence) von Short, Williams und Christie (1976) besagt, dass über je weniger Sinnesmodalitäten ein Medium verfügt, umso geringer die vermittelte soziale Präsenz der Kommunikanden sein müsste.

Joseph B. Walther (1992) hat anhand der betrieblichen Online-Kommunikation auf das Problem der **Kanalreduktion** hingewiesen. Weil leibgebundene soziale Hinweisreize oder **„Social Cues"**, die in der Face-to-face-Kommunikation als erster Eindruck den weiteren Kommunikationsverlauf maßgeblich prägen (Priming), beim Online-Kontakt zunächst gar keine Rolle spielen, benötigt der Aufbau persönlicher Beziehungen online mehr Zeit. Auch Sproull und Kiesler (1986) sowie Culnan und Markus (1987) haben die These vertreten, dass soziale Hinweisreize aufgrund der technischen bzw. semiotischen Kanalreduktion bei der computervermittelten Kommunikation ausgefiltert bzw. reduziert werden und damit die Kommunikation entkontextualisieren. Der Aufbau sozialer Beziehungen müsste also eigentlich erschwert werden. Allerdings fehlen für diese These die empirischen Belege, während wir in der computervermittelten Kommunikation vielfach feststellen können, dass durchaus sehr persönlich und intim kommuniziert wird, so dass in der Folge auch persönliche Beziehungen aufgebaut werden können. Auch die Hypothesen des Reduced Social Cues Approach (Kiesler/ Siegel/ McGuire 1984; McGuire/ Kiesler/ Siegel 1987 sowie Sproull/ Kiesler 1986) bestätigen sich im Alltag nicht generell. Kiesler und ihre Kolleginnen nahmen an, dass fehlende soziale und kontextuelle Hinweisreize zumindest in der betrieblichen Kommunikation zu großen Problemen hinsichtlich der Koordinierung, der Anerkennung von Status und Regeln führen müsse. **Die im Labor gefundenen Ergebnisse sprachen auch für eine unpersönliche, streng aufgabenorientierte und mitunter feindselige Kommunikationsatmosphäre, doch ließ sich dies in Feldstudien nicht reproduzieren.** Zusammenfassend lässt sich mit Walther (1992; 1993 sowie Walther/ Burgoon 1992) feststellen, dass **auch in der computervermittelte Gruppenkommunikation persönliche Eindrücke des Gegenübers vermittelt werden können, die nahe an die Qualität der Vermittlung in Face-to-face-Gruppen heranreicht** (Walther 1993: 381). Allerdings dauert das notwendige „Social Information Processing" bei der computervermittelten Kommunikation **länger** als in der Face-to-face-Situation. Lea und Spears (1995) schließen hieraus, dass die wenigen sozialen Hinweisreize „überinterpretiert" werden. Der erste Eindruck beruht bei der computervermittelten Textkommunikation immer auf den **symbolischen (re-)präsentierten Social Cues,** also dem Nickname und vor allem den geschriebenen Texten (Kommunikaten), die aber ergänzt werden können durch sprachliche Selbstauskünfte (Self Disclosure) oder gestaltete Websites, die möglicherweise auch Bilder enthalten. Tanis und Postmes (2003: 690) haben in Laborexperimenten Belege dafür gefunden, dass bereits geringe Zusatzinformationen über die Kommunikationspartner, etwa biographische Angaben oder Fotos, wie sie auf zahlreichen Homepages zu finden sind, die Wahrnehmung der potenziellen Kommunikanden erheblich beeinflussen. Sie führen zur Verringerung der Ungewissheit (Ambiguity) und zu einer positiveren Bewertung des Gegenüber, steigern also die Kontakt- und Kommunikations-Chancen maßgeblich. Mittlerweile geht auch Walther (1996: 17-19) davon aus, dass **persönliche Beziehungen via computervermittelter Kommunikation sogar intensiver und intimer werden können als face-to-face;** er spricht von „hyperpersonaler" Kommunikation. Das Zustandekommen wechselseitiger Vertrautheit und Nähe kann darauf zurückgeführt werden, dass die Kommunikanden die vergleichsweise wenigen sozialen Hinweisreize überinterpertieren und ergänzen, ohne dass der jeweilige Kommunikationspartner dieses Bild zwangsläufig korrigiert, wie dies bei Face-to-face-Beziehungen aufgrund der Fülle der Anzeichen kaum zu verhindern wäre. Walther (1996: 32-33) unterscheidet daher hinsichtlich der Beziehungsqualitäten drei Formen computervermittelter Kommunikation:

> „When is mediated interaction **impersonal?** Rarely. Innatural or expermental settings whre pariciparts have restricted time frames for interaction or when the purpose of the interaction oes not include interpersonal goals in the first place, conditions that may be uncommon, but no more so in CMC [Computer-mediated Communication; KB] than in FtF [Face-to-face, KB] social existence. (...) Additionally, CMC is impersonal when

such an effect is desired and implemented through specific technological aids such as anonymity ...

When is CMC **interpersonal?** When users have time to exchange information, to build impressions, and to compare values. There is nothing radical in this; it is true of FtF interaction, too.

When is CMC **hyperpersonal?** When can users create impressions and manage relationships in ways more positively than they might be able to conduct FtF? When users experience commonality and are self-aware, physically separated, and communicating via a limited-cues channel that allows them to selectively self-present and edit; to construct and reciprocate representations of their partners and relations without the interference of environmental reality. Perhaps more so when this communication is asynchronous and/or when the CMC link is the only link there is."

Die vorgestellten theoretischen Ansätze und empirischen Befunde fokussieren meist die computervermittelte Kommunikation innerhalb von (Arbeits-)Gruppen, die nicht erst durch die mediale Vernetzung entstehen, sondern bereits zuvor zusammen arbeiteten und kommunizierten. Die Befunde beruhen nahezu ausschließlich auf Laborexperimenten und sind auch daher kaum auf die Internet-Nutzung übertragbar. Insofern sind diese Ansätze und Befunde nur eingeschränkt auf die sozialen Phänomene anzuwenden, die wir in offenen Computernetzen wie dem Internet beobachten.

Höflich hat sich bereits 1995 (521) auf der Suche nach geeigneten Begriffe um eine theoretisch fundierte Klärung bemüht und „elektronische Gemeinschaften" als „Gruppen medial miteinander verbundener Individuen" interpretiert, die „distinkte Kommunikationsnetzwerke ... bilden." Höflich (1995: 526) teilt die Kritik an überzogenen visionären und ideologischen Vorstellungen „virtueller Gemeinschaft" ebenso wie den unscharfen Gebrauch des auf Tönnies zurückgehenden Gemeinschaftsbegriffs. Zugleich verdeutlicht er die Probleme, den Gemeinschaftsbegriff gegen den der **Gruppe** auszutauschen:

„Es handelt sich hierbei ['elektronischen Gemeinschaften'; KB] insofern um soziale Gruppen, wenn man als Kriterien eine gewisse Dauer und die Interaktion mit deren Folgen zugrundelegt. (...) In diesem Sinne umfaßt der Begriff der Gruppe ein breites Feld sozialer Gebilde, jedoch kollidiert er mit dem gängigen Gruppenbegriff. Die Gruppenforschung hat sich nämlich vorwiegend auf Präsenzgruppen konzentriert und Gruppen auch als solche verstanden." Unter Verweis auf die Gruppendefinition von Homans stellt Höflich weiter fest: „Offenkundig reicht eine solche Festlegung mit Blick auf elektronisch konstituierte Gruppen nicht aus."

Allerdings hat sich mit Telekommunikationsmedien und Computernetzen das Verhältnis zum Raum entscheidend verändert, so dass man möglicherweise dazu übergehen könnte, auch von einem „virtuellen Ort" der Gruppe und von „telepräsenten Mitgliedern" zu sprechen. Letztlich plädiert Höflich dafür, zwar von „elektronischen Gemeinschaften" zu sprechen. Um allerdings die ideologischen und theoretischen Probleme zu umgehen, versteht er darunter **„Netzwerke von Personen"**, die durchaus **charakteristische Züge von sozialen Gruppen** tragen. Gemeint sind hier vor allem die gemeinsamen Regeln des Mediengebrauchs (vgl. Höflich 2003: 69-70) sowie die thematischen Festlegungen bestimmter Online-Foren, die als Mitglieds- und Partzipationsregeln fungieren (können). Im Gegensatz zu den bekannten sozialen Gruppen ist die **Mitgliedschaft jedoch sehr dynamisch,** weil Ein- und Austritt rasch erfolgen können, zudem bleibt unklar, ob Lurker eine wirkliche Mitgliedsrolle oder nur eine Rolle als Beobachter einnehmen.

Das Entstehen von engen, unmittelbaren Gruppen ist in modernen Gesellschaften ohnehin ein unwahrscheinlicher Vorgang; unter Bedingungen computervermittelter Kommunikation sinkt die Wahrscheinlichkeit weiter, weil die Dauerhaftigkeit von Beziehungen erschwert wird. Die sozialen und emotionalen Kosten, in Interaktion mit anderen einzutreten, aber auch diese wieder rasch zu beenden, sind sehr viel geringer, als in Face-to-face-Situationen. Damit wird es unwahrscheinlicher, dauerhafte Beziehungen aufzubauen und zu pflegen. Die sporadische Kommunikation in Chats oder via E-Mail begründet aufgrund der kurzen Interaktionsdauer noch keine Gruppenbeziehungen. Ganz anders kann dies für einzelne Chatkanäle, Newsgroups (vgl. Baym 2000a: 195-196) sowie für MUDs und MOOs aussehen, wo es zu einer ausgeprägten Rollendifferenzierung, Hierarchien und einer wechselseitigen Bekanntschaft zumindest der Online-Personae kommen kann. Bezeichnender Weise werden viele netzbasierte Kontakte aus den MUDs und MOOs im „Real life", also bei Face-to-face-Treffen fortgesetzt und vertieft. Spielen und kommunizieren in MUD-Welten mehrere Gruppen mit- und gegeneinander, so entstehen quasi-gesellschaftliche Strukturen mit funktionalen und stratifikatorischen Differenzierungen (vgl. Thiedecke 2000: 59-67). Auch Baym (2000a: 195-201), die über mehrere Jahre eine Newsgroup immer wieder untersucht hat, kommt zu einem zurückhaltenden Urteil: Zwar empfinden die Mitglieder der untersuchten Newsgroup sich als stabile und auf tradierten Regeln des Mediengebrauchs basierende „Community", aber mit der Zunahme der Mitglieder hat sich einiges geändert, wie das Zitat einer langjährigen Nutzerin zeigt: „It's becoming less like 'Happy Valley' and more like East L.A. [Los Angeles, eine der sog. „no-go-areas"; KB] (Baym 2000a: 196). Baym (2000a: 198) selbst schreibt über ihre Fallstudie, „that there are no general conclusions to be drawn from its study." und betont, dass das Medium (Newsgroup) nicht der eigentliche „Konstrukteur" einer Gemeinschaft sei, sondern eine Fülle von gemeinsamen lebensweltlichen Bezügen ebenso wie die individuelle Zusammensetzung der Teilnehmer und zahlreiche andere Faktoren die ausschlaggebenden Rollen spielen: „It is quite possible, of course, that some groups will never generate a stable set of social meanings nor offer a sense of group-sepcific community. There are countless reasons community might not emerge on-line" (Baym 1998: 63).

Die Funktionsfähigkeit von Online-Communities sehen auch Kolko und Reid (1998) kritisch. Ausgehend von einem konkreten Fall von Belästigung und dessen (gescheiterter) Selbstregulierung im LambdaMOO kommen sie zu dem Schluss, „that virtual communities are **not** the agora, that they are not a place of open and free public discourse." (Kolko/ Reid 1998: 216; Hervorheb. i. Orig.). Der Grund liege in der mangelnden Kohärenz und (sozialen wie räumlichen) Verortung der Online-Personae; erst die persönliche Kontinuität erlaube ein flexibles Agieren und Kommunizieren, die Übernahme und Zuschreibung ethischer Verantwortung sowie in der Folge die diskursive Herstellung von Konsens (vgl. Kolko/ Reid 1998: 219-226 sowie Kap. 14).

Auch wenn man andere soziologische Vorstellungen von Gruppe zugrunde legt, stößt man rasch an die Grenzen: Neben der **Stabilität** und **Dauerhaftigkeit,** die bei „virtuellen Gruppen" bei weitem nicht in gleichem Maße gegeben ist, wird durchweg auch das Kriterium der begrenzten **Mitgliederzahl** (für Kleingruppen: 8-12, für Großgruppen 20-50 Personen) genannt. Übersteigt die Zahl der Mitglieder eine bestimmte Größe, dann nimmt die für Gruppen typische und den emotionalen Zusammenhalt (auch das „Wir-Gefühl") notwendige Dichte der Beziehungen (Kommunikation von jedem mit jedem anderen) und Bindungen ab (vgl. auch Stegbauer 2001: 73-78 u. 83-88). Für die **offenen Netze** der computervermittelten Kommunikation, sogar für spezialisierte MUDs und MOOs, die mittlerweile bis zu mehrere Tausend Mitglieder verzeichnen, trifft genau dies aber zu. Auch Thiedecke (2000: 45-47) kommt zu dem Ergebnis, „dass sich ein Teil der CMC [computervermittelten Kommunikation; KB] gestützten Kommunikationssysteme nicht als soziale Gruppe beschreiben läßt, weil die Interaktionsdauer sehr kurz und die Interaktionsdichte stark reduziert ist", dass allerdings „in den Foren des IRC oder in den Kommunikationsumgebunden der MUD´s Beziehungsformen auftreten, die Merkmale der sozialen Gruppe aufweisen."

Als „**virtuelle Gruppe**" lassen sich laut Thiedecke (2000: 59-60) im Internet Relay Chat
(IRC) nur die kommunikativen Beziehungen beschreiben, die regelmäßig zwischen einander
bekannten Kommunikanden (bzw. Psyeudonymen) vonstatten gehen, während an den „Rän-
dern" des IRC stärkere Formalisierungen zu beobachten sind, die eher für typisch für formale
Gruppen oder gar Organisationen sind.

**Letztlich lassen sich gruppensoziologisch also wiederum nur einige Aspekte spezifischer
Formen computervermittelter Kommunikation beschreiben,** während der Begriff des
„sozialen Netzwerks" – wie es bei Höflich bereits anklingt und von Stegbauer (2001: 91-93)
explizit gefordert wird – hier besser geeignet erscheint. Aus Sicht der soziologischen Netz-
werktheorie (vgl. Kap. 11.4) stellen **Gruppen** nämlich nur **einen spezifischen Fall eines
Netzwerkes** dar. Und insofern spricht vieles dafür, computervermittelte Kommunikation
nicht allein als Gruppenkommunikation, sondern allgemeiner als Kommunikation in Netzwerken aufzufassen, die anhand bestimmter Kriterien näher zu analysieren sind.

11.4 Soziale Beziehungen und Netzwerke

Soziale Beziehungen beruhen auf wiederholten oder länger andauernden sozialen Kontakten
und Interaktionen, zeichnen sich also durch eine gewisse Dauer aus, die über einzelne Situationen hinausreicht. Es können persönliche und formale soziale Beziehungen unterschieden
werden:

Bei **persönlichen Beziehungen** spielen die konkreten Individuen mit ihren kognitiven und
vor allem affektiven Leistungen die ausschlaggebende Rolle. Persönliche Beziehungen basieren auf Gefühlen der ein- oder wechselseitigen Wertschätzung, Zuneigung, Vertrauen oder
Liebe – oder auf Gefühlen wie Abneigung, Missgunst, Hass. In jedem Fall handelt es sich um
lebensweltliche Beziehungen, die wenngleich nicht immer freiwillig gewählt (Familie, Verwandtschaft) den Akteuren erheblichen Gestaltungs- und Handlungsspielraum eröffnen. In
der Regel ist jedes Individuum durch persönliche Beziehungen mit der Familie, Verwandten,
Freunden und Bekannten verbunden, und diese Beziehungen werden als individuell und persönlich empfunden.

Formale Beziehungen sind hingegen stärker durch sachliche Anforderungen in differenzierten Gesellschaften präformiert. Schon aufgrund der gesellschaftlichen Arbeitsteilung sind wir
gezwungen, mit anderen Akteuren zu kooperieren – unabhängig davon, ob uns die konkreten
Menschen sympathisch, unsympathisch oder gleichgültig sind. Im Vordergrund der wechselseitigen Erwartungen stehen nicht die Charaktereigenschaften der jeweiligen Menschen, sondern ihre Funktionen und Rollen – ob als Polizist, Busfahrer, Postbote oder als was auch
immer. Die Rollenträger bleiben in formalen Beziehungen weitgehend austauschbar.

Formale und persönliche Beziehungen können sich überschneiden, d. h. aus formalen Beziehungen (Arbeitskollegen) können persönliche Beziehungen (Freunde) werden, mitunter können auch persönliche Beziehungen scheitern und dann vollständig abgebrochen werden oder
zu formalen Beziehungen „regredieren" (etwa wenn sich der Kontakt aus beruflichen Gründen nicht vermeiden lässt). Jedes Individuum steht zugleich in einer Fülle sozialer Beziehungen und ist im Normalfall gleichzeitig Teil mehrerer bilateraler (Dyaden) und multilateraler
Beziehungen. Wir leben also in einem **Beziehungsnetz,** das man als **soziales Netzwerk**
bezeichnen kann und das auf wechselseitigen Erwartungen und einer zumindest weitgehend
geteilten Beziehungsdefinition der beteiligten Akteure beruht. In der soziologischen Theorie
werden soziale Beziehungen anhand folgender Charakteristika beschrieben:

- Soziale **Beziehungen** (Relations) werden durch Inhalt, Gerichtetheit und Stärke
  charakterisiert. Inhalt bezieht sich dabei auf das, was zwischen dem Mitgliedern des

Netzwerks „ausgetauscht" wird, z. B. Information, emotionale Unterstützung, aber auch Geld, Waren, Dienstleistungen. Soziale Beziehungen unterscheiden sich auch darin, ob sie wechselseitig gleichgewichtig sind (wie z. B. „funktionierende Freundschaften") oder ob „Geben" und „Nehmen" sehr ungleich, also einseitig erfolgen. Die Stärke sozialer Beziehungen kann anhand der Häufigkeit der Kommunikation und der Bedeutung der ausgetauschten „Inhalte" gemessen werden (vgl. Garton/ Haythornthwaite/ Wellman 1997).

- Die **Dichte** eines Netzwerkes ist das Maß für die aktualisierten Beziehungen im Verhältnis zu den potentiellen. Ist jedes Netzwerkmitglied mit jedem anderen unmittelbar verbunden, dann ist die Dichte sehr hoch. Gruppieren sich jedoch viele Mitglieder um ein zentrales Mitglied, ist die Dichte gering. Und wenn jedes Netzwerkmitglied nur jeweils ein weiteres Mitglied kennt, das wiederum den nächsten kennt, dann ist die Dichte sehr gering.

- Der Grad der **Abgrenzung** eines Netzwerkes bemisst sich daran, ob die meisten Interaktionen innerhalb des Netzwerkes stattfinden, oder ob die Kontakte weit über den Kern des Netzwerkes hinausgreifen, beispielsweise zu Einzelpersonen oder anderen Gruppen. Die Beziehungen innerhalb des Kernnetzwerkes bezeichnet man als „strong ties", die eher sporadischen zu den „Satelliten" als „weak ties".

- Je offener ein Netzwerk ist, um so größer ist seine geographische, inhaltliche und soziale **Reichweite**. Mit jedem neuen Mitglied wächst wahrscheinlich die Heterogenität der Zusammensetzung und die Komplexität der Beziehungen (vgl. Wellman 2000: 148-149).

- Während in lockeren sozialen Netzwerken die **soziale Kontrolle**, also die Überwachung und Sanktionierung von Normen sowie die Beschränkung von Zugang, Inhalten und Kommunikationszeiten, gering ausgeprägt ist, verhält sich dies in engen Netzwerken anders: In Familien ist beispielsweise die soziale Kontrolle besonders hoch; in Dörfern ist sie in der Regel höher als in Großstädten etc. (vgl. Wellman 2000: 152-155).

- Die empfundene soziale Nähe, die Freiwilligkeit und die Kontakthäufigkeit sind neben der sog. Multiplexität die ausschlaggebenden Faktoren für die **Bindung (Ties)** von bzw. in sozialen Netzwerken (vgl. Wellman 2000: 155-156). Mit Multiplexität ist gemeint, dass sich die wechselseitigen Kommunikationen nicht nur auf ein Thema oder einen Zweck, sondern auf viele verschiedene Belange beziehen, wie etwa in einer Familie. Uniplexe Beziehungen liegen z. B. dann vor, wenn die Kommunikation in einem Netzwerk einen ganz bestimmten thematischen Kern, z. B. ein gemeinsames Hobby oder die Erwerbsarbeit aufweist. Starke Bindungen (Strong Ties) erfordern einen hohen zeitlichen und emotionalen Aufwand, so dass sie meist langsam wachsen, nicht ohne weiteres aufgegeben oder ersetzt werden können und nicht zu beliebig vielen Menschen entwickelt werden können. Starke Bindungen prägen ein begrenztes und tendenziell dauerhaftes Kernnetzwerk; sie werden häufig aktiviert und die Kommunikation ist durch Intimität, wechselseitige Unterstützung und hohes Vertrauen gekennzeichnet. Schwache Bindungen sind hingegen meist weniger intim, leichter zu beenden und sie prägen vor allem die Peripherie persönlicher Netzwerke (vgl. Garton/ Haythornthwaite/ Wellman 1997).

Persönliche, „egozentrierte" Netzwerke können individuell unterschiedlich groß und dicht sein; diese Parameter können sich aber auch im Laufe der Biographie verändern (beispielsweise durch Ausscheiden aus dem Erwerbsleben, Umzug, vor allem im Alter durch das Versterben vieler Netzwerk-„Kontakte" etc.). „Gesamtnetzwerke" (Whole Networks) stellen alle

sozialen Beziehungen – ebenso wie ihr Fehlen – zwischen allen Mitgliedern einer vorgegebenen Population, etwa einer Organisation oder auch allen Nutzern eines bestimmten Internet-
dienstes dar.

Mit diesem **Netzwerkansatz** wird es möglich, unterschiedliche Sozialgebilde zu kar-
tographieren und vergleichend zu analysieren, ohne als Ergebnis vorwegzunehmen, ob es sich
um **Gruppen, Gemeinschaften, Organisationen oder flüchtige Interaktionssysteme** (soziale Kontakte) handelt. Auch „elektronische Gemeinschaften" oder „Gruppen" stellen aus dieser Sicht ein spezifisches Netzwerk dar:

> „In social network analysis, a group is a empirically discovered structure ... groups
> emerge as highly interconnected sets of actors known as cliques or clusters ... they are
> densely-knit (most possible ties exist) and tightly-bounded, i. e. most relevant ties stay
> within the defined network" (vgl. Garton/ Haythornthwaite/ Wellman 1997).

Zudem ist durch diese Betrachtungsweise noch nicht vorab festgelegt, auf welche Weise, insbesondere mittels welcher Medien und Kommunikationsformen die sozialen Beziehungen
geknüpft und aufrecht erhalten werden. Vermieden wird also die voreilige und der Alltagser-
fahrung widersprechende Trennung zwischen „virtuellen" und „realen" Beziehungen.

11.5 Soziale Beziehungen und Netzwerke unter Bedingungen computer-
vermittelter Kommunikation

Soziale Beziehungen basieren wesentlich auf Kommunikation; in modernen Gesellschaften
sind sie ohne Medien schlechterdings kaum vorstellbar: Selbst primäre soziale Beziehungen
etwa zu Eltern, Kindern oder Lebenspartnern, die im unmittelbaren sozialen Umfeld leben,
beruhen nicht allein auf Face-to-face-Kommunikation, längst werden zeitliche und räumliche
Differenzen mittels Telefon oder Brief (und sei es nur der im Haushalt zurückgelassene
Notizzettel) überbrückt. Die „Medialisierung" persönlicher sozialer Beziehungen ist also keineswegs ein neues Phänomen. Für formale persönliche Beziehungen gilt dies in weitaus höherem Maße: Telefonate und Briefe ersetzen hier das persönliche Vorsprechen – meist im bei-
derseitigen Interesse der Beteiligten. Medien interpersonaler Kommunikation erweisen sich
für die **Aufrechterhaltung,** mitunter auch das **Anknüpfen sozialer Beziehungen** in modernen Gesellschaften als unentbehrlich. In vielen Fällen werden sie von den Kommunikanden
auch nicht als defizitäres Substitut für die direkte Kommunikation aufgefasst, sondern als
angemessenere und angenehmere Alternative gewählt.

Auch die Online-Medien erweisen sich folglich im Alltag als Kontakt- und Beziehungsme-
dien, was zahlreiche empirische Untersuchungen belegen (vgl. für eine Übersicht Döring
1999: 342-344). Cummings et al. (2002: 103) fassen den Stand der Forschung folgender-
maßen zusammen: „The evidence is clear that interpersonal communication is an important
use of the Internet, if not the most important use."

Im Sinne eines **„Kontaktmediums"** ermöglicht computervermittelte Kommunikation das
Kennenlernen neuer Kommunikationspartner, also nicht nur die (ergänzende) Pflege bestehender, sondern den Aufbau neuer, zusätzlicher sozialer Beziehungen, die Bestandteil des
sozialen Netzwerks werden können. Die Dienste des Internet bieten Kommunikations- und
Kontaktofferten, die sich vom Telefonnetz qualitativ unterscheiden: Die Vorstellung, einfach
eine beliebige Telefonnummer anzuwählen, um sein soziales Netzwerk zu erweitern,
erscheint absurd und wenig erfolgversprechend. Anders sieht dies in den verschiedenen
Kommunikationsräumen des „Netzes" aus, denn hier handelt es sich nicht um ein bloßes Verzeichnis der Erreichbaren (wie ein Telefonbuch), sondern um eine „Sammlung" von Kommunikationsofferten. Das Netz bietet eine **zuvor unbekannte Fülle von Kontaktmöglichkeiten,**

die quasi gleich weit voneinander entfernt liegen, nämlich wenige Mouseclicks. Die Angabe einer E-Mail-Adresse oder die Beteiligung an Newsgroups, Chats, MUDs und Mailinglists signalisiert schon die Bereitschaft zu kommunizieren und strukturiert Kommunikationsanlässe thematisch vor. **Thematische Strukturierungen** erleichtern es, gezielt Unbekannte anzusprechen, vergleichbar allenfalls mit den Branchenfernsprechbüchern bei der Telefonkommunikation. Mittlerweile soll es über 2.500 deutschsprachige „Singlebörsen", etwa 1.800 Dating-Portale und 1.000 Partnervermittler geben; insgesamt sind 4,6 Millionen Nutzer registriert, die im Jahre 2004 rund 37 Mio. Euro für solche Online-Dienste ausgegeben haben (vgl. Oberhuber 2005: 13). Die Kontakt- und Kommunikations-Chancen können bei der computervermittelten Kommunikation auf spezifische Weise auch **durch die Art der Selbstdarstellung gesteigert** werden. Wie wir in Kap. 11 gesehen haben, erlaubt die symbolische Darstellung von tatsächlichen oder vermeintlichen Selbstaspekten die intentionale Akzentuierung derjenigen Eigenschaften und Identitätsaspekte, die im jeweiligen Kommunikationsraum besonders erfolgversprechend erscheinen: Es kann betont werden, was Gemeinsamkeiten herstellt oder besonderes Interesse weckt. Zugleich ist die Ausblendung all jener Aspekte möglich, die den kommunikativen Erfolg und die hieraus erwachsenden Beziehungs-Chancen voraussichtlich schmälern werden.

In diesem Sinne können auch die Befunde einer qualitativen Befragung von Teenagern über ihr **„Online-Dating",** also die romantischen Verabredungen im Netz interpretiert werden: Clark (1998) hat über einen Zeitraum von einem Jahr insgesamt 47 Teenager und 26 weitere Familienmitglieder befragt und beobachtet. Die befragten Mädchen schätzten am Chat, dass die Gefahr der Zurückweisung geringer bzw. weniger verletzend sei, und dass sie sich selbst online besser (im Sinne von: begehrenswerter für die Jungen) darstellen können. (vgl. Clark 1998: 165-169). Die Online-Datings werden von den Teenagern als „reine Beziehungen (Pure Relationships)" im Sinne von Giddens erfahren: Die Unverbindlichkeit und der „Fun-Faktor", so Clark 1998: 176-179), gelten bei den Teenagern als Vorzüge gegenüber dem herkömmlichen Dating.

Das Internet ist ein in hohem Maße nicht abgegrenztes, offenes Netzwerk, in dem vor allem solche Weak Ties leicht und zahlreich geknüpft werden können: Ständig können neue Kommunikationspartner in dieses Netzwerk gelangen, weil die Eintrittsbarrieren denkbar gering sind (vgl. Wellman 2000: 146-147). Die Vielfalt der Kontaktchancen in Computernetzen veranlasst viele Nutzer zu hoher Selektivität, d. h. sie suchen sich für spezifische Zwecke bestimmte Kommunikationspartner oder „virtuelle Gemeinschaften". Es gibt also zumindest eine Tendenz zu uniplexen Beziehungen mit schwacher Bindewirkung. An die Stelle gemeinsam geteilten Raumes tritt ein spezifisches gemeinsames Interesse (vgl. Wellman/ Gulia 1999: 171-172). Eine zweite Tendenz besteht wahrscheinlich darin, dass die Nutzer **gleichzeitig in verschiedenen computergestützten Netzwerken** präsent sind, ihre sozialen Bindungen also insgesamt erweitern. Allerdings ist gleichzeitig auch die Pflege starker sozialer Bindungen mit Menschen möglich, die man auch „offline" kennt – etwa so, wie auch Telefon oder Brief genutzt werden (vgl. Wellman 2000: 157).

Ob sich aus dem **Online-Kontakt eine „Online-Beziehung" entwickelt oder eine soziale Beziehung, die früher oder später auch mittels anderer Medien oder Face-to-face gepflegt wird,** hängt von den Kommunikationsintentionen und einer Reihe weiterer Faktoren ab: Auf der Ebene der textbasierten computervermittelten Kommunikation tritt an die Stelle visueller Anzeichen von Attraktivität sowie demographischer und sozialer Gemeinsamkeiten eine **aufgrund der Kommunikate im „Small Talk" (re-)konstruierte Einstellungsähnlichkeit.** An die Stelle räumlicher Nähe und sichtbarer Anzeichen geteilter Lebensstile, die ansonsten für das Knüpfen von Bekanntschaften ausschlaggebend sind, tritt einerseits die Kontaktwahrscheinlichkeit in einem spezifischen Onlineforum, so dass **intensive Nutzer**

höhere Chancen auf Online-Beziehungen haben (vgl. auch Wallace 1999: 139). Die Kontaktchancen steigen, wenn die Äußerungen zu einem bestimmten Thema ähnliche Ansichten vermuten und hierdurch Sympathie entstehen lassen. Die Motivation zu antworten und die Wahrscheinlichkeit wechselseitiger kommunikativer Bezugnahmen nehmen zu, kommunikative Handlungen schließen aneinander an und es entsteht Kommunikation, die zunächst zu vergleichsweise schwachen sozialen Beziehungen führt, weil diese Kommunikation leicht abgebrochen werden kann oder sich aufgrund eines eingeschränkten Themenspektrums möglicherweise rasch erschöpft. Auf der Ebene des für weite Teile des Chat charakteristischen Small Talks erweisen sich **Schreibstil** und humorvolle Formulierungen (Wortspiele, Kommentare in Klammern etc.) als kommunikations- und damit auch als beziehungsförderlich (vgl. Wallace 1999: 147-149).

Über die bloße Kontaktaufnahme und die Entstehung schwacher Bindungen hinaus, können wir im Internet aber auch beobachten, wie Kommunikationen gerade im Schutzbereich der Pseudonymität rasch zu persönlichen, intimen und emotionalen Themen vordringt, so dass hier die **soziale Beziehung selbst in den Vordergrund** der Kommunikation tritt und sich die sozialen Bindungen verstärken. Mitunter kommt es zu emotional enthemmten Verhaltensweisen, was durch den Wegfall unmittelbaren visuellen und paralinguistischen Feedbacks erleichtert wird. Die online geknüpfte Beziehung kann so an subjektivem Wert und an Verbindlichkeit für beide Kommunikanden gewinnen, weil Vertrauen entsteht. Kommunikativ kann dann ein **Spiralprozess** in Gang gesetzt werden: Wird ein Kommunikationsangebot angenommen, wird diese Antwort als Sympathiekundgebung verstanden, was wiederum zu einer freundlichen Reaktion führt usw. (vgl. Wallace 1999: 144). Der Abbruch der Kommunikation fordert dann einen höheren emotionalen Preis, die **wechselseitigen Erwartungen** an das Kommunikationsverhalten wie an die Bereitschaft der kommunikativen **Selbstoffenbarung** (wahrhaftige Aussagen über eine wachsende Zahl persönlich bedeutsamer Themen, Äußerung von Selbstkritik und Selbstzweifel, persönlichen Wünschen, Idealen, Träumen, Berichte über persönliche Erlebnisse) sind gestiegen, die **Kommunikation gewinnt an Häufigkeit, Regelmäßigkeit und absoluter Dauer.** Die Bereitschaft, Privates und Intimes zu offenbaren, wird offenbar durch den medialen Rahmen unterstützt. So berichtet Wallace (1999: 150-151) aus der klinischen Psychologie, dass Klienten dazu neigen, per Tastatur und Bildschirm mehr von sich zu berichten als im Face-to-face-Gespräch, obwohl sie wissen, dass ihre Texte anschließend von einem Therapeuten gelesen werden. Die zwischengeschaltete Medientechnik schafft demnach einen Grad von Anonymität und Distanz, der Selbstoffenbarungen erleichtert; zudem fehlen die unmittelbaren Rückkopplungen des menschlichen Gegenüber, die steuernd in den Kommunikationsfluss intervenieren.

Die Wahrscheinlichkeit des Aufbaus von Online-Beziehungen steigt mit der Dauer der aktiven **Kommunikationserfahrung** im Netz (Wallace 1999: 135), den **Medienkompetenzen** (Birnie/ Horvath 2002) und dem **zeitlichen Engagement.** So konnte Döring (1999: 351) beispielsweise einen positiven Zusammenhang zwischen der wöchentlich im Chat verbrachten Zeit und der Anzahl der persönlich bedeutsamen Chat-Beziehungen nachweisen. Es steigt dann auch die soziale Kontrolle, etwa durch den Einsatz von Buddy-Lists und anderen Software-Tools, mit denen sich die „Anwesenheit" von Bekannten und Freunden im jeweiligen Kommunikationsforum überprüfen lässt (vgl. Wallace 1999: 140). Es herrscht eine **Reziprozitäts-Norm,** nach der die eigene Bereitschaft zur Kommunikation auch von den anderen Online-Bekanntschaften erwartet wird, wenn sie gerade online sind. Mit der Stärkung der sozialen Bindung steigt auch die Bereitschaft, explizite Aussagen über die Beziehung zu kommunizieren. Beispielsweise können Emoting-Befehle benutzt werden, um den Kommunikationspartner zu „umarmen", zu „knuddeln", zu „küssen" etc. Da diese Aktionen auch für die anderen Kommunikanden sichtbar sind, kommen sie einem öffentlichen Bekenntnis zu den eigenen Gefühlen und zum Partner gleich, was wiederum die Verbindlichkeiten erhöht.

Die beschriebene Spirale kommunikativer Beziehungs- und Bindungsverstärkung kann aller-dings auch zur Abwärtsspirale werden, wenn die erhofften Reaktionen ein- oder mehrmals ausbleiben oder der Kontakt nicht gesucht wird, obwohl der intendierte Kommunikationspart-ner nachweislich im betreffenden Kommunikationsforum war. Aufmerksamkeit und wechsel-seitige (Be-)Achtung ist bei der computervermittelten Kommunikation wie bei Face-to-face-Beziehungen ein ausschlaggebender Faktor. Bei der Online-Kommunikation muss Aufmerk-samkeit jedoch explizit durch einen Sprechakt kommuniziert werden, weil die beobachtbaren Anzeichen von Aufmerksamkeit fehlen.

Online-Beziehungen kommen **häufiger zwischen Menschen unterschiedlichen Geschlechts zustande, wobei Frauen grundsätzlich eher Online-Beziehungen eingehen** (vgl. Wallace 1999: 134, Birnie/ Horvath 2002), wenngleich nur ein **sehr geringer Teil** die Qualität **romantischer Liebesbeziehungen** erreicht. Hier scheint die Hauptfunktion der computer-vermittelten Kommunikation eher in der Stabilisierung und zeitweiligen Fortführung von Paarbeziehungen über große Entfernungen und Zeitzonen hinweg zu bestehen.

Als „Law of Attraction" in der Phase des Kennenlernens gilt (auch) online „Gleich und gleich gesellt sich gern", und weitaus weniger „Gegensätze ziehen sich an". Ausschlaggebend sind laut Wallace (1999: 141-143) nicht die absoluten Ähnlichkeiten, sondern die wahrgenomme-nen relativen Gemeinsamkeiten: Online-Nutzer, die nur vergleichsweise wenig übereinander wissen, neigen zur Anknüpfung von Beziehungen, wenn dieses geringe Wissen große Über-einstimmung aufweist, während Online-Nutzer, die viel übereinander wissen, möglicherweise auch mehr über ihre Unterschiede wissen, und sich in diesem Fall weniger attraktiv finden. Gerade bei zunächst uniplexen Online-Beziehungen, bei denen sich die Kommunikation auf einen oder wenige Themenkreise beschränkt, entwickeln sich vielversprechend begonnene soziale Beziehungen vielfach nicht wirklich zu starken Bindungen weiter, sobald weiteres Wissen übereinander erworben wird.

Die bislang beschriebene (idealtypische) Stärkung dyadischer Beziehungen verbleibt in den Grenzen eines Modus computervermittelter Kommunikation (z. B. eines Chat oder MUD); eine Erweiterung bzw. Vertiefung bieten **Anschlusskommunikationen** in geschlosseneren, privaten Kommunikationsmodi wie Privat-Chat oder E-Mail. Als eine nächste Stufe kann der Übergang zu weiteren Formen medialisierter interpersonaler Kommunikation (Telefonie, Briefkommunikation) folgen, ohne dass deshalb die ursprünglichen Kommunikationsformen verlassen oder aufgegeben werden. Wenn solche Anschlusskommunikationen erfolgreich verlaufen, dann werden die sozialen Bindungskräfte, wechselseitigen Wertschätzungen und Emotionen stärker, so dass der **Übergang zu persönlichen Treffen und Face-to-Face-Kommunikation** anschließend erfolgen kann. Begünstigt wird dieser Schritt allerdings durch die tatsächliche geographische Nähe, d. h. nicht alle Online-Beziehungen haben die gleiche Chance „offline" fortgesetzt und vertieft zu werden. Viele schwache und viele starke Online-Bindungen verbleiben also im Modus computervermittelter Kommunikation, möglicherweise auch deshalb, weil die Partner – trotz geographischer Nähe – keine ausreichende Motivation für reale Begegnungen entwickeln, zum Beispiel wenn sie Enttäuschungen befürchten.

Wie einige empirische Fallstudien belegen, ist die Entwicklung persönlicher Beziehungen, die ihren Ausgang in der computervermittelten Kommunikation nehmen, nicht nur weit verbreitet, solche Online-Beziehungen können auch eine **beachtliche Stabilität** erreichen und zu per-sönlichen Treffen führen: Die ersten empirischen Belege für die Entstehung persönlicher sozialer Beziehung stammen aus der E-Mail-Forschung: Rice und Love (1987) sowie Finholt und Sproull (1990) berichten, dass ausgehend von der beruflichen E-Mail-Kommunikation am Arbeitsplatz auch persönliche Beziehungen entstehen.

In einer Untersuchung von Parks und Floyd (1996: 85-86) berichteten 66% der 176 befragten Newsgroup-Nutzer (geschichtete Zufallsauswahl des Samples, Rücklaufquote 33,3%), sie hätten persönliche Beziehungen durch die Newsgroup aufgebaut. Rund 85% der Befragten kommunizierten mindestens wöchentlich miteinander (29,7% sogar drei- bis viermal pro Woche). Frauen neigen offenbar stärker dazu, Beziehungen einzugehen, förderlich sind auch Dauer und Häufigkeit der Newsgroup-Nutzung. 98% der Befragten nutzten zusätzlich zur Newsgroup E-Mail, 35,3% das Telefon, 28,4% die Briefkommunikation zur Pflege der persönlichen Beziehungen, und persönliche Treffen gehörten für ein Drittel der Befragten zu den Wegen der Anschlusskommunikationen (vgl. Parks/ Floyd 1996: 92).

Die Kontakte in MUDs und MOOs führen sogar noch häufiger zu sozialen Beziehungen, die zudem auch als intensiver und bedeutsamer erlebt werden. Langjährige Nutzer des Lambda-MOO verwenden beispielsweise über die Hälfte der Nutzungszeit zur Pflege sozialer Beziehungen, ein Drittel der von Ryan (1995) befragten 222 Nutzer nutzen LambdaMOO zur Beziehungskommunikation mit Bekannten und Freunden aus dem MOO. Parks und Roberts (1997) befragten 235 MOO-Nutzer (geschichtete Zufallsauswahl, Rücklaufquote 20%) zu ihren Online- und Offline-Freundschaften: Über 93% berichteten, zumindest eine Online-Freundschaft durch den MOO gewonnen zu haben, die meisten hatten zwischen 4 und 15 neue Freundschaften im MOO geschlossen. Während bei den Newsgroup-Beziehungen nur 8% der Befragten ihre Beziehung als „romantische Beziehung" bewerteten, waren es bei den MOO-Nutzern 26,3%; „enge Freundschaften" waren mit 40,6% häufiger als „Freundschaften" (26,3%). Die MOO-Nutzer mit romantischen Beziehungen im Netz, verbrachten mit durchschnittlich 14,3 Stunden pro Woche im MOO deutlich mehr Zeit dort als diejenigen mit einfachen (2,88 Stunden) oder engen Freundschaften (6,84 Stunden). Ein ähnliches Bild ergibt sich hinsichtlich der Häufigkeit der MOO-Nutzung und der Anzahl der genutzten MOOs; allerdings ist unklar, ob die intensivere Nutzung Ursache oder Folge der Freundschaften ist. Gleichwohl wurden die „Offline-Freundschaften" durchgehend als besser und dauerhafter bewertet als die Online-Beziehungen, nur hinsichtlich Breite und Tiefe der Freundschaften gab es kaum Unterschiede (vgl. Parks/ Roberts 1997). Nur wenige MUD-Nutzer bewerten ihre Online-Freundschaften sogar als tiefer und besser als ihre sonstigen Freundschaften (vgl. Bruckman 1992). MOO-Freundschaften erwiesen sich in den beiden vergleichbaren Studien von Parks (Parks/ Floyd 1996; Parks/ Roberts 1997) nicht nur als intensiver, sondern auch als dauerhafter als Newsgroup-Freundschaften.

Chan und Cheng (2004) haben ausgehend von Park's Befunden die Entwicklung von **Online-Freundschaften** zwischen 162 Newsgroup-Nutzern aus Hongkong mittels einer Befragung untersucht und mit deren „Offline-Freundschaften" verglichen. Zunächst wurden die außerhalb des Netzes initiierten Freundschaften als deutlich enger und besser bewertet als die Netzbekanntschaften, doch mit wachsender Beziehungsdauer, ab etwa einem Jahr des gegenseitigen Kennens, konnte ein Rückgang der unterschiedlichen Bewertungen beobachtet werden. Online-Freundschaften entwickeln sich offenbar aufgrund der fehlenden sozialen Hinweisreize zunächst langsamer, doch nach einer kritischen Phase (zwischen dem 6. und 12. Monat der Beziehung) schlagen diese Nachteile der computervermittelten Kommunikation offenbar nicht mehr so stark zu Buche, weil aus den akkumulierten Kommunikationserfahrungen auch ein persönlicher Eindruck und damit tendenziell auch persönliche Bindungen resultieren (vgl. Chan/ Cheng 2004: 316-317).

Ähnlich wie die Newsgroup-Bekanntschaften werden auch die MOO-Bekanntschaften mit anderen Medien und mittels Face-to-face-Kommunikation fortgeführt: 92,7% nutzen auch andere Medien für den persönlichen Kontakt, meist E-Mail (80%) und Telefon (66,8%); über die Hälfte (54,5%) nutzen auch die Briefkommunikation und 37,7% trafen sich sogar persönlich und kommunizierten Face-to-face. Diese Häufigkeitsverteilung beschreibt auch den typischen Verlauf des Medienwechsels, bei dem die E-Mail am Beginn und das persönliche Treffen am Ende stehen. Je enger die Beziehung ist, umso wahrscheinlicher ist auch das persönliche Treffen: Rund 58% derjenigen mit romantischen Beziehungen trafen sich face-to-face, während dies nur 22,8% der Freunde taten (Parks/ Roberts 1997). Der Übergang zu persönlichen Treffen vor Ort ist auch aus der Perspektive der Kommunikanden ein wesentlicher Schritt für die Stabilisierung und Vertiefung der sozialen Beziehung (vgl. die Befragungsergebnisse von Höflich/ Gebhardt 2001: 41); unterbleibt dieser Schritt dauerhaft, so sinken die Chancen für dauerhafte starke Bindungen erheblich, weil sie im Medium (relativer) Unverbindlichkeit verbleiben müssen.

Die hier referierten Befunde dürfen gleichwohl nicht überbewertet werden. Die Nutzer von MOOs gehören überwiegend der Altersgruppe von 17 bis 30 Jahren an, einer Lebensphase die generell durch viele Freundschaften gekennzeichnet ist. Trotz der Zufallsauswahl muss man davon ausgehen, dass angesichts der geringen Rücklaufquoten so etwas wie Selbstrekrutierung stattgefunden hat und dass Newsgroup- bzw. MOO-Nutzer, die keine Freundschaften geschlossen hatten, sich durch die Befragung gar nicht angesprochen fühlten.

Die kommunikationssoziologischen Überlegungen und die Ergebnisse der vorgestellten Studien zeigen, dass computervermittelte Kommunikation soziale Beziehungen und Netzwerke fundieren kann. Vielleicht noch interessanter ist die daraus resultierende **Frage, ob computervermittelte Kommunikation soziale Netzwerke und persönliche Beziehungen auch modulieren oder grundsätzlich verändern** kann. Denkbar sind dabei zwei Effekte:

Eine **indirekte Wirkung** der zunehmenden Verbreitung und Nutzung des Internet kann eintreten, wenn Kommunikanden vorübergehend oder dauerhaft Teile ihrer individuellen Zeitbudgets der computervermittelten Kommunikation widmen, die dann nicht mehr für Face-to-face-Kontakte, Telefonate, Briefkommunikation oder bestimmte Netzwerkbeziehungen zur Verfügung stehen. In diesem Fall handelt es sich lediglich um einen **Zeiteffekt,** der auch durch andere Freizeitbeschäftigungen und Hobbies ausgelöst werden kann. Für solche indirekten Wirkungen spricht, dass bislang keine validen und repräsentativen Belege dafür vorliegen, dass Menschen mit ausgeprägten „Online-Beziehungen" ansonsten kontakt- oder beziehungsarm wären (vgl. unten).

Eine **direkte Wirkung** könnte dann entstehen, wenn soziale Beziehungen zunehmend oder zusätzlich über Online-Medien gepflegt werden. In diesem Fall muss genauer untersucht werden, ob computervermittelte Kommunikation an die Stelle von Face-to-face-Kommunikation oder andere Medienkommunikation tritt **(Substitutionseffekt)** oder ob es sich um zusätzliche Kommunikation handelt **(Komplementär- bzw. Supplementärfunktion).** Von Bedeutung ist schließlich, ob es sich bei der computervermittelten Kommunikation um die Kommunikation mit Menschen aus dem bereits vorhandenen Netzwerk handelt oder um neue Kontakte und Bekanntschaften.

Mit der „HomeNet-Studie" liegt mittlerweile eine empirische Längsschnittuntersuchung vor, die nicht mehr nur die Beziehungskonstitution und -pflege innerhalb eines einzelnen Kommunikationsmodus oder Internetdienstes analysiert, sondern die Veränderung bestehender und die Entwicklung weiterer sozialer Beziehungen durch computervermittelte Kommunikation insgesamt untersucht. Für die HomeNet-Studie wurden 169 Personen aus 93 Familien (mit insgesamt 256 Familienmitgliedern), die in acht Wohngebieten leben (und daher dort persönliche Beziehungsnetzwerke besitzen) mit kostenlosen Internetzugängen und Telefonanschlüssen ausgestattet. Zwei Panels wurden über einen Zeitraum von 12 bzw. 24 Monaten über ihre Netznutzung befragt und ihre wöchentliche Nutzungsdauer sowie ihre E-Mail-Kommunikation und Webnutzung mit Hilfe einer Spezialsoftware protokolliert. Die nicht-repräsentativen Ergebnisse der HomeNet-Studie (Kraut et al. 1998) belegen, dass computervermittelte Kommunikation **komplementär und substitutiv** genutzt wird und dass die lokalen Kernnetzwerke durch computervermittelte Kommunikation keineswegs verringert oder gelockert werden. Während Katz/ Aspden (1997a: 96) noch davon ausgingen, dass die Nutzung von Online-Medien weitere Kommunikation induziere und vice versa, sprechen die Befunde der Home-Net-Studie dagegen: Kraut et al (1998) wenden ein, dass die Befunde von Katz/ Aspden auf Selbsteinschätzungen der befragten Nutzer beruhen und dass der erhobene positive Zusammenhang von starker Online-Nutzung und regem Sozialleben lediglich eine Korrelation, aber keinen Kausalzusammenhang beschreibt. Zumindest bleibt unklar, ob die Internetnutzung die Ursache der starken sozialen Einbindung ist oder ob nicht vielmehr Menschen mit großen und starken sozialen Netzwerken zusätzlich auch das Internet besonders intensiv nutzen. Aufgrund der Längsschnittanalyse der HomeNet-Studie und der zusätzlichen technischen Messung der Netznutzung kann hier mehr Klarheit gewonnen werden. Kraut et al. (1998) sehen die Internet-Nutzung demnach als Auslöser für einen geringfügigen (statistisch aber signifikanten) Rückgang der Kommunikation in der Familie und die Einbindung in lokale soziale Netzwerke sowie eine geringfügige Zunahme von Gefühlen der Einsamkeit und Depressionen. Lediglich bei den Menschen, die vor Beginn der Internetnutzung über größere soziale Netzwerke verfügten, verläuft die Kausalität umgekehrt, denn bei diesen Personen ist das große lokale Netzwerk der Grund für eine geringere Internet-Nutzung. Kraut et al. warnen allerdings vor einer Verallgemeinerung ihrer Forschungsergebnisse, die anhand eines nicht-repräsentativen Samples gewonnen wurden und sich nur auf die ersten beiden Jahre der Netznutzung beziehen. Sie vermuten zum Beispiel, dass die Internet-Nutzung bei älteren und einsamen Personen zur Steigerung der sozialen Einbindung führen würde. Die vorliegenden Befunde bezeichnen Kraut et al. als **„Internet Paradox"**, denn tatsächlich dient das Internet zu einem großen Teil der interpersonalen Kommunikation im sozialen Netzwerk, so dass eigentlich eine Intensivierung bzw. eine Erweiterung der persönlichen Beziehungsnetzwerke durch die Internet-Nutzung zu erwarten gewesen wäre. Eine Erklärung könnte darin bestehen, dass die Probanden der HomeNet-Studie mittels Online-Medien schwache soziale Beziehungen (Weak Ties) durch stärkere Beziehungen (Strong Ties) ersetzt haben, weil es insbesondere mittels E-Mail sehr viel einfacher (und preiswerter) möglich ist, intensiven Kontakt auch zu weit entfernten Verwandten, Familienmitgliedern oder Freunden zu halten. Viele der neuen Online-Beziehungen erwiesen sich in der Studie allerdings als eher schwache Bindungen. Das Gewinnen neuer Freunde via Online-Kommunikation fand eher selten statt; hierin stimmen die Befunde mit denen von Katz/ Aspden (1997) überein, nach denen nur 22% der Befragten überhaupt neue Freunde im Netz kennen gelernt haben. In einer Nachfolgestudie konnten Kraut et al. (2002: 57) berichten, dass sich beispielsweise die zuvor beobachteten Gefühle von Einsamkeit und Depression bei den Internetnutzer im Laufe der Jahre verflüchtigt hatten. Insgesamt ging die Internetnutzung mit positiver sozialer Einbettung einher; die Intensivnutzer konnten ihre lokalen ebenso wie ihre sozialen Netzwerke über größere Entfernungen vergrößern. Auch die Face-to-face-Kommunikation mit Freunden und Familienmitgliedern hatte bei den Intensivnutzern zugenommen. Den größten sozialen Nutzen zogen die extrovertierten Intensivnutzer, so dass Kraut et al. (2002: 61-64) von einem Verstärkungsmodell („rich get richer") ausgehen. Die Unterschiede zwischen den zum Teil bedenklich stimmenden Befunden der ersten Studie und den neueren Ergebnissen führen sie vor allem darauf zurück, dass mittlerweile mehr Menschen aus den persönlichen Netzwerken online erreichbar waren (Kraut et el. 2002: 68). Noch immer **konkurrieren aber letztlich zwei Erklärungsmodelle für die sozialen und sozialpsychologischen Auswirkungen der Internet-Nutzung.** Das **hydraulische Modell** der kommunizierenden Röhren besagt, dass interpersonale Kommunikation im sozialen Netzwerk eine konstante Größe ist, sich aber Verschiebungen zwischen Face-to-face-, Telefon- und computervermittelter Kommunikation (um drei „Röhren" des Systems zu nennen) ergeben. Nimmt z. B. die Face-to-face-Kommunikation zu, so muss nach diesem Modell die Telefon- oder die E-Mail-Kommunikation zurückgehen usw. Nach dem

Verstärkungsmodell hingegen verstärken sich die verschiedenen Formen interpersonaler Kommunikation im sozialen Netzwerk: Je mehr per E-Mail kommuniziert wird, umso häufiger wird auch mit den betreffenden Partnern telefoniert oder direkt gesprochen. Ob solche Verstärkungswirkungen jedoch in beide Richtungen verlaufen, ob also die computervermittelte Kommunikation auch zu mehr Telefonaten und persönlichen Treffen führt, oder ob die Wirkung nur in umgekehrter Richtung gilt, bedarf weiterer Klärung. Es waren wiederum amerikanische Kommunikationsforscher um Robert Kraut, die mit einer weiteren, nationalen Längsschnittstudie versucht haben, hier mehr Klarheit zu gewinnen, als es mit den Daten der HomeNet-Studie methodisch möglich war (vgl. Shklovski/ Kraut 2004). Nach dieser neuen Untersuchung geht Internet-Nutzung mit einer merklichen Abnahme der Wahrscheinlichkeit persönlicher Besuche von Freunden und Familienmitgliedern einher; vor allem gilt dies für die Extrovertierten. Es konnten aber keine Belege dafür gefunden werden, dass auch die Zahl der Telefonate sinken würde oder die Internet-Nutzer geringere soziale Unterstützung aus ihren Netzwerken bezögen. Die Langzeitstudie belegt auch die Stimulations- oder Verstärkerhypothese, und zwar kommt es zu **asymmetrischen Wirkungen: Persönliche Besuche bei Familienmitgliedern stimulieren zusätzliche Telefonate und E-Mail-Kommunikation mit diesen Menschen. Umgekehrt gehen aber von der E-Mail-Kommunikation weder positive noch negative Wirkungen auf Telefonate oder persönliche Gespräche aus** (vgl. Shklovski/ Kraut 2004).

Auch die vielfach als Beleg für sozialpsychologisch schädliche Folgen der Internet-Nutzung zitierte Studie von Nie und Erbring (2000) besagt letztlich, dass 95% der Befragten der Meinung waren, aufgrund ihrer Onlinenutzung nicht weniger Zeit mit Familie und Freunden zu verbringen, und auch 88% der Intensivnutzer diese Ansicht vertraten – vielmehr **betraf der Zeiteffekt vor allem die Nutzung der klassischen Massenmedien,** die nun weniger lange genutzt wurden. Howard et al. (2001: 399) kommen zu dem Schluss:

> „[T]he internet allows people to stay in touch with family and friends and, in many cases, extend their social networks. A sizeable majority of those who send e-mail messages to relatives say it increases the level of communication between family members ... these survey results suggest that on-line tools are more likely to extend social contact than detract from it."

Quantifizierende Untersuchungen können allerdings nur einen Teil der Realität erhellen, denn die **Qualität des kommunikativen Kontakts** bleibt hierbei meist unberücksichtigt. Jenseits normativer (Vor-)Urteile gibt es zunächst keinen Grund, die Face-to-Face-Kommunikation grundsätzlich als „besser" anzusehen als medialisierte Kommunikationsmodi und ähnliches gilt für den intermedialen Vergleich (etwa zwischen Telefon und E-Mail). Wie die Theorien der Medienwahl zeigen (vgl. Kap. 14.2), beziehen Individuen mehrere Faktoren in ihre Medienbewertung ein, um dann unter den gegebenen Umständen die angemessenste Kommunikationsform zu wählen. Nahe liegend ist es zum Beispiel, dass eine kostengünstige E-Mail auch dann versendet wird, wenn ein Telefonanruf als unzweckmäßig (Kosten, Erreichbarkeit) gilt und deshalb gar nicht in Erwägung gezogen wird. Es erscheint plausibel, dass gerade die E-Mail aufgrund ihrer Medienspezifika zur Vereinfachung, Verbilligung und Beschleunigung und damit zu einer **Verdichtung bestehender Netzwerke sowie deren Erweiterung** beiträgt.

Zu einer vergleichbaren Beurteilung kommen letztlich auch Cummings et al. (2002), die aufgrund von nicht-repräsentativen Nutzerbefragungen davon ausgehen, dass E-Mail und andere Formen der computervermittelten Kommunikation weniger gut für Beziehungspflege geeignet sind als Telefon- und Face-to-face-Kommunikation. Zunächst betonen sie zwar die sozialen Schwächen der computervermittelten Kommunikation, doch abschließend stellen sie die

Frage, ob diese medienvermittelten Kommunikationsweisen überhaupt die direkte Kommunikation ersetzen:

> „However, in one-to-one-comparisons, an email message is not as useful as a phone call or a face-to-face meeting for developing and sustaining social relationships. (...) Relationships sustained primarily over the Internet are not as close as those sustained by other means.
>
> Should these observations be a source of concern? (...) Do less-effective email messages substitute for or supplement telephone conversations and personal visits? Do weak social relationships formed online add to one's total stock of social relations or substitute for a more valuable partner? (...) Only by examining people's full set of social behavior and examining their full inventory of social ties can we assess the net social impact of online social relationships (Cummings et al. 2002: 108)."

11.6 Fazit

Der Begriff „virtuelle Gemeinschaft" („Virtual Community") eignet sich aus kommunikationssoziologischer Sicht nicht für die Beschreibung dessen, was wir im Internet beobachten können. Die Sozialgebilde, die „im Netz" entstehen, lassen sich mit Hilfe der Theorie sozialer Netzwerke zutreffender beschreiben, denn wir können unterschiedliche Typen von sozialen Netzwerken erkennen. Einige dieser Netzwerke ähneln in mancher Hinsicht sozialen Gruppen, andere gleichen eher Gesellschaften mit uniplexen Beziehungen. Soziale Gruppen können mittels Online-Medien kommunizieren, etwa formale Arbeitsgruppen in Organisationen oder informelle Gruppen von Spielern in MUDs und MOOs. Aber die Nutzer bestimmter Kommunikationsforen, einzelner Internet-Dienste oder gar des Internet insgesamt verhalten sich nicht als Gruppe. Einige Nutzer entwickeln ein spezifisches Gemeinschaftsgefühl, das vor dem Hintergrund einer individualisierten modernen Gesellschaft besondere Bedeutung erlangt.

In Computernetzen können bestehende soziale Beziehungen gepflegt, aber auch neue aufgebaut werden. Je intensiver diese „Online-Beziehungen" sind, umso wahrscheinlicher erfolgt offenbar ein Medienwechsel bis hin zu persönlichen Treffen. Soziale Netzwerke sind also nicht zwangsweise in Online- und Offline-Netzwerke geschieden, sondern überlappen sich in vielen Fällen. Die theoretischen Überlegungen und Ergebnisse verschiedener nicht-repräsentativer Studien belegen, dass computervermittelte Kommunikation in mehrfacher Hinsicht relevant für soziale Beziehungen sind:

- Auf kostengünstige und zeitsparende Weise ermöglichen sie die Pflege bereits bestehender sozialer Beziehungen ebenso wie die Kontaktaufnahme zu bis dahin unbekannten Menschen. Computervermittelte Kommunikation erweist sich somit als ein Mittel, soziale Netzwerke zu stabilisieren und zu erweitern.

- Aus diesen Kontakten können sowohl schwache, primär sachbezogene und eher formale Beziehungen entstehen; es können sich aber auch stabile Beziehungen mit starken sozialen Bindungen entwickeln.

- Starke soziale Bindungen können zumindest eine zeitlang ausschließlich computervermittelt gepflegt werden; in vielen Fällen erfolgt aber ein Übergang zu weiteren medialen und unvermittelten Kontakten und Kommunikationsformen.

- Eine Substitution anderer Kommunikationsmodi durch computervermittelte Kommunikation ist zwar nicht auszuschließen, nach den vorliegenden Befunden aber nicht zwingend. Im Gegenteil scheint die Tendenz zur komplementären Nutzung sowie zur Induktion zusätzlicher Kommunikation wahrscheinlicher zu sein.

- Aufbau und Aufrechterhaltung starker sozialer Bindungen ausschließlich mittels computervermittelter Kommunikation setzt ein hohes zeitliches und soziales Engagement im Netz voraus und dürfte den Intensiv-Nutzern der Online-Kommunikation vorbehalten bleiben. Gerade in dieser Gruppe scheint aber auch die Tendenz besonders ausgeprägt zu sein, den Rahmen der computervermittelten Kommunikation zu überschreiten und die entstandenen sozialen Beziehungen mittels weiterer Kommunikationsmodi zu vertiefen.

- Tendenziell führt die (intensive) Nutzung computervermittelter Kommunikation zu einer Stabilisierung der Kernnetzwerke **und** zu einer Erweiterung der Netzwerkperipherie. Wenn es sich bei den Netzwerkbindungen in der Peripherie um uniplexe Beziehungen handelt, dann ist zu erwarten, dass die Personen in den verschiedenen Zonen der Peripherie selbst nicht miteinander in Beziehungen stehen. Die Kommunikation erfolgt dann mit mehreren, isolierten Bereichen des peripheren Netzwerkes, ohne dass diese Netzwerkperipherie zusammenwächst.

12. Regulierung und Selbstregulierung computervermittelter Kommunikation

12.1 Einleitung

Bei der Darstellung der verschiedenen Formen computervermittelter Kommunikation ist bereits deutlich geworden, dass eine Reihe von normativen Problemen auftaucht (vgl. hierzu die Kap. 7.4, 8.2 u. 8.5, 9.4 u. 10), wenn die sozialen Regeln der Kommunikation nicht hinlänglich klar oder allen Kommunikanden bekannt sind, wenn ein Kommunikand die Regeln abweichend vom Verständnis der anderen Kommunikanden interpretiert oder wenn ein Kommunikand gezielt oder aus Nachlässigkeit gegen vorhandene Regeln des Mediengebrauchs verstößt. Wie alles menschliche Handeln und Kommunizieren unterliegen auch mediale Kommunikationsprozesse sozialen Regeln und Konventionen, die sich nicht automatisch aus dem technischen Rahmen des Mediums ergeben, sondern sozial ausgehandelt werden und moralisch oder ethisch begründet werden bzw. begründet werden können. Die Herausbildung solcher Kommunikations- und Medienregeln ist ein soziokultureller Prozess, der Zeit benötigt. Insofern verwundert es wenig, dass bei vergleichsweise neuen Kommunikationsformen unter veränderten technischen Bedingungen verstärkt Fragen und Probleme auftauchen. Dies gilt umso mehr, wenn man sich die organisatorische Entwicklung des Internet vergegenwärtigt (vgl. Kap. 1.3), dass im Gegensatz zur Entwicklung des Rundfunks nicht das Ergebnis zentraler staatlicher oder kommerzieller Planung ist. Es fehlt ein zentraler Organisator oder Anbieter, der alle Nutzern zum Beispiel über einen Nutzungsvertrag präzise Regeln auferlegen und diese kontinuierlich durchsetzen kann.

In der öffentlichen Diskussion ist vor diesem Hintergrund der Eindruck entstanden, beim „Internet" handele es sich um ein völlig unreguliertes, „rechtsfreies" und möglicherweise sogar unregulierbares Medium – mit weitreichenden negativen Folgen wie Pornographie, Extremismus, „Internet-Sucht" und sozialer Anomie. Bestärkt wurde diese Sichtweise durch die mitunter sensationsorientierte Berichterstattung der publizistischen Medien sowie durch eine libertär-anarchische Netzideologie, die das Netz als staatsfreien, selbstregulierten Kommunikationsraum feiert. Die in der computervermittelten Kommunikation zu beobachtenden Mechanismen der Selbstregulierung gelten dann mitunter sogar als Vorbild für eine bessere, weil autonome und staatsfreie Welt. Im folgenden Kapitel soll gezeigt werden, dass beide Annahmen einer empirischen Prüfung nicht standhalten. Zunächst sollen die grundlegenden ethischen Probleme der computervermittelten Kommunikation in der gebotenen Kürze noch einmal systematisch zusammengefasst werden (Kap. 12.2). Anschließend wird untersucht, welche Selbstregulierungs- (Kap. 12.3) und Regulierungsmaßnahmen (12.4) es bei der computervermittelten Kommunikation gibt.

12.2 Regulierungsprobleme

Kommunikationspartner sehen sich im Internet immer wieder mit Verhaltensweisen anderer Kommunikanden konfrontiert, die ihren normativen Erwartungen, ihrem Verständnis der Kommunikations- und Medienregeln und schließlich ihren moralischen Werteinstellungen nicht entsprechen. Das Spektrum dieser als problematisch bewerteten Verhaltensweisen und Medienangebote reicht dabei von bloßen Kommunikationsstörungen und -behinderungen (beispielsweise durch Spam-Mails oder mangelnder Verständlichkeit aufgrund unzureichender Regelbeherrschung durch andere Kommunikanden) über Belästigungen (z. B. sexueller Art) bis hin zu schwerwiegenden Täuschungen (z. B. über Identitäten), persönlichen Verletzungen (rassistische und sexistische Beschimpfungen, Bekundungen von Hass und Verachtung) und erheblichen wirtschaftlichen Schäden (z. B. Dialer).

Werfen wir zunächst – ohne Anspruch auf Vollständigkeit – einen Blick auf die von Nutzern als moralisch oder ethisch problematisch empfundenen Kommunikationsweisen:

Im **World Wide Web** begegnen wir typischer Weise den „klassischen" Grundproblemen, wie sie aus der Ethik der öffentlichen Kommunikation weithin bekannt sind, hier allerdings in einem veränderten Rahmen wieder auftauchen: Sexistische und pornographische Angebote sind im WWW ebenso anzutreffen wie Websites krimineller, terroristischer, politisch extremistischer oder rassistischer Autoren und Gruppen. Durch die geringen ökonomischen und technischen Zutrittsbarrieren sowie international unterschiedliche Rechtsvorschriften wird die Verbreitung von ethisch zweifelhaften sowie – zum Beispiel nach deutschem Recht – gesetzlich verbotenem Material grundsätzlich erleichtert. Die für die anderen publizistischen Medien vergleichsweise gut institutionalisierten Mechanismen der presserechtlichen Verantwortung und der Zugangsbeschränkung unter dem Gesichtspunkt des Jugendschutzes wirken de facto im World Wide Web zumindest derzeit noch nicht, wenngleich entsprechende Normen auch hier Geltung haben (vgl. hierzu auch Kap. 12.4). Über die tatsächliche Anzahl bzw. den Anteil von Websites mit pornographischen, rassistischen oder extremistischen Inhalten liegen ebenso wenig valide Zahlen vor, wie über die Wahrscheinlichkeit, dass Minderjährige im WWW Zugang zu Angeboten erhalten, der ihnen außerhalb des WWW verwehrt wird. Auch wenn möglicherweise aufgrund der Nachrichtenfaktoren und Berichterstattungsmuster in den publizistischen Medien ein überzogenes Bild entstanden ist, kann umgekehrt auch nicht behauptet werden, solche Websites seien folgen- und gefahrlos, da es sich nur um einen Bruchteil des Gesamtangebotes handelt.

Zu diesen prinzipiell bekannten Problemen der öffentlichen Kommunikation treten im World Wide Web weitere: Weitgehend unbemerkt kann das individuelle Mediennutzungsverhalten von Dritten protokolliert und damit in die Privat- und Intimsphäre des Menschen eingegriffen werden. Darüber hinaus können webbasiert auch Transaktionen, also individuelle Buchungs- und Kaufvorgänge sowie Vertragsabschlüsse abgewickelt oder angebahnt werden. Diese Möglichkeit wird von einigen Anbietern dazu genutzt, über den eigentlichen Zweck der Kommunikation zu täuschen und beispielsweise nicht bestellte Waren oder Dienstleistungen (insbesondere kostenpflichtige und zum Teil extrem überteuerte Einwahlsoftware, sog. „Dialer") zu verkaufen.

Bei der **E-Mail-Kommunikation** treten neben den aus der direkten interpersonalen Kommunikation grundsätzlich bekannten Problemen vor allem Kommunikationsstörungen und Belästigungen durch den kommerziellen Missbrauch von E-Mail-Adressen auf (Spamming). Auf der Ebene der interpersonalen Kommunikation via E-Mail sind Beleidigungen, Täuschungen, Irreführungen etc. anzutreffen, die auch bei anderen Formen der interpersonalen Kommunikation (Face-to-face, Telefonkommunikation) zu beobachten sind. Ob es durch das fehlende nonverbale Feedback in der konkreten Kommunikationssituation und durch die Möglichkeit, ohne längeres Nachdenken und „Role Taking" spontan eine E-Mail zu versenden bzw. zu beantworten, häufiger zu normativen Problemen kommt als bei den anderen Formen der interpersonalen Kommunikation, ist empirisch noch nicht hinreichend erforscht. Problematische Folgen kann es sicherlich haben, wenn die private E-Mail-Korrespondenz Dritten offen (etwa zur Bloßstellung des Kommunikationspartners) oder gar verdeckt zugänglich gemacht wird, ohne dass hierüber ein Einverständnis der beiden Kommunikanden besteht. Unzureichende Reflexion über Art und Anlass der Nutzung von E-Mail sowie über den Verteilerkreis dürfte zudem wesentlich zum Phänomen des E-Mail-Overload beitragen, was von den Empfängern mitunter als moralische Zumutung empfunden werden kann.

Der kommerzielle Missbrauch von eigentlich der privaten bzw. frei gewählten Kommunikation vorbehaltenen persönlichen E-Mail-Adresse stellt ein weiteres, schwerwiegendes Problem dar. Mittels automatischer Crawler-Programme, die Websites durchsuchen, und durch den Handel mit E-Mail-Adressen ist es möglich, sehr kostengünstig große Verteiler zusammen zu stellen. An diese Verteiler werden dann Massen-Mails versendet, meist mit zweifelhaften Werbeofferten. Die tatsächlichen Absender können vielfach vom Empfänger nicht verantwortlich gemacht werden, so dass er sich auf andere Weise gegen dieses „Spamming" (vgl. auch Kap. 5.3) schützen muss. Über die Ausmaße des Spammings gibt es divergierende Aussagen: So sollen die Verwaltungsangestellten der Fastfood-Kette McDonalds im Jahre 2001 im Durchschnitt 49 Minuten ihrer täglichen Arbeitszeit mit dem Sichten und Löschen von Spam-Mails beschäftigt gewesen sein (vgl. Di Sabatino 2001). Je nach Schätzung handelt es sich bei der Hälfte bis drei Vierteln aller Mails um massenhaft versandte, unerwünschte Werbemails; der Online-Dienst AOL weist nach eigenen Angaben täglich 2,3 Milliarden Spam-Mails automatisch zurück. Der volkswirtschaftliche Schaden wird auf 10 bis 12 Milliarden US-Dollar jährlich geschätzt. Angeblich handelt es sich bei zwei Dritteln der Versender um Betrüger, so dass hier – selbst wenn nur wenige Promille der Empfänger antworten – nochmals wirtschaftlicher Schaden entsteht (vgl. Schmidt 2003). Diese Zahlenangaben sind allerdings mit einer gewissen Vorsicht zu bewerten, denn es handelt sich hierbei um Schätzungen, die zum Teil von den Anbietern kommerzieller Filtersoftware stammen.

Bei der **Newsgroup-Kommunikation** entstehen Kommunikationsprobleme (vgl. Kap. 7.4) durch (thematisch) unpassende Postings, die „off topic" sind, aber die Ressourcen (Zeit, Übertragungskosten) Dritter vergeuden. Als Hauptursachen gelten wohl eher mangelnde technische und soziale Kompetenzen, also die Unkenntnis der allgemeinen und Newsgroup-spezifischen Konventionen, oder zumindest Nachlässigkeit, und weniger mutwillige Verletzungen der Kommunikationsregeln. Wie bei der E-Mail-Kommunikation und in den anderen textbasierten Kommunikationsformen sind ferner beleidigende Flamings oder falsche Tatsachenbehauptungen zu beobachten. Hinzu kommt die Missbrauchsgefahr, die sich aus der Möglichkeit ergibt, eigene Postings, aber auch diejenigen anderer Kommunikanden, zu löschen und somit den gesamten Kommunikationsverlauf zu verfälschen. Nicht zuletzt werden Newsgroups auch missbraucht, um pornographische (einschließlich kinderpornographischer) Bilder zugänglich zu machen.

Auch im **Chat** können durch die Zweckentfremdung des Kommunikationsforums (Channel-Takeover), Flamings und verbale Belästigungen, aber auch durch den Missbrauch von Operatoren-Rechten (etwa dem ungerechtfertigten Ausschluss bestimmter Chatter) ethische Probleme auftreten (vgl. Kap. 8.2 u. 8.5). Stärker noch als bei E-Mail- und Newsgroup-Kommunikation stellt sich die Frage nach der Identität der Kommunikanden und der Authentizität ihrer Äußerungen (vgl. Kap. 10). Das Spiel mit der Identität kann ebenfalls in der **MUD- und MOO-Kommunikation** missbraucht werden, wie die (in Kap. 9.4) berichteten Fälle aus dem JennyMUSH bzw. LambdaMOO zeigen. Pseudonymes oder gar anonymes Kommunizieren („Spoofing"), unbemerktes Lurking und alle Formen des verbalen Fehlverhaltens (Flaming etc.) sind Gegenstand der ethischen Diskussion und der Selbstregulierung in MUD und MOO.

Das Spektrum der hier skizzierten normativen Probleme in der computervermittelten Kommunikation veranschaulicht, dass jeweils spezifische oder typische ethische Probleme bei einzelnen Kommunikationsformen auftreten. Allerdings lassen sich diese Probleme auf ein begrenztes Set von **kommunikations- und medienethischen Fragen** zurückführen:

Verständlichkeit gilt als grundlegende Voraussetzung kommunikativer Verständigung. So ist bei sprachlicher Kommunikation durch die Beherrschung und korrekte Anwendung der grammatikalischen, syntaktischen und semantischen Regeln einer gemeinsamen Sprache (oder einer Lingua Franca) Verständlichkeit herzustellen, also das Ziel zu erreichen, dass beide (bzw. alle) Kommunikanden genau das meinen, was sie sagen. Werden technische Medien in der Kommunikation genutzt, so tritt zu den sprachlichen Regeln ein spezifisches

Set von **Medienregeln** (vgl. hierzu auch Kap. 2.3.4). Eine große Zahl von Verständigungsproblemen in der computervermittelten Kommunikation sind offenkundig auf die mangelnde
Kompetenz, insbesondere von „Newbies" zurückzuführen. Nicht alle Kommunikanden
beherrschen gleichermaßen die allgemeinen formalen Regeln der verschiedenen Kommunikationsformen oder gar die speziellen Form- und Stilregeln bestimmter Kommunikationsräume und -gruppen (Chatgroups, Newsgroups oder MUDs). Dies gilt für die computervermittelte Kommunikation aus zwei Gründen in besonderem Maße: Zum einen handelt es sich
um vergleichsweise neue Medien, deren Verwendung regelbasiert erfolgen soll. Und zum
zweiten existiert eine Fülle von **Sondersprachen** (Emotikons, Akronyme, Aktionswörter
usw.), die erst erlernt werden müssen.

Auch die für alle Verständigungsprozesse relevanten **Wahrheitsansprüche** können in der
computervermittelten Kommunikation zum ethischen Problem werden. Selbst wenn man
Wahrheit erkenntnistheoretisch nicht mehr als Abbild oder korrekte Wiedergabe der Wirklichkeit fasst, und wenn die Wahrheit von Aussagen für die beteiligten Kommunikationspartner – wie auch in weiten Teilen der öffentlichen Kommunikation – selbst nicht unmittelbar
empirisch überprüfbar ist, so vertrauen wir doch unter bestimmten Bedingungen auf den
Wahrheitsgehalt von Kommunikation. Für die wissenschaftliche wie für die öffentliche
Medienkommunikation haben sich längst verschiedene **Indikatoren und Institutionen** etabliert, mit deren Hilfe wir versuchen, den Wahrheitsgehalt einer Aussage **mittelbar** zu beur-
teilen. So gehen wir grundsätzlich und in der Regel auch nicht ohne Grund davon aus, dass im
Wissenschaftsbetrieb wie im professionellen Journalismus institutionelle Mechanismen der
Qualitätssicherung (Offenlegung der Quellen, Daten und Methoden, Peer-Review oder
Recherche und Gegenrecherche) für den Wahrheitsgehalt von Aussagen bürgen. Ob und in
welchem Maße solche Überprüfungsmechanismen auch von den Kommunikatoren im WWW,
Newsgroups oder anderen computervermittelten Kommunikationsformen eingesetzt werden,
ist nicht in jedem Fall klar erkennbar. Da die Publikationsbarrieren weitaus geringer sind als
bei Print- und Rundfunkmedien und die Erweckung eines professionellen, die Glaubwürdigkeit fördernden Eindrucks mit relativ geringem Aufwand möglich ist, dürfte es leichter fallen,
unwahre Aussagen in der computervermittelten Kommunikation öffentlich zu äußern, ohne
dass dies sogleich erkannt wird. Veraltetes, bereits falsifiziertes Wissen, Gerüchte, Verschwörungstheorien oder bewusste und gezielte Lügen können im WWW neben wahren Aussagen
aus seriöser Quelle stehen, ohne dass dies unmittelbar sinnfällig werden muss. Bei der Beurteilung des Wahrheitsgehalts vertrauen daher offenbar viele Nutzer auf **netzexterne Glaub-
würdigkeitsindikatoren.** Das heißt, es werden – wie die Nutzungszahlen belegen – besonders häufig Websites konsultiert, die von professionellen Medienanbietern betrieben werden,
die auch Zeitungen, Zeitschriften oder Rundfunkprogramme vertreiben und sich über Jahre
und Jahrzehnte hinweg Glaubwürdigkeit und Reputation erworben haben.

Besondere Aufmerksamkeit haben Fragen der **Wahrhaftigkeit** in der öffentlichen wie in der
Fachdiskussion (vgl. hierzu Kap. 10) über computervermittelte Kommunikation erlangt. Während sich Wahrheitsansprüche auf die Übereinstimmung einer Aussage mit der Wirklichkeit
beziehen, geht es bei der Wahrhaftigkeit um eine moralische Haltung der Kommunikanden,
nämlich ob sie „aufrichtig" und „ehrlich" kommunizieren, über sich selbst Auskunft geben
oder einen falschen Anschein mit ihren Äußerungen erwecken möchten. Nahezu die gesamte
Diskussion über das Spiel mit der eigenen **Identität,** pseudonyme oder anonyme Kommunikation, die aufgrund der „Kanalreduktion" vermeintlich oder tatsächlich nur schwer überprüf-
bare Authentizität von Aussagen – bis hin zur Datensicherheit (insbesondere bei Electronic
Banking und Electronic Shopping) – ist diesem Problemkreis zuzuordnen.

Zwei weitere ethische Problemkreise, die (auch) bei der computervermittelten Kommunikation eine Rolle spielen, müssen genannt werden: Fragen der Menschenwürde und der Gerech-

tigkeit: Aus dem Wert **Menschenwürde** können sowohl **Freiheitsrechte**, wie das Recht auf Selbstbestimmung, abgeleitet werden, als auch entsprechende **Schutzrechte** gegenüber den Eingriffen Dritter in diese Freiheiten. In Anbetracht der technischen Möglichkeiten gerät bei der computervermittelten Kommunikation hier neben den immer schon vorhandenen Gefahren der Verletzung der menschlichen Würde durch verbale und medienvermittelte Aussagen das Recht der **informationellen Selbstbestimmung** in den Blick. Der auch im Grundgesetz und im Presserecht (sowie der Presseethik) verbürgte Schutz der Privat- und Intimsphäre räumt dem Individuum das Recht ein, selbst zu bestimmen, ob und welche Informationen über seine Person Dritten zugänglich sind. Dieses grundsätzliche Recht wird zwar durch eine Reihe von Gesetzen eingeschränkt, aber in der Regel ist unstrittig, dass der Einzelne zumindest wissen muss, wer welche Informationen über ihn besitzt. Das unbeobachtete Beobachten, „Ausspähen" und Sammeln von persönlichen Daten wird generell durch elektronische Datennetze erleichtert, so dass hier besonders weitreichende Probleme entstehen können, die besondere Regulierungsmaßnahmen (Datenschutz) erforderlich machen. Besondere Verantwortung tragen diesbezüglich übrigens auch Kommunikationsforscher, die sich personenbezogener Daten bedienen.

Menschenwürde und Freiheitsrechte umfassen selbstverständlich auch „im Netz" die Rechte auf freie Entfaltung der Persönlichkeit, auf **Informations- und Meinungsfreiheit**. Auf den ersten Blick scheint hier die computervermittelte Kommunikation ganz neue oder doch zumindest stark erweiterte Potenziale zu bieten, kann doch tendenziell jeder in bislang ungekanntem Ausmaß auf eine Vielzahl von Informationsquellen zurückgreifen und seine eigene Meinung selbstvermittelt einer (vermeintlich) großen, ja globalen Öffentlichkeit kundtun (vgl. hierzu auch Kap 14). Auf den zweiten Blick werden jedoch auch die Probleme deutlich: Wie bereits oben ausgeführt, stellt sich hinsichtlich der Informationsfreiheit die Frage, wie es um die Wahrheit der erhältlichen Informationen (und die Mechanismen der Qualitätssicherung) tatsächlich bestellt ist. Was die Meinungsfreiheit betrifft, so stößt man im Internet vielleicht noch verstärkt auf das **Problem konfligierender Werte**, nämlich wenn rassistische, sexistische oder andere menschenverachtende Meinungen vergleichsweise ungehindert öffentlich kommuniziert werden können.

Auch die Diskussion über die schädlichen Folgen der Internet-Nutzung, insbesondere die **sog. Internet-Sucht** lässt sich aus kommunikations- und medienethischer Sicht dem Problemkreis Menschenwürde und Freiheitsrechte subsumieren. „Internet-Sucht" würde ja nichts anderes bedeuten, als den partiellen oder absoluten Verlust der Kontrolle über das eigene Verhalten, die Vorherrschaft der Fremdbestimmung (durch das „Medium" oder bestimmte „Anbieter") über die Selbstbestimmung des Menschen, die untrennbar mit seiner Würde verbunden ist. Doch sind solche Befürchtungen, wie sie die amerikanische Psychologin Kimberly S. Young (1999) ohne empirisch valide Belege propagierte, eigentlich begründet?

Tatsächlich sind in Deutschland ungefähr zwei Dutzend Fälle von Menschen dokumentiert, die sich in psychotherapeutischer Behandlung befinden oder befanden, weil ihre unkontrollierte, zwanghafte und extensive Internet-Nutzung zu einer Reihe psychischer und sozialer Probleme geführt hat. Ob es sich jedoch bei der „Internet-Sucht" wirklich um ein Massenphänomen handelt, wie es einige Studien und die Berichterstattung der Medien zuweilen nahe legen, muss bezweifelt werden. Die Angaben, denen zufolge es 2000/2001 bereits 600.000-650.000 Internetsüchtige (vgl. Hahn/ Jerusalem 2001: 14; Hees 2001) und zwei Jahre später 1,5 Millionen Abhängige (vgl. Asendorf 2003) in Deutschland gab, beruhen auf Schätzungen und Hochrechnungen, die wiederum auf nicht repräsentativen Online-Umfragen basieren. Durch die Selbstrekrutierung im Netz entsteht ein verzerrtes Bild, weil mit hoher Wahrscheinlichkeit gerade die Nutzer teilnehmen, die ihre eigene Internet-Nutzung als problematisch empfinden. Laut einer 1999 von Hahn und Jerusalem durchgeführten – ebenfalls nicht repräsentativen – Pilotstudie (n = 7.091) erfüllen 3,2% der Befragten alle fünf Kriterien der Internetsucht, weitere 6,6% gelten als Risikogruppe; besonders betroffen sind Jugendliche (Hahn/ Jerusalem 2001: 8). Auch wenn also noch immer keine repräsentativen Daten vorliegen, so darf nicht verkannt werden, dass auch die Medien der computervermittelten Kommunikation ein Suchtpotenzial besitzen, ohne dass sie damit schon die Ursache der Sucht sein müssen. Als Kennzeichen (und Definitionskriterien) geben Hahn und Jerusalem (2001: 3) an: Einengung des Verhaltensraums durch lange Netznutzungszeiten, Kontrollverlust, Steigerung der Nutzung, Entzugserscheinungen und negative soziale Konsequenzen. Diese können von schulischen und beruflichen Misserfolgen bis hin zum Verlust des Arbeitsplatzes über den Verlust von Bekannten und Freunden bis hin zur Trennung vom Lebenspartner reichen. Die Folgen gleichen damit den Folgen anderer nicht stoffgebundener Süchte wie der Spielsucht.

Ausschlaggebend für negative psychische Folgen (subjektives Leiden) und soziale Probleme ist offenkundig nicht allein der Umfang der Nutzung, sondern die subjektive Wertschätzung und Bevorzugung computervermittelter Kommunikation gegenüber anderen Kommunikationsformen (vgl. hierzu auch Caplan 2003: 637-641). Von „Internet-Süchtigen" werden offenbar vor allem Chats, MUD, MOO und Newsgroups besonders extensiv genutzt; zudem stehen webbasierte Online-Spiele sowie Erotik-Angebote im Verdacht, ein besonderes Suchtpotenzial zu entfalten. Cooper/ Delmonico und Burg (2000: 19-20) haben amerikanische Nutzer von Online-Sex- und -Erotikangeboten befragt (selbstselektierte Stichprobe, N = 9.265) und festgestellt, dass etwa 1% dieser Gruppe ihre Netznutzung als eindeutig problematisch bewerten, weil sie sich für ihr sonstiges Leben nachteilig auswirkt. Auch Cooper et al. (2000: 25) wagen eine Hochrechung: Wenn man davon ausgeht, dass 20-30% aller Netznutzer Erotik- und Sex-Sites nutzen, dann dürften für insgesamt mindestens 200.000 Menschen ernsthafte negative Auswirkungen auf ihr sonstiges Sozial- und Sexualleben hieraus folgen. Allerdings betonen dieselben Autoren auch, dass erotische Chats und Websites von großem sozialen Nutzen für die Gruppen sein können, die andere als heterosexuelle Orientierungen pflegen (Cooper et al. 2000: 21); vergleichbares berichten auch deutsche Sexualwissenschaftler und Therapeuten (vgl. Asendorf 2003).

Wie in der Medienwirkungsforschung generell sollte man auch hinsichtlich des Internet also nicht von deterministischen Wirkungen ausgehen, sondern von ambivalenten. Es hängt eben in hohem Maße von der individuellen Nutzung und Medienkompetenz ab, welche Folgen computervermittelte Kommunikation tatsächlich zeigt. Vielleicht sind bei den „Pull-Medien" des Internet die einzelnen Nutzer sogar noch stärker für ihr eigenes Handeln verantwortlich als bei den Print- und Programm-Medien.

Schließlich stellen sich hinsichtlich der computervermittelten Kommunikation **Gerechtigkeitsfragen,** besonders deutlich in Bezug auf einen gleichberechtigten **Zugang** zu den Medien computervermittelter Kommunikation und der chancengleichen **Nutzung.** Die faktisch vorhandenen globalen, sozialen und individuellen Ungleichheiten bei Zugang und Nutzung des Internet werden seit einigen Jahren unter dem Schlagwort „Digital Divide" verhandelt (vgl. hierzu Kap. 15.5); auf absehbare Zeit spricht nichts für einen chancengerechten Zugang. Die Darstellung der verschiedenen Formen computervermittelter Kommunikation (vgl. Teil II sowie Kap. 11) hat zudem gezeigt, dass die computervermittelte Kommunikation auch in sog. virtuellen Gemeinschaften alles andere als egalitär und demokratisch verläuft. Auch „in" Computernetzen entstehen bzw. spiegeln sich soziale Strukturen wieder, die auf Ungleichheiten basieren, ohne dass diese Machtstrukturen sich als gerecht begründen lassen. Es sind vielfach gerade nicht demokratische Mechanismen des Machterwerbs und der Machterhaltung, etwa das Senioritäts- oder Expertenprinzip, die eine besondere Stellung der Eliten begründen.

Die Analyse der für die computervermittelte Kommunikation relevanten normativen Problemfelder und ethischen Fragen hat gezeigt, dass wir von einem **erheblichen Regulierungsbedarf** ausgehen können. Folglich stellt sich die Frage, auf welche Art und Weise denn die Kommunikation im Internet überhaupt reguliert wird. Dabei konkurrieren, wie mittlerweile im gesamten Bereich der Medienkommunikation, die kommunikationspolitischen Konzepte zweier verschiedener „Lager": Die einen setzen aus pragmatischen oder politisch-ideologischen Gründen (vgl. Barlow 1996) vor allen auf Selbstregulierung „im Netz", die anderen plädieren für eine externe Regulierung durch gesetzliche Normen und sanktionsbewehrte behördliche Aufsichtsstrukturen. Idealtypisch kann außer diesen beiden Regulierungsansätzen der **„Moralisierung"** und der **„Etatisierung"** der Ansatz der **„Kommerzialisierung"** unterschieden werden (vgl. Beck/ Vowe 1998): Computervermittelte Kommunikation wird dann weder von staatlichen Behörden, noch von der Gemeinschaft der Nutzer, sondern von wirtschaftlichen Akteuren reguliert. In der Praxis ist von einem **„Regulierungsmix"** auszugehen, weil alle drei Ansätze ihre spezifischen Stärken und Schwächen aufweisen.

12.3 Selbstregulierung

Zur Optimierung der Verständigung wie zur Regulierung normativer Fragen und Konflikte in der computervermittelten Kommunikation haben sich durch den alltäglichen Gebrauch informelle Regeln und kodifizierte Normen entwickelt, ohne dass dem zunächst eine bewusste politische Entscheidung für das Konzept „Selbstregulierung" zugrunde lag. Die Idee der Selbstregulierung computervermittelter Kommunikation setzt auf die gemeinschaftliche Entwicklung, Propagierung und Durchsetzung von Kommunikationsnormen durch die Nutzer – ohne dass eine staatliche Macht (Legislative, Exekutive, Judikative) oder wirtschaftlicher Einfluss steuernd und sanktionierend wirken. Modi der Selbstregulierung prägen die computervermittelte Kommunikation von Beginn an, zumal anfangs weder staatliche noch ökonomische Akteure motiviert waren, in die Kommunikationsprozesse einer vergleichsweise kleinen Elite von Wissenschaftlern einzugreifen. Die anfänglich nur geringen **technischen Netzressourcen** bzw. deren effizientere Nutzung waren primäre Regulierungsziele der ursprünglich ungeschriebenen Handlungsregeln, die erst später aus pädagogischen Gründen kodifiziert wurden und nun in Gestalt von Netzdokumenten vorliegen. Die **„Netiquette"** (Netz-Etiquette) enthält u. a. eine ganze Reihe von Normen für den **sparsamen Umgang mit knappen technischen, zeitlichen und finanziellen Ressourcen der Nutzergemeinschaft.** Die „klassische Netiquette" (vgl. die deutschsprachige Fassung unter: http://www.ping.at/guides/netmayer/netmayer.html#classic [22.12.2004]) wurde bereits 1994 von Arlette Rinaldi auf der Grundlage online geführter Diskussionen verfasst und enthält neben allgemein gefassten „zehn Geboten" spezielle Hinweise für die einzelnen Internet-Dienste: Bereits gelesene sowie unerwünschte Mails sollen rasch gelöscht, insgesamt möglichst wenige Nachrichten in den Mailboxen zurückgelassen werden. Bei News-Postings sollen sich die „kurz und prägnant" zu haltenden Nachrichten auf ein Thema beschränken; pro Zeile sollen nicht mehr als 70 Zeichen geschrieben werden. In der Usenet-Netiquette findet man gar die Formel der Reichspost aus der Frühzeit des Telefonierens wieder: „Fasse Dich kurz! – Niemand liest gerne Artikel, die mehr als 50 Zeilen lang sind. Denken Sie daran, wenn Sie Artikel verfassen ..."

Die folgende Kurzfassung einer Newsgroup-Netiquette (http://www.chemie.fu-berlin.de/outerspace/netnews/netiquette.html [22.12.2004]) gibt auch einen Eindruck davon, welche Probleme aus der Nichtbefolgung der Regeln resultieren können. Als Begründung wird neben der **Effizienz** lediglich **„Höflichkeit"** angeführt. Zu den einzelnen Regeln können Erläuterungen durch Anklicken der Ordnungszahl abgerufen werden:

„Es folgen einige Tips, wie man das Netz effizient und auch höflich zu aller Zufriedenheit benutzen kann (und sollte):

- *01. Vergiß niemals, daß auf der anderen Seite ein Mensch sitzt!*
- *02. Erst lesen, dann denken, dann erst posten!*
- *03. Fasse Dich kurz!*
- *04. Deine Artikel sprechen für Dich. Sei stolz auf sie!*
- *05. Nimm Dir Zeit, wenn Du einen Artikel schreibst!*
- *06. Vernachlässige nicht die Aufmachung Deines Artikels!*
- *07. Achte auf die 'Subject:'-Zeile!*
- *08. Denke an die Leserschaft!*
- *09. Vorsicht mit Humor und Sarkasmus!*
- *10. Kürze den Text, auf den Du Dich beziehst!*
- *11. Benutze Mail, wo immer es geht!*
- *12. Gib eine Sammlung deiner Erkenntnisse ans Netz weiter!*
- *13. Achte auf die gesetzlichen Regelungen!*
- *14. Benutze Deinen wirklichen Namen, kein Pseudonym*
- *15. Kommerzielles?*
- *16. Keine 'human gateways' - das Netz ist keine Mailbox!*
- *17. 'Du' oder 'Sie'? "*

Netz-Etiketten (Netiquetten) und Frequently Asked Questions (FAQ) sind **dienstespezifisch** und zum Teil sogar **angebotsspezifisch** ausdifferenziert, verweisen aber auf einige Grundprobleme der computervermittelten Kommunikation. Forderungen wie „Vergiss nie, dass am anderen Ende ein Mensch sitzt!" deuten auf das Problem der Rahmenverwechslung oder -täuschung hin: Im Gegensatz zur Face-to-face-Kommunikation sind die Nutzer der computervermittelten Kommunikation nie direkt mit ihren Kommunikationspartnern konfrontiert, sondern nur mit den Artefakten ihrer kommunikativen Handlungen:

> „Im Vordergrund steht die Mitteilung selbst und nicht der Mitteilende, weil er entweder nicht bekannt ist (Anonymität), weil ihm die Ausdrucksmöglichkeiten fehlen, über die Nachricht hinaus etwas von sich mitzuteilen (Verlust des nonverbalen Kanals) oder weil die Substitute dieser Ausdrucksformen keine Glaubwürdigkeit beanspruchen können (Instrumentalisierung des nonverbalen Kanals." (Greis 2001: 131)

Es besteht folglich die Gefahr, dass Kommunikanden aufgrund der Medialisierung ein Verhalten an den Tag legen, das gegenüber Texten angemessen sein mag, nicht jedoch gegenüber anderen Menschen. Aus medienethischer Sicht ergibt sich letztlich das Problem, **Verantwortung für das kommunikative Handeln unter Bedingungen der Unverbindlichkeit und partiell unklarer Identitäten** zu übernehmen. Auch die Adressierung von Pseudonymen und die eigene Äußerung unter Pseudonym muss als Handlungszusammenhang zwischen Menschen vorgestellt werden, damit Verantwortung übernommen und zugeschrieben werden kann. Erst durch die Übernahme von Verantwortung für das eigene Handeln entsteht letztlich Identität im Netz: Die unter Pseudonym ausgeführten symbolischen (z. B. sprachlichen) Handlungen werden als persönliche Handlungen einer „realen" Person kenntlich gemacht, sie werden authentifiziert und damit aus der Unverbindlichkeit eines Kommunikationszusammenhangs herausgehoben, der per Mouseclick jederzeit verlassen werden kann. Erst durch dieses Bekennen zu den eigenen Äußerungen werden diese letztlich zu authentischen Äußerungen eines Menschen, der bereit ist damit **„Fernverantwortung"** (Hans Jonas) für die Folgen seiner Äußerungen zu übernehmen, die einen menschlichen Kommunikationspartner – und nicht nur dessen „virtuelle Online-Persona" – betreffen.

Als **Sanktion** wirkt bei der Selbstregulierung durch die Nutzer die **Anprangerung** von Fehl-verhalten und schließlich die „**Exkommunikation**" der Regelverletzer. Aufklärung, Informa-tion und Überzeugung stehen aber im Vordergrund des Maßnahmenkatalogs; Denunziation, Sabotage und Ausschluss am Ende der Skala. Die Durchsetzung der Netiquette sowie der spe-zifischen Verhaltensstandards erfolgt dabei keineswegs immer rein diskursiv oder anarchisch, die Praktiken unterscheiden sich ebenso wie die Verhaltensnormen: Während das Fidonet hierarchisch organisiert ist, besitzt das Usenet weder auf der technischen noch auf der Ver-waltungsebene eine zentrale Regelungsinstanz. In Mailboxsystemen gibt es Systemoperatoren (Sysops) oder -administratoren, die gegenüber den Usern erweiterte Zugriffs- und damit Löschmöglichkeiten besitzen; in einigen Newsgroups gibt es auch Moderatoren, die inhaltlich eingreifen können und sollen. Zur Durchsetzung der Netiquette haben sich auch die „Cyber-Angels" (ein Ableger der in den Großstädten anzutreffenden „Guardian Angels") als freiwillig und unbezahlt arbeitende „Schutzengel" zusammengefunden. Verstöße gegen die Netiquette werden von ihnen nach einem genau regulierten Verfahren netzintern angeprangert.

> „Die eigentliche Stärke dieser Steuerungsform liegt aber gerade auch in ihrer **Freiwil-ligkeit**, da Einsicht und Überzeugung starke Verhaltens- und Handlungsmotivationen erzeugen können. Eine weitere Stärke der normativen Selbstregulation liegt darin, daß sie Bereiche betrifft, die von anderen Steuerungsformen (wie etwa Recht oder Geld), nicht zureichend erfaßt werden können. Der Ethik kommt dabei nicht nur die Aufgabe zu, Bereiche zu regeln, die dem Zugriff anderer Steuerungsmedien entzogen sind, son-dern sie hat auch die anderen Steuerungsmedien auf ihren Sinn und ihre Verträglichkeit hin zu überprüfen, denn nicht alles, was durch Politik, Recht oder Geld geregelt werden kann, soll auch so geregelt werden." (Debatin 1999b)

Der Regulierungsmechanismus basiert auf einer **Kombination von Selbstkontrolle und sozialer Kontrolle,** wobei die Selbstkontrolle auf der Verinnerlichung der anderen (bzw. der gemeinschaftlichen Normen) und der Antizipation der Möglichkeit sozialer Kontrolle beruht. Andreas Greis (2001: 133) hat zutreffend darauf hingewiesen, dass die Netiquetten zwar eine dienstespezifische „Internet-Moral" beschreiben, sich diese aber eher auf der Ebene von Belehrungen, Gebrauchsanleitungen und Tipps bewegen als auf der Ebene einer begründeten Ethik mit rational kritisierbaren Geltungsansprüchen. Vielfach werden technische Gründe wie die Kapazitätsengpässe angeführt, um eine bestimmte Verhaltensweise zu begründen – auch wenn mittlerweile diese technischen Engpässe gar nicht mehr oder nicht mehr in dem Maße bestehen wie bei der Abfassung der Regeln.

Jenseits der libertären Utopie ausschließlicher Selbstregulierung der Kommunikation im Internet zeigen Beispiele aus der Praxis immer wieder die **Grenzen der gemeinschaftlichen Selbstregulierung:** (1) Fälle wie die „virtuelle Vergewaltigung" im LambdaMOO oder der Fall „Julie Graham/ Talkin Lady" (vgl. Kap. 9.4 u. 10.4) verdeutlichen, dass Selbstregulie-rungsmechanismen in einigen Fällen zu spät greifen; man kann also ein Regulierungs- oder Steuerungsdefizit schon bei den gemeinschaftlichen Formen computervermittelter Kommuni-kation konstatieren. (2) Nicht übersehen sollte man, dass dort wo Selbstregulierungsmecha-nismen die gewünschten Steuerungserfolge erbringen, vielfach strikte soziale Hierarchien mit entsprechend gestuften Kompetenzen wirken. Selbstregulierung verläuft also nicht schon des-halb freiheitlich und autonom, weil sie staatsfrei organisiert ist; vielmehr entwickeln sich auch in „virtuellen Gemeinschaften" von Nutzern Macht- und Einflussstrukturen, die auf Kompe-tenz- und Erfahrungsvorsprüngen beruhen mögen oder auch auf Reputationsvorteilen. Eine demokratische Legitimation, etwa durch eine Wahl oder Abstimmung, geht damit keineswegs automatisch einher. (3) Das Eingehen einer Selbstbindung an die gemeinschaftlichen Normen setzt voraus, dass diese Normen bekannt sind und dass sich der individuelle Nutzer als Teil dieser (Werte-)Gemeinschaft empfindet. Beide Voraussetzungen sind in Anbetracht der

enormen Zunahme der Nutzerzahlen, der wachsenden Heterogenität der „Internet-Population"
und des entsprechend hohen Anteils unerfahrener Teilnehmer heute sehr viel unwahrscheinlicher zu erfüllen, als dies vor zehn oder 15 Jahren der Fall gewesen sein dürfte. (4) Das
WorldWideWeb, aber auch die E-Mail- und die Newsgroup-Kommunikation sind unter dem
Vorzeichen der Kommerzialisierung unter sehr starken Einfluss von wirtschaftlichen Akteuren geraten, von denen viele nicht bereit sind, normative Selbstbindungen einzugehen, die
ihre Profitchancen minimieren könnten. Solche Anbieter verstehen vor allem das WWW als
mediale Distributionsstruktur und nicht als öffentliches, dem Gemeinwohl dienendes Gut.
Auch für diesen Typus computervermittelter Kommunikation hat sich in Deutschland wie in
vielen anderen Ländern eine Selbstkontrolleinrichtung gegründet, die **„Freiwillige Selbstkontrolle Multimedia-Diensteanbieter e.V. (FSM)"**, zudem wurde von Seiten einiger Website-Anbieter die Internet Content Rating Association (ICRA) gegründet, die es den Nutzern
mit Hilfe technischer Filtersysteme erleichtern soll, unerwünschte Inhalte vorab auszusondern
(vgl. für weitere Informationen: www.fsm.de sowie www.icra.org).

Am Beispiel der FSM lässt sich gut verdeutlichen, wie **Selbst- und Fremdregulierung
ineinander greifen**: Der Verein FSM wurde 1997 von Medien- und Telekommunikationsver-
bänden sowie Unternehmen, die Online-Angebote betreiben bzw. zugänglich machen (Con-
tent-, Host- und Access-Provider) gegründet, in dem Jahr also, in dem der Mediendienste-
Staatsvertrag der Länder in Kraft trat (vgl. Kap. 12.4). Dieser Staatsvertrag schreibt nämlich
in §12 (5) den gewerblichen Anbietern von Mediendiensten vor, einen Jugendschutzbeauftragten zu benennen, wenn seine Angebote jugendschutzgefährdende Inhalte enthalten können. Mittlerweile enthält auch der 2003 in Kraft getretene Jugendmedienschutz-Staatsvertrag
(§7) eine solche Vorschrift. Die Einrichtung der Selbstkontrolleinrichtung wurde durch staatliche Maßnahmen zumindest befördert, denn in der Selbstdarstellung der FSM heißt es: „Im
Mittelpunkt der Arbeit steht neben der Betreuung der Mitglieder vor allem die Ersetzung des
Jugendschutzbeauftragten für die Mitgliedsunternehmen" (FSM 2004: 6). Auch wenn man
sich den Verhaltenskodex, den 2003 bereits 416 Verbände und Unternehmen als FSM-Mit-
glieder unterschrieben hatten, näher ansieht, wird deutlich, dass die ethische Selbstbindung
nicht allzu weit reicht: Als unzulässige Inhalte werden lediglich die Inhalte bezeichnet, die
bereits strafrechtlich verboten sind, und auch die übrigen Verhaltensgrundsätze orientieren
sich praktisch ausschließlich am geltenden Recht. Die FSM zeichnet sich also nicht dadurch
aus, dass sie über die ohnehin geltenden Vorschriften hinaus ihren Mitgliedern „höhere"
moralische Standards abverlangen würde, und sie argumentiert auch nicht mit ethischen
Begründungen, sondern mit Rechtsvorschriften. Allerdings betreibt der Verein auch medien-
pädagogische Aufklärungsarbeit, er berät in technischen und juristischen Fragen und er fungiert vor allem als Anlaufstelle für Beschwerden von WWW-Nutzern (möglicherweise dem-
nächst auch für Empfänger von Spam-Mails). 2003 gingen insgesamt 1162 Beschwerden bei
der FSM (2004: 12) ein, die sich auf folgende Problembereiche bezogen: 20% pornographische Inhalte, 15% kinderpornographische Inhalte, 15% unerwünschte Werbemails mit überwiegend jugendgefährdenden Inhalten, 10% jugendgefährdende Inhalte, 10% zivilrechtliche
Streitigkeiten, 8% rechtsradikale Inhalte und 7% Dialer (überteuerte Einwahlprogramme für
den Internet-Zugang). 744 Beschwerden richteten sich gegen Angebote aus Deutschland,
davon 165 gegen Mitglieder der FSM. Die FSM war für insgesamt 600 Beschwerden zuständig; in 35% dieser Fälle wurde über die Gremien der FSM (Hinweise, Beschwerdeausschuss)
Abhilfe geschaffen, 28% wurden an das Bundeskriminalamt weitergeleitet, 25% als unbe-
gründet zurückgewiesen. Diese Zahlen zeigen, dass Internet-Nutzer von der Möglichkeit der
Beschwerde Gebrauch machen und die Arbeit der FSM nicht wirkungslos bleibt. So werden
auch Beschwerden über ausländische Webangebote soweit möglich an die betreffenden nationalen Selbstkontrolleinrichtungen des INHOPE-Verbunds weitergeleitet. Möglicherweise
wird die FSM, die durch die Kommission für Jugendmedienschutz (KJM) anerkannt werden

möchte, sich künftig zu einer Selbstkontrolleinrichtung entwickeln, die mehr leistet als einen Beitrag zur Implementation geltenden Rechts.

Die FSM ist auch an der Entwicklung eines internationalen Rating-Systems beteiligt, das es Nutzern (bzw. deren Eltern) erleichtern soll, jugendgefährdende Inhalte vom Abruf auszuschließen. Die Software der **Internet Content Rating Association (ICRA)** beruht auf einer freiwilligen Selbstbeschreibung der angebotenen Inhalte durch die Content-Provider, die einen Fragebogen zu ihrer Website bzw. ihrem Webchat ausfüllen. Nach einem einheitlichen Standard (PICS) werden möglicherweise jugendgefährdende Inhalte mit einem Label versehen. Auf der Nutzerseite kann nun, individuell abgestuft nach bestimmten Kriterien der Browser so eingestellt werden, dass unerwünschte Inhalte automatisch gekennzeichnet werden oder erst gar nicht auf dem Bildschirm erscheinen (vgl. http://www.icra.org/about/ [22.12.2004]). Gegenüber herkömmlichen **Filtersystemen,** von denen mittlerweile mehr als 130 auf dem Markt sind, weist das ICRA-Ratingsystem den Vorteil auf, dass nicht automatisch alle Angebote ausgefiltert werden, die bestimmte Schlüsselwörter (Key Words) enthalten, auch wenn diese von den Filterprogrammen gar nicht in ihrem Kontext verstanden werden können. Als ein in der Presse viel zitiertes Beispiel kann das Wort oder die Abbildung der weiblichen Brust angeführt werden; mit vielen einfachen Filterprogrammen werden entsprechende Angebote ausgesondert, unabhängig davon, ob es sich um die medizinische Ratgeber-Website einer renommierten onkologischen Klinik, eine Selbsthilfegruppe oder ein pornographisches Angebot handelt. In einem Experiment der amerikanischen Organisation „Peacefire", die sich für freie Meinungsäußerung einsetzt, stellte sich heraus, dass von den 50 mittels des Filterprogramms „I-Gear" geblockten Websites 38 Angebote von Universitäten stammten, die keinerlei jugendgefährdende Inhalte verbreiteten (vgl. NZZ, 13.3.2000). Als Alternative zum „Keyword-Blocking", das von den Filterprogrammen „CyberSitter" und „NetNanny" verwendet wird und nicht in der Lage ist, auch Bilder und Videos zu erkennen, kann das „Site-Blocking"-Verfahren verwendet werden. Dieses, zum Beispiel von „CyberPatrol" eingesetzte Verfahren blockiert den Abruf aller Websites, die auf einer Negativliste indiziert wurden. In Anbetracht des raschen Wachstums und Wandels des Angebotes erweist sich auch ein solches Verfahren als wenig praktikabel (vgl. Schindler 1999). Hinzu kommt, dass automatische (nicht auf Selbstbewertungen und individueller Nutzerkonfiguration beruhende) Filtersysteme nach festgelegten Kriterien operieren müssen. Diese Kriterien hängen jedoch in hohem Maße von den kulturellen Normen und Werten ab, so dass beispielsweise US-amerikanische Programme im Zweifel toleranter auf nationalsozialistische und antisemitische Websites, aber sehr viel restriktiver auf Erotik-Angebote reagieren. Rating- und vor allem Filtering-Systeme sind aus medienethischer und kommunikationspolitischer Sicht im Übrigen nicht unproblematisch, denn solche Programme können auch auf Proxy-Servern oder auf Seiten der Access-Provider installiert werden, ohne dass die Nutzer entscheiden können oder gar wissen, ob und nach welchen Kriterien gefiltert wird. Es handelt sich also um einen weit reichenden Eingriff in die Kommunikationsfreiheiten. Sollte die Filter-Technologie also tatsächlich technisch perfektioniert werden, so ist zu befürchten, dass sie von nicht demokratischen Regierungen (etwa in der VR China) dazu missbraucht wird, den Bürgern jeglichen Zugang zu nicht regimefreundlichen Informationsquellen zu verwehren.

Das Internet gilt nicht nur hinsichtlich der alltäglichen Gestaltung von Kommunikationsprozessen als Musterbeispiel der Selbstregulierung, sondern auch hinsichtlich der **Technikentwicklung und Organisation** (vgl. Kap. 1.3). An die Stelle zentraler staatlicher Infrastrukturplanung, wie wir sie zumindest in Europa von Rundfunk und Telekommunikation (Telegraphie und Telefonie) lange Zeit gewohnt waren, tritt die dezentrale **„Internet Governance"**. Obgleich ursprünglich aus staatlichen Mitteln der amerikanischen National Science Foundation finanziert, wurden grundlegende technische und organisatorische Entscheidungen (zum Beispiel über Protokolle oder Domain-Namen) nicht von staatlichen Behörden, aber auch nicht von großen Wirtschaftskonzernen getroffen, sondern von nicht-staatlichen Organisationen. Noch aus den Zeiten des ARPA-Net stammt eine ursprünglich studentische Arbeitsgruppe der damals vernetzten amerikanischen Universitäten, die sich als **Internet Engineering Task Force (IETF)** bezeichnet und Entscheidungen über technische Standards fällt. Dabei war und ist die computervermittelte Kommunikation nicht nur Objekt der Regulierung, sondern zugleich deren Instrument: Technische Probleme und Lösungsvorschläge wurden in Mailinglists präsentiert (Request for Comments) und von allen Interessierten so lange diskutiert, bis ein Konsens – keine Mehrheitsentscheidung – über die technisch beste Lösung entstand („Rough Consensus"), die dann publiziert wurde und die weitere Arbeit der Entwickler bestimmte. Ergänzt wird das Online-Verfahren durch Versammlungen, die zunächst nur 15 Teilnehmer (1986) umfassten, mittlerweile aber mehr als 2000. Nicht nur die Zahl der Mitglieder, auch ihre Zusammensetzung hat sich verändert. Da die IETF keinen rechtlichen Status und keine formale Mitgliedschaft kennt, ist jeder der Zeit und Interesse hat, zur Mitarbeit eingeladen. Mehrheitlich beteiligen sich daher inzwischen **Informatiker und Ingenieure der Internet-Industrie;** diskutiert wird in über 100 Arbeitsgruppen. Als Entscheidungskriterium sollen keine politischen oder wirtschaftlichen Überlegungen und Interessen dienen, sondern allein die technische Sachlogik: der „Running Code" (vgl. Hofmann 1998):

> „Fortunately, nobody owns the Internet, there is no centralized control, and nobody can turn it off. Its evolution depends on rough consensus about technical proposals, and on running code." (Request of Comment Nr. 1958)

Tatsächlich wurden und werden diese Diskussionen von den Informatikern bestimmt, die entsprechende Kompetenzen und ein hohes Engagement mitbrachten, also nicht wirklich von allen „gewöhnlichen" Usern, denen es formal allerdings freisteht, sich an den Diskussionen zu beteiligen. Diese Aushandlungsprozesse weisen zwar basisdemokratische und deliberative Züge auf, es darf aber nicht übersehen werden, dass letztlich von einer vergleichsweise **kleinen Zahl kompetenter und reputierter Experten** entschieden wird. Mit der internationalen Ausbreitung des Internets sind die Koordinationsaufgaben gewachsen; so muss sichergestellt werden, dass alle Rechner eindeutig adressiert werden können, also Mail- oder Web-Adressen nicht mehrfach vergeben werden. Das 1984 zu diesem Zweck eingeführte hierarchische Domain Name System (DNS) wurde ab 1989 unter der Leitung von John Postel durch die IANA (Internet Assigned Numbers Authority) verwaltet, die faktische Vergabe der Top Level Domains wurde von dem US-Unternehmen Network Solutions, Inc. (NSI) ausgeführt. Mit der Kommerzialisierung des WWW in den neunziger Jahren kam es immer häufiger zum Streit um Domain-Namen, insbesondere um Markennamen und leicht zu merkende Web-Adressen. Sowohl die Politik Postels, der die IANA praktisch dominierte, als auch die Praxis des Verkaufs von Domainnamen durch den Monopolisten NSI führten zu heftigem Protest der Nutzer, so dass intensiver nach einer neuen Organisationsform gesucht wurde und internationale Verhandlungen begannen, die letztlich in der Gründung der **Internet Corporation for Assigned Names and Numbers (ICANN)** mündeten (vgl. die ausführlichere Darstellung von Machill/ Ahlert 2001: 302-303). ICANN ist eine private gemeinnützige Gesellschaft, die auf vier Prinzipien basiert: Stabilität, Wettbewerb, private bottom-up-Koordinierung und globale Repräsentation. Um diesem letzten, auf Drängen der Europäischen Union von der US-Regierung zugestandenen Prinzip gerecht zu werden, fanden im Oktober 2000 öffentliche Online-Wahlen von fünf der insgesamt 18 ICANN-Direktoren statt, an denen sich alle registrierten Internet-User beteiligten konnten. Insgesamt ließen sich 158.000 Netznutzer online als ICANN-Mitglieder und Wähler registrieren, darunter über 20.000 aus Deutschland. Gemessen an der Gesamtzahl der – damals rund 270-300 Millionen grundsätzlich wahlberechtigten – Internetnutzer handelt es sich also um eine geringe Beteiligung. Um globale Ungleichgewichte (beispielsweise ließen sich nur 787 Afrikaner als Wähler registrieren) zu nivellieren, wurde vorab festgelegt, dass jede Weltregion jeweils einen der fünf Direktorenposten beset-

zen konnte. Kandidieren konnten alle registrierten Mitglieder über 16 Jahre, allerdings nomi-
nierte ein von ICANN selbst gegründetes Komitee zusätzlich Kandidaten, die über einschlä-
gige Erfahrungen und Kompetenzen verfügten (vgl. Machill/ Ahlert 2001: 308-310). Dies
macht deutlich, dass die „Basisdemokratie im Netz" dort an ihre Grenzen stößt, wo Exper-
tenwissen und Erfahrung gefragt sind. An der Internet-Governance nehmen de facto nur sehr
kleine Teile der „Nutzer-Gemeinschaft" teil; viele Nutzer dürften über die Wahl entweder
nichts erfahren, die Hintergründe nicht verstanden oder keinen Grund gesehen haben, sich an
den Diskussionen und Wahlen zu beteiligen. ICANN selbst hat, so Machill und Ahlert (2001:
310-312), vergleichsweise wenig dazu beigetragen, mehr Transparenz und Partizipation zu
erreichen.

Auch über die Ausgestaltung der Statuten von ICANN wurde zuvor international per Mailinglist vorwiegend auf der Expertenebene diskutiert. Als Ergebnis dieses Diskussionsprozes-
ses wurden in den „Bylaws" die folgenden Aufgaben von ICANN festgelegt: (1) Koordinierung und Festsetzung der technischen Parameter und Protokolle des Internet, (2) Aufsicht
über die Internet Protokoll Adressen (IP-Nummern) und (3) das Domain Name System
(DNS), einschließlich der Entscheidungshoheit über künftige Erweiterungen, und (4) Aufsicht
über das Root-Server-System. Von den 18 Direktoren werden mittlerweile neun von der
Gemeinschaft aller Internet-Nutzer („Internet Community at Large") gewählt, jeweils drei
werden von „Supporting Organizations" bestellt (Domain Name Supporting Organization,
Adress Supporting Organization, Protocoll Supporting Association). Vertreter nationaler
Regierungen und zwischenstaatlicher Organisationen können nicht in das ICANN-Direktorium gewählt werden (vgl. Machill/ Ahlert 2001: 304); allerdings versuchen Staaten über das
Governmental Advisory Commitee Einfluss auf ICANN auszuüben. Als europäischer Kandi-
dat wurde das ehemalige Mitglied des Chaos-Computer Clubs, Andy Müller-Maguhn 2000
zum ICANN-Direktor gewählt (vgl. Müller-Maguhn: 2000), seit 2004 gehört der frühere
Telekom-Manger Hagen Hultzsch dem ICANN-Direktorium an (http://www.icann.org/
general/board.html).

Die Selbstregulierung der Technikentwicklung des Internet stellt im Vergleich zu anderen
Medientechnologien sicherlich eine Innovation dar, die sich als erstaunlich leistungsfähig
erwiesen hat. Allerdings bedeutet die normative und formale Offenheit und Öffentlichkeit der
Diskussions- und Entscheidungsprozesse nicht, dass tatsächlich die gesamte Gemeinschaft der
Nutzer, die ja mittlerweile mehrere Hundert Millionen Menschen umfasst, hieran partizipiert.
So machen die Entwicklung von ICANN und der Wandel der IETF deutlich, dass sowohl
staatliche Akteure als auch **wirtschaftliche Interessen** eine zunehmende Rolle spielen. Die
offenen Expertendiskussionen können deshalb auch nicht als neues demokratisches Politik-
modell verallgemeinert werden. Die Schwächen der Selbstregulierung hinsichtlich der alltäglichen computervermittelten Kommunikation und insbesondere bezüglich normativ problematischer Webangebote zeigen, dass Selbstregulierung allein wohl nicht ausreicht. Mit der
Ausbreitung und der Kommerzialisierung computervermittelter Kommunikation sind dann
auch verstärkt staatliche Regulierungsansätze zu erkennen.

12.4 Regulierung

Seit jeher sind Medieninhalte und -strukturen Gegenstand staatlicher Regulierung: In absolu-
tistischen, autoritären und totalitären Systemen unterliegt die öffentliche Kommunikation
weitgehender (kirchlicher und) staatlicher Zensur und Lenkung. Auch das Internet bildet in
Staaten ohne ein wirklich unabhängiges Mediensystem keine Ausnahme: Vielfach werden
ausländische Websites gesperrt, in der Volksrepublik China ist der freie Zugang zum Internet
nur ausnahmsweise möglich, in Nordkorea total unterbunden.

Die staatliche Regulierung computervermittelter Kommunikation in demokratischen Systemen mit unabhängigen Medien verfolgt hingegen andere Ziele. Die Stärke externer politischer Regulierung liegt in der **verbindlichen Entscheidung über Rahmenbedingungen** und darin, **Mindeststandards** im Zweifel auch **mit rechtlichen Mitteln bis hin zur Strafverfolgung** durchzusetzen. In jedem Rechtsstaat sind also zunächst Gesetze zu schaffen (bzw. anzupassen), um Verhaltensnormen und Mindeststandards festzuschreiben. In Deutschland sind neben den **allgemeinen Gesetzen,** die zweifellos auch „im Internet" gelten, sowie den Regelungen zum **Datenschutz** und zum **Urheberrecht** (auf die hier nicht weiter eingegangen werden kann), vor allem drei Rechtsgrundlagen computervermittelter Kommunikation zu nennen:

- das Gesetz zur Regelung der Rahmenbedingungen für Informations- und Kommunikationsdienste – **Informations- und Kommunikationsdienste-Gesetz** des Bundes (IuKDG) vom 13.7.1997;

- der **Mediendienste-Staatsvertrag** der Länder (MDStV) vom Februar 1997, in der derzeit gültigen Fassung vom September 2002;

- der Staatsvertrag über den Schutz der Menschenwürde und den Jugendschutz in Rundfunk und Telemedien – **Jugendmedienschutz-Staatsvertrag** der Länder (JMStV) vom 1.4.2003.

Zunächst einmal muss festgehalten werden, dass „das Internet" auch vor dem Inkrafttreten der drei speziellen Gesetze bzw. Staatsverträge keineswegs ein „rechtsfreier Raum" war, die strafrechtlichen Verbote von Volksverhetzung, Verherrlichung von Krieg und nationalsozialistischer Gewaltherrschaft, von sog. harter Pornographie und von Kinderpornographie oder die gesetzlichen Jugendschutzbestimmungen haben beispielsweise immer schon für die computervermittelte Kommunikation gegolten. Allerdings haben sich immer wieder Probleme bei der genauen Interpretation (etwa des öffentlich zugänglich Machens), vor allem aber bei der Strafverfolgung über die nationalstaatlichen Grenzen hinweg ergeben. Hier schafft die neuere Gesetzgebung mehr Klarheit, freilich ohne damit schon das gesamte **Problem des Vollzugsdefizits** zu beheben.

Werfen wir nun aber einen orientierenden Blick auf die drei erwähnten, zentralen Rechtsgrundlagen, die hier allerdings nicht detailliert erörtert werden können:

Das IuKDG und der Mediendienste-Staatsvertrag wurden 1997 nach den in der Medienpolitik nicht ungewöhnlichen Kompetenzstreitigkeiten zwischen Bund und Ländern verabschiedet. Der Anlass für diese Kompetenzstreitigkeiten lag in der zum damaligen Zeitpunkt noch nicht klaren Einordnung der computervermittelten Kommunikation zwischen Telekommunikation (Bundeskompetenz) und Rundfunk (Länderkompetenz). Der Kompromiss bestand dann in der Verabschiedung beider Rechtsgrundlagen, die zum Teil sogar dieselben Formulierungen enthalten. Das **IuKDG** besteht aus drei Teilgesetzen und sechs Änderungen bestehender Rechtsvorschriften: mit dem **Teledienstegesetz** (TDG) soll ein einheitlicher Rechtsrahmen für „elektronische Informations- und Kommunikationsdienste" geschaffen werden; die folgenden Ausführungen beschränken sich im wesentlichen auf das TDG. Im Teledienstedatenschutzgesetz wird – wie der Name sagt – der veränderten Problematik des Datenschutzes Rechnung getragen, und im Signaturgesetz geht es um die Kriterien für ein elektronisches Verfahren zur Sicherung der Authentizität von Kommunikaten. Durch elektronische Signaturen soll eine eindeutige und rechtsverbindliche Zuordnung einer natürlichen Person zu einer Nachricht ermöglicht werden, was vor allem für den Abschluss rechtsgültiger Verträge (Electronic Commerce) von großer Bedeutung ist.

Als elektronische Informations- und Kommunikationsdienste definiert das TDG alle Dienste, die „für eine individuelle Nutzung von kombinierbaren Daten wie Zeichen, Bilder oder Töne bestimmt sind und denen eine Übermittlung mittels Telekommunikation zugrunde liegt"

(TDG §2). Als Definitionskriterium wird also zum einen die Art der technischen Übermittlung (**Telekommunikation,** nicht Rundfunk) und zum anderen der **individuelle Abruf** (im
Gegensatz zur öffentlichen Verbreitung) genannt. Weiter wird dann im Gesetz präzisiert, dass
es sich insbesondere um Individualkommunikation und Telebanking sowie Datenabrufdienste
(Wetter, Verkehrsinformationen, Börsenkurse etc.) handelt, die **nicht redaktionell aufbereitet** sind, um zur öffentlichen Meinungsbildung beizutragen. Das TDG regelt also insbesondere Electronic Banking, Electronic Shopping sowie Telespiele, nicht jedoch den klassischen
Bereich öffentlicher Kommunikation. Nicht immer klar zu entscheiden ist allerdings, welche
WWW-Angebote noch als Teledienst und welche als Mediendienst (vgl. unten) einzustufen
sind. Festgelegt wird, dass gewerbsmäßige Anbieter von Telediensten einer Impressums-
pflicht unterliegen und in welchem Maße sie für eigene und fremde Angebote haften: Access-
Provider, die lediglich einen Zugang zum Internet anbieten, sind nicht für die zugänglich
gemachten Inhalte verantwortlich. Dies gilt auch dann, wenn diese Inhalte aus technischen
Gründen beispielsweise auf Proxy-Servern des Access-Providers zwischengespeichert werden. Allerdings ist der Access-Provider verpflichtet, dann den Zugang zu sperren, wenn er
von der Nichtzulässigkeit dieser Angebote informiert wurde, und wenn die Sperrung technisch möglich und wirksam ist. Service- oder Host-Provider, zum Beispiel Online-Dienste,
die ihren Abonnenten die Einrichtung von Homepages ermöglichen, halten fremde Inhalte zur
Nutzung bereit. Host-Provider sind nur für diese Inhalte verantwortlich, wenn sie Kenntnis
von deren Rechtswidrigkeit erhalten haben. Content-Provider, also alle Anbieter von Inhalten
(zum Beispiel auf Websites) haften für ihre eigenen Inhalte; dabei gelten die allgemeinen
Gesetze. Dies gilt sogar für Hyperlinks, die von der eigenen Homepage auf rechtswidrige
Angebote verweisen, wenn sich der Autor (Content-Provider) im Rahmen der Gesamtaussage
seiner Homepage mit den referenzierten Inhalten solidarisiert oder werbend darauf hinweist
(vgl. Hoeren 2004: 335-353).

Ein Teil der computervermittelten Kommunikation, nämlich E-Mail, Chat und private Homepages, bewegt sich also im Rechtsrahmen des TDG; ein anderer unterliegt hingegen dem
Mediendienste-Staatsvertrag (MDStV), der **rundfunkähnliche** Kommunikationsformen
(wiederum anhand der technischen Verbreitungsart festgemacht), also etwa Videotext- oder
Teleshoppingangebote regelt, aber auch „Abrufdienste, bei denen Text-, Ton- oder Bilddar-
bietungen auf Anforderung aus elektronischen Speichern zur Nutzung übermittelt werden, mit
Ausnahme von solchen Diensten, bei denen der individuelle Leistungsaustausch oder die
reine Übermittlung von Daten im Vordergrund steht, ferner von Telespielen" (§ 2). Unter den
MDStV fallen auch alle Websites, die **redaktionell gestaltet** sind und sich an eine **breitere
Öffentlichkeit** wenden, denn im MDStV werden als Mediendienste alle elektronischen
Informations- und Kommunikationsdienste verstanden, deren „Angebot und ... Nutzung" sich
„an die Allgemeinheit" richten. Darunter fallen journalistische Informationsangebote ebenso
wie Unterhaltungsangebote und kommerzielle Websites. Auch der MDStV sieht eine Impres-
sumspflicht vor und er regelt die Haftung für eigene und fremde Inhalte. Für journalistische
und gewerbliche Mediendienste wird ferner ausdrücklich auf die entsprechenden Bestimmungen des allgemeinen Presserechts und der sonstigen einschlägigen Gesetze hingewiesen (§11).
Geregelt wird außerdem die Haftung für eigene und fremde bzw. zugänglich gemachte
Mediendienste. Verstöße gegen den MDStV können als Ordnungswidrigkeit mit Geldbußen
bis zu 250.000 Euro geahndet werden.

In der neuen Fassung des MDStV (§12) aus dem Jahre 2002 wird hinsichtlich des Jugendschutzes ausdrücklich auf den **Jugendmedienschutz-Staatsvertrag (JMStV)** verwiesen:

> „Zweck des Staatsvertrages ist der einheitliche Schutz der Kinder und Jugendlichen vor
> Angeboten in elektronischen Informations- und Kommunikationsmedien, die deren
> Entwicklung oder Erziehung beeinträchtigen oder gefährden, sowie der Schutz vor sol-

chen Angeboten ..., die die Menschenwürde oder sonstige durch das Strafgesetzbuch geschützte Rechtsgüter verletzen." (§1 JMStV)

Der JMStV bezieht sich auf „Rundfunk und Telemedien", wobei mit dem Begriff der „Telemedien" das schwierige Problem der Zuordnung von Angeboten als „Mediendienst" oder „Teledienst" hinsichtlich des Jugendschutzes überwunden wird. Im Vertrag werden absolut „unzulässige Angebote" so definiert, wie sie bislang auch für andere „jugendgefährdende Schriften" aufgefasst wurden. Der traditionelle Begriff der „Schriften" wird durch „Medien" ersetzt, und auch die „Bundesprüfstelle für jugendgefährdende Schriften" agiert nun als **„Bundesprüfstelle für jugendgefährdende Medien".** Anbieter von Telemedien müssen einen **Jugendschutzbeauftragten** einsetzen, Unternehmen mit weniger als 50 Mitarbeitern oder mit Angeboten, die nachweislich weniger als zehn Millionen mal monatlich abgerufen werden, können einen eigenen Jugendschutzbeauftragten durch die Mitgliedschaft in einer Organisation der freiwilligen Selbstkontrolle, z. B. der FSM ersetzen. Zur Wahrung der Kommunikationsfreiheit ist die Verbreitung strafrechtlich zulässiger „weicher" Pornographie auch in Telemedien erlaubt, es muss aber sichergestellt sein, dass hierauf nur von Erwachsenen im Rahmen einer geschlossenen Benutzergruppe zugegriffen werden kann. Dies kann durch technische Maßnahmen wie Altersverifikationssysteme bewerkstelligt werden, die der Anerkennung durch die Kommission für Jugendmedienschutz bedürfen (vgl. §11 JMStV). Derzeit werden solche Verfahren entwickelt.

Die Jungendminister der Länder haben zur Implementation des MDStV im Sommer 1997 die gemeinsame Stelle **jugendschutz.net** gegründet (vgl. für weitere Informationen: http://www.jugendschutz.net). Diese Einrichtung sucht selbst aktiv mit geeigneter Crawler-Software nach Verstößen gegen den Jugendschutz und sie dient als Anlaufstelle für Beschwerden von Nutzern (Hotline). jugendschutz.net ist keine Strafverfolgungsbehörde, sondern versuchte zunächst, Anbieter jugendgefährdender Mediendienste (von der Produktwerbung über journalistische bis hin zu Unterhaltungsangeboten) dazu zu bewegen, die Angebote den jugendschutzrechtlichen Bestimmungen anzupassen, insbesondere durch die Einrichtung geschlossener Nutzergruppen, zu denen Kinder und Jugendliche keinen Zugang mehr haben sollen. Mit Inkrafttreten des JMStV wurde der Aufgabenbereich von jugendschutz.net auch auf die Teledienste ausgedehnt, so dass nunmehr auch Chat-Dienste, Instant-Messaging und File-Sharing Gegenstand der Begutachtung sind. Stellt jugendschutz.net Verstöße gegen den Jungendschutz fest, dann weist diese Stelle auch die Selbstkontrolleinrichtungen der Branche sowie die **Kommission für Jugendmedienschutz (KJM)** darauf hin. jugendschutz.net wurde organisatorisch der KJM angegliedert, die seit 2003 die zentrale Instanz für den Jugendschutz auch im Internet darstellt. Werden absolut unzulässige Inhalte festgestellt (z. B. Kinderpornographie), so tritt jugendschutz.net auch direkt mit den Providern in Kontakt, um die Verstöße rasch abzustellen. Die KJM kann gegen solche Anbieter ansonsten ordnungsrechtliche Maßnahmen (Untersagungs- und Sperrverfügungen sowie Bußgelder) erlassen. Die KJM ist ein Organ der Landesmedienanstalten und besteht aus zwölf Sachverständigen: sechs Mitglieder werden aus dem Kreis der Direktoren der Landesmedienanstalten gestellt, vier von den Landes- und zwei von den Bundesbehörden, die für den Jugendschutz zuständig sind. Die KJM arbeitet außerdem mit der Bundesprüfstelle für jugendgefährdende Medien zusammen, damit gleiche Medieninhalte unabhängig vom Vertriebsweg (online vs. offline: CD, DVD, Video etc.) auch einheitlich bewertet werden können (vgl. für weitere Informationen: http://www.jugendschutz.net/jugendschutz_net/ KJM/).

Auch die staatliche Regulierung computervermittelter Kommunikation weist erhebliche **Schwächen** auf. Eine der größten Schwierigkeiten liegt im grenzüberschreitenden Charakter des Internet, was es den Anbietern normativ problematischer Inhalte erleichtert, ihre Inhalte auf ausländischen Servern zu hosten. Zwar genügt es für die Strafbarkeit nach deutschem Recht, dass die Angebote in Deutschland von Kindern und Jugendlichen abrufbar sind, doch liegt das Problem in der **tatsächlichen Strafverfolgung im Ausland.** Es ist also durchaus möglich, dass deutsche Staatsbürger gezielt den deutschen Markt mit schwer jugendgefährdenden oder anderen gesetzeswidrigen Angeboten aus dem Ausland bedienen; solange sie sich im Ausland aufhalten und eine Auslieferung wegen bestimmter Straftaten rechtlich nicht möglich ist, bleiben sie de facto unbehelligt. Eine international einheitliche Regelung der Medienaufsicht besteht auch für die computervermittelte Kommunikation im Internet nicht. Aufgrund unterschiedlicher Rechtssysteme und -traditionen, letztlich aber aufgrund verschiedener kultureller Wertordnungen ist es auch nicht wahrscheinlich, dass es zu einheitlichen Regelungen kommen wird.

Innerhalb des letzten Jahrzehnts hat sich also eine **koordinierte gesetzliche Regelung** insbesondere des Jugendschutzes in der computervermittelten Kommunikation entwickelt. Die anfangs unklaren Zuordnungen (Teledienste vs. Mediendienste) und Zuständigkeiten sind hinsichtlich des Jugendschutzes weitgehend überwunden worden. Mit der KJM und jugendschutz.net sind **Regulierungsinstitutionen** entstanden, die mit einem abgestuften Katalog von Maßnahmen von der Beratung, über die eher informelle Regulierung im unmittelbaren Kontakt mit den Anbietern bis hin zu Ordnungswidrigkeitsverfahren eingreifen können. Dabei werden auch Elemente der Selbstregulierung genutzt, etwa die Einrichtung von Beschwerdestellen und Hotlines für die Nutzer oder die Zusammenarbeit mit Anbietern und freiwilligen Selbstkontrolleinrichtungen.

Neben Urheberrechtsfragen, Datenschutz und Jugendschutz wird auch unerlaubte Werbung in Form von Spam-Mails immer stärker zum Thema staatlicher Regulierungsversuche. In der Gesetzgebung sind hier einige US-Bundesstaaten bislang am weitesten fortgeschritten: In Virginia werden bis zu fünf Jahre Haft angedroht (vgl. Schmidt 2003), in Kalifornien können Verbraucher Schadensersatz bis zu 1.000 Dollar für jede einzelne Spam-Mail geltend machen und den Betreibern von Spam-Kampagnen werden Bußgelder bis zu 1 Million Dollar angedroht. Allerdings sind die praktischen Erfolge bislang wohl eher bescheiden, weil die Spam-Versender nicht einwandfrei zu identifizieren sind oder aus dem Ausland agieren (vgl. FAZ, 26.9.2003).

12.5   Fazit

Angesichts der Verschiedenartigkeit der Internet-Dienste, der hohen Zahl der Kommunikanden, der Heterogenität der Nutzerschaft, der grenzüberschreitenden Kommunikation und nicht zuletzt der zunehmenden Kommerzialisierung sind in computervermittelter Kommunikation vielfältige normative Probleme zu beobachten, die alle Dimensionen kommunikations- und medienethischer Fragen (Verständlichkeit, Wahrheit, Wahrhaftigkeit, normativer Richtigkeit im Sinne von Menschenwürde und Freiheitsrechten) betreffen. Hieraus folgt ein hoher Regulierungsbedarf, beginnend bei den technischen Standards, über die alltäglichen Umgangsnormen in der interpersonalen Kommunikation bis zu den „klassischen" Problemen öffentlicher und kommerzieller Kommunikation, die „im Netz" unter anderen, spezifischen Rahmenbedingungen wiederkehren (z. B. Jugendschutz).

Mit der Entwicklung von Computernetzen haben sich im alltäglichen Gebrauch zunächst informelle Regeln und schwach organisierte Regulierungsinstitutionen (wie IETF) entwickelt, die auf freiwilliger Selbstbindung, Normenkonsens und Überzeugung setzten, aber auch von Belehrung, Anprangerung und Ausschluss von Normenverletzern Gebrauch machen. Die mittlerweile kodifizierte „Internet-Moral" (Netiquette) verzichtet dabei weitgehend auf ethische Begründungen und die Selbstregulierung orientiert sich vorwiegend an der technischen

Funktionalität des Netzes bzw. deren Optimierung. De facto nehmen an den formal offenen Diskussionsprozessen nur sehr wenige Netznutzer teil, der Diskurs wird durch Experten dominiert. Hierbei gewinnen staatliche und vor allem wirtschaftliche Interessen an Einfluss. Zunehmend zeichnen sich die Grenzen gemeinschaftlicher Selbstregulierung ab, die offenkundig der Ergänzung durch externe Regulierung seitens des Staates (eigentlich sogar zwischenstaatlicher Organisationen) bedarf. Die Stärke solcher Regulierungsansätze liegt in der Erzeugung verbindlicher Entscheidungen und Mindeststandards sowie deren sanktionsbewehrter Durchsetzung. In Deutschland wurden in einem langwierigen und konfliktreichen Prozess die rechtlichen Grundlagen der computervermittelten Kommunikation entwickelt. Mit den allgemeinen Gesetzen, die zum Teil ergänzt und präzisiert werden mussten, sowie den beiden Staatsverträgen (MDStV und JMStV) und dem IuKDG bestehen verbindliche Rechtsnormen, auch wenn – gerade in Anbetracht der raschen Weiterentwicklung der computervermittelten Kommunikation und der Langwierigkeit der Gesetzgebung in föderalen Rechtsstaaten – noch lange nicht alle Probleme abschließend gelöst wurden. Besondere Schwierigkeiten bereitet weniger das Fehlen rechtlicher Normen als vielmehr das Vollzugsdefizit in einem internationalen Kommunikationsraum.

Gleichwohl lässt sich feststellen, dass „das Internet" keineswegs ein „rechtsfreier Raum" ist, sondern dass sich Selbstregulierung und externe Steuerung zunehmend ergänzen.

13. Politische Kommunikation und Öffentlichkeit im Netz

13.1 Einleitung

Die Verbreitung der computervermittelten Kommunikation wurde in den zurückliegenden Jahren begleitet von einem Diskurs, der „dem Internet" auch die Rolle einer **politischen** **„Wunschmaschine"** zuschrieb (vgl. Kap. 1). Dabei galten die Hoffnungen und Prognosen nicht nur möglichen wirtschaftspolitischen und bildungspolitischen Effekten, sondern auch der politischen Kommunikation selbst. Zum einen ergeben sich möglicherweise neuartige oder zusätzliche Formen der Politikvermittlung (politische PR und Wahlwerbung, aber auch politischer Online-Journalismus). Zum anderen richten sich – anknüpfend an die viel beschworenen Interaktivitätspotenziale – Hoffnungen auf neue, direktere und dialogische bzw. diskursive Kommunikationsmöglichkeiten, die zu einer besseren Interessenvermittlung und höherer Partizipation der Bürger bis hin zu Online-Wahlen führen könnten. Im Kontext der „Verwaltungsmodernisierung" wird die Entwicklung von „Electronic Government" (E-Government) vorangetrieben. Dabei sollen analog zum Electronic Commerce Verwaltungsprozesse zwischen Behörden, Bürgern und Wirtschaftsunternehmen mit Hilfe des Internet vereinfacht und effizienter gestaltet werden. Mitunter wurde – und wird – gemutmaßt, im Netz und durch das Netz entstehe eine neue Form von „Cyber-Öffentlichkeit", die vielleicht sogar an die Stelle der Öffentlichkeit der Massenmedien trete und somit die Schwächen einer durch Medienkonzentration, symbolischer und medialisierter Politik sowie „vermachtete" Medienstrukturen geprägten politischen Öffentlichkeit überwinden könnte.

Olaf Winkel (2001) unterscheidet drei Grundpositionen in diesem Diskurs: **Netzoptimisten** betonen die technologischen bedingten Vorteile der computervermittelten Kommunikation (Übertragungsgeschwindigkeit, geringe Kosten) sowie die „Interaktivität" des Netzes. Sie glauben, hierdurch verbessere sich quasi automatisch die Informiertheit der politischen Akteure, die Repräsentation der politischen Interessen und das diskursive Niveau der politischen Entscheidungsfindung. Die Vorstellungen reichen von „Electronic Government" über „Electronic Democracy" und „Cyberdemocracy" bis hin zur „Digitalen Demokratie" (vgl. Siedschlag 2003: 11-14; Hagen 1999: 64-69): Electronic Government beschränkt sich auf die Unterstützung von Verwaltungs- und Entscheidungsprozessen durch Online-Kommunikation, mit der Folge, dass Entscheidungen in elektronisch unterstützten Verhandlungsnetzwerken versachlicht und bis zu einem gewissen Grad dezentralisiert bzw. entstaatlicht werden. Das Konzept der Electronic Democracy hingegen setzt auf eine technikgetriebene Erneuerung der Demokratie, insbesondere durch erhöhte Bürgerpartizipation und plebiszitäre Elemente. Die Vertreter der „Cyberdemocracy" betrachten das Internet als eigenständigen demokratischen Raum mit völlig neuen plebiszitären Möglichkeiten; verfassungsrechtliche Fragen (etwa der Anteil direktdemokratischer Formen in einer repräsentativen Demokratie) spielen hier allenfalls eine untergeordnete Rolle. Vergleichbares gilt auch für die Vorstellung einer „digitalen Demokratie", bei der das Netz – aufgrund seiner technischen Infrastruktur – zum idealen Raum deliberativer Öffentlichkeit und diskurser Entscheidungsfindung erklärt wird. Die **Netzpessimisten** erkennen keine nennenswerten partizipatorischen Potenziale der Online-Kommunikation, befürchten Fragmentierung und Zerfall von Öffentlichkeit durch hoch selektive Mediennutzung und weisen vor allem auf das Problem der digitalen Spaltung hin. Die **Netzneutralisten** hingegen betrachten das Netz als ambivalentes Medium, das sowohl Gefahren als auch Chancen für politische Kommunikation und Öffentlichkeit bietet.

Mittlerweile werden Online-Medien auf vielfältige Weise auch für die politische Kommunikation eingesetzt, so dass jenseits theoretischer Erwägungen und Prognosen erste empirische Befunde vorliegen. Auch in Deutschland stellen Online-Wahlkampagnen seit Mitte der neunziger Jahre keine Neuheit mehr dar (vgl. Bieber 1999: 94-165; Clemens 1999; Müller 1998;

Gellner/ Strohmeier 2002), eine Fülle von politischen Informationen sind im WorldWideWeb verfügbar, wo neben den etablierten politischen Akteuren (Regierung, Parteien, Gewerkschaften, Verbände; vgl. Kaiser 1999) auch zivilgesellschaftliche Akteure (Bürgerinitiativen, NGO) und journalistische Online-Angebote der bekannten Print- und Rundfunkunternehmen um die Aufmerksamkeit des Publikums werben. Darüber hinaus haben sich mit Organisationen wie indimedia.org und zahlreichen Weblogs Anbieter politischer Informationen etabliert, die aufgrund der geringen Zugangsbarrieren zu den Online-Medien ihre zum Teil sehr persönliche Sicht der Dinge publizieren. Zur Fülle des Informationsangebotes tragen auch extremistische politische Gruppierungen bei, bis hin zu offen rechtsextremen oder terroristischen Anbietern. Aber auch in Newsgroups, Mailinglists und Chats wird über politische Themen und Meinungen kommuniziert und diskutiert.

Vor diesem Hintergrund ergeben sich aus kommunikationswissenschaftlicher Sicht die Fragen, ob und wie sich Öffentlichkeit im Internet darstellt, welche Folgen sich hieraus möglicherweise für die Öffentlichkeit unserer Gesellschaft ergeben (Kap. 14.6) und wie sich welche Formen der politischen Online-Kommunikation für die Felder der Politikvermittlung (Kap. 14.3), der Interessenvermittlung (Kap. 14.4) und des E-Government (Kap. 14.5) angemessen beschreiben und einordnen lassen. Nachdem in der gebotenen Kürze die wesentlichen Grundlagen politischer Kommunikation rekapituliert wurden, sollen die Potenziale und Funktionen der computervermittelten Kommunikation aufgezeigt und – soweit möglich anhand empirischer Befunde – bewertet werden.

Politik wäre ohne Kommunikation nicht möglich: Selbst wenn man Luhmanns Auffassung nicht folgt, wonach das soziale System Politik wie alle sozialen Systeme letztlich aus Kommunikationen besteht, so bleibt doch unverkennbar: Die Artikulation von politischen Interessen und Meinungen, die Bestimmung von politischen Problemen, das Finden und Durchsetzen verbindlicher politischer Entscheidungen setzen vielfältige Kommunikationsprozesse voraus, und zwar auf drei Ebenen: Auf der **Artikulationsebene** wird den Bürgern in Demokratien das Grundrecht auf freie Meinungsäußerung garantiert, sie sollen sich nicht nur frei und ungehindert informieren, sondern einen öffentlichen Diskurs über alle Themen führen und dabei ihre Meinung bilden und äußern können. In modernen Gesellschaften schließt dies zwingend auch den Zugang zu Medien ein, da nur über die Medien eine Erreichbarkeit der anderen Bürger über den Kreis des familiären oder privaten Kontaktes hinaus gesichert werden kann. Die Artikulation der politischen Interessen und Meinungen erfolgt also nur noch im Ausnahmefall direkt, etwa durch ein Face-to-face-Gespräch mit dem Abgeordneten des jeweiligen Wahlkreises, in der Regel jedoch als vermittelte Mitteilung über publizistische Medien oder – was im Folgenden näher zu betrachten ist – mittels Online-Medien. Auf der **Vermittlungsebene** agieren nicht nur die klassischen „Massenmedien" als Intermediäre, sondern vor allem Organisationen der Interessenvermittlung wie politischen Parteien, aber auch Gewerkschaften, Kirchen, Verbände und Vereine. Diese Organisationen vertreten nicht unbedingt ein allgemeines Interesse, sondern vielfach Partialinteressen, etwa die Interessen der Autofahrer, der Arbeitgeber, der Arbeitnehmer, der Mieter oder der Hausbesitzer. Damit sie die Interessen einzelner Bürger bündeln und vertreten können, bedarf es wiederum der Kommunikation: Zum einen der mit den eigenen Mitgliedern, Beitragszahlern oder Sympathisanten, zum anderen der Kommunikation mit den politischen Entscheidungsträgern. Beide Formen der Kommunikation erfolgen nur zum Teil öffentlich: Mitglieder können meist direkt über Medien der Organisationskommunikation adressiert werden; die Kommunikation mit Abgeordneten verläuft vor allem nicht-öffentlich: Lobbyarbeit im parlamentarischen Vorfeld, Mitwirkung an Expertenkommissionen oder Hearings, Erstellung von Gutachten usw. Auf der **Entscheidungsebene** des politischen Systems spielt Kommunikation ebenfalls eine essentielle Rolle: Die öffentliche parlamentarische Beratung, die nicht-öffentliche Entscheidungsvorbereitung in Ausschüssen und Fraktionen, aber auch die Bekanntmachung von Gesetzen, ihre Implementation und Umsetzung durch die Exekutive sowie die Rechtssprechung sind ohne Kommunikation schlechterdings nicht vorstellbar.

Dieser stark verkürzte Überblick zeigt, dass **Kommunikation grundlegend für den politischen Prozess ist, dass es sich dabei aber nicht allein um öffentliche Kommunikation handelt:** Während Interessenvermittlung (also die Artikulation des Bürgerwillens) und Politikvermittlung (also die Durchsetzung der politisch verbindlichen Entscheidungen und die Schaffung von Akzeptanz) zwingend auf publizistische Medien angewiesen sind, verlaufen viele politische Kommunikationsprozesse vor allem auf der Vermittlungsebene nicht-öffentlich in Gestalt interpersonaler Kommunikation face-to-face oder mittels Telefon, Brief, E-Mail usw. Möchte man die Bedeutung computervermittelter Kommunikation für die Politik erfassen, dann sollte man also den Blick nicht vorschnell auf die öffentliche Kommunikation verengen und die Fragestellung darauf verkürzen, ob und ggf. in welchem Maße die Online-Medien an die Stelle von Presse und Rundfunk treten. Politische Online-Kommunikation umfasst mehr als die in der Öffentlichkeit viel diskutierten Felder Online-Journalismus, Online-Wahlkampf und Online-Wahlen; auch die **politische Organisationskommunikation** zählt zweifellos hinzu. Die politischen Funktionen, die den publizistischen Medien zugeschrieben werden, bilden daher nur den Ausgangspunkt einer Untersuchung der Rolle der computervermittelten Kommunikation im politischen Prozess: Herstellung von Öffentlichkeit, politische Sozialisation, Kritik- und Kontrollfunktion sowie politische Bildungsfunktion müssen um die Frage ergänzt werden, ob und wie die Anwendung von Online-Medien auch in die **Binnenkommunikation politischer Organisationen** eingreift und möglicherweise ihre Organisationsstruktur verändern kann. Doch wenden wir uns zunächst den „klassischen" politischen Medienfunktionen öffentlicher Kommunikation zu.

13.2 Politikvermittlung

Bei der Politikvermittlung nehmen die publizistischen Medien eine hervorragende Position ein, denn nur sie sind in modernen Gesellschaften noch in der Lage, Informationen einem breiten Publikum zugänglich zu machen. Politikvermittlung soll politische Programme und Entscheidungen den Bürgern nicht nur zur Kenntnis bringen, sondern diese durch Öffentlichkeit legitimieren und somit Akzeptanz herstellen. Trotz erweiterter Angebote, vor allem seit der Vervielfachung der Programmplätze in Hörfunk und Fernsehen, ist der Raum für die Veröffentlichung in den Medien ein knappes Gut, so dass die Publikations-Chancen umkämpft sind und politische Akteure Strategien entwickeln müssen, um mit ihren Themen und Positionen überhaupt in den Medien präsent zu sein, und dass wenn möglich in der gewünschten (positiven) Form. Der Kampf um öffentliche Aufmerksamkeit hat dazu geführt, dass die politischen Akteure sich zunehmend professioneller Public Relations-Strategien bedienen und ihre Informationsangebote an die Selektions- und Präsentationslogik der Medien, insbesondere des Fernsehens anpassen: Personalisierung und Visualisierung, medienwirksame Inszenierung von Pseudoereignissen (Parteitage, Staatsbesuche, Gipfeltreffen) werden vielfach als „Medialisierung der Politik" beklagt, da die eigentliche Entscheidungspolitik hinter die Darstellungspolitik zurückfalle. In der Folge würden sich politische Akteure zunehmend weniger auf die Lösung von Sachproblemen konzentrieren und stattdessen symbolische Politik betreiben. Als Ursache hierfür gilt die Unterordnung der Politik unter die Medien, die Ausrichtung an den Selektions- und Nachrichtenfaktoren des Journalismus. Ein weiteres, damit zusammenhängendes Problem wird in der Ausrichtung insbesondere der kommerziellen Medien auf die Unterhaltungsbedürfnisse des Publikums gesehen, in deren Folge politische Informationen unterhaltsam als „Infotainment" verpackt werden müssten, um die Bürger noch zu erreichen.

Politikvermittlung in den publizistischen Medien sieht sich also einer Reihe von Problemen gegenüber, zu deren Lösung oder Abschwächung Online-Medien beitragen können oder sollen: Aus Sicht der politischen PR ist es vergleichsweise **preiswert** möglich, im WorldWide-Web selbst für eine Publikation zu sorgen, **ohne** sich den **Selektionskriterien journalistischer Gatekeeper** auszusetzen. Auf den ersten Blick bieten damit Online-Medien, hier vor allem das WWW, sehr große Chancen für die Politikvermittlung. Auf den zweiten Blick jedoch wird deutlich, dass öffentliche Kommunikation eben nicht mit veröffentlichter Information gleichgesetzt werden kann: **Öffentliche Aufmerksamkeit und Glaubwürdigkeit** bleiben knappe Ressourcen, und die Tatsache, dass in der Bundesrepublik alle Parteien und Regierungen, Verbände und Gewerkschaften sowie eine Vielzahl politischer Akteure bis hin zur kleinsten esoterischen Gruppe eine Web-Präsenz haben, bedeutet eben nicht, dass sie in gleichem Maße an der öffentlichen Kommunikation teilnehmen. Beim WWW handelt es sich um ein „Pull-Medium", d. h. im Gegensatz zu den Programm-Medien des Rundfunks, aber auch zu den redaktionell gestalteten Periodika im Printbereich müssen die Angebote vom Nutzer bewusst selektiert werden (vgl. Kap. 4.5). Damit politische Informationsangebote im WWW ausgewählt und abgerufen werden können, muss der potenzielle Nutzer zunächst einmal von deren Existenz wissen. Während die klassischen publizistischen Medien ihre Nutzer und damit die Bürger quasi „automatisch" mit einem Strom von Themen und Meinungen versorgen („Push-Medium") und somit die öffentliche Agenda mitgestalten, können Online-Medien dies allein nicht ohne weiteres leisten. Notwendiger Weise orientieren sie sich am Agenda-Setting der publizistischen „Offline"-Medien, und die Nutzer orientieren sich auch bei ihrer Online-Nutzung an den Offline-Medien. Auch die politischen Akteure betreiben „Offline-Promotion" für ihre WWW-Angebote, um überhaupt Bekanntheit und Nachfrage herzustellen. Nicht umsonst sorgen sie dafür, dass bei Fernsehberichten über ihre Parteitage, aber auch auf Wahlplakaten und in Parteibroschüren die jeweiligen Web-Adressen in das Bild gerückt werden. Offenbar ist die „Netzöffentlichkeit" also anders beschaffen als die Medienöffentlichkeit (vgl. Kap. 13.5). Die Annahme, computervermittelte Kommunikation (insbesondere das WWW) werde die publizistischen Medien als zentrale Mittel der Politikvermittlung verdrängen oder ablösen, scheint also wenig plausibel. Auch darf der Anteil politischer Informationen und politischer Diskussionsgruppen im Netz nicht überschätzt werden: Rilling (1997: 196-197) schätzt den Anteil der politischen Websites an allen deutschen Websites auf lediglich 0,5%, ähnliche Werte werden für Newsgroups angenommen. Selbst wenn man erhebliche Definitions- und Messprobleme in Rechnung stellt, liegen diese Anteile deutlich unter den Politikanteilen, die man für die publizistischen Medien üblicherweise ermittelt. Gleichwohl bieten Online-Medien neue Möglichkeiten der Politikvermittlung:

Als wesentlicher Vorteil ist zu nennen, dass die geringeren ökonomischen und technischen Zugangsbarrieren des WWW es **auch ressourcenschwächeren und weniger gut organisierten politischen Akteuren** ermöglichen, ihre politischen Themen und Positionen öffentlich zugänglich zu verbreiten. Selbst wenn damit wahrscheinlich kein „Massenpublikum" erreicht wird, steigen die Informationsmöglichkeiten für diejenigen, die sich für bestimmte Themen und politische Akteure interessieren. Dazu gehören nicht nur individuelle Web-Nutzer, sondern auch Journalisten, die mit geringem Aufwand international und schnell Informationen recherchieren können, die wiederum Eingang in der Berichterstattung der publizistischen Medien finden können. Allerdings darf nicht übersehen werden, dass auch im WWW nicht alle Anbieter die gleichen Chancen auf öffentliche Aufmerksamkeit besitzen: Größere und daher ressourcenstärkere und bekanntere Parteien können ihre Websites nutzerfreundlicher, ansprechender und aktueller gestalten; in der Folge werden diese Websites auch häufiger genutzt (vgl. Müller 1998: 165-167). Als vorteilhaft erweist sich ferner die **Informationstiefe,** die allenfalls mit weitaus teureren und weniger aktuellen Broschüren vergleichbar ist. Und schließlich ist zu erwähnen, dass die geringeren Kosten es erleichtern auch kleine Zielgruppen mit Informationen zu versorgen, welche die Selektionsschwelle der publizistischen Medien in der Regel nicht überschreiten würden. Folgerichtig sind viele Webangebote politischer Akteure entsprechend gestaltet: Zum einen bieten sich zielgruppenspezifische Zugangsweisen, differenziert nach Journalisten, Mitgliedern und für eine breitere Öffentlichkeit. Zum anderen sind viele politische Webangebote eingebunden in einen Medienmix, d. h. sie bieten Bestellmöglichkeiten für Informationsbroschüren und -material aller Art, verweisen auf die Berichterstattung der publizistischen Medien, auf öffentliche Veranstaltungen oder anderen Netzaktivitäten, z. B. Politiker-Chats. Darüber hinaus verfügen die meisten Websites politischer Akteure über **Archive,** in denen nach Protokollen, Beschlüssen, Programmen, Pressemitteilungen oder (im Falle der Regierungskommunikation) Gesetzestexten recherchiert werden kann.

In der Medienöffentlichkeit kommt dem **Journalismus** eine Schlüsselrolle bei der Politikvermittlung zu. Seit mehr als einem Jahrzehnt sind journalistische Angebote auch im WWW abrufbar. Zunächst engagierten sich vor allem die etablierten Medienunternehmen online, wie beispielsweise in Deutschland das Nachrichtenmagazin Spiegel. Weitaus zögerlicher verhielten sich die meisten Rundfunkveranstalter und vor allem die Tageszeitungsverleger. Mittlerweile sind alle bekannte Medienanbieter auch online präsent, allerdings mit sehr unterschiedlichen Angeboten: Viele haben eigene Online-Redaktionen aufgebaut, die spezielle Websites nach gängigen journalistischen Kriterien produzieren. Dabei werden zum Teil die Inhalte aus den „Muttermedien" übernommen (Shovelware), in der Regel werden die Nachrichten online aber häufiger aktualisiert als dies beispielsweise bei den Printmedien möglich ist. Darüber hinaus findet auch eine eigenständige Recherche und redaktionelle Aufbereitung statt. Der hierdurch verursachte Aufwand ist durch Werbung nur schwierig zu finanzieren, so dass viele Anbieter mittlerweile ihr redaktionelles Engagement wieder reduziert haben; andere versuchen, ihre Websites über Entgelte zu finanzieren. In den letzten Jahren werden online auch sog. E-Papers angeboten, die in faksimilierter und digitalisierter Form der jeweiligen Printausgabe genau entsprechen. Die Nutzer von E-Papers zahlen für jede Ausgabe oder im Abonnement. Diese Angebotsformen des **Online-Journalismus** stellen im Grunde lediglich einen zusätzlichen Vertriebsweg für redaktionelle Produkte dar; bei der Politikvermittlung nehmen sie **keine grundsätzlich andere Funktion** wahr als die publizistischen Medien außerhalb des Netzes. Lediglich hinsichtlich Gestaltung, Textmengen, Archivfunktionen, Verlinkungsmöglichkeiten zu weiteren Quellen und der Aktualität sind hier Unterschiede zu erkennen. Derzeit gibt es keine gesicherten Belege dafür, dass solche journalistischen Angebote zu einem Bedeutungsrückgang der klassischen Medien führen. Die Online-Ableger der bekannten Medien sollen der Cross-Promotion und der Rezipientenbindung dienen; ihre Glaubwürdigkeit beziehen sie weitestgehend von den jeweiligen Print- und Rundfunkmedien. Lediglich die „Netzeitung" (www.netzeitung.de) hat sich in Deutschland als professionelles journalistisches Angebot (rund 20 Redakteure) mit politischer Berichterstattung etablieren können, ohne über ein entsprechendes Pendant im Printsektor zu verfügen (vgl. Neuberger 2003).

Die niedrigen Zugangsbarrieren zur computervermittelten Kommunikation erleichtern es auch **journalistischen Laien,** in bislang unbekanntem Maße Nachrichten oder Gerüchte (vgl. Plake/ Jansen/ Schuhmacher 2001: 112-132) zu veröffentlichen. Die **Glaubwürdigkeit** solcher unbestätigten und nicht durch professionelle Qualitätssicherungsverfahren abgesicherten Angebote dürfte von den Nutzern insgesamt eher gering eingeschätzt werden, wie die Nutzungsdominanz der bekannten Medienmarken im Netz zeigt. Unter bestimmten Umständen können solche unabhängigen Quellen jedoch enorm an Glaubwürdigkeit gewinnen: In autoritären und totalitären politischen Systemen, in denen die offiziellen Massenmedien durch Zensur und staatliche Propaganda geprägt sind und ein unabhängiger Journalismus nicht möglich ist, können von der politischen Opposition im In- und Ausland erstellte Angebote als besonders glaubwürdig gelten. Vergleichbares kann auch für demokratische Staaten in politischen Krisen- und Kriegssituationen gelten, bei denen vielfach auch staatsunabhängige kommerzielle Medien im patriotischen Überschwang der staatlichen Kriegs- und Gräuelpropaganda unreflektiert folgen. Hier erweisen sich die Stärken des Internet als Mittel der politischen Kommunikation: Es ist nun weitaus kostengünstiger und aufgrund der **internationalen** Struktur auch ohne Furcht vor staatlichen Repressalien möglich, „Gegeninformationen" und abweichende Meinungen zu publizieren, als dies durch traditionelle Formen wie Flugblatt oder Untergrundpresse möglich war. Die Bevölkerung ist nun nicht mehr allein darauf angewiesen, sich durch Auslandssender anderer Staaten zu informieren, die ihrerseits eigene Ziele mit den Mitteln der Gegenpropaganda verfolgen. Sicherlich kann Propaganda auch im Internet betrieben werden, da es sich aber um ein Abrufmedium handelt, eignet es sich hierzu weitaus weniger als die Verbreitungsmedien Rundfunk und Presse (vgl. Plake/ Jansen/ Schuhmacher 2001: 143-159). Größere Wirkung dürften propagandistische Websites für bestimmte radikale Zielgruppen besitzen. Dies gilt beispielsweise für rechtsextreme Gruppen, deren Websites sich vielfach an diejenigen richten, die ohnehin bereits mit diesem Gedankengut sympathisieren oder überzeugte Anhänger sind (vgl. Plake/ Jansen/ Schuhmacher 2001: 159-161).

Auch in Deutschland haben sich neben den professionellen journalistischen Websites neue Formen **„pseudo-" oder „parajournalistischer" Kommunikation** im WWW etabliert: Portale mit Nachrichtenangeboten, sog. Weblogs und Peer-to-peer-Angebote:

- **Portale:** Provider wie T-Online oder Betreiber von Suchmaschinen wie Google und Yahoo (Google News, Yahoo Nachrichten) bieten Nachrichten-Sites an, die allerdings nicht nach journalistischen Qualitätskriterien erstellt wurden. Vielfach werden Werbung und PR mit Nachrichten vermischt oder wie bei Google Meldungen durch Webrobots aus dem Netz „gefischt" und automatisch zusammengestellt. Es findet dabei weder eine eigenständige Recherche statt, noch erfolgt eine redaktionelle Selektion. Wie die User solche para-journalistischen Angebote nutzen und bewerten, ist derzeit noch unklar. Ihre Bedeutung für die politische Information dürfte als nicht allzu hoch eingeschätzt werden.

- **Weblogs** sind Websites, die von einzelnen Personen („Bloggern") oder Gruppen betrieben werden, ohne dass diese in der Regeln über eine journalistische Ausbildung verfügen. Bereits andernorts, vorzugsweise online publizierte Nachrichten und Berichte werden zusammengestellt und kommentiert, es wir meist täglich aktualisiert und auf andere Quellen verlinkt (Neuberger 2003: 132). Entgegen journalistischer Standards findet die Qualitätsprüfung des Publizierten erst nach der Veröffentlichung statt. Weblogs sollen eine subjektive und unabgeschlossene Sicht auf das Tagesgeschehen bieten, das gemeinsam mit anderen Netznutzern diskutiert werden soll. In den USA haben Politik-Weblogs wie DailyKos (www.dailykos.com) und Instapundit (Instapundit.com) angeblich bis zu 250.000 Leser täglich. Während der Balkan-Kriege und des US-amerikanischen Angriffs auf den Irak sind sog. WarBlogs (z. B. Salam Pax; vgl. http://www.thebaghdadblog.com/home/) auch durch die Berichterstattung der Medien bekannt geworden. Mittlerweile gibt es auch sog. Watchblogs, die es sich wie BILDBlog (www.bildblog.de) zur Aufgabe gemacht haben, die Berichterstattung der publizistischen Medien kritisch zu begleiten und Meldungen zu berichtigen. Nach einer Befragung von Neuberger (2004) verstehen sich Blogger zwar selbst als Journalisten, legen aber sehr großen Wert auf die Verbreitung ihrer eigenen Meinung. Die Mehrzahl der Weblogs konzentriert sich offenbar auf Internet- und Computerthemen, Kultur und Medien. In der nicht-repräsentativen Befragung von Neuberger (2004)

gaben (trotz Mehrfachantworten) nur 26% der Blogger an, sich um die politische
Information zu bemühen.

- **Peer-to-peer-Journalismus:** Nach dem Modell der Tauschbörsen handelt es sich um
kollaborativ erstellte Webangebote, die grundsätzlich allen interessierten „Laienjournalisten" offen stehen. Laut der Befragung von Neuberger (2004) verfolgen über 40%
der Betreiber damit auch kommerzielle Ziele (bei den Bloggern sind dies nur 10%), 12
der 14 befragten P2P-Anbieter bemühen sich um eine redaktionelle Qualitätssicherung. Zu den derzeit bekanntesten Angeboten zählen die „News for Nerds" unter
www.slashdot.org oder shortnews.stern.de.

Ingesamt bietet die computervermittelte Kommunikation also zusätzliche Möglichkeiten der
politischen Information und Politikvermittlung, die sowohl von den etablierten politischen
Akteuren (Regierungen, Parteien, internationalen Organisationen, Interessenverbänden etc.)
wie von den etablierten Medienunternehmen genutzt werden. Darüber hinaus hat sich das
Spektrum der politischen Kommunikatoren erweitert, insbesondere durch neue Formen para-
und pseudojournalistischer Kommunikation, die allerdings nur zum Teil politische Themen
und Meinungen zum Gegenstand haben und insgesamt eine deutlich **geringere Reichweite**
sowie Glaubwürdigkeit aufweisen als die professionellen journalistischen Online-Angebote.
Derzeit spricht wenig für eine Verdrängung der etablierten Kommunikatoren durch Online-
Kommunikatoren; vielmehr ist von einer **Komplementarität der Angebote** auszugehen (vgl.
hierzu auch Kap. 15.3.2).

13.3 Interessenvermittlung

Die oben geschilderten Vorzüge der computervermittelten Kommunikation für die Politikvermittlung lassen sich größtenteils auf das Feld der Interessenvermittlung übertragen, also
auf die „Bottom-up-Kommunikation" der Bürger bzw. der intermediären Organisation in
Richtung Entscheidungsebene. Auch hier gilt, dass kleine und ressourcenschwächere politische Akteure mit weitaus geringerem Aufwand und rascher kommunizieren können als mittels klassischer Medien. Dabei stellt sich wiederum das Problem der Aufmerksamkeitserzeu-
gung: Voraussetzung dafür, dass politische Interessen Berücksichtigung bei der Entscheidungsfindung erlangen, ist, dass sie als solche wahrgenommen werden. Und wiederum gilt,
dass die Publikation (z. B. im WWW) noch keine öffentliche Aufmerksamkeit garantiert.
Politische Entscheider werden wohl kaum bereit und in der Lage sein, regelmäßig das
gesamte WWW zu „scannen", in der Hoffnung alle „berechtigten" Interessenartikulationen zu
erfassen und in ihre Politik einfließen zu lassen. Hinzu kommt, dass auch eine systematische
Auswertung von Diskussionsforen, Newsgroups und politischen Chats weitaus weniger reprä-
sentative Daten liefert als Umfrageergebnisse oder die Orientierung an den in den klassischen
Medien publizierten Themen und Meinungen. Eine Artikulation der Interessen in Online-
Medien reicht also für eine erfolgreiche Interessenvermittlung und Beeinflussung politischer
Entscheidungen solange nicht aus, wie sie nicht zum Thema öffentlicher Diskussion – wie-
derum hergestellt durch die klassischen Medien – wird. Gelingt jedoch der „Sprung" aus den
Online-Medien in die Medienöffentlichkeit, können sich webbasierte Angebote aufgrund ihrer
Informationstiefe, Aktualität und Zielgruppenorientierung als sehr hilfreich erweisen.

Mit Hilfe der computervermittelten Kommunikation kann – zumindest theoretisch – auch die
individuelle Interessenvermittlung vom Bürger in das politische System bzw. die Vermitt-
lungs- und Entscheidungsebene hinein unterstützt werden: Auch ohne Online-Medien war
und ist es dem Bürger möglich, Kontakt zum Beispiel mit seinem Wahlkreisabgeordneten
oder einem Repräsentanten eines Verbandes aufzunehmen, der seine Interessen weiter vermitteln soll; gewöhnlich geschieht dies per Brief oder Telefon, in Ausnahmefällen auch durch

Face-to-face-Kommunikation in Bürgersprechstunden. An die Stelle dieser Kommunikationswege können nun E-Mail- oder Chat-Kommunikation treten. Diese neuen Möglichkeiten werden vielfach als „direkter Draht zum Abgeordneten" bezeichnet, doch lösen neue Medientechnologien allein noch keine Änderung der Kommunikationsstrukturen aus. Organisatorisch stellt sich nämlich das **Problem der Responsivität,** also die Frage, ob und in welchem Maße Abgeordnete oder andere Repräsentanten überhaupt in der Lage sind, auf die eingehenden Informationen und Anfragen einzugehen. Die Vorstellung, der Abgeordnete sei per E-Mail besser oder gar jederzeit persönlich erreichbar, erscheint unrealistisch; auch elektronische Anfragen und Hinweise müssen zuvor den Filter der Sekretariate und Referenten passieren. Und wenn die Vereinfachung der Kontaktaufnahme durch die E-Mail zu einer Zunahme der „Interaktivität" zwischen Bürger und Repräsentant führt, verschärft sich das Informationsselektions- und Verarbeitungsproblem auf Seiten des Repräsentanten sogar. Mitunter fällt sogar die Bewertung der Bürgeranfrage schwerer, denn auch der Abgeordnete weiß, dass es einfacher ist, rasch eine E-Mail abzusenden statt einen Termin für eine Bürgersprechstunde wahrzunehmen. Er kann daher plausibler Weise unterstellen, dass spontane und unaufwändig versandte E-Mails möglicherweise auf weniger schwerwiegende Anliegen hinweisen als Briefe oder persönliches Vorsprechen. Hinzu kommt, dass bislang die Nutzung von E-Mail und Diskussionsforen sowie die Teilnahme an Politiker-Chats nur von einem Teil seiner Klientel intensiv genutzt werden, so dass der Abgeordnete auf diesem Wege alles andere als ein repräsentatives Bild der Interessenlage der von ihm zu Vertretenden erhält. Die neuen bzw. zusätzlichen Wege der Kommunikation zwischen Repräsentierten und Repräsentanten erzeugen also zunächst einmal **Organisationsprobleme,** und gerade aufgrund der medientechnischen Erleichterung und Beschleunigung keineswegs zwangsläufig eine Optimierung der Kommunikationsströme und der hierauf aufbauenden Interessenvermittlung.

Doch Interessenvermittlung beschränkt sich bekanntlich nicht allein auf die Informationsaspekte, in demokratischen Staaten ist die aktive Partizipation der Bürger und die Teilnahme an Wahlen erwünscht.

13.3.1 Partizipation

Partizipation im emphatischen Sinn meint die Teilhabe des politischen Subjekts am öffentlichen Diskurs und der Entscheidungsfindung im Gemeinwesen, im instrumentellen Sinn die freiwillige Interessenartikulation und -durchsetzung gegenüber der politischen Entscheidungsebene (vgl. Schultze 2001 sowie Gabriel/ Brettschneider 1998). In der politischen Partizipationsforschung unterscheidet man verschiedene Formen und Grade der politischen Mitwirkung und Teilhabe. Für repräsentative Demokratien wie die Bundesrepublik kann man dabei von einer Partizipationspyramide ausgehen, an deren Basis die Information steht. Auf der nächsten, der Artikulationsebene folgt die Ausübung des aktiven Wahlrechts, dann die Beteiligung an Wahlkämpfen, die Mitarbeit in Parteien, Bürgerinitiativen oder Nichtregierungsorganisationen (NGO) und schließlich die Übernahme politischer Ämter oder die Beteiligung an zivilgesellschaftlichem Protest (ziviler Gehorsam) bis hin zur Bildung neuer politischer Organisationen (vgl. hierzu auch Kamps 2001). Den Grenzfall stellen illegale oder gar gewalttätige Widerstandsaktionen bis hin zum Terrorismus dar. Partizipation ist in repräsentativ-demokratischen Gesellschaften erwünscht, solange sie sich auf dem vergleichsweise breiten Feld der legalen Aktionen bewegt und das **Prinzip der repräsentativen Demokratie** durch direktdemokratische Ansprüche nicht grundlegend in Frage stellt wird. Allerdings wird vielfach eine mangelnde Partizipationsbereitschaft der Bürger beklagt; es ist viel von Politik-, Parteien- oder Politikerverdrossenheit, von sinkender Wahlbeteiligung und mangelndem bürgerschaftlichem Engagement die Rede.

Einige Apologeten der Online-Kommunikation sehen auch hierin ein Problem, das durch „das Internet" grundlegend gelöst werden könnte: Die erweiterten Informationsmöglichkeiten des Netzes, der bereits erwähnte „direkte Draht zum Abgeordneten", die erleichterte Artikulationsfähigkeit ressourcenschwacher Interessengruppen, das diskursive Potenzial von Chat, Newsgroups und Mailingslists, neue Formen des Online-Protestes (vgl. Kap. 13.3.2) sowie elektronische Wahlverfahren (vgl. Kap. 13.3.3) setzen demnach die Schwellen für eine politische Mobilisierung signifikant herab und erleichtern Partizipation erheblich. Hinter dieser Argumentationsfigur steckt allerdings eine **technikdeterministische Annahme,** die ein soziales bzw. politisches Problem auf ein medientechnisches reduziert und dabei grundlegende Erkenntnisse außer Acht lässt: De facto hängt die Partizipationsbereitschaft nämlich stark vom sozio-ökonomischen Status, von der formalen Bildung und vom Geschlecht der Bürger ab. Wer über höhere Bildung und einen höheren Informationsstand sowie größere ökonomische und kognitive Ressourcen verfügt, ist eher bereit sich politisch zu engagieren (vgl. Gabriel/ Brettschneider 1998). Statistisch gesehen partizipieren vor allem gut gebildete, vergleichsweise wohl situierte männliche Bürger, die zudem über ausreichend Zeit verfügen (z. B. Studenten); es sind also keineswegs technische Faktoren ausschlaggebend. Auch computervermittelte Kommunikation wird zumindest bislang besonders intensiv gerade von diesen Bevölkerungsteilen genutzt, so dass die computervermittelte Kommunikation tendenziell den ohnehin privilegierten Bürgern Partizipation erleichtern mag, aber eher wenig an den ungleichen Partizipations-Chancen verändern wird. Von der Verringerung der Transaktionskosten für die Partizipation, z. B. durch den verringerten kognitiven, zeitlichen und finanziellen Aufwand beim Absenden einer Protest-E-Mail oder der Teilnahme an einer politischen (Online-)Diskussion, könnte noch ein zweiter Effekt ausgehen: Auch die Adressaten auf der Entscheidungsebene wissen um die verringerten Transaktionskosten und werden wahrscheinlich jeder einzelnen Protest-Mail oder jeder Beteiligung an einem E-Mail-Kettenbrief einen geringeren Wert beimessen als einer schriftlichen Petition oder einer Protestversammlung (vgl. Kap. 13.3.2).

Martin Emmer und Gerhard Vowe (2004) haben in einer Längsschnittstudie empirisch untersucht, ob das Internet eine politische Mobilisierung bewirkt. Sie unterscheiden drei Stufen partizipativer politischer Kommunikation: Rezeption politischer Information, interpersonale Kommunikation über Politik und expressive politische Kommunikation (beispielsweise mittels einer eigenen Website). In zwei Wellen wurde ein nicht-repräsentatives Panel von 1.219 Bürgern befragt, die zum Teil neue Netznutzer waren, zum Teil Nicht-Nutzer (Kontrollgruppe). Erfasst wurden die Veränderungen der partizipativen Kommunikation in Abhängigkeit von der Online-Nutzung und bei Kontrolle der soziodemographischen Variablen. Sie konnten einen **leichten Mobilisierungseffekt** des Internet feststellen: Netz-Einsteiger unterhalten sich öfter über politische Themen und äußern ihre politische Meinung häufiger, wozu auch E-Mail und Chat genutzt werden. Leichte Substitutionseffekte ergaben sich bei der Kontaktaufnahme zu Politikern und Behörden, die offenbar durch E-Mail gefördert wird. Kosten-Nutzen-Kalküle der Bürger, so die Vermutung der Autoren, erleichtern also die politische Kommunikation und fördern politische Partizipation auf der Informations- und Dialogebene, allerdings ohne dass es zu einer drastischen Zunahme expressiver politischer Kommunikation oder höherstufiger Partizipation kommt.

Partizipation umfasst, wie einleitend erläutert, gerade in repräsentativen Demokratien auch das Engagement für und in Parteien oder andere(n) Organisationen der Interessenvermittlung, und hier liegen möglicherweise auch die erfolgversprechenderen Potenziale der computervermittelten Kommunikation: in der **Mitglieder- und Binnenkommunikation.** Es ist wiederum die Senkung der Kommunikations- und Transaktionskosten, die es Mitgliedern, Unterstützern und Sympathisanten von Parteien oder anderen politischen Vereinigungen tendenziell erleichtert, sich über die Arbeit der jeweiligen Organisation aktuell zu informieren und an der innerorganisatorischen Meinungs- und Willensbildung teilzuhaben. Hierfür bieten insbesondere die „Mitgliederbereiche" der Parteien-Websites sowie Webangebote von politischen Initiativen zahlreiche Möglichkeiten: So hält beispielsweise das CDU-**Mitgliedernetz** seit 1999 Informationen zur Parteireform, Diskussionsforen und Ideenbörsen, Argumentationshilfen für Parteimitglieder zu aktuellen politischen Themen, Adressen innerparteilicher Ansprechpartner, Unterstützungsmaterial für die Werbung neuer Mitglieder, Hilfestellungen für den eigenen Web-Auftritt und thematisch strukturierte Mailinglists bereit. Die Online-Diskussionen werden regelmäßig ausgewertet und finden, insbesondere im Vorfeld von Parteitagen, Eingang in politische Programmentscheidungen; elektronische Abstimmungen werden als nicht-repräsentative Meinungsbilder betrachtet, da bislang (Stand 2001) nur etwa 2% der CDU-Mitglieder am Mitgliedernetz teilnehmen (vgl. Marschall 2001: 143-145). Die baden-württembergischen Grünen haben im Dezember 2000 einen **„virtuellen Parteitag"** durchgeführt, der an die Stelle der parteiinternen Versammlungsöffentlichkeit treten sollte; allerdings zeigt dieses Beispiel die Grenzen der Partizipationsförderung auf: Aktives Mitreden war nur nach Voranmeldung möglich, das Abstimmungsrecht musste ohnehin den gewählten Delegierten vorbehalten bleiben. Insgesamt wurden die Diskussionszeiten verlängert, so dass sich der virtuelle Parteitag über zehn Tage erstreckte; gleichwohl war die Beteiligung gering: Von den 7.500 Mitgliedern meldeten sich lediglich 350 an, von denen wiederum nur 100 das Wort (bzw. die Tastatur) ergriffen (vgl. Marschall 2001: 146). Insgesamt gingen etwa 900 Diskussionsbeiträge ein, die meisten davon relativ kurz gefasst und nach dem Eindruck der Teilnehmer deutlich sachlicher formuliert als auf den Präsenz-Parteitagen. „Auffallend war, dass die meisten der auf realen Parteitagen dominierenden Personen auf dem virtuellen Parteitag eine untergeordnete Rolle spielen" (Mausch 2002: 125). Von den 115 Delegierten stimmten nur 70 elektronisch ab (vgl. Marschall 2001: 156). Viel zitiert wird auch der 1995 gegründete **„virtuelle Ortsverein"** der SPD, der sich zunächst lediglich mit netzaffinen Themen befasste. Angesprochen fühlten sich vor allem – gemessen am Durchschnittsalter der Parteimitglieder – jüngere Interessenten (Alterdurchschnitt 37 Jahre) und Männer (Frauenanteil: 9%) – also gerade diejenigen Gruppen, die ihre Partizipationsmöglichkeiten ohnehin stärker nutzen (vgl. Marschall 2001: 147-148). Der Vorteil virtueller Ortsvereine oder Landesverbände (FDP) besteht in der zeitlichen und räumlichen Flexibilisierung, die es auch mobilen und voll berufstätigen Interessierten erleichtern kann, sich politisch zu engagieren. Zudem wird die Grenze zwischen regulärer Vollmitgliedschaft in einer Partei und temporärer, problemzentrierter Mitarbeit flexibilisiert (vgl. hierzu auch v. Alemann/ Strünck 1999: 32-33). Allerdings bleibt es – wohl auch aufgrund des Parteiengesetzes – schwierig, solche virtuellen Organisationseinheiten in die ordentliche Meinungs- und Willensbildung sowie die „Beschlusslage" einer Partei einzubeziehen (vgl. Marschall 2001: 151).

Für die **Organisationsstruktur der Parteien** können sich also aus dem Einsatz von Online-Medien für die interne Kommunikation über die Kostenersparnis hinaus Veränderungen ergeben: Vor dem Hintergrund des Niedergangs der klassischen Parteimedien, insbesondere der nur schwer zu finanzierenden Parteipresse, und der nachlassenden Mitgliederbindung sahen sich die Parteieliten bislang gezwungen, einen Teil der Binnenkommunikation öffentlich über die Massenmedien abzuwickeln, ohne diese Kommunikationsflüsse noch wirklich kontrollieren oder gar dem politischen Gegner verbergen zu können. Die Wahl publizistischer Medien auch für die interne Parteienkommunikation dürfte die Personalisierung der Politik, den schleichenden Machtverlust der mittleren Funktionärsebene und einen Machzuwachs für die „Medienprofis" und PR-Experten begünstigt haben (vgl. Marschall 2001: 137-141). Die Nutzung von Online-Medien für die Binnenkommunikation könnte dem entgegenwirken – vorausgesetzt, der politische Wille der Organisationseliten ist hierfür vorhanden.

Riehm (2001) hat zwei verschiedene Ansätze der **Online-Bürgerbeteiligung** jenseits der Parteiorganisation miteinander verglichen: Zum einen eine offene Mailing-Diskussionsliste zu

elektronischen Zahlungssystemen, zum anderen eine geschlossene und offline organisierte
Online-Diskussionsgruppen zum Thema klimaverträgliche Energieversorgung. Für die offene
Diskussionsliste wurde in thematisch benachbarten Mailinglists geworben, so dass die Teil-
nehmerzahl rasch auf insgesamt 3.000 anwuchs, allerdings von hoher Fluktuation (2.000
Abmeldungen) geprägt war. 232 Teilnehmer beteiligten sich selbst mit Diskussionsbeiträgen,
allerdings ging die Hälfte aller Beiträge auf 17, ein Viertel aller Beiträge auf nur vier Personen zurück. Auch bei politischen Online-Diskussionen kommt es also zu einer starken Kon-
zentration und sozialen Strukturierung (vgl. Kap. 6). Zu 40% aller Themen entwickelte sich
eine Kommunikation mit wechselseitigen Bezugnahmen, in einem Viertel aller Fälle wurde
Bezug auf sieben oder mehr andere Beiträge genommen. Fast drei Viertel der Postings waren
auf Dialog angelegt, wobei einfache Frage-Antwort-Dialoge, die Erörterung komplexer Sachverhalte und der Austausch von Bewertungen ungefähr gleich verteilt waren. In der geschlossenen Kommunikationsstruktur, in der es um klimaverträgliche Energieversorgung ging,
wurde zunächst ein webbasiertes Informationsangebot erstellt, es wurden drei Gruppen auf
Präsenztreffen gebildet und im Umgang mit der Technik geschult. Gleichwohl kam ein wechselseitiger Diskussionsprozess weniger gut in Gang: Bei 95% der Beiträge handelte es sich
um Kommentierungen, bloße Meinungskundgaben oder Postulate, ohne dass es zu einem
wirklichen Austausch von Argumenten kam. Die diskursiven Potenziale von Online-Öffent-
lichkeiten und die Chancen, diese durch Vorstrukturierungen wesentlich zu erhöhen, sollten
also nicht allzu hoch eingeschätzt werden (vgl. Kap. 13.5.2).

Auch für **zivilgesellschaftliches Engagement** bieten Online-Medien kostengünstige und flexible Kommunikations- und Organisationsmöglichkeiten, wie Emmer (2001) am Beispiel von
www.tatendrang.de gezeigt hat: Unter dieser URL können Freiwillige ihre Dienste, zum Beispiel für die Alten- und Kinderbetreuung anbieten, und Hilfebedürftige können ihren Bedarf
anmelden. „tatendrang.de" übernimmt dabei eine Maklerfunktion, wie sie aus kommerziellen
Tauschbörsen und Auktionsplattformen bekannt ist.

Weiter reichende Visionen zivilgesellschaftlicher Netze auf kommunaler Ebene wurden vor
allem in den USA entwickelt und ansatzweise als **„Community Networks"** realisiert. Ging
es dabei zunächst um einen öffentlichen Zugang zur Netzkommunikation für alle Schichten
der Bevölkerung, so knüpften einige Konzepte stärker an die Vorstellung einer „virtuellen
Gemeinschaft" an, die als sozialutopische Überwindung (zentral-)staatlicher Verwaltung fungieren sollte (vgl. Kap. 11.2 sowie Schuler 1996 u. Schuler 1998). In den USA gelten kommunale Bürgernetzwerke, wie das PEN in Santa Monica (Kalifornien) oder das PAN in
Seattle als Modelle für eine bessere Partizipation in der Kommunalpolitik, und sie erfüllen
auch alltägliche Service-Funktionen (vgl. Donath 2001), während in Deutschland kommunale
Websites, die hier meist von den Städten und Gemeinden selbst angeboten werden, in der
Regel noch nicht sehr weit entwickelt sind (vgl. Altides et al. 2003 sowie Kap. 13.4).

13.3.2 Protestkommunikation

Die Binnenkommunikation und die Kommunikation mit Förderern, Unterstützern, Sympathisanten und Aktivisten ist für Bürgerinitiativen und Neue Soziale Bewegungen von besonderer
Bedeutung. Sie müssen sich stärker als gut organisierte und ressourcenstarke Parteien,
Gewerkschaften und Interessenverbände über ihre Ziele, Programme und Maßnahmen anlass-
bezogen jedesmal neu verständigen, ihre Klientel mobilisieren und Aktivisten rekrutieren,
vielfach ohne dabei auf eine dauerhafte Mitgliedschaft und eine professionelle Infrastruktur
zurückgreifen zu können (vgl. Jarren/ Donges 2002: 137-169). Für zivilgesellschaftliche
Gruppen erleichtern Online-Medien das Finden potenziell weltweit verstreut lebender gleich-
gesinnter Akteure und deren lose, oftmals **kampagnenbezogene** Organisation, die allerdings

mit einem geringeren Grad sozialer Verbindlichkeit „erkauft" wird (vgl. Kamps 2001). Markus S. Schulz (2000) hat am Beispiel der Rebellion im mexikanischen Chiapas gezeigt, wie mit vergleichsweise geringem Aufwand eine weltweite **Vernetzung** und Unterstützung von Protestbewegungen organisiert werden kann. Dabei übernahmen neben einem Webangebot lediglich zwei Mailinglisten in den USA mit nur wenigen Hundert Teilnehmern eine wichtige Informations- und Kommunikationsfunktion, weniger für den politischen Diskurs als für die Organisation internationaler Solidaritätsbekundungen, die wiederum an die Thematisierung durch die publizistischen Medien anknüpft und vice versa.

Bieber (2001) hat das **Spektrum von Online-Protestformen** beschrieben: Ausgangspunkt ist dabei oft die Information im Stile des investigativen Journalismus, der einen Missstand oder Skandal enthüllt oder ein politisches Problem definiert. Hierbei werden auch strategische „**negative Kampagnen**" gegen Personen, Unternehmen, Parteien usw. geführt. Beides lässt sich dann mit **Protest-Aufrufen** kombinieren, wobei der Protest entweder in konventioneller Weise außerhalb des Netzes (Petition, Versammlung, Demonstration, Boykott usw.) oder online erfolgen kann. Tatsächliche oder vermeintliche Enthüllungen und negative Kampagnen wirken bereits vor dem Beginn des eigentlichen Protests imageschädigend und können über den Weg journalistischer Recherche Gegenstand der Berichterstattung der traditionellen Medien werden. Hierauf zielen auch die meisten konventionellen („offline") sowie die Online-Protestformen. Formen der Online-Protest-Kommunikation orientieren sich in der Regel an den bekannten Protestformen und übertragen sie „ins Netz": **Petitionen** und Resolutionen werden per Einzel- oder Ketten-E-Mail versandt, Websites werden mit **Protest-Logos** (analog zu Stickern an der Kleidung oder zu Solidaritäts-Schleifen, wie sie in den USA üblich sind) versehen, wie das Beispiel der „Blue-Ribbon-Campaign" gegen den US Information Decency Act zeigt. Auch Sit-ins haben mit der „Belagerung" von Websites ihre „virtuelle" Entsprechung gefunden: Durch den koordinierten oder mittels Software automatisierten, übermäßigen Abruf einer bestimmten Website wird ein „**Denial of Service**"-Fehler beim Server verursacht, so dass die jeweilige Website für andere nicht mehr nutzbar ist. Handelt es sich um E-Commerce-Websites, etwa von Verkehrsunternehmen oder Banken, dann entsteht nicht nur ein Image-Schaden, sondern ein unter Umständen beträchtlicher kommerzieller Schaden, weil der Online-Geschäftsbetrieb lahmgelegt wird. Zu ähnlichen Folgen können sog. **Mail-Bomben** führen, die den E-Mail-Server des Protestgegners außer Betrieb setzen oder eine sinnvolle Nutzung des Mailsystems vorübergehend erschweren bzw. unmöglich machen. Das Verändern der Inhalte der Website eines Protestgegners durch „**Web-Hacking**" zielt vor allem auf die Schädigung von Image und Ansehen des Gegners, durch eine Information der publizistischen Medien kann der Schaden noch vergrößert werden. Bieber (2001) weist zu Recht darauf hin, dass – unabhängig von möglichen strafrechtlichen Folgen – solche „virtuellen" Protestformen weitere Nachteile aufweisen: Gerade weil die Transaktionskosten für die einzelnen Protestierer so gering sind, und weil der Protest anonymisiert und automatisiert erfolgen kann, wirkt er weniger authentisch. Der Mechanismus des zivilen Ungehorsams wird nur partiell bedient, weil die Protestierer nicht wirklich für ihre Handlungen einstehen und die Solidarisierung der Protestgemeinde nicht für alle Beteiligten sinnlich erfahrbar wird. Einzelne Aktionen lassen sich zwar koordinieren, aber der Aufbau einer nachhaltigen Protestbewegung, die sich selbst als Gemeinschaft erfährt, ist nicht ohne weiteres möglich. Erfolgt die Mobilisierung ausschließlich mittels computervermittelter Kommunikation, ist mit hohen Streuverlusten zu rechnen, wie Bieber (1999: 165-171) anhand des „Internet-Streiks" im Jahre 1998 gegen zu hohe Online-Gebühren der Telekom veranschaulicht: Die Website mit dem Boykott-Aufruf für einen „onlinefreien Sonntag" wurde 500.000 mal angeklickt, es gingen aber nur 10.000 Mails und insgesamt 6.000 „Streikerklärungen" ein – wie viele Menschen sich dann tatsächlich an der Boykottaktion beteiligt haben, ist nicht feststellbar.

Jenseits der legalen oder zumindest legitimen Protestkommunikation kann die computervermittelte Kommunikation bekanntlich auch für kriminelle Ziele mit politischem Hintergrund genutzt werden. Dies belegen zahlreiche **rassistische, rechtsextremistische und antisemitische Websites und Diskussionsforen,** die zum Teil aufgrund unterschiedlicher nationaler Regulierungen (vgl. Kap. 12.4) nur unzureichend strafrechtlich zu ahnden sind. In den letzten Jahren hat das Internet verstärkt als „Kommunikationsforum für Terroristen" Schlagzeilen gemacht. Über das tatsächliche Ausmaß dieses Missbrauchs der computervermittelten Kommunikation ist wenig bekannt, ob und in welchem Maße online verschlüsselt kommuniziert wird, um Anschläge oder andere Verbrechen zu koordinieren, bleibt weitgehend der – mitunter interessengeleiteten – Spekulation überlassen. Unterschieden werden kann aber immerhin zwischen zwei Formen des sog. „Cyber-Terrorismus": Zum einen können Online-Medien – ebenso wie Festnetz- und Mobiltelefonie, Brief, Fax und Printmedien – zur Koordination von terroristischen Anschlägen, zur Rekrutierung von neuen Mitgliedern, zur Verbreitung von Propaganda und Bekennervideos sowie zum Fundraising (etwa über den Verkauf von Devotionalien und Schriften) genutzt werden. Maskow (2002: 124) zitiert Studien des FBI, denen zufolge 30 Bombenbauer in der Zeit von 1992-1996 Bauanleitungen aus dem Internet benutzt haben. Zum anderen werden unter „Cyber-Terrorismus" auch Anschläge auf Datenschutz und -sicherheit sowie die Funktionsfähigkeit der Netzinfrastruktur verstanden, wobei nicht immer klar erkennbar ist, ob solche Taten einen terroristischen oder auch nur politischen Hintergrund aufweisen. Politische Hintergründe sind bei „Denial of service"-Attacken (z. B. gegen die Lufthansa), beim Webhacking der Pentagon-Website oder dem „Defacement" (also der vorgeblichen „Demaskierung" durch Veränderung des Inhaltes) israelischer Websites offen erkennbar oder zumindest nahe liegend. Für die Verbreitung von Computer-Viren und -Würmern, die laut Maskow (2002: 125) einen Schaden von etwa 17 Mrd. Dollar jährlich verursachen, gilt dies aber nicht ohne weiteres.

In Anbetracht der Vielfalt der in diesem Kapitel angeführten Formen scheint eine Verengung des Blickwinkels auf „das Internet als Tummelplatz von Terroristen und Rechtsradikalen" gleichwohl kaum berechtigt.

13.3.3 Online-Wahlen

Auch der demokratische Wahlakt kann als ein Prozess politischer Kommunikation und Partizipation aufgefasst werden. Insofern erscheint es auf den ersten Blick einleuchtend, auch die Partizipationsform Wahl elektronisch zu realisieren, zumindest sobald hierfür die technischen Voraussetzungen geschaffen sind, Datenschutz und -sicherheit gewährleistet werden können und kein wahlberechtigter Bürger – etwa mangels Online-Zugang oder Kompetenzen – hierdurch von der Teilnahme an der Wahl ausgeschlossen wird. Abgesehen davon, dass bereits diese Voraussetzungen zumindest kurzfristig (vgl. Kap. 15.5) nicht erfüllt werden können, erweist sich die Frage elektronischer Wahlen auf den zweiten Blick als weitaus komplexer.

Zunächst einmal müssen verschiedene **Formen des E-Voting** unterschieden werden (vgl. Neymanns 2002: 26-28 sowie Buchstein 2002; Rüß 2002):

- Elektronische Wahlen können **@community** durchgeführt werden, d. h. in den Wahllokalen wird an vernetzten Computern gewählt, was den Verwaltungsaufwand und die -kosten zumindest mittelfristig verringert und den Wähler die Wahl unabhängig von seinem Heimat-Wahlkreis landesweit (oder sogar darüber hinaus) ermöglicht. Bei dieser Form bleibt der Gang zur Wahl aber ein öffentlicher Akt mit einer sichtbaren Symbolwirkung für die Mitbürger.

- Elektronische Wahlen können **@kiosk** vollzogen werden, wenn vernetzte Wahlcomputer nicht nur in Wahllokalen, sondern auch an anderen öffentlichen Orten

wie Einkaufszentren, Tankstellen, Kinos etc. aufgestellt werden. Diese räumliche Flexibilisierung könnte zur Erhöhung der Wahlbeteiligung führen, weil sich der Gang zur
Wahl mit anderen, ohnehin geplanten Tätigkeiten mühelos kombinieren lässt.

- Die Wahlen könnten aber auch an den heimischen PC, also **@home** verlegt werden.
  Dies würde zwar den individuellen Aufwand für den Wähler erheblich reduzieren,
  kann aber herkömmliche Wahlverfahren nur insoweit ersetzen, wie die Bürger über
  einen geeigneten Netzzugang verfügen. Doch selbst unter diesen Umständen verliert
  die Wahl ihren öffentlich wahrnehmbaren Symbolcharakter; vor allem aber kann das
  Wahlgeheimnis nicht mehr staatlich garantiert werden, denn in der häuslichen
  Lebensgemeinschaft wird die Geheimhaltung der tatsächlichen Wahlentscheidung –
  und nicht mehr nur die Kommunikation über die eigene Entscheidung – fakultativ. Es
  ist nicht auszuschließen, dass z. B. Familienmitglieder in die Wahlentscheidung eingreifen oder anderweitig Druck ausüben, dem sich der Wähler in der Abgeschieden-
  heit der Wahlkabine noch entziehen konnte. Damit ist nicht nur die geheime, sondern
  potenziell auch die freie Wahl in Frage gestellt. Aus diesem Grund sieht das bundes-
  deutsche Wahlrecht die Briefwahl auch nur als begründungspflichtige Ausnahme auf
  Antrag vor, und nicht als Normalfall (Rüß 2002: 44; Buchstein 2002: 56-58).

- Die elektronische Wahl könnte schließlich auch mobil, also **„on the run"** erfolgen.
  Auch hier ist die geheime (und damit die freie) Wahl nicht mehr institutionell und
  organisatorisch gesichert; die öffentliche Symbolik geht ohnehin verloren. Vielleicht
  in noch stärkerem Maße als für die @home-Wahl ergibt sich die Gefahr spontaner und
  unreflektierter Stimmabgaben, denn eine Neutralität der Wahlumgebung kann nicht
  mehr garantiert werden, da zum Beispiel Wahlwerbung oder andere kommunikative
  Beeinflussungen unmittelbar dem Wahlakt vorausgehen können – und Strategen der
  politischen PR vermutlich alles daran setzen werden, entsprechende Wege zu finden.

Die differenziertere Betrachtung elektronischer Wahlen zeigt, dass unabhängig von den mittelfristig lösbaren sicherheitstechnischen Fragen der Medienwechsel bei den @home- und „on
the run"-Modellen zu einer grundsätzlich **veränderten Kommunikationssituation** führt, die
nicht ohne **Auswirkungen auf das Kommunikat** (hier die Wahlentscheidung) bleiben muss,
was wahlrechtlich und demokratietheoretisch bedenklich ist. Auch die vielfach angeführten
Einsparpotenziale sollten nicht überschätzt werden: Neymanns (2002: 31) geht von etwa 60
Mio. Euro Kosten für die konventionelle Durchführung einer Bundestagswahl aus. Für eine
vollständige Umstellung auf elektronische Wahlen wäre sicherlich aufgrund der hohen technischen Sicherheitsanforderungen ein Vielfaches an Investitionen aufzubringen, die sich erst
nach einigen Wahlen amortisieren könnten. Erfahrungsgemäß sind Hard- und Software aber
bereits nach wenigen Jahren hoffnungslos veraltet. Geht man nun noch davon aus, dass realistischer Weise über Jahre oder Jahrzehnte parallel zu elektronischen Wahlen Präsenz- und
Briefwahlsysteme aufrecht erhalten werden müssen, um Allgemeinheit und Gleichheit der
Wahl zu garantieren, dann fällt die Rechnung noch ungünstiger aus. Kubicek und Wind
(2002: 103) haben die Kosten für die Ausstattung von 80.000 Bundestags-Wahllokalen auf
mehr als 160 Mio. Euror hochgerechnet, bei nur einem vernetzten Rechner pro Wahllokal und
ohne Berücksichtigung der Vernetzungs-, Server-, Schulungs-, und Wartungskosten. Laut
einer Ankündigung des Bundesinnenministers aus dem Jahre 2001 sollen bei der Bundestagswahl 2006 in Deutschland erstmals die Wahllokale vernetzt werden, so dass nach dem
@community-Verfahren eine bundesweite Stimmabgabe unabhängig vom Aufenthaltsort
möglich sein soll (vgl. Kubicek/ Wind 2002: 91-92). Es bleibt abzuwarten, ob es sich hierbei
lediglich um eine prestigeträchtige Ankündigung handelt, die Teil symbolischer Modernisie-
rungspolitik ist, oder ob die Realisierung gelingt.

Unklar ist auch, ob tatsächlich die **Wahlbeteiligung** durch E-Voting-Optionen steigen würde, denn Neymanns/ Buchstein (2002: 15) führen an, dass in Deutschland im Jahr 2000 nur 26% der Bürger Internet-Wahlen akzeptiert hätten, während 25% sie für unsicher hielten. Zu vermuten ist, dass wiederum diejenigen, die bereits derzeit in höherem Maße politisch partizipieren und von ihrem Wahlrecht Gebrauch machen auch zu den ersten Anwendern des E-Voting zählen würden. Wenig ermutigend sind erste Erfahrungen mit elektronischen Wahlen in Deutschland: Bei der Online-Wahl zum Osnabrücker Studierendenparlament wählten mit Hilfe des „i-vote"-Verfahrens der Forschungsgruppe Online-Wahlen im Februar 2000 nur 10% der Wähler online, der Anteil der Frauen betrug 9% (bei 51% Anteil an den Studierenden) (vgl. Otten 2001). Auch bei einer simulierten Sozialwahl der Techniker Krankenkasse wurde die elektronische Variante nur von 0,32% der Wahlberechtigten genutzt, deutlich überrepräsentiert waren dabei westdeutsche Wähler und solche mit hoher formaler Bildung (Lange 2002: 130-131). Vergleichbar enttäuschende Ergebnisse wurden auch unter günstigen Testbedingungen (junge Wählergruppen bzw. interne Personalratswählen beim Brandenburgischen Landesamt für Datenverarbeitung und Statistik) erzielt (vgl. Lange 2002: 133-134). Offenbar gilt für das Problem geringer bzw. partiell rückläufiger Wahlbeteiligungen ähnliches wie für die Partizipation generell: Die Ursachen sind nicht technischer, sondern gesellschaftspolitischer Art. Die durch elektronische Wahlverfahren mit großem Aufwand gewonnene höhere Bequemlichkeit für den Wähler trägt nicht maßgeblich zur Lösung des Problems bei. Sinnvoller könnten elektronische Wahlsysteme für Staaten sein, deren Verfassung in sehr viel stärkerem Maße direktdemokratische Elemente vorsehen, wie es etwa in der Schweiz der Fall ist, wo bis zu 90% der Stimmberechtigten die Briefwahl vorziehen – in Deutschland sind es bei Bundestagswahlen etwa 15%, allerdings mit stark steigender Tendenz (vgl. Neymanns/ Buchstein 2002: 13).

13.4 Electronic Government

So alt wie die Klagen über langwierige, personal- bzw. kostenaufwändige und intransparente Verwaltungsvorgänge sind, so lange währt auch die Diskussion über Verwaltungsreformen. Insofern ist es nicht überraschend, dass auch hier Online-Medien mitunter als Allheilmittel oder zumindest als Werkzeuge zur Problemlösung propagiert und mit beträchtlichem Aufwand Pilotprojekte gestartet wurden. Eingebettet in den Diskurs über die „Informationsgesellschaft" und das Leitbild des „modernen Staates", der auch auf EU-Ebene rege geführt wird, und angetrieben durch die dauerhafte öffentliche Finanzkrise sollen durch Electronic Government gleich mehrere (zum Teil konfligierende) **Ziele** realisiert werden (Winkel 2004: 8-10):

- Effektivitätsverbesserungen, also die Optimierung der Wirkung politisch-administrativen Handelns,

- Effizienzgewinne, d. h. eine bessere Wirtschaftlichkeit der Verwaltung,

- Verbesserung des Bürgerservices, womit eine „Kundenorientierung" der Verwaltung gemeint ist, die es Bürgern und Unternehmen ermöglicht, Dienstleistungen rasch und unproblematisch aus einer Hand zu erhalten,

- Erhöhung der Transparenz und Responsivität des Verwaltungshandelns,

- Verbesserung der Legitimität und Akzeptanz des Verwaltungshandelns, insbesondere durch eine höhere Beteiligung des Bürgers an Entscheidungsprozessen,

- Verbesserung der Arbeitsbedingungen für die Mitarbeiter der öffentlichen Verwaltungen,

- Sicherung der Rechtmäßigkeit des Verwaltungshandelns, d. h. es müssen auch unter den veränderten medialen Bedingungen die rechtsstaatlichen Grundlagen, einschließlich der informationellen Selbstbestimmung gewahrt bleiben und die „virtuellen" Verwaltungsakte müssen rechtgültig sein.

Um die angestrebten Ziele zu erreichen, sollen Online-Medien teilweise oder vollständig an die Stelle von Papierformularen, Telefonaten oder persönlichen Behördenbesuchen treten. Verhindert oder reduziert werden sollen die Mehrfacherfassung von Texten und Daten sowie lange Warte- und Bearbeitungszeiten durch die Anlieferung der Daten in digitaler Form und die automatisierte Be- und Verarbeitung. Bürger und Unternehmen sollen nicht länger verschiedene, vielfach räumlich getrennte Verwaltungsstellen und Ämter aufsuchen müssen, sondern alle notwendigen Angaben vom eigenen PC aus per Netz übermitteln und im Idealfall auch Bescheide, Bewilligungen oder gar amtliche Dokumente elektronisch (oder postalisch) zugesandt erhalten („One-Stop-Government"). Genaue Kenntnisse der Zuständigkeiten sollen den „Verwaltungskunden" nicht mehr abverlangt werden, nach dem Modell der Lebenslagen (z. B. Geburt, Ausbildung, Arbeit, Umzug, Heirat, Wohnen, Gesundheit, Alter, Sterben) bzw. „Geschäftsepisoden" (wie Gründung, Steuern, Innovation, Fusion, Liquidation usw.) soll der „Kunde" online die notwendigen Portale, Websites oder Eingabemasken selbst finden können, ohne sich um die internen Verwaltungsabläufe und arbeitsteiligen Prozesse sorgen zu müssen (vgl. z. B. Booz, Allen, Hamilton 2002: 107).

Beim Electronic Government lassen sich drei verschiedene Beziehungen und drei grundlegende Ausbaustufen unterscheiden: Beziehungen zwischen Verwaltungen und Bürgern werden als **Government to Citizen (G2C)**, zwischen Verwaltungen und Unternehmen als **Government to Business (G2B)** und zwischen verschiedenen Verwaltungen als **Government to Government (G2G)** bezeichnet. Aus Sicht der Verwaltung werden zudem – analog zum Electronic Business – unterschieden: E-Procurement, also die Ausschreibung von Aufträgen und die Beschaffung von Material auf elektronischem Wege; E-Organization, also die verwaltungsinterne Kommunikation zwischen Abteilungen und Behörden; sowie in der Beziehung zum Bürger: E-Assistance (Beratung und Information), E-Administration (die eigentlichen Verwaltungsakte) und E-Democracy, womit Partizipationsformen bis hin zur Online-Wahl gemeint sind (vgl. Kap. 13.3.3). Als Ausbaustufen des E-Government gelten dementsprechend: Informationsangebote, Dialogangebote, Transaktionsmöglichkeiten (vgl. Gisler 2001).

Am leichtesten zu realisieren sind webbasierte **Informationsangebote** von Ämtern und Behörden, denn hierfür ist lediglich die mediengerechte Aufbereitung von meist vorhandenem Informationsmaterial (Broschüren, Merkblätter, Öffnungszeiten, Lagepläne usw.) notwendig. Gleichwohl bietet das WWW weitere Gestaltungsmöglichkeiten und bessere Recherchemöglichkeiten, so dass hier – bei professioneller Anlage – durchaus ein Mehrwert für Bürger und Unternehmen erzeugt werden kann. Bis heute liegt der Schwerpunkt der E-Government-Angebote in Deutschland eindeutig auf diesen Informationsfunktionen (vgl. Bauer 2004: 3). Allerdings treten bereits auf der Informationsebene Probleme auf, wie Elisabeth Richard (2002: 75-76) am Beispiel der kanadischen Regierungs-Website erläutert: So wird das Auffinden und Abrufen von Verwaltungsdokumenten durch interessierte Bürger dadurch erschwert, dass entweder gar keine oder je nach Behörde unterschiedliche Verschlagwortungen durchgeführt wurden, die zwar von Verwaltungsexperten durchblickt werden, sich dem Laien aber nicht erschließen. Es genügt also nicht, Originaldokumente „einfach ins Web zu stellen", vielmehr müssen sie nutzerfreundlich und mediengerecht aufbereitet und präsentiert werden.

Weitaus schwieriger stellt sich die Realisierung der beiden folgenden Ausbaustufen dar: Die Etablierung von **Dialogmöglichkeiten** via E-Mail setzt auf der „Kunden"- wie auf der Behördenseite nicht nur eine entsprechende technische Infrastruktur und Medienkompetenz voraus, sie bedeutet für die Verwaltungen auch eine zum Teil tiefgreifende Reorganisation ihrer Arbeitsabläufe und -strukturen, die traditionell nur wenig auf Responsivität, Transparenz und Dialog hin angelegt sind. Dies liegt nicht allein an den individuellen Einstellungen der Beschäftigten, sondern vielfach an den rechtlichen Vorschriften, etwa wenn Auskünfte zu laufenden Verfahren nur persönlich und nach Vorlage des Personalausweises erteilt werden dürfen oder wenn Unterlagen im Bearbeitungsgang bei anderen Abteilungen liegen, ohne dass der richtige Ansprechpartner ermittelbar ist. Olaf Winkel hält daher „eine Abkehr von der tayloristischen Produktion in zentralistischen Strukturen und eine Hinwendung zur diversifizierten Qualitätsproduktion in Teamarbeit" sowie ein „professionelles Projektmanagement" (Winkel 2004: 12; 14) für unabdingbare Voraussetzungen. Auf ein tiefgreifendes Organisationsproblem bei der Bewältigung der eingehenden Mails und Diskussionsbeiträge in Partizipations-Foren weist Richard (2002: 77-78) hin: Falls überhaupt Personal für die Beantwortung, Sammlung und Auswertung von Beiträgen vorhanden ist, so handelt es sich vielfach um hierarchieniedrige Bedienstete, die nach eigenen Vorstellungen selektieren und Informationen an ihre Vorgesetzen weiterleiten. Ungeklärt bleibt auch die Rolle dieser Verwaltungsbeamten, die im Gegensatz zu Politikern der Legislative üblicherweise nicht mit Bürgern diskutieren und sich vielfach auch gar nicht hierzu befugt sehen. Die Entscheidungsträger hingegen verlassen sich im Zweifel lieber auf repräsentative Meinungsumfragen als auf die online eingehenden Meinungsäußerungen und Problemdarstellungen.

Es zeigt sich somit erneut, dass neuere Medientechnologien organisatorische Innovationen nicht ersetzen können: Technische Infrastrukturen determinieren soziale und organisatorische Kommunikationsstrukturen nicht; sie können sie lediglich unterstützen bzw. in deren Rahmen ihre Vor- und Nachteile entfalten. In vergleichbarer Weise gilt dies für die Online-Abwicklung von Verwaltungsakten, also die **Transaktionsstufe**: Notwendig hierfür sind rechtliche Innovationen, die eine Authentifizierung des Bürgers auch ohne dessen persönliches Erscheinen erlauben. Mit dem Gesetz über die elektronische Signatur ist diese Voraussetzung zwar seit einigen Jahren geschaffen, was jedoch noch fehlt, ist eine flächendeckende Verbreitung mit den technischen Endgeräten bei den Bürgern, aber auch in den Behörden. Zudem sind viele Dienstleistungen gebührenpflichtig, so dass auch elektronische Zahlungssysteme – auf beiden Seiten – für die vollständige Transaktion notwendig sind. Während sich die Anschaffung einer entsprechenden Hard- und Software-Ausstattung für die meisten Bürger, die ein- bis zweimal im Jahr Kontakt zu Behörden aufnehmen müssen, derzeit kaum rentiert, sind die Voraussetzungen im G2B-Sektor günstiger, insbesondere wenn man an Routineangelegenheiten wie Autobahnmaut, Zollabfertigung, Steuerzahlungen etc. denkt.

Große Unterschiede beim Entwicklungsstand des E-Government sind in der Bundesrepublik bezüglich der politischen Gliederung zu beobachten: Während der Bund im Rahmen der 2002 begonnenen Initiative „BundOnline 2005" (vgl. www.bundonline2005.de) zunächst 18 Modellprojekte durchführt, um mehr als 350 Dienstleistungen online anbieten zu können, herrscht bei den Bundesländern noch erheblicher Nachholbedarf, wie Bauer (2004: 3) konstatiert. Allerdings bieten Bund und Länder insgesamt vergleichsweise wenige Dienstleistungen an, während der Großteil der Aufgaben bei den Kommunen liegt. **Kommunale Websites** sollen meist mehrere Aufgaben erfüllen, die über das eigentliche E-Government hinausgehen. Neben den Bürgern und Unternehmen, die bereits am Ort ansässig sind, sollen im Sinne des Stadtmarketing Touristen, Kongressveranstalter etc. und neue Unternehmen angesprochen bzw. angeworben werden. Die Bürgerbeteiligung an kommunalen Planungs- und Bauvorhaben sowie die Bereitstellung und Moderation von deliberativen Foren zur Entscheidungsfindung (vgl. Floeting/ Bussow 1998: 273) treten hinter diesen durch den Standortwettbewerb dominierten Zielstellungen vielfach zurück und sind sicherlich auch am schwierigsten zu realisieren (vgl. für die USA Hale/ Musso/ Weare 2002). Christina Altides et al. (2003) haben in einer vergleichenden Struktur- und Inhaltsanalyse der Websites von zehn deutschen und zwei ausländischen Städten festgestellt, dass die technischen und gestalterischen Möglichkeiten, die das Web Kommunen grundsätzlich bietet, um über das Informationsangebot hinaus auch Dialog, Diskurs, Partizipation und Online-Dienstleistungen zu realisieren, nur sehr unzureichend genutzt werden:

> „... der Städtevergleich hat deutlich gezeigt, dass nur wenige Städte bisher innovative Schritte gegangen sind. Werden die Möglichkeiten im Bereich der Information weitgehend genutzt, so sinkt ... bei der Kommunikation und der Transaktion die Ausschöpfung der Möglichkeiten. (...) Zwar werden stets Angaben zu E-Mail-Kontakten gemacht; aber das Potenzial, durch Diskussionsforen oder Gästebücher auch öffentliche Kommunikation zu unterstützen, wird nur selten genutzt ... Das Schlusslicht bildet die technisch aufwändigste Möglichkeit der CMC, die Transaktion. Nur der Download von Formularen sowie die Möglichkeit der Online-Buchung und -bestellung sind im Rahmen der untersuchten Auftritte (und auch hier nur teilweise) möglich. (...)

> Es stellte sich heraus, dass die untersuchten Städte ihre Schwerpunkte in den Bereichen der sozialen, kulturellen sowie wirtschaftlichen Funktionen gesetzt haben. Sowohl die politische als auch die Planungs- und Ordnungsfunktion werden eher vernachlässigt." (Altides et al. 2003: 131-132)

Auch die seit Mitte der neunziger Jahre mit großer öffentlicher Aufmerksamkeit verfolgten „digitalen Städte" sind ohne durchschlagenden politischen Erfolg geblieben. So berichtet Lovink (1998), dass die 1994 in Amsterdam gegründete „digitale Stad" zwar rasch an „Bewohnern" gewonnen habe (1997 bereits 50.000), diese aber nur geringes Interesse an politischen Fragen entwickelt haben. Zur Belebung und Moderation von Chats und Foren wurde eigens eine Journalistin engagiert. Nach Einschätzung Lovinks handelt es sich auch bei dem Amsterdamer „Vorzeigeprojekt" nicht um eine urbane Gemeinschaft, sondern um eine Ansammlung vielfältiger Gemeinschaften mit abnehmender lokaler Bindung an Amsterdam. In Berlin und anderen Städten, die dem Amsterdamer Vorbild nacheiferten, wurden vergleichbare Projekte mittlerweile mangels Nachfrage oder aufgrund von Refinanzierungsproblemen wieder eingestellt.

13.5 Öffentlichkeit im Internet

13.5.1 Theoretische Grundlagen

In demokratischen Gesellschaften stellt Öffentlichkeit die zentrale **Legitimationsinstanz** politischer Herrschaft dar, und in modernen Gesellschaften ist Öffentlichkeit ohne Medien nicht mehr herstellbar. Sobald sich die Medien gesellschaftlicher Kommunikation verändern, etwa durch das Hinzutreten neuer Medien, stellt sich daher die Frage, ob sich auch unsere Öffentlichkeit verändert. Bevor wir die Frage näher untersuchen können, ob durch computervermittelte Kommunikation ein grundlegender Wandel von Öffentlichkeit stattfindet, ob gar eine neue „Netzöffentlichkeit" oder eine „Gegenöffentlichkeit" entsteht bzw. an die Stelle der bisherigen „Medienöffentlichkeit" tritt, müssen wir uns in der gebotenen Kürze der theoretischen Grundlagen versichern.

Nach Jürgen Habermas (1992: 436) lässt sich Öffentlichkeit in demokratischen Rechtsstaaten „am ehesten als ein Netzwerk für die Kommunikation von Inhalten und Stellungnahmen, also von Meinungen beschreiben; dabei werden die Kommunikationsflüsse so gefiltert und synthetisiert, dass sie sich zu themenspezifisch gebündelten öffentlichen Meinungen verdichten." Öffentlichkeit ist also nicht gleichzusetzen mit dem „öffentlichen Raum" oder allem, was veröffentlicht ist, sondern sie ist ein **Netzwerk**; betont wird der kommunikative **Prozessscha-**

rakter, der zur Ausbildung von öffentlichen Meinungen zu bestimmten Themen – und nicht **der** öffentlichen Meinung schlechthin – führt bzw. führen soll. Auch für Jürgen Gerhards (1998a: 694) unterscheiden sich öffentliche Meinungen von aggregierten Individualmeinungen, wie sie durch einfache demoskopische Methoden problemlos erfasst werden können. Nach Auffassung von Habermas und (eingeschränkt) Gerhards erfüllt Öffentlichkeit folglich drei **Funktionen** bzw. sie soll alle drei Funktionen im normativen Sinne gewährleisten:

In der Input-Phase soll Öffentlichkeit **Transparenz** erfüllen, also offen sein für alle Themen und Meinungen von kollektiver Bedeutung. Nach Habermas soll zumindest idealtypisch kein Thema von der öffentlichen Kommunikation ausgeschlossen werden, und alle diskursfähigen Menschen sollen gleichberechtigten Zugang zu den Foren öffentlicher Kommunikation besitzen. In der Throughput-Phase soll Öffentlichkeit eine **Validierung** der Themen und Meinungen im rationalen Diskurs leisten, d. h. es soll hier allein das bessere Argument zählen, ohne Ansehen der Kommunikanden und ohne äußeren Zwang. Die Validierung oder Bewertung erfolgt kollektiv und schließt die begründete Revision von Meinungen ein; Ziel ist – nach Habermas – die Erzeugung eines rationalen Konsensus, der in der Output-Phase das gesellschaftliche und politische Handeln orientiert. Habermas kritisiert nun aber, dass Öffentlichkeit unter den Bedingungen kommerzieller Medienkommunikation, vermachteter Strukturen und hohem Einfluss politischer PR ihre demokratietheoretisch bedeutsamen Funktionen der Validierung und **Orientierung** nicht mehr oder nur noch ausnahmsweise erfüllt. An die Stelle von Diskurs und Kritik sind demnach Konsum und Akklamation getreten, statt verständigungsorientiertem kommunikativem Handeln herrscht zweckrationales strategisches Handeln vor. Während Habermas gleichwohl an der „kontrafaktischen" Gültigkeit der normativen Funktionsanforderungen des „**Diskursmodells** von Öffentlichkeit" festhält, plädieren Gerhards (1998b) und vor allem Niklas Luhmann (1990) für ein normativ weniger anspruchsvolles, empirisch aber möglicherweise brauchbareres „**Spiegelmodell** von Öffentlichkeit". Öffentlichkeit erfüllt demnach lediglich die Transparenzfunktion: sie dient der Selbstbeobachtung der Gesellschaft durch die Veröffentlichung von Themen, doch führt der Öffentlichkeitsprozess nicht mehr zur Bildung einer rational begründeten, konsensuellen öffentlichen Meinung, sondern allenfalls zu Anschlusskommunikationen. Je nachdem, welchem Modell man nun folgt, ergeben sich verschiedene Diagnosen der traditionellen Medienöffentlichkeit und in der Folge auch unterschiedliche Erwartungen an eine Veränderung, die durch die computervermittelte Kommunikation erzielt werden kann oder soll (vgl. Kap. 13.5.2).

Außer den Phasen und Funktionen des Öffentlichkeitsprozesses lassen sich noch zwei weitere **Strukturen** unterscheiden, die wir auch für die Untersuchung von Öffentlichkeit bei der computervermittelten Kommunikation benötigen: die Ebenen des Netzwerkes Öffentlichkeit und die Sprecherrollen in der Öffentlichkeit. Neidhardt (1994) unterscheidet **drei Ebenen** von Öffentlichkeit: Auf der **Encounter-Ebene** der alltäglichen Kommunikation erfolgt öffentliche Kommunikation (über öffentlich relevante Themen und Meinungen) interpersonal. Beteiligt sind hieran zwei oder mehr Menschen in überschaubaren Gruppen; zumindest grundsätzlich wechseln die Sprecher- und Zuhörerrollen und Vermittler sind nicht beteiligt. Auf der **Ebene der Versammlungs- oder Themenöffentlichkeit** wird vor einem Publikum öffentlich kommuniziert, d. h. Sprecher- und Hörerrollen sind asymmetrisch verteilt. Zum Teil erfolgt diese Rollendifferenzierung in organisierter Form, z. B. auf Versammlungen, Kundgebungen, Tagungen, Podiumsdiskussionen oder Demonstrationen. Auch die Themen werden meist nicht mehr spontan ausgehandelt, sondern in mehr oder weniger strukturierter Weise, etwa durch eine Tagesordnung vorgegeben. Werden solche Versammlungs- oder Themenöffentlichkeiten durch journalistische Berichterstattung (auch auf dem „Umweg" über Presse- und Öffentlichkeitsarbeiter) zum Gegenstand der Berichterstattung der publizistischen Medien, so wird die Schwelle zur dritten Ebene von Öffentlichkeit überschritten: Diese **Medienöffentlichkeit** ist in hohem Maße institutionalisiert, d. h. Publikums-, Sprecher- und Vermittlungsrollen sind festgelegt und die wechselseitigen Erwartungen eindeutig. Medienöffentlichkeit ist im Gegensatz zu den beiden anderen Ebenen von Öffentlichkeit dauerhaft und arbeitsteilig organisiert, Themen und Meinungen werden auf der Grundlage von journalistischen Selektionsregeln ausgewählt und professionell präsentiert sowie ggf. kommentiert und kontextualisiert. Bei der Betrachtung der drei Ebenen von Öffentlichkeit sind bereits verschiedene **kommunikative Rollen** angesprochen worden; Neidhardt (1994) unterscheidet aber nicht nur die Rollen von Publikum, Vermittlern („Kommunikateuren") und Sprechern, er differenziert die Sprecherrollen weiter in: Repräsentanten („offizielle" Vertreter von gesellschaftlichen Gruppen und Organisationen), Advokaten („selbsternannte" Fürsprecher oder Anwälte bestimmter Interessengruppen), Experten (z. B. Wissenschaftler), Intellektuelle (die weniger durch ihr Sach- und Fachwissen als durch ihre moralisch-ethische Kompetenz qualifiziert sind) und Kommentatoren, die sich insbesondere aus den Reihen der Journalisten rekrutieren.

13.5.2 „Netzöffentlichkeit"?

Vertreter des normativ anspruchsvolleren **Diskurs-Modells der Öffentlichkeit** diagnostizieren wie bereits oben ausgeführt seit langem Funktionsmängel der Medienöffentlichkeit. Das Internet hingegen biete nun jedem die Möglichkeit öffentlich zu kommunzieren, ohne die hohen ökonomischen und technischen Barrieren des Medienzugangs überwinden und die Selektionsprozesse journalistischer Gatekeeper durchlaufen zu müssen. Unabhängig davon, welche Sprecherrolle den Kommunikanden in der Medienöffentlichkeit zukomme und unabhängig von den Faktoren Macht oder Prominenz könne im Internet sachlich diskutiert werden, zumal hier überwiegend textbasiert kommuniziert wird, also nahezu alle nicht sprachlichen Indikatoren der Person ausgeblendet seien. Die für die Medienöffentlichkeit typische Arena-Galerie-Konstellation, bei der das Publikum in einer „passiven" Position von der Galerie aus das kommunikative bzw. strategische Handeln der politischen Elite-Akteure („Matadore") in der Arena lediglich verfolgen könne, werde aufgelöst. Die „Einseitigkeit" und Intransparenz der Massenkommunikation werde abgelöst durch vielfältige „one-to-one"-, „one-to-many"- und „many-to-many"-Kommunikationsflüsse, an denen sich alle beteiligen könnten (vgl. Marschall 1998: 48). Dies ermögliche einen herrschaftsfreien Diskurs ohne Ansehen der Person und führe zu einer rationalen Argumentation. Die Möglichkeit, direkt und ohne professionelle Vermittler untereinander sowie mit der politischen Elite online zu kommunizieren, stärke nicht nur die partizipative Kommunikation, sondern eröffne einen neuen Spielraum für direktdemokratische, plebiszitäre Elemente in der Politik oder ermögliche zumindest deliberative Konsensbildungen. Das Netz stellt sich nach dieser Sichtweise als ideales Medium für kritische **„Gegenöffentlichkeiten"** dar und ermöglich die globale Vernetzung lokaler Gegenöffentlichkeiten (vgl. Plake/ Jansen/ Schuhmacher 2001: 76-77).

Aus öffentlichkeitstheoretischer und kommunikationssoziologischer Perspektive müssen diese Annahmen allerdings kritisiert werden, denn sie treffen allenfalls auf Teile der computervermittelten Kommunikation zu: So weist beispielsweise Marschall (1998: 48-51) zu Recht darauf hin, dass die Zugänglichkeit für alle keineswegs gegeben ist, weil nicht alle über die gleichen technischen und kognitiven Ressourcen (Netzzugang, Medienkompetenz usw.) verfügen. Spätestens mit der Kommerzialisierung des Internet ist auch hier – am deutlichsten im WWW – die **Galerie-Arena-Konstellation** dominant geworden; auch die direkte Adressierbarkeit führt nicht automatisch zu wechselseitiger Kommunikation und dem rationalen Austausch von Argumenten. Auch Bieber (1999: 186-200) geht zwar von einer gewissen Öffnung und dem Hinzutreten neuer Öffentlichkeitsakteure aus, weist aber auf neue Ungleichheiten des Zugangs hin und hält die These, Netzöffentlichkeit stelle per se eine „Alternativöffentlichkeit" für nicht haltbar. Ausgehend von den Habermas'schen Anforderungen an einen rationalen Diskurs (vgl. hierzu auch Kap. 13.2) hat Dahlberg (2001) systematisch untersucht, ob die computervermittelte Kommunikation im Internet tatsächlich diesen Kriterien entspricht:

- Die von Habermas geforderte **Unabhängigkeit von staatlicher und wirtschaftlicher Macht** sieht Dahlberg nur partiell erfüllt, denn zum einen wird der Zugang zum und die Kommunikation im Internet in vielen Staaten verwehrt bzw. zensiert, und zum anderen weist er auf die zunehmende Kommerzialisierung des Internets hin. Gleichwohl gibt es jedoch eine nicht zu übersehende Fülle von nicht-kommerziellen und frei von staatlicher Kontrolle funktionierenden Online-Foren.

- Das zweite Kriterium betrifft die **Rationalität der Argumentation,** also die Frage, ob Äußerungen begründet werden und damit ihre Geltungsansprüche kritisierbar sind. Die Forschungsergebnisse von Wilhelm (2002: 173) sowie Hill und Hughes (1998: 125) belegen, dass zumindest in politischen Newsgroups zwischen 60 und 75% der Postings Belege und Verweise auf Tatsachen enthalten.

- Zum rationalen Diskurs zählt auch die Anforderung, dass nur der „zwanglose Zwang des besseren Arguments" gilt, es also zu Meinungswechseln kommt, wenn sachliche Gründe hierfür vorliegen. Solche **Meinungswechsel** im Anschluss an die längeren wechselseitigen Austausch von Argumenten sind nach den von Dahlberg ausgewerteten Studien in den politischen Foren des Internet jedoch eher selten anzutreffen. Mehr als zwei Drittel der von Anthony Wilhelm (2002) bereits 1996 analysierten 500 Postings aus zehn politischen Usenet- und AOL-Newsgroups dienten lediglich dazu, eine eigene Meinung zu artikulieren. Weniger als ein Fünftel der Postings nahmen Bezug zu einem vorangegangenen, so dass Wilhelm (2002: 171) zu dem Ergebnis gelangt: „If a democratic discussion is to be defined at least in part by the quality of the conversation, then the newsgroups analysed in this study are not very deliberative." Ausgeprägt ist auch die Homogenität der Interessen und Meinungen innerhalb der Foren: Über 70% der Postings unterstützten erkennbar die im jeweiligen Forum herrschende Meinung. Immerhin wurden jedoch bei rund drei Viertel der Postings Begründungen für die jeweiligen Meinungen formuliert (vgl. Wilhelm 2002: 172-173).

- Auch das **wechselseitige Role Taking,** also das sich in die Rolle des Kommunikationspartners hineinversetzen, bereitet offenbar Schwierigkeiten: Streck (1998: 45) berichtet, die Kommunikation im Netz „on a day to day basis is about as interactive as a shouting match." Hill und Hughes (1998: 57-62; 115) haben inhaltsanalytisch ermittelt, dass 30-40% der Threads in politischen Newsgroups überwiegend aus Flaming bestanden. Hinzu kommt, dass offenbar die Unverbindlichkeit der Kommunikation in solchen Foren dazu führt, dass es leichter fällt, das Gespräch zu beenden, als sich mit den Meinungen anderer Menschen länger auseinander zu setzen; im Ergebnis entstehen thematisch und meinungsbezogen sehr **homogene Diskussionszirkel** (vgl. Dahlberg 2001). Insgesamt ergibt sich jedoch ein an den normativen Ansprüchen eines deliberativen Diskurses gemessen eher bescheidenes Bild der politischen Online-Diskussion in den Foren: In der überwiegenden Mehrzahl handelt es sich um episodische Kommunikationsstränge mit eher seltenen inhaltlichen Bezugnahmen auf die vorangegangene „Diskussion", und die untersuchten Newsgroups „... do not provide viable sounding boards for signalling and thematising issues to be processed by the political system. They neither cultivate nor iterate a public opinion that is the considered judgement of persons whose preferences have been contested in the course of public gathering; at least there is insufficient evidence to support such a salubrious picture of the political public sphere in cyberspace" (Wilhelm 2002: 175).

- Problematisch ist auch die Erfüllung der **Wahrhaftigkeitsansprüche,** denn das Internet erweist sich als Sammelbecken von falschen, nicht überprüften und fragwürdigen Informationen bis hin zu böswilligen und propagandistischen Verschwörungstheorien. Dies gilt sowohl für das WWW wie für viele politische Newsgroups (vgl. Dahlberg 2001 sowie kritisch: Plake/ Jansen/ Schuhmacher 2001: 123-132). Jones (1996) hat, während die Balkankriege eskalierten (1991-1992), anhand der Newsgroup soc.culture.yugoslavia untersucht, auf welche Quellen die Diskussionsteilnehmer bei ihren Argumentationen tatsächlich zurückgriffen. Ausgewertet wurden insgesamt 6.192 News, von denen 1.120 auf den Nachrichten professioneller Medienangebote basierten. Von den insgesamt 211 Postern der Gruppe bezogen sich 131 zum Teil mehrfach auf publizistische Medien. Am häufigsten (12,59% der Fälle) wurde dabei auf „Vreme", eine serbische Zeitung, verwiesen; es folgten die bekannten internationalen und US-amerikanischen Qualitätsmedien und Nachrichtenagenturen (New York Times, Associated Press, UPI, USA Today, Time, Wall Street Journal, BBC, CNN, Reuters usw.). Die Ergebnisse dieser Fallstudie deuten darauf hin, dass in den Newsgroups in hohem Maße Anschlusskommunikation stattfindet, die sich auf die Nachrichten renommierter, glaubwürdiger und im Netz verfügbarer Medien bezieht. Dies wird auch durch eine Online-Befragung von 114 der Newsgroupteilnehmer bestätigt, die das Usenet ganz überwiegend nur als „second source of news" hinter den etablierten publizistischen Medien nutzten.

- Auch dass **gleichberechtigt und herrschaftsfrei** in politischen Newsgroups diskutiert würde, lässt sich nicht behaupten. Phänomene der Hierarchiebildung, der Monopolisierung von Themen und Aufmerksamkeit, der autoritären Gesprächsführung und des „Diskursausschlusses" durch Ignorieren sind auch in politischen Newsgroups verbreitet.

Die Bereitstellung einer medialen Infrastruktur determiniert demnach keineswegs die Art und Weise der Kommunikation. Die Beseitigung technischer Partizipationshindernisse rührt nicht an das **Fortbestehen der sozialen Partizipationsbarrieren,** wie sie aus der politischen Partizipationsforschung seit langem bekannt sind. Folglich müssen wir davon ausgehen, das auch in Online-Diskussionsforen sich vor allem die besser gebildeten Kreise beteiligen, die zugleich über die notwendigen ökonomischen und zeitlichen Ressourcen sowie die spezifischen Medienkompetenzen verfügen (vgl. Wilhelm 2002: 158). James A. Knapp (1996) begreift Newsgroups zwar als „an electronic public sphere", in der persönliche Botschaften im Stile von Essays ausgetauscht werden, und insofern auch das Private politisch wird. Auch er weist aber auf die hohe thematische Strukturierung und soziale Schließung dieser Diskussionsforen hin (Knapp 1996: 191).

Wie die Analyse der computervermittelten Kommunikation in Chats, Newsgroups und Mailinglists (vgl. Kap. 6-8) bereits ergeben hatte, handelt es sich bei den Foren im Netz und den „virtuellen Gemeinschaften" (vgl. Kap. 11) keineswegs um egalitäre, herrschaftsfreie soziale Gebilde. Zu diesem Ergebnis kommen auch Kolko und Reid, wenn sie schreiben,

> „ ... that virtual communities are *not* the agora, that they are not a place of open and free public discourse. It is a mistake to think that the Internet is an inherently democratic institution or that it will necessarily lead to increased personal freedoms and increased understanding between people." (Kolko/ Reid 1998: 216)

Im Umkehrschluss sollte nun allerdings nicht gefolgert werden, dass ein Diskurs über politische Themen und Meinungen online überhaupt nicht möglich sei, dies widerlegen vielfältige Beobachtungen und Erfahrungen. Nicht haltbar ist aber die These, dass das Internet der ideale oder auch nur der privilegierte Ort des idealen Diskurses sei, der „offline" schon lange nicht mehr geführt werden könne.

Vertreter des **Spiegel-Modells von Öffentlichkeit** gehen davon aus, dass im Internet gerade aufgrund der geringen Zugangs- und Publikationsschwellen ein unübersichtliches Angebot an Themen und Meinungen kommuniziert werde, so dass nicht einmal die Transparenzfunktion von Öffentlichkeit erbracht werden kann: Die im Netz veröffentlichten Themen und Meinungen können nicht als allgemein bekannt angesehen werden, denn so lange sie nicht auf die Ebene der Medienöffentlichkeit gelangen, werden sie nur von einem kleinen Teil der Netznutzer (und noch kleineren Segmenten der Gesellschaft) wahrgenommen. Mit den oben erläuterten Begriffen der Öffentlichkeitstheorie lässt sich auch die computervermittelte öffentliche Kommunikation gut beschreiben: Die Kommunikation im Netz bewegt sich auf der Ebene **medialisierter Encounteröffentlichkeit.** Werden öffentlich relevante Themen und Meinungen in der E-Mail-, Chat-, Newsgroup- oder Web-Kommunikation diskutiert, dann handelt es sich um zwar mehr (Web, Chat, Newsgroup) oder weniger (E-Mail, Mailinglists) öffentlich beobachtbare, aber weiterhin um interpersonale Kommunikation. Die Kommunikation mittels Websites, Newsgroups und Chats erfolgt in der Regel themenzentriert und die Thematik ist auch das Strukturprinzip insbesondere von Newsgroups, aber auch von Mailinglists und vielen Websites. Vom Thema abweichende Beiträge werden als „off topic" entweder nicht beachtet oder von Moderatoren ausgeschlossen, die Kommunikation bewegt sich somit auf der Ebene der **Themen- oder Versammlungsöffentlichkeit.** Viele Kommunikationsforen werden auch von politischen oder gesellschaftliche Organisationen angeboten, etwa von Parteien, Verbänden, Vereinen oder zivilgesellschaftlichen Initiativen, so dass mitunter die Themenöffentlichkeit dieser Foren zugleich eine – vielfach enger gefasste – **Organisationsöffentlichkeit** darstellt.

Themen und Meinungen durchlaufen demnach auch unter Bedingungen der computervermittelten Kommunikation verschiedene Ebenen der Öffentlichkeit, bevor sie zum Gegenstand der Medienöffentlichkeit werden **können.** Im Unterschied zur nicht medialisierten Encounter-Öffentlichkeit sind weite Teile der interpersonalen und Gruppenkommunikation im Netz jedoch **öffentlich beobachtbar.** Dies können sich politische Akteure und Organisationen (z. B. Parteien hinsichtlich der Diskussionsforen auf ihren Websites) und Journalisten zu Nutze machen: Bei der Recherche nach Themen und Meinungen können sie dann auf solche aus dem Internet zurückgreifen **und anhand der Selektionskriterien der Medienöffentlichkeit** entscheiden, ob sie hierüber berichten oder nicht. Aufgrund der Vielzahl der Angebote und Foren sowie der geringen Transparenz des Netzes entsteht aber ein sehr hoher Selektionsdruck, so dass die Chancen eines Themas, aus dem Netz in die publizistischen „offline"-Medien zu gelangen eher gering ist. Tatsächlich erfreuen sich das WWW, aber auch Newsgroups bei Journalisten großer Beliebtheit für die Recherche von Hintergrundinformationen und neuen Themen (Vorrecherche). Laut einer nicht-repräsentativen Umfrage (N = 645) nutzen 96% der Journalisten das Internet für die Recherche von Hintergründen (davon 79% „häufig"), für 17% der Befragten waren auch Newsgroups „sehr wichtig" für ihre tägliche Arbeit (forsa 2000: 21-23).

Themenkarrieren verlaufen **zwischen** den verschiedenen Ebenen der Öffentlichkeit, und zwar durchaus in beiden Richtungen: So wie Medienthemen aus Presse und Rundfunk auch auf der Encounter-Ebene außerhalb des Netzes weiter kommuniziert werden, so lässt sich feststellen, dass online viele Themen diskutiert werden, die auf der Agenda der publizistischen „Offline"-Medien stehen: In Mailinglists, Chats und Newsgroups wird Bezug genommen auf Nachrichten aus Fernsehen, Hörfunk und Presse. Hinzu kommen Bezugnahmen, Zitate und Verweise (auch über integrierte Links) auf Themen und Meinungen aus den publizistischen Online-Medien, also den Angeboten des Online-Journalismus. Hier gelten grundsätzlich die Regeln und Strukturen der Medienöffentlichkeit: Die Differenzierung von Publikums-, Vermittler- und Sprecherrollen sind ebenso gegeben wie die Binnendifferenzierung in verschiedene Sprecherrollen. Professionelle Online-Journalisten der großen Anbieter arbeiten wiederum nach den Selektionsregeln der Medienöffentlichkeit, d. h. die Online-Angebote der Tageszeitungen, Nachrichtenmagazine und Rundfunkveranstalter wirken auch als „Agenda-Setter" für die computervermittelte Anschlusskommunikation auf der Encounter- und Versammlungsebene. Themenkarrieren können die Grenze zwischen Online-Kommunikation und „Offline-Kommunikation" überschreiten, weil es sich dabei nicht um eine Sinngrenze handelt, und Kommunikanden, die online kommunizieren, immer eingebunden bleiben in netzexterne Kommunikationsbeziehungen. Wenn man überhaupt von zwei Öffentlichkeiten ausgeht, dann lässt sich zumindest feststellen, dass beide **Öffentlichkeiten miteinander vernetzt** sind (vgl. Marschall 1998: 53-54; Bieber 1999: 186-200).

Hinzu kommen im Netz **alternative publizistische Angebote** mit dem Anspruch der „Gegenöffentlichkeit", die gezielt versuchen, andere Themen und abweichende Meinungen in die Online-Kommunikation und darüber hinaus in die öffentliche Kommunikation insgesamt einzuspeisen. Diese Angebotsformen reichen von sehr persönlichen Erfahrungsberichten und Meinungskundgebungen in Weblogs bis hin zu Foren für Laienjournalisten, die sich an den Idealen der Alternativpresse oder der Freien Radios orientieren. Ziel ist die Überwindung der professionellen journalistischen Routinen und die von ökonomischen und politischen Zwängen unabhängige Berichterstattung und Meinungsgebung. Zur Diskussion gestellt werden von den publizistischen Medien tatsächlich oder vermeintlich vernachlässigte, „unterdrückte" Themen und abweichende Meinungen; aufgebaut werden soll eine alternative „Gegenöffentlichkeit". Auch für die in solchen Angeboten kommunizierten Themen und Meinungen gilt, dass sie über den Weg journalistischer Recherche auf die Agenda der publizistischen Medien innerhalb und außerhalb des Internets gelangen **können** (Intermedia bzw. crossmediales Agenda Setting). Solange sich die Thematisierung jedoch in den begrenzten Zirkeln des Netzes bewegt, handelt es sich auch bei den Angeboten des Laienjournalismus und der „Gegenöffentlichkeit" letztlich noch nicht um eine Medienöffentlichkeit: Zum einen ist es ja gerade das Anliegen solcher Initiativen der Gegenöffentlichkeit, die für Medienöffentlichkeit typische Differenzierung von Sprecher-, Hörer- und Vermittlerrollen aufzuheben. Und zum zweiten unterscheidet sich auch die Rezeptions- und Kommunikationserwartungen der Kommunikanden innerhalb solcher Themenöffentlichkeiten erheblich von denen in der Medienöffentlichkeit: Wer auf der Encounter- und Versammlungsebene von Öffentlichkeit an die Themen und Meinungen aus der Medienöffentlichkeit anschließt, kann davon ausgehen, dass diese Themen und Meinungen zumindest einem sehr großen Teil der Kommunikationspartner bekannt sind, weil auch diese sich an den publizistischen Medien orientieren. Bis heute ist es nahezu problemlos möglich, gesellschaftsweit über Themen zu kommunizieren, die in den Hauptnachrichtensendungen von Fernsehen und Hörfunk, in den Nachrichtenmagazinen und Wochenzeitungen sowie auf den Mantelseiten der Tageszeitungen behandelt werden. Wer versucht, an Themen anzuschließen, die bislang **ausschließlich** online kommuniziert wurden, wird dabei außerhalb des Netzes auf Schwierigkeiten stoßen, und selbst innerhalb des Netzes kann dies problematisch werden, sobald von einer Themenöffentlichkeit in eine andere gewechselt wird. Dieser Sachverhalt gilt für Themenöffentlichkeiten generell, denn auch wer Mitglied in einem Hundezüchterverein ist und ein Fachmagazin für Hundezüchter gelesen hat, wird auf der Grundlage der dort relevanten Themen wohl schwerlich einen Diskurs, ja nicht einmal ein anregendes Gespräch mit einem Kommunikationspartner führen können, der statt des Hundezüchtermagazins Automobilzeitschriften liest und Mitglied des Manta-Clubs Bochum ist.

Gleichwohl unterscheiden sich die Themen- und Versammlungsöffentlichkeiten der computervermittelten Kommunikation von ihren „traditionellen" Pendants durch ihre raum-zeitliche

Struktur: Online lässt sich die „kritische Masse", die für die Kommunikation zwischen Gleichgesinnten oder thematisch ähnlich Interessierten notwendig ist, sicherlich leichter „versammeln", als dies face-to-face möglich ist. Nicht nur der aktive Zugang zu Themenöffentlichkeiten und die Möglichkeit, sich mit eigenen Beiträgen zu beteiligen wird erleichtert, die Kommunikationsprozesse sind auch für zunächst Außenstehende leichter beobachtbar.

Zusammenfassend lässt sich feststellen: **„Netzöffentlichkeit" ist keine völlig neue Form von Öffentlichkeit, die an die Stelle der Medienöffentlichkeit tritt, sondern** muss als **Teil des Netzwerkes** für die Kommunikation von Themen und Meinungen (Habermas) verstanden werden. Auch „im Netz" wird auf den Ebenen der Encounter-, der Versammlungs- und der Medienöffentlichkeit kommuniziert: Dabei liegen die Stärken der computervermittelten Kommunikation auf den Ebenen der Encounter- und der Themenöffentlichkeit, während die Medienöffentlichkeit vor allem in Gestalt des Online-Journalismus zu beobachten ist. Die Themenöffentlichkeit des Internet dient dabei als Reservoir für Themen und Meinungen, die durch **crossmediales Agenda-Setting** Eingang in die Medienöffentlichkeit finden (vgl. Donges/ Jarren 1999; Dahinden 2000). Das eigentliche Agenda-Setting bleibt jedoch den publizistischen Medien vorbehalten: Rundfunk und Presse, einschließlich ihrer Websites, geben die Themen vor, denn sie entscheiden über Aktualität und Relevanz. Damit steuern sie auch die gesellschaftliche Aufmerksamkeit, die sie gezielt auf vertiefende Nachrichtenangebote im WorldWideWeb lenken können.

Begreift man Öffentlichkeit als **Prozess,** dann erscheint die Vorstellung „Netzöffentlichkeit" und „Öffentlichkeit" seien zwei hermetisch getrennte Sphären, ebenso unzutreffend wie Spekulationen über die Substitution der Medienöffentlichkeit durch eine „Netzöffentlichkeit". Tatsächlich wird online auf allen drei Ebenen von Öffentlichkeit über Themen und Meinungen kommuniziert, die auch in der Face-to-face- und der traditionellen Medienkommunikation kommuniziert werden. Und umgekehrt gilt: Auch die Themen und Meinungen, die online auf der Encounter- und der Versammlungsebene kommuniziert werden, können zum Gegenstand der Medienöffentlichkeit außerhalb des Netzes werden. Denkbar ist auch, das Themen und Meinungen die online auf der Ebene der Medienöffentlichkeit verhandelt werden, den „Sprung" vom Online-Journalismus in die traditionelle Medienöffentlichkeit, die Face-to-face-Kommunikation oder die Themenöffentlichkeit schaffen. Lediglich aufgrund der strukturellen Dominanz der klassischen Medienanbieter im Online-Journalismus dürfte dies bislang eher die Ausnahme sein.

13.6 Fazit

Die Betrachtung computervermittelter politischer Kommunikation belegt einmal mehr, dass technologische Determinismen eine unzureichende Grundlage für die Kommunikationsforschung darstellen: Soziale, in diesem Fall politische Probleme sind nicht auf (medien)technische Probleme reduzierbar, die mit der Verbreitung der Online-Medien einhergehenden weitreichenden politischen Utopien werden nicht automatisch Wirklichkeit. Computervermittelte Kommunikation kann einen institutionellen und organisatorischen Wandel des politischen Systems und der politischen Kommunikation allenfalls begleiten, und dabei moderierend, beschleunigend oder verlangsamend wirken. Deshalb sind weitreichende Visionen und Utopien, die insbesondere die erste Phase des Diskurses geprägt haben, erheblich zu relativieren.

Online-Medien verschaffen vor allem kleinen, ressourcenschwachen politischen Organisationen und Initiativen Vorteile, allerdings weniger durch eine unmittelbare Herstellung von Öffentlichkeit als durch die kostengünstige Publikation von aktuellen Informationen, auf die Journalisten der publizistischen Medien leicht zurückgreifen können. Ein wachsendes Informationsangebot muss allerdings – bei begrenztem Publikationsraum in diesen Medien und begrenzter öffentlicher Aufmerksamkeit – eine rigidere Selektion zur Folge haben. Das Gesamtangebot politischer Informationen hat sich zwar erhöht, doch ist dies keineswegs mit einer besseren politischen Informiertheit gleichzusetzen. Gerade hier wirken sich die Unterschiede zwischen der computervermittelten Kommunikation und der Medienöffentlichkeit aus, denn die gestiegene Informationsvielfalt und -tiefe setzt ein aktives Interesse sowie eine zielgerichtete Suche seitens der Rezipienten zwingend voraus. Zugang und Nutzung sind sozial ungleich verteilt, was auf absehbare Zeit eine maßgebliche Beförderung politischer Partizipation nur durch Online-Medien verhindert.

Eine theoretische oder gar programmatische Dichotomisierung von Netztöffentlichkeit und Medienöffentlichkeit ist empirisch nicht haltbar; angemessener ist ein Verständnis von Öffentlichkeit als mehrschichtigem Prozess, bei dem Themen und Meinungen in einem Netzwerk kommuniziert werden, zu dem auch die computervermittelte Kommunikation beiträgt.

Die eigentlichen Potenziale computervermittelter Kommunikation liegen denn auch weniger in einer Revolutionierung der Öffentlichkeit als vielmehr in der Organisationskommunikation. Für die Kommunikationswissenschaft ergibt sich hier ein neues wichtiges und bislang weitgehend vernachlässigtes Forschungsfeld.

14. Medienwahl und intermediäre Konkurrenz

14.1 Einleitung

Vor dem Hintergrund der vielfältigen Möglichkeiten der computervermittelten Kommunikation im Internet (vgl. Kap. 4-9) stellt sich die **Frage, wer eigentlich welches Medium zu welchem Zweck nutzt** und ob es zu einer **Konkurrenz verschiedener Medien und Kommunikationsformen kommt**. Mit der Verbreitung und Nutzung computervermittelter Kommunikation im Internet (vgl. Kap. 15) haben sich das Medienensemble wie das inhaltliche Medienangebot insgesamt und in der Folge auch die Wahlmöglichkeiten erheblich erweitert. Doch welche Faktoren bestimmen die individuelle Wahl eines bestimmten Mediums bzw. einer bestimmten Kommunikationsform?

Die in den letzten zwei Jahrzehnten zur Beantwortung dieser Fragestellung entwickelten theoretischen Ansätze und empirischen Befunde werden im Folgenden dargestellt (Kap. 14.2), bevor wir uns den Fragen intermediärer Konkurrenz zuwenden (Kap. 14.3): Verdrängen oder ergänzen Formen der computervermittelten Kommunikation andere Kommunikationsformen und Medien (Substitution vs. Komplemenarität), handelt es sich um zusätzliche Kommunikation und Mediennutzung (Supplementarität) oder wachsen computervermittelte Kommunikation, Online-Medien und klassische Medien ohnehin zusammen (Konvergenz)?

14.2 Medienwahl

14.2.1 Faktoren der Medienwahl

Im privaten wie im beruflichen Alltag verfügen die Menschen zumindest in den entwickelten Industrieländern über verschiedene Möglichkeiten, miteinander zu kommunizieren. Grundsätzlich stehen neben der direkten Face-to-face-Kommunikation seit langem Brief, Telefon und Telefax sowie in den letzten Jahren verstärkt Formen computervermittelter interpersonaler Kommunikation wie E-Mail, Chat, Instant Messanger oder Newsgroups zur Wahl. Versucht man, die entscheidungsrelevanten Faktoren für die Medienwahl zu systematisieren, so lassen sich grundsätzlich folgende Aspekte unterscheiden:

- die tatsächlichen bzw. subjektiv wahrgenommenen Eigenschaften des **Mediums** bzw. der Kommunikationsform. Dabei kann es sich um technische und semiotische (Codiergrenzen) wie um ökonomische (etwa Gebühren) Charakteristika handeln;

- subjektive, primär psychologische Faktoren auf der Seite des **Mediennutzers** bzw. des „Entscheiders";

- **„objektive" soziale Faktoren,** die außerhalb des Entscheiders, aber auch jenseits des technisch-organisatorischen Medienrahmens liegen, und z. B. in der Person des Kommunikationspartners oder medienübergreifender sozialer Rahmen (z. B. einer Organisation, Gruppe, eines Milieus oder Subkultur) begründet sind, vom Entscheider subjektiv aber als ausschlaggebend bewertet werden. Dabei kann es sich um soziale Faktoren handeln, die in der Person des Kommunikationspartners oder in der Beziehung zu dieser liegen.

- **inhaltliche Faktoren,** also Eigenschaften der Mitteilungen, die sich hinsichtlich ihrer Komplexität, Dringlichkeit, Relevanz oder Vertraulichkeit erheblich unterscheiden können.

Hierbei handelt es sich um eine analytische Unterscheidung, d. h. im tatsächlichen Prozess der Medienwahl spielen diese Faktoren zusammen (beispielsweise können die inhaltlichen Faktoren derselben Botschaft in Abhängigkeit vom anvisierten Kommunikationspartner variieren) und müssen für die konkrete Entscheidungsfindung bewertet werden. **Medienwahlen sind situations- und kontextbezogen,** denn mit jeder kommunikativen Handlung werden zugleich zwei Intentionen verfolgt: Zum einen soll einem anderen etwas mitgeteilt werden (Sozialbezug oder Beziehungsaspekt) und zum zweiten soll etwas ganz bestimmtes mitgeteilt werden (Gegenstandsbezug oder Inhaltsaspekt). Die Wahl des Mediums bzw. der Kommunikationsform wird beide Intentionen berücksichtigen, die technische, soziale und kulturelle Erreichbarkeit des konkreten **Kommunikationspartners** ebenso wie die semiotischen und technischen Möglichkeiten, eine **bestimmte Botschaft** angemessen mitzuteilen. Zudem handelt es sich bei Medienwahlen immer um eine Auswahl aus den gegebenen Optionen, denn in der konkreten Kommunikationssituation stehen nicht immer alle Medien und Kommunikationsformen zur Verfügung. Neben der **technischen Verfügbarkeit** spielen auch **organisatorische und ökonomische Restriktionen** eine Rolle bei der Entscheidung für oder gegen ein bestimmtes Medium. In jedem Fall handelt es sich also um **komplexe Entscheidungssituationen,** bei denen nicht davon ausgegangen werden kann, dass ein bestimmter Faktor immer die gleiche, womöglich in einer Formel quantifizierbare Bedeutung besitzt. Um die Entscheidungskosten im Alltag zu senken, erscheint es plausibel, dass viele Medienwahlen **routinisiert und habitualisiert** erfolgen und dass dabei die sozialen Medienregeln, die den „standardisierten Gebrauch" beschreiben, eine wichtige Orientierung geben.

Fragen der Medienwahl wurden zuerst im Kontext der Organisationskommunikation erforscht, vor allem um herauszufinden, welche Medien bzw. Kommunikationsformen für welche Aufgaben besonders effizient eingesetzt werden können. Vor allem die älteren Erklärungsansätze sind reduktionistisch und werden der oben geschilderten Komplexität der Medienwahl nur unzureichend gerecht. Die empirischen Befunde stammen überwiegend aus Laborexperimenten, widersprechen aber den Beobachtungen im alltäglichen Feld (computervermittelter) Kommunikation. Im Labor wurde die Komplexität der realen Entscheidungssituation im Alltag auf ein beobachtbares und kontrollierbares Maß reduziert, doch leidet hierunter die (externe) Validität der Befunde erheblich. Auf der anderen Seite trifft man auf kulturkritische und medienökologische Ansätze, die auf unhinterfragten Prämissen basieren: Die Face-to-face-Kommunikation wird als Prototyp menschlicher Kommunikation idealisiert; sie sei nicht nur menschheitsgeschichtlich am ältesten und „natürlichsten", sondern garantiere auch „Ganzheitlichkeit", die alle Formen der Medienkommunikation zwangsläufig verfehlten. Medialisierte interpersonale Kommunikation wird aus dieser Sicht lediglich als defizitärer Ersatz für das „wirkliche Gespräch" betrachtet und es bestehe zumindest die Gefahr, dass Medien die Face-to-face-Kommunikation verdrängen sowie soziale Beziehungen und Bindungen langfristig zerstören. Übersehen werden dabei nicht nur die Leistungen der Zeit- und Raumüberwindung, die solche Medien für moderne, ausdifferenzierte Gesellschaften unabdingbar machen, sondern auch die vorliegenden Erkenntnisse über soziale Beziehungen im Netz bzw. die Funktionen computervermittelter Kommunikation für soziale Beziehungen (vgl. Kap. 11).

14.2.2 Theorien der Medienwahl

Computervermittelte interpersonale Kommunikation basiert bislang im Wesentlichen auf getippten Texten; sie unterscheidet sich damit grundlegend von der direkten Face-to-face-Kommunikation ebenso wie von der Telefonkommunikation, denn es werden andere Codes (Zeichensysteme) verwendet und nur ein einziger Sinneskanal des Menschen angesprochen. Während wir im Face-to-face-Gespräch die gesprochene Sprache einschließlich der paraverbalen Zeichen (Lautstärke, Stimmhöhe und -modulation, Dialekt, Soziolekt etc.) hören (auditiver Kanal) und unsere Kommunikationspartner mit ihren leibgebundenen Anzeichen und Signalen (Mimik, Gestik, Proxemik, aber auch Gestalt, Kleidung, Haartracht usw.) visuell wahrnehmen und sogar olfaktorische (Geruch) sowie taktile (Handschlag, Berührungen, Umarmungen) Signale nutzen können, wird bei der textbasierten Kommunikation per E-Mail, Chat oder Newsgroup tatsächlich nur der visuelle Kanal genutzt. Gerade die leibgebundenen Anzeichen gelten als besonders authentische Vermittler von Gefühlen und metakommunikativen Beziehungsbotschaften, da wir – mit Ausnahme von Schauspielern und professionell geschulten Rednern – diese Zeichen allenfalls begrenzt bewusst kontrollieren können. Folgt man den **Theorien der Kanalreduktion**, dann bleibt die technisch vermittelte interpersonale Kommunikation aufgrund ihrer technischen und semiotischen Restriktionen defizitär: Die **soziale Präsenz (Social Presence,** vgl. Short/ Williams/ Christie 1976) der Kommunikationspartner erscheint reduziert, weil nicht mehr alle Sinne der Kommunikanden an der wechselseitigen Wahrnehmung und damit am Kommunikationsprozess beteiligt sind. Daraus ließe sich folgern: Je weniger Kanäle zur Verfügung stehen, umso geringer ist die soziale Präsenz. Und weiter: Da die Kommunikanden um diese Kanalreduzierung wissen, werden sie für Kommunikationsziele, die „den ganzen Menschen" verlangen oder bei denen die emotionale Beziehungsebene, wechselseitiges Vertrauen und Glaubwürdigkeit von besonderer Bedeutung sind, eine Kommunikationsform präferieren, die sich mehrerer Sinneskanäle bedient. Soziale Präsenz wird von Short/ Williams und Christie (1976: 66) als Medienqualität verstanden; mögliche (partielle) Kompensationen durch das Medienverhalten der Kommunikanden, etwa die Verwendung von Emoticons oder expliziten metakommunikativen Kommentaren, wie sie bei der E-Mail-, Chat- und MUD-Kommunikation beobachtet werden können (vgl. Kap. 5-9), bleiben außen vor. Metakommunikation und Beziehungskommunikation (vgl. Watzlawick/ Beavin/ Jackson 1969) kann auch unter den Bedingungen der Kanalreduktion schriftlich erfolgen, wie die lange Geschichte des Liebesbriefes eindrucksvoll belegt. Im Übrigen werden schon in der Face-to-face-Kommunikation Beziehungsaspekte sprachlich – und nicht allein „körpersprachlich" bzw. visuell – codiert: Wut, Verachtung, Ironie, Unsicherheit usw. können und werden sprachlich formuliert, d. h. sie sind nicht essentiell an Körpersprache und paralinguistische Codes gebunden.

Eindeutige empirische Belege für die auch von anderen vertretene Kanalreduktions-These (vgl. für eine Übersicht Döring 1999: 211) konnten bislang jedoch nicht erbracht werden (vgl. Utz 2000, Fulk/ Schmitz/ Steinfield 1990: 118). Selbst Williams (1977: 970) kommt in einer Forschungssynopse zu dem Schluss, dass **nonverbale Signale** weithin **überbewertet** werden, in hohem Maße **redundant mit den verbalen Botschaften** sind und sich generell **keine eindeutigen Defizite „kanalreduzierter" Kommunikation** nachweisen lassen. Offenbar greift die technikdeterministische Sichtweise also zu kurz, weil sie die soziale Rahmung (vgl. Kap. 2.3.4) nicht ausreichend berücksichtigt. Die technischen und semiotischen Charakteristika stellen nur einen Faktor der Medienwahl dar, wobei die jeweiligen Kanal-Reduktionen sowohl als Nachteil wie als Vorteil interpretiert werden können: Unter Umständen fällt es einem Kommunikanden am Telefon oder per E-Mail leichter zu lügen (oder intime Bekenntnisse abzulegen) als von Angesicht zu Angesicht, und gerade wegen der Kanalreduktion und der verringerten sozialen Präsenz wählt er dieses Medium.

Kanalreduktion spielt auch in dem von Daft und Lengel (1984; 1986) ebenfalls für die Organisationskommunikation entwickelten Konzept der Information Richness bzw. **Media Richness** eine wichtige Rolle: Die beiden Autoren entwickeln eine fünfstufige Skala der medialen Reichhaltigkeit, worunter „potential information-carrying capacity of data" verstanden wird. Abhängig ist die mediale Reichhaltigkeit neben den genutzten **Sinneskanälen** von der **Feedback-Geschwindigkeit**, der **Quelle** (persönlich vs. unpersönlich) und der **Sprache** (Körper, natürliche Sprache, Zahlen). Ohne nähere theoretische Begründungen und basierend auf der empirisch nicht weiter geprüften Annahme, „that the communication media used in organizations determines the richness of information processed", werden dann Face-to-face-Gespräch (höchste Reichhaltigkeit), Telefon, persönliches Schreiben, getipptes Schreiben und computergenerierte Berichte (geringste Reichhaltigkeit) auf der Skala verortet (vgl. Daft/ Lengel 1984: 195-198). Daft, Lengel und Trevino (1987: 361-362) haben in einer Feldstudie (N = 95) zwar Belege dafür gefunden, dass Manager persönliche Gespräche für die Erörterung schwieriger Entscheidungen und für das Aushandeln umstrittener Probleme bevorzugen. Allerdings beziehen sich diese Befunde nicht auf die computervermittelte Kommunikation, sondern veranschaulichen, dass es auch in der Organisationskommunikation nicht allein auf die „Informationskapazität" von Medien ankommt, sondern die Vermittlung von Vieldeutigkeit und Mehrstimmigkeit (Equivocality) bei Entscheidungsprozessen eine große Rolle spielt. Auch wenn bei dem Media Richness-Ansatz weitere Medienqualitäten neben dem Sinneskanal berücksichtigt werden, so bleibt die Vorgehensweise technikdeterministisch und wenig geeignet, die Medienwahl in konkreten Situationen zu prognostizieren und die empirischen Belege werden als schwach bewertet (vgl. Fulk/ Schmitz/ Steinfield 1990: 119). Auch die neueren Arbeiten zu diesem Ansatz beschränken sich zudem ausschließlich auf die organisationsinterne Medienwahl (Daft/ Lengel/ Trevino 1987; Lengel/ Daft 1988; Trevino 1987), so dass eine Verallgemeinerung nicht angebracht wäre. Allerdings wird dabei neben dem persönlichen Gespräch und der Telefon- auch die E-Mail-Kommunikation berücksichtigt und vor allem wird das Konzept der Media Richness erweitert: Es geht nun nicht mehr nur um die Medienpotenziale zur Vermittlung vieldeutiger Kommunikate, sondern es werden stärker auch **situative Zwänge** sowie – in Anlehnung an den symbolischen Interaktionismus sowie McLuhan – die metakommunikative Symbolfunktion der Medienwahl berücksichtigt (vgl. Trevino/ Daft/ Lengel 1987: 555-560). „Reichhaltige" Medien bzw. Kommunikationsformen werden demnach nicht nur deshalb gewählt, weil sie sich besser zur Klärung uneindeutiger Probleme eignen, Manager wählen das direkte Gespräch beispielsweise auch, um zu signalisieren, dass sie an Teamarbeit interessiert sind, Vertrauen aufbauen oder informell kommunizieren möchten. Die Schriftform wird gewählt, wenn Autorität, Rechtfertigungen oder Aufmerksamkeit auf dem Spiel stehen. Die Wahl von Telefon- und vor allem E-Mail-Kommunikation hingegen wird vor allem aus situativen Zwängen (Zeitdruck, Entfernung, Erreichbarkeit) getroffen (vgl. Trevino/ Daft/ Lengel 1987: 564-570).

Sowohl der „Social Presence"-Ansatz, als auch der „Media Richness"-Ansatz betonen die letztlich technisch reduzierte Übertragungskapazität der Medien. Hieran knüpften seit Mitte der achtziger Jahre einige Autoren an, die „Filter-Modelle" (vgl. Kiesler/ Siegel/ McGuire 1984; Sproull/ Kiesler 1986; Culnan/ Markus 1987 sowie für einen Überblick Döring 1999: 214-216) vertreten. Was der textbasierten interpersonalisierten Netzkommunikation demnach weitgehend fehlt, sind **„Social Cues"**, also soziale Hinweise auf die Kommunikationspartner, und zwar sowohl die unmittelbare Situation betreffende (Beziehung der Partner, Thema der Kommunikation, situationsbezogene Normen) als auch grundlegende, wie die Stellung in der Unternehmenshierarchie, die Zugehörigkeit zu Abteilungen, Alter, Geschlecht oder Hautfarbe. Sproull und Kiesler (1986: 1494-1497) unterscheiden **statische Hinweise,** die sich dauerhaft am Äußeren der Person, seines Büros etc. festmachen, und **dynamische soziale Hinweise,** die aus dem nonverbalen Verhalten resultieren und metakommunikativ interpretiert werden können. Während die Telefonie statische Hinweise völlig und dynamische weitgehend reduziert, werden in der Briefkommunikation dynamische Hinweise völlig ausgefiltert und statische über die Schriftform (z. B. Briefkopf) recodiert. „Electronic mail is likely to greatly attenuate social context cues. Dynamic cues are eliminated; static cues are minimal", insbesondere wenn es sich um unbekannte Kommunikationspartner handelt (Sproull/ Kiesler 1986: 1497). Die Kommunikationspartner werden entkontextualisiert, aus ihrem „psychosozialen Hintergrund" (Döring 1999: 214) herausgelöst: die aus der Face-to-face-Situation bekannten Anzeichen von Alter, Aussehen, Geschlecht, Status, Bildung, Vermögen etc. werden nicht wahrgenommen, weil sie durch das Medium „herausgefiltert" werden. In der konkreten Kommunikationssituation stehen sich Medienpersonae gegenüber, mitunter lediglich pseudonyme oder gar anonyme Partner. Der weitgehende **Wegfall der sozialen Hinweise verändert die Art der Kommunikation,** so die Annahme der sozialen Filtertheorien: Status- und andere Unterschiede werden nivelliert, **Hemmungen, Zugangsbarrieren und Privilegien werden abgebaut,** die Kommunikation wird enthemmt. Empirische Bestätigungen für diese Hypothesen konnten Sproull und Kiesler aber zunächst nur anhand einer Feldstudie in einem Unternehmen erbringen; sie warnen deshalb auch vor einer Verallgemeinerung der Ergebnisse (vgl. Sproull/ Kiesler 1986: 1505-1510). „Gemäß dem Filtermodell bringt computervermittelte Kommunikation spezifische Vorteile und Nachteile mit sich und ist somit im Vergleich zur Face-to-face-Situation nicht pauschal als 'defizitär' zu kennzeichnen" (Döring 1999: 215). Zu den Vorteilen zählt das statusnivellierende, egalitäre Potenzial; zu den Nachteilen die durch Anonymität erleichterte Enthemmung, die zu Beleidigungen (Flaming) oder gar sexuellen Belästigungen führen kann.

Solche Filtermodelle können einen Beitrag zur Erklärung von Medienwahlen leisten, wenn man von einem **rationalen Mediennutzer** ausgeht, der rationale Entscheidungen fällt. Die Beurteilung der Frage, wie bewusst und reflektiert bei der Medienwahl entschieden wird, und welche Rolle dabei Habitualisierungen spielen, hängt damit erheblich vom Menschenbild (vgl. Welker 2000: 121-137) und vom Rationalitätsbegriff ab: Die klassische und die neo-klassische Ökonomie geht vom Bild eines **Homo Oeconomicus** aus, der ausschließlich oder primär nach **zweck**rationalen Kriterien entscheidet, um seinen Nutzen zu maximieren bzw. seine Kosten zu minimieren. Er ist ein „restricted, egoistic, (perfect) informed, stable preferring, maximizing Man", bei dessen Entscheidung Gewohnheiten (Habitualisierungen), wertrationale Begründungen (Normen), Emotionen und andere soziale Bezüge allenfalls eine untergeordnete Rolle spielen. Motive und Präferenzen des Subjekts werden aus Gründen der Vereinfachung als stabil angenommen. Die theoretische Voraussetzung der vollständigen Information über die zur Verfügung stehenden Optionen, ihre Kosten und Nutzen spiegelt wohl eher die ideologische Prämisse einer liberalen Marktwirtschaft wieder (Markttransparenz), als dass sie die tatsächlichen Verhältnisse treffend beschreiben würde. Rationalität wird in diesen Konzepten auf Zweckrationalität beschränkt: Als handlungsleitend wird die individuelle, egoistische Nutzenmaximierung angesehen. Welker hat auf die Unzulänglichkeiten dieser ökonomischen Erklärungsansätze hingewiesen und schlägt ein elaborierteres Modell zur Erklärung von Medienwahlen vor: die **Theory of Planned Behavior.** Demnach hängt „das Handeln einer Person von deren Einstellung zur jeweiligen beabsichtigten Handlung ab ... Je stärker die Verhaltensintention ist, desto wahrscheinlicher ist es, dass die in Frage kommende Handlung ausgeführt wird." (Welker 2000: 133). Bei der Entscheidungsfindung spielt neben der Intention (und ihrer Bewertung) vor allem der Faktor „Verhaltenskontrolle" eine ausschlaggebende Rolle, also die Annahme darüber, als wie schwierig und erfolgsträchtig sich die intendierte Handlung erweisen wird. Ergebnisse einer nicht-repräsentativen Studie deuten darauf hin, dass mit dieser Theorie zumindest ein Teil der Medienwahlen erklärt werden kann (vgl. Welker 2000: 215-221).

Rationale Medienwahlen basieren auf der **Einschätzung von Medieneigenschaften** einerseits und den Erfordernissen der **Kommunikationsaufgabe** andererseits. Bezogen auf einen konkreten Kommunikationsanlass wird dann nach dem angemessensten Medium gesucht, wobei sich die Angemessenheit nach sachlichen Kriterien bestimmt: Einbezogen wird der Aufwand (die Kosten), der für die Erreichung des Zwecks minimiert werden sollen. Wenn etwa zur Terminabsprache eine E-Mail als ausreichend eingeschätzt wird, dann wird man sich einen formellen Brief oder gar einen persönlichen Besuch ersparen. Die zu Grunde liegende Medienbewertung findet ihren Ausdruck in subjektiv unterschiedlichen, aber relativ konstanten Rangreihen (Medienhierarchien), die durch die wahrgenommenen und bewerteten „Medieneigenschaften" bestimmt werden. Die Medienhierarchien werden erfahrungsbasiert, aber situationsunabhängig entwickelt und als objektiv angesehen, und leiten die rationale

Medienwahl in konkreten Kommunikationssituationen. Kosten und Nutzen werden subjektiv, aber rational bewertet. Trotz subjektiv unterschiedlicher Bewertungen haben empirische Studien typische Medienprofile ergeben, die Auskunft über die Stärken und Schwächen verschiedener Medien in der Organisationskommunikation ergeben. So gilt das Face-to-face-Gespräch als besonders geeignet zum persönlichen Kennenlernen, zum Klären von Fragen oder zum Austragen von Konflikten, aber als relativ ungeeignet für die rasche Information. Das Telefon hingegen erweist sich nach überwiegender Einschätzung als gut geeignet für die schnelle Information und das Stellen von Fragen, aber als wenig angemessen für das persönliche Kennenlernen. Die Stärken der E-Mail liegen in der Information, dem Stellen von Fragen und der Pflege von Verbindungen, während Verhandeln und persönliches Kennenlernen eher Schwachpunkte dieser Kommunikationsform bezeichnen (vgl. Döring 1999: 219 und Rice 1993: 463).

Dem Homo Oeconomicus gegenüber stehen soziologische und sozialpsychologische Menschenbilder, Spielarten des **Homo Sociologicus,** wie der „socialized, role-playing, sanctioned man" oder der „optionated, sensitive, acting man". Das Bild des Homo Sociologicus erscheint zwar weitaus realistischer, allerdings lassen sich hieraus keine eindeutigen Entscheidungsregeln mehr ableiten, die Medienwahlen eindeutig erklären könnten. Wie eingangs ausgeführt, sind Medienwahlprozesse eingebettet in **kommunikative Handlungen,** denen bestimmte Motive und ein zu vermittelnder subjektiv gemeinter Sinn zu Grunde liegen. Soziale Bezüge spielen zwar implizit bei den Konzepten rationaler Medienwahl eine Rolle, ausschlaggebend bleibt bei diesen Modellen aber die subjektive Kosten- und Nutzenbewertung des Mediums sowie die Bewertung des Kommunikationszwecks. Medienhandeln wird dominant als zweckrationales Handeln aufgefasst. Bei genauerer Betrachtung kommen aber weitere entscheidungsrelevante Faktoren in den Blick, die unmittelbaren Sozialbezug aufweisen. Medienwahl als kommunikatives Handeln ist nämlich Ausdruck **kommunikativer Rationalität** und orientiert sich am konkreten Kommunikationspartner oder am dauerhaften sozialen Rahmen eines Mediums, also den vorherrschenden Regeln und Normen.

Auch Joseph B. Walther (1992) hat die medienzentrierten Ansätze, die Medienwahlen primär oder ausschließlich aufgrund der „objektiven" Medieneigenschaften zu erklären suchen, kritisiert: So weist er darauf hin, dass die Vertreter der Social Presence-These zwar behaupten, es handele sich bei der sozialen Präsenz um eine Medienqualität, in ihren Forschungen erfassen sie aber tatsächlich die **von den Kommunikanden jeweils wahrgenommene soziale Präsenz** verschiedener Kommunikationsformen (Walther 1992: 55). Zudem erklären die auf Laboruntersuchungen beruhenden medienbezogenen Ansätze viele Befunde aus der Feldforschung nicht hinreichend, was zum großen Teil daran liegen dürfte, dass in den Experimenten bestimmte Kommunikationsaufgaben in einem vorgegebenen Zeitlimit zu erfüllen waren. Walther gibt zu bedenken, dass es in computervermittelter Kommunikation möglicherweise lediglich länger dauert, bis auch hier sozio-emotionale Bindungen entstehen und mehrdeutige Botschaften ausgetauscht werden. Walther und Burgoon (1992: 76-77; Walther 1993) haben in einem Feldexperiment (N = 96) zumindest empirische Indizien dafür gewinnen können, dass **die Dauer der computervermittelten Kommunikationsprozesse eine größere Erklärungskraft besitzt als die statischen Medieneigenschaften.** Das Ausfiltern nonverbaler Zeichen erschwert und verlangsamt in der computervermittelten Kommunikation zwar das wechselseitige „Impression Development", verhindert es aber nicht (vgl. Walther 1993: 386-387 u. 392-394). Mitunter werden sogar **neue Qualitäten interpersonaler Beziehungen** möglich, die Walther (1996) als **hyperpersonal** bezeichnet (vgl. auch Kap. 11.3). In den vergleichenden Laborstudien wurde zudem zwar immer davon ausgegangen, dass die nonverbalen Anteile der Face-to-face-Kommunikation von großer Bedeutung sind, aber sie wurden tatsächlich nie erfasst. Unklar bleibt somit, ob es sich um überwiegend redundante Informationen handelt, die nonverbal vermittelt werden. Möglicherweise ignoriert wurden auf diese

Weise auch Kommunikationsstörungen, die jedoch bei der computervermittelten Kommunikation in Gestalt von Flaming manifester Untersuchungsgegenstand waren. Und schließlich
kritisiert Walther auch mit Hinweis auf die Palo Alto-Schule (Watzlawick, Beavin, Jackson
1969), dass eine strikte Dichotomisierung von Beziehungs- und Inhaltsaspekten (soziale vs.
Aufgabenorientierung) nicht haltbar ist: Beide Ebenen sind in der Kommunikation simultan
verbunden, so dass es nicht sinnvoll erscheint, Kommunikationsakte als entweder sozio-emo-
tional oder als aufgabenorientiert zu kodieren (vgl. Walther 1992: 54-65). Walther verweist
darauf, dass die Kommunikanden in der alltäglichen computervermittelten Kommunikation
(im Gegensatz zu Laborsettings) sich in einem **sozialen Beziehungsnetzwerk** bewegen, also
sich zum Teil bereits aus anderen Kommunikationsepisoden kennen und ihr Wissen über den
Kommunikationspartner auch dann aktivieren, wenn sie eine reine Textbotschaft per E-Mail
von diesem erhalten. Aber auch für die computervermittelte Kommunikation unter vormals
einander Unbekannten gilt, dass diese mit jedem Kommunikationsakt neben aufgabenorientierten immer auch beziehungsorientierte Ziele verfolgen. Es kommt, so Walther, beinahe
zwangsläufig zu einem „**Social Information Processing**": Dem jeweiligen Kommunikationspartner werden bestimmte Attribute zugeschrieben, und ein Bild von der anderen Person
entsteht – allerdings mag es bei der computervermittelten Kommunikation länger dauern, bis
sich wechselseitige Bilder der Kommunikanden und schließlich eine sozio-emotionale Beziehung ergeben. Soziale Hinweisreize können auch einfachen Textbotschaften abgelesen werden, und die Kommunikanden entwickeln in der computervermittelten Kommunikation Strategien, solche Hinweise über sich selbst zu geben und die der Kommunikationspartner zu
interpretieren (vgl. hierzu ausführlicher Walther 1992: 67-80).

Auch die Studien von Fulk (Fulk et al. 1987; Fulk/ Schmitz/ Steinfield 1990; Fulk/ Schmitz/
Ryu 1995) belegen, dass weniger die „objektive" Media Richness, sondern die von den Ent-
scheidern individuell durchaus unterschiedlich wahrgenommene Media Richness sowie die
antizipierte Nützlichkeit bzw. der erwartete Nutzen ausschlaggebende Faktoren der Medienwahl sind. Fulk et al. (1987) haben daher – wiederum für die Organisationskommunikation –
ein „Social Information Processing Model of Media Use" entwickelt, wobei sich hier der
Terminus „Social Information Processing" – im Gegensatz zur Argumentation von Walther
(1992: 68; Walther/ Burgoon 1992: 81-82) – nicht auf die Beziehungen zwischen den Partnern computervermittelter Kommunikation bezieht, sondern auf das unmittelbare soziale Umfeld in der Organisation. Fulk et al. bezeichnen ihren Ansatz deshalb mittlerweile auch als
„**Social Influence Model**".

Ausgehend von der Theorie der sozialen Informationsverarbeitung und Meads **symbolischem
Interaktionismus** entwickeln sie einen **sozial-konstruktivistischen Ansatz** (Fulk et al 1987:
530; 534), bei dem nicht nur die subjektive Wahrnehmung objektiver Medieneigenschaften
berücksichtigt wird, sondern auch die – z. B. in einer Abteilung oder Gruppe – kollektiv vorherrschenden Einstellungen, Medienbewertungen und -erfahrungen. Kollegen und Vorge-
setzte formen mit ihren Erfahrungen, ihren impliziten und expliziten Stellungnahmen das
Bild eines Mediums gemeinsam, es bilden sich Normen und „Kommunikationskulturen" als
Teil der Organisationskultur (vgl. Fulk et al. 1987). Berechtigte Kritik üben Fulk und Kollegen auch an der Annahme des rationalen Mediennutzers, der unbeeinflusst von sozialen Ein-
flüssen sehr bewusst nach sachlichen Medieneigenschaften entscheidet. Solche Rational
Choice-Ansätze sind zudem nicht in der Lage, hinreichend zu erklären, warum E-Mail-Kommunikation auch für schwierige Aushandlungsprozesse und Konfliktkommunikation sowie
die sozio-emotionale Beziehungskommunikation gewählt wird, obgleich die soziale Präsenz
ebenso wie die Information Richness vergleichsweise gering ausgeprägt sind (vgl. Fulk/
Schmitz/ Steinfield 1990: 119-125). Nach dem „**Social Influence Model**" sind also nicht die
objektiven Medieneigenschaften und die objektiven Kommunikationsaufgaben (alleine) ausschlaggebend, sondern diese beiden Faktoren werden wiederum von jeweils drei Größen

beeinflusst: (a) den sozialen Informationen über Medien und Aufgaben (also Einstellungen, Stellungnahmen, beobachtbares Verhalten der Kollegen etc.), (b) den subjektiven Erfahrungen und dem subjektiven Wissen des Einzelnen und (c) den objektiven Eigenschaften von Medien und Kommunikationsaufgaben. Die Einstellungen des individuellen Mediennutzers werden durch fünf Faktoren geprägt: (a) den wahrgenommenen Medieneigenschaften, (b) den sozial verfügbaren Informationen über angemessene Medienverwendung, (c) der eigenen Medienerfahrung und -wissen, (d) den eigenen früheren Stellungnahmen und Bewertungen des Mediums, (e) dem derzeitigen Mediennutzungsverhalten. Auch für die Erklärung des tatsächlichen Medienwahl- und -nutzungsverhaltens müssen mehrere Faktoren berücksichtigt werden: (a) die Einstellungen zum Mediengebrauch, (b) die wahrgenommenen kommunikativen Anforderungen der Aufgabe, (c) die sozial verfügbaren Informationen (in Gestalt von Einstellungen, Stellungnahmen und beobachtbarem Verhalten der Kollegen) und schließlich (d) individuelle kognitive Faktoren (vgl. Fulk et al. 1987: 540).

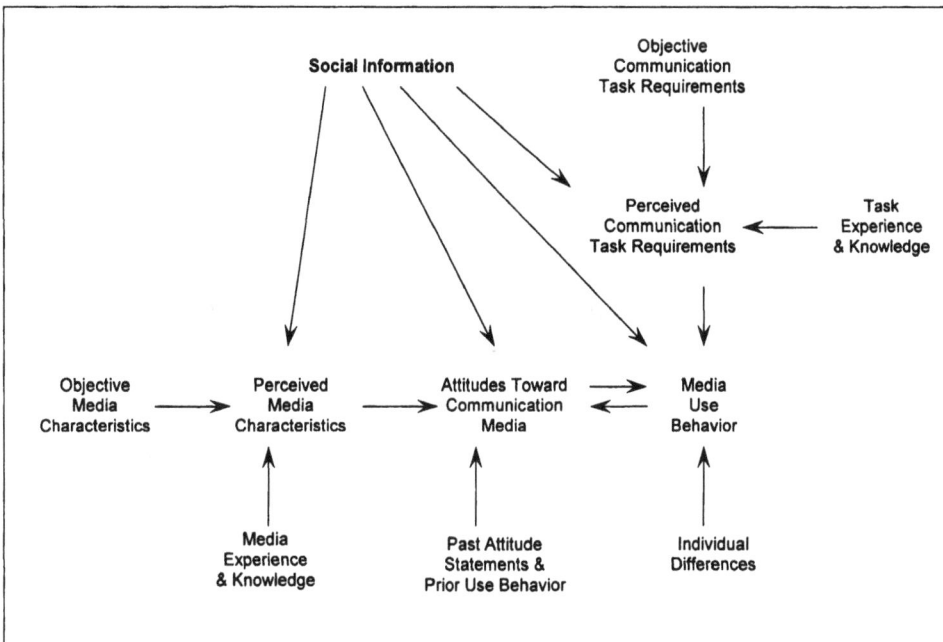

Schaubild 18: Social Influence Model (Social Information Processing Model of Media Use) nach Fulk et al. (1987: 541)

Für die Organisationskommunikation konnten Fulk, Schmitz und Steinfield (1990) belegen, dass weniger das (zweck-)rational entscheidende Individuum und die „objektiven Medieneigenschaften", sondern die Einflussnahme von Kollegen und Vorgesetzten auf die Medienwahl und -verwendung große Bedeutung besitzen.

> „People's perceptions of electronic mail were significantly related to the attitudes of both the supervisor and the five frequent communication contacts; and persons with more electronic mail experience and training rated electronic mail as richer than those without such experiences and training." (Fulk/ Schmitz/ Steinfield 1990: 129-130)

Die Entscheidung für die E-Mail-Kommunikation hing in starkem Maße (in der Untersuchung wurden damit 25% der Varianz erklärt) von der E-Mail-Kommunikation der Kollegen und der Chefs (10% der Varianz) ab (vgl. Fulk/ Schmitz/ Steinfield 1990: 130-131).

Die Theorien der sozialen Informationsverarbeitung von Walther et al. sowie von Fulk et al. vermeiden technikdeterministische Erklärungen und reduktionistische Menschen- und Rationalitätsbegriffe. Ausgangspunkt dieses Ansatzes sind in weitaus stärkerem Maße die **Bedürfnisse der Nutzer** (z. B. nach Geselligkeit, Beziehungsanbahnung oder auch nach Selbstdarstellung) als die technischen Restriktionen. Weil die Kommunikationspartner um die Stärken und Schwächen (Reduktionen) der jeweils gewählten Medien wissen, stimmen sie ihr Kommunikationsverhalten darauf ab, sie verstehen den Rahmen des Mediums und konzentrieren sich bei Medienwahl und Kommunikationsprozess auf die tatsächlich verfügbaren sozialen Hinweise. Die Kompensation fehlender sozialer Hinweise wird im Prozess der Rahmung des Mediums durch neue Medienkompetenzen erreicht, und zwar bei der Erstellung von Kommunikaten wie bei deren Interpretation. Für die Medienwahl bedeutet dies, dass Nutzer der computervermittelten Kommunikation – in Abhängigkeit von ihrer Medienerfahrung und -kompetenz – sich durchaus für eine Form der computervermittelten Kommunikation entscheiden können, auch wenn Aufbau oder Pflege sozialer Beziehungen ihre Kommunikationsintention prägen.

Wenn subjektive Dispositionen und soziale Motive des Nutzers einen wesentlichen Beitrag zur Erklärung der Medienwahl leisten, dann liegt es nahe, den aus der Nutzungsforschung für die publizistischen Medien stammenden Uses-and-Gratifications-Approach auch auf die interpersonale (Medien-)Kommunikation anzuwenden. Allerdings würde dies eine theoretische Adaption, etwa die Erweiterung bzw. Neufassung der üblicherweise verwendeten Motiv- und Gratifikationskataloge voraussetzen. Bislang liegen nur vereinzelte Uses-and-Gratifications-Studien zur computervermittelten Kommunikation vor (vgl. Welker 2001: 154-156; Dimmick et al. 2000; Höflich 2003: 20; zu den Desiderata der internetbezogenen Uses-and-Gratifications-Forschung: Höflich 2003: 149-159 u. 202-215). Die „Nutzen und Belohnungen" werden im Falle der interpersonalen Medien interpersonal ausgehandelt. Die Wahl einer Kommunikationsform hängt auch vom konkreten Kommunikationspartner ab: Mit welchem Medium ist er am besten erreichbar, wie wird seine spezifische Medienkompetenz (Telefonkompetenz, E-Mail-Kompetenz etc.) eingeschätzt, welche medienspezifischen Kommunikationserfahrungen wurden in der Vergangenheit mit diesem Partner gemacht? Ist er zum Beispiel ein „Briefeschreiber" oder plaudert er gerne am Telefon? Empfindet er E-Mail als unpersönlich oder SMS als aufdringlich und störend? Die entscheidungsrelevanten Kriterien sind hier offensichtlich interpersonaler Natur, so dass wir von **interpersonaler Medienwahl** sprechen können. Zu den unmittelbar ausgehandelten interpersonalen Faktoren treten aber weitere soziale Faktoren hinzu, denn die Dyade der Kommunikanden ist keine von der Lebenswelt und der Kommunikationskultur einer Gesellschaft isolierte Monade. Der **gesellschaftlich standardisierte Gebrauch von Medien** legt zum Beispiel fest, zu welchen Kommunikationsanlässen, Zeiten und mit welchen Partnern bestimmte Medien genutzt werden sollten. **Medienregeln** (vgl. Kap. 2.3.4) bestimmen, ob es opportun ist, sein Beileid per Brief, Telefon oder per E-Mail zu bekunden, oder ob eine langjährige Beziehung im persönlichen Gespräch, per Brief oder per SMS beendet werden kann. Ausschlaggebend sind dabei nicht die „objektiven" Medieneigenschaften oder zweckrationale Kosten-Nutzen-Kalküle, sondern **soziale Normen** sowie **affektive Bewertungen**. Insofern kann man hier von einer **normativen Medienwahl** sprechen.

14.3 Intermediäre Konkurrenz
14.3.1 Theoretische Ansätze

Die Einführung und Verbreitung neuer Medien hat stets zu der Frage geführt, ob und ggf. welche Rückwirkungen hieraus für die „alten" Medien resultieren, insbesondere ob es zu einer Verdrängung (Substitution) kommt. In Anbetracht der rasant erscheinenden Wachstumsraten, die in der Verbreitung und Nutzung von Online-Medien in den letzten Jahren zu verzeichnen waren, wundert es nicht, dass auch hinsichtlich der computervermittelten Kommunikation gefragt wird, ob Zeitung, Hörfunk und Fernsehen, aber auch Brief, Telefon und Telefax verdrängt werden. Hinzu kommt im Fall des Internet noch die Überlegung, ob nunmehr auf digitaler und „multimedialer" (vgl. Kap. 3) Basis bislang analoge und diskrete, also technisch wie aus Nutzersicht vergleichsweise eindeutig abgrenzbare, Medien miteinander verschmelzen (Konvergenz). Wenngleich es für eine endgültige Bewertung dieser Fragen ohnehin zu früh ist und eine Differenzierung – etwa nach betrieblicher und privater Mediennutzung, vor allem aber hinsichtlich der einzelnen Medien und Kommunikationsformen – dringend geboten erscheint, so lassen sich doch bereits beim derzeitigen Stand der Forschung erste Antworten und begründete Prognosen geben.

Die Frage „Substitution oder Komplementarität" wird in der Kommunikationswissenschaft gerne mit dem Hinweis auf das sog. **Riepl'sche Gesetz** beantwortet. Wolfgang Riepl hat 1913 eine Arbeit über das „Nachrichtenwesen des Altertums" vorgelegt und kam darin zu dem Schluss, dass eine vollständige und dauerhafte Verdrängung von Nachrichtentechniken nicht zu beobachten sei, sondern eine Funktionsverschiebung. Und in der Tat wurden weder Buch noch aktuelle Presse durch Hörfunk und Fernsehen verdrängt, aber die Berichterstattung der Tageszeitungen hat sich verändert. Es wird tendenziell mehr Wert auf Hintergrundinformation und weniger auf Aktualität gelegt. Andererseits gilt entgegen „Riepls Gesetz" auch, dass Telegraph, Telex (Fernschreiber) und Bildschirmtext (Btx) in Deutschland heute nur noch in Technikmuseen zu besichtigen sind. Ob es medientheoretisch wirklich sinnvoll ist, das Problem intermediärer Konkurrenz an den technischen Medien allein festzumachen, scheint zumindest fragwürdig: Aus Sicht der Mediennutzer ist es in der Regel zweitrangig, **wie** eine bestimmte Medienleistung erbracht wird, solange **bestimmte Funktionalitäten** erhalten bleiben bzw. verbessert werden. Vor dem Hintergrund einer umfassenden Digitalisierung, die eine Integration verschiedener Medienfunktionen auf derselben technischen Plattform erlaubt und längst Telefon und Rundfunk erreicht hat, erscheint es noch weniger sinnvoll, die Medientechnologie zum entscheidenden Kriterium zu erheben. Somit versagt „Riepls Gesetz" solange die Funktionen der Medien außer Betracht bleiben. Weiter führen hier mikroökonomische Ansätze und der Uses-and-Gratifications-Approach:

In der **ökonomischen Theorie** geht man – medienunspezifisch für alle Güter – davon aus, dass auf dem Markt nur Güter oder Dienstleistungen konkurrieren, die **funktionale Äquivalente** darstellen, also den gleichen Nutzen in zumindest hinreichendem Maße erfüllen. Wenn sich diese Güter aber in anderer Hinsicht, zum Beispiel dem Preis, der Bedienerfreundlichkeit, des Zeitaufwandes, aber auch des Markenimages unterscheiden, dann wird ein **rationaler Konsument** für das Produkt A und gegen das vielleicht bislang genutzte Produkt B entscheiden. Bei denjenigen Medienangeboten, die nicht direkt über Entgelte finanziert werden (sondern über den Werbemarkt), ist für den Nutzer der Preis zumindest nicht erkennbar und daher von sehr geringer Bedeutung bei seiner Nutzungsentscheidung. Ähnliches gilt auch dann, wenn pauschale Entgelte unabhängig von Häufigkeit und Dauer der Nutzung gezahlt werden, wie dies auch beim Internet zunehmend der Fall ist. Bedeutender sind dann die anderen Faktoren.

Handelt es sich bei zwei Gütern nicht um funktionale Äquivalente, dann erfolgt der Konsum weitgehend unabhängig voneinander und lediglich das zur Verfügung stehende **Budget** beeinflusst als knappe Ressource (Geld, das nur „einmal ausgegeben werden kann" oder begrenzte Zeit) den Konsum der beiden Güter. Mit Schmitt-Walter (2003: 52) kann man dann bezogen auf Medien von **supplementärer Mediennutzung** sprechen. Es gibt aber auch Güter (in unserem Fall Medienangebote), deren Konsum **komplementär** ist: Gerade weil Produkt A bereits gekauft (oder genutzt) wurde, erfolgt zusätzlich der Kauf von Produkt B. Und weiter: Nur weil Produkt B genutzt werden soll, wird auch Produkt A gekauft. Auf die erste Weise ergänzen sich beispielsweise Fernsehen und Programmzeitschriften, auf die zweite Weise ergänzen sich Software (z. B. Textverarbeitungsprogramm) und Hardware für Computer. Vergrößern sich verfügbares Einkommen oder das persönliche Zeitbudget oder können beide effizienter genutzt werden (sinkende Preise oder Parallelisierung von Tätigkeiten), wird die Substitution unwahrscheinlich. Beides ist auch hinsichtlich des Konsums bzw. der Rezeption von Medienangeboten denkbar: Eine Zunahme der Hörfunknutzung ist nicht (allein) auf die Zunahme von Freizeit oder die Substitution der Buch- und Tageszeitungslektüre zurückzuführen, sondern in hohem Maße auf die **Parallelnutzung** des Tagesbegleitmediums Radio. Durchaus denkbar ist insofern, dass neue Medien zusätzlich zu den alten genutzt werden, selbst wenn sich weder das Einkommen noch das Zeitbudget absolut erhöhen. Entgegen vereinfachenden Annahmen (vgl. Schmitt-Walter 2003), wie sie vor allem in der quantifizierenden Medienforschung zu finden sind, ist das **Zeitbudget also keineswegs eine absolute Größe** und die für die Mediennutzung aufgewendete Zeit auch kein absolut valider Indikator bei der Erforschung intermediärer Konkurrenz: Der zu erwartende Nutzen bemisst sich je nach Medium, Medienangebot, Nutzungsweise und -motiven recht unterschiedlich; ein Algorithmus zur „Umrechung" von x Minuten Fernsehnutzung in y Minuten WWW-Nutzung lässt sich nicht angeben. Nicht zu entscheiden dürfte auch sein, ob 15 Minuten Tagesschau 30, 45 oder 60 Minuten Tageszeitungslektüre oder 3, 5 oder 10 Minuten WWW-Nutzung „ersetzen" können. Zeitbudgets sind sozial wie biographisch variabel und durch Parallelnutzungen von Medien veränderbar; die Nutzungsdauern unterschiedlicher Medien sind keineswegs chronometrisch verrechenbar. Insofern lassen sich aus Veränderungen der Mediennutzungsdauer nur Indizien für intermediäre Konkurrenz gewinnen.

Eine **Substitution** hingegen ist wahrscheinlich, wenn die neuen Medien die Funktionen der alten entweder besser (z. B. schneller) oder genauso gut erfüllen, und dafür weitere Vorzüge (Nutzen) aufweisen. Die meisten Medien erfüllen nicht nur **eine** Funktion, sondern bieten ein ganzes **Spektrum von Leistungen.** Dimmick und Rothenbuhler (1984: 105-109) sprechen in Anlehnung an die biologische Evolutionstheorie von einer **ökologischen Nische,** die eine Medienorganisation besetzt. Je stärker sich die Nischen von Medien (oder Kommunikationsformen) überschneiden, umso wahrscheinlicher und intensiver kommt es zur Substitution. Die entscheidende Ressource, um die Medien konkurrieren, sind in dieser medienökonomischen „Nischentheorie" die Konsumenten bzw. Rezipienten, weil deren Zuwendung zu dem einen oder anderen Medienangebot über die direkte oder indirekte (via Quote und Werbeerlöse) Refinanzierung der Medienangebote entscheiden. Die Zuwendung der Rezipienten zu bestimmten Medienangeboten wiederum hängt von den Nutzenerwartungen der Menschen, also den von ihnen gesuchten Gratifikationen und der antizipierenden Bewertung ab, ob ein bestimmtes Medienangebot diese Gratifikationen auch erbringen wird oder ein anderes Medienangebot dies voraussichtlich besser kann.

Auch wenn man dem Uses-and-Gratifications-Ansatz folgt, sind für die Nutzung der verschiedenen Kommunikationsmedien und damit auch für die intermediäre Konkurrenz die **erwarteten und erhaltenen Gratifikationen** entscheidend: Ein rationaler Mensch wird seine Medienwahl unter anderem davon abhängig machen, welchen Nutzen er erwartet und ggf. aufgrund seiner bisherigen Erfahrungen bereits mehrfach erzielt hat. Lässt man u. a. die situativen Faktoren außen vor, dann kann man versuchen, für jedes Medium ein allgemeines Gratifikationsprofil aus der Sicht der Mediennutzer zu rekonstruieren (vgl. für die Konkurrenz zwischen Telefon und persönlicher E-Mail: Dimmick et al. 2000). Auf diese Weise lassen sich die ökologische Nische eines Mediums annähernd beschreiben, die Überschneidungen bestimmen und Aussagen über zu erwartende sowie Erklärungen über bereits eingetretene Substitutionen gewinnen. Einschränkend sei dabei angemerkt, dass es schon aufgrund der Vielfalt der in einem Medium verfügbaren Inhalte (z. B. Fernsehspartenprogramme, Zeitschriften), schwer sein dürfte, klar konturierte und stabile Gratifikationsprofile zu gewinnen. Im Falle „des Internet" oder „der Online-Medien" dürfte dies unmöglich sein, solange nicht zwischen den verschiedenen Formen computervermittelter Kommunikation differenziert wird.

14.3.2 Empirische Befunde

Hagen (1998) hat bereits Mitte neunziger Jahre sekundäranalytisch untersucht, ob sich Komplementär- und Substitutionsbeziehungen zwischen den „traditionellen Massenmedien" und „den Online-Medien" insgesamt abzeichnen. Die Online-Medien wiesen demnach – bezogen auf die Gratifikationen – ein stärkeres Informationsprofil, die Rundfunkmedien ein stärkeres Unterhaltungsprofil auf. Hinsichtlich der Unterhaltungsgratifikationen bieten Online-Medien durch Erotik- und Pornographieangebote einen spezifischen „Nutzen", den Rundfunk und Tageszeitung kaum, allenfalls (einige) Publikumszeitschriften offerieren können. Trotz der damals noch vergleichsweise geringen Dauer der Online-Nutzung konnte Hagen deutliche Differenzen zwischen Online-Nutzern und Nicht-Nutzern feststellen. Die Besonderheiten der Mediennutzung der „Onliner" gingen aber ganz überwiegend nicht auf die Substitution alter Medienangebote zurück, sondern auf sozio- und psychographische Merkmale dieser damals noch sehr kleinen Bevölkerungsgruppe zurück. Es handelte sich zum großen Teil bei den Onlinern um Vielnutzer aller Medien. Die längere Radionutzung kann sehr gut mit dem Nebenbei-Hören während des „Surfens" erklärt werden, die erhöhte Nutzung von Printmedien möglicherweise als komplementäre Rezeption der zahlreichen Special-Interest-Zeitschriften und Ratgeber-Beilagen zum Thema Internet. Lediglich beim Fernsehen und bei der Lektüre (lokaler und regionaler) Tageszeitungen deuteten sich leichte Substitutionseffekte an. Allerdings beruhen Hagens Ausführungen auf dem Vergleich zwischen Online-Nutzern und Nicht-Nutzern, und nicht auf einer Längsschnitt-Untersuchung, die wahrscheinlich klarere Rückschlüsse auf die Ursachen zuließe.

Schmitt-Walter (2003: 94) geht bei seiner sekundäranalytischen Untersuchung der „Konkurrenz zwischen den Mediengattungen" davon aus, dass Online-Medien den Menschen funktionale Alternativen zu anderen Medien bieten und insofern potenziell mit Fernsehen, Hörfunk, Tageszeitung oder übrigen Medien konkurrieren. Fasst man die Funktionen der konkurrierenden Mediengattungen (also ohne Berücksichtigung von Sparten, Formaten und Genres) sehr allgemein mit Begriffen wie „Information" oder „Unterhaltung", und differenziert „das Internet" nicht weiter, so ist zu erwarten, dass sich die funktionalen Nischen von „Online-Medien" und „klassischen Medien" zumindest in einigen Bereichen überschneiden, es also zu Substitutionseffekten kommen müsste. Die bislang vorliegenden Ergebnisse der Mediennutzungsforschung, so ein Ergebnis der Analyse von Schmitt-Walter (2003: 126-136) lassen jedoch **insgesamt keine Substitutionseffekte** erkennen. Die vermehrte Internetnutzung geht zwar in bestimmten Nutzergruppen mit rückläufigen Nutzungsdauern von Zeitung und Zeitschrift sowie erhöhter Hörfunknutzungsdauer einher, ist aber nicht ursächlich auf die Internetnutzung zurückzuführen, sondern auf soziodemographische Variablen dieser Nutzergruppen. Die vermehrte Internet- und Hörfunknutzung hat im Ergebnis zu einer **Ausweitung der Gesamtdauer für**

Mediennutzung (zu Lasten des Nachtschlafes) geführt – ein Indiz für supplementäre oder komplementäre Nutzung. Auch im Tagesverlauf konnte Schmitt-Walter (2003: 140) keine Substitutionseffekte feststellen, das Internet verdrängt die Nutzung der übrigen Medien demnach nicht auf andere Tageszeiten. Erkennbar wird auch, dass individuelle Zeitbudgets keine feste Größe sind, denn jeder zweite Internetnutzer gab an, parallel zur Netznutzung Radio zu hören, jeder Fünfte zumindest selten auch gleichzeitig fernzusehen.

Auch wenn sich auf der Ebene (vermeintlich) „harter" Nutzungsdaten keine Substitutionsbeziehungen abzeichnen, so lassen sich funktionale Konkurrenzen aus der Sicht der Mediennutzer doch anhand der jeweiligen Kompetenzzuschreibungen der Medien ableiten: „Die funktionale Marginalisierung des Teletextes und die Kompetenzverluste der Tageszeitung sowie die gesunkene Kompetenz des Fernsehens vor allem in den Bereichen Unterhaltung und Erotik stehen in einem engen Zusammenhang mit der Ausbreitung des Internet", dem seitens der Nutzer hier offenbar eine besondere Leistungsfähigkeit beigemessen wird. Der Mehrwert des Internet wird vor allem in den Bereichen vermutet, für die andere Medien nur unzureichenden Nutzen boten (Reise- und Wirtschaftsinformationen sowie Musik (einschl. Downloads) (vgl. Schmitt-Walter 2003: 178-179).

Allerdings erscheint es problematisch, Gratifikationsprofile und Nutzung pauschal für ganze Mediengattungen zu erfassen und hieraus auf intermediäre Konkurrenzbeziehungen zu schließen: Einerseits lässt sich nämlich eine weitgehende thematische und formale **Ausdifferenzierung der Angebote innerhalb einer Mediengattung** beobachten (etwa bei den Publikumszeitschriften, beim Sparten-Fernsehen oder beim Format-Radio), was zu sehr unterschiedlichen Nutzenversprechen und -erwartungen führt. Andererseits können wir – gerade bei den Online-Medien – eine **Integration der Medien** beobachten. Wenn beispielsweise parallel zum „Surfen" im WWW statt des herkömmlichen Radios Web-Radio gehört wird, dann stellt sich die Frage, ob hier verschiedene WWW-Angebote genutzt oder Websites und Hörfunk (auf derselben technischen Plattform WWW) parallel rezipiert werden. Ähnliche Überlegungen ließen sich für die Nutzung der Online-Angebote von Tageszeitungen und Zeitschriften anstellen.

Hinsichtlich der intermediären Konkurrenz stellt sich schließlich die Frage nach der Substitution der Werbeträger und damit einer Veränderung der Anteile am **Werbemarkt,** der ja für die meisten publizistischen Medien die wichtigste Finanzierungsquelle darstellt. Derzeit sind die Werbeerlöse kommerzieller Websites in Deutschland bescheiden: Der Bundesverband Digitale Wirtschaft, ein Zusammenschluss von Werbevermarktern, schätzt die Werbumsätze für das Jahr 2004 auf rund 535 Millionen Euro, was 2,9% des Gesamtwerbemarktes entspricht. Für die kommenden fünf Jahre wird eine Steigerung auf 5% erwartet, so dass die Online-Werbung einen höheren Marktanteil einnehmen würde als die Kino- und die Fachzeitschriftenwerbung. Allerdings sind solche Angaben mit Vorsicht zu genießen, nicht nur weil sie von einem Interessenverband stammen: Die künftige Entwicklung des Gesamtwerbemarktes – und damit die Prozentanteile einzelner Werbeträger in einem wachsenden oder schrumpfenden Markt – lässt sich nicht genau vorhersagen. Vor allem aber ist bereits die Umsatzangabe für 2004 zu relativieren: „Aufgrund des harten Preisdrucks liegt das tatsächliche Netto-Werbevolumen um etwa 30 bis 35 Prozent unter den 535 Millionen", die nach den Listenpreisen berechnet sind (vgl. Schmidt 2004). Online-Werbung gilt sowohl im WWW als auch in der E-Mail-Kommunikation als preiswerte Alternative, insbesondere zur postalischen Direktmail. Allerdings ist sie für den selektiven Mediennutzer des „Pull-Mediums" WorldWideWeb ebenso wie für den E-Mail-Nutzer, insbesondere wenn er Spam-Filter einsetzt, noch leichter zu umgehen als Print- und Rundfunkwerbung. Auch die zunehmenden Versuche, Websites über Entgelte zu refinanzieren, sprechen für eine eher begrenzte Rolle der Werbung in der Online-Kommunikation, und umgekehrt für vermutlich auch künftig eher bescheidene Anteile am Gesamtwerbemarkt.

14.4 Fazit

Medienwahlen stellen voraussetzungsreiche und komplexe Entscheidungsprozesse dar, die nicht hinreichend mit reduktionistischen und technikdeterministischen Modellen erklärt werden können. Medienzentrierte Ansätze (Kanalreduktion, Soziale Präsenz, Filtermodelle) wurden auf der Basis von Laborexperimenten für die Organisationskommunikation entwickelt, stehen aber im Widerspruch zu den empirischen Beobachtungen der alltäglichen computervermittelten Kommunikation. Von großer Bedeutung sind neben persönlichen (Erfahrungen und Kompetenzen) und medienbezogenen Faktoren (Verfügbarkeit, Kapazität, Kosten) offenbar interpersonale, normative und andere soziale Faktoren der Medienwahl sowie die gesuchten und erhaltenen Gratifikationen, die bei der computervermittelten Kommunikation – mit Ausnahme des WWW – immer von den beteiligten Kommunikanden abhängen. Modelle der sozialen Informationsverarbeitung erklären Medienwahlen daher besser.

Hinsichtlich der intermediären Konkurrenz lässt sich festhalten, dass es bislang keine empirischen Belege für größere Substitutionseffekte durch die Online-Medien gibt. Computervermittelte Kommunikation tritt in der Regel nicht an die Stelle der bisherigen Medien oder der Face-to-face-Kommunikation, sondern ergänzt sie (Komplementarität) oder bietet zusätzlichen Nutzen (Mehrwert), der nicht mittels der traditionellen Medien ohne weiteres erzielt werden kann. Offenbar ist Internet-Nutzung in weiten Teilen zusätzliche Mediennutzung (Supplementarität) oder es werden lediglich neue Verbreitungs- und Präsentationsformen von Medienangeboten genutzt, die bislang nicht auf digitalen Plattformen erreichbar waren, etwa Web-Radio oder die Angebote etablierter Print- und Rundfunkunternehmen im Netz. Auch hinsichtlich der Konkurrenz auf dem Werbemarkt zeichnen sich keine dramatischen Verschiebungen ab, zumal wenn man berücksichtigt, dass viele der reichweitenstarken Webangebote wiederum von klassischen Medienunternehmen stammen. Wie bei der Medienwahl ist aber auch hinsichtlich der intermediären Konkurrenz weitere, vor allem differenziertere (Inhalte und Formen der Angebote, Motive und Gratifikationen der Nutzung) Forschung notwendig.

15. Diffusion und Nutzung des Internet

15.1 Einleitung

Die Verbreitung des Internet in der zweiten Hälfte des letzten Jahrzehnts wurde in der öffentlichen Diskussion vielfach als rasant, revolutionär oder einzigartig geschildert und bot Anlass zu zahlreichen Prognosen. Die Erwartungen waren hoch gesteckt und meist verbunden mit Vorstellungen vom Wandel zur „Informationsgesellschaft" sowie wirtschaftlicher Prosperität (vgl. Kap. 1). Skeptiker und Kritiker hingegen hielten dem entgegen, dass Internet werde nur von einem Teil der Gesellschaft sowie international sehr ungleichmäßig angenommen und genutzt. Dieses Problem wird meist unter den Schlagworten „Digital Divide" oder digitale Spaltung bzw. Kluft behandelt. In Kap. 15.2 sollen die wesentlichen empirischen Befunde sowie der politische Begleitdiskurs dargestellt und nach diffusionstheoretischen Erklärungen gefragt werden.

Das Interesse an der empirischen Erforschung des Zugangs zum Internet und der tatsächlichen Nutzung computervermittelter Kommunikation war nicht nur aus politischen, sondern vor allem aus ökonomischen Gründen groß: Zum einen entwickelte sich ein Markt für Hard- und Softwareanbieter sowie Telekommunikations-Dienstleister (Provider), zum anderen herrschte die Vorstellung, insbesondere WWW-Angebote seien zumindest vorerst nur durch Werbung zu finanzieren. Wie bei den Print- und Rundfunkmedien ging es daher darum, mehr über die tatsächliche Nutzung und die Nutzer zu erfahren. Es wurden entsprechende Methoden der empirischen Kommunikationsforschung entwickelt bzw. adaptiert, die im Überblick dargestellt werden (vgl. Kap. 15.3.1). Eine vertiefende Auseinandersetzung, insbesondere mit den spezifischen Methoden und methodologischen Problemen der Online-Forschung kann im Rahmen dieses Lehrbuchs aber nicht erfolgen, weshalb hier auf die Methodenliteratur verwiesen sei (vgl. insbesondere Welker/ Werner 2004; Welker/ Werner/ Scholz 2005; Batinic et al. 1999; Batinic/ Bosnjak 2000; Reips 2000; Döring 1999: 171-208; Werner 1998). Daran schließt sich eine Übersicht der in Deutschland maßgeblichen Online-Nutzungsstudien (Kap. 15.3.2) sowie ihrer zentralen Befunde zur Nutzung computervermittelter Kommunikation im Internet an (vgl. Kap. 15.3.3).

15.2. Die Diffusion des Internet

15.2.1 Digital Divide

Wie alle (medien-)technischen Innovationen so verbreitet sich auch das Internet nicht gleichmäßig schnell und vermutlich auch nicht vollständig in allen Bevölkerungsgruppen, Regionen und Ländern.[13] Die **sozial ungleiche Verteilung von Zugang zum Internet und Nutzung von computervermittelter Kommunikation wird als „Digital Divide", „Digitale Kluft" oder „Digitale Spaltung" bezeichnet.** Ausgelöst wurde die Diskussion um die Digital Divide Mitte der neunziger Jahre in den USA, wo die von der National Telecommunications and Information Administration (NTIA) durchgeführten Erhebungen erstmals eine Ungleichverteilung der Netzzugänge und der Internetnutzung belegten. Der 1995 veröffentlichte Bericht „Falling Through the Net – A Survey of the Have Nots in Rural and Urban America" (US Department of Commerce 1995) stellte fest, dass in den ländlichen Regionen der USA, aber auch in den Innenstadtgebieten mit einkommensschwachen und formal niedriger Gebildeten Zugang und Nutzung weit hinter den übrigen USA zurücklag. Gegenüber der weißen Bevölkerung waren asiatische, afroamerikanische und hispanische Bevölkerungsgruppen nur unterproportional an der Online-Nutzerschaft beteiligt. In einem der Folgeberichte des staatlichen

---

[13] Vgl. für graphische Darstellungen die Web-Adressen unter den „Studienpraktischen Hinweisen" im Anhang.

Amtes von 1998 (US Department of Commerce 1998) wurde sogar eine Verschärfung der digitalen Spaltung konstatiert:

„In fact, the 'digital divide' between certain groups of Americans has *increased* between 1994 and 1997 so that there is now an even greater disparity in penetration levels among some groups. There is a widening gap, for example, between those at upper and lower income levels. Additionally, even though all racial groups now own more computers than they did in 1994, Blacks and Hispanics now lag *even further behind* Whites in their levels of PC-ownership and on-line access."

Auch für die Bundesrepublik lässt sich eine sozial ungleiche Verteilung von Zugang und Nutzung der Online-Medien belegen. Noch immer scheinen **Alter, formaler Bildungsgrad, Erwerbstätigkeit** und – in abnehmendem Maße – **Geschlecht** die ausschlaggebenden Faktoren für Zugang und Nutzung zu sein (vgl. van Eimeren/ Gerhard/ Frees 2004: 352):

- Die **Sozial- und Altersstruktur** der Online-Nutzerschaft unterscheidet sich signifikant von der demographischen Struktur der Bevölkerung (ab 14 Jahre): Nur 17% der Online-Nutzer sind 50 Jahre oder älter, während ihr Anteil an der Gesamtbevölkerung (ab 14 Jahren) bei rund 44% liegt. Nur 14,5% der über 60jährigen nutzen Online-Medien; bei den 14-19-Jährigen sind es 94,7, bei den 20-29-Jährigen 82,8%.

- 94,5% der Studenten und Azubis sind Online-Nutzer, bei den **Erwerbstätigen** sind es knapp 73,4%, aber nur 22,9% der nicht Berufstätigen und **Rentner** gehören zu den Nutzern.

- Während 64,2% der **Männer** zu den Online-Nutzern gezählt werden, sind es bei den **Frauen** nur 47,3%.

- 94,5% der Studenten und Azubis sind Online-Nutzer, bei den **Erwerbstätigen** sind es knapp 73,4%, aber nur 22,9% der nicht Berufstätigen und **Rentner** gehören zu den Nutzern.

- Auch **regional** sind beträchtliche Unterschiede erkennbar: Laut einer repräsentativen Umfrage von TNS Emnid (FAZ 30.6.03: 20) weisen Berlin, Hamburg und Hessen, und hier vor allem Frankfurt und Darmstadt einen deutlich höheren Anteil von Online-Nutzern auf als Mecklenburg-Vorpommern und Sachsen. Bezeichneten sich 69,2% der Berliner und 45,4% der Berlinerinnen als Online-Nutzer, so waren es nur 49,9% der Männer und 36,2% der Frauen in Mecklenburg-Vorpommern (Bundesdurchschnitt liegt laut dieser Studie bei 58,8% der Männer und 42,1% der Frauen). Nach einer Untersuchung von SevenOne Interactive und forsa von 2001 handelt es sich nicht nur um Stadt-Land-Klüfte, sondern auch um West- und Ost-Unterschiede (mit Ausnahme Ost-Berlins): Wurden in Baden-Württemberg 44,2 % der Bevölkerung zu den Online-Nutzern gezählt, waren es in Mecklenburg-Vorpommern mehr als 12% weniger; der Bundesdurchschnitt lag damals bei 39,8% (vgl. Schenk/ Wolf 2002: 21).

- Schenk und Wolf (2002) haben die Internetnutzung vor dem Hintergrund verschiedener **sozialer Milieus** untersucht, mit dem Ergebnis, dass Lebensweise und Lebensauffassung ebenfalls eine Rolle spielen: Während die traditionellen Arbeiter- und bürgerlichen Milieus insgesamt über 30% der deutschen Bevölkerung ausmachen, stammen nur insgesamt 8% der Online-Nutzer aus diesen beiden Milieus. Umgekehrt sind das postmoderne und das sog. adaptive Milieu im Netz überproportional vertreten (vgl. Schenk/ Wolf 2002: 24-26). „Alles in allem kann somit von einem Milieu-Gap gesprochen werden, der zwischen den modernen bzw. gehobenen Milieus einerseits und den traditionellen Milieus andererseits besteht" (Schenk/ Wolf 2002: 27).

Hinsichtlich der „Geschlechter-Kluft" lässt sich eine deutliche Nivellierung erkennen: Der Anteil der Online-Nutzer bei den Frauen hat sich von 3,3% (1997) bis zum Jahre 2002 nahezu verzehnfacht; während die Verbreitung der Online-Nutzung bei den Männern im gleichen Zeitraum von 10,0% „nur" um den Faktor fünf gestiegen ist. Im Jahre 2003 waren fast die Hälfte der Online-Nutzer (43%) weiblich (vgl. van Eimeren/ Gerhard/ Frees 2003: 341). In den USA waren bereits vor vier Jahren 53,8% der Frauen Online-Nutzerinnen, bei den Männern betrug der Wert 53,9%. Die OECD stellt in einer internationalen Studie fest, dass Geschlechtsunterschiede eine sehr geringe Rolle bei der Internetnutzung insgesamt spielen, dass allerdings die Nutzerinnen jünger sind als die männlichen Nutzer (vgl. Wischermann 2004: 216-217). Bei der altersabhängigen Betrachtung bleiben die Unterschiede aber bestehen und verstärken sich womöglich, denn der Anteil der über 60-Jährigen an der Gesamtnutzerschaft ist von 1997 bis 2001 von 1 auf 6 Prozent gestiegen, bewegt sich seitdem aber um diese Marke (vgl. van Eimeren/ Gerhard/ Frees 2003: 341).

Wenn man also, wie es mittlerweile Konsens ist, nicht mehr von einer raschen Vollversorgung der Bevölkerung mit Online-Zugängen und einer entsprechend verbreiteten Nutzung (vergleichbar dem Telefon oder dem Fernsehen) ausgeht, dann spricht vieles dafür, dass **einige Ungleichheiten zumindest noch Jahrzehnte erhalten bleiben.** Für diese Sichtweise spricht auch, dass die Zuwachsraten der Online-Nutzer (obgleich noch immer beträchtlich) rückläufig sind, weil offenkundig immer mehr Anschlusswillige mittlerweile einen Zugang besitzen: Betrugen die Zuwachsraten zwischen 1998 und 2000 noch jeweils um die 60%, so waren es 2001 nur noch 36% und 2002 lediglich 14%. Für 2003 ist wiederum ein leichter Anstieg auf 22% zu verzeichnen. Das Wachstum erfolgt zudem noch immer ungleichgewichtig: Die absolut höchsten Wachstumsraten weisen die Nutzergruppen der 14-49-Jährigen, der Berufstätigen sowie der formal mittel- bis hochgebildeten Menschen auf. So wuchs der Anteil der Online-Nutzer bei den Jugendlichen von 76,9% (2002) auf 92,1% (2003), allerdings spielt bei den Jugendlichen der Bildungsgrad mittlerweile eine abnehmende Bedeutung (vgl. van Eimeren/ Gerhard/ Frees 2003: 339). Laut einer repräsentativen Befragung des Europäischen Medieninstituts (N = 2612) planen 80% der „Offliner" (in dieser Studie für das Jahr 2002 insgesamt 54% der 14- bis 75-Jährigen) auch nicht, innerhalb des nächsten Jahres das Internet zu nutzen (vgl. Groebel/ Koenen/ Konert 2003: 2-3). Fragt man internationale Experten nach ihrer mittelfristigen Prognose, so wird deutlich, dass unbegrenztes Wachstums oder Vollversorgung, wie sie bei Telefon und (annähernd) beim Fernsehen in den entwickelten Industriegesellschaften gegeben ist, nur von einer Minderheit vorausgesehen wird. Von den 99 im Jahre 1999 im Rahmen einer Delphi-Studie befragten internationalen Experten schätzten nur 14, dass im Jahre 2010 mehr als 60% der Privathaushalte regelmäßig Online-Informationen nutzen würden, 18 Experten schätzen, dass über 60% Unterhaltungsangebote online nutzen würden. Die relative Mehrheit der Experten glaubte hingegen, dass im Jahre 2010 zwischen 40 und 60% der Haushalte Informationsangebote und zwischen 25 und 40% Unterhaltungsangebote online nutzen würden (vgl. Beck/ Glotz/ Vogelsang 2000: 75).

Die vielleicht dramatischste, weil am längsten vorhaltende, digitale Spaltung lässt sich beim **internationalen Vergleich** erkennen; allerdings kann dies nicht wirklich überraschen, weil bereits die zugrunde liegende Telekommunikationsinfrastruktur (sogar auf der Ebene analoger Telefonanschlüsse) global sehr ungleich entwickelt ist. So schätzt Trevor Haywood (1998: 24), dass 70% der Host-Computer des WWW in den USA beheimatet sind, während 1998 lediglich zehn afrikanische Länder überhaupt Zugang zum Netz hatten. Die Kosten für ein Modem waren demnach in Indien vier Mal so hoch wie in den USA; ein Internetzugang in Indonesien kostete das 12fache eines Anschlusses in Nordamerika. Eine weitere Ursache liegt darin, dass Staaten wie Singapur, Vietnam oder China zwar ein Interesse am Zugang zum weltweiten Netz haben, diesen Zugang aber sehr genau kontrollieren wollen, um nicht allen ihren Bürgern umfassende Informationsfreiheiten gewähren zu müssen, sondern nur ausgewählten und loyalen Eliten (vgl. Haywood 1998: 25). Die Disparitäten und digitalen Klüfte setzen sich also **innerhalb** der Länder mit ohnehin schwach entwickelter Telekommunikationsstruktur nach dem Muster fort, das wir aus der gesamten Forschung über Kommunikation und Entwicklung kennen: Die **Metropolen** und Städte (Hauptstädte, Hafen- und Handelsstädte) sind vergleichsweise noch weitaus besser ausgestattet als die **ländlichen Gebiete,** und innerhalb der Städte spiegeln sich die politischen und sozialen Herrschaftsverhältnisse schon aus Kostengründen wieder:

> „A new computer with a modem costs about one year's unemployment benefit in the UK; or about the annual income of three schoolteachers in Calcutta; or about fifty times development economists' estimate of a bare subsistence income in Calcutta." (Holderness 1998: 40)

Selbst dort, wo ein Zugang besteht, ergeben sich erstaunliche Unterschiede in der Bandbreite und Zuverlässigkeit der Datenübertragung, so dass anspruchsvollere Dienste oder neuere Angebote gar nicht genutzt werden können (vgl. Holderness 1998: 43-45). Als Flaschenhals für eine Versorgung in der Fläche erweist sich letztlich die Dichte der **Telefoninfrastruktur:** Kamen Ende der neunziger Jahre in den entwickelten Industrieländern durchschnittlich 49 Telefonanschlüsse auf jeweils 100 Einwohner, so waren es in den „Entwicklungsländern" nur zwischen 2 und 3,5 pro einhundert Einwohner (vgl. Holderness 1998: 47).

Die Frage, wie rasch und wie gleichmäßig sich das Internet bzw. die Nutzung computervermittelter Kommunikation verbreiten würde, hat in den letzten zehn Jahren vor allem deshalb besondere **soziale und politische Bedeutung** gewonnen, weil diesem Medium weitreichende Wirkungen attestiert und prognostiziert wurden (vgl. Kap. 1.2 u. 13.5). Zu diesen Mythen und Visionen zählt auch, dass das Internet maßgeblich zur Überwindung bestehender sozialer Ungleichheiten beitrage (vgl. Dyson 1998, Leggewie 1998). Wie bei vielen neuen Techniken stehen auch beim Internet den Optimisten Pessimisten gegenüber, die zwar nicht den grundsätzlichen Nutzen computervermittelter Kommunikation bestreiten, aber vor der **Gefahr neuer sozialer Ungleichheit** warnen. Brian D. Loader (1998: 3) stellt die verschiedenen Prognosen über die Auswirkungen der Online-Medien einander gegenüber:

> „Will they, for example, lead to a greater equalisation of power structures with their promise of access to public information and global collaboration? Or alternatively are these likely to produce a widening of the social cleavage between the information-rich and information-poor in and between communities around the world?"

Politische Akteure, wie die deutsche Bundesregierung oder die US-Regierung, sowie internationale Organisationen, wie UNO und Europäische Union, haben dieses Problem aufgegriffen und **politische Programme** entwickelt. So heißt es beispielsweise im sogenannten Bangemann-Report der EU von 1994:

> „... the first countries to enter the information society will reap the greatest rewards. They will set the agenda for all who must follow. By contrast, countries which temporise, or favour half-hearted solutions, could, in less than a decade, face disastrous declines in investment and a squeeze on jobs." (Bangemann 1994: 4)

Die Rede ist von einer Spaltung der Gesellschaft bzw. der Weltgesellschaft in „Information Rich" and „Information Poor"; der Nutzen des Netzes komme den ohnehin Privilegierten in besonderem Maße zugute, soziale Ungleichheit werde nun auch in der „Informationsgesellschaft" reproduziert oder gar verstärkt. Um dieser sozialpolitisch brisanten Gefahr zu begegnen, fordern vor allem die Apologeten des „digitalen Zeitalters", wie Don Tapscott in den USA politische Maßnahmen:

„If you look at the data, there is a growing information apartheid already in the United States. Parallel to this, there is a growing polarization in the distribution of wealth. Unless a new social contract is achieved, these two gaps will continue to interact, strenghtening trends toward the consolidation of a large, permanent underclass." (Tapscott 1998 : 259)

Soziale Ungleichheiten bei Zugang und Nutzung des Internet können nur erklärt werden, wenn wir die **verschiedenen Dimensionen des Problems** theoretisch und empirisch erfassen und näher betrachten, aufgrund welcher Einstellungen und Motive computervermittelte Kommunikation auf welche Weise genutzt oder eben nicht genutzt wird.

15.2.2 Diffusionstheorie

Die vorliegenden Ergebnisse empirischer Studien erfassen das tatsächliche Problem allerdings nur unvollständig, zumal die Parameter „Zugang" und „Nutzung" uneinheitlich und ungenau definiert werden (vgl. Kap 15.3.1). Bei näherer Betrachtung geraten auch die Qualitäten des Zugangs und der Nutzung in den Blick. So schreibt Tapscott (1998: 256):

„The issue is not just access to the new media, but rather whether differences in availability of services, technology fluency, motivation, and opportunities to learn may lead to a two-tiered world of knowers and know-nots, doers and do-nots."

Unterschieden werden von Tapscott also **Zugang (Access)** und eine Reihe **weiterer Faktoren.** Will man nun Ungleichheiten beschreiben und erklären, so ist eine definitorische Trennung der Begriffe Zugang und Nutzung notwendig. Wie Katja Arnhold (2003) gezeigt hat, finden Zugang und Nutzung auch in der Debatte über die Digital Divide in unterschiedlichem Maße Berücksichtigung. Während einige Definitionen der digitalen Spaltung lediglich auf den Zugang zum Netz abheben (und damit die tatsächliche Nutzung vernachlässigen), steht bei anderen allein die Nutzung im Vordergrund, ohne dass die Art des Zugangs weiter betrachtet wird. Zwar ist (irgend) ein Zugang die Voraussetzung für die Nutzung (wenn man einmal von der indirekten Nutzung durch dritte Personen absieht, die auf Bitten oder im Auftrage online gehen), doch wird die Nutzung durchaus von der **Art des Zugangs (Kapazität, Geschwindigkeit, Endgeräte, Software, Kosten etc.)** abhängen. Arnhold plädiert deshalb für eine Kombination der beiden zusammenhängenden Parameter bei der Untersuchung von Digital Divide, wie sie Mark Warschauer vorgeschlagen hat: „[D]igital divide refers to social stratification due to unequal ability to access, adapt and create knowledge via use of information and communication technologies ..." (Warschauer 2001: 1)

Digital Divide entpuppt sich dann, mit Pippa Norris (2001: 1), als **Mehrebenen-Phänomen:**

„The digital divide is a multidimensional phenomenon encompassing three distinct aspects. The **global divide** refers to the divergence of Internet access between industrialized and developing societies. The **social divide** concerns the gap between information rich and poor in each nation. And lastly within the online community, the **democratic divide** signifies the difference those who do, and do not, use the panoply of digital resources to engage, mobilize and participate the public life."

Während die Diffusion und dementsprechend auch mögliche Ungleichheiten auf der globalen **Makroebene** durch Systemfaktoren wie technologische, ökonomische, politische und rechtliche Rahmenbedingungen eines Staates maßgeblich geprägt werden, scheinen auf der **Mesoebene** des Democratic Divide vor allem das Angebot und die Anwendungen durch politische Akteure (auch zivilgesellschaftliche) bedeutsam zu sein. Auf der **Mikroebene** spielen individuelle Ressourcen, wie Zeit, Geld, Kompetenzen, Motive und (wahrgenommener) Nutzen sowie die medialen Alternativen eine ausschlaggebende Rolle. Weil und in dem Maße, wie diese ungleich verteilt bzw. ausgeprägt sind, wird es zur „Social Divide" kommen. Bereits auf der Ebene des Zugangs kann folglich zwischen formalem und effektivem Zugang unterschieden werden: Sind für den **formalen Zugang** vor allem Technik und Kosten ausschlaggebend, setzt sich der **effektive Zugang** aus einer Reihe eher „weicher", im Gegensatz zur Dichte des technischen Netzes oder der Kosten nicht ohne weiteres messbarer, Faktoren zusammen. Hierzu zählen: **kognitiver Zugang, Kompetenz** im Umgang und bei der Produktion von Inhalten (Production or Content Access) sowie nicht zuletzt der „Political Access", also die Frage der Informationsfreiheit in einem Staat (wie das Beispiel China zeigt, auch über Staatsgrenzen hinaus). Mit einer möglicherweise wachsenden Kommerzialisierung spielen ökonomische Aspekte auch auf der Ebene des Zugangs zu Inhalten eine zunehmende Rolle.

Die vorliegenden Statistiken bieten zunächst einmal nur Korrelationen und Aussagen über die Wahrscheinlichkeit, mit der Menschen bestimmter Bevölkerungsgruppen zu den Online-Nutzern gehören, aber keine **Gründe für diese Ungleichverteilungen.** Monokausale Erklärungsversuche sind – wie meist in den Sozialwissenschaften – wenig erfolgversprechend, denn zu unterschiedlich sind die Merkmale der verschiedenen Nicht-Nutzer. Netzzugang und Nutzung computervermittelter Kommunikation stellen sich bei näherer Betrachtung als voraussetzungsreiche Sachverhalte heraus. Zu vermuten sind eine Reihe von **unterschiedlichen Zugangs- und Nutzungsbarrieren**: von den Kosten über die Kompetenzen bis hin zum (wahrgenommenen oder tatsächlichen) Nutzen. In Anlehnung an Clement und Shade (1997, 1998) haben Kubicek und Welling (2000: 508) versucht, die Voraussetzungen (und möglichen Hemmnisse) in Gestalt eines **„Zugangsregenbogens"** zu systematisieren und zu visualisieren:

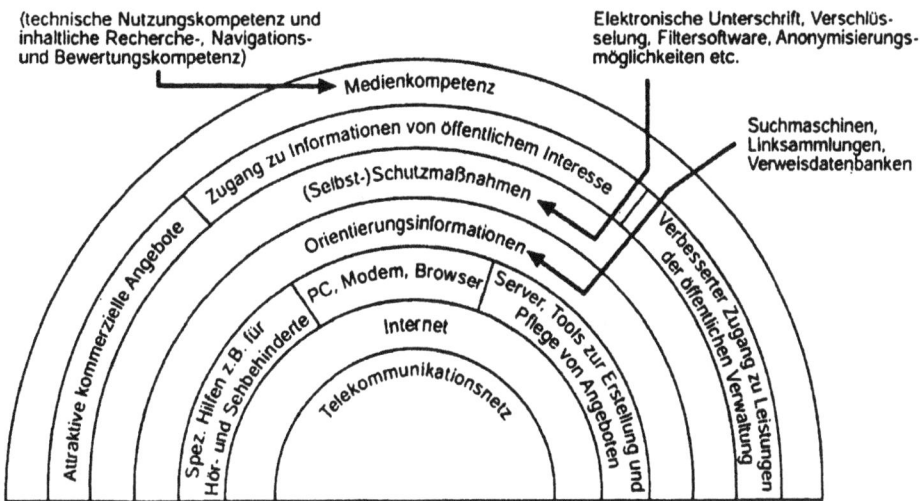

Schaubild 19: Zugangsregenbogen nach Kubicek/ Welling (2000: 508)

Im Kern, also als zwingende Voraussetzung, steht der technische Zugang zum Telekommunikationsnetz, weil de facto zumindest für Privathaushalte noch immer das (analoge oder digitale, leitungsgebundene oder mobile) „Telefon"-Netz erst die Möglichkeit eröffnet, einen Kontakt mit einem Internet Service Provider (ISP) aufzubauen. Dieser ermöglicht dann erst den Zugang zum eigentlichen Internet bzw. zu proprietären Online-Diensten (AOL, T-Online etc.) mit einem Gateway zum Internet. Zudem benötigt jeder Nutzer auf der Ebene des technischen Zugangs einen netzfähigen Personal Computer oder ein anderes geeignetes Endgerät

sowie spezifische Client-Software (Browser, Mail-Client, Newsgroup-Reader, FTP-Client etc.
– je nach Internetdienst). Der Zugangsregenbogen verdeutlicht, dass es mit diesen technischen
Voraussetzungen alleine noch nicht getan ist: Wir haben in Teil II dieses Lehrbuches gesehen,
wie zahlreich und vielfältig die Angebote und Kommunikationsmöglichkeiten sind. Folglich
werden Orientierungsinformationen benötigt, die vor allem der Selektion dienen und in
Gestalt von Suchmaschinen, Portalen, Netzkatalogen, Linksammlungen online angeboten
sowie durch andere Metamedien (Print- und Rundfunkmedien) zur Verfügung gestellt werden. Die Online-Nutzung wird maßgeblich gefördert, wenn eine gefahrlose Kommunikation
(sowie Transaktionen beim E-Commerce) sichergestellt ist. Es bedarf also des Datenschutzes
(persönliche Daten, Vertraulichkeit) ebenso wie der Datensicherheit (Schutz vor Datenverlust
und -verfälschung). Die Nutzung des Internet wird nur dann stattfinden und die Entscheidung
für einen Online-Zugang nur dann getroffen, wenn ein Nutzen erkennbar ist. Dabei kommt es
nicht auf den objektiven Nutzen an, sondern auf die **subjektive Wahrnehmung des Nutzens.**
Geht man von einer rationalen Entscheidungslogik aus, dann muss der erwartete Nutzen sogar
einen **Mehrwert** gegenüber bereits genutzten Kommunikationswegen darstellen. Die Entscheidung für einen Online-Zugang ist mit Investitionen verbunden, und auch die Nutzung
kostet Geld; hierfür wird eine entsprechende Gegenleistung in Gestalt von Gratifikationen
erwartet. Die individuelle Medienkompetenz wird in dem „Regenbogen-Modell" als oberste
Schicht erwähnt und umfasst sowohl technische als auch kognitive Fähigkeiten.

Aufschlussreich sind in diesem Zusammenhang die **Erkenntnisse über die Nicht-Nutzer** der
computervermittelten Kommunikation, die aus den ARD-ZDF-Online-Studien 2003 und 2004
hervorgehen. Demnach sind **finanzielle Argumente** (mit Ausnahme bei den 14-29-jährigen
„Offlinern") **weniger ausschlaggebend als der nicht erkennbare Mehrwert:**

> „Nach wie vor stabil sind die Hauptgründe für die Ablehnung eines Internetzugangs:
> ausreichende Informations'versorgung' über die traditionellen Anbieter im [sic!] Fern-
> sehen, Radio und Tageszeitung, kein Nutzwert und keine Zeit bzw. Lust, sich mit dem
> Internet zu beschäftigen." (Gerhards/ Mende 2003: 363)

Die ausreichende Versorgung durch die anderen Medien wird von 93% der Befragten
genannt, die also offenbar keinen Zusatznutzen des Internet im Informationsbereich erkennen.
Hinzu kommen als Ablehnungsgründe Einstellungen und Einschätzungen, die auf die öffentliche Diskussion über das Internet und auf Schwächen bei der Medienkompetenz hinweisen:
Bei der Befragung 2003 sahen 86% der Offliner vom Internet eine Suchtgefahr ausgehen,
77% hielten die pornographischen Inhalte für ein Ärgernis, 71% beurteilten den Datenschutz
als unzureichend, 58% hatten Probleme mit Sprache und Begriffen der Online-Kommunikation. Bei der Befragung 2004 wurden ganz ähnliche Werte erzielt (vgl. Gerhards/ Mende
2004: 377), d. h. die meisten Einstellungen blieben stabil. Zugenommen haben sogar noch die
Befürchtungen, dass im Netz extreme politische Ansichten verbreitet werden. Die Bewertungen des Internets durch Offliner basieren zumindest teilweise durchaus auf Kenntnissen und
Erfahrungen, denn 45% der Befragten haben das Netz schon einmal benutzt, weitere 37%
haben andere (meist Familienmitglieder) für sich „surfen" oder „mailen lassen" (vgl.
Gerhards/ Mende 2003: 361-365).

Von den Offlinern benutzten 2004 lediglich 15% einen PC, von den restlichen 85% planen
fast 90% „bestimmt" oder „wahrscheinlich" nicht, sich überhaupt einen privaten Computer,
geschweige denn einen Netzzugang zu beschaffen (vgl. Gerhards/ Mende 2004: 372). Auch
diese Befunde sprechen – mit Blick auf den „Zugangsregenbogen" – eindeutig dafür, dass die
beschriebenen gesellschaftlichen Gruppen kurz- und mittelfristig nicht zu Onlinenutzern werden.

Auf der Grundlage der Bourdieu'schen Begriffe Habitus, Feld und kulturelles Kapital haben Rojas et al. (2004) nach Erklärungen für die statistisch nachgewiesenen Ungleichheiten bei Zugang und Nutzung gesucht. Im Rahmen einer Fallstudie belegen sie, dass die sozialen Milieus mit geringem Interesse und marginalem Zugang zum Internet sich durch spezifische „Technik-Dispositionen" von den Gruppen unterscheiden, die das Internet intensiv nutzen. Sie unterscheiden sich nicht nur hinsichtlich des ökonomischen, sondern vor allem hinsichtlich ihres **kulturellen Kapitals,** das nicht allein durch Schulbildung, sondern über die Elternhäuser und die sozialen Netzwerke erworben bzw. geerbt wird. Es fehlen vielfach die sozialen **Rollenmodelle** erfolgreicher Internetnutzer; der Nutzen des Internet auch für die spätere Berufstätigkeit ist für viele Jugendliche aus diesen Gruppen nicht erkennbar und einige männliche Jugendliche betrachteten Computer und Internet als typisch weibliche Technologien, von denen sie sich schon aufgrund unhinterfragter **Geschlechtsstereotype** fernhalten möchten. Computer und Internet sind in ihren Peer-Netzwerken nicht „cool", sondern „langweilig" – vielleicht mit Ausnahme von „Ballerspielen". Es ist also eher der **Habitus** und das kulturelle Kapital, die hier den Zugang und bereits den Willen zum Zugang begrenzen, und nicht schlichte Armut, wie die Haushaltsausstattung auch dieser Familien mit elektronischen Geräten zeigt.

Der „Zugangsregenbogen" darf **nicht als Phasenmodell** verstanden werden, denn die „äußeren" Schichten entscheiden bereits zu früheren Zeitpunkten mit über Zugang und Nutzung. Werden beispielsweise keine attraktiven Angebote oder Kommunikationsmöglichkeiten erwartet, fällt die Entscheidung wahrscheinlich gegen den Kauf von Hardware oder den Vertragsabschluss mit einem Provider. Ist die allgemeine Medienkompetenz nur gering ausgeprägt, dann sind möglicherweise die notwendigen technischen Voraussetzungen für einen Zugang gar nicht bekannt.

Die ungleichmäßige bzw. verschieden schnelle Verbreitung (Diffusion) von Innovationen ist an sich nichts ungewöhnliches und gilt auch für andere Medientechnologien: Fernsehen und Telefon haben bis zur „Vollversorgung" Jahrzehnte bzw. mehr als einhundert Jahre benötigt. Es stellt sich insofern die Frage, ob es sich nicht auch bei der digitalen Kluft um einen normalen Diffusionsprozess handelt, an dessen Ende eine Vollversorgung oder zumindest eine sozial (und möglicherweise auch global) gleichmäßige Verteilung steht. Zur Klärung dieser Frage ist es hilfreich, einen Blick auf die **Diffusionsforschung** zu werfen. Everett M. Rogers (1995: 5) definiert: „Diffusion is the process by which an innovation is communicated through certain channels over time among the members of a social system." Die Diffusionsgeschwindigkeit hängt dabei von der relativen Vorteilhaftigkeit der Innovation (gegenüber bekannten Techniken), der Kompatibilität (mit Bestehendem), der Komplexität, der Erprobbarkeit und der Beobachtbarkeit für potenzielle Anwender ab. Für die meisten Innovationen ergibt sich eine idealtypische **Adoptionskurve,** bei der vier typische Adoptergruppen Zug um Zug die Innovation übernehmen und somit den Prozess der Diffusion vorantreiben (vgl. Schaubild 20): Auf die Innovatoren folgen die „frühen Übernehmer", die „frühe Mehrheit" und die „späte Mehrheit", bis die relativ kleine Gruppe der „Nachzügler" den Abschluss bildet; ausgeklammert bleiben in diesem Modell jedoch die Verweigerer. Bei den „Internet-Nichtnutzern" stellt sich daher die Frage, ob es sich um eine vergleichsweise große und möglicherweise erst spät sich entschließende Gruppe von Nachzüglern handelt oder ob es sich um „endgültige" Verweigerer handelt. Zu entscheiden ist diese Frage erst ex post, also wenn der Diffusionsprozess (nahezu) abgeschlossen ist, was im Falle des Internet nicht anzunehmen ist. Gleichwohl zeichnen sich aber – wie oben erwähnt – rückläufige Zuwachsraten (Adoptionsraten) ab, d. h. wir nähern uns zumindest dem „Abschwung" der Diffusionskurve.

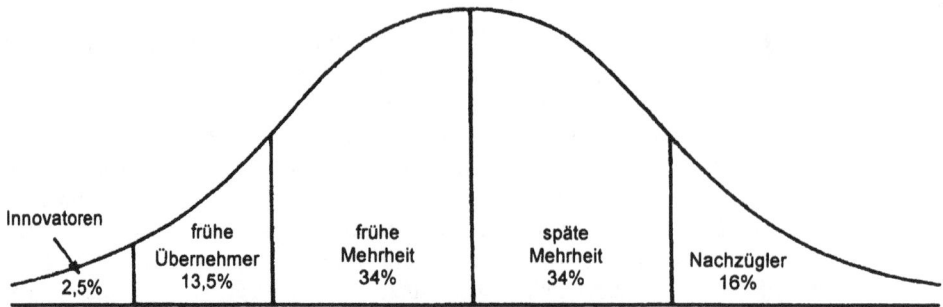

Schaubild 20: Adoptionskurve nach Rogers (1995: 262)

Im Gegensatz zu vielen anderen technischen Innovationen werden Adoption und Diffusion des Internets jedoch durch ein Merkmal beeinflusst, das wir bereits vom Telefon kennen: Wie der Nutzen des Telefons so steigt auch der Nutzen von E-Mail, Chat, Newsgroups, MUDs und MOOs mit der Zahl der bereits vorhandenen Adopter. Erst wenn eine sog. **kritische Masse** (Markus 1990, Weiber 1992) erreicht ist, dürfte sich der Diffusionsprozess selbst verstärken. Die Diffusionskurve müsste sich deshalb nach links verschieben und zudem einen zweiten Gipfel aufweisen, der durch den kritische Masse-Effekt ausgelöst wird. Beides lässt sich – im Gegensatz zum weitaus rascher diffundierenden Mobiltelefon – derzeit beim Internet jedoch nicht nachweisen. Anders als bei den interaktionsermöglichenden Formen der computervermittelnden Kommunikation verhält es sich hingegen beim WorldWideWeb, denn hier ist die Anzahl der Angebote ausschlaggebend, während die Anzahl der Nutzer nur für die (kommerziellen) Anbieter bedeutsam ist. Bei der Diffusion des Internet als Medium erster Ordnung sind beide Effekte aufgrund seines multifunktionalen, hybriden Charakters (vgl. Kap. 2) nicht eindeutig zu unterscheiden. Als Anschaffungsmotiv wird vielfach das World-WideWeb genannt; sobald die Nutzer dann online sind, stellt sich jedoch vielfach die E-Mail als eigentliche „Killer Application" heraus.

Aus diffusionstheoretischer Sicht ist die Verbreitung von Online-Zugang und -Nutzung bislang noch kein besonderes (und politisch besorgniserregendes) Phänomen; allerdings bieten Diffusionstheorie und Theorie der „kritischen Masse" auch keine hinreichenden Erklärungen (oder gar Prognosen) der Entwicklung. Die Komplexität des zu erklärenden Phänomens und die Vielfalt der interdependenten Faktoren hat Lin (2003) in ihrem „Interactive Communication Technology Adoption Model" zusammengefasst. Lin schlägt **sechs Faktoren zur Erklärung von Akzeptanz und Diffusion** (neuer) Medientechniken vor:

- **System Factors** beschreiben den Einfluss von Politik (Regulierung), Kultur (z. B. die Rhetorik der „Informationsgesellschaft" oder andere Mythen und Visionen des Internet, vgl. Kap. 1) und der Wirtschaft (Normen und Standards wie MPEG oder DSL) auf die Diffusion einer Medientechnik. Diese Faktoren wirken auf der Makroebene des Diffusionsprozesses und sind vom Individuum kaum beeinflussbar.

- **Technology Factors** sind zunächst objektive Leistungsmerkmale einer (neuen) Medientechnologie, etwa Übermittlungsgschwindigkeit, Bandbreite und die Folgen für die Kommunikation. Sie wirken vor allem in Gestalt subjektiver Technikbewertungen, wie z. B. die „soziale Präsenz" oder mediale Reichhaltigkeit eingeschätzt wird (vgl. Kap. 11 u. 14).

- **Audience Factors** sind vor allem Persönlichkeitsmerkmale, die Einfluss auf individuelle Anschaffungsentscheidungen nehmen, z. B. die Suche nach Neuheiten, Überraschung oder Sensation sowie Selbstbilder und -einschätzungen, die motivierend oder demotivierend wirken.

- **Social Factors** umfassen sowohl langfristige Sozialisationseffekte als auch Fragen der normativen und interpersonalen Medienwahl. Hierbei liegen die individuellen Anschaffungs- und Nutzungsmotive im sozialen Bezug zu anderen Kommunikationspartnern.

- **Adoption Factors** bezeichnen bei Lin die Ergebnisse des Diffusionsprozesses: Medientechniken können abgelehnt, ihre Annahme kann verschoben, durch andere Medien ersetzt, in veränderter oder ursprünglicher Form eingeführt bzw. angeschafft werden.

- **Use Factors** wirken schließlich nach (teilweise) erfolgter Einführung zurück auf den Innovations- und Diffusionsprozess. Je mehr Menschen ein Medium nutzen, umso attraktiver und möglicherweise billiger kann es beispielsweise auch für andere oder für alle werden.

Welche **Auswirkungen** die vorübergehende oder anhaltende digitale Spaltung einer Gesellschaft tatsächlich hat, ist noch nicht hinreichend geklärt. Die Ergebnisse der Befragung von Nicht-Nutzern in Industriegesellschaften sprechen dafür, dass viele freiwillig auf das Internet verzichten, ohne sich benachteiligt, ausgegrenzt oder „abgehängt" zu fühlen. Zu untersuchen wäre aus kommunikationswissenschaftlicher Sicht vor allem, worin genau der Mehrwert des Internet besteht. Aus demokratietheoretischer Sicht gilt dies insbesondere hinsichtlich politischer Informationen und der Frage, ob „Offliner" überhaupt bzw. in einem bedenklichen Maße von Öffentlichkeit ausgeschlossen bleiben (vgl. Kap. 13). Dies scheint zumindest derzeit noch keine reale Gefahr zu sein, jedenfalls keine, die über bekannte Nutzungs- und möglicherweise auch Wissensklüfte hinausginge: Bereits heute ist die Nutzung von Qualitätszeitungen oder von Informations- und Bildungsprogrammen des Rundfunks gesellschaftlich ja durchaus unterschiedlich verteilt. Erinnert sei auch daran, dass die in Medien wie Rundfunk und Telefon gesetzten modernisierungstheoretischen Hoffnungen sich bislang kaum erfüllt haben.

15.3 Die Nutzung des Internet

15.3.1 Methoden der Nutzungsforschung

Zur Erforschung von Mediennutzung stehen unterschiedliche Methoden zur Verfügung, die in zum Teil spezifischer Weise auch für die Online-Nutzungsforschung angewendet werden: Beobachtungen, Befragungen, technische Messverfahren und Experimente.

Beobachtung: Das Ziel wissenschaftlicher Feldbeobachtungen besteht darin, ein systematisches Bild von der tatsächlichen Online-Nutzung zu erhalten, das anschließend theoretisch interpretiert werden kann oder der Überprüfung von Hypothesen dient, die auf der Grundlage von theoretischen Annahmen gewonnen wurden. Da es sich bei der computervermittelten Kommunikation um ein vergleichsweise neues Phänomen handelt, leisten Beobachtungen einen bedeutenden Beitrag zur **explorativen Forschung,** also zu einer ersten Erkundung computervermittelter Kommunikation. Hierbei werden häufig Formen der freien Beobachtung, der dichten Beschreibung oder **ethnographische Verfahren** eingesetzt. Erstellt, gesammelt und interpretiert werden individuelle, durchaus subjektive Erfahrungsberichte von Nutzern, also Dokumente der Selbstbeobachtung und -reflexion. Die Analyse solcher Quellen dient der **Ableitung von Forschungsfragen** und dem Erstellen **heuristischer Modelle,** die mittels weiterer empirischer Forschung verbessert werden können. Die gewonnenen Befunde sind in der Regel nicht zu verallgemeinern, können aber ein zutreffendes Bild aus der Perspektive unterschiedlicher Nutzer vermitteln. Weite Teile der Forschung zu Chats, MUDs und MOOs beruhen auf solchen (teilnehmenden) Beobachtungen und ethnographischen Fallstudien, die zwar einen anschaulichen Einblick geben, aber keine verallgemeinerbaren Aussagen liefern. Feldbeobachtungen können offen oder verdeckt erfolgen: Im ersten Fall ist für die Beobachteten erkennbar, dass ein Forscher „anwesend" ist oder gar an der Kommunikation aktiv teilnimmt. Beides kann Auswirkungen auf das Verhalten der Beobachteten zeitigen, die Forschungsergebnisse also beeinflussen (reaktives Verfahren). Bei verdeckten Beobachtungen handelt es sich um non-reaktive Verfahren, denn weil der Forscher zumindest nicht in seiner Rolle als Forscher erkennbar wird, beeinflusst die Beobachtung nicht das beobachtete Verhalten. Allerdings wirft dieses Vorgehen wissenschaftsethische Fragen auf, zumal es sich bei einigen Formen computervermittelter Kommunikation um private oder allenfalls teil-öffentliche Kommunikation handelt. Feldbeobachtungen können ergänzt werden durch die Inhaltsanalyse von Netzdokumenten und Artefakten (etwa Chats, Newsgroups, Websites; vgl. Kap. 4.4) oder durch Interviews und Befragungen, die mit den beteiligten Kommunikanden geführt werden, um mehr über die Motive, Intentionen und Bewertungen ihres kommunikativen Handelns zu erfahren.

Befragung: Online-Nutzer können, wie andere Mediennutzer auch, über ihr Nutzungsverhalten sowie dahinter vermutete Motive und Ziele befragt werden. Befragungen können schriftlich (Fragebogen), und zwar „offline" mit einem gedruckten Fragebogen (**„paper & pencil"**) und **online** (per E-Mail oder als Website, meist mit cgi-Scripts) stattfinden. Zudem können persönliche (Face-to-face) oder telefonische Interviews durchgeführt werden. Interviews können standardisiert, teilstandardisiert oder nicht standardisiert erfolgen; Fragebogen und/ oder Interviewer können in unterschiedlichem Maße Antworten vorgeben oder sich lediglich an einem Leitfaden orientieren. Befragungen per E-Mail können mitunter den Charakter eines „asynchronen" Interviews annehmen. In Online-Focus-Gruppen können **Gruppendiskussionen** und **qualitative Interviews** (via Chat und Instant Messaging) durchgeführt werden.

Zu unterscheiden sind ferner repräsentative und nicht repräsentative Befragungen, wobei hier allerdings zwischen **bevölkerungsrepräsentativen** (meist ab 14 Jahre), **haushaltsrepräsentativen** und **nutzerrepräsentativen** Studien zu unterscheiden ist. **Ausschließlich online durchgeführte Untersuchungen können dabei grundsätzlich nicht repräsentativ sein,** weder für die Gesamtbevölkerung (da allenfalls die Hälfte „online ist" und die Online-Nutzer sich signifikant von der Bevölkerung unterscheiden), noch für die meist unbekannte Grundgesamtheit der Nutzer, aus der die Befragten stammen (vgl. Welker 200: 93); Ausnahmen sind hier Befragungen „geschlossener" und damit bekannter Nutzergruppen. Gleichwohl lassen sich aus solchen Studien Erkenntnisse über die Binnenstruktur der Online-Nutzerschaft ableiten. Die verschiedenen Studien unterscheiden sich zudem hinsichtlich ihres Erkenntnisinteresses: Markt-Media-Studien werden erstellt, um Informationen für die werbetreibende Wirtschaft zu gewinnen, d. h. hier geht es um Reichweiten, Nutzungsgewohnheiten und die sozio- oder gar psychographische Beschreibung der Nutzer. Zum Teil geht es um sehr spezielle Fragestellungen, etwa die Reichweite bestimmter Websites. Befragungen können auch **„On Site"** durchgeführt werden, insbesondere um mehr über Nutzungsmotive und -gewohnheiten sowie die soziodemographische Zusammensetzung der Nutzerschaft einer bestimmten Website zu erfahren. Jedem x-ten Besucher wird per Pop-up-Window oder E-Mail ein Fragebogen angeboten und oftmals ein Incentive (z. B. Rabatt) versprochen. Hierdurch werden jedoch die Ergebnisse verzerrt, da vor allem die „Zeitreichen" und „Schnäppchenjäger" unter den Nutzern sich zur Teilnahme werden bewegen lassen. Zum Zweck der regelmäßigen Befragung werden sog. **Online-Access-Panels** aufgebaut. Auch die hierdurch gewonnenen Befunde leiden unter dem **Problem der Selbstrekrutierung**, sind also nicht repräsentativ. Der Vorteil besteht darin, dass die sozio-demographischen Basisdaten nur einmal erhoben werden müssen und alle folgenden Befragungsdaten über ein persönliches Log-In-Verfahren nahezu eindeutig zuzuordnen sind (vgl. Fisch 2004: 48-50).

Eines der größten Probleme bei repräsentativen Befragungen (online wie offline) ist neben der Frage, für wen oder was hier Repräsentativität hergestellt wird, die zuweilen unklare, vor allem aber von Studie zu Studie **unterschiedliche Definition von grundlegenden Kriterien:** Mal wird nach der „Online-", ein anderes Mal nach der „Internet-Nutzung" gefragt. Auch die eindeutige Differenzierung nach Internet-Diensten erfolgt nicht bei allen Befragungen. Selbst bei der grundlegenden Definition dessen, was Nutzung bzw. wer „Nutzer" ist, weichen die verschiedenen Befragungen voneinander ab (vgl. hierzu auch 15.3.2), was die Vergleichbarkeit erheblich erschwert. So wird beispielsweise bei der ARD/ ZDF-Online-Studie das Erhebungsinstrument nicht publiziert, so dass zunächst offen bleibt, wer überhaupt „Online-Nutzer" ist: Reicht es aus, dass eine Person (irgendwann) einmal eine Form der computervermittelten Kommunikation benutzt hat? Oder ist Online-Nutzer nur, wer dies regelmäßig (einmal jährlich, monatlich, wöchentlich, täglich) tut? Auf Nachfrage erhält man Auskunft über die entscheidende Filterfrage, die in dieser Studie Online-Nutzer von Nicht-Nutzern trennt:

> „Im folgenden geht es um Internet, und Online-Nutzung. Wir meinen damit sowohl Angebote wie T-Online, Compuserve oder America online, als auch das Internet. Nutzen sie selbst zumindest gelegentlich irgendwelche Online-Dienste beziehungsweise das Internet, egal ob zu Hause oder am Arbeitsplatz, an der Universität oder Schule?" (Welker 2000: 76)

Online-Nutzer ist damit bereits eine Person, die „gelegentlich", also keineswegs „regelmäßig", „gewöhnlich" oder gar „häufig" Online-Dienste und/ oder Internet-Dienste nutzt. Es handelt sich um eine vergleichsweise weit gefasste Definition von „Nutzer", die voraussichtlich eher hohe Nutzerzahlen produziert. In den neueren Studien wird zusätzlich nach der Nutzung im letzten Monat gefragt, und es werden beide Ergebnisse publiziert. Je nach Fragestellung ergeben sich sehr unterschiedliche Nutzerzahlen, wie Fisch (2004: 66-80) vergleichend herausgearbeitet hat.[14] Neben der Häufigkeit der Nutzung (die einen „Nutzer" definiert) und der Grundgesamtheit, über die repräsentative Aussagen getroffen werden (hier insbesondere Lebensalter und deutsche Staatsangehörige oder Wohnbevölkerung), spielen der Nutzungsort (Haushalt und/ oder Arbeitsplatz sowie künftig: mobile Nutzung, Zugang von öffentlichen Orten) und die „persönliche" Nutzung eine ausschlaggebende Rolle: Ist Nutzer nur, wer eigenhändig mit Tastatur und Mouse arbeitet, oder auch derjenige, der seine E-Mails noch von der Sekretärin ausdrucken oder die Reisebuchung vom Enkel online vornehmen lässt?

Die Unterschiede der Ergebnisse zur Online-Nutzung sind mitunter auch auf unterschiedlich lange Feldphasen **(Erhebungsdauer)**, den saisonalen **Zeitpunkt** (Sommer vs. Winter) und mehr oder weniger lange Zeiträume zwischen Erhebung und Veröffentlichung zurückzuführen (vgl. Fisch 2004: 100).

Zu differenzieren (und in der Ergebnisdarstellung auszuweisen) wäre auch bei der ARD/ ZDF-Studie, welche Formen der computervermittelten Kommunikation genutzt werden: Handelt es sich wirklich um „das Internet", wie die Publikationen suggerieren, oder um Online-Dienste von Providern wie T-Online oder AOL, die zwar Gateways zum Internet bieten, deren Nutzung sich aber in mancherlei Hinsicht vom „Internet" unterscheiden. Offenbar wird – zumindest in den publizierten Auswertungen – auch nicht deutlich zwischen WorldWide-Web und „Internet" unterschieden (z. B. beim Tagesverlauf der Nutzung und bei der Bewertung als Informationsmedium, vgl. van Eimeren/ Gerhard/ Frees 2002: 352-357). So ist die Rede von „Internet-Seiten", „Online-Inhalten" und „Online-Nutzung", wo es sich offenbar um die Nutzung von Websites und/ oder begrenzt zugänglichen, proprietären Angeboten kommerzieller Provider handelt. Die theoretischen Schwächen der Studie bestätigen sich auch, wenn „das Internet" als „Massenmedium" bezeichnet wird, nur weil Online-Zugänge

---

[14] Für einen methodenvergleichenden Blick auf frühe Nutzungsstudien vgl. Wingert (1998).

mittlerweile massenhafte Verbreitung gefunden haben (van Eimeren/ Gerhard/ Frees 2002: 346-347 sowie relativierend S. 362).

Technische Messung: Nutzungsvorgänge im Netz können technisch gemessen werden, wie dies beispielsweise bei der Fernseh- und zunehmend auch bei der Hörfunknutzungsforschung geschieht. Allerdings sind technische Messverfahren bei der Onlinenutzungs-Forschung mit weniger Aufwand zu realisieren, denn vielfach kann auf ohnehin automatisch erzeugte Protokolldaten zurückgegriffen werden. Computervermittelte Kommunikation hinterlässt vielfältige Spuren im Netz, ohne dass sich die Nutzer dessen immer bewusst sind und deshalb ihr Verhalten ändern würden (non-reaktives Verfahren). Auf der Seite des Servers fallen regelmäßig sog. **Logfiles** an, die u. a. Datum und Uhrzeit, Namen der angeforderten Datei, Übertragungsvolumen sowie die IP-Adresse des Clientrechners enthalten. Logfiles werden chronologisch generiert und müssen – mittels einer Spezialsoftware – einem Nutzer (bzw. einem bestimmten Rechner) zugeordnet werden, um einen Nutzungsverlauf zu rekonstruieren. Allerdings treten hierbei bereits die Probleme und Schwächen des Verfahrens (vgl. auch Welker 2000: 97 sowie Fisch 2004: 20-27) zutage:

- IP-Adressen sind nicht eindeutig einem Nutzer zuzuordnen (etwa wenn mehrere Personen im Haushalt denselben Rechner nutzen) und sie werden von den meisten Providern dynamisch vergeben, d. h. bei jedem neuen Nutzungsvorgang (jedem Einloggen) wird demselben Rechner eine neue IP-Adresse zugewiesen.

- Eine Webpage besteht aus mehreren Dateien (z. B. Frames, Grafiken etc.), so dass aus der Fülle der Protokolldaten jeweils eine konkrete Website rekonstruiert werden muss, die tatsächlich abgerufen wurde.

- Der Abruf von häufig genutzten Webpages erfolgt in der Praxis nicht immer von dem Webserver, auf dem das originäre Angebot gehostet wird, sondern von zwischengeschalteten Proxyservern oder gar aus dem Cache des eigenen PC.

Einige dieser Probleme lassen sich technisch lösen: So können auf der Festplatte des Client-PC temporär oder dauerhaft kleine Dateien, sog. **Cookies** platziert werden, die eine Identifikation erheblich erleichtern. Einige Anbieter gehen auch dazu über, ihren Websites eine Log-In-Prozedur vorzuschalten, so dass jeder Nutzer sich identifizieren muss und die Nutzungsdaten mit höherer Zuverlässigkeit und unabhängig vom genutzten Rechner personalisierbar sind. Das Problem der Proxy-Server und die eindeutige Rekonstruktion der abgerufenen Webpage wird durch ein **pixelbasiertes Verfahren** weitgehend gelöst: Für den User unsichtbar wird auf der Webpage ein kleines (nur wenige Pixel, also Bildpunkte großes) Script eingebaut, das bei jedem Seitenabruf – unabhängig von welchem Speicherort – eine entsprechende Rückmeldung an den Webserver sendet. Allerdings hängt die Rückmeldung davon ab, an welcher Stelle der Webpage dieses Script platziert wurde: Steht es im oberen bzw. zuerst aufgebauten Teil der Page, dann erfolgt die Rückmeldung auch dann, wenn der Nutzer sich die Seite gar nicht ansieht und direkt weiterclickt.

Dieses optimierte, pixelbasierte Messverfahren wurde seit 1997 von der IVW, der Interessengemeinschaft für die Feststellung der Verbreitung von Werbeträgern entwickelt (vgl. für weitere Details Fisch 2004: 23-33 u. 82-84) und ist seit Oktober 2004 die durch die AGOF (Arbeitsgemeinschaft Online-Forschung) anerkannte „Währung" der WWW-Nutzungsforschung. Dieses Verfahren bietet zwei Werte, die Anzahl der „Visits" und die der „Page Impressions". **Page Impression** bezeichnet den Abruf einer einzelnen Webseite, **Visit** den zusammenhängenden „Besuch" der Website eines Anbieters. Annäherungsweise ist auch die Nutzungsdauer eines Visits bestimmbar, allerdings wird in den Logfiles nicht protokolliert, wann die zuletzt aufgerufene Seite eines Angebotes verlassen wird, so dass sich der Gesamtwert nur hochrechnen lässt. Mit diesem aufwändigen Verfahren wird im Interesse der werbefinanzierten Online-Anbieter die Nutzung kommerzieller Websites gemessen und von der IVW zertifiziert, dasselbe technische Verfahren wird aber auch von einigen nicht kommerziellen Website-Betreibern eingesetzt. Es handelt sich dabei um ein pragmatisches Instrument zur Berechnung des „Werbewertes" und damit der Werbetarife von Websites, und nicht um ein an theoretischen Fragestellungen orientiertes Forschungsinstrument. Über Motive, Modi und Folgen (Wirkungen) der Nutzung geht aus den Ergebnissen nichts hervor, und selbst vermeintlich exakte Daten sind interpretationsfähig: Verweildauern beispielsweise hängen nicht zuletzt von der Qualität des technischen Zugangs und vor allem der Programmierung ab. Ob eine Webpage lange genutzt wird, weil sie chaotisch strukturiert ist oder weil sie viele interessante Informationen enthält, geht aus der Nutzungsdauer nicht hervor. Auch die in den Publikumsmedien so beliebten Rankings der beliebtesten Websites beruhen auf technischen Messverfahren und sind schon deshalb mit Vorsicht zu interpretieren, weil nicht in jeder Untersuchung die gleichen (oder gar alle relevanten) Websites überhaupt erfasst werden.

Technische Messungen können nicht nur serverseitig, sondern auch **nutzerseitig** auf dem Clientrechner durchgeführt werden. Hierfür muss auf dem heimischen PC jedoch ein entsprechendes Programm installiert werden, dass die Nutzungsdaten automatisch überträgt. Der Vorteil dieses Verfahrens liegt darin, dass individuelle Nutzer durch persönliches Log-In unterschieden werden können, die Nachteile bestehen darin, dass relativ große Panels benötigt werden, um auch die Nutzung wenig besuchter Websites zu erfassen, und dass es sich um ein reaktives Verfahren handelt, d. h. das Wissen des Users über die Protokollierung verändert vermutlich seine Nutzungsweise. Erfasst wird zudem nicht die komplette WWW-Nutzung eines Users, sondern nur die Nutzung, die von seinem heimischen PC aus erfolgt. Primär werden technische Messungen zur Ermittlung der WWW-Nutzung eingesetzt, grundsätzlich können aber auch Newsgroup-, E-Mail-, Chat- und MUD-Nutzung gemessen werden.

Experiment: Experimente dienen in erster Linie zum Test der **Benutzerfreundlichkeit (Usability)** von Websites und zur **Rezeptionsforschung.** Beschrieben und analysiert werden sollen vor allem Navigations- und Selektionsverhalten von Nutzern, die in Laborsituationen beobachtet werden. Das Nutzungsverhalten kann mit Videokameras aufgezeichnet werden, mit Mouse-Tracking-Verfahren lassen sich die Navigationswege exakt protokollieren und mittels Blickaufzeichnung, ähnlich wie bei der Rezeptionsforschung für Printmedien und -werbung, kann die Rezeption detailliert nachvollzogen werden. Ergänzend können die Probanden vor, während und nach der Nutzung befragt werden. Durch die „Methode des lauten Denkens (MLD)" können die Probanden dazu angehalten werden, ihre Überlegungen und Entscheidungen direkt während der Nutzung oder beim gemeinsamen Ansehen der Videoaufzeichnung zu verbalisieren. Verschiedene Nutzungsweisen lassen sich experimentell sehr genau mit sozio-demographischen und psychologischen Variablen verknüpfen, zudem können verschiedene „Stimuli", also unterschiedliche Webdesigns vergleichend getestet werden. Der größte Nachteil solcher Experimente liegt darin, dass es sich um **Laborsituationen** handelt, die nur eine **begrenzte externe Validität** beanspruchen können, also wenig über das alltägliche Nutzungsverhalten aussagen. Experimentelles Vorgehen erfordert daher ein besonders geschicktes Design, zum Beispiel gilt es zu überlegen, ob und in welchem Maße den Probanden vorab erklärt wird, was genau Gegenstand des Experiments sein wird. Die externe Validität von vielen Experimenten dürfte auch darunter leiden, dass sie oft mit Studierenden durchgeführt werden, mitunter sogar im Rahmen von Lehrveranstaltungen. Nutzerrepräsentative Experimentalstudien dürften besonders schwierig zu realisieren sein. Der Erkenntniswert von Web-Experimenten ist somit weitgehend auf die **Mikroebene** medienpsychologischer Fragestellungen (individuelle Rezeptionsvorgänge) beschränkt. Diesbezüglich konnten experimentell jedoch bereits aufschlussreiche und für die Praxis der Webgestaltung hilfreiche Erkenntnisse gewonnen werden (vgl. Kap. 4.5).

15.3.2 Onlinenutzungs-Forschung in Deutschland

Seit rund zehn Jahren werden in Deutschland eine Reihe von Studien zu Online-Zugang und -Nutzung durchgeführt, darunter einige in regelmäßigem Abstand, so dass auch mittelfristige Entwicklungen erkennbar werden. Einige der wiederholt durchgeführten Studien sind mittlerweile eingestellt worden oder werden in anderer Form bzw. unter anderem Namen fortgesetzt. So nennt Welker (2000: 67) für 1999/2000 noch sechs **repräsentative Studien** zur Online-Nutzung in Deutschland: (1) @facts (SevenOneInteractive u. a./ Forsa), (2) Allensbacher Computer- und Telekommunikations-Analyse, ACTA (Institut für Demoskopie Allensbach), (3) GfK Online-Monitor (Gesellschaft für Konsumforschung, Nürnberg), (4) Online-Offline (Spiegel-Verlag, Infratest Burke, Media Markt Analysen, Sinus Sociovision: www.media.spiegel.de), (5) Online-Nutzung (TNS, Emnid/ ComCult Research) und (6) die ARD/ ZDF-Online-Studie (Medienkommission der ARD und ZDF). Fisch (2004: 66-80) führt neben der ARD/ ZDF-Studie und ACTA auch die Allensbacher Markt- und Werbeträgeranalyse (AWA), die Studie von Communication Networks (CN), die Media-Analyse (MA) der AG.MA, die Typologie der Wünsche Intermedia, die Verbraucheranalyse (VA) sowie weitere an. Einen Überblick bietet die Fisch (2004: 146-150) entnommene und gekürzte Tabelle 7.

Diese Studien unterscheiden sich, obgleich sie repräsentativ sind, in mehrfacher Hinsicht: AWA, MA, TDWI und VA erfassen die Online-Ausstattung und -Nutzung neben vielen anderen Konsum- und Mediennutzungsdaten, bei den anderen Studien handelt es sich um spezialisierte Befragungen. Während @facts und ARD/ ZDF-Online-Studie repräsentativ für die deutsche Bevölkerung ab 14 Jahre sind, werden bei den übrigen Studien die über 65- bzw. 69-Jährigen nicht berücksichtigt – was tendenziell zu absolut höheren Zugangs- und Nutzungswerten führen dürfte. Im GfK Online-Monitor sowie der ARD/ ZDF-Online-Studie werden „nur" die Menschen in Privathaushalten mit Telefon erfasst; da Personen ohne Telefon zumindest im Privatleben technisch weitgehend von der Online-Nutzung ausgeschlossen sind, werden auch hier höhere Nutzungswerte zu erwarten sein als für die Gesamtbevölkerung. Bei einer nahezu vollständigen Haushaltsabdeckung mit Telefonen ist die Verzerrung insgesamt jedoch nicht allzu groß. Die Beschränkung einiger Studien auf die deutsche Bevölkerung schließt jedoch mehrere Millionen in Deutschland lebende Ausländer aus, eine Gruppe, die besonderes Interesse an international verfügbaren Angeboten und preiswerten Kommunikationsformen haben könnte und möglicherweise in besonderem Maße Nutzen hieraus zieht.

Studie (Auftraggeber / Institut)	Turnus/ Veröffentlichung	Methode	Grundgesamt-heit	Stichprobe	Quelle
@facts / Studien (SevenOne Interactive, IP NEWMEDIA & Lycos Europe)	seit 1998 monatlich	telefonische Befragung CATI	bundesdt. Personen ab 14 Jahre, GG: 64,4 Mio.*	monatlich ca. 11.000 Pers., 500 täglich	www.atfacts.de
AWA [Allensbacher Markt und Werbeträger Analyse] (Inst. für Demoskopie Allensbach)	jährlich Juli/August	mündliche, persönliche Interviews	deutsche Bevölkerung ab 14 Jahre in Privathaushalten, GG: 64,4 Mio.	repräsentativ nach Quoten Auswahlverf., 2002: 20.606 2003: 21.107	www.awa-online.de
ACTA [Allensabcher Computer- und Telekommunikations Analyse] (Inst. Für Demoskopie Allensbach)	2002: Oktober 2003: Oktober	mündliche, persönliche Interviews	deutsche Bevölkerung 14 – 64 Jahre in Privathaushalten, GG: ca. 61 Mio.	repräsentativ nach Quoten Auswahlverf., 2002: 10.507 2003: 10.424	www.acta-online.de
ARD/ ZDF-Online-Studie 1997 – 2003 (ARD/ ZDF Medienkommission)	seit 1997 jährlich, August/ Sept.	telefonische Befragung CATI	bundesdeutsche Erwachsene ab 14 Jahre, GG: : 64,4 Mio.*	2003: n=1046 2002: n=1011 2001: n=1001 2000: n=1005	www.ard-werbung.de/mp
Communication Networks (CN) (Burda Verlag/ FOCUS Magazin Verlag)	jährlich, im August		dt. Bevölkerung in Privathaushalten 14 -69 Jahre, GG: 55,1 Mio.*	29.917 Personen	medialine.focus.de/PM1D/PM1DCC/pm1dcc.htm
Global eCommerce Report Juni 2002 (TNS Interactive)	seit 2002, jährlich und weltweit	telefonische Befragung	dt. Personen ab 14 Jahre, GG: 64,4 Mio.*	1000 (Dt.), 46.000 weltweit	www.tnsofres.com
(N)onliner Atlas (Initiative D21 und TNS Emnid)	jährlich, Mai/ Juni	telefonische Befragung CATI	dt. Wohnbevölkerg. mit Telefon-anschluss ab 14 Jahre, GG: 64,4 Mio.*	rund 30.000 Personen	www.nonliner-atlas.de
Onlinereichweiten-monitor (ORM) (AGIREV: Arbeitsgemeinschaft Internet Research e.V.)	halbjährlich (2003: März/August)	persönliche, mündliche Interviews CAPI	dt. Bevölkerung in Privathaushalten 14 -69 Jahre, GG: 55,1 Mio.	Random-Route-Verfahren 2003/1: 13.165 2003/2: 13.198	www.agirev.de
Strukturdaten zum Internet (Forschungsgruppe Wahlen – FGW)	quartalsweise	telefonische Befragung	dt. Bevölkerung ab 18 Jahre, GG: 60,9 Mio.	pro Quartal zwischen 3700 und 3900 Pers.	www.fgw-online.de
Typologie der Wünsche Intermedia (TDWI) (Burda Verlag)	seit 1974, jährlich im September	mündliche, persönliche Interviews	bundesdt. Personen ab 14 Jahre, GG: 64,4 Mio.	rund 20.000 Personen	www.tdwi.com
Verbraucheranalyse (VA) (Bauer Verlag/ Axel Springer)	seit 1981, zwei Jahre werden zusammengefasst	Kombination aus mündlicher und schriftlicher Befragung	dt.sprachige Bevölkerung ab 14 Jahre in Privathaushalten, GG: 63,8 Mio. (2001)	rund 31.000 Interviews	www.asv.de / www.bauermedia.com

* berechnet aus MA Radio 2002

Tabelle 7: Regelmäßige Studien zur Online-Nutzung in Deutschland (Auswahl) nach Fisch (2004: 146-150)

Zu den in Deutschland meist zitierten quantifizierenden Nutzungsstudien zählt die seit 1997 durchgeführte Online-Studie der öffentlich-rechtlichen Rundfunkveranstalter, die zunächst jährlich von der ARD und mittlerweile im Auftrag der Medienkommission gemeinsam mit dem ZDF durchgeführt wird. Die **ARD/ ZDF-Online-Studie** 2004 basiert auf einem ADM-Mastersample von insgesamt 2537 Personen, von denen 71,3% vollständig an einem Telefoninterview (CATI) teilnahmen. Befragt wurden jeweils Tagesstichproben über sieben Wochentage verteilt. Von den 1810 tatsächlich Interviewten waren 1002 online, die 808 „Offliner" wurden über Einstellungen und Gründe für die Nichtnutzung sowie ihre Bereitschaft, künftig „ins Netz zu gehen", befragt (vgl. van Eimeren/ Gerhard/ Frees 2004: 350). Die Grundgesamtheit der Studie bilden die „bundesdeutschen Erwachsen ab 14 Jahren" – also auch hier offenbar nur die deutschen Staatsbürger, obwohl eine Bevölkerungsrepräsentativität suggeriert wird. Meist wird die quantitative Studie durch qualitative Komponenten ergänzt, etwa durch Tiefeninterviews oder Diskussionsgruppen. Die ARD/ ZDF-Online-Studien besitzen drei Vorteile gegenüber vielen anderen Studien: Zum Ersten erlaubt sie einen **Längsschnittvergleich** über mehrere Jahre, so dass Veränderungen sichtbar werden. Zum Zweiten handelt es sich um eine für die deutsche Bevölkerung ab 14 Jahren repräsentative Studie und drittens schließlich sind im Gegensatz zu kommerziellen Studien die wichtigsten Ergebnisse leicht zugänglich, da zusammenfassende Berichte regelmäßig im Fachdienst Media Perspektiven veröffentlicht werden und sogar online zugänglich sind (www.ard-werbung.de/mp).

Neben den (mehr oder weniger) bevölkerungsrepräsentativen Studien gibt es auch online durchgeführte **nicht für die Online-Nutzer repräsentative Untersuchungen,** deren Sample auf Selbstrekrutierung beruht. Zu den bekanntesten Studien dieses Typs zählt die seit 1995 regelmäßig durchgeführte **W3B Studie** von Fittkau und Maaß. Hierbei können die Nichtnutzer überhaupt nicht erfasst werden, und trotz eines sehr großen Samples (117 000 im Jahre 2003) kann keine Repräsentativität für die Online-Nutzer gewährleistet werden. Die Teilnahmebereitschaft unter den Online-Nutzern dürfte sehr unterschiedlich ausgeprägt sein, je nach dem, ob man bereit ist, Zeit und – im Gegensatz zur telefonischen Befragung – Geld (Online-Gebühren) für die Beantwortung des Online-Fragebogens aufzubringen. Die Befragungssituation dürfte sich zudem je nach Qualität des technischen Zugangs und Online-Kompetenzen unterscheiden, zu vermuten ist, dass Online-Nutzer mit langsamen Zugängen sowie geringerer Medienkompetenz unterrepräsentiert sind. Bei den meisten Online-Umfragen ist auch die Mehrfach-Teilnahme nicht ausgeschlossen.

Außer Befragungen werden im Interesse der werbetreibenden Unternehmen und der werbefinanzierten Web-Anbieter in Deutschland auch **technische Messungen** der WWW-Nutzung durchgeführt. Als repräsentativ für Online-Haushalte (laut Fisch 2004: 38 sogar bevölkerungsrepräsentativ) gelten die Untersuchungen von Nielsen/ Netratings. Insgesamt 6300 Panelteilnehmer im @home-Panel und rund 550 im @work-Panel reichen jedoch nicht aus, um valide Nutzungswerte für weniger häufig bzw. von weniger Usern genutzte Websites zu ermitteln. Die Nutzung wird mit Hilfe einer speziellen Software auf dem heimischen PC ermittelt und die Werte werden regelmäßig online übertragen. Nielsen liefert seinen Kunden monatliche Nutzungsdaten, allerdings ist die genaue Zuordnung zu bestimmten Angeboten mit Schwierigkeiten verbunden und konkurrierende Angebote sind nicht ohne weiteres vergleichbar (vgl. Fisch 2004: 37-45); seit Oktober 2002 ist Nielsen der einzige Anbieter für repräsentative, userzentrierte Reichweitenmessungen (vgl. Fisch 2004: 88).

15.3.3 Online-Nutzung in Deutschland

Trotz einiger methodischer Schwächen und einer im Detail unzureichenden Publikationspraxis (vgl. Kap. 15.3.2) gehört die seit 1997 durchgeführte ARD/ ZDF-Online-Studie zu den am meisten zitierten und verlässlichsten Quellen, nicht zuletzt weil seit 1999 auch ergänzende Aussagen über die „Offliner" getroffen werden können und weil mittlerweile anhand dieser Befragungsdaten sowohl Zeitreihen als auch Nutzertypologien konstruiert werden können. Auf zentrale Ergebnisse der ARD/ ZDF-Online-Studie, die repräsentativ für die deutsche Bevölkerung ab 14 Jahre ist, kann gratis und online zugegriffen werden, so dass die hier dargestellten Befunde (van Eimeren/ Gerhard/ Frees 2004) jeweils leicht aktualisiert werden können.

Im Frühsommer 2004 nutzten 55,3% der deutschen Erwachsenen (ab 14 Jahre) „zumindest gelegentlich" das Internet, was insgesamt 35,7 Millionen Personen entspricht. Fragt man nach der Nutzung innerhalb der letzten vier Wochen, sinken die entsprechenden Werte auf 52,6% bzw. 33,9 Millionen Menschen. Der Blick zurück auf die Jahre bis 1997 zeigt, dass nach den **sehr hohen Zuwachsraten bis zum Jahr 2000** eine deutliche, **seit 2004 sogar dramatische Verlangsamung des Wachstums** zu erkennen ist. Die Mehrheit der Nutzer (40%) verfügt über einen Onlinezugang via ISDN, ein Drittel nutzt Modem und analoges Telefon, die übrigen mit wachsender Tendenz Breitbandzugänge (DSL etc.) (vgl. van Eimeren/ Gerhard/ Frees 2004: 368). Nahezu zwei Drittel der Online-Nutzer verfügten 2004 über private und betriebliche Internetzugänge, ein Drittel nur über einen privaten Zugang und 6% nutzten das Internet lediglich vom Arbeitsplatz, der Schule oder der Universität aus; die mobile Netznutzung spielt mit rund 6% (noch?) keine große Rolle (vgl. van Eimeren/ Gerhard/ Frees 2004: 359).

	1997 [1)]	1998 [1)]	1999 [1)]	2000 [1)]	2001 [1)]	2002 [1)]	2003 [1)]	2003 [2)]	2004 [1)]	2004 [2]
in %	6,5	10,4	17,7	28,6	38,8	44,1	53,5	51,5	55,3	52,6
in Mio	4,1	6,6	11,2	18,3	24,8	28,3	34,4	33,1	35,7	33,9
Zuwachs gegenüber dem Vorjahr	–	+ 61	+ 68	+ 64	+ 36	+ 14	+ 22	+ 17	+ 4	+ 2

1) Gelegentliche Onlinenutzung
2) Onlinenutzung innerhalb der letzten vier Wochen
Basis: Onlinenutzer ab 14 Jahre in Deutschland (2004: n=1002, 2003: n=1046, 2002: n=1011, 2001: n=1001, 2000: n=1005, 1999: n=1002, 1998: n=1006, 1997: n=1003

Tabelle 8: Entwicklung der Onlinenutzung in Deutschland 1997 bis 2004
Personen ab 14 Jahre; Quellen: ARD-Online-Studie 1997, ARD/ ZDF-
Online-Studien 1998 –2004, (van Eimeren/ Gerhards/ Frees 2004: 351)

Anteil in %	1997 [1)]	1998 [1)]	1999 [1)]	2000 [1)]	2001 [1)]	2002 [1)]	2003 [1)]	2003 [2)]	2004 [1)]	2004 [2]
Gesamt	6,5	10,4	17,7	28,6	38,8	44,1	53,5	51,5	55,3	52,6
männlich	10,0	15,7	23,9	36,6	48,3	53,0	62,6	61,6	64,2	60,4
weiblich	3,3	5,6	11,7	21,3	30,1	36,0	45,2	42,3	47,3	45,4
14 - 19 Jahre	6,3	15,6	30,0	48,5	67,4	76,9	92,1	87,0	94,7	90,1
20 - 29 Jahre	13,0	20,7	33,0	54,6	65,5	80,3	81,9	75,5	82,8	79,8
30 - 39 Jahre	12,4	18,9	24,5	41,1	50,3	65,6	73,1	70,2	75,9	72,5
40 - 49 Jahre	7,7	1,1	19,6	32,2	49,3	47,8	67,4	67,1	69,9	66,6
50 - 59 Jahre	3,0	4,4	15,1	22,1	32,2	35,4	48,8	47,6	52,7	50,7
60 Jahre und älter	0,2	0,8	1,9	4,4	8,1	7,8	13,3	13,0	14,5	12,8
in Ausbildung	15,1	24,7	37,9	58,5	79,4	81,1	91,6	89,0	94,5	91,2
berufstätig	9,1	13,8	23,1	38,4	48,4	59,3	69,6	67,7	73,4	70,1
Rentner/ nicht berufstätig	0,5	1,7	4,2	6,8	14,5	14,8	21,3	19,4	22,9	20,9

1) Gelegentliche Onlinenutzung
2) Onlinenutzung innerhalb der letzten vier Wochen
Basis: Onlinenutzer ab 14 Jahre in Deutschland (2004: n=1002, 2003: n=1046, 2002: n=1011, 2001: n=1001, 2000: n=1005, 1999: n=1002, 1998: n=1006, 1997: n=1003

Tabelle 9: Internet-Nutzer in Deutschland 1997-2004 (Anteil in Prozent);
    Quellen: ARD-Online-Studie 1997, ARD/ ZDF-Online-Studien 1998 –2004,
    (van Eimeren/ Gerhards/ Frees 2004: 352)

Untersucht man die Struktur der Nutzerschaft genauer, dann fallen (noch immer) deutliche soziodemographische Unterschiede ins Auge (vgl. Tab. 9). So können 95% der Jugendlichen als gelegentliche Nutzer gelten, aber nur rund 13% der über 59-Jährigen. In weitaus geringerem Maße (20,9%) gehören die Nicht-Berufstätigen zu den Nutzern, und auch hinsichtlich Geschlecht (64,2% der Männer vs. 47,3% der Frauen) und Region (52,3% der Ost- vs. 56,1% der Westdeutschen) sind Disparitäten erkennbar, die sich unterschiedlich schnell nivellieren bzw. sich als relativ stabil erweisen (vgl. hierzu ausführlicher Abschnitt 15.2). Erwerbstätigkeit, Lebensalter (Mediensozialisation) und partiell auch formale Bildung sowie in geringerem Maße die finanziellen Möglichkeiten beeinflussen demnach erkennbar die Bereitschaft, sich einen (privaten) Online-Anschluss anzuschaffen sowie computervermittelt zu kommunizieren.

Die deutschen Onlinenutzer verfügen mittlerweile mehrheitlich über jahrelange Erfahrung mit dem Internet, zudem haben sich technische Zugangsmöglichkeiten, Angebotsstruktur und ökonomische Parameter gewandelt. Das **Nutzungsverhalten** hat sich in den letzten Jahren verändert, und auch hier sind **Sättigungseffekte** erkennbar: Die Zahl der pro Nutzung besuchten Websites ist leicht gesunken, und zwar von durchschnittlich 7,1 Websites im Jahr 2000 auf 5,5 im Jahre 2004. Rückläufig ist die Nutzung von Chats, Newsgroups und anderen Foren (mindestens wöchentliche Nutzung im Jahre 2002: 23%, 2004: 16%) sowie von Online-Spielen (von 15% auf 11%). Auch die Gesamtnutzungsdauer (einschließlich des WWW) ist 2004 um zwei Minuten auf 43 und die Verweildauer der tatsächlichen Nutzer ist gegenüber dem Jahre 2003 um 9 auf 129 Minuten gesunken. Im Durchschnitt wird das Internet an 4,2 Tagen in der Woche genutzt, am Wochenende intensiver als an Werktagen.

in Min.	Mo-So			an Werktagen			am Wochenende		
	2002	2003	2004	2002	2003	2004	2002	2003	2004
Gesamt	121	138	129	112	121	117	144	182	158
Frauen	110	110	102	107	100	95	118	134	120
Männer	128	161	149	116	139	134	161	216	187
14 - 19 Jahre	145	137	165	128	105	132	188	217	248
20 - 29 Jahre	139	180	170	126	168	160	174	210	196
30 - 39 Jahre	124	157	125	116	139	114	144	203	152
40 - 49 Jahre	119	119	104	115	111	98	129	139	120
50 - 59 Jahre	76	112	108	73	91	105	82	166	117
60 Jahre und älter	60	71	82	59	58	73	61	102	104

Basis: Onlinenutzer ab 14 Jahre in Deutschland (2004: n=1002, 2003: n=1046, 2002: n=1011)

Tabelle 10: Durchschnittliche Verweildauer bei der Online-Nutzung 2002-2004 (in Minuten); Quellen: ARD/ ZDF-Online-Studien 2002 bis 2004, van Eimeren/ Gerhards/ Frees (2004: 361)

Möglicherweise hängen rückläufige Onlinezeiten aber auch mit schnelleren Zugangsmöglichkeiten zusammen, so dass die Wartezeiten für das laden von Websites reduziert werden konnten. Andererseits müsste die Verbreitung von schnellen und pauschal entgoltenen Online-Zugängen eigentlich eine tendenzielle Steigerung der Nutzungszeiten unterstützen.

Leider geben die veröffentlichten Daten der ARD/ ZDF-Online-Studie nur begrenzt über die Nutzung **einzelner Formen computervermittelter** Kommunikation im Internet Auskunft: „38 Prozent der Onliner nutzten täglich die elektronische Post, weitere 38 Prozent verschicken und empfangen E-Mails einmal wöchentlich. Sekundär ist das Internet als Informationszentrum. 'Zielgerichtet bestimmte Angebote suchen' (mindestens einmal wöchentlich: 51%, täglich 10%) und das Surfen im Netz (mindestens einmal wöchentlich: 45%, täglich: 11%)" spielen entgegen der populären Vorstellung vom „Informationsmedium Internet" eine vergleichsweise untergeordnete Rolle (van Eimeren/ Gerhard/ Frees 2004: 155). Im Vordergrund der informationsbezogenen Nutzung stehen tagesaktuelle Nachrichten aus Politik, Sport und Wirtschaft, für die meist auf die Online-Angebote eingeführter Medienmarken wie spiegel.de, focus.de, tagesschau.de etc. zurückgegriffen wird, sowie Freizeitinformationen (Veranstaltungshinweise) und Verbraucherinformationen (Ratgeber, Reise). Unterhaltungsangebote werden vor allem von den Unter-30-Jährigen genutzt (vgl. van Eimeren/ Gerhard/ Frees 2004: 356). Vergleichsweise neue Angebotsformen wie Internetradio und Web-TV werden nur von 2-6% wöchentlich genutzt, Fernsehangebote vorzugsweise zeitversetzt zur Rundfunkverbreitung und Hörfunkangebote neben der sonstigen Onlinenutzung (vgl. van Eimeren/ Gerhard/ Frees 2004: 364-365). Homebanking wird von 37% der Onliner mindestens einmal wöchentlich betrieben, an Online-Auktionen nehmen 18% teil und 15% nutzen Onlineshopping-

Angebote wöchentlich. All diese „Transaktionsformen" weisen einen Zuwachs auf (vgl. van Eimeren/ Gerhard/ Frees 2004: 356).

Als wesentliche Orientierungshilfen im WWW gelten die interpersonale Kommunikation mit Freunden und Bekannten (63%) und vor allem Suchmaschinen (74%), während offenbar Hinweise in Print- und Rundfunkmedien etwas an Bedeutung verloren haben (vgl. van Eimeren/ Gerhard/ Frees 2004: 355).

Die **Einstellung der Online-Nutzer zum Internet** ist insgesamt keineswegs unkritisch: Weniger als ein Drittel der Kinder, die in einem „Online-Haushalt" leben, haben Zugang zum Netz, die Zahlungsbereitschaft für Webangebote geht tendenziell zurück (von 27% auf 18% der Befragten in den drei Jahren bis 2004), der Anteil derjenigen, die einen Missbrauch persönlicher Daten befürchten, beträgt – bei steigender Tendenz – 86% und die Ablehnung von Cookies wächst. Gleichwohl schlagen sich diese Einstellungen nicht wirklich im Nutzungsverhalten wieder, denn die Häufigkeit von Online-Zahlungen nimmt zu, und nicht nur drei Viertel machen von der Möglichkeit Gebrauch, Cookies von ihrer Festplatte zu löschen (vgl. van Eimeren/ Gerhard/ Frees 2004: 357- 358 u. 367-368).

Regelmäßig wird vom Medienpädagogischen Forschungsverbund Südwest (2004) die Internetnutzung von Jugendlichen erhoben; die **JIM-Studie (Jugend, Information, Multi-Media)** gehört damit ebenfalls zu den Standardquellen der Online-Forschung. Telefonisch befragt wird ein für die (in deutschen Telefonhaushalten lebenden) 12-19-Jährigen repräsentatives Sample (N = 1000). Als Internetnutzer gelten dabei alle Jugendlichen, die „zumindest selten" Internet- oder Onlinedienste nutzen; dies waren 2004 85% (vgl. Medienpädagogischer Forschungsverbund Südwest 2004: 3-4; 32). Gemessen an der Zusammensetzung dieser Altersgruppe sind Gymnasiasten bei der Online-Nutzung etwas über-, Hauptschüler leicht unterrepräsentiert; Gymnasiasten und Jungen nutzen das Internet auch etwas intensiver (häufiger) und extensiver (mehr Dienste). Bildung und Geschlecht bestimmen mittlerweile den Onlinezugang und das Maß der Nutzung kaum noch, allenfalls die Art und Weise der Nutzung. So neigen Mädchen offenbar eher zum ziellosen Surfen (35% der Mädchen vs. 19% der Jungen), Jungen besuchen hingegen mehr Websites pro Sitzung als Mädchen (8 bzw. 5), und Mädchen nutzen das Netz am Wochenende intensiver als Jungen (vgl. van Eimeren 2003: 68-71). Insgesamt zeichnen sich aber ähnliche Nutzungsmuster ab: E-Mail ist auch bei den 12-19-Jährigen die wichtigste Form computervermittelter Kommunikation: 44% nutzen mindestens mehrmals in der Woche E-Mail, während die Informationssuche (also wohl vornehmlich die WWW-Nutzung) nur auf 35% (Angaben für 2003) kam. Chat (20%), Instant Messaging (23%) sowie MUD- und MOO-Kommunikation (12%) werden von überdurchschnittlich vielen Jugendlichen genutzt (vgl. (Medienpädagogischer Forschungsverbund Südwest 2003: 32-34 bzw. 2004: 41).

Mehr als die Hälfte aller Jugendlichen (und 64% der Internet-Nutzer) haben schon einmal einen Chatroom aufgesucht, 15% der Jugendlichen chatten täglich, neun Prozent sogar mehrmals am Tag. Zwei Drittel der Chatter haben einen „Stammchat", mit zunehmendem Alter wächst die Neigung zur Chatnutzung. Ein Viertel der Chatnutzer gibt an, sich mit Chat-Bekanntschaften persönlich getroffen zu haben (vgl. Medienpädagogischer Forschungsverbund Südwest 2003: 37-40; 2004: 44-45). Als weitere synchrone Kommunikationsform erfreut sich das von vielen Nutzungsstudien noch gar nicht erfasste Instant Messaging bei Jugendlichen wachsender Beliebtheit. Dabei werden Textbotschaften – ähnlich der SMS oder kurzer E-Mails – zwischen denjenigen Nutzern ausgetauscht, die gerade online sind. 41% der befragten Jugendlichen hatten diesen Dienst bereits einmal genutzt, knapp ein Viertel der Jugendlichen nutzten ihn regelmäßig, mindestens einmal wöchentlich (vgl. Medienpädagogischer Forschungsverbund Südwest 2003: 42). Die Nutzungswerte der Jugendlichen stagnieren offenbar; einige Anwendungen werden 2004 sogar seltener als zuvor genutzt und lediglich beim Instant Messaging sind Zuwächse zu verzeichnen (vgl. Medienpädagogischer For-schungsverbund Südwest 2004: 32; 35).

Auf der Grundlage der ARD/ ZDF-Online-Studien wurde ab 2002 eine **Typologie der deut-schen Online-Nutzer** entwickelt und im Laufe der Jahre verfeinert. Grundsätzlich lassen sich demnach „aktiv-dynamische" und „selektiv-zurückhaltende" Nutzungsweisen beschreiben; anhand der Parameter „Einbindung und Bedeutung des Internets in den (Medien-)Alltag, Gewohnheiten der Online-Nutzung, Praxis des Umgangs mit Applikationen und Nutzungs-möglichkeiten des Mediums sowie Nutzungsinteressen" unterscheiden Oehmichen und Schröter (2004: 386) sechs Nutzertypen. Zu den aktiv-dynamischen gehören demnach die „Jungen Hyperaktiven", die „Jungen Flaneure", die „E-Consumer" und die „Routinierten Informationsnutzer"; zu den selektiv-zurückhaltenden zählen die „Selektiv-" und die „Rand-nutzer" (vgl. Oehnichen/ Schröter 2004: 387-392):

- Zu den **Jungen Hyperaktiven** zählen insgesamt 7% der Online-Nutzer, die fast alle Dienste des Internets umfassend und intensiv nutzen, einschließlich der gruppenbezo-genen Chat- und Newsgroup-Kommunikation. Sie sind täglich mehr als fünf Stunden online, also rund drei Stunden länger als der durchschnittliche Nutzer, und haben „wichtige Teile" ihres „sozialen Lebens" in das Netz verlagert. Zumindest in ihrer subjektiven Wahrnehmung wirkt sich dies auf die sonstige Mediennutzung aus: 60% gaben an, weniger fernzusehen, 47% weniger Zeitung zu lesen und 45% weniger Radio zu hören. Damit dürften Substitutionseffekte bei diesem Online-Nutzertypus am wahrscheinlichsten sein, allerdings liegen hierfür noch keine validen Belege vor. Die Experimentierfreude und Neugier dieser Nutzer ist besonders hoch, überwiegend han-delt es sich um Männer bis 30 Jahre.

- Die **Jungen Flaneure** (10% der Nutzer) entstammen mehrheitlich derselben Alters-gruppe, aber fast zwei Drittel sind Frauen. Ihr Zugang und ihre Einstellung zur Onlinekommunikation erscheint weniger euphorisch denn pragmatisch. Gesucht wer-den im Netz vorwiegend freizeitbezogene Informationen aus dem näheren oder weite-ren Lebensumfeld. E-Mail und Chat werden überproportional genutzt, während Homebanking und E-Commerce nur leicht überdurchschnittlich wahrgenommen wer-den. Junge Flaneure geben an, weniger Radio zu hören (27% der Befragten) und weniger Printmedien zu lesen (38%) als vor Beginn der Online-Nutzung

- Anders sieht dies bei den **E-Consumern** aus, für die das Internet vor allem ein elektronischer Marktplatz ist. Sie betreiben Homebanking, nutzen Online-Bestell- und Bezahlungssysteme und beteiligen sich rege an Online-Auktionen. 13,4% der Nutzer gehören diesem Typus an, der sich vornehmlich aus voll Berufstätigen der Alters-gruppe 30-39 Jahre zusammensetzt.

- Bei den **Routinierten Informationsnutzern** verschwimmen private und berufliche Nutzung des Internet tendenziell. Gesucht werden Informationen zu Wirtschaft, Wis-senschaft, Forschung, Kultur, Politik und Zeitgeschehen. Offenbar substituiert das WWW hier Teile der klassischen Medien, denn 36% der Befragten dieses Typus gaben an, nun weniger fernzusehen, 29% meinten aufgrund des Netzes weniger Printmedien zu rezipieren. Chat und E-Mail spielen für die Routinierten Informations-nutzer keine herausragende Rolle. In dieser Gruppe dominieren Männer (69%) und die Altergruppe der 30- bis 50-Jährigen mit vergleichsweise hoher formaler Bildung. Rund 17% der Nutzer sind diesem Typus zuzuordnen.

- **Selektivnutzer** kommunizieren zwar regelmäßig (etwa viermal in der Woche, 90 Minuten werktäglich) computervermittelt, beschränken sich aber auf bestimmte, als bewährt erachtete Dienste, vielfach auch nur innerhalb der Online-Angebote eines

Providers. 59% der Selektivnutzer sind männlich, 67% sind älter als 40 Jahre. Bevorzugt wird von ihnen per E-Mail kommuniziert. Mit 20,3% der Online-Nutzer zählt diese Gruppe zu den größeren.

- **Randnutzer** stellen mit 32,3% fast ein Drittel der Online-User. Sie nutzen das Netz eher sporadisch, deutlich seltener als Selektivnutzer und E-Mail spielt für sie eine geringere Rolle. 47% der Randnutzer sind über 40 Jahre alt, 54% sind weiblich.

Leider sind keine **nach Geschlecht differenzierten** repräsentativen Daten über **Schwerpunkte, Art und Weise und Häufigkeit der Nutzung** publiziert, obgleich diese Daten vorliegen müssten. Für die USA kommt eine repräsentative Studie zu dem Schluss, dass sich die Bewertung und der Gebrauch des Internet geschlechtsspezifisch unterscheidet. Männer benutzen das Netz eher als Spielzeug zur Unterhaltung, Frauen eher als Werkzeug zur Information (vgl. Wischermann 2004: 218). Weil Frauen durchschnittlich über geringere Einkommen verfügen und im Erwerbsleben seltener höhere berufliche Positionen einnehmen, mussten sie zumindest in den ersten Jahren höhere Zugangshürden überwinden als viele Männer: „Frauen besitzen seltener einen eigenen PC bzw. Netzzugang, eher erfolgt eine Mitbenutzung beim Partner, Ehemann, Vater" (Dorer 1997: 21).

„Ein geschlechtsspezifisches Nutzungsverhalten der Netzkommunikation zeigt sich ferner darin, daß Männer mit dieser Technologie einen bedeutend intensiveren spielerischen Umgang pflegen als Frauen. Frauen nutzen gezielt vor allem die schnelle Übertragungsmöglichkeit von Informationen via E-Mail sowie Informationsangebote und verwenden weniger Zeit für zielloses Surfen bzw. den spielerischen Umgang mit dem Downloading von Programmen und Netzinhalten. (...) Der männliche Online-Stil läßt sich als ein dominanter bis aggressiver beschreiben, ... der weibliche Online-Stil ist charakterisiert durch kommunikative Formen der Unterstützung und Abschwächung: Unterstützende kommunikative Wendungen sind Anerkennung, Bedanken, Gesprächs- und Beziehungsarbeit, während kommunikative Wendungen der Abschwächung sich in ausweichenden und entschuldigenden Formulierungen, im Äußern von Zweifel, im Fragestellen oder im Einbringen neuer Ideen ausdrücken." (Dorer 1997: 23-24)

Das heißt, bis zu einem gewissen Grade werden die geschlechtsspezifischen Kommunikationsstile im Netz reproduziert; Dorer spricht deshalb vom „Gendered Net". Allerdings lässt sich eine wechselseitige Anpassung an die jeweils medienspezifischen Kommunikationsstile erkennen: Frauen verändern ihr Kommunikationsverhalten in männerdominierten Mailing-Listen und Männer übernehmen „Elemente des weiblichen Kommunikationsstils". Gleichwohl, so Dorer (1997: 25) haben sich (auch) im Netz die männlichen Kommunikationsregeln zum Standard entwickelt. Der Alltag im Netz bedeutet für Nutzerinnen auch die wiederkehrende Konfrontation mit sexueller Belästigung und leicht verfügbarer Pornographie; beides wird von der Mehrheit der befragten Nutzerinnen aber als gegeben hingenommen (vgl. Dorer 2001: 57-58).

Für das WWW lässt sich feststellen, dass Frauen als Anbieter persönlicher Homepages unterrepräsentiert sind: Nicola Döring (2002) hat in einer nicht-repräsentativen Studie ermittelt, dass nur etwa 13% dieser Homepages von Autorinnen stammen. Miller und Mather (1998) haben darüber hinaus einige Unterschiede zwischen den persönlichen Homepages von Frauen und Männern herausgefunden: Die Homepages der Frauen waren meist umfangreicher und enthielten mehr Links, sowohl zu den Websites anderer Personen als auch zu denen von Organisationen. Häufiger fanden sich hier auch Gästebücher und direkte Ansprachen der Nutzer. Insgesamt wurde überraschend selten Gebrauch von der Möglichkeit gemacht, ein Foto auf der Homepage zu platzieren. Während Männer neben realistischen Porträts häufiger „Joke Images" verwendeten, nutzen Frauen öfter symbolische Darstellungen ihres „Selbst". Ob die realistischen Fotos tatsächlich die Autoren darstellten, konnte dabei allerdings nicht verifiziert werden.

In Newsgroups posten Männer doppelt so viele (und längere) Beiträge als Frauen (Herring/ Johnson/ Dibenedetto 1992; Herring 1993; Herring 1994; Herring 2000); die Beiträge der Männer waren dabei eher sachorientiert, die der Frauen eher persönlich gehalten. Frauen schwächen ihre Aussagen häufiger ab, fragen nach, formulieren als Vorschlag usw. Männer führen häufiger neue Themen ein und ignorieren die von Frauen eingeführten Themen (Herring 1993). Selbst in frauenspezifischen Newsgroups wie „Soc.women" waren laut einer Untersuchung von Balka (1993) Männer mit 63% gegenüber Frauen (27%) überrepräsentiert (bei 10% der Poster war das Geschlecht nicht eindeutig zuzuschreiben); allerdings waren die Frauen mit überproportional vielen Beiträgen präsent.

Die rasche Verbreitung (Diffusion) der Online-Zugänge sowie die Zunahme von Nutzungshäufigkeit und -dauer haben wie bei den meisten Medieninnovationen eine Debatte über eine **Verdrängung (Substitution)** „alter" durch „neue Medien" angefacht (vgl. Kap. 14.3). Zwar geben die Befragten an, aufgrund ihrer Online-Nutzung weniger Hörfunk (20% der Befragten), Printmedien (26%) und Fernsehen (30%) zu nutzen; allerdings wirkt sich dies bislang noch nicht durchschlagend auf die tägliche Nutzungsdauer zum Beispiel des Fernsehens aus (vgl. van Eimeren/ Gerhard/ Frees 2004: 363). In der Selbsteinschätzung der in der JIM-Studie 2003 befragten Jugendlichen geht die Nutzung der Onlinemedien sogar noch stärker zu Lasten der klassischen Medien: 43 Prozent meinen, sie würden nun weniger lesen, 36% bzw. 35% geben an, weniger Zeit für Videos, Fernsehen und Hörfunk aufzuwenden, seit sie das Internet nutzen (vgl. Medienpädagogischer Forschungsverbund Südwest 2003: 48). Aber auch für die Jugendlichen gilt, dass „bisher ... kein Verdrängungswettbewerb zwischen den klassischen elektronischen Medien und Fernsehen und Hörfunk einerseits und dem Internet andererseits festzustellen" ist (van Eimeren 2003: 72).

Selbsteinschätzungen und absolute Nutzungszahlen der klassischen Medien stehen in einem bislang nicht hinreichend geklärten Widerspruch. Die Frage, ob und in welchem Maße Online-Nutzung substitutive oder komplementäre Funktionen und Wirkungen zeigt, ist noch nicht hinreichend erforscht. Einige theoretische Überlegungen (vgl. Kap. 14.2) und manche empirische Befunde sprechen eher für eine Komplementarität der Medien: Musik und Radioprogramme können parallel zur computervermittelten Kommunikation gehört oder gar online rezipiert werden (19% der 2002 Befragten haben das bereits einmal getan; vgl. van Eimeren/ Gerhard/ Frees 2002: 358-359). In einigen Nutzergruppen entwickelt sich auch das Fernsehen zum Tagesbegleitmedium, das nebenher genutzt wird, so dass zwar die Aufmerksamkeit der Rezipienten, aber nicht die messbare Nutzungszeit (Einschaltdauer) sinkt. Und schließlich bestätigt ein Blick auf den Special-Interest-Zeitschriftenmarkt wie in die Tageszeitungen, dass Computer- und Online-Themen offenbar als Gegenstand von Printberichterstattung und Ratgebern taugen.

15.4 Fazit

Die sozial ungleichmäßige Verbreitung und Nutzung des Internet hat zu einer politischen Debatte über eine „digitale Spaltung" (Digital divide) geführt. Dabei handelt es sich um ein Mehrebenen-Phänomen, denn Disparitäten können im globalen Maßstab ebenso wie im nationalen und sogar innerhalb der Gruppe der Online-Nutzer beschrieben werden. Die Voraussetzungen und Hemmnisse für Zugang und Nutzung können anschaulich in Gestalt eines „Zugangsregenbogens" dargestellt werden. Deutlich wird dabei, dass der Diffusionsprozess von einer Fülle interdependenter Faktoren abhängt. Ebenso wie die eigentlichen Ursachen (jenseits statistischer Korrelationen) sind auch die tatsächlichen ökonomischen, sozialen und politischen Folgen der ungleichen Internetnutzung bislang nur unzureichend erforscht. In den Industrieländern scheinen neben ökonomischen vor allem kulturelle und motivationale Faktoren (wahrgenommener Mehrwert) eine bedeutende Rolle zu spielen. Aus einer „digitalen" Zugangs- und Nutzungskluft auf eine „neue Wissenskluft" zu schließen, erscheint derzeit empirisch nicht gesichert.

Zur Erforschung der Nutzung computervermittelter Kommunikation stehen mittlerweile adaptierte Methoden bereit, die in regelmäßig durchgeführten Online-Nutzungsstudien oder in speziellen Fallstudien angewandt werden: Mit der Beobachtung lassen sich vertiefende Einblicke z. B. in die Nutzung von Chats, MUDs und MOOs gewinnen. Meist werden hier qualitative Fall- und Feldstudien betrieben, deren Ergebnisse nicht ohne weiteres zu verallgemeinern, jedoch für das Verständnis der Kommunikationskulturen im Netz unerlässlich sind. Netznutzer (und Nicht-Nutzer) können persönlich, telefonisch, schriftlich und online zu ihrem Nutzungsverhalten befragt werden. Hierbei ist genau zwischen bevölkerungs-, haushalts- und nutzerrepräsentativen Studien zu unterscheiden. Die vorliegenden Studien weichen auch hinsichtlich der grundlegenden Definitionen („Nutzung", „Nutzer", „Online" vs. „Internet") erheblich voneinander ab und liefern folglich abweichende Nutzungsdaten. Internetnutzung, vor allem die Nutzung des WWW kann nutzer- und serverseitig auch technisch gemessen werden; seit 2004 hat sich für die Zwecke der Werbewirtschaft eine einheitliche „Währung" (IVW-Standard) etabliert. Mittels Experimenten kann das individuelle Navigations-, Selektions- und Rezeptionsverhalten zudem unter Laborbedingungen analysiert, und durch Befragungen und Messungen können ergänzende Informationen gewonnen werden.

In Deutschland nutzten im Jahre 2004 rund 55 Prozent der Erwachsenen (ab 14 Jahre) das Internet; die Phase der rasanten Zunahme der Nutzerzahl ist jedoch (zumindest vorerst) beendet. Auch hinsichtlich Nutzungshäufigkeit und -dauer sind Sättigungseffekte erkennbar. Die Nutzungsweisen und -stile beginnen sich stärker auszudifferenzieren, so dass mittlerweile verschiedene Nutzertypen konstruiert werden können. Noch immer gibt es markante soziodemographische Ungleichgewichte: Während 95% der Jugendlichen „online sind", trifft dies für nur 13% der über 59-Jährigen zu. Auch hinsichtlich der Regionen, der Berufstätigkeit, des formalen Bildungsgrads und des Geschlechts finden sich noch Unterschiede, die jedoch an Bedeutung tendenziell verlieren.

Anhang

Studienpraktische Hinweise

1. Lehrangebot an Universitäten

Computervermittelte Kommunikation ist ein vergleichsweise neues Forschungsfeld der Kommunikationswissenschaft. Traditionell lagen die Schwerpunkte der Forschung und Lehre der deutschsprachigen Kommunikationswissenschaft im Feld der publizistischen Medien, vor allem der Printmedien und des Fernsehens. Medien der interpersonalen Kommunikation wurden hingegen aus publizistikwissenschaftlicher Perspektive weitestgehend vernachlässigt, da es sich zum Beispiel bei der Brief- und Telefonkommunikation eben nicht um öffentliche Kommunikation handelt. Auch kultur- und medienwissenschaftliche Forscher, Institute und Studiengänge behandelten die computervermittelte Kommunikation bis vor wenigen Jahren gar nicht, sondern konzentrierten sich vor allem auf die audiovisuellen Medien Film und Fernsehen.

Die Kommunikationswissenschaft hat die Erforschung nicht öffentlicher Kommunikation bzw. die Auseinandersetzung mit den „neuen Medien", soweit es sich nicht um Kabelfernsehen und Videotext handelte, lange Zeit anderen Disziplinen überlassen. Die Beschäftigung mit Medien wie Bildschirmtext (Btx), Mailboxen, aber auch mit der Nutzung von Datenbanken, CD-Rom oder den „alten Telekommunikationsmedien" (Brief, Telegramm, Telefon, Fax) spielte allenfalls eine marginale Rolle im „Mainstream" der Publizistik-, Kommunikations- und Medienwissenschaft. In den USA, wo seit langem auch Lehrstühle oder Departments für interpersonale Kommunikation oder Organisationskommunikation an den kommunikationswissenschaftlichen Studienangeboten beteiligt sind, bot das breiter angelegte Fachverständnis von Kommunikationswissenschaft bessere Voraussetzungen für die Berücksichtigung auch dieser „neuen Medien". In Deutschland hingegen wurde computervermittelte Kommunikation zunächst von Informationswissenschaftlern und Techniksoziologen sowie von einigen Wirtschaftswissenschaftlern thematisiert, in der Regel aber gerade nicht aus kommunikationswissenschaftlicher Sicht. Neben der publizistisch geprägten Fachtradition und den begrenzten Ressourcen des sehr stark von Studierenden nachgefragten Faches liegen die Gründe für diese Zurückhaltung der Kommunikationswissenschaft auch in der Ausrichtung vieler Studiengänge auf die Berufsfelder Journalismus, Öffentlichkeitsarbeit/ PR und Medienmanagement.

Erst im Zuge des „Internet-Hype", also der raschen Verbreitung insbesondere des WWW und der zunehmenden publizistischen Thematisierung von „Multimedia" und „Internet", setzte in der deutschsprachigen Kommunikationswissenschaft die Auseinandersetzung mit der computervermittelten Kommunikation ein: Nach und nach hielten Fragestellungen der computervermittelten Kommunikation Einzug in reguläre Lehrveranstaltungen, Mitte der 90er Jahre gründete sich die Fachgruppe „Computervermittelte Kommunikation" der Deutschen Gesellschaft für Publizistik- und Kommunikationswissenschaft (DGPuK), die ersten Tagungen zu diesem Forschungsfeld fanden statt und wurden in einigen Sammelbänden dokumentiert. Zunächst gingen die Meinungen auch innerhalb des Fachs darüber auseinander, ob computervermittelte Kommunikation überhaupt Gegenstand der (Publizistik- und) Kommunikationswissenschaft sein sollte und ggf. welche Rolle ihr zukommen sollte. Entsprechend heterogen sehen bis heute die Studienangebote aus: Zum einen werden vielfach Probleme computervermittelter Kommunikation in allgemeinen Lehrveranstaltungen, etwa zur Medienökonomie, zur Mediennutzung oder zum Journalismus berücksichtigt. Zum anderen werden spezielle Lehrveranstaltungen zur computervermittelten Kommunikation oder speziellen Fragen der Online-Kommunikation, des Online-Journalismus oder der Internet-Ökonomie angeboten.

Diese unterschiedlichen Wege zur computervermittelten Kommunikation spiegeln sich auch auf der Ebene der Institute: Während die Mehrzahl der kommunikationswissenschaftlichen

Institute versucht, Fragestellungen der computervermittelten Kommunikation mehr oder weniger stark in den „generellen Lehrbetrieb" zu integrieren, haben einige Institute hier deutlichere Akzente gesetzt, indem sie entsprechende Hochschullehrerstellen eingerichtet haben und in den Selbstbeschreibungen ihrer Studiengänge computervermittelte Kommunikation, Online-Medien, Multimedia oder „neue Medien" explizit als einen **Schwerpunkt** benennen.[13]

Hierzu zählen insbesondere die Hochschule für Musik und Theater Hannover (u. a. Studiengang Multimediale Kommunikation), die Universität Erfurt (Schwerpunkt Medienintegration), die Universität Jena (Studienschwerpunkt Video und Netzwerke), die TU Ilmenau (Fachgebiet Multimediale Anwendung im Studiengang Angewandte Medienwissenschaft), die Bauhausuniversität Weimar (Bereich Mediensysteme, insbesondere ästhetische und technische Aspekte), die TU Chemnitz (Schwerpunkt Internet und Multimedia im Studiengang Medienkommunikation), die Universität Bochum (Schwerpunkt Digitale Medien im Studiengang Medienwissenschaft) sowie die Universität Greifswald. Insbesondere für den Online-Journalismus sind zu nennen: Universität Münster (Prof. Dr. Neuberger), Universität Dortmund (Prof. Dr. Machill), Universität Mainz (Journalistisches Seminar) und die Universität Trier (Prof. Dr. Bucher).

Lehrangebote zur computervermittelten Kommunikation werden im Rahmen der allgemeinen kommunikations- und medienwissenschaftlichen Programme mittlerweile von den meisten größeren Instituten angeboten, z. B. an der Universität Leipzig, der Humboldt-Universität zu Berlin, der Universität Potsdam sowie der Freien Universität Berlin, der Universität München (LMU), an der die Einrichtung einer Professur für computervermittelte Kommunikation und Online-Journalismus geplant ist, sowie der Universität Zürich.

Ferner ist auf das Ausbildungsangebot der **Fachhochschulen** hinzuweisen, die eine Reihe berufsbezogener und praxisnaher Studiengänge anbieten. Dies gilt insbesondere für den Online-Journalismus - genannt seien hier stellvertretend FH Darmstadt (Studiengang Online-Journalismus), FH Köln (Studiengang Online-Redakteur) - und die Multimedia-Gestaltung. Neben einigen Kunsthochschulen sind hier beispielsweise zu nennen: FH Osnabrück/ Lingen oder FH Oldenburg.

Da sich nicht nur die computervermittelte Kommunikation vergleichsweise rasch wandelt, sondern auch die deutschen Hochschulen in einem Strukturwandel begriffen sind, ist damit zu rechnen, dass in den nächsten Jahren weitere Studienangebote entstehen werden, die (auch) computervermittelte Kommunikation verstärkt thematisieren. Dies dürfte insbesondere für praxisbezogene Fachhochschul-Studiengänge gelten, aber auch für die größeren Universitätsinstitute, sofern ihnen die notwendigen Mittel für eine der Fachentwicklung entsprechende Ausdifferenzierung zur Verfügung stehen werden.

2. Fachliteratur und Lektüreempfehlungen

Eine spezielle und systematische **Bibliographie** zur computervermittelten Kommunikation ist derzeit nicht verfügbar, allerdings existieren eine Reihe von „persönlichen Leselisten" und Literaturübersichten von Forschergruppen und Fachverbänden, weitere sind im Aufbau (vgl. hierzu auch unter 3.: DGPUK, DGS, D.G.O.F.).

- Hilfreich ist die von Joseph B. Walther zusammengestellte und regelmäßig aktualisierte, umfangreiche Bibliographie zur computervermittelten Kommunikation

---

[13] Grundlage ist eine im Juni 2005 durchgeführte systematische Webrecherche (ohne Anspruch auf Vollständigkeit).

http://www.people.cornell.edu/pages/jbw29/docs/471_Things_to_Read.html [2.3.2005].

- Eine kommentierte Linkliste mit Hinweisen zu Artikeln und weiteren Webangeboten zur „Soziologie des Cyberspace" findet sich unter: http://sosig.ac.uk/roads/subject-listing/World-cat/soccyber.html [1.6.2005].

- Unter http://www.ibiblio.org/dbarberi/papers/ [1.6.2005] werden Forschungsberichte, Zeitungsartikel und andere Texte zu den Themen MUDs, MOOs, IRC, und Virtual Communities sowie Virtual Reality nachgewiesen.

- Rund 500 Literaturhinweise zum Chat finden sich unter: http://www.chat-bibliography.de/ [1.6.2005].

- Literaturhinweise, zum Teil mit online abrufbaren Volltexten sowie eine weiterführende Linksammlung zum Thema „Cyberculture" bietet: http://fragment.nl/resources/ [1.6.2005].

Für die bibliographische Recherche stehen zudem die kommunikationswissenschaftlichen Standardbibliographien (z. B. Ubbens, Wilbert: Jahresbibliographie Massenkommunikation. Berlin: Spiess) sowie die Rezensionen der Zeitschrift „Medienwissenschaft", die „Zeitschriftenlese" in Medien & Kommunikationswissenschaft sowie die Rezensionsteile der anderen Fachzeitschriften zur Verfügung. Für die Schlagwortsuche nach Fachliteratur oder die Recherche von bibliographischen Angaben und Standorten ist auch im Bereich der computervermittelten Kommunikation der Karlsruher Virtuelle Katalog (KVK) empfehlenswert (http://www.ubka.uni-karlsruhe.de/kvk.html), der auch die Recherche in internationalen Bibliotheken bzw. Bibliotheksverbünden ermöglicht.

Einige Texte namhafter Autorinnen und Autoren, insbesondere aus den angelsächsischen Ländern sind als **Volltextversionen** online verfügbar und meist am schnellsten über Suchmaschinen wie http://www.google.de aufzufinden. Mitunter sind auch komplette Bücher, wie Howard Rheingolds „Klassiker" „The Virtual Community" (http://www.rheingold.com/vc/book/ [1.6.2005]) oder John Sulers umfangreiche Artikelsammlung zur „Psychology of Cyberspace" (http://www.rider.edu/~suler/psycyber/psycyber.html [1.6.2005]) abrufbar.

Bislang liegen keine umfassenden **Lehr- oder Handbücher** zur computervermittelten Kommunikation aus kommunikationswissenschaftlicher Sicht vor, das hier vorgelegte Buch soll der Versuch sein, diese Lücke ein Stück weit zu schließen. Aus der Sicht der Münchner Zeitungswissenschaft, also einer kommunikationswissenschaftlichen „Schule" hat Philomen Schönhagen (2004) mit ihrer Habilschrift eine grundlegende und einzelne Fragestellungen überschreitende Studie vorgelegt, die auch dem „Einsteiger" in dieses neue Forschungsfeld eine gute Orientierung vermittelt. Aus psychologischer Perspektive stellen Nicola Dörings „Sozialpsychologie des Internet" (1. Aufl. 1999) und Patricia Wallace´ „Psychology of the Internet" (1999) lesenswerte und auch für Kommunikationswissenschaftler hilfreiche Einführungen dar. Medienökonomische Fragestellungen des Internet werden im Werk von Axel Zerdick et al. (2001; 2004) systematisch behandelt.

Online sind nicht nur nahezu alle einschlägigen Rechtsvorschriften auffindbar, der Münsteraner Jurist Thomas Hoeren hat auch ein umfangreiches Skript zum Thema **Internetrecht** zugänglich gemacht: http://www.uni-muenster.de/Jura.itm/hoeren/material/Skript/skript_juli 2004.pdf [22.12.2004].

Für Studierende und Lehrende empfehlen sich ferner eine Reihe von **Sammelbänden**, in denen verstreut veröffentlichte Beiträge auch aus dem angelsächsischen Sprachraum in übersetzter Fassung vorliegen (Thiedeke 2000). Die meisten der Tagungen der Fachgruppe Computervermittelte Kommunikation zu ausgewählten Fragestellungen der computervermittelten

Kommunikation sind in (erweiterten) **Tagungsbänden** dokumentiert. (Beck/ Vowe 1995; Prommer/ Vowe 1998; Rössler/ Wirth 1999; Beck/ Schweiger 2001; vgl. hierzu auch das Webangebot der Fachgruppe computervermittelte Kommunikation der DGPuK). Darüber hinaus sind einzelne, zum Teil im Rahmen von Examens- oder Dissertationsprojekten entstandene, **Studien** in der Reihe Internet@Research (München: R. Fischer) erschienen.

In den kommunikationswissenschaftlichen **Fachzeitschriften** „Publizistik" sowie „Medien & Kommunikationswissenschaft" (vormals „Rundfunk und Fernsehen") sind in den letzten Jahren regelmäßig bzw. mit steigender Tendenz Aufsätze und Forschungsberichte zur computervermittelten Kommunikation erschienen. Auch der vom ARD-Tochterunternehmen ARW herausgegebene **Fachdienst** „Media Perspektiven" berichtet regelmäßig über relevante Ergebnisse der Online-Forschung; die August-Ausgabe enthält jeweils ausgewählte Ergebnisse der ARD/ ZDF-Onlinestudie. Die Inhaltsverzeichnisse aller drei Periodika sind online lesbar (Medien & Kommunikationswissenschaft: http://www.hans-bredow-institut.de/publikationen/ muk/index.html; Publizistik: über die Homepage des Verlages, unter „Zeitschriften" auswählen: http://www.vs-verlag.de; die Beiträge der Media Perspektiven sind als Volltext online (www.ard-werbung.de/mp).

Es erscheint naheliegend, dass sich auch „im Netz" rasch einige Periodika etabliert haben, in denen relevante Beiträge zu finden sind. Allerdings erfüllen nicht alle dieser **Electronic Journals** die Qualitätsansprüche fachwissenschaftlicher Zeitschriften. Einige werden von zum Teil namhaften Kommunikations- und Sozialwissenschaftlern herausgegeben bzw. es erscheinen regelmäßig Beiträge von Fachwissenschaftlern, die zum Teil einem Peer-Review-Verfahren unterzogen wurden. Andere Online-Magazine bzw. manche Beiträge hingegen eignen sich eher als Quellen, die Auskunft über Themen und Trends der „Netzkultur" geben. Ein weiterer Unterschied besteht in der thematischen Breite dieser Periodika. Vielfältige Themen und Fragestellungen werden beispielsweise in den folgenden wissenschaftlichen Zeitschriften bzw. populären Online-Magazinen behandelt:

- Aus kommunikations- und sozialwissenschaftlicher Sicht empfehlenswert ist das amerikanische bzw. internationale „Journal of Computer-mediated Communication" (http://jcmc.indiana.edu/).

- Seit dem Jahr 2000 erscheint kommunikation@gesellschaft, ein sozialwissenschaftliches Webjournal, das der Untersuchung der Nutzung von (alten wie neuen) Informations- und Kommunikationstechnologien gewidmet ist: http://www.soz.uni-frankfurt.de/K.G/

- Unter anderem über aktuelle Themen und Trends der Internetentwicklung und der „Netzkultur" informiert regelmäßig das populäre Online-Angebot von Telepolis: http://www.heise.de/tp./default.html

- Seit Mitte der 90er Jahre beschäftigt "First Monday", ein mittlerweile der Peer Review unterliegendes Online-Magazin, sich mit einer Vielzahl von Internet-Themen: http://firstmonday.org/ [1.6.2005].

- Ebenfalls regelmäßig seit 1994 erscheint das „Computer-mediated Communication Magazine (CMC Mag)" von John December, mit Artikeln und Aufsätzen zu einem breiten Themenspektrum, das von sozialwissenschaftlichen Forschungsergebnissen über „Internet-Kultur" bis hin zu Informationstechnologie, „Wissensmanagement" und E-Business reicht: http://www.december.com/cmc/mag/ [1.6.2005].

- Seit 1997 widmet sich die „multi-disziplinäre" und „kritische" Online-Zeitschrift "Cybersociology" den Themengebieten Internet, Cyberspace, Cyberculture und „life online": http://www.cybersociology.com/ [1.6.2005]. Zu den Angeboten gehören auch Buchrezensionen, Chats und Rezensionen von Websites.

Weitere Periodika und Informationsquellen zu **einzelnen Fragestellungen** sind ebenfalls im WWW verfügbar:

- Als peer-reviewed bezeichnet sich das „Interpersonal Computing and Technology Journal (IPCT-J)", das seit 1993 zwei- bis viermal jährlich erscheint (http://www.emoderators.com/ipct-j/ [1.6.2005]) und sich vorzugsweise **medienpäda-gogischen** Fragen der computervermittelten Kommunikation widmet.

- Speziell mit Fragen des **MUD** beschäftigt sich seit 1998 das Online-Magazin „Imaginary Realities": http://www.mudworld.org/archives/IR/ [1.6.2005].

- Aus soziologischer, psychologischer und anthropologischer Perspektive beschäftigen sich die Beiträge des "Journal of Virtual Environments (JOVE)" mit Problemen der **„virtuellen Realität"**. Es werden jährlich ein bis zwei Ausgaben durch David Jacobson (Brandeis University) publiziert: http://www.brandeis.edu/pubs/jove/index.html [1.6.2005].

- Vierteljährlich erscheint das „Journal of Artificial Societies and Simulation (JASS)", ein "inter-disciplinary journal for the exploration and understanding of social processes by means of computer simulation": http://jasss.soc.surrey.ac.uk/JASSS.html [1.6.2005].

Eine erste Orientierung über die **Forschungsmethoden** wurde in Kap. 15.3.1 gegeben. Hinweise auf spezielle Methoden der Online-Forschung finden sich vor allem in Welker/ Werner 2004; Welker/ Werner/ Scholz 2005; Batinic et al. 1999; Batinic/ Bosnjak 2000; Reips 2000; Döring 1999: 171-208 sowie Werner 1998.

3. Sonstige Informationsquellen, Fachtagungen und Forschergruppen

Informationen zur Erforschung computervermittelter Kommunikation in Deutschland, Hinweise auf Tagungen, Publikationen und Forscher sowie Tagungsberichte bietet die Website der **Fachgruppe „Computervermittelte Kommunikation" der Deutschen Gesellschaft für Publizistik- und Kommunikationswissenschaft (DGPuK)**: http://www.dgpuk.de/fg_cvk/. Eine Linkliste auf der Website der DGPuK („Linkliste", Auswahl „Computervermittelte Kommunikation" enthält weitere Linktipps der Mitglieder.

In den vergangenen Jahren hat sich die **Sektion Wissenschafts- und Technikforschung der Deutschen Gesellschaft für Soziologie (DGS)** wiederholt auf Tagungen einigen Fragestellungen der computervermittelten Kommunikation gewidmet. Auf der Website finden sich Hinweise zu diesen Tagungen, Call for Papers, aktuelle Tagungsprogramme sowie eine Leseliste: http://www.techniksoziologie-dortmund.de/Sektion/

Die **Deutsche Gesellschaft für Online-Forschung e.V. (D.G.O.F.)** veranstaltet regelmäßig die Tagung German Online Research (GOR) und versteht sich als Plattform zur Koordination und Förderung der Qualitätssicherung von Online Forschung im deutschsprachigen Raum: http://www.dgof.de/

D.G.O.F. betreibt zudem seit 1996 die **Mailingliste GIR-L**, an der rund 1.200 Mitglieder teilnehmen und über aktuelle Forschungsfragen und Methodenprobleme diskutieren. Nähere Informationen bietet die Homepage der Mailinglist: http://www.online-forschung.de/girl/home.html

Die **Projektgruppe „Kulturraum Internet"** des Wissenschaftszentrums Berlin für Sozial-wissenschaften hält die Ergebnisse ihres 1998 abgeschlossenen Forschungsprojektes sowie zahlreiche Texte online zur Verfügung: http://duplox.wz-berlin.de/ [1.6.2005].

Auch die allgemein auf Medien bezogene Website **„Mediaculture Online"** (http://www.mediaculture-online.de/Computer_Internet.17.0.html [6.6.2005] hält unter der Rubrik „Computer/ Internet" Nachrichten, Artikel, Berichte und Literaturhinweise zur com-putervermittelten Kommunikation bereit.

Die **„Deutsche Gemeinschaft Virtueller Welten"** bietet eine ausführliche Übersicht zu allen deutschsprachigen MUDs mit einer kurzen Beschreibung der jeweiligen „Welt" (http://www.mud.de [1.6.2005]). Unter dem Stichpunkt "Forschung" findet man wissen-schaftliche Arbeiten zum Thema MUDs.

Informationen und den Zugang zu den Websites von MUDs sind auch verfügbar über die Homepage von **UNItopia e.V.**: http://unitopia.uni-stuttgart.de/misc/muds.html [1.6.2005].

Unter der URL: http://www.socio.demon.co.uk/home.html bietet **Robin Hamman** eine Online-Quelle für Sozialwissenschaftler mit weiterführenden Links zu den Themen „Cyber-culture, Cyberspace, Computer-mediated Communication und Online Communities"

Aktuelle Daten, graphische Darstellungen und Informationen zur **weltweiten Verbreitung und Nutzung des Internet** bieten die folgenden Online-Quellen:

- Digital Divide Network der Benton Foundation: www.digitaldividenetwork.org [5.3.2005]

- ClickZ Networks (vormalig CyberAtlas): http://www.clickz.com/stats/ [5.3.2005]

- Cyber Geography Research (mit graphischen Darstellungen und Kartierungen): http://www.cybergeography.org/ [5.3.2005]

- Martin Dodge/ Rob Kitchin: Mapping Cyberspace (Graphiken, auch zur historischen Netzentwicklung): http://www.mappingcyberspace.com/gallery/index.html [5.3.2005]

- TeleGeography (Karten zur Infrastruktur des Internet): http://www.telegeography. com/index.php [5.3.2005]

Recherche- und Zugangsmöglichkeiten zu **Websites der vergangenen Jahre**, die ansonsten nicht mehr „online" sind, bietet: http://www.archive.org/ [3.3.2005]

Abschließend sei noch auf die Websites von Selbstverwaltungs- bzw. Regulierungsorganisa-tionen sowie den Branchenverband hingewiesen:

- Internet Corporation for Assigned Names and Numbers: www.icann.org

- Freiwillige Selbstkontrolle Multimedia-Dienstanbieter: www.fsm.de

- Deutscher Multimedia Verband: www.dmmv.de

Verzeichnis der Schaubilder und Tabellen

Schaubilder

Tabellen

Literatur

Adam, Alison/ Green, Eileen (1998): Gender, Agency, Location and the New Information Society. In: Loader, Brian D. (Hrsg.): Cyberspace Divide. Equality, Agency and Policy in the Information Society. New York: Routledge, S. 83-97.

Adrian, Robert (1996): Infobahn Blues. In: Maresch, Rudolf (Hrsg.): Medien und Öffentlichkeit. Positionierungen, Symptome, Simulationsbrüche. o. O. (München): Boer, S. 324-351.

Altides, Christina et al. (2003): Städte im Netz. Konzepte und praktische Umsetzung kommunaler Internetauftritte. München: Reinhard Fischer.

Altmeppen, Klaus-Dieter (Hrsg.) (2000): Online-Journalismus: Perspektiven für Wissenschaft und Praxis. Wiesbaden: Westdeutscher Verlag.

Argyle, Katie/ Shields, Rob (1996): Is there a Body in the Net? In: Shields, Rob (Hrsg.): Cultures of the Internet. Virtuals Spaces, Real Histories, Living Bodies. London u. a.: Sage, S. 58-69.

Arnhold, Katja (2003): „Digital Divide": Zugangs- oder Wissenskluft? München: Reinhard Fischer.

Asendorf, Dirk (2003): Einsame Höhepunkte. In: Die Zeit, Nr. 40, 25.9.2003, S. 38.

Asteroff, Janet F. (1987): Paralanguage in Electronic Mail. A Case Study. Ph. D. Thesis. Columbia University Teachers College.

Bahl, Anke (2002): Zwischen On- und Offline. Identität und Selbstdarstellung im Internet. München: KoPäd 1997, 2002.

Balka, Ellen (1993): Women´s Access to On-line Discussion about Feminism. http://www.cpsr.org/ cpsr/gender/access.discuss.fem [16.9.2004].

Bangemann, Martin et al./ Europäische Union (1994): Europe and the Global Information Society. Recommendations to the European Council. Brüssel, 26.5.1994; http://europa.eu.int/ ISPO/infosoc/backg/bangeman.html [16.9.2004].

Bargh, John A./ McKenna, Katelyn Y. A. (2004): The Internet an Social Life. In: Annual Review of Psychology, 55. Jg., S. 573-590.

Barlow, John Perry (1996): Unabhängigkeitserklärung des Cyberspace. In: telepolis. Zeitschrift für Netzkultur, (Nullnummer), S. 85-88.

Bartle, Richard (1990): Who plays MUAs. In: Comms plus, October/ November 1990, S. 18-19; http://www.mud.co.uk/richard/wpm.htm [26.8.2004].

Bartle, Richard (1996): Hearts, Clubs, Diamonds, Spades: Players Who Suit MUDs. In: Journal of MUD Research, 1. Jg., Nr. 1; http://www.mud.co.uk/richard/hcds.htm [26.8.2004].

Batinic et al. (Hrsg.) (1999): Online Research. Methoden, Anwendungen und Ergebnisse. Göttingen u. a.: Hogrefe.

Batinic, Bernad/ Bosnjak, Michael (2000): Fragebogenuntersuchungen im Internet. In: Batinic, Bernad (Hrsg.): Internet für Psychologen. 2., überarb. u. erw. Auflage, Göttingen u. a.: Hogrefe, S. 287-317.

Bauer, Andreas (2004): E-Demokratie – neue Bürgernähe oder virtuelle Luftblase? In: Aus Politik und Zeitgeschichte. Beilage zur Wochenzeitung Das Parlament, B 18/2004 (26.4.2004), S. 3-6.

Baym, Nancy K. (1997): Interpreting Soap Operas and Creating Community: Inside an Electronic Fan Culture. In: Kiesler, Sara (Hrsg.): Culture of the Internet. Mahwah, NJ: Erlbaum, S. 103-120.

Baym, Nancy K. (1998): The Emergence of On-line Community. In: Jones, Steven G. (Hrsg.): Cybersociety 2.0: Revisiting Computer-Mediated Communication and Community. New Delhi u. a.: Sage, S. 35-68.

Baym, Nancy K. (2000a): Tune in, Log on. Soaps, Fandom, and Online Community. Thousand Oaks u. a.: Sage.

Baym, Nancy K. (2000b): Vom Heimatdorf zum Großstadtdschungel: Die Urbanisierung der On-Line Gemeinschaft. In: Thiedeke, Udo (Hrsg.): Virtuelle Gruppen. Charakteristika und Problemdimensionen. Wiesbaden: Westdeutscher Verlag, S. 292-312.

Bechar-Israeli, Haya (1996): From <Bonehead> to <cLoNehEAd>; Nicknames, Play and Identity on Internet Relay Chat. In: Journal of Computer Mediated Communication, 1. Jg., Nr. 2; http://www.ascusc.org/jcmc/vol1/issue2/bechar.html [7.7.2004].

Beck, Klaus (1989): Telefongeschichte als Sozialgeschichte: Die soziale und kulturelle Aneignung des Telefons im Alltag. In: Forschungsgruppe Telefonkommunikation (Hrsg.): Telefon und Gesellschaft. Beiträge zu einer Soziologie der Telefonkommunikation. Berlin: Spiess, S. 45-75.

Beck, Klaus (1998a): Öffnung der Schule – Nutzung und Nutzen „neuer Medien" im Bildungsbereich aus kommunikationswissenschaftlicher Sicht. In: Jarren, Otfried/ Krotz, Friedrich (Hrsg.): Öffentlichkeit unter Vielkanal-Bedingungen. Baden-Baden: Nomos, S. 131-152.

Beck, Klaus (1998b): Lehren und Lernen in der „Informationsgesellschaft". Prognosen über den Einsatz und die Folgen computervermittelter Kommunikation im Bildungswesen. In: Prommer, Elizabeth/ Vowe, Gerhard (Hrsg.): Computervermittelte Kommunikation. Öffentliche Kommunikation im Wandel. Konstanz: UVK Medien, S. 211-233.

Beck, Klaus/ Glotz, Peter/ Vogelsang, Gregor (2000): Die Zukunft des Internet. Internationale Delphi-Befragung zur Entwicklung der Online-Kommunikation. Konstanz: UVK Medien.

Beck, Klaus/ Schweiger, Wolfgang/ Wirth, Werner (Hrsg.) (2003): Gute Seiten – schlechte Seiten. Qualität in der Onlinekommunikation. München: Reinhard Fischer.

Beck, Klaus/ Vowe, Gerhard (1995): Multimedia aus der Sicht der Medien. Argumentationsmuster und Sichtweisen in der medialen Konstruktion. In: Rundfunk und Fernsehen, 43. Jg., Nr. 4, S. 549-563.

Beck, Klaus/ Vowe, Gerhard (1998): Zwischen Anarchie und Zensur – Zur Regulierung internationaler computervermittelter Kommunikation. In: Quandt, Siegfried/ Gast, Wolfgang (Hrsg.): Deutschland im Dialog der Kulturen. Medien, Images, Verständigung. Konstanz: UVK Medien, S. 349-366.

Beck, Ulrich (1986): Risikogesellschaft. Auf dem Weg in eine andere Moderne. Frankfurt am Main: Suhrkamp.

Becker, Barbara (2000): „Hello, I am new here." Soziale und technische Voraussetzungen spezifischer Kommunikationskulturen in virtuellen Netzwerken. In: Thiedeke, Udo (Hrsg.): Virtuelle Gruppen. Charakteristika und Problemdimensionen. Wiesbaden: Westdeutscher Verlag, S. 113-133.

Berger, Peter Ludwig/ Luckmann, Thomas (1969): Die gesellschaftliche Konstruktion der Wirklichkeit. Eine Theorie der Wissenssoziologie. Frankfurt am Main: Fischer.

Berker, Thomas (1999): WWW-Nutzung an einer deutschen Hochschule – Computer, Sex und eingeführte Namen. Ergebnisse einer Protokolldateienanalyse. In: Batinic, Bernad et al. (Hrsg.): Online Research. Methoden, Anwendungen und Ergebnisse. Göttingen u. a.: Hogrefe, S. 227-243.

Berners-Lee, Tim (2000): Weaving the Web. The Past, Present, and Future of the World Wide Web by its Inventor. London: Orion Business Books.

Berners-Lee, Tim/ Cailliau, Robert (1990): WorldWideWeb: Proposal for a Hypertext Project. http://www.w3org/Proposal.html [16.08.2004].

Beutner, Yvonne (2002): E-Mail-Kommunikation. Eine Analyse. Stuttgart: Ibidem-Verlag.

Bickenbach, Matthias/ Maye, Harun (1997): Zwischen fest und flüssig. Das Medium Internet und die Entdeckung seiner Metaphern. In: Gräf, Lorenz/ Krajewski, Markus (Hrsg.): Soziologie des Internet. Handeln im elektronischen Web-Werk. Frankfurt am Main u. New York: Campus, S. 80-98.

Bieber, Christoph (1999): Politische Projekte im Internet. Online-Kommunikation und politische Öffentlichkeit. Frankfurt am Main: Campus.

Bieber, Christoph (2001): Protestkommunikation im Internet. In: Holznagel, Bernd/ Grünwald, Andreas/ Hanssmann, Anika (Hrsg.): Elektronische Demokratie. Bürgerbeteiligung per Internet zwischen Wissenschaft und Praxis. München: Beck, S. 124-142.

Birnie, Sarah A./ Horvath, Peter (2002): Psychological Predictors of Internet Social Communication. In: Journal of Computer-Mediated Communication, 7. Jg., Nr. 4; http://www.ascusc.org/jcmc/vol7/ issue4/horvath.html [19.07.2004]

Bolter, Jay D. (1997): Das Internet in der Geschichte der Technologien des Schreibens. In: Münker, Stefan/ Roesler, Alexander (Hrsg.): Mythos Internet. Frankfurt am Main: Suhrkamp, S. 37-55.

Boos, Margarete/ Jonas, Kai J./ Sassenberg, Kai (Hrsg.) (2000): Computervermittelte Kommunikation in Organisationen. Göttingen u. a.: Hogrefe.

Booz, Allen, Hamilton (2002): E-Government und der moderne Staat. Einstieg, Strategie und Umsetzung. Frankfurt am Main: F.A.Z.-Institut.

Brandl, Annette (2002): Webangebote und ihre Klassifikation. Typische Merkmale aus Experten- und Rezipientenperspektive. München: Reinhard Fischer.

Bromberg, Heather (1996): Are MUDs Communities? Identity, Belonging and Consciousness in Virtual Worlds. In: Shields, Rob (Hrsg.): Cultures of the Internet. Virtual Spaces, Real Histories, Living Bodies. London u. a.: Sage, S. 143-152.

Bruckman, Amy (1992): Identity Workshop: Emergent Social and Psychological Phenomena in Text-Based Virtual Reality. MIT Media Laboratory; ftp://media.mit.edu./pub/asb/papers/ identity-workshops.ps [26.8.2004].

Bruckman, Amy (1993): Gender Swapping on the Internet. Paper Presented at The Internet Society, San Fransisco, CA, August 1993; http://www.cc.gatech.edu/~asb/papers/gender-swapping.txt [26.8.2004].

Bucher, Hans-Jürgen/ Barth, Christoph (1998): Rezeptionsmuster der Onlinekommunikation. Eine empirische Studie zur Nutzung der Internetangebote von Rundfunkanstalten und Zeitungen. In: Media Perspektiven, Nr. 10/1998, S. 517-523.

Bucher, Hans-Jürgen/ Püschel, Ulrich (Hrsg.) (2001): Die Zeitung zwischen Print und Digitalisierung. Wiesbaden: Westdeutscher Verlag.

Buchstein, Hubertus (2002): Online-Wahlen und das Wahlgeheimnis. In: Buchstein, Hubertus/ Neymanns, Harald (Hrsg.): Online-Wahlen. Opladen: Leske + Budrich, S. 51-70.

Buchstein, Hubertus/ Neymanns, Harald (2002): Einleitung. In: Dies. (Hrsg.) Online-Wahlen. Opladen: Leske + Budrich, S. 7-22.

Bühl, Achim (1996): Cybersociety. Mythos und Realität der Informationsgesellschaft. Köln: PappyRossa.

Bullinger, H.-J. (Hrsg.) (1996): Internet & Intranet: Electronic Business II. Strategien, Anwendungen, Technologien. Tagungsdokumentation. Stuttgart: IRB-Verlag.

Burkart, Roland (1998): Kommunikationswissenschaft. 3. überarb. u. aktualisierte Auflage. Wien u. a.: Böhlau.

Burkart, Roland/ Hömber, Walter (1997): Massenkommunikation und Publizistik. Eine Herausforderung für die kommunikationswissenschaftliche Modellbildung. In: Fünfgeld, Hermann/ Mast, Claudia (Hrsg.): Massenkommunikation. Ergebnisse und Perspektiven. Opladen: Westdeutscher Verlag, S.71-88.

Burkhalter, Byron (1999): Reading Race Online. Discovering Racial Identity in Usenet Discussions. In: Smith, Marc A./ Kollock, Peter (Hrsg.): Communities in Cyberspace. London u. New York: Routledge, S. 60-75.

Burnett, Gary/ Buerkle, Harry (2004): Information Exchange in Virtual Communities: A Comparative Study. In: Journal of Computer-Mediated Communication, 9. Jg., Nr. 2; http://www.ascusc.org/jcmc/ vol9/issue2/burnett.html [19.7.2004].

Buten, John (1996): Personal Homepage Survey. http://www.asc.upenn.edu/USR/sbuten/ phpi.htm [8.1.2003].

Campbell, Todd (1998): The First E-Mail Message. http://www.pretext.com/mar98/features/ story2.htm [7.7.2003].

Caplan, Scott E. (2003): Preference for Online Social Interaction. A Theory of Problematic Internet Use and Psychological Well-Being. In: Communication Research, 30. Jg., Nr. 6, S. 625-648.

Chan, Darius K.-S./ Cheng, Grand H.-L. (2004): A Comparison of Offline and Online Friendship Qualities at Different Stages of Relationship Development. In: Journal of Social and Personal Relationships, 21. Jg., Nr. 3, S. 305-320.

Chandler, Daniel (1998): Personal Home Pages and the Construction of Identities on the Web. http:// users.aber.ac.uk/dgc/webident.html [11.8.2004].

Chenault, Britney G. (1998): Developing personal and emotional relationships via computer-mediated communication. In: CMC Magazine, Mai 1998; http:/www.december.com/cmc/ mag/1998/may/ chenault.html [15.9.2004].

Choi, Junho H./ Danowski, James (2001): Making a Global Community in the Net – Global Village or Global Metropolis?: A Network Analysis of Usenet Newsgroups. In: Journal of Computer-Mediated Communication, 7. Jg., Nr. 3; http://www.ascusc.org/jcmc/vol7/issue3/ choi.html [19.07.2004].

Clark, Lynn S. (1998): Dating on the Net: Teens and the Rise of „Pure" Relationships. In: Jones, Steven G. (Hrsg.): Cybersociety 2.0: Revisiting Computer-Mediated Communication and Community. New Delhi u. a.: Sage, S. 159-183.

Clemens, Detlev (1999): Netz-Kampagnen. Parteien und politische Informationslotsen in den Internet-Wahlkämpfen 1998 in Deutschland und den USA. In: Kamps, Klaus (Hrsg.): Elektronische Demokratie? Perspektiven politischer Partizipation. Opladen u. Wiesbaden. West-deutscher Verlag, S. 153-174.

Clement, Andrew/ Shade, Leslie Regan (1997): "What Do We Mean By 'Universal Access'?: Social Perspectives in a Canadian Context." Information Policy Research Program, Faculty of Information Studies, University of Toronto. Working Paper No. 5, Toronto, ON, online verfügbar. http://www.fis.utoronto.ca/research/iprp/publications/wp/wp5.html [16.9.2004].

Clement, Andrew/ Shade, Leslie (1998): The Access Rainbow: Conceptualizing Universal Access to the Information/Communicatioins Infrastructure. Information Policy Research Program, Faculty of Information Studies, University of Toronto. Working Paper No. 10. Toronto, ON; http://www.fis.utoronto.ca/research/iprp/publications/wp/wp10.html [16.9.2004].

Compaine, Benjamin M. (Hrsg.) (2001): The Digital Divide: Facing a Crisis or Creating a Myth? Boston: MIT Press.

Constant, David/ Sproull, Lee/ Kiesler, Sara (1997): The Kindness of Strangers: On the Usefulness of Electronic Weak Ties for Technical Advice. In: Kiesler, Sara (Hrsg.): Culture of the Internet. Mahwah, NJ: Erlbaum, S. 303-322.

Cooper, Al/ Delmonico, David L./ Burg, Ron (2000): Cybersex Users, Abusers, and Compulsives: New Findings and Implications. In: Sexual Addiction & Compulsivity, 7. Jg., Nr. 1, S. 5-29.

Cove, J. F./ Walsh, B. C. (1988): Online Text Retrieval via Browsing. In: Information Processing and Management, 24. Jg., S. 31-37.

Culnan, Mary J./ Markus, M. Lynne (1987): Information Technologies. In: Handbook of Organizational Communication: An Interdisciplinary Perspective, Newbury Park: Sage, S. 420-443.

Cummings, Jonathon/ Butler, Brian/ Kraut, Robert (2002): The Quality of Online Social Relationships. In: Communications of the ACM, 45. Jg., Nr. 7, S. 103-108.

Curtis, Pavel (1992). Mudding: Social Phenomena in Text-based Virtual Realities. Proceedings of Diac92. Available: ftp://ftp.lambda.moo.mud.org/pub/MOO/papers/DIAC92.txt [13.9.2004].

Curtis, Pavel (1997): Mudding: Social Phenomena in Text-Based Virtual Realities. In: Kiesler, Sara (Hrsg.): Culture of the Internet. Mahwah, NJ: Erlbaum, S. 121-142.

Daft, Richard L./ Lengel, Robert H. (1984): Information Richness: A New Approach to Managerial Behavior and Organization Design. In: Shaw, Barry M. (Hrsg.): Research in Organizational Behavior: An Annual Series of Analytical Essays and Critical Reviews, 6. Jg., Greenwich: JAI, S. 191-233.

Daft, Richard L./ Lengel, Robert H. (1986): Organizational Information Requirements, Media Richness, and Structural Design. In: Management Science, 32. Jg., Nr. 5, S.554-571.

Daft, Richard L./ Lengel, Robert H./Trevino, Linda K. (1987). Message equivocality, media selection, and manager performance: Implications for information systems. In: MIS Quarterly, 11. Jg., S. 355-366.

Dahinden, Urs (2000): Demokratisierung dank Internet? Zum Austauschverhältnis zwischen neuen elektronischen und massenmedialen Öffentlichkeiten. In: Jarren, Otfried/ Imhof, Kurt/ Blum, Roger (Hrsg.): Zerfall der Öffentlichkeit? Wiesbaden: Westdeutscher Verlag, S. 240-254.

Dahlberg, Lincoln (2001): Computer-mediated Communication and The Public Sphere: A Critical Analysis. In: Journal of Computer-mediated Communication, 7. Jg., Nr.1; http://www.ascusc.org/ jcmc/vo7/issue1/dahlberg.html [19.7.2004].

Danet, Brenda (1996): Text as Mask: Gender and Identity on the Internet. Paper prepared for the conference on "Masquerade and Gendered Identity", Venice, Italy, February 21-24, 1996, version 1.0.

Danet, Brenda/ Ruedenberg-Wright, Lucia/ Rosenbaum-Tamari (1997): "Hmmm... Where's that Smoke Coming From?" Writing, Play and Performance on Internet Relay Chat. In: Journal of Computer-mediated Communication, 2. Jg., Nr. 4; http://www.ascusc.org/jcmc/vol2/ issue4/danet.html [7.7.2004].

Debatin, Bernhard (1998): Analyse einer öffentlichen Gruppendiskussion im Chat-Room. Referenzformen, kommunikationspraktische Regularitäten und soziale Strukturen in einem kontextarmen Medium. In: Prommer, Elizabeth/ Vowe, Gerhard (Hrsg.): Computervermittelte Kommunikation. Öffentlichkeit im Wandel. Konstanz: UVK Medien, S. 13-37.

Debatin, Bernhard (1999a): Allwissenheit und Grenzenlosigkeit. Mythen um Computernetze. In: Wilke, Jürgen (Hrsg.): Massenmedien und Zeitgeschichte. Konstanz: UVK Medien, S. 481-493.

Debatin, Bernhard (1999b): Grundlagen der Internetethik. Problemfelder und Lösungsperspektiven. Vortragsmanuskript für das Seminar Ethik im Internet. Goethe-Institut, Montevideo/ Uruguay, 17.-18.8.1999; http://www.uni-leipzig.de/~debatin/uruguay/ vortrag.htm [19. 12.2004].

Di Sabatino, Jennifer (2001): Study outlines the cost of internal spam. (18.4.2001). http://www.computerworld.com/softwaretopics/software/story/0,010801,59737,00.html [10.8.2004].

Dibbell, Julian (1993): A Rape in Cyberspace, or How an Evil Clown, a Haitian Trickster Spirit, Two Wizards, and a Cast of Dozens Turned a Database Into a Society. In: Village Voice, 21.12.1993, S. 36-42.

Dierkes, Meinolf/ Hoffmann, Ute/ Marz, Lutz (1992): Leitbild und Technik. Berlin: Edition Sigma.

Dimmick, John W./ Kline, Susan/ Stafford, Laura (2000): The Gratification Niches of Personal E-Mail and the Telephone. Competition, Displacement, and Complementarity. In: Communication Research, 27. Jg., Nr. 2, S. 227-248.

Dimmick, John/ Rothenbuhler, Eric (1984): The Theory of the Niche. Quantifying Competition among Media Industries. In: Journal of Communication, 34. Jg., Nr. 1, S. 103-119.

Dobal, Raoul/ Werner, Andreas (1997): Das World Wide Web aus funktionalistischer Sicht. In: Ludes, Peter/ Werner, Andreas (Hrsg.): Multimedia-Kommunikation. Theorien, Trends und Praxis. Opladen: Westdeutscher Verlag, S. 105-122.

Doelker, Christian (1998): Multimedia ist Multikode. In: Pfammatter, René (Hrsg.): Multi Media Mania. Reflexionen zu Aspekten Neuer Medien. Konstanz: UVK Medien, S. 37-44.

Dominick, Joseph (1999): Who Do You Think You Are? Personal Home Pages and Self-Presentation on the World Wide Web. In: Journalism and Mass Communication Quarterly, 76. Jg., Nr. 4, S. 646-658.

Donath, Judith S. (1999): Identity and Deception in the Virtual Community. In: Smith, Marc A./ Kollock, Peter (Hrsg.): Communities in Cyberspace. London u. New York: Routledge, S. 29-59.

Donath, Matthias (2001): Demokratie und Internet. Neue Modelle der Bürgerbeteiligung an der Kommunalpolitik – Beispiele aus den USA. Frankfurt am Main u. New York: Campus.

Donges, Patrick (2000): Technische Möglichkeiten und soziale Schranken elektronischer Öffentlichkeit: Positionen zur elektronischen Öffentlichkeit und ihr Bezug zu Öffentlichkeitsmodellen. In: Jarren, Otfried/ Imhof, Kurt/ Blum, Roger (Hrsg.): Zerfall der Öffentlichkeit? Wiesbaden: Westdeutscher Verlag, S. 255-265.

Donges, Patrick/ Jarren, Otfried (1999): Politische Öffentlichkeit durch Netzkommunikation. In: Kamps, Klaus (Hrsg.): Elektronische Demokratie? Perspektiven politischer Partizipation. Opladen u. Wiesbaden. Westdeutscher Verlag, S. 85-108.

Donsbach, Wolfgang (1991): Medienwirkung trotz Selektion. Einflußfaktoren auf die Zuwendung zu Zeitungsinhalten. Köln u. Weimar: Böhlau.

Dorer, Johanna (1997): Gendered Net: Ein Forschungsüberblick über den geschlechtsspezifischen Umgang mit neuen Kommunikationstechnologien. In: Rundfunk und Fernsehen, 45. Jg., Nr. 1, S. 19-29.

Dorer, Johanna (2001): Internet und Geschlechterordnungen: Expertinnen im Gespräch. In: Medien & Kommunikationswissenschaft, 49. Jg., Nr. 1, S. 44-61.

Döring, Nicola (1999): Sozialpsychologie des Internet. Die Bedeutung des Internet für Kommunikationsprozesse, Identitäten, soziale Beziehungen und Gruppen. Göttingen u. a.: Hogrefe.

Döring, Nicola (2000): Identität + Internet = Virtuelle Identität? In: Forum Medienethik, 7. Jg. Nr. 2, S. 65-75.

Döring, Nicola (2001): Persönliche Homepages im WWW. Ein kritischer Überblick über den Forschungsstand. In: Medien & Kommunikationswissenschaft, 49. Jg., Nr. 3, S. 325-349.

Döring, Nicola (2002): Personal Homepages on the Web: A Review of Research. In: Journal of Computer-Mediated Communication, 7. Jg., Nr. 3; http://www.ascusc.org/jcmc/vol7/issue3/doering.html [19.07.2004].

Döring, Nicola/ Pöschl, Sandra (2003): Wissenskommunikation in themenbezogenen Online-Chats. Eine empirische Analyse von drei IRC-Channels zu Computerthemen. In: merz wissenschaft, 47. Jg., Nr. 5, S. 100-114.

Döring, Nicola/ Schestag, Alexander (2000): Soziale Normen in virtuellen Gruppen. Eine empirische Untersuchung am Beispiel ausgewählter Chat-Channels. In: Thiedeke, Udo (Hrsg.): Virtuelle Gruppen. Charakteristika und Problemdimensionen. Wiesbaden: Westdeutscher Verlag, S. 313-355.

Ducheneaut, Nicolas B. (2002): The Social Impacts of Electronic Mail in Organizations. In: Information, Communication & Society, 5. Jg., Nr. 2, S. 153-188.

DuVal Smith, Anna (1999): Problems of conflict management in virtual communities. In: Smith, Marc A./ Kollock, Peter (Hrsg.): Communities in Cyberspace. London u. New York: Routledge, S. 134-163.

Dyson, Esther (1998): Esther Dyson im Gespräch mit Claus Leggewie. In: Leggewie, Claus/ Maar, Christa (Hrsg.): Internet & Politik. Von der Zuschauer- zur Beteiligungspolitik. Köln: Bollmann, S. 354-364.

Eckel, George/ Steen, William (1997): Intranets. Technik, Aufbau und effektiver Nutzen im Unternehmen. München: Hanser.

Eisenrieder, Veronika (2003): Von Enten, Vampiren und Marsmenschen – Von Männlein, Weiblein und dem „Anderen". Soziologische Annäherungen an Identität, Geschlecht und Körper in den Weiten des Cyberspace. München: Herbert Utz.

Emmer, Martin (2001): Zur Partizipationsfunktion von Netzkommunikation. Realitäten politischer Beteiligung im Internet. In: Maier-Rabler, Ursula/ Latzer, Michael (Hrsg.): Kommunikationskulturen zwischen Kontinuität und Wandel. Universelle Netzwerke für die Zivilgesellschaft. Konstanz: uvk Medien, S. 49-60.

Emmer, Martin/ Vowe, Gerhard (2004): Mobilisierung durch das Internet? Ergebnisse einer empirischen Längsschnittuntersuchung zum Einfluss des Internets auf die politische Kommunikation der Bürger. In: Politische Vierteljahresschrift, 45. Jg., Nr. 2, S. 191-212.

Enzensberger, Hans Magnus (1970): Bausteine zu einer Theorie der Medien. In: Kursbuch, Nr. 20, S. 159-186.

Esposito, Elena (1993): Der Computer als Medium und Maschine. In: Zeitschrift für Soziologie, 22. Jg., Nr. 5, S. 338-354.

Esposito, Elena (1995): Interaktion, Interaktivität und die Personalisierung der Massenmedien. In: Soziale Systeme. Zeitschrift für soziologische Theorie, Nr. 2, S. 225-260.

Faßler, Manfred (1999): Intensive Anonymitäten. In: Ders. (Hrsg.): Alle möglichen Welten. Virtuelle Realität – Wahrnehmung – Ethik der Kommunikation. München: W. Fink, S 49-74.

Faßler, Manfred (2001): Netzwerke. Einführung in die Netzstrukturen, Netzkulturen und verteilte Gesellschaftlichkeit. München: Wilhelm Fink/ UTB.

Finholt, Tom/ Sproull, Lee (1990): Electronic Groups at Work. In: Organization Science, 1. Jg, Nr. 1, S. 41-64.

Fisch, Martin (2004): Nutzungsmessung im Internet. Erhebung von Akzeptanzdaten deutscher Online-Angebote in der Marktforschung. München: Reinhard Fischer.

Fischer, Stefan/ Müller, Walter (1997): Intranet: das Internet im Unternehmen. München: Hanser.

Fittkau, S[usanne] (2000): Stell dir vor, da ist ein Banner und keiner klickt drauf. Frankfurter Allgemeine Zeitung, Nr. 200, 29.8.2000, S. B 4 (Beilage Kommunikation und Medien).

Floeting, Holger/ Grabow, Busso (1998): Städte am Netz. In: Leggewie, Claus/ Maar, Christa (Hrsg.): Internet & Politik. Von der Zuschauer- zur Beteiligungsdemokratie? Köln: Bollmann, S. 262-276.

Flusser, Vilém (1997): Medienkultur. Frankfurt am Main: Fischer.

Flusser, Vilém (1998): Kommunikologie. Hrsg. v. Stefan Bollmann u. Edith Flusser. Frankfurt am Main: Fischer.

Foerster, Heinz von (1985): Entdecken oder Erfinden: Wie läßt sich Verstehen verstehen? In: Mohler, A./ Gumin, H. (Hrsg.): Einführung in den Konstruktivismus. München: Oldenburg, S. 27-68.

forsa (Hrsg.) (2000): media studie 2000. Journalisten online. Eine Umfrage von news aktuell und forsa. Berlin: forsa.

Foster, Derek (1997): Community and Identity in the Electronic Village. In: Porter, David (Hrsg.): Internet Culture. New York u. a.: Routledge, S. 23-37.

Freiwillige Selbstkontrolle Multimedia Diensteanbieter e.V. (fsm) (Hrsg.) (2004): Jahresbericht 2003. Berlin.

Frey, Hartmut (1999): E-Mail: Revolution im Unternehmen: wie sich Motivation, Kommunikation und Innovationsgeist der Mitarbeiter wandeln. Studie im Auftrag des Bundesforschungsministeriums mit einer Befragung von 50 Unternehmen. Neuwied u. a.: Luchterhand.

Früh, Werner/ Schönbach, Klaus (1982): Der dynamisch-transaktionale Ansatz. Ein neues Paradigma der Medienwirkungen. In: Publizistik, 27. Jg., Nr. 1, S. 74-88.

Fuchs, Peter (1998): Realität der Virtualität – Aufklärungen zur Mystik des Netzes. In: Brill, Andreas/ de Vries, Michael (Hrsg.): Virtuelle Wirtschaft. Virtuelle Unternehmen, Virtuelle Produkte, Virtuelles Geld und Virtuelle Kommunikation. Opladen u. Wiesbaden: Westdeutscher Verlag, S. 301-322.

Fulk, Janet/ Schmitz, Joseph / Power, J. Gerard (1987): A Social Information Processing Model of Media Use in Organisations. In: Communication Research, 14. Jg., Nr. 5, S. 529-552.

Fulk, Janet/ Schmitz, Joseph / Steinfield, Charles W. (1990): A Social Influence Model of Technology Use. In: Fulk, Janet/ Steinfiled, Charles W. (Hrsg.): Organizations and Communication Technology, Newbury Park u . a., Sage; S. 117-140.

Funken, Christiane (o. J.) [2000]: Zur Topographie der Anonymität. Unveröffentlichtes Manuskript. o. O. [Freiburg].

Funken, Christiane (2002): In: Münker, Stefan/ Roesler, Alexander (Hrsg.): Praxis Internet. Kulturtechniken der vernetzten Welt. Frankfurt am Main: Suhrkamp, S. 158-181.

Gabriel, Oscar W./ Brettschneider, Frank (1998): Politische Partizipation. In: Jarren, Otfried/ Sarcinelli, Ulrich/ Saxer, Ulrich (Hrsg.): Politische Kommunikation in der demokratischen Gesellschaft. Ein Handbuch. Opladen u. Wiesbaden: Westdeutscher Verlag, S. 285-291.

Gallery, Heike (2000): „bin ich – klick ich" – variable Anonymität im Chat. In: Thimm, Caja (Hrsg.): Soziales im Netz. Sprache, Beziehungen und Kommunikationskulturen im Internet. Opladen u. Wiesbaden: Westdeutscher Verlag, S. 77-88.

Garton, Laura/ Haythorthwaite, Caroline/ Wellman, Barry (1997): Studying Online Social Networks. In: Journal of Computer-Mediated Communication, 3. Jg., Nr. 1; http://www.ascusc.org/jcmc/vol3/ issue2/garton.html [19.7.2004].

Gauthronet, Serge/ Drouard, Etienne (2001): Unerbetene kommerzielle Kommunikation und Datenschutz. Zusammenfassung. Studie der Kommission der Europäischen Gemeinschaften. 2001. http://europa.eu.int/comm/internal_market/en/media/dataprot/stuides/spamsumde.pdf [7.7.2003].

Gellner, Winand/ Strohmeier, Gerd (2002): Cyber-Kampagnen in Großbritannien, Deutschland und den USA. In: Siedschlag, Alexander/ Bilgeri, Alexander/ Lamatsch, Dorothea (Hrsg.): Kursbuch Internet und Politik, Bd. 1/2002 Schwerpunkt: Wahlkampf im Netz. Opladen: Leske + Budrich, S. 35-45.

Gerhards, Jürgen (1998a): Öffentlichkeit. In: Jarren, Otfried/ Sarcinelli, Ulrich/ Saxer, Ulrich (Hrsg.): Politische Kommunikation in der demokratischen Gesellschaft. Ein Handbuch mit Lexikonteil. Opladen u. Wiesbaden: Westdeutscher Verlag, S. 694-695.

Gerhards, Jürgen (1998b): Konzeptionen von Öffentlichkeit unter heutigen Medienbedingungen. In: Jarren, Otfried/ Krotz, Friedrich (Hrsg.): Öffentlichkeit unter Viel-Kanal-Bedingungen. Baden-Baden u. Hamburg: Nomos, S. 25-48.

Gerhards, Maria/ Mende, Annette (2002): Nichtnutzer von Online: Kern von Internetverweigerern? (ARD/ZDF-Online-Studie 2002). In: Media Perspektiven 8/2002, S. 363-375.

Gerhards, Maria/ Mende, Annette (2004): Offliner 2004: Anpassungsdruck steigt, Zugangsbarrieren bleiben bestehen. In: Media Perspektiven 8/2004, S. 371-385.

Geser, Hans (1989): Der PC als Interaktionspartner. In: Zeitschrift für Soziologie, 18. Jg., Nr. 3, S. 230-243.

Gibson, William (1984): Neuromancer. New York: The Berkeley Publishing Group.

Giddens, Anthony (1990): Modernity and Self-Identity. Self and Society in the Late Modern Age. Oxford: Polity Press.

Gisler, Michael (2001): Einführung in die Begriffswelt des eGovernment. In: Gisler, Michael/ Spahni, Dieter (Hrsg.): eGovernment. Eine Standortbestimmung. 2. Aufl., Bern, Stuttgart u. Wien: Paul Haupt, S. 13-30.

Glöggler, Michael (2003): Suchmaschinen im Internet. Funktionsweisen, Ranking, Methoden, Top Positionen. Berlin, Heidelberg u. New York: Springer.

Goertz, Lutz (1995): Wie interaktiv sind Medien? Auf dem Weg zu einer Definition von Interaktivität. In: Rundfunk und Fernsehen, 43. Jg., Nr. 4, S. 477-493.

Goffman, Erving (1974): Das Individuum im öffentlichen Austausch. Mikrostudien zur öffentlichen Ordnung. Frankfurt am Main: Suhrkamp.

Goldhammer, Klaus/ Zerdick, Axel (2001): Rundfunk online. Entwicklung und Perspektiven des Internets für Hörfunk- und Fernsehanbieter. 3. Aufl., Berlin: Vistas.

Goltzsch, Patrick (1997): Das soziale Paradox der Technik illustriert am Usenet. Magisterarbeit (Soziologie) an der Univ. Hamburg 1997; http://www.minerva.hanse.de/use/ [24.8.2004].

Gongolsky, Mario (2002): Vor uns die Spam-Flut! In: Spiegel Online, 19.4.2002. http://www.spiegel.de/netzwelt/technologie/0,1518,192456,00.html [10.8.2004].

Götzenbrucker, Gerit (2001): Soziale Netzwerke und Internet-Spielewelten. Eine empirische Analyse der Transformation virtueller in realweltliche Gemeinschaften am Beispiel von MUDs. Wiesbaden: Westdeutscher Verlag.

Götzenbrucker, Gerit/ Löger, Bernd (2000): Struktur sozialer Beziehungen und Spielermotivationen am Beispiel von Multi User Dimensions. In: Thiedeke, Udo (Hrsg.): Virtuelle Gruppen. Charakteristika und Problemdimensionen. Wiesbaden: Westdeutscher Verlag, S. 244-272.

Greis, Andreas (2001): Identität, Authentizität und Verantwortung. Die ethischen Herausforderungen der Kommunikation im Internet. München: KoPäd.

Groebel, Jo/ Koenen, Andrea/ Konert, Bertram (2003): Internet 2002: Deutschland und die digitale Welt. Zusammenfassung der zentralen Ergebnisse. Düsseldorf: Europäisches Medieninstitut u. Landesanstalt für Medien Nordrhein-Westfalen. http://lfm-nrw.de/downloads/internetstudie.pdf [2.6.2003].

Gruber, Helmut (1997): Themenentwicklung in wissenschaftlichen E-mail-Diskussionslisten. Ein Vergleich zwischen einer moderierten und einer nichtmoderierten Liste. In: Weingarten, Rüdiger (Hrsg.): Sprachwandel durch Computer. Opladen: Westdeutscher Verlag, S. 105-130.

Günther, Ulla/ Wyss, Eva Lia (1996): E-Mail-Briefe – eine neue Textsorte zwischen Mündlichkeit und Schriftlichkeit. In: Hess-Lüttich, Ernest W. B./ Holly, Werner/ Püschel, Ulrich (Hrsg.): Textstrukturen im Medienwandel. Frankfurt am Main u. a.: Peter Lang, S. 61-86.

Haase, Martin et al. (1997): Internetkommunikation und Sprachwandel. In: Weingarten, Rüdiger (Hrsg.): Sprachwandel durch Computer. Opladen: Westdeutscher Verlag, S. 51-85.

Habermas, Jürgen (1992): Faktizität und Geltung. Beiträge zur Diskurstheorie des Rechts und des demokratischen Rechtsstaats. Frankfurt am Main: Suhrkamp.

Hack, Günter (2001): Big Brother – Aufmerksamkeitslenkung im Medienverbund. In: Beck, Klaus/ Schweiger, Wolfgang (Hrsg.): Attention please! Online-Kommunikation und Aufmerksamkeit. München: Reinhard Fischer, S. 249-265.

Hafner, Katie/ Lyon, Matthew (2000): Arpa Kadabra. Die Geschichte des Internet. 2. korrigierte Aufl. Heidelberg: dpunkt.

Hagel, John III/ Armstrong, Arthur G. (1997): Net Gain – Profit im Netz. Märkte erobern mit virtuellen Communities. Wiesbaden: Gabler.

Hagen, Lutz M. (1998): Online-Nutzung und Nutzung von Massenmedien. Eine Analyse von Substitutions- und Komplementärbeziehungen. In: Rössler, Patrick (Hrsg.): Online-Kommunikation. Beiträge zu Nutzung und Wirkung. Opladen u. Wiesbaden: Westdeutscher Verlag, S. 105-122.

Hagen, Martin (1999): Amerikanische Konzepte elektronischer Demokratie. Medientechniken, politische Kultur, politische Beteiligung. In: Kamps, Klaus (Hrsg.): Elektronische Demokratie? Perspektiven politischer Partizipation. Opladen u. Wiesbaden. Westdeutscher Verlag, S. 63-81.

Hahn, André/ Jerusalem, Matthias (2001): Internetsucht: Jugendliche gefangen im Netz. http://www.internetsucht.de/ssi/publikationen/internetsucht_2001a.pdf [21.12.2004].

Hale, Mathew/ Musso, Juliet/ Weare, Christopher (2002): Developing Digital Democracy: Evidence from Californian municipal web pages. In: Hague, Barry N./ Loader, Brian D. (Hrsg.): Digital Democracy. Discourse and Decision Making in the Information Age. London u. New York: Routledge, S. 96-115.

Hamman, Robin (2000): Computernetze als verbindendes Element von Gemeinschaftsnetzen. In: Thiedecke, Udo (Hrsg.): Virtuelle Gruppen. Charakteristika und Problemdimensionen. Wiesbaden: Westdeutscher Verlag, S. 221-243.

Hauben, Michael/ Hauben, Ronda (1997): Netizens. On the History and Impact of Usenet and the Internet. Los Alamos, CA u. a.: IEEE Computer Society Press; http://www.columbia.edu/~rh120/ [23.8.2004].

Haywood, Trevor (1998): Global Networks and the Myth of Equality. In: Loader, Brian D. (Hrsg.): Cyberspace Divide. Equality, Agency and Policy in the Information Society. New York: Routledge, S. 19-34.

Hees, Jutta (2001): Vier fünf Stunden vergehen fast unbemerkt. In: Frankfurter Rundschau, 19.6.2001, S. 27.

Heeter, Carrie (1989): Implications of New Interactive Technologies for Conceptualizing Communication. In: Salvaggio, Jerry L./ Bryant, Jennings (Hrsg.): Media Use in the Information Age: Emerging Patterns of adoption and Consumer Use. Hillsdale/ New Jersey: Erlbaum, S. 217-235.

Heintz, Bettina (2000): Gemeinschaft ohne Nähe? In: Thiedecke, Udo (Hrsg.): Virtuelle Gruppen. Charakteristika und Problemdimensionen. Wiesbaden: Westdeutscher Verlag, S. 188-218.

Herring, Susan C. (1993): Gender and Democracy in Computer-mediated Communication. In: Electronic Journal of Communication, 3. Jg., Nr. 2, reprinted in: Kling, Rob (Hrsg.) (1996): Computerization and Controversy, 2nd edition. New York: Academic Press, S. 476-489.

Herring, Susan (1994): Gender Differences in Computer-Mediated communication: Bringing Familiar Baggage to the New Frontier. Keynote talk at panel entitled "Making the Net*Work*: Is there a Z39.50 in gender communication?", American Library Association Annual Convention, Miami, June 27, 1994; http://www.cpsr.org/cpsr/gender/herring.txt [16.9.2004].

Herring, Susan (1999a): Interactional Coherence in CMC. In: Journal of Computer-mediated Communication, 4. Jg., Nr. 4; http//www.ascusc.org/jcmc/vol4/issue4/herring.html [19.7.2004].

Herring, Susan C. (1999b): Posting in a Different Voice: Gender and Ethics in Computer-mediated Communication. In: Mayer, Paul A. (Hrsg.): Computer Media and Communication: A Reader. New York: Oxford University Press, S. 241-265.

Herring, Susan C. (2000): Gender Differences in CMC: Findings and Implications. In: CPSR-Newsletter, 18. Jg., Nr. 1; http://www.cpsr.org/publications/newsletters/issues/2000/Winter2000/herring.html [16.9.2004].

Herring, Susan C. (2004): Slouching Toward the Ordinary: Current Trends in Computer-mediated Communication. In: New Media & Society, 6. Jg., Nr. 1, S. 26-36.

Herring, Susan/ Johnson, Deborah/ DiBenedetto, Tamara (1992): Participation in Electronic Discourse in a 'Feminist' Field. In: Hall, Kira et al. (Hrsg.): Locating Power: The Proceedings of the Second Berkeley Women and Language Conference, Berkeley: Berkeley Women and Language Group, S. 250-262.

Hill, Kevin A./ Hughes, John E. (1998): Cyberpolitics: Citizen Activism in the Age of the Internet. Lanham, MD: Rowman & Littlefield.

Hoeren, Thomas (2004): Internetrecht. Skriptum: Münster; http://www.uni-muenster.de/Jura.itm/ hoeren/material/Skript/skript_juli2004.pdf [22.12.2004].

Hoffmann, Claus (2001): Das Intranet. Ein Medium der Mitarbeiterkommunikation. Konstanz: UVK Medien.

Hoffmann, Ute (1996): „Request for Comments." Das Internet und seine Gemeinde. In: Kubicek, Herbert et al. (Hrsg.): Jahrbuch Telekommunikation und Gesellschaft. Bd. 4: Öffnung der Telekommunikation: Neue Spieler – Neue Regeln. Heidelberg: v. Decker, S. 104-117; http://duplox.wz-berlin.de/texte/rfc/index.html#toc4 [22.12.2004].

Hoffmann, Ute (2000): Neues vom Baron Münchhausen. Die institutionelle Selbstorganisation bei der Bildung virtueller Gruppen im Usenet. In: Thiedeke, Udo (Hrsg.): Virtuelle Gruppen. Charakteristika und Problemdimensionen. Wiesbaden: Westdeutscher Verlag, S. 168-187.

Höflich, Joachim R. (1995): Vom dispersen Publikum zu „elektronischen Gemeinschaften". Plädoyer für einen erweiterten kommunikationswissenschaftlichen Blickwinkel. In: Rundfunk und Fernsehen, 43. Jg., Nr. 4, S. 518-537.

Höflich, Joachim R. (1997): Zwischen massenmedialer und technisch vermittelter interpersonaler Kommunikation – der Computer als Hybridmedium und was die Menschen damit machen. In: Beck, Klaus/ Vowe, Gerhard (Hrsg.): Computernetze – ein Medium öffentlicher Kommunikation? Berlin: Spiess, S. 85-104.

Höflich, Joachim R. (1998a): Computerrahmen und Kommunikation. In: Prommer, Elizabeth/ Vowe, Gerhard (Hrsg.): Computervermittelte Kommunikation. Öffentlichkeit im Wandel. Konstanz: UVK, S. 141-174.

Höflich, Joachim R. (1998b): Computerrahmen und die undifferenzierte Wirkungsfrage oder: warum erst einmal geklärt werden muß, was die Menschen mit den Computern machen. In: Rössler, Patrick (Hrsg.): Online-Kommunikation. Beiträge zu Nutzung und Wirkung. Opladen u. Wiesbaden: Westdeutscher Verlag, S. 47-64.

Höflich, Joachim R. (1999): Sex, Lügen und das Internet. Identität und Glaubwürdigkeit in computervermittelten Beziehungen. In: Rössler, Patrick/ Wirth, Werner (Hrsg.): Glaubwürdigkeit im Internet. Fragestellungen, Modelle, empirische Befunde. München: Reinhard Fischer, S. 141-156.

Höflich, Joachim R. (2003): Mensch, Computer und Kommunikation. Theoretische Verortungen und empirische Befunde. Frankfurt am Main u. a.: Peter Lang.

Höflich, Joachim R./ Gebhardt, Julian (2001): Der Computer als Kontakt und Beziehungsmedium. Theoretische Verortung und explorative Erkundungen am Beispiel des Online-Chats. In: Medien & Kommunikationswissenschaft, 49. Jg., Nr. 1, S. 24-43.

Hofmann, Jeanette (1998): Am Herzen der Dinge – Regierungsmacht im Internet. In: Gellner, Wienand/ von Korff, Fritz (Hrsg.): Internet und Demokratie. Baden-Baden: Nomos, S. 55-77; http://duplox.wz-berlin.de/texte/amh/index.html [22.12.2004].

Holderness, Mike (1998): Who Are the World's Information Poor? In: Loader, Brian D. (Hrsg.): Cyberspace Divide. Equality, Agency and Policy in the Information Society. New York: Routledge, S. 35-56.

Holland, Gabriele (1998): Electronic Mail in der Arbeitswelt. Die Implementierung, soziale Aneignung und Nutzung eines neuen interaktiven Mediums in organisatorischen Kontexten: Frankfurt am Main u. a.: Peter Lang.

Holland, Gabriele/ Wiest, Georg (1991): Electronic Mail als neues Medium organisatorischer Kommunikation. Zwischenbericht über das DFG-Projekt „Der Einfluß neuer Kommunikationstechnologien auf die interpersonale Kommunikation im Unternehmen." Augsburg: Universität Augsburg.

Horton, Donald/ Wohl, R. Richard (1956): Mass Communication and Para-Social Interaction: Observation on Intimacy at a Distance. In: Psychiatry, 19. Jg., Nr. 3 (August 1956); Wiederabdruck in: Gumpert, Gary/ Cathcart, Robert (Hrsg.) (1986): Inter/Media. Interpersonal Communication in a Media World. 3rd Edition. New York u. Oxford: Oxford University Press, S. 185-206.

Howard, Philip E. N./ Rainie, Lee/ Jones, Steve (2001): Days and Nights on the Internet. The Impact of a Diffusing Technology. In: American Behavioral Scientist, 45. Jg., Nr. 3, S. 383-404.

Huber, Birgit/ Teusch, Evelyn (2000): Die Vision vom Cyborg im Cyberspace – Welten jenseits von männlich und weiblich? In: Menges, Gabriele (Hrsg.): Geschlecht und materielle Kultur: Frauen-Sachen, Männer-Sachen, Sach-Kulturen. Münster: Waxmann, S. 151-171.

Jäckel, Michael (1995): Interaktion. Soziologische Anmerkungen zu einem Begriff. In: Rundfunk und Fernsehen, 43. Jg., Nr. 4, S. 463-476.

Jarren, Otfried/ Donges, Patrick (2002): Politische Kommunikation in der Mediengesellschaft. Eine Einführung. Bd. 1: Verständnis, Rahmen und Strukturen. Wiesbaden: Westdeutscher Verlag.

Joerges, Bernward/ Braun, Ingo (1994): Große technische Systeme – erzählt, gedeutet, modelliert. In: Braun, Ingo/ Joerges, Bernward (Hrsg.): Technik ohne Grenzen. Frankfurt am Main: Suhrkamp, S. 7-49.

Jones, Steve (1996): Using the News: An Examination of the Value and Use of News Sources in CMC. In: Journal of Computer-Mediated Communication, 2. Jg, Nr. 4; http://www.ascusc.org/jcmc/ vol2/issue4/jones.html [7.7.2004].

Kaiser, Robert (1999): Online-Informationsangebote der Politik. Parteien und Verbände im World Wide Web. In: Kamps, Klaus (Hrsg.): Elektronische Demokratie? Perspektiven politischer Partizipation. Opladen u. Wiesbaden: Westdeutscher Verlag, S. 175-190.

Kamps, Klaus (2000): Die Agora des Internet: zur Debatte politischer Öffentlichkeit und Partizipation im Netz. In: Jarren, Otfried/ Imhof, Kurt/ Blum, Roger (Hrsg.): Zerfall der Öffentlichkeit? Wiesbaden: Westdeutscher Verlag, S. 227-239.

Kamps, Klaus (2001): Politische Partizipation im Internet. Von der repräsentativen Demokratie zur „Cyberdemocracy"? In: Forum Medienethik, 8. Jg., Nr. 1, S. 26-36.

Katz, James E./ Aspden, Philip (1997): A nation of strangers? friendship patterns and community involvement of Internet Users. In: Communication of the ACM, 40. Jg., Nr. 12, S. 81-86.

Kerschbaumer, Berthold (1999): Internet und Intranet – Grundlagen und Dienste. In: Höller, Johann/ Pils, Manfred/ Zlabinger, Robert (Hrsg.): Internet und Intranet. Auf dem Weg zum Electronic Business. 2., neubearb. u. erw. Aufl., Berlin u. a.: Springer, S. 9-40.

Kiesler, Sara/ Siegel, Jane/ McGuire, Timothy W. (1984): Social Psychological Aspects of Computer-Mediated Communication. In: American Psychologist, 39. Jg., Nr. 10, S. 1123-1134.

Kirchmann, Kay (2001): Eine kurze Geschichte des Netzes. In: DIAGONAL. Zeitschrift der Universität Siegen, 1/2001, S. 113-127.

Kleinsteuber, Hans J. (1994): Der Mythos vom Rückkanal. Technische Phantasien und politische Funktionalisierungen in der Kabelfernsehdebatte der 70er Jahre (Teil 1). In: Medium, 24. Jg., Nr. 4, S. 59-62.

Kleinsteuber, Hans J. (1995): Der Mythos vom Rückkanal. Technische Phantasien und politische Funktionalisierungen in der Kabelfernsehdebatte der 70er Jahre (Teil 2). In: Medium, 25. Jg., Nr. 1, S. 18-25.

Kleinsteuber, Hans J. (1996): Der Information Superhighway: Analyse einer Metapher. In: Ders. (Hrsg.): Der „Information Superhighway". Amerikanische Visionen und Erfahrungen. Opladen: Westdeutscher Verlag, S. 17-47.

Kleinsteuber, Hans J. (1999): Kommunikationsraum und Cyberspace. In: Latzer, Michael et al. (Hrsg.): Die Zukunft der Kommunikation. Phänomene und Trends in der Informationsgesellschaft. Innsbruck: StudienVerlag, S. 203-222.

Kleinsteuber, Hans J./ Hagen, Martin (1998): Interaktivität – Verheißungen der Kommunikationstheorie im Netz. In: Neverla, Irene (Hrsg.): Das Netz-Medium. Kommunikationswissenschaftliche Aspekte eines Mediums in Entwicklung. Opladen u. Wiesbaden: Westdeutscher Verlag, S. 63-88.

Klemm, Michael/ Graner, Lutz (2000): Chatten vor dem Bildschirm: Nutzerkommunikation als Fenster zur alltäglichen Computerkultur. In: Thimm, Caja (Hrsg.): Soziales im Netz. Sprache, Beziehungen und Kommunikationskulturen im Internet. Opladen u. Wiesbaden: Westdeutscher Verlag, S. 156-179.

Knapp, James A. (1996): Essayistic Messages. Internet Newsgroups as an Electronic Public Sphere. In: Porter, David (Hrsg.): Internet Culture. New York u. a.: Routledge, S. 181-197.

Koch, Peter/ Oesterreicher, Wulf (1994): Funktionale Aspekte der Schriftkultur. In: Günther, Hartmut/ Ludwig, Otto (Hrsg.): Handbuch Schrift und Schriftlichkeit. Bd. 1. Berlin: de Gruyter, S. 587-604.

Köhler, Thomas (2003): Das Selbst im Netz. Die Konstruktion sozialer Identität in der computervermittelten Kommunikation. Wiesbaden: Westdeutscher Verlag.

Kolko, Beth/ Reid, Elizabeth (1998): Dissolution and Fragmentation: Problems in On-Line Communities. In: Jones, Steven G. (Hrsg.): Cybersociety 2.0: Revisiting Computer-Mediated Communication and Community. New Delhi u. a.: Sage, S. 212-229.

Krajewski, Markus (1997): Spür-Sinn. Was heißt einen Hypertext lesen? In: Gräf, Lorenz/ Krajewski, Markus (Hrsg.): Soziologie des Internet. Handeln im elektronischen Web-Werk. Frankfurt am Main u. New York: Campus, S. 60-78.

Kramarae, Cheris/ Taylor, H. Jeanie (1993): Women and Men on Electronic Networks: A Conversation or a Monologue? In: Taylor, H. Jeanie/ Kramarae, Cheris/ Ebben, Maureen (Hrsg.): Women, Information Technology and Scholarship. Center for Advanced Study, University of Illinois, Urbana- Champaign, S. 52-61.

Krämer, Sybille (1997): Vom Mythos „Künstliche Intelligenz" zum Mythos „Künstliche Kommunikation" oder: Ist eine nicht-anthropomorphe Beschreibung von Internet-Interaktionen möglich? In: Münker, Stefan/ Roesler, Alexander (Hrsg.): Mythos Internet. Frankfurt am Main: Suhrkamp, S. 83-107.

Kraut, Robert E. et al. (1998): Internet Paradox. A Social Technology That Reduces Social Involvement and Psychological Well-being? In: American Psychologist, ·53. Jg., Nr. 9, S. 1017-1031; http://www.apa.org/journals/amp/amp5391017.html [14.9.2004].

Kraut, Robert E. et al. (2002): Internet Paradox Revisited. In: Journal of Social Issues, 58. Jg., Nr. 1, S. 49-74.

Kraut, Robert E./ Attewell, Paul (1997): Media Use in a Global Corporation: Electronic Mail and Organizational Knowledge. In: Kiesler, Sara (Hrsg.): Culture of the Internet. Mahwah, NJ: Erlbaum, S. 323-342.

Krcmar, Helmut/ Wolf, Petra (2002): Ansätze zur Überwindung der digitalen Spaltung. In: Welker, Martin/ Winchenbach, Ulrich (Hrsg.): Herausforderung „Internet für alle". Nutzung, Praxis, Perspektiven. Stuttgarter Beiträge zur Medienwirtschaft, Nr. 4, Juli 2002, S. 29-42.

Krotz, Friedrich (1995): Elektronisch mediatisierte Kommunikation. Überlegungen zur Konzeption einiger zukünftiger Forschungsfelder der Kommunikationswissenschaft. In: Rundfunk und Fernsehen, 43. Jg., Nr. 4, S. 445-462.

Krzeminski, Michael (Hrsg.) (1998): Interaktive Unternehmenskommunikation: Internet, Intranet, Datenbanken, Online-Dienste und Business-TV als Bausteine erfolgreicher Öffentlichkeitsarbeit. Frankfurt am Main: IMK.

Kubicek, Herbert (1997): Das Internet auf dem Weg zum Massenmedium? Ein Versuch, Lehren aus der Geschichte alter und anderer neuer Medien zu ziehen. In: Werle, Raymund/ Lang, Christa (Hrsg.): Modell Internet? Entwicklungsperspektiven neuer Kommunikationsnetze. Frankfurt a. M. u. New York: Campus, S. 213-239.

Kubicek, Herbert et al. (1999) (Hrsg): Multimedia@Verwaltung. Jahrbuch Telekommunikation und Gesellschaft. Bd. 7, Heidelberg: Hüthig.

Kubicek, Herbert/ Welling, Stefan (2000): Vor einer digitalen Spaltung in Deutschland? Annäherung an ein verdecktes Problem von wirtschafts- und gesellschaftspolitischer Brisanz. In: Medien & Kommunikationswissenschaft, 48. Jg., Nr. 4, S. 497-517.

Kubicek, Herbert/ Wind, Martin (2002): Bundestagswahl per Computer? In: Buchstein, Hubertus/ Neymanns, Harald (Hrsg.): Online-Wahlen. Opladen: Leske + Budrich, S. 91-112.

Kuhlen, Rainer (1991): Hypertext. Ein nicht-lineares Medium zwischen Buch und Wissensbank. Berlin u. Heidelberg: Springer.

Lange, Nico (2001): Click'n'Vote – Erste Erfahrungen mit Online-Wahlen. In: Buchstein, Hubertus/ Neymanns, Harald (Hrsg.): Online-Wahlen. Opladen: Leske + Budrich, S.127-144.

Lea, Martin/ Spears, Richard (1995): Love at First Byte? Building Personal Relationships over Computer Networks. In: Wood, Julia T./ Duck, Steven (Hrsg.): Understudied Relationships: Off the Beaten Track. Newbury Park: Sage, S. 197-233.

Leggewie, Claus (1998): Enteignet Bill Gates!? In: Leggewie, Claus/ Maar, Christa (Hrsg.): Internet & Politik. Von der Zuschauer- zur Beteiligungspolitik. Köln: Bollmann, S. 207-222.

Lengel, Robert H./ Daft, Richard L. (1988). The Selection of Communication Media as an Executive Skill. In: Academy of Management Executive, 2. Jg., Nr. 3, S. 225-232.

Lèvy, Pierre (1997): Kollektive Intelligenz. Für eine Anthropologie des Cyberspace. Mannheim: Bollmann.

Lin, Carolyn A. (2003): An Interactive Communication Technology Adaption Model. In: Communication Theory, 13. Jg., Nr. 4, S. 343-365.

Loader, Brian D. (1998): Cyberspace Divide. Equality, Agency and Policy in the Information Society. In: Loader, Brian D. (Hrsg.): Cyberspace Divide. Equality, Agency and Policy in the Information Society. New York: Routledge, S. 3-16.

Lovink, Geert (1998): Die Digitale Stadt Amsterdam. Medium wie alle anderen oder virtuelle Version des Speaker's Corner? In: Leggewie, Claus/ Maar, Christa (Hrsg.): Internet & Politik. Von der Zuschauer- zur Beteiligungsdemokratie? Köln: Bollmann, S. 293-299.

Lovink, Geert/ Schulz, Pit (1997): Anmerkungen zur Netzkritik. In: Münker, Stefan/ Roesler, Alexander (Hrsg.): Mythos Internet. Frankfurt am Main: suhrkamp, S. 338-367.

Luhmann, Niklas (1990): Gesellschaftliche Komplexität und öffentliche Meinung. In. Ders.: Soziologische Aufklärung 5. Opladen: Westdeutscher Verlag, S. 170-182.

Machill, Marcel/ Ahlert, Christian (2001): Wer regiert das Internet? ICANN als Fallbeispiel für neue Formen der Kommunikationsregulierung. In: Publizistik, 46. Jg., Nr. 3, S. 295-316.

Machill, Marcel/ Welp, Carsten (Hrsg.) (2003): Wegweiser im Netz. Qualität und Nutzung von Suchmaschinen. Gütersloh: Bertelsmann Stiftung.

MacKinnon, Richard (1997): Virtual Rape. In: Journal of Computer-Mediated Communication, 2. Jg., Nr. 4; http://www.ascusc.org/jcmc/vol2/issue4/mackinnon.html [25.8.2004]

Maletzke, Gerhard (1963): Psychologie der Massenkommunikation. Hamburg: Hans-Bredow-Institut.

Markus, Lynne M. (1987): Toward a „critical Mass" Theory of Interactive Media. Universal Access, Interdependence, and Diffusion. In: Communication Research, 14. Jg., Nr. 5, S. 491-511.

Marschall, Stefan (1998): Netzöffentlichkeit – eine demokratische Alternative? In: Gellner, Winand/ von Korff, Fritz (Hrsg.): Demokratie und Internet. Baden-Baden: Nomos, S. 43-54.

Marschall, Stefan (1999): Alte und neue Öffentlichkeiten. Strukturmerkmale politischer Öffentlichkeit im Internet. In: Kamps, Klaus (Hrsg.): Elektronische Demokratie? Perspektiven politischer Partizipation. Opladen u. Wiesbaden. Westdeutscher Verlag, S. 109-126.

Marschall, Stefan (2001): Parteienwandel durch Netzkommunikation. In: Meier-Walser, Reinhard C./ Harth, Thilo (Hrsg.): Politikwelt Internet. Neue demokratische Beteiligungs- chancen mit dem Internet? München: Olzog, S. 135-153.

Marvin, Lee-Ellen (1995): Spoof, Spam, Lurk and Lag: the Aesthetics of Text-based Virtual Realities. In: Journal of Computer-Mediated Communication, 1. Jg., Nr. 2; http://www.ascusc.org/jcmc/vol1/ issue2/marvin.html [7.7.2004].

Maskow, Mark (2002): Killer im Netz. Terrorismus und das Internet. In: Siedschlag, Alexander/ Bilgeri, Alexander/ Lamatsch, Dorothea (Hrsg.): Kursbuch Internet und Politik, Bd. 1/2002, Schwerpunkt: Wahlkampf im Netz. Opladen: Leske + Budrich, S. 119-129.

Mausch, Marc (2002): Wahlen und Abstimmungen auf dem virtuellen Parteitag. In: Buchstein, Hubertus/ Neymanns, Harald (Hrsg.): Online-Wahlen. Opladen: Leske + Budrich, S. 113-126.

Mayer-Uellner, Robert (2003): Das Schweigen der Lurker. Politische Partizipation und sozi- ale Kontrolle in Online-Diskussionsforen. München: Reinhard Fischer.

McGuire, Timothy W./ Kiesler, Sara/ Siegel, Jane (1987): Group and Computer-mediated Discussion Effects in Risk Decision Making. In: Journal of Personality and Social Psychol- ogy, 52. Jg., Nr. 5, S. 917-930.

Mead, George Herbert (1991): Geist, Identität und Gesellschaft. Frankfurt am Main: Suhrkamp.

Medienpädagogischer Forschungsverbund Südwest (Hrsg.) (2003): JIM-Studie 2003. Jugend, Information, (Multi-)Media. Basisuntersuchung zum Medienumgang 12- bis 19-Jähriger in Deutschland. Baden-Baden: SWR Medienforschung.

Medienpädagogischer Forschungsverbund Südwest (Hrsg.) (2004): JIM-Studie 2004. Jugend, Information, (Multi-)Media. Basisuntersuchung zum Medienumgang 12- bis 19-Jähriger in Deutschland. Baden-Baden: SWR Medienforschung.

Meier, Klaus (1997): Experten im Netz: Maklersysteme als Recherchehilfe für Journalisten im Wissenschaftsbereich. Konstanz: UVK Medien.

Meier, Klaus (Hrsg.) (2002): Internet-Journalismus. 3., überarb. u. erw. Aufl., Konstanz: UVK Medien.

Mickelson, Kristin D. (1997): Seeking Social Support: Parents in Electronic Support Groups. In: Kiesler, Sara (Hrsg.): Culture of the Internet. Mahwah, NJ: Erlbaum, S. 157-178.

Miller, Hugh/ Mather, Rusell (1998): The Presentation of Self in WWW Home Pages. Paper presented at IRISS'98 Conference, Bristol; http://ess.ntu.ac.uk/miller/cyberpsych/ millmath.htm [11.8.2004].

Milner, Eileen (2002): Electronic Government: More Than Just a „Good Thing"? In: Hague, Barry N./ Loader, Brian D. (Hrsg.): Digital Democracy. Discourse and Decision Making in the Information Age. London u. New York: Routledge, S. 63-72.

Mitchell, William J. (1996): City of Bits. Leben in der Stadt des 21. Jahrhunderts. Basel u. Boston, Berlin: Birkhäuser.

Morris, Merrill/ Ogan, Christine (1996): The Internet as Mass Medium. In: Journal of Com- munication, 46. Jg., Nr. 1, S. 39-50.

Müller, Christian (1998): Parteien im Internet. In: Gellner, Winand/ von Korff, Fritz (Hrsg.): Demokratie und Internet. Baden-Baden: Nomos, S. 157-170.

Müller-Maguhn, Andy (2000): Meine Regierungserklärung. In: Frankfurter Allgemeine Zeitung, 17.10.2000, S. 49.

Musch, Jochen (1997): Die Geschichte des Netzes: ein historischer Abriß. In: Batinic, Bernad (Hrsg.): Internet für Psychologen. Göttingen u. a.: Hogrefe, S. 27-48.

Neidhardt, Friedhelm (1994): Öffentlichkeit, öffentliche Meinung, soziale Bewegungen. In: Ders. (Hrsg.): Öffentlichkeit, öffentliche Meinung, soziale Bewegungen. Sonderheft 34 der Kölner Zeitschrift für Soziologie und Sozialpsychologie. Opladen: Westdeutscher Verlag, S. 7-41.

Neuberger, Christoph (2003): Onlinejournalismus: Veränderungen – Glaubwürdigkeit – Technisierung. In: Media Perspektiven 3/2003, S. 131-138.

Neuberger, Christoph (2004): Weblogs & Co. Partizipation statt Redaktion? In: onlineJournalismus.de, 23.4.2004; http://www.onlinejournalismus.de/forschung/weblogs.php [10.2.2005].

Neuberger, Christoph (2005): Angebote und Nutzung von Internet-Suchmaschinen. In: Media Perspektiven 1/2005, S. 2-13.

Neuberger, Christoph/ Tonnemacher, Jan (Hrsg.) (2003): Online – die Zukunft der Zeitung? Das Engagement deutscher Tageszeitungen im Internet. 2., vollständig überarb. und aktual. Aufl., Wiesbaden: Westdeutscher Verlag.

Neumahr, Andreas (2000): Leistungsbewertung von Kommunikationsnetzen. Diplomarbeit am Fachbereich Elektrotechnik der FH Kaiserslautern; http://www.neumahr.de/study/ diplomarbeit.pdf [7.3.2005].

Neverla, Irene (1998): Das Medium denken. Zur sozialen Konstruktion des Netz-Mediums. In: Dies. (Hrsg.): Das Netz-Medium. Kommunikationswissenschaftliche Aspekte eines Mediums in Entwicklung. Opladen u. Wiesbaden: Westdeutscher Verlag, S. 17-35.

Newhagen, John E./ Rafaeli, Sheizaf (1996): Why Communication Researchers Should Study the Internet: A Dialogue. In: Journal of Communication, 46. Jg., Nr. 1, S. 4-13.

Neymanns, Harald (2002): Die Wahl der Symbole: Politische und demokratietheoretische Fragen zu Online-Wahlen. In: Buchstein, Hubertus/ Neymanns, Harald (Hrsg.): Online-Wahlen. Opladen: Leske + Budrich, S. 23-37.

Nie, Norman H./ Erbring, Lutz (2000): Internet and Society. A Preliminary Report. Stanford Institute for the Quantitative Study of Society. Stanford, CA 17.2.2000/ 21.4.2000; www.stanford.edu/group/ siqss/Press_Release/internetStudy.html [7.2.2005].

Norris, Pippa (2001): Digital Divide? Civic Engagement, Information Poverty and the Internet Worldwide. Cambridge: Cambridge University Press; http://ksghome.harvard.edu/ ~pnorris/Books/ Digital%20Divide.htm [3.3.2005].

NZZ (2000): „Nutzloser Schutz". In: Neue Zürcher Zeitung, 13.3.2000, S. 25.

Oberhuber, Nadine (2005): Boomender Markt: Partnersuche am Computer. In: Die Zeit, Nr. 7, 10.2.2005, S. 13.

o.V. (2000): Die Werbung im Internet wird erwachsen. Frankfurter Allgemeine Zeitung, 24.8.2000, S. 27.

o.V. (ht) (2003) „Frankfurt ist die Internet-Hauptstadt Deutschlands". Frankfurter Allgemeine Zeitung, 30.6.2003, S. 20.

o.V. (2003): Hohe Geldbußen für „spam"-Versender. In: Frankfurter Allgemeine Zeitung, 26.9.2003, S. 10.

O' Brien, Jodi (1999): Writing in the Body: Gender (Re)production in Online Interaction. In: Smith, Marc A./ Kollock, Peter (Hrsg.): Communities in Cyberspace. London u. New York: Routledge, S. 76-104.

Oehmichen, Ekkehardt/ Schröter, Christian (2002): Zur Habitualisierung der Onlinenutzung. Phasen der Aneignung und erste Ausprägung von Nutzertypen. In: Media Perspektiven 8/2002, S. 376-388.

Oehmichen, Ekkehardt/ Schröter, Christian (2004): Die OnlineNutzerTypologie (ONT). In: Media Perspektiven 8/2004, S. 386-393.

Ogan, Christine (1993): Listserver Communication During the Gulf War: What Kind of Medium is the Electronic Bulletin Board. In: Journal of Broadcasting & Electronic Media, 46. Jg., S. 177-196.

Otten, Dieter (2001): Wählen wie im Schlaraffenland? Erfahrungen der Forschungsgruppe Internetwahlen mit dem Internet als Wahlmedium. In: Holznagel, Bernd/ Grünwald, Andreas/ Hanssmann, Anika (Hrsg.): Elektronische Demokratie. Bürgerbeteiligung per Internet zwischen Wissenschaft und Praxis. München: Beck, S. 73-85.

Paccagnella, Luciano (1997): Getting the Seats of Your Pants Dirty: Strategies for Ethnographic Research on Virtual Communities. In: Journal of Computer-Mediated Communication, 3. Jg., Nr. 1; http://www,ascusc.org/jcmc/vol3/issue1/paccagnella.html [19.7.2004].

Pansegrau, Petra (1997): Dialogizität und Degrammatikalisierung in E-mails. In: Weingarten, Rüdiger (Hrsg.): Sprachwandel durch Computer. Opladen: Westdeutscher Verlag, S. 86-104.

Parks, Malcolm R./ Floyd, Kory (1996): Making Friends in Cyberspace. In: Journal of Communication, 46. Jg., Nr. 1, S. 80-92.

Parks, Malcolm R./ Roberts, L. D. (1997): "Making MOOsic": The Development of Personal Relationships On-line and in Comparison to Their Off-line Counterparts. Paper presented at the Annual Conference of the Western Speech Communication Association. Monterey, CA, February 1997; http://www.geser.net/moo.htm [14.9.2004].

Petersen, Julie (1994): Sex and the Cybergirl: When Mother Jones stepped out onto the electronic superhighway, so did a few cyberpigs. In: Mother Jones, May-June; http://www.motherjones.com/ news/outfront/1994/05/petersen.html [13.9.2004].

Pfammatter, René (1998): Hypertext – das Multimediakonzept. Strukturen, Funktionen, Qualitätskriterien. In: Ders. (Hrsg.): Multi Media Mania. Reflexionen zu Aspekten Neuer Medien. Konstanz: UVK Medien, S. 45-75.

Pitkow, J. E./ Kehoe, C. M. (1996): Emerging Trends in the WWW User Population. In: Communications of the ACM, 39. Jg., S. 106-108.

Plake, Klaus/ Jansen, Daniel/ Schuhmacher, Birgit (2001): Öffentlichkeit und Gegenöffentlichkeit im Internet. Politische Potenziale der Medienentwicklung. Wiesbaden: Westdeutscher Verlag.

Porter, Constance Elise (2004): A typology of Virtual Communities: A Multi-Disciplinary Foundation for Future Research. In: Journal of Computer Mediated Communication, 10. Jg., Nr. 1; http://www.ascusc.org/jcmc/vol10/issue1/porter.html [13.12.2004].

Poster, Mark (1996): Cyberdemocracy. Internet and the Public Sphere. In: Porter, David (Hrsg.): Internet Culture. New York u. a.: Routledge, S. 201-217.

Prakke, Henk et al. (1968): Kommunikation in der Gesellschaft. Einführung in die funktionale Publizistik. Münster: Regensberg.

Quandt, Thorsten (2005): Journalisten im Netz. Eine Untersuchung journalistischen Handelns in Online-Redaktionen. Handeln, Strukturen, Netze. Wiesbaden: Westdeutscher Verlag.

Rafaeli, Sheizaf (1988): Interactivity: From New Media to Communication. In: Hawkins, Robert P./ Wiemann, John M./ Pingree, Suzanne (Hrsg.): Advancing Communication Science: Merging mass and Interpersonal Processes. Newbury Park: Sage, S. 110-134.

Rafaeli, Sheizaf/ Sudweeks, Fay (1996): Networked Interactivity. In: Journal of Computer-Mediated Communication, 2. Jg., Nr. 4; http://www.ascusc.org/jcmc/vol2/issue4/rafaeli.sudweeks.html [7.7.2004]

Reardon, Kathleen K./ Rogers, Everett M. (1998): Interpersonal versus Mass Media Communication. A False Dichotomy. In: Human Communication Research, 15. Jg., Nr. 2, S. 284-303.

Reid, Elizabeth M. (1991): Electropolis: Communication and Community on Internet Relay Chat. Honours Thesis on Chat. University of Melbourne; http://www.aluluei.com/electropolis.htm [25.8.2004].

Reid, Elizabeth M. (1994): Cultural Formations in Text-Based Virtual Realities, MA-Thesis, University of Melbourne; http://www.aluluei.com/cult-form.htm [25.8.2004].

Reid, Elizabeth (1999): Hierarchy and Power: social Control in Cyberspace. In: Smith, Marc A./ Kollock, Peter (Hrsg.): Communities in Cyberspace. London u. New York: Routledge, S. 107-133.

Reid-Steere, Elizabeth (2000): Das Selbst und das Internet: Wandlungen der Illusion von einem Selbst. In: Thiedeke, Udo (Hrsg.): Virtuelle Gruppen. Charakteristika und Problemdimensionen. Wiesbaden: Westdeutscher Verlag, S. 273-291.

Reips, Ulf-Dietrich (2000): Das psychologische Experimentieren im Internet. In: Batinic, Bernad (Hrsg.): Internet für Psychologen. 2., überarb. u. erw. Aufl., Göttingen u. a.: Hogrefe 2000, S. 319-343.

Renckstorf, Karsten (1973): Alternative Ansätze der Medienkommunikationsforschung. Wirkungs- vs. Nutzenansatz. In: Rundfunk und Fernsehen, 21. Jg., Nr. 2-3, S. 183-197.

Rheingold, Howard (1994): Virtuelle Gemeinschaft. Soziale Beziehungen im Zeitalter des Computers. Bonn u. a.: Addison-Wesley.

Rice, Ronald E. (1987): Computer-mediated Communication and Organizational Innovation. In: Journal of Communication, 37. Jg., Nr. 1, S. 65-94.

Rice, Ronald E. (1993) Media Appropriatness. Using Social Presence Theory to Compare Traditional and New Organisational Media. In: Communication Research, 19. Jg., Nr. 4, S. 451-484.

Richard, Elisabeth (2002): Tools of Governance. In: Hague, Barry N./ Loader, Brian D. (Hrsg.): Digital Democracy. Discourse and Decision Making in the Information Age. London u. New York: Routledge, S. 73-86.

Riehm, Ulrich (2001): Einsatz elektronischer Diskussionsforen in Projekten zur Technikfolgenabschätzung. In: Maier-Rabler, Ursula/ Latzer, Michael (Hrsg.): Kommunikationskulturen zwischen Kontinuität und Wandel. Universelle Netzwerke für die Zivilgesellschaft. Konstanz: UVK Medien, S. 77-94.

Rilling, Rainer (1997): Internet und Demokratie. In: WSI-Mitteilungen, 50. Jg., Nr. 3, S. 195-205.

Rodino, Michelle (1997): Breaking out of Binaries: Reconceptualizing Gender and its Relationship to Lanuguage in Computer-Mediated Communication. In: Journal of Computer-Mediated Communication, 3. Jg., Nr. 3; http://www.ascusc.org/jcmc/vol3/issue3/ [13.9.2004].

Rogers, Everett M. (1986): Communication technology. The New Media in Society. New York u. London: The Free Press.

Rogers, Everett M. (1995): Diffusion of Innovations. 4th Edition. New York: The Free Press.

Rojas, Viviana et al. (2004): Communities, Cultural Capital, and the Digital Divide. In: Bucy, Erik P./ Newhagen, John E. (Hrsg.): Media Access. Social and Psychological Dimensions of New Technology Use. Mahwah, NJ u. London: Erlbaum, S. 107-130.

Rommert, Frank-Michael (2002): Hoffnungsträger Intranet. Charakteristika und Aufgaben eines neuen Mediums in der internen Kommunikation. München: Reinhard Fischer.

Rössler, Patrick (1997): Standardisierte Inhaltsanalysen im WorldWideWeb. Überlegungen zur Anwendung der Methode am Beispiel einer Studie zu Online-Shopping-Angeboten. In: Beck, Klaus/ Vowe, Gerhard (Hrsg.): Computernetze – ein Medium öffentlicher Kommunikation? Berlin: Spiess, S. 245-267.

Rössler, Patrick (1998): Wirkungsmodelle: die digitale Herausforderung. Überlegungen zu einer Inventur bestehender Erklärungsansätze der Medienwirkungsforschung. In: Ders. (Hrsg.): Online-Kommunikation. Beiträge zu Nutzung und Wirkung. Opladen: Westdeutscher Verlag, S. 17-46.

Rössler, Patrick/ Beck, Klaus (2001): Aufmerksamkeitskalküle bei verschiedenen Modi der Online-Kommunikation. In: Beck, Klaus/ Schweiger, Wolfgang (Hrsg.): Attention please! Online-Kommunikation und Aufmerksamkeit. München: Reinhard Fischer, S. 141-158.

Rössler, Patrick/ Eichhorn, Wolfgang (1999): Web Canal – ein Instrument zur Beschreibung von Angeboten im World Wide Web. In: Batinic, Bernad et al. (Hrsg.): Online Research. Methoden, Anwendungen und Ergebnisse. Göttingen u. a.: Hogrefe, S. 263-276.

Rössler, Patrick/ Klövekorn, Nicole/ Rebuzzi, Tania (2001): How Do Web Communicators Work? In: Reips, Ulf-Dietrich/ Bosnjak, Michael (Hrsg.): Dimensions of Internet Science. Lengerich u. a. Pabst, S. 239-255.

Rötzer, Florian (1995): Die Telepolis. Urbanität im digitalen Zeitalter. Mannheim: Bollmann.

Rötzer, Florian (1999a): Das Web wird zum Massenmedium. In: Telepolis; http://www.heise.de/tp/deutsch/Special/auf/5227/1.html [24.2.2000].

Rötzer, Florian (1999b): Piraterie der Aufmerksamkeit? In: Telepolis; http://www.heise.de/tp/deutsch/ Special/auf/6371/1.html [24.2.2000].

Rüß, Oliver (2002): Rechtliche Voraussetzungen und Grenzen von Online-Wahlen. In: Buchstein, Hubertus/ Neymanns, Harald (Hrsg.): Online-Wahlen. Opladen: Leske + Budrich, S. 71-90.

Ryan, John (1995): A Uses and Gratifications Study of the Internet Social Interaction Site LambdaMOO: Talking with the "Dinos". MA-Thesis, Ball State-University, Muncie, Indiana; http://www.zacha.net/articles/ryan.html [15.9.2004].

Samarjiva, Rohan (1994): Privacy in Electronic Space: Emerging Issues. In: Canadian Journal of Communication, 19. Jg., Nr. 1, S. 87-99.

Sandbothe, Mike (1997): Digitale Verflechtungen. Eine medienphilosophische Analyse von Bild, Sprache und Schrift im Internet. In: Beck, Klaus/ Vowe, Gerhard (Hrsg.): Computernetze – ein Medium öffentlicher Kommunikation? Berlin: Spiess, S. 145-157.

Sander, Uwe (1998): Die Bindung der Unverbindlichkeit. Mediatisierte Kommunikation in modernen Gesellschaften. Frankfurt am Main: Suhrkamp.

Sassen, Claudia (2000): Phatische Variabilität bei der Initiierung von Internet-Relay-Chat-Dialogen. In: Thimm, Caja (Hrsg.): Soziales im Netz. Sprache, Beziehungen und Kommunikationskulturen im Internet. Opladen u. Wiesbaden: Westdeutscher Verlag, S. 89-108.

Saxer, Ulrich (1980): Grenzen der Publizistikwissenschaft. In: Publizistik, 25. Jg., Nr. 4, S. 525-543.

Schade, Oliver (1997): Dienste im Internet. In: Batinic, Bernad (Hrsg.): Internet für Psychologen. Göttingen u. a.: Hogrefe, S. 49-83.

Schedler, Kuno (2001): eGovernment und neue Service-Qualität der Verwaltung. In: Gisler, Michael/ Spahni, Dieter (Hrsg.): eGovernment. Eine Standortbestimmung. 2. Aufl., Bern, Stuttgart u. Wien: Paul Haupt, S. 33-51.

Schenk, Michael (1984): Soziale Netzwerke und Kommunikation. Tübingen: Mohr.

Schenk, Michael/ Wolf, Malthe (2002): Internetnutzung in den Sozialen Milieus. In: Welker, Martin/ Winchenbach, Ulrich (Hrsg.): Herausforderung „Internet für alle". Nutzung, Praxis, Perspektiven. Stuttgarter Beiträge zur Medienwirtschaft, Nr. 4, Juli 2002, S. 13-28.

Scherer, Helmut/ Wirth, Werner (2002): Ich chatte – wer bin ich? Identität und Selbstdarstellung in virtuellen Kommunikationssituationen. In: Medien & Kommunikationswissenschaft, 50. Jg., Nr. 3, S. 337-358.

Schindler, Friedemann (1999): Rating and Filtering. In: Tendenz, Nr. III, S. 20-23.

Schmidt, Axel (2000): Chatten. Spiel ohne Grenzen – Spiel mit Grenzen? In: medien praktisch, 24. Jg., Nr. 3, S. 17-22.

Schmidt, Gurly (2000): Chat-Kommunikation im Internet – eine kommunikative Gattung? In: Thimm, Caja (Hrsg.): Soziales im Netz. Sprache, Beziehungen und Kommunikationskulturen im Internet. Opladen u. Wiesbaden: Westdeutscher Verlag, S. 109-130.

Schmidt, Holger (2003): Milliarden von Spam-Mails bedrohen das Internet. In: Frankfurter Allgemeine Zeitung, 26.05.2003, S. 22.

Schmidt, Holger (2004): Internet-Unternehmen greifen nach Fernseh-Werbebudgets. In: Frankfurter Allgemeine Zeitung, 4.10.2004, S. 19.

Schmidt, Juliane (2003): Nutzung und Bewertung von E-Mail-Kommunikation in Organisationen. Unveröffentl. Magisterarbeit am Institut für Kommunikations- und Medienwissenschaft der Universität Leipzig.

Schmitt-Walter, Nikolaus (2003): Online-Medien als funktionale Alternative? Über die Konkurrenz zwischen den Mediengattungen. München: Reinhard Fischer.

Schneider, Daniel et al. (2005): Instant Messaging – Neue Räume im Cyberspace. Nutzertypen, Gebrauchsweisen, Motive, Regeln. München: Reinhard Fischer.

Schönhagen, Philomen (2004): Soziale Kommunikation im Internet. Zur Theorie und Systematik computervermittelter Kommunikation vor dem Hintergrund der Kommunikationsgeschichte. Bern u. a.: Peter Lang.

Schuler, Douglas (1996): New Community Networks. Wired for Change. Reading, MA u. a.: Addison-Wesley.

Schuler, Douglas (1998): Neue Bürgernetzwerke. Aufruf zur neuen Gemeinschaft. In: Leggewie, Claus/ Maar, Christa (Hrsg.): Internet & Politik. Von der Zuschauer- zur Beteiligungsdemokratie? Köln: Bollmann, S. 300-315.

Schultze, Rainer-Olaf (2001): „Partizipation". In: Nohlen, Dieter (Hrsg.): Kleines Lexikon der Politik. München: Beck, S. 363-365.

Schulz, Markus S. (2000): Die dynamischen Netze der Öffentlichkeit: Struktur, Dynamik und Effektivität politischer Telekommunikation. In: Jarren, Otfried/ Imhof, Kurt/ Blum, Roger (Hrsg.): Zerfall der Öffentlichkeit? Wiesbaden: Westdeutscher Verlag, S. 266-281.

Schweiger, Wolfgang (2001a): Hypermedien im Internet. Nutzung und ausgewählte Effekte der Linkgestaltung. München: Reinhard Fischer.

Schweiger, Wolfgang (2001b): Aufmerksamkeitseffekte der Hypermediengestaltung. Befunde zur Scrollgrenze und anderen Phänomenen. In: Beck, Klaus/ Schweiger, Wolfgang (Hrsg.): Attention please! Online-Kommunikation und Aufmerksamkeit. München: Reinhard Fischer, S. 159-174.

Schweiger, Wolfgang/ Brosius, Hans-Bernd (1997): Internet und Sprache – Zusammenhänge zwischen Online-Nutzung und dem individuellen Schreibstil. In: Beck, Klaus/ Vowe, Gerhard (Hrsg.): Computernetze – ein Medium öffentlicher Kommunikation? Berlin: Spiess, S. 159-183

Seibold, Balthas (2002a): Die flüchtigen Web-Informationen einfangen. Lösungsansätze für die Online-Inhaltsanalyse bei dynamischen Inhalten im Internet. In: Publizistik, 47. Jg., Nr. 1, S. 45-56.

Seibold, Balthas (2002b): Klick-Magnete. Welche Faktoren bei Online-Nachrichten Aufmerksamkeit erzeugen. München: Reinhard Fischer 2002.

Sennett, Richard (1998): Der flexible Mensch. Die Kultur des neuen Kapitalismus. Berlin: Berlin-Verlag.

Shklovski, Irina/ Kraut, Robert (2004): The Internet and Social Participation: Contrasting Cross-Sectional and Longitudinal Analyses. In: Journal of Computer Mediated Communication, 10. Jg., Nr. 1; http://www.ascusc.org/jcmc/vol10/issue1/shklovski_kraut.html [13.12.2004].

Short, John/ Williams, Ederyn/ Christie, Bruce (1976): The Social Psychology of Telecommunication. London: Wiley.

Siedschlag, Alexander (2003): Politologische Annäherungen an die digitale Demokratie – Ein Kommentar zum Forschungsstand. In: Rogg, Arne (Hrsg.): Wie das Internet die Politik verändert. Einsatzmöglichkeiten und Auswirkungen. Opladen: Leske + Budrich, S. 9-19.

Smith, Christine B./ McLaughlin, Margaret L./ Osborne, Kerry K. (1996): Conduct Control on Usenet. In: Journal of Computer-Mediated communication, 2. Jg., Nr. 4; http://www.ascusc.org/jcmc/vol2/ issue4/smith.html [7.7.2004].

Smith, Marc A. (1999): Invisible Crowds in Cyberspace. Mapping the Social Structure of the Usenet. In: Smith, Marc A./ Kollock, Peter (Hrsg.): Communities in Cyberspace. London u. New York: Routledge, S. 195-219.

Spender, Dale (1995): Nattering on the Net: Women, Power, and Cyberspace. North Melbourne: Spinifex.

Sproull, Lee/ Kiesler, Sara (1986): Reducing Social Context Cues: Electronic Mail in Organizational Communication. In: Management Science, 32. Jg., Nr. 11, S. 1492-1512.

Sproull, Lee/ Kiesler, Sara (1991): Connections. Cambridge, MA: MIT Press.

Stafford, Laura/ Kline, Susan L./ Dimmick, John (1999): Home E-Mail: Relational Maintenance and Gratification Opportunities. In: Journal of Broadcasting & Electronic Media, 43. Jg., Nr. 4, S. 659-669.

Stegbauer, Christian (2000): Begrenzungen und Strukturen internetbasierter Kommunikationsgruppen. In: Thimm, Caja (Hrsg.): Soziales im Netz. Sprache, Beziehungen und Kommunikationskulturen im Wandel. Opladen u. Wiesbaden: Westdeutscher Verlag, S. 18-38.

Stegbauer, Christian (2001): Grenzen virtueller Gemeinschaft. Strukturen internetbasierter Kommunikationsforen. Wiesbaden: Westdeutscher Verlag.

Streck, John M. (1998): Pulling the Plug on Electronic Town Meetings: Participatory Democracy and the Reality of the Usenet. In: Toulouse, Chris/ Luke, Timothy W. (Hrsg.): The Politics of Cyberspace. New York: Routledge, S. 18-47.

Sutter, Tilmann (1999): Medienkommunikation als Interaktion? Über den Aufklärungsbedarf eines spannungsreichen Problemfeldes. In: Publizistik, 44. Jg., Nr. 3, S. 288-300.

Tanis, Martin/ Postmes, Tom (2003): Social Cues and Impression Formation in CMC. In: Journal of Communication, 53. Jg., Nr. 4, S. 676-693.

Tapscott, Don (1998): Growing Up Digital: The Rise of the Net Generation. New York u. a.: McGraw-Hill.

Tepper, Michele (1997): Usenet communities and the cultural politics of information. In: Porter, David (Hrsg.): Internet Culture. New York u. a.: Routledge, S. 39-54.

Theis-Berglmair, Anna Maria (2000): Aufmerksamkeit und Geld, schenken und zahlen. Zum Verhältnis von Publizistik und Wirtschaft in einer Kommunikationsgesellschaft – Konsequenzen für die Medienökonomie. Publizistik, 45. Jg., Nr. 3, S. 310-329.

Thiedecke, Udo (2000): Virtuelle Gruppen. Begriff und Charakteristik. In: Thiedecke, Udo (Hrsg.): Virtuelle Gruppen. Charakteristika und Problemdimensionen. Wiesbaden: Westdeutscher Verlag, S. 23-73.

Thimm, Caja/ Ehmer, Heidi (2000): „Wie im richtigen Leben ...“: Soziale Identität und sprachliche Kommunikation in einer Newsgroup. In: Thimm, Caja (Hrsg.): Soziales im Netz. Sprache, Beziehungen und Kommunikationskulturen im Internet. Opladen u. Wiesbaden: Westdeutscher Verlag, S. 220-239.

Tomlinson,   Ray   (o.   J.):   [Homepage]   http://openmap.bbn.co/~tomlinso/ray/firstemailframe.html [2.3.2002].

Trevino, Linda K./ Lengel, Robert K./ Daft, Richard L. (1987). Media Symbolism, Media Richness and Media Choice in Organizations. In: Communication Research, 14. Jg., Nr 5, S. 553-574.

Turkle, Sherry (1997): Constructions and Reconstructions of Self in Virtual Reality: Playing in the Muds. In: Kiesler, Sara (Hrsg.): Culture of the Internet. Mahwah, NJ: Erlbaum, S. 143-155.

Turkle, Sherry (1999): Leben im Netz. Identität in Zeiten des Internet. Reinbek: Rowohlt.

US Department of Commerce (1995): National Telecommunications and Information Administration: Falling Through the Net. A Survey of the "Have Nots" in Rural and Urban America. Washington, D. C.; http://www.ntia.doc.gov/ntiahome/fallingthru.html [16.9.2004].

US Department of Commerce (1998): National Telecommunications and Information Administration: Falling Through the Net II: New Data on the Digital Divide. Washington, D. C.; http://www.ntia.doc.gov/ntiahome/net2/ [16.9.2004].

Utz, Sonja (2000): Social Information Processing in MUDs. The Development of Friendships in Virtual Worlds. In: Journal of Online Behavior, 1. Jg. Nr. 1; http://www.behavior.net/JOB/v1n1/utz.html [26.8.2004].

v. Alemann, Ulrich/ Strünck, Christoph (1999): Die Weite des politischen Vor-Raumes. Partizipation in der Parteiendemokratie. In: Kamps, Klaus (Hrsg.): Elektronische Demokratie? Perspektiven politischer Partizipation. Opladen u. Wiesbaden: Westdeutscher Verlag, S. 21-38.

van Eimeren, Birgit (2003): Internetnutzung Jugendlicher. In: Media Perspektiven 2/2003, S. 67-75.

van Eimeren, Birgit/ Gerhard, Heinz/ Frees, Beate (2002): Entwicklung der Onlinenutzung in Deutschland: mehr Routine, weniger Entdeckerfreude. (ARD/ ZDF-Online-Studie 2002). In: Media Perspektiven 8/2002, S. 346-362.

van Eimeren, Birgit/ Gerhard, Heinz/ Frees, Beate (2003): Internetverbreitung in Deutschland: Unerwartet hoher Zuwachs. ARD/ ZDF-Online-Studie 2003. In: Media Perspektiven 8/2003, S. 338-358.

van Eimeren, Birgit/ Gerhard, Heinz/ Frees, Beate (2004): Internetverbreitung in Deutschland: Potenzial vorerst ausgeschöpft? ARD/ ZDF-Online-Studie 2004. In: Media Perspektiven 8/2004, S. 350-370.

Vogelgesang, Waldemar (2000): „Ich bin, wen ich spiele." Ludische Identitäten im Netz. In: Thimm, Caja (Hrsg.): Soziales im Netz. Sprache, Beziehungen und Kommunikationskulturen im Internet. Opladen u. Wiesbaden: Westdeutscher Verlag, S. 240-259.

Voigt, Susanne (2003): E-Mail-Kommunikation in Organisationen. Eine explorative Studie zu individuellen Nutzungsstrategien. München: Reinhard Fischer.

Wagner, Hans (1978a): Kommunikation und Gesellschaft. Teil I: Einführung in die Zeitungswissenschaft. München: Olzog.

Wagner, Hans (1978b): Kommunikation und Gesellschaft. Teil II: Kasuistik/ Arbeitsbuch. München: Olzog.

Wakeford, Nina (2000): New Media, New Methodologies: Studying the Web. In: Gauntlett, David (Hrsg.): Web.Studies: Rewiring media studies for the digital age. London: Arnold, S. 31-41.

Wallace, Patricia (1999): The Psychology of the Internet. Cambridge: Cambridge University Press.

Walther, Joseph B. (1992): Interpersonal Effects in Computer Mediated Interaction. A Relational Perspective. In: Communication Research, 19. Jg., Nr. 1, S. 52-90.

Walther, Joseph B. (1993): Impression Development in Computer-mediated Interaction. In: Western Journal of Communication, 57. Jg., Nr. 4, S. 381-398.

Walther, Joseph B. (1996): Computer-mediated Communication: Impersonal, Interpersonal and Hyperpersonal Interaction. In: Communication Research, 23. Jg., Nr. 1, S. 3-43.

Walther, Joseph B./ Burgoon, Judee K. (1992): Relational Communication in Computer-mediated Interaction. In: Human Communication Research, 19. Jg., Nr. 1, S. 50-88.

Warschauer, Mark (2001): What Is the Digital Divide? Unpublished manuscript, Version 1.2, 26.04.2001; http://gse.uci.edu/markw/dd.pdf [16.9.2004].

Watzlawick, Paul/ Beavin, Janet H./ Jackson, Don D. (1969): Menschliche Kommunikation. Formen, Störungen, Paradoxien. Bern u. a.: Hans Huber.

Weber, Christian/ Groner, Rudolf (1999): Suchstrategien im WWW bei Laien und Experten. In: Wirth, Werner/ Schweiger, Wolfgang (Hrsg.): Selektion im Internet. Empirische Analysen zu einem Schlüsselkonzept. Opladen u. Wiesbaden: Westdeutscher Verlag, S.181-196.

Weber, Stefan (2001a): Internet & WWW als Systeme und/ oder Netz(werk)e. In: Medien Journal 3/2001, S. 29-39.

Weber, Stefan (2001b): Medien – Systeme – Netze. Elemente einer Theorie der Cyber-Netzwerke. Bielefeld: transcript.

Wehner, Josef (1997): Interaktive Medien – Ende der Massenkommunikation? In: Zeitschrift für Soziologie, 26. Jg., Nr. 2, S. 96-114.

Wehner, Josef (2001): Elektronische Kommunikationsmedien und Zivilgesellschaft. Konturen vernetzter Öffentlichkeit. In: Maier-Rabler, Ursula/ Latzer, Michael (Hrsg.): Kommunikationskulturen zwischen Kontinuität und Wandel. Universelle Netzwerke für die Zivilgesellschaft. Konstanz: uvk Medien, S. 95-110.

Weiber, Rolf (1992): Diffusion von Telekommunikation: Problem der Kritischen Masse. Wiesbaden: Gabler.

Weinreich, Frank (1998): Nutzen- und Belohnungsstrukturen der computergestützten Kommunikationsformen. Zur Anwendung des Uses and Gratifications Approach in einem neuen Forschungsfeld. In: Publizistik, 43. Jg., Nr. 2, S.130-143.

Welker, Martin (2000): Determinanten der Internet-Nutzung. Eine explorative Anwendung der Theorie des geplanten Verhaltens zur Erklärung der Medienwahl. München: Reinhard Fischer.

Welker, Martin (2001): Determinanten der Internet-Nutzung. Eine explorative Anwendung der Theorie des geplanten Verhaltens zur Erklärung der Medienwahl. 2. Aufl. München: Reinhard Fischer.

Welker, Martin/ Werner, Andreas (2004): Online-Research. Eine Einführung oder Wie das Internet die Sozialforschung verändert. Heidelberg: dpunkt.

Welker, Martin/ Werner, Andreas/ Scholz, Joachim (2005): Online-Research. Markt- und Sozialforschung mit dem Internet. Heidelberg: dpunkt.

Wellman, Barry (2000): Die elektronische Gruppe als soziales Netzwerk. In: Thiedecke, Udo (Hrsg.): Virtuelle Gruppen. Charakteristika und Problemdimensionen. Wiesbaden: Westdeutscher Verlag, S. 134-167.

Wellman, Barry/ Gulia, Milena (1999): Virtual Communities as Communities. Net Surfers Don't Ride Alone. In: Smith, Marc A./ Kollock, Peter (Hrsg.): Communities in Cyberspace. London u. New York: Routledge, S. 167-194.

Werle, Raymund (1999): Zwischen Selbstorganisation und Steuerung. Geschichte und aktuelle Probleme des Internet. In: Wilke, Jürgen (Hrsg.): Massenmedien und Zeitgeschichte. Konstanz: UVK Medien, S. 499-517.

Werle, Raymund/ Lang, Christa (Hrsg.) (1997): Modell Internet? Entwicklungsperspektiven neuer Kommunikationsnetze. Frankfurt am Main u. New York: Campus.

Werner, Andreas (1998): Online-Medien: Theoriebereicherung durch neue Forschungsmethoden. In: Rössler, Patrick (Hrsg.): Online-Kommunikation. Beiträge zu Nutzung und Wirkung. Opladen u. Wiesbaden: Westdeutscher Verlag, S. 227-241.

Werner, Andreas/ Stephan, Ronald (1997): Marketing-Instrument Internet. Heidelberg: dpunkt.

Wersig, Gernot (2000): Informations- und Kommunikationstechnologien. Eine Einführung in Geschichte, Grundlagen und Zusammenhänge. Konstanz: UVK Medien.

Whittaker, Steve/ Sidner, Candace (1997): Email Overload: Exploring Personal Information Management of Email. In: Kiesler, Sara (Hrsg.): Culture of the Internet. Mahwa, NJ. Erlbaum, S. 277-295.

Wilhelm, Anthony G. (2002): Virtual Sounding Boards: How deliberative is online political discussion? In: Hague, Barry N./ Loader, Brian D. (Hrsg.): Digital Democracy. Discourse and Decision Making in the Information Age. London u. New York: Routledge, S. 154-178.

Wilke, Jürgen (1999): Mediengeschichte der Bundesrepublik Deutschland. Bonn: Schriftenreihe der Bundeszentrale für politische Bildung.

Willand, Ilka (2002): Chatroom statt Marktplatz. Identität und Kommunikation zwischen Öffentlichkeit und Privatheit. München: KoPäd.

Williams, Ederyn (1977): Experimental Comparisons of Face-to-Face and Mediated Communication: A Review. In: Psychological Bulletin, 84. Jg., Nr. 5, S. 963-976.

Wingert, Bernd (1998): Zum Stand der privaten Nutzung von Online-Diensten. Wissenschaftliche Berichte FZKA 6152. Karlsruhe: Forschungszentrum Karlsruhe.

Winkel, Olaf (2001): Die Kontroverse um die demokratischen Potenziale der interaktiven Informationstechnologien – Positionen und Perspektiven. In: Publizistik, 46. Jg., Nr. 2, S. 140-161.

Winkel, Olaf (2004): Zukunftsperspektive Electronic Government. In: Aus Politik und Zeitgeschichte. Beilage zur Wochenzeitung Das Parlament, B 18/2004 (26.4.2004), S. 7-15.

Winkler, Hartmut (1997): Docuverse. Zur Medientheorie der Computer. München: Boer.

Wirth, Werner (1999): Neue Wissenskluft durch das Internet. Eine Diskussion relevanter Befunde und Konzepte. In: Medien Journal, 23. Jg, Nr. 3, S. 3-19.

Wirth, Werner (2001): Aufmerksamkeit: ein Konzept- und Theorieüberblick aus psychologischer Perspektive mit Implikationen für die Kommunikationswissenschaft. In: Beck, Klaus/ Schweiger, Wolfgang (Hrsg.): Attention please! Online-Kommunikation und Aufmerksamkeit. München: Reinhard Fischer, S. 69-89.

Wirth, Werner/ Schweiger, Wolfgang (1999a): Selektion im Internet. Empirische Analysen zu einem Schlüsselkonzept. Opladen u. Wiesbaden: Westdeutscher Verlag.

Wirth, Werner/ Schweiger, Wolfgang (1999b): Selektion neu betrachtet: Auswahlentscheidungen im Internet. In: Dies. (Hrsg.): Selektion im Internet. Empirische Analysen zu einem Schlüsselkonzept. Opladen u. Wiesbaden: Westdeutscher Verlag, S. 43-74.

Wischermann, Ulla (2004): Der Kommunikationsraum Internet als Gendered Space. In: Medien & Kommunikationswissenschaft, 52. Jg., Nr. 2, S. 214-229.

Wolf, Susanne/ Bilandzic, Helena (2002): Chatten als Kommunikationsspiel. In: Medien & Kommunikationswissenschaft, 50. Jg., Nr. 4, S. 533-550.

Wood, Andrew F./ Smith, Mathew J. (2001): Online Communication. Linking Technology, Identity, and Culture. Mahwah, NJ u. London: Erlbaum.

Wynn, Eleanor/ Katz, James E. (1997): Hyperbole over Cyberspace: Self-presentation & Social Boundaries in Internet Home Pages and Discourse. In: The Information Society, 13. Jg., Nr. 4, S. 297-328; http://www.usyd.edu.au/su/social/papers/wynn.htm.

Young, Kimberley S. (1999): Caught in the Net. Suchtgefahr im Internet. München: Kösel.

Zerdick, Axel (2001): Die Internet-Ökonomie. Strategien für die digitale Wirtschaft. Berlin u. a.: Springer.

Zerdick, Axel et al. (2004): E-Merging Media. Kommunikation und Medienwirtschaft der Zukunft. Berlin u. a.: Springer.

Zipfel, Theodor (1997): Online-Medien und politische Kommunikation im demokratischen System. In: Hagen, Lutz M. (Hrsg.): Online-Medien als Quellen politischer Information. Empirische Untersuchungen zur Nutzung von Internet und Online-Diensten. Wiesbaden: Westdeutscher Verlag, S. 20-53.

Personen- und Sachregister

www.ingramcontent.com/pod-product-compliance
Lightning Source LLC
Chambersburg PA
CBHW061956090426
42811CB00006B/953

* 9 7 8 3 4 8 6 5 7 8 9 1 1 *